PREPA CAPES MATHS 2024

Analyse

Dany-Jack Mercier

Photo de couverture :
Générée par Yannick via IA
Public Domain

Independently published
ISBN-13 : 9798398293777

© 2023 Dany-Jack Mercier. Tous droits réservés.

Table des matières

Avant-propos	7
1 Fonctions	**9**
1.1 Minimum vital	9
1.1.1 Fondamentaux de cours	9
1.1.2 Questions courtes	10
1.1.3 Etudes de fonctions	10
1.2 Entraînement	11
1.2.1 Questions courtes	11
1.2.2 Extraits de concours	12
1.3 Réponses	15
2 Continuité	**39**
2.1 Minimum vital	39
2.1.1 Rappels de cours	39
2.1.2 Questions courtes	39
2.2 Entraînement	40
2.2.1 Mesclum	40
2.2.2 Uniforme continuité	40
2.3 Réponses	43
3 Dérivabilité	**55**
3.1 Minimum vital	55
3.1.1 Rappels de cours	55
3.1.2 Questions courtes	56
3.1.3 Théorème de Rolle	56
3.1.4 Etudes de variations	57
3.1.5 Fonction logarithme népérien	57
3.2 Entraînement	58
3.2.1 Règle de l'Hôpital	58

		3.2.2	Théorème des fonctions réciproques	59
		3.2.3	Questions courtes	59
		3.2.4	Extraits de concours	60
	3.3	Réponses		62

4 Intégration   95
   4.1 Minimum vital 95
       4.1.1 Adopter de bons réflexes 95
       4.1.2 Questions de cours 96
       4.1.3 Questions pédagogiques 98
   4.2 Entraînement 100
       4.2.1 Calculs d'intégrales 100
       4.2.2 Comparaisons 102
       4.2.3 Exercices surprenants 104
       4.2.4 Formules de Taylor 106
   4.3 Réponses 107

5 Suites   155
   5.1 Minimum vital 155
       5.1.1 Questions courtes 155
       5.1.2 Questions de cours 156
   5.2 Entraînement 157
       5.2.1 Généralités 157
       5.2.2 Suites récurrentes 158
       5.2.3 Extraits de concours 162
   5.3 Réponses 164

6 Séries   207
   6.1 Minimum vital 207
       6.1.1 Quelques classiques 207
       6.1.2 Développements en série au CAPES 209
   6.2 Entraînement 210
   6.3 Réponses 212

7 Equations différentielles   233
   7.1 Minimum vital 233
       7.1.1 Premier degré 233
       7.1.2 Second degré linéaire 234
   7.2 Entraînement 235
       7.2.1 Premier degré 235
       7.2.2 Second degré linéaire 237

	7.2.3 Autres équations différentielles 241
	7.2.4 Nouvel écrit 2 242
7.3	Réponses 245

8 Compléments sur les fonctions 295
- 8.1 Minimum vital 295
  - 8.1.1 Questions courtes 295
  - 8.1.2 Extraits de concours 296
  - 8.1.3 Point fixe 297
- 8.2 Entraînement 298
  - 8.2.1 Divers 298
  - 8.2.2 Fonctions convexes 300
- 8.3 Réponses 304

9 Compléments sur les suites 341
- 9.1 Minimum vital 341
  - 9.1.1 Approximations de e 341
  - 9.1.2 Suites classiques 342
- 9.2 Entraînement 343
  - 9.2.1 Extraits de concours 343
  - 9.2.2 Rocambolesque 344
- 9.3 Réponses 346

10 Problèmes de révision 373
- 10.1 Fonction, suite et tableur 373
- 10.2 Equation différentielle $x^2 y' + xy = 1$ 379
- 10.3 Etude de fonction et calcul intégral 383
- 10.4 Valeurs approchées de $\sqrt[3]{2}$ 387
- 10.5 Méthode de Newton 395
- 10.6 Etude de suites récurrentes 400
- 10.7 Equations différentielles, fonctions et suites 405

Conseils de préparation au CAPES 414

Bibliographie 415

AVANT-PROPOS

Ce volume d'analyse de la collection PREPA CAPES MATHS, actualisé pour la session 2024, offre un entraînement complet sur le contenu disciplinaire nécessaire pour se présenter au concours. Il oriente les révisions sur les fondamentaux attendus par le jury et appris en licence de mathématiques, en rassemblant au même endroit des développements cruciaux sur les fonctions, les suites, les séries, les intégrales et les équations différentielles.

Une révision efficace de ces thèmes est rendue possible par la progressivité des questions, la qualité des solutions proposées, l'attachement à revenir sur les bases et l'utilisation de nombreuses questions posées dans des oraux ou des écrits du CAPES.

Ce livre contient toutes les questions posées dans la composition 1 du CAPES 2022 en analyse, à savoir la Questions 5.1, du premier problème et le second problème en entier, formé des 7 questions suivantes présentées dans cet ordre : Questions 1.1, 8.23, 8.24, 8.25, 8.26, 8.27 et 8.28. Il contient aussi la quasi-totalité des questions d'analyse tombées à l'écrit du CAPES 2023, permettant de mieux cerner les attendus de l'écrit 2 transformé en épreuve professionnelle à la réforme du CAPES appliquée à la session 2022.

L'entraînement proposé dans les pages qui suivent intéresse en priorité le licencié de mathématiques et l'étudiant en master MEEF désirant faire carrière dans l'enseignement secondaire. Il sera aussi précieux à tous ceux qui, ayant déjà acquis le niveau licence dans le passé, se remettent à niveau en mathématiques pour préparer le CAPES interne ou externe.

Travailler sur toutes les questions de ce recueil permettra d'être réactif et efficace pour les écrits de l'admissibilité, et disposer d'une préparation solide pour aborder l'entretien avec le jury du premier oral.

---

[0]tespe24an v1.30

Chaque chapitre, sauf le dernier, est divisé en trois parties :
- ✓ un minimum vital à traiter en priorité ;
- ✓ un entraînement complémentaire, à traiter ensuite :
- ✓ des réponses détaillées à toutes les questions posées.

Bon travail de préparation !

Dany-Jack Mercier
Saint-Raphaël, le 15 juin 2023

Chapitre 1

Fonctions

1.1 Minimum vital

1.1.1 Fondamentaux de cours

Question 1.1 *(Ecrit CAPES 2022)*
Soit f une fonction, à valeurs dans $\mathbb{R}$, définie sur I.
 a) Traduire à l'aide de quantificateurs que f est croissante sur I.
 b) Traduire à l'aide de quantificateurs que f n'est pas croissante sur I.
 c) Traduire à l'aide de quantificateurs que f est une fonction affine sur I.
 d) Traduire à l'aide de quantificateurs que f est continue en un point a de I.

Question 1.2 *Passage à la limite dans les inégalités*
 a) Démontrez le théorème de passage à la limite dans les inégalités.
 b) Si $f(x) < g(x)$ pour tout x, et si f et g tendent vers des limites l et l' quand x tend vers $+\infty$, peut-on déduire que $l < l'$?

Question 1.3 *Théorème des gendarmes*
Enoncez puis démontrez le théorème des gendarmes.

Question 1.4 *Théorème de la limite monotone* *(Ecrit CAPES 2022)*
Démontrer qu'une application $f : I \to \mathbb{R}$ définie et monotone sur un intervalle I admet une limite à droite (resp. à gauche) en tout point a de I tel que $I \cap]a, +\infty[\neq \varnothing$ (resp. $I \cap]-\infty, a[\neq \varnothing$).

Question 1.5 *Caractérisation de l'existence d'une limite*
Soient I un intervalle non vide de $\mathbb{R}$, et $f : I \to \mathbb{R}$ une application de I dans $\mathbb{R}$. Soit a un réel appartenant à l'adhérence de I, c'est-à-dire un élément de I ou une borne de I.
 a) Soit $l \in \mathbb{R}$. Montrer que les assertions suivantes sont équivalentes :

(1) $\lim_{x \to a} f(x) = l$,
(2) Pour toute suite $(x_n)_n$ de I tendant vers a, $\lim_{n \to +\infty} f(x_n) = l$.

b) Montrer que f admet une limite en a si et seulement si pour toute suite $(x_n)_n$ d'éléments de I ayant a pour limite, la suite $(f(x_n))_n$ est convergente.

c) *[Réservé aux agrégatifs]* Généraliser les deux résultats précédents lorsque $f : E \to F$ où E et F sont des espaces plus généraux à préciser.

1.1.2 Questions courtes

Question 1.6 *(Ecrit CAPLP 2012)* Peut-on énoncer que pour tous nombres réels a et b tels que $ab > 0$, on a $\ln(ab) = \ln a + \ln b$?

Question 1.7 *(Ecrit CAPLP 2012)* Si $K \in \mathbb{R}$, montrer que la fonction Φ définie sur $\mathbb{R}^*$ et à valeurs dans $\mathbb{R}$, qui à x associe $\Phi(x) = \frac{Ke^x - 1}{x}$, admet une limite finie en 0 si et seulement si $K = 1$.

Question 1.8 *(Ecrit CAPLP 2013)* Soient f et g deux applications de $\mathbb{R}$ dans $\mathbb{R}$. On suppose que $\lim_{x \to +\infty} f(x) = +\infty$ et $\lim_{x \to +\infty} g(x) = -\infty$. Peut-on déduire que $\lim_{x \to +\infty} [f(x) + g(x)] = 0$?

Question 1.9 *(Ecrit CAPESA 2021)* La fonction sinus hyperbolique est définie pour tout réel x par $\sinh(x) = \frac{e^x - e^{-x}}{2}$. Tout réel admet-il un antécédent par cette fonction ?

Question 1.10 *(Ecrit CAPESA 2019)* Soit f une application de $\mathbb{R}$ dans $\mathbb{R}$ telle que $f(x+y) = f(x)f(y)$ pour tout $(x,y) \in \mathbb{R}^2$. Peut-on déduire que, si f s'annule au moins une fois, alors f est la fonction nulle ?

Question 1.11 *(Ecrit CAPLP 2014)*
a) Montrer que $\sin x \leq x \leq \tan x$ pour tout $x \in \,]0, \pi/2[$.
b) En déduire que :
$$\forall x \in \,]0, \pi/2[\quad \cotan^2 x \leq \frac{1}{x^2} \leq 1 + \cotan^2 x.$$

1.1.3 Etudes de fonctions

Question 1.12 *Etude de fonction* *(Ecrit CAPLP 2017)*
Soit g l'application de $\mathbb{R}_+^*$ dans $\mathbb{R}$ qui à x associe $g(x) = x - 1/x$.

a) Etudier les variations de g et tracer sa courbe représentative dans un repère orthonormal. Déterminer la tangente à $\mathcal{C}_g$ au point d'abscisse 1.

b) Montrer que $\mathcal{C}_g$ admet une asymptote oblique et préciser la position de la courbe par rapport à cette asymptote. Représenter graphiquement g.

c) Soit s l'application qui à tout point $M(x,y)$ du plan associe le point $M'(y,x)$. Si $M' = s(M)$, montrer que la droite D d'équation $y = x$ est la médiatrice de $[MM']$. Quelle est la nature de s ? Tracer la courbe $\mathcal{C}' = s(\mathcal{C}_g)$ sur le graphique utilisé au b).

d) Montrer que g réalise une bijection de $]0; +\infty[$ sur $\mathbb{R}$, et déterminer g^{-1}. Que représente la courbe $\mathcal{C}'$?

Question 1.13 *Fonction cosécante* (Ecrit CAPESA 2019)
La cosécante d'un réel x est, lorsqu'il existe, le réel :
$$\operatorname{cosec} x = \frac{1}{\sin x}.$$

a) Etudier la fonction cosec et dessiner l'allure de sa courbe représentative.

b) Rédiger un énoncé d'au plus 3 questions, destiné à une classe de seconde, s'appuyant sur le graphique de la fonction cosec sur l'intervalle $]0, \pi[$, puis proposer une correction.

c) Discuter le nombre de solutions de l'équation $\operatorname{cosec} x = m$ suivant la valeur du paramètre réel m. Résoudre cette équation lorsque $m = 2$.

d) Montrer que l'équation $\operatorname{cosec} x = 3$ admet une unique solution x_0 dans $]0, \pi/2]$, puis écrire un algorithme de calcul de x_0 à 10^{-2} près par dichotomie.

1.2 Entraînement

1.2.1 Questions courtes

Question 1.14 *Inégalité effrayante* (Ecrit CAPES 2016)
Soient $n \in \mathbb{N}^*$ et $k \in [\![0, n-1]\!]$. Montrer que :
$$\forall x \in \left[\frac{k\pi}{n}, \frac{(k+1)\pi}{n}\right] \quad \left|\left(x - \frac{k\pi}{n}\right)\left(x - \frac{(k+1)\pi}{n}\right)\right| \leq \frac{\pi^2}{4n^2}.$$

Question 1.15 *Question piège* (Ecrit CAPLP 2016)
Si x et y sont des réels tels que $x < 0 < y$, peut-on dire que $1/x < 1/y$.

Question 1.16 *Croissante ou pas ?* (Ecrit CAPLP 2011)
Soit la fonction f définie sur $\mathbb{R}$ par :
$$f(x) = x^2 e^{x-1} - \frac{x^2}{2}.$$

La courbe représentative d'une fonction f dans un repère orthonormal est donnée sur la figure ci-dessous. Peut-on en déduire que cette fonction f est croissante sur tout l'intervalle $[-2, 1]$?

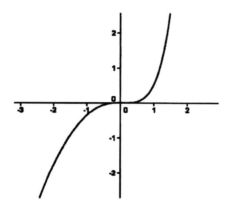

1.2.2 Extraits de concours

Question 1.17 *Equation fonctionnelle* (Ecrit CAPES 2017)
On désire décrire l'ensemble $\mathcal{F}$ des applications f de $\mathbb{R}_+^*$ dans $\mathbb{R}_+^*$, bornées sur $]1, +\infty[$, et telles que :

$$\forall x \in \mathbb{R}_+^* \quad f(xf(y)) = yf(x). \quad (*)$$

a) Soit $f \in \mathcal{F}$. On suppose que $y_1, y_2 \in \mathbb{R}_+^*$ et $f(y_1) = f(y_2)$. Démontrer que $y_1 f(1) = y_2 f(1)$. En déduire que f est injective.
b) Montrer que $f(f(1)) = f(1)$, que $f(1) = 1$, puis que f est involutive.
c) Si $a, b \in \mathbb{R}_+^*$, montrer que $f(ab)) = f(a)f(b)$. On pourra poser $y = f(b)$.
d) On note $F = \{x \in]0, +\infty[\ / \ f(x) = x\}$ l'ensemble des points fixes de f. Montrer que $xf(x) \in F$ quel que soit $x \in \mathbb{R}_+^*$. En déduire que $1 \in F$.
e) Si $x, y \in F$ montrer que xy et x/y sont des éléments de F.
f) Si $x \in F$ montrer que pour tout $n \in \mathbb{N}$, x^n est un élément de F.
g) Si $x \in F$ montrer que $x \leq 1$. On pourra considérer la suite $(x^n)_{n \geq 0}$.
h) Montrer que $F = \{1\}$. En déduire f.
i) Conclure.

Question 1.18 *Fonction affine par morceaux* (Ecrit CAPES 2013)
Soient n un entier naturel non nul et $(x_1, \cdots, x_n)$ un n-uplet de réels tel que $x_1 \leq x_2 \leq \cdots \leq x_n$. On définit sur $\mathbb{R}$ la fonction L par :

$$L(x) = \sum_{i=1}^{n} |x - x_i|.$$

a) Représenter graphiquement L lorsque $n = 3$, $x_1 = -2$, $x_2 = 3$, $x_3 = 4$.
b) Représenter graphiquement L lorsque $n = 4$, $x_1 = -2$, $x_2 = 2$, $x_3 = 4$ et $x_4 = 7$.

c) Démontrer que la fonction L admet un minimum m sur $\mathbb{R}$ et indiquer pour quelle(s) valeur(s) de x il est atteint. On distinguera les cas n pair et n impair. Que représente d'un point de vue statistique la valeur de x trouvée ?

Question 1.19 Une drôle de fonction (Ecrit CAPES 2016)
On choisit un entier naturel n non nul. Pour tout $k \in [\![0, n-1]\!]$, on note P_k le polynôme d'interpolation de Lagrange de la fonction sinus aux points d'abscisses $k\pi/n$ et $(k+1)\pi/n$. On rappelle que P_k est l'unique polynôme de degré ≤ 1 tel que $P_k(k\pi/n) = \sin(k\pi/n)$ et $P_k((k+1)\pi/n) = \sin((k+1)\pi/n)$. On note Q_n la fonction affine par morceaux définie par :

$$Q_n(x) = \begin{cases} P_0(x) & \text{si } 0 \leq x < \dfrac{\pi}{n} \\ P_1(x) & \text{si } \dfrac{\pi}{n} \leq x < \dfrac{2\pi}{n} \\ \vdots & \\ P_k(x) & \text{si } \dfrac{k\pi}{n} \leq x < \dfrac{(k+1)\pi}{n} \quad \text{si } k \in [\![0, n-2]\!] \\ \vdots & \\ P_{n-1}(x) & \text{si } \dfrac{(n+1)\pi}{n} \leq x \leq \pi. \end{cases}$$

a) Calculer Q_1 et Q_2. Tracer la courbe représentative de Q_2.

b) Justifier que Q_n est continue sur $[0, \pi]$.

Question 1.20 Inégalité de Jensen (Ecrit CAPES 2013)
Une fonction f à valeurs réelles définie sur un intervalle I est dite convexe sur I si :

$$\forall (x,y) \in I^2, \forall \lambda \in [0,1], \ f(\lambda x + (1-\lambda)y) \leq \lambda f(x) + (1-\lambda)f(y).$$

Soient f une fonction convexe sur I, $(x_1, ..., x_n) \in I^n$, et $(\lambda_1, ..., \lambda_n) \in \mathbb{R}_+^n$ avec $\sum_{k=1}^n \lambda_k = 1$. Démontrer que :

$$f\left(\sum_{k=1}^n \lambda_k x_k\right) \leq \sum_{k=1}^n \lambda_k f(x_k).$$

On pourra raisonner par récurrence en remarquant que si $\lambda_n \neq 1$:

$$\sum_{k=1}^n \lambda_k x_k = \lambda_n x_n + (1-\lambda_n) \sum_{k=1}^{n-1} \frac{\lambda_k}{1-\lambda_n} x_k.$$

Question 1.21 *Recherche d'une limite* (Ecrit du CAPESA 2013)
Soient n un nombre entier naturel non nul et f_n la fonction définie sur $[0, +\infty[$ par :
$$f_n(x) = 1 + \sum_{k=1}^{n} x^k.$$

a) Montrer que l'équation $f_n(x) = n$ admet une unique solution notée a_n.
b) Comparer $f_n(a_n)$ et $f_n(1)$, puis en déduire que $0 \leq a_n < 1$.
c) Montrer que la suite (a_n) est strictement croissante, puis en déduire qu'elle converge. On note L sa limite.
d) On suppose $L \neq 1$. Montrer que :
$$\forall n \in \mathbb{N} \quad f_n(a_n) = \frac{1 - a_n^{n+1}}{1 - a_n}.$$

En déduire que $\lim_{n \to +\infty} f_n(a_n) = \frac{1}{1-L}$. Que peut-on conclure ?

Question 1.22 *Histoire de décibels* (Ecrit CAPES 2019)
Le niveau sonore L (en dB) s'exprime en fonction de l'intensité I (en $W.m^{-2}$) selon la formule $L = 10 \log(I/I_0)$ où $I_0 = 10^{-12}$ $W.m^{-2}$ correspond à l'intensité sonore minimale à laquelle l'oreille est sensible pour un son de fréquence 1000 Hz.

a) Calculer le niveau sonore correspondant à une intensité de 10^{-5} $W.m^{-2}$.
b) Quel est l'effet sur l'intensité sonore d'une augmentation du niveau sonore de 10 dB ?

Question 1.23 *Fonctions sinusoïdales* (Ecrit CAPLP 2018)
Un énoncé destiné aux terminales professionnelles contient une capture d'écran des tensions $u_i = A_i \sin(\omega_i t + \varphi_i)$ aux bornes de deux dipôles d'un circuit électrique ($i = 1$ ou 2) :

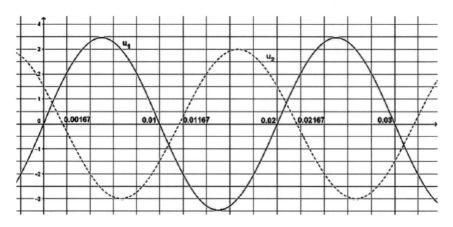

a) Lire graphiquement des valeurs approchées des amplitudes A_1 et A_2 des tensions u_1 et u_2. Expliquer comment trouver ces valeurs.

b) A l'aide du graphique, calculer une valeur de la pulsation ω_1 de la tension u_1 en précisant les étapes de résolution.

c) On indique que la tension u_2 a pour phase à l'origine $\varphi_2 = 5\pi/6$. Comment justifier cette valeur à l'aide du graphique ? Que répondre à un élève qui affirmerait que u_2 pourrait aussi être égale à $\varphi_2 = \pi/6$?

1.3 Réponses

Réponse 1.1 a) La fonction f est croissante sur I si et seulement si :
$$\forall (x,y) \in I^2 \quad x \leq y \implies f(x) \leq f(y).$$

b) La fonction f n'est pas croissante sur I si et seulement si :
$$\exists (x,y) \in I^2 \quad x \leq y \text{ et } f(x) > f(y).$$

c) La fonction f est une fonction affine sur I si et seulement si :
$$\exists (a,b) \in \mathbb{R} \quad \forall x \in I \quad f(x) = ax+b.$$

d) La fonction f est continue en a si et seulement si :
$$\forall \varepsilon \in \mathbb{R}_+^* \quad \exists \eta \in \mathbb{R}_+^* \quad \forall x \in I \quad |x-a| \leq \eta \implies |f(x)-f(a)| \leq \varepsilon.$$

Commentaires — L'abréviation « ssi » pour « si et seulement si » est une des rares abréviations autorisées sur une copie d'examen ou de concours. On peut donc l'employer quand on rédige les questions précédentes à la main. Par contre, il semble décent de répondre à chaque fois par une phrase complète, comme on l'a fait, et convenable de ne jamais débuter une phrase par un symbole mathématique. Cela explique pourquoi on a écrit « La fonction f est... » plutôt que « f est... » en début de phrase.

Réponse 1.2 a) Enonçons le théorème de passage à la limite dans les inégalités. On suppose que f et g sont des fonctions de $\mathbb{R}$ dans $\mathbb{R}$, définies sur $\mathbb{R}$ pour simplifier (sinon on adapte). Alors :

Théorème — Si $f(x) \leq g(x)$ pour tout $x \in \mathbb{R}$, et si les limites $\lim_{x \to a} f(x) = l$ et $\lim_{x \to a} g(x) = l'$ existent, alors $l \leq l'$.

Supposons par exemple que l et l' sont des nombres réels, les autres cas se traitant de la même manière. Raisonnons par l'absurde en supposant que $l' < l$.

Si $\varepsilon = |l - l'|/2$, il existe des voisinages U et U' de a tels que $x \in U$ (resp. $x \in U'$) entraîne $|f(x) - l| < \varepsilon$ (resp. $|g(x) - l'| < \varepsilon$). Mais alors :

$$\forall x \in U \cap U' \quad g(x) < l' + \varepsilon \leq l - \varepsilon < f(x),$$

ce qui contredit l'hypothèse suivant laquelle $f(x) \leq g(x)$ pour tout x.

b) Non, surtout pas ! On peut seulement appliquer le théorème de passage à la limite tel que nous l'avons énoncé, et conclure à $l \leq l'$. Par passage à la limite, les inégalités strictes donnent des inégalités au sens large.

Commentaires — α) Pour le CAPES, il est indispensable de connaître ce théorème et savoir le démontrer. C'est facile en raisonnant par l'absurde, encore faut-il s'entraîner pour bien expliquer le raisonnement de bout en bout. Un dessin montrant la droite des réels et les intervalles de rayon ε centrés sur l et l' permet de retenir et retrouver ce raisonnement.

β) Un cas particulier important est celui où on passe à la limite dans des inégalités de la forme $f(x) \leq m$, où m est une constante. On obtient alors $l \leq m$.

γ) Au lieu de parler de voisinages de a, on peut se contenter de parler d'intervalles ouverts contenant a. Cela reviendra exactement au même.

δ) Il faut savoir, et savoir dire rapidement au tableau, qu'un passage à la limite dans des inégalités strictes permet seulement de récupérer des inégalités larges. Se tromper, ou hésiter sur ce point, montrera que l'on a de graves lacunes dans les énoncés de base concernant les limites et incitera le jury à commencer une série de questions enchaînées pour déterminer jusqu'où vont ces lacunes. Il n'est pas impossible qu'il commence par demander d'écrire la définition d'une limite avec des ε et des η.

ε) Le candidat répond à la question b) sans dire qu'il est « facile de trouver un contre-exemple ». S'il le fait, le jury sera tenté de vérifier si c'est aussi facile que cela. Un des préceptes à retenir pour l'oral est de ne jamais donner des verges pour se faire fouetter ! Un contre-exemple simple est donné par les fonctions $f(x) = 3 - 1/x$ et $g(x) = 3 + 1/x$ lorsque x tend vers $+\infty$, puisque dans ce cas $f(x) < g(x)$ pour tout $x > 0$, et pourtant f et g tendent vers la même limite 3.

ζ) Attention : le théorème des gendarmes n'est pas une conséquence directe du théorème de passage à la limite dans les inégalités, comme on pourrait rapidement l'imaginer. Il y a un piège à cet endroit (Question 1.3).

Réponse 1.3 Le théorème des gendarmes s'énonce, avec des notations évidentes où f, g et h sont des fonctions définies sur une partie A de $\mathbb{R}$:

1.3. RÉPONSES

Théorème — Si $f(x) \leq g(x) \leq h(x)$ pour tout $x \in A$, alors :
$$\lim_{x \to a,\, x \in A} f(x) = \lim_{x \to a,\, x \in A} h(x) = l \;\Rightarrow\; \lim_{x \to a,\, x \in A} g(x) = l.$$

Pour prouver ce théorème, on doit envisager trois cas selon que l soit un réel ou $\pm\infty$. Raisonnons seulement dans le cas où $l \in \mathbb{R}$, les autres preuves étant du même type. Par hypothèse, pour tout $\varepsilon > 0$ donné :
$$\begin{cases} \exists U \in \mathcal{V}(a) & (x \in U \text{ et } x \in A) \;\Rightarrow\; l - \varepsilon < f(x) < l + \varepsilon \\ \exists U' \in \mathcal{V}(a) & (x \in U' \text{ et } x \in A) \;\Rightarrow\; l - \varepsilon < h(x) < l + \varepsilon \end{cases}$$

où $\mathcal{V}(a)$ désigne l'ensemble des voisinages de a. En posant $U'' = U \cap U'$, on peut donc affirmer que pour tout $\varepsilon > 0$ il existe $U'' \in \mathcal{V}(a)$ tel que :
$$x \in U'' \text{ et } x \in A \;\Rightarrow\; l - \varepsilon < f(x) \leq g(x) \leq h(x) < l + \varepsilon$$
$$\Rightarrow\; l - \varepsilon < g(x) < l + \varepsilon,$$

ce qui prouve que $\lim_{x \to a,\, x \in A} g(x) = l$.

Commentaires — α) On ne parlera pas de voisinage de a si on ne sait pas bien ce que cela signifie. On peut se contenter de parler d'intervalles ouverts U et U' centrés sur a. On rappelle tout de même qu'un voisinage de a dans $\mathbb{R}$ n'est autre qu'une partie de $\mathbb{R}$ qui contient un intervalle ouvert qui contient a.

β) Attention ! Raisonner en utilisant des ε est indispensable, et ce n'est donc pas un lycéen qui pourra démontrer ce résultat puisqu'il ne possède pas de définition rigoureuse d'une limite. On comprendra mieux en lisant le commentaire suivant.

γ) Le candidat n'est pas tombé dans le piège en donnant une démonstration rigoureuse, mais le jury peut lui dire : « Votre démonstration est bonne, mais je vous en propose une plus simple : il suffit de passer à la limite dans les inégalités $f(x) \leq g(x) \leq h(x)$ pour obtenir $l \leq \lim_{x \to a,\, x \in A} g(x) \leq l$, d'où $\lim_{x \to a,\, x \in A} g(x) = l$. Cette démonstration est-elle juste ? ».
Ce raisonnement est faux car suppose que la limite de g existe, ce qui n'a jamais été démontré. On peut passer à la limite dans des inégalités à partir du moment où l'on sait que ces limites existent, donc on peut déduire que $l \leq \lim_{x \to a,\, x \in A} g(x) \leq l$ à partir des inégalités $f(x) \leq g(x) \leq h(x)$ si on est assuré de l'existence de $\lim_{x \to a,\, x \in A} g(x)$. Ce n'est pas le cas ici : le théorème des gendarmes n'est donc pas une conséquence triviale du théorème de passage à la limite dans les inégalités.

Réponse 1.4 Supposons par exemple que f soit croissante, et montrons qu'en tout point a où cela a un sens :
$$\begin{cases} \lim_{x \to a_+} f(x) = \operatorname{Inf} \{ f(x) \,/\, x \in I \cap \,]a, +\infty[\} \\ \lim_{x \to a_-} f(x) = \operatorname{Sup} \{ f(x) \,/\, x \in I \cap \,]-\infty, a[\}. \end{cases}$$

Si par exemple $a \in I$ et l'intersection $I \cap\,]a, +\infty[$ n'est pas vide, l'ensemble :

$$\{f(x) \,/\, x \in I \cap\,]a, +\infty[\}$$

n'est pas vide et minoré par $f(a)$, donc possède une borne inférieure m. Pour tout réel $\varepsilon > 0$, il existe alors, par définition, un $x \in I \cap\,]a, +\infty[$ tel que $m \leq f(x) < m + \varepsilon$, et la croissance de f montre que $a < t \leq x$ entraîne $m \leq f(t) \leq f(x) < m + \varepsilon$. On a montré l'assertion :

$$\forall \varepsilon > 0 \quad \exists x > a \quad (a < t \text{ et } |t - a| \leq x - a) \Rightarrow |f(t) - m| < \varepsilon$$

qui signifie que $\lim_{x \to a_+} f(x) = m$.

Réponse 1.5 a) Nous avons deux implications à montrer :

$[(1) \Rightarrow (2)]$ On démontre facilement que (1) entraîne (2) en utilisant le théorème de composition des limites. Si $\lim_{x \to a} f(x) = l$ et si $(x_n)_n$ est une suite de I qui converge vers a, alors évidemment $\lim_{n \to +\infty} f(x_n) = l$.

$[(2) \Rightarrow (1)]$ Supposons que la propriété (2) soit satisfaite, et supposons par l'absurde que $\lim_{x \to a} f(x) \neq l$. La négation de l'affirmation :

$$\forall \varepsilon \in \mathbb{R}_+^* \quad \exists \eta \in \mathbb{R}_+^* \quad \forall x \in I \quad |x - a| \leq \eta \Rightarrow |f(x) - f(a)| \leq \varepsilon$$

s'écrit :

$$\exists \varepsilon \in \mathbb{R}_+^* \quad \forall \eta \in \mathbb{R}_+^* \quad \exists x \in I \quad |x - a| \leq \eta \text{ et } |f(x) - f(a)| > \varepsilon. \quad (\dagger)$$

Nous disposons ici de l'affirmation ($\dagger$), et rien ne nous empêche de l'écrire pour des η de la forme $\eta = 1/n$ où $n \in \mathbb{N}^*$. On obtient alors :

$$\exists \varepsilon \in \mathbb{R}_+^* \quad \forall n \in \mathbb{N}^* \quad \exists x_n \in I \quad |x_n - a| \leq \frac{1}{n} \text{ et } |f(x_n) - f(a)| > \varepsilon.$$

Mais alors $\lim_{n \to +\infty} x_n = a$ et pourtant il existe $\varepsilon \in \mathbb{R}_+^*$ tel que :

$$\forall n \in \mathbb{N}^* \quad |f(x_n) - f(a)| > \varepsilon,$$

ce qui prouve que $\lim_{n \to +\infty} f(x_n) \neq l$. C'est absurde.

b) La condition est évidemment nécessaire comme on le voit en utilisant le théorème de composition des limites. Montrons qu'elle est suffisante. Supposons que pour toute suite $(x_n)_n$ d'éléments de I admettant a pour limite, la suite $(f(x_n))_n$ soit convergente. Considérons deux suites $(x_n)_n$ et $(y_n)_n$ de ce type. Alors :

$$\lim_{n \to +\infty} f(x_n) = l \quad \text{et} \quad \lim_{n \to +\infty} f(y_n) = l'$$

pour des réels l et l' a priori distincts. Mais la suite mélangée :

$$(f(x_0), f(y_0), f(x_1), f(y_1), ..., f(x_n), f(y_n), ...)$$

converge puisque la suite $(x_0, y_0, x_1, y_1, ..., x_n, y_n, ...)$ tend vers a, ce qui impose d'avoir $l = l'$. Pour conclure, il suffit d'utiliser l'implication $[(2) \Rightarrow (1)]$ démontrée au a).

Remarque — Si F est complet, on peut énoncer :

$$\begin{pmatrix} f \text{ admet une limite} \\ \text{quand } x \text{ tend vers } a \end{pmatrix} \Leftrightarrow \begin{pmatrix} \text{Pour toute suite } (x_n) \text{ tendant vers } a, \\ (f(x_n)) \text{ est une suite de Cauchy.} \end{pmatrix}$$

sans aucune référence aux limites en question.

c) La démonstration donnée à la question a) fonctionne parfaitement quand $f : E \to F$ est une application d'un espace métrique E vers un espace topologique F, et quand on considère des limites suivant une partie A de E. En effet, dans cette démonstration, la seule chose dont nous ayons eu besoin était de construire une suite $(x_n)_n$ qui tendait vers a mais telle que $(f(x_n))_n$ ne converge pas vers l, et pour cela nous avons utilisé des boules de centre a et de rayons $1/n$.

Voici l'énoncé complet du théorème qui généralise le résultat du a) :

> **Théorème** — Soient (E, d) un espace métrique, F un espace topologique, $f : E \to F$ une application de E dans F, A une partie de E et a un élément de l'adhérence $\overline{A}$ de A dans E. Alors f admet $l \in F$ comme limite en a suivant A si et seulement si pour toute suite $(x_n)_n$ d'éléments de A de limite a, la suite $(f(x_n))_n$ converge vers l.

L'équivalence obtenue en b) reste encore valide sous ces hypothèses, et constitue une variation très intéressante puisque si F est un espace métrique complet, devoir démontrer que la suite $(f(x_n))_n$ est convergente revient à démontrer que c'est une suite de Cauchy, ce que l'on peut parfois savoir sans connaître précisément la limite de la suite. Le résultat b) nous donne alors le moyen de démontrer que la limite $\lim_{x \to a} f(x)$ existe sans la connaître précisément.

Réponse 1.6 C'est faux. On sait que la fonction logarithme népérien est un morphisme du groupe multiplicatif $(\mathbb{R}_+^*, \times)$ sur le groupe additif $(\mathbb{R}, +)$. C'est ce qui fait tout son intérêt ! On a donc $\ln(ab) = \ln a + \ln b$ quels que soient a et b appartenant à $\mathbb{R}_+^*$. Malheureusement, l'énoncé suppose seulement que $ab > 0$, ce qui permet de définir $\ln(ab)$, mais pas forcément $\ln a$ ni $\ln b$.

Contre-exemple : si $a = -2$ et $b = -5$, $\ln(ab) = \ln 10$ est bien défini, mais ce n'est pas le cas de $\ln(-2)$ ni de $\ln(-5)$. Ici la formule proposée n'a plus de sens !

Réponse 1.7 On peut écrire :
$$\Phi(x) = \frac{Ke^x - 1}{x} = \frac{K - 1 + K(e^x - 1)}{x} = \frac{K - 1}{x} + K\frac{e^x - 1}{x}. \quad (*)$$
On sait que $\lim_{x \to 0} \frac{e^x - 1}{x} = 1$ (penser à la dérivée de e^x en 0). Par conséquent :

α) Si $K = 1$, $\lim_{x \to 0} \Phi(x) = \lim_{x \to 0} \frac{e^x - 1}{x} = 1$.

β) Si $K \neq 1$, $\frac{K-1}{x}$ tend vers $\pm\infty$ quand x tend vers 0, et $(*)$ montre que $\Phi(x)$ tendra aussi vers $\pm\infty$ quand x tend vers 0.

En conclusion, Φ admet une limite finie en 0 si et seulement si $K = 1$.

Réponse 1.8 C'est faux, puisque si f et g sont définies sur $\mathbb{R}$ par $f(x) = x^2$ et $g(x) = -x$, alors $\lim_{x \to +\infty} f(x) = +\infty$ et $\lim_{x \to +\infty} g(x) = -\infty$ bien que $f(x) + g(x)$ vaille $x^2 - x$ et tende vers $+\infty$ quand x tend vers $+\infty$.

Réponse 1.9 Si $y \in \mathbb{R}$,
$$\sinh(x) = y \Leftrightarrow \frac{e^x - e^{-x}}{2} = y \Leftrightarrow e^{2x} - 2ye^x - 1 = 0.$$
Le discriminant réduit de l'équation du second degré $X^2 - 2yX - 1 = 0$ est $\Delta' = y^2 + 1 > 0$, donc cette équation admet deux solutions $y \pm \sqrt{y^2 + 1}$ dont l'une, $y - \sqrt{y^2 + 1}$, est strictement négative. Le réel positif e^x sera donc solution de $e^{2x} - 2ye^x - 1 = 0$ si et seulement si $e^x = y + \sqrt{y^2 + 1}$ et l'on peut écrire :
$$\sinh(x) = y \Leftrightarrow e^x = y + \sqrt{y^2 + 1} \Leftrightarrow x = \ln(y + \sqrt{y^2 + 1}).$$
Cela prouve que tout réel y possède un unique antécédent par sinh.

Remarque — On vient de montrer que la fonction sinh est une bijection de $\mathbb{R}$ dans $\mathbb{R}$, de fonction réciproque $\sinh^{-1}(y) = \ln(y + \sqrt{y^2 + 1})$.

Autre solution — La fonction sinh est définie et continue sur tout $\mathbb{R}$, et il est facile de vérifier que $\lim_{x \to +\infty} \sinh(x) = +\infty$ et $\lim_{x \to -\infty} \sinh(x) = -\infty$. Une variante adaptée du théorème des valeurs intermédiaires montre alors que tout réel y possède au moins un antécédent par sinh.

Rappels de cours — On sait, d'après le cours, que la fonction $\operatorname{sh} x$ est impaire, strictement croissante sur $\mathbb{R}$, et son graphe passe par l'origine du repère où il admet une tangente de pente 1. C'est une bijection de $\mathbb{R}$ sur $\mathbb{R}$. La fonction cosinus hyperbolique $\operatorname{ch} x = \frac{e^x + e^{-x}}{2}$ est paire, décroît avant 0, croît après, admet un minimum en 0, qui vaut 1. Le graphe de la fonction $\operatorname{ch} x$ admet une tangente horizontale en $x = 0$. La FIG. 1.1 montre l'allure des graphes de ces fonctions.

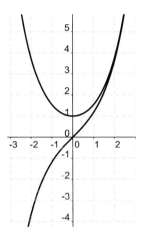

FIG. 1.1 – Fonctions $\operatorname{ch} x$ et $\operatorname{sh} x$

Réponse 1.10 C'est vrai puisque si $f(x+y) = f(x) \times f(y)$ pour tous $x, y \in \mathbb{R}$, et s'il existe $x_0 \in \mathbb{R}$ tel que $f(x_0) = 0$, alors pour tout $x \in \mathbb{R}$:

$$f(x) = f((x-x_0) + x_0) = f(x-x_0).f(x_0) = f(x-x_0) \times 0 = 0,$$

ce qui prouve que f est identiquement nulle.

Réponse 1.11 a) Pour tout $x \in]-\pi/2, \pi/2[$ posons $f(x) = x - \sin x$ et $g(x) = \tan x - x$. Les fonctions f et g ainsi définies sont dérivables sur $]-\pi/2, \pi/2[$, de dérivées :

$$f'(x) = 1 - \cos x \quad \text{et} \quad g'(x) = \frac{1}{\cos^2 x} - 1.$$

Comme $\cos x$ appartient toujours à $[0,1]$, on a $f'(x) \geq 0$ et $g'(x) \geq 0$ pour tout $x \in]-\pi/2, \pi/2[$. Les fonctions f et g sont donc croissantes sur $]-\pi/2, \pi/2[$. Pour tout $x \in [0, \pi/2[$ on a donc $f(0) \leq f(x)$ et $g(0) \leq g(x)$, soit :

$$\forall x \in [0, \pi/2[\quad \sin x \leq x \leq \tan x.$$

b) Les réels x, $\sin x$ et $\cos x$ sont strictement positifs quand $x \in]0, \pi/2[$. Si $x \in]0, \pi/2[$, la question précédente donne :

$$\sin x \leq x \leq \frac{\sin x}{\cos x} \quad \text{donc} \quad \frac{\cos x}{\sin x} \leq \frac{1}{x} \leq \frac{1}{\sin x}$$

et en élevant au carré : $\cotan^2 x \leq \dfrac{1}{x^2} \leq \dfrac{1}{\sin^2 x}$. Ainsi :

$$\forall x \in [0, \pi/2[\quad \cotan^2 x \leq \dfrac{1}{x^2} \leq 1 + \cotan^2 x.$$

Réponse 1.12 a) L'application $g : x \mapsto x - 1/x$ est définie et dérivable sur l'ensemble $\mathbb{R}_+^*$. Comme :

$$\forall x \in \mathbb{R}_+^* \quad g'(x) = 1 + \dfrac{1}{x^2} = \dfrac{x^2 + 1}{x^2} > 0,$$

la fonction g sera strictement croissante sur $\mathbb{R}_+^*$. On a :

$$\lim_{x \to 0_+} g(x) = \lim_{x \to 0_+} \left(x - \dfrac{1}{x}\right) = -\infty \quad \text{et} \quad \lim_{x \to +\infty} g(x) = +\infty,$$

d'où le tableau de variations de g :

x	0		$+\infty$
$g'(x)$	$\|\|$	$+$	
$g(x)$	$\|\| -\infty$	$\nearrow$	$+\infty$

Une équation de la tangente au point d'abscisse 1 est $y - g(1) = g'(1)(x - 1)$. Ici $g(1) = 0$ et $g'(1) = 2$ donc cette équation s'écrit $y = 2x - 2$.

b) Posons $y = g(x)$. On a :

$$\lim_{x \to +\infty} \dfrac{y}{x} = \lim_{x \to +\infty} \left(1 - \dfrac{1}{x^2}\right) = 1 \quad \text{et} \quad \lim_{x \to +\infty} (y - x) = \lim_{x \to +\infty} \left(-\dfrac{1}{x}\right) = 0$$

donc la courbe $\mathcal{C}_g$ admet la droite D d'équation $y = x$ comme asymptote oblique quand x tend vers $+\infty$ (réf. de cours : [9], §.3.3). Cette droite est la première bissectrice. Pour tout $x \in \mathbb{R}_+^*$, $g(x) - x = -1/x < 0$ donc la courbe $\mathcal{C}_g$ reste toujours sous l'asymptote oblique D. La courbe $\mathcal{C}_g$ est dessinée ci-dessous. Elle possède deux asymptotes : la droite D et l'axe des y qui est une asymptote verticale.

c) Un point $M(x, y)$ du plan est invariant par s si et seulement si $y = x$, c'est-à-dire s'il appartient à D. Pour pouvoir parler de médiatrice de $[MM']$, il faut donc supposer que $M \notin D$. Si $M(x, y) \notin D$, et si $N(a, a)$ est un point de D (où $a \in \mathbb{R}$), alors :

$$\begin{cases} MN^2 = (x - a)^2 + (y - a)^2 \\ M'N^2 = (y - a)^2 + (x - a)^2 \end{cases}$$

1.3. RÉPONSES

de sorte que $MN = M'N$ et que N soit à égale distance des extrémités du segment $[MM']$. Cela prouve que N appartient à la médiatrice Δ de $[MM']$. On vient de montrer que $D \subset \Delta$, et comme une droite ne peut être incluse dans une autre que si elle lui est égale, on obtient $D = \Delta$. En conclusion D est bien la médiatrice de $[MM']$, et par définition s est la symétrie orthogonale par rapport à la droite D, encore appelée réflexion de base D. La courbe $\mathcal{C}' = s(\mathcal{C}_g)$ est dessinée plus haut.

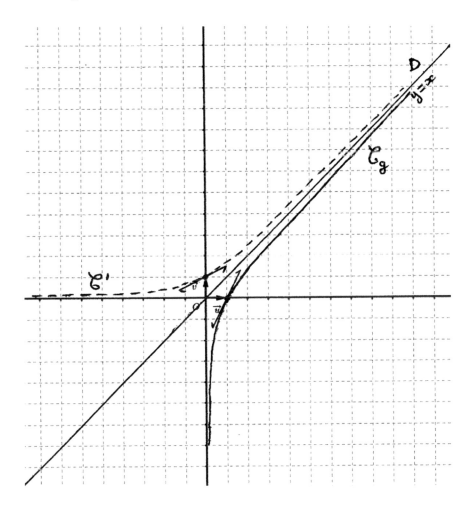

d) L'application g est une fonction strictement croissante de $\mathbb{R}_+^*$ dans $\mathbb{R}$. Comme $\lim_{x \to 0_+} g(x) = -\infty$ et $\lim_{x \to +\infty} g(x) = +\infty$, on obtient $g(\mathbb{R}_+^*) = \mathbb{R}$ et g sera une bijection de $\mathbb{R}_+^*$ sur $\mathbb{R}$. Pour tout $x \in \mathbb{R}_+^*$ et $y \in \mathbb{R}$:

$$g(x) = y \Leftrightarrow x - \frac{1}{x} = y \Leftrightarrow x^2 - 1 = xy \Leftrightarrow x^2 - yx - 1 = 0.$$

Le discriminant du trinôme $x^2 - yx - 1$ en x est $\Delta = y^2 + 4 > 0$, donc les racines de ce trinôme sont :
$$x = \frac{y \pm \sqrt{y^2 + 4}}{2}.$$

La racine $\frac{y - \sqrt{y^2+4}}{2}$ est à exclure car elle est négative. Sous les hypothèses $x \in \mathbb{R}_+^*$ et $y \in \mathbb{R}$, on obtient donc :
$$g(x) = y \Leftrightarrow x = \frac{y + \sqrt{y^2 + 4}}{2}$$

ce qui montre que g est une bijection de $\mathbb{R}_+^*$ dans $\mathbb{R}$ d'application réciproque g^{-1} définie par :
$$\forall y \in \mathbb{R} \quad g^{-1}(y) = \frac{y + \sqrt{y^2 + 4}}{2}.$$

La courbe $\mathcal{C}'$ est la courbe représentative de g^{-1} puisqu'elle est obtenue par symétrie de $\mathcal{C}_g$ par rapport à la première bissectrice D.

Réponse 1.13 a) La fonction cosécante est définie pour tous les réels x tels que $\sin x \neq 0$, donc sur $\mathbb{R} \backslash \pi \mathbb{Z}$. Pour tout $x \in \mathbb{R} \backslash \pi \mathbb{Z}$:
$$\operatorname{cosec}(x + 2\pi) = \frac{1}{\sin(x + 2\pi)} = \frac{1}{\sin x} = \operatorname{cosec} x$$

donc la fonction cosécante est périodique de période 2π. La fonction cosécante est aussi impaire puisque :
$$\forall x \in \mathbb{R} \backslash \pi \mathbb{Z} \quad \operatorname{cosec}(-x) = \frac{1}{\sin(-x)} = \frac{-1}{\sin x} = -\operatorname{cosec} x$$

et vérifie :
$$\forall x \in \mathbb{R} \backslash \pi \mathbb{Z} \quad \operatorname{cosec}(\pi - x) = \frac{1}{\sin(\pi - x)} = \frac{1}{\sin x} = \operatorname{cosec} x.$$

La courbe de cette fonction est donc à la fois symétrique par rapport à l'origine du repère et symétrique par rapport à la droite Δ d'équation $x = \pi/2$. Il suffit donc d'étudier cosec sur $]0, \pi/2]$ pour déduire ses variations sur $\mathbb{R} \backslash \pi \mathbb{Z}$ en entier, la symétrie par rapport à la droite Δ permettant de déduire la courbe de cette fonction sur l'intervalle $]0, \pi[$, puis la symétrie par rapport à l'origine du repère permettant d'obtenir la courbe représentative sur $]-\pi, 0[\cup]0, \pi[$, pour finalement utiliser la périodicité et compléter cette courbe de partout. La fonction cosec est dérivable sur $]0, \pi/2]$, et pour tout $x \in]0, \pi/2]$:

1.3. RÉPONSES

$$\operatorname{cosec}'(x) = \left(\frac{1}{\sin x}\right)' = -\frac{\cos x}{\sin^2 x}.$$

On a donc $\operatorname{cosec}'(x) < 0$ pour tout $x \in \,]0, \pi/2]$, et la fonction cosec décroît strictement sur cet intervalle. De plus :

$$\lim_{x \to 0_+} \operatorname{cosec}(x) = \lim_{x \to 0_+} \frac{1}{\sin x} = +\infty \quad \text{et} \quad \operatorname{cosec}\left(\frac{\pi}{2}\right) = 1.$$

La courbe aura l'allure suivante :

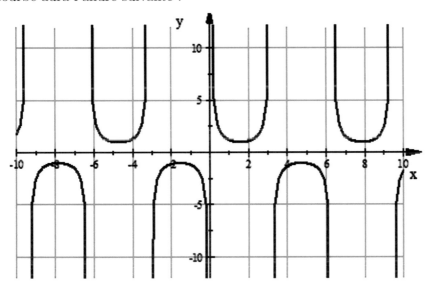

b) On peut proposer ce texte :

Exercice. Voici la représentation graphique d'une fonction f définie sur $]0, \pi[$.
   1) La fonction f est-elle définie en 0 ?
   2) Quel semble être le sens de variation de f sur cet intervalle ?
   3) L'équation $f(x) = 6$ possède-t-elle des solutions ? Si oui, combien ?

Voici des réponses possibles :

1) La fonction f n'est pas définie en 0 car son graphique $\mathcal{G}$ montre que 0 n'a pas d'image par f. En effet, la verticale passant par l'origine du repère ne coupe pas $\mathcal{G}$.

2) La fonction f semble décroissante sur $]0, \pi/2]$ puis croissante sur $[\pi/2, \pi[$.

3) L'équation $f(x) = 6$ possède 2 solutions dans $]0, \pi[$ car la droite d'équation $y = 6$ coupe $\mathcal{G}$ deux fois.

c) • Soit (E) l'équation $\operatorname{cosec} x = 0$. Si $m = 0$, cette équation n'admet pas de solution car $1/\sin x$ ne s'annule jamais. Dans la suite, on suppose que $m \neq 0$. Alors :

$$\operatorname{cosec} x = m \iff \sin x = \frac{1}{m}$$

et l'on peut affirmer que (E) n'admet pas de solution dès que $|1/m| > 1$, c'est-à-dire $|m| < 1$. Si $|m| \geq 1$, il existe x_0 tel que $\sin x_0 = 1/m$ et :

$$(E) \iff \sin x = \sin x_0 \iff \begin{cases} x \equiv x_0 \ (2\pi) \\ \text{ou} \\ x \equiv \pi - x_0 \ (2\pi). \end{cases}$$

On obtient *a priori* une infinité de solutions, mais il faut vérifier que les x trouvés appartiennent bien à l'ensemble de définition $\mathbb{R}\backslash\pi\mathbb{Z}$ de la fonction cosec. C'est le cas puisque $x \in \pi\mathbb{Z}$ implique $x_0 \in \pi\mathbb{Z}$, donc $\sin x_0 = 0$, ce qui est impossible car $\sin x_0 = 1/m$. En conclusion :

- Si $|m| < 1$, l'équation (E) n'admet pas de solution.
- Si $|m| \geq 1$, l'équation (E) admet une infinité de solutions.

- Si $m = 2$:

$$(E) \iff \sin x = \frac{1}{2} \iff \sin x = \sin \frac{\pi}{6} \iff \begin{cases} x \equiv \frac{\pi}{6} \ (2\pi) \\ \text{ou} \\ x \equiv \pi - \frac{\pi}{6} \equiv \frac{5\pi}{6} \ (2\pi). \end{cases}$$

d) D'après a) la fonction cosec est strictement décroissante sur $]0, \pi/2]$ et $\operatorname{cosec}(]0, \pi/2]) = [1, +\infty[$, donc cosec définit une bijection de $]0, \pi/2]$ sur $[1, +\infty[$. Comme $3 \in [1, +\infty[$, on déduit que l'équation $\operatorname{cosec} x = 3$ admet une unique solution x_0 dans $]0, \pi/2]$.

On doit résoudre l'équation $\sin x = 1/3$ par dichotomie. On sait que la fonction sinus est croissante sur $]0, \pi/2]$ et l'on remarque que $\sin(0,3) \simeq 0,295$ et $\sin(0,4) \simeq 0,389$. On déduit que $0,3 \leq x_0 \leq 0,4$ et cela nous donne les valeurs de départ $a_0 = 0,3$ et $b_0 = 0,4$ pour amorcer le calcul des suites adjacentes (a_n) et (b_n). Voici un algorithme de calcul de x_0 à 10^{-2} près :

$A \leftarrow 0,3$
$B \leftarrow 0,4$
Tant que $B - A > 10^{-2}$ faire :
  Si $\sin\left(\frac{A+B}{2}\right) - \frac{1}{3} \geq 0$, faire :
    $A \leftarrow A$
    $B \leftarrow \frac{A+B}{2}$
  Sinon faire :
    $A \leftarrow \frac{A+B}{2}$
    $B \leftarrow A$
Afficher A

1.3. RÉPONSES

Réponse 1.14 Si $k \in [\![0, n-1]\!]$ et $x \in \mathbb{R}$ posons $I_k = [k\pi/n, (k+1)\pi/n]$ et :

$$\begin{aligned} h_k(x) &= \left(x - \frac{k\pi}{n}\right)\left(x - \frac{(k+1)\pi}{n}\right) \\ &= x^2 - \left(\frac{k\pi}{n} + \frac{(k+1)\pi}{n}\right)x + \frac{k(k+1)\pi^2}{n^2} \\ &= x^2 - \frac{(2k+1)\pi}{n}x + \frac{k(k+1)\pi^2}{n^2}. \end{aligned}$$

La fonction du second degré h_k atteindra son minimum au point d'abscisse :

$$m_k = \frac{(2k+1)\pi}{2n}.$$

On a $m_k \in I_k$ car :

$$\begin{cases} \dfrac{k\pi}{n} \leq m_k \Leftrightarrow 2k\pi \leq (2k+1)\pi \Leftrightarrow 0 \leq 1 \text{ vrai} \\ m_k \leq \dfrac{(k+1)\pi}{n} \Leftrightarrow (2k+1)\pi \leq 2(k+1)\pi \Leftrightarrow \pi \leq 2\pi \text{ vrai} \end{cases}$$

Comme on sait que h_k décroît sur $[k\pi/n, m_k]$ puis croît sur $[m_k, (k+1)\pi/n]$, on en déduit que pour tout $x \in I_k$:

$$|h_k(x)| \leq \text{Max}\left(\left|h_k\left(\frac{k\pi}{n}\right)\right|, |h_k(m_k)|, \left|h_k\left(\frac{(k+1)\pi}{n}\right)\right|\right).$$

Mais :

$$h_k\left(\frac{k\pi}{n}\right) = h_k\left(\frac{(k+1)\pi}{n}\right) = 0$$

et :

$$\begin{aligned} h_k(m_k) &= \left(\frac{(2k+1)\pi}{2n} - \frac{k\pi}{n}\right)\left(\frac{(2k+1)\pi}{2n} - \frac{(k+1)\pi}{n}\right) \\ &= \frac{1}{4n^2}\left((2k+1)\pi - 2k\pi\right)\left((2k+1)\pi - 2(k+1)\pi\right) = \frac{-\pi^2}{4n^2} \end{aligned}$$

donc pour tout $x \in I_k$: $|h_k(x)| = \left|\left(x - \frac{k\pi}{n}\right)\left(x - \frac{(k+1)\pi}{n}\right)\right| \leq \frac{\pi^2}{4n^2}$.

Réponse 1.15 C'est vrai. Par hypothèse $x < 0 < y$, donc x est strictement négatif et y est strictement positif. On en déduit que les inverses $1/x$ et $1/y$ de x et y seront respectivement négatif et positif. On aura donc $1/x < 0 < 1/y$, et par transitivité : $1/x < 1/y$.

Remarque — Il ne faut pas rapidement dire que si $x < 0 < y$, alors $x < y$ entraîne $1/y < 1/x$ comme si x et y étaient tous deux strictement positifs.

Réponse 1.16 La propriété est fausse même si l'allure de la courbe obtenue avec un grapheur semble indiquer que f est croissante. Le signe de la dérivée étant difficile à déterminer, le plus rapide est d'utiliser une calculatrice. On trouve $f(0,1) = -9,343\,034\,025\,940\,09 \times 10^{-4}$ alors que $f(0) = 0$. Ainsi $f(0,1) < f(0)$ et f n'est pas croissante sur l'intervalle $[-2,1]$.

Remarques — α) Comme le suggère le rapport du jury, l'écriture d'un développement limité de f au voisinage de 0 permet de conclure. En effet :

$$f(x) = x^2 e^{x-1} - \frac{x^2}{2} = \frac{x^2}{e}(1+o(x)) - \frac{x^2}{2} = \left(\frac{1}{e} - \frac{1}{2}\right)x^2 + o(x^3)$$

avec $\alpha = \frac{1}{e} - \frac{1}{2} < 0$. Par suite f est équivalente à αx^2 au voisinage de 0, et cela entraîne que f possède le même signe que αx^2 en tout point x d'un voisinage suffisamment petit de 0 (il faut savoir démontrer ce résultat général en retournant à la définition des équivalents : voir [7], Th. 2.14). Une révision rapide des relations de comparaison de fonctions au voisinage d'un point (relations de domination, de prépondérance, d'équivalence entre fonctions au voisinage d'un point) est proposée au chapitre 2 de [7]. Un tel travail représente un investissement de fond sur ces thèmes utiles pour l'écrit ou l'oral de n'importe quel concours de recrutement où l'on trouve des épreuves de mathématiques.

β) On aurait aussi pu chercher à voir s'il existe des $x > 0$ tels que $f(x) < 0$, ce qui nous amène à résoudre l'inéquation :

$$f(x) = x^2 e^{x-1} - \frac{x^2}{2} < 0. \quad (*)$$

Sous réserve que $x \neq 0$,

$$(*) \Leftrightarrow e^{x-1} < \frac{1}{2} \Leftrightarrow x - 1 < -\ln 2 \Leftrightarrow x < 1 - \ln 2.$$

Comme $1 - \ln 2 \simeq 0,3$ tous les réels x inférieurs strictement à $0,3$ sont tels que $f(x) < 0$. Cela montre que f n'est pas croissante sur $[-2,1]$.

Extrait du rapport du jury — La majeure partie des candidats a tenté une étude sur $\mathbb{R}$, souvent mal conduite, de la fonction f. Le tâtonnement numérique a généralement abouti quand il a été utilisé. Le développement limité de la fonction exponentielle au voisinage de 0, permettait d'obtenir rapidement que f est négative à gauche et à droite de zéro, la valeur de f en zéro permettant de conclure qu'elle n'est pas croissante sur $\mathbb{R}$. Il était aussi possible de montrer par la simple résolution d'une inéquation que f prend des valeurs négatives à droite de zéro. Cette proposition permet d'évaluer la culture scientifique des candidats, notamment à partir de réponses fausses comme « le graphique fourni montre bien que f est croissante sur $\mathbb{R}$».

Réponse 1.17 a) • On suppose que $f(y_1) = f(y_2)$. La propriété $(*)$ permet d'écrire :
$$\forall x \in \mathbb{R}_+^* \quad \begin{cases} f(xf(y_1)) = y_1 f(x) \\ f(xf(y_2)) = y_2 f(x) \end{cases}$$
d'où :
$$\forall x \in \mathbb{R}_+^* \quad y_1 f(x) = y_2 f(x).$$
En particulier pour $x = 1$, on obtient $y_1 f(1) = y_2 f(1)$.

• Puisque f est à valeurs dans $\mathbb{R}_+^*$, on a $f(1) \neq 0$ et l'on peut diviser les deux membres de l'égalité $y_1 f(1) = y_2 f(1)$ par $f(1)$ pour obtenir $y_1 = y_2$. Ainsi :
$$f(y_1) = f(y_2) \Rightarrow y_1 = y_2$$
donc f est injective.

b) En appliquant la propriété $(*)$ avec $x = y = 1$, on obtient $f(f(1)) = f(1)$. Comme f est injective, cela entraîne que $f(1) = 1$. La propriété $(*)$ appliquée avec $x = 1$ donne :
$$\forall y \in \mathbb{R}_+^* \quad f(f(y)) = yf(1) = y,$$
ce qui prouve que $f : \mathbb{R}_+^* \to \mathbb{R}_+^*$ est involutive.

c) Soit $b \in \mathbb{R}_+^*$. Appliquons la propriété $(*)$ appliquée avec $y = f(b)$. On obtient :
$$\forall x \in \mathbb{R}_+^* \quad f(xf^2(b)) = f(b)f(x)$$
et comme $f^2(b) = b$:
$$\forall x \in \mathbb{R}_+^* \quad f(xb) = f(b)f(x).$$
Cela prouve que :
$$\forall a, b \in \mathbb{R}_+^* \quad f(ab) = f(a)f(b).$$

d) Si $x \in \mathbb{R}_+^*$ et $y = x$, la propriété $(*)$ donne :
$$\forall x \in \mathbb{R}_+^* \quad f(xf(x)) = xf(x)$$
ce qui montre que $xf(x) \in F$. On vient de voir que $xf(x) \in F$ pour tout $x \in \mathbb{R}_+^*$. Si $x = 1$, comme $f(1) = 1$, on obtient $1 \in F$.

e) Soient $x, y \in F$.

• La propriété $(*)$ donne $f(xf(y)) = yf(x)$, ce qui s'écrit $f(xy) = xy$ et prouve que $xy \in F$.

• Posons $z = 1/y$. Alors $zy = 1$. En utilisant encore la propriété $(*)$:
$$1 = f(1) = f(zy) = f(zf(y)) = yf(z)$$

d'où $f(z) = 1/y$, ce qui montre que $f(1/y) = 1/y$, autrement dit que $1/y \in F$. De $x \in F$ et $1/y \in F$ le premier point permet de déduire :
$$\frac{x}{y} = x \times \frac{1}{y} \in F.$$

Remarque — On aurait aussi pu utiliser la question c) suivant laquelle $f(ab) = f(a) f(b)$ quels que soient les réels strictement positifs a et b. Si $x, y \in F$, alors $f(xy) = f(x) f(y) = xy$ donc $xy \in F$. En écrivant $1 = y \times 1/y$ on obtient $1 = f(1) = f(y \times 1/y) = f(y) f(1/y) = y f(1/y)$, de sorte que $f(1/y) = 1/y$. Finalement de $x \in F$ et $1/y \in F$ on déduit que $x/y \in F$ comme tout produit de deux éléments de F.

f) Soit $x \in F$. Montrons par récurrence que $x^n \in F$ quel que soit $n \in \mathbb{N}$. La propriété est vraie si $n = 0$ ou 1 puisque $x^0 = 1 \in F$ et $x^1 = x \in F$. Si la propriété est vraie jusqu'au rang n, avec $n \geq 1$, alors $x^n \in F$ et $x \in F$ donc le produit $x^{n+1} = x^n \times x$ appartient encore à F d'après e), et cela montre que la propriété est vraie au rang $n + 1$. En conclusion :
$$\forall n \in \mathbb{N} \quad x^n \in F.$$

g) Soit $x \in F$. Raisonnons par l'absurde en supposant $x > 1$. Dans ce cas $\lim_{n \to +\infty} x^n = +\infty$ et pourtant, comme $x^n \in F$ quel que soit n, on obtient $x^n = f(x^n)$ et la suite (x^n) est bornée, puisque par hypothèse f est bornée. C'est absurde car une suite bornée ne peut pas tendre vers $+\infty$, donc $x \leq 1$.

h) S'il existe $x \in F$ tel que $x < 1$, alors $1/x \in F$ d'après b) et e), et bien sûr $1/x > 1$, ce qui est absurde d'après g). En conclusion $F = \{1\}$. La question d) montre que $xf(x) \in F$ pour tout $x \in \mathbb{R}_+^*$. On vient de montrer que $F = \{1\}$, de sorte que :
$$\forall x \in \mathbb{R}_+^* \quad xf(x) = 1$$
c'est-à-dire :
$$\forall x \in \mathbb{R}_+^* \quad f(x) = \frac{1}{x}.$$

On a montré que si $f \in \mathcal{F}$, alors f est l'application inv qui à x associe $1/x$.

i) La question précédente montre que $\mathcal{F} \subset \{\text{inv}\}$. Comme réciproquement, l'application inv appartient évidemment à $\mathcal{F}$, on peut conclure à $\mathcal{F} = \{\text{inv}\}$.

$\boxed{\text{Réponse 1.18}}$ a) La fonction L est une fonction affine par morceaux. On regroupe toutes les informations dans le tableau suivant :

	-2		3		4	
$|x+2|$	$-x-2$	|	$x+2$	|	$x+2$	| $x+2$
$|x-3|$	$-x+3$	|	$-x+3$	|	$x-3$	| $x-3$
$|x-4|$	$-x+4$	|	$-x+4$	|	$-x+4$	| $x-4$
$L(x)$	$-3x+5$	|	$-x+9$	|	$x+3$	| $3x-5$

1.3. RÉPONSES

pour conclure à :

$$L(x) = \begin{cases} -3x+5 & \text{si} \quad x < -2 \\ -x+9 & \text{si} \quad -2 \leq x < 3 \\ x+3 & \text{si} \quad 3 \leq x < 4 \\ 3x-5 & \text{si} \quad 4 \leq x. \end{cases}$$

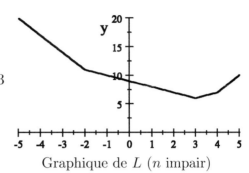

Graphique de L (n impair)

b) Cette fois-ci :

	-2		2		4		7	
$\|x+2\|$	$-x-2$	$x+2$		$x+2$		$x+2$		$x+2$
$\|x-2\|$	$-x+2$	$-x+2$		$x-2$		$x-2$		$x-2$
$\|x-4\|$	$-x+4$	$-x+4$		$-x+4$		$x-4$		$x-4$
$\|x-7\|$	$-x+7$	$-x+7$		$-x+7$		$-x+7$		$x-7$
$L(x)$	$-4x+11$	$-2x+15$		11		$2x+3$		$4x-11$

et l'on obtient une autre représentation graphique de L.

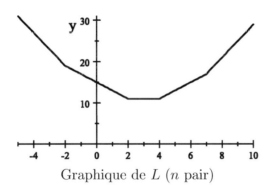

Graphique de L (n pair)

c) Les exemples précédents sont parlants : les graphiques sont faits de demi-droites et de segments de pentes négatives pour commencer, qui augmentent régulièrement pour ensuite devenir positive et continuer de croître. Le minimum est atteint au moment où l'on passe d'une pente négative à une pente positive ou nulle.

- Si n est impair, le minimum est atteint pour $x = x_{(n+1)/2}$:

$$x_1, x_2, ..., \underline{x_{(n+1)/2}}, ..., x_n.$$

- Si n est pair, le minimum est atteint en n'importe quel point de l'intervalle $[x_{n/2}, x_{n/2+1}]$ car la fonction L est constante sur celui-ci, sa pente étant nulle sur cet intervalle : $x_1, x_2, ..., \overline{x_{n/2}, x_{n/2+1}}, ..., x_n$. Les valeurs de x trouvées dans la question précédente sont des médianes de la suite statistique $x_1, x_2,..., x_n$.

Remarque — La médiane d'une suite statistique simple est une valeur x_m de cette suite qui partage la suite en deux parties de même cardinal, de sorte qu'il y ait autant d'éléments de la suite inférieurs à x_m que supérieurs à x_m.

$\boxed{\text{Réponse 1.19}}$ a) Par définition $P_k = (\sin(k\pi/n)) L_1 + (\sin((k+1)\pi/n)) L_2$ avec :
$$L_1 = \frac{X - (k+1)\pi/n}{k\pi/n - (k+1)\pi/n} \quad \text{et} \quad L_2 = \frac{X - k\pi/n}{(k+1)\pi/n - k\pi/n}$$

donc :

$$P_k(X) = \frac{n}{\pi}\left((-\sin\frac{k\pi}{n})\left(X - \frac{(k+1)\pi}{n}\right) + \left(\sin\frac{(k+1)\pi}{n}\right)\left(X - \frac{k\pi}{n}\right)\right)$$
$$= \frac{n}{\pi}\left((-\sin\frac{k\pi}{n})\left(X - \frac{(k+1)\pi}{n}\right) + \left(\sin\frac{(k+1)\pi}{n}\right)\left(X - \frac{k\pi}{n}\right)\right)$$
$$= \frac{1}{\pi}\left((-\sin\frac{k\pi}{n})(nX - (k+1)\pi) + \left(\sin\frac{(k+1)\pi}{n}\right)(nX - k\pi)\right)$$
$$= \frac{1}{\pi}\left(\left(\sin\frac{(k+1)\pi}{n} - \sin\frac{k\pi}{n}\right)nX + (k+1)\pi\sin\frac{k\pi}{n} - k\pi\sin\frac{(k+1)\pi}{n}\right)$$

Pour $n = 1$, on a $k = 0$ et $Q_1(x) = P_0(X) = \frac{1}{\pi}(\sin\pi)x = 0$. La fonction Q_1 est la fonction nulle. Pour $n = 2$:

$$Q_2(x) = \begin{cases} P_0(x) & \text{si } 0 \leq x < \frac{\pi}{2} \\ P_1(x) & \text{si } \frac{\pi}{2} \leq x \leq \pi \end{cases}$$

où $P_0(x) = \frac{1}{\pi}\left(2\left(\sin\frac{\pi}{2} - \sin 0\right)x + \pi\sin 0\right) = \frac{2}{\pi}x$

et $P_1(x) = \frac{1}{\pi}\left(2\left(\sin\pi - \sin\frac{\pi}{2}\right)x + 2\pi\sin\frac{\pi}{2} - \pi\sin\pi\right) = -\frac{2}{\pi}x + 2$.

En conclusion :

$$Q_2(x) = \begin{cases} \frac{2}{\pi}x & \text{si } 0 \leq x < \frac{\pi}{2} \\ -\frac{2}{\pi}x + 2 & \text{si } \frac{\pi}{2} \leq x \leq \pi \end{cases}$$

1.3. RÉPONSES

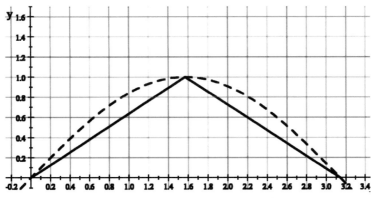

Courbes représentatives de Q_2 et de la fonction sinus

b) La fonction affine par morceaux Q_n sera continue sur $[0, \pi]$ si et seulement si pour tout $k \in [\![0, n-2]\!]$:

$$P_k\left(\frac{(k+1)\pi}{n}\right) = P_{k+1}\left(\frac{(k+1)\pi}{n}\right). \quad (*)$$

Par définition P_k est le polynôme d'interpolation de f en $k\pi/n$ et $(k+1)\pi/n$, donc :

$$P_k\left(\frac{(k+1)\pi}{n}\right) = \sin\left(\frac{(k+1)\pi}{n}\right).$$

Comme P_{k+1} est le polynôme d'interpolation de f en $(k+1)\pi/n$ et $(k+2)\pi/n$, on a aussi :

$$P_{k+1}\left(\frac{(k+1)\pi}{n}\right) = \sin\left(\frac{(k+1)\pi}{n}\right).$$

Cela montre l'égalité $(*)$ et permet de conclure.

Réponse 1.20 On raisonne par récurrence sur n. Si $n = 2$, l'inégalité à prouver est celle de la définition d'une fonction convexe car $\lambda_2 = 1 - \lambda_1$, et :

$$f(\lambda_1 x_1 + \lambda_2 x_2) \leq \lambda_1 f(x_1) + \lambda_2 f(x_2)$$

s'écrit aussi bien $f(\lambda_1 x_1 + (1 - \lambda_1) x_2) \leq \lambda_1 f(x_1) + (1 - \lambda_1) f(x_2)$.

Si $n \geq 3$, l'une des sommes $\lambda_i + \lambda_j$ ($i \neq j$) n'est pas nulle (si $\lambda_i + \lambda_j = 0$ pour tous i, j distincts, alors comme les λ_i sont positifs, on aurait $\lambda_1 = ... = \lambda_n = 0$, absurde), par exemple $\lambda_1 + \lambda_2 \neq 0$, et la propriété au rang $n-1$ permet d'écrire :

$$f\left((\lambda_1 + \lambda_2)\frac{\lambda_1 x_1 + \lambda_2 x_2}{\lambda_1 + \lambda_2} + \lambda_3 x_3 + ... + \lambda_n x_n\right)$$
$$\leq (\lambda_1 + \lambda_2) f\left(\frac{\lambda_1 x_1 + \lambda_2 x_2}{\lambda_1 + \lambda_2}\right) + \sum_{i=3}^{n} \lambda_i f(x_i).$$

En utilisant la propriété au rang 2, on obtient :
$$f\left(\frac{\lambda_1 x_1 + \lambda_2 x_2}{\lambda_1 + \lambda_2}\right) \leq \frac{\lambda_1}{\lambda_1 + \lambda_2} f(x_1) + \frac{\lambda_2}{\lambda_1 + \lambda_2} f(x_2)$$
d'où :
$$f(\lambda_1 x_1 + ... + \lambda_n x_n) \leq \lambda_1 f(x_1) + ... + \lambda_n f(x_n) \quad (\ddagger)$$
en remplaçant. Cela montre que la propriété est vraie au rang n, et achève le raisonnement par récurrence.

Compléments — Donnons deux autres démonstrations de l'inégalité de Jensen, la première en suivant les indications de l'énoncé et en raisonnant comme précédemment, la seconde en utilisant l'épigraphe de f, c'est-à-dire la partie du plan située au-dessus de la courbe représentative de f.

Encore une récurrence – Pour montrer l'hérédité, on suppose que la formule est vraie jusqu'au rang $n-1$, et l'on doit montrer l'inégalité ($\ddagger$). On peut supposer $\lambda_n \neq 1$, autrement $\lambda_1 + ... + \lambda_{n-1} = 0$ et tous les λ_i étant positifs, on déduirait que $\lambda_1 = ... = \lambda_{n-1} = 0$, un cas où le résultat est trivial. Puisque $\lambda_n \neq 1$, on peut écrire :
$$\sum_{k=1}^{n} \lambda_k x_k = \lambda_n x_n + (1-\lambda_n) \sum_{k=1}^{n-1} \frac{\lambda_k}{1-\lambda_n} x_k.$$
et la propriété au rang 2 donne :
$$f\left(\sum_{k=1}^{n} \lambda_k x_k\right) \leq \lambda_n f(x_n) + (1-\lambda_n) f\left(\sum_{k=1}^{n-1} \frac{\lambda_k}{1-\lambda_n} x_k\right).$$
Il suffit de voir que la propriété récurrente donne :
$$f\left(\sum_{k=1}^{n-1} \frac{\lambda_k}{1-\lambda_n} x_k\right) \leq \sum_{k=1}^{n-1} \frac{\lambda_k}{1-\lambda_n} f(x_k)$$
et de remplacer pour obtenir ($\ddagger$).

Avec l'épigraphe – On sait, d'après le cours, qu'une fonction est convexe si et seulement si son épigraphe $\text{Epi}(f)$ est convexe. Or les points N_i de coordonnées $(x_i, f(x_i))$ appartiennent à $\text{Epi}(f)$. Le point G de coordonnées :
$$\left(\sum_{i=1}^{n} \lambda_i x_i, \sum_{i=1}^{n} \lambda_i f(x_i)\right)$$
étant le barycentre des points N_i affectés des coefficients positifs λ_i, il appartient à l'enveloppe convexe des N_i, donc *a fortiori* à l'épigraphe de f (qui est convexe). Ainsi $G \in \text{Epi}(f)$, ce qui signifie que :

$$f\left(\sum_{i=1}^{n} \lambda_i x_i\right) \leq \sum_{i=1}^{n} \lambda_i f(x_i).$$

Réponse 1.21 a) La fonction f_n est dérivable sur $[0, +\infty[$, et pour tout x strictement positif,
$$f'_n(x) = \sum_{k=1}^{n} k x^{k-1} > 0.$$
La fonction f_n est donc strictement croissante sur $[0, +\infty[$.

De plus $\lim_{x \to +\infty} f_n(x) = +\infty$ et $f_n(0) = 1$, et comme f_n est continue, l'image de l'intervalle $[0, +\infty[$ par f_n sera un intervalle. On peut donc affirmer que f_n est une bijection dérivable strictement croissante de $[0, +\infty[$ sur $[1, +\infty[$. On en déduit qu'il existe une unique solution a_n de l'équation $f_n(x) = n$.

b) Par hypothèse $f_n(a_n) = n$ et $f_n(1) = n + 1$. Donc $f_n(a_n) < f_n(1)$ et comme f_n est strictement croissante, $a_n < 1$. On en déduit que $0 \leq a_n < 1$ puisque a_n appartient aussi à l'ensemble de définition $[0, +\infty[$ de f_n.

c) On a :
$$f_{n+1}(a_n) = 1 + \sum_{k=1}^{n+1} a_n^k = f_n(a_n) + a_n^{n+1} = n + a_n^{n+1}.$$

Mais $a_n < 1$ entraîne $f_{n+1}(a_n) = n + a_n^{n+1} < n + 1 = f_{n+1}(a_{n+1})$, et la stricte croissance de f_{n+1} sur $[0, +\infty[$ impose d'avoir $a_n < a_{n+1}$. Pour tout $n \in \mathbb{N}^*$, on a donc $a_n < a_{n+1}$, ce qui montre que la suite (a_n) est strictement croissante. Comme elle est majorée par 1, elle converge vers une limite L telle que $L \leq 1$ d'après le théorème de convergence des suites réelles croissantes majorées.

d) On suppose que $0 < L < 1$. En utilisant l'expression connue de la somme des $n+1$ premiers termes d'une suite géométrique de raison a_n, on obtient :
$$f_n(a_n) = 1 + \sum_{k=1}^{n} a_n^k = \frac{1 - a_n^{n+1}}{1 - a_n}. \quad (*)$$

Comme $\lim a_n = L < 1$, si l'on fixe un réel ξ tel que $L < \xi < 1$, il existera un entier naturel N tel que :
$$n \geq N \Rightarrow 0 \leq a_n < \xi < 1 \Rightarrow 0 \leq a_n^{n+1} < \xi^{n+1}.$$

Comme $\lim_{n \to +\infty} \xi^{n+1} = 0$, l'encadrement $0 \leq a_n^{n+1} < \xi^{n+1}$ permet d'utiliser le théorème des gendarmes et conclure à $\lim_{n \to +\infty} a_n^{n+1} = 0$. De $(*)$ on déduit alors :
$$\lim_{n \to +\infty} f_n(a_n) = \frac{1}{1 - L}.$$

Comme $f_n(a_n) = n$ pour tout n, $\lim_{n \to +\infty} f_n(a_n) = +\infty$ en contradiction avec la limite obtenue dans la question précédente. Notre hypothèse $L < 1$ est donc fausse. On en déduit que $L = 1$ et $\lim a_n = 1$.

$\boxed{\textbf{Réponse 1.22}}$ a) C'est $L = 10 \log\left(\dfrac{10^{-5}}{10^{-12}}\right) = 10 \log(10^7) = 10 \times 7 = 70$.

b) On augmente le niveau sonore de 10 dB, donc on passe d'un niveau sonore L associé à l'intensité I, à un niveau sonore $L + 10$ associé à une intensité I'. On cherche le lien entre I' et I. Comme :

$$\begin{cases} L + 10 = 10 \log\left(\dfrac{I'}{I_0}\right) \\ L = 10 \log\left(\dfrac{I}{I_0}\right) \end{cases}$$

on obtient par soustraction :

$$10 = 10\left[\log\left(\dfrac{I'}{I_0}\right) - \log\left(\dfrac{I}{I_0}\right)\right] = 10\left(\log I' - \log I\right) = 10 \log\dfrac{I'}{I}$$

soit :

$$\log\dfrac{I'}{I} = 1. \quad (*)$$

On peut vérifier que pour tout x strictement positif, $10^{\log x} = x$ (voir Lemme plus bas). L'égalité $(*)$ entraîne donc $I'/I = 10$. En conclusion, l'intensité sonore I est multipliée par 10 quand le niveau sonore L augmente de 10 dB.

Lemme – Pour tout x strictement positif, $10^{\log x} = x$.

Preuve du Lemme — Par définition, si $t \in \mathbb{R}$ alors $10^t = e^{t \ln 10}$. Par définition aussi, on a $\log x = \ln x / \ln 10$. Donc $10^{\log x} = e^{(\log x) \times (\ln 10)} = e^{\ln x} = x$.

$\boxed{\textbf{Réponse 1.23}}$ a) On lit $A_1 \simeq 3,5$ et $A_2 \simeq 3$. Pour une fonction sinusoïdale $u(t) = A \sin(\omega t + \varphi)$, l'amplitude A est égale au maximum atteint par cette fonction. Ce maximum est facile à lire sur la figure.

b) La période T_1 de u_1 se lit sur le graphique : $T_1 \simeq 0,02 - 0 \simeq 0,02$. On en déduit la pulsation :

$$\omega_1 = \dfrac{2\pi}{T_1} \simeq \dfrac{2\pi}{0,02} \simeq 100\pi.$$

Première étape — Il faut déterminer la période T_1 de la fonction u_1. Cela se fait en regardant la distance entre deux intersections de la courbe et de l'axe des abscisses telles que le motif de la courbe situé entre ces deux points, et reproduit à l'infini, permette de retrouver la courbe en entier.

1.3. RÉPONSES

Seconde étape — Se rappeler de la formule $\omega_1 = 2\pi/T_1$ et remplacer T_1 par la valeur approchée trouvée à la première étape.

Remarque — On vérifie que le nombre $T = 2\pi/\omega$ est une période de la fonction $u(t) = A\sin(\omega t + \varphi)$ en écrivant que pour tout $t \in \mathbb{R}$:

$$u\left(t + \frac{2\pi}{\omega}\right) = A\sin(\omega t + 2\pi + \varphi) = A\sin(\omega t + \varphi) = u(t).$$

c) • Pour obtenir une approximation de la phase initiale φ, on peut utiliser les abscisses des points d'intersection de la courbe avec l'axe des abscisses qui sont connues sur le graphique. Une telle abscisse t doit vérifier $\sin(\omega t + \varphi) = 0$, ce qui équivaut à l'existence d'un entier relatif k tel que $\omega t + \varphi = k\pi$. Ici on peut prendre $t = 0,00167$ par lecture graphique, et l'on obtient avec $k = 1$:

$$\varphi = \pi - 100\pi \times 0,00167 = 0,833\,\pi \simeq \frac{5\pi}{6}$$

puisque $\omega = 100\pi$.

• On a démontré qu'on avait approximativement $u_2(t) = A_2 \sin(\omega t + \varphi)$ avec $\omega = 100\pi$ et $\varphi \simeq 5\pi/6$. Si l'on avait $u_2(t) = A_2 \sin(\omega t + \pi/6)$, on aurait :

$$\forall t \in \mathbb{R} \quad \sin(\omega t + \varphi) = \sin\left(\omega t + \frac{\pi}{6}\right),$$

ce qui équivaut à l'existence d'un entier relatif k tel que :

$$\forall t \in \mathbb{R} \quad \begin{cases} \omega t + \varphi = \omega t + \dfrac{\pi}{6} + k2\pi \\ \text{ou} \\ \omega t + \varphi = \pi - \left(\omega t + \dfrac{\pi}{6}\right) + k2\pi \end{cases}$$

c'est-à-dire :

$$\forall t \in \mathbb{R} \quad \begin{cases} \varphi = \dfrac{\pi}{6} + k2\pi \\ \text{ou} \\ 2\omega t + \varphi = \dfrac{5\pi}{6} + k2\pi. \quad (*) \end{cases}$$

Cette dernière affirmation est fausse car $\varphi \simeq 5\pi/6$ ne peut être égal à $\pi/6$ modulo 2π, et puisque l'égalité $(*)$ ne peut pas être vraie pour tout t.

Autre solution — On aurait aussi pu raisonner par l'absurde plus directement en testant la valeur $\varphi = \pi/6$ proposée par l'élève et aboutir à une absurdité. Si cette valeur était bonne, le réel :

$$k = \frac{\omega t + \varphi}{\pi}$$

serait un entier lorsque $t = 0,00167$ (en fait proche d'un entier car on travaille avec des valeurs approchées). On calcule :

$$k = \frac{\omega t + \varphi}{\pi} = \frac{100\pi \times 0,00167 + \pi/6}{\pi} \simeq 0,333\,666\,667$$

et k est bien éloigné d'un entier !

Chapitre 2

Continuité

2.1 Minimum vital

2.1.1 Rappels de cours

Question 2.1 *Théorème des valeurs intermédiaires*
Démontrer que l'image d'un intervalle I de $\mathbb{R}$ par une application continue $f : I \to \mathbb{R}$ est un intervalle.

Question 2.2 *Méthode de dichotomie*
Quel intérêt y-a-t-il à démontrer le théorème des valeurs intermédiaires en utilisant la méthode de dichotomie ?

Question 2.3 *Une question d'oral*
D'où vient le terme dichotomie ?

Question 2.4 *Continue $\Rightarrow$ bornée & atteint ses bornes*
Montrer qu'une application continue $f : [a,b] \to \mathbb{R}$ est bornée et atteint ses bornes.

Question 2.5 *Image d'un segment par une application continue*
Montrer que l'image d'un segment par une application continue est un segment.

2.1.2 Questions courtes

Question 2.6 *Un classique* (Ecrit CAPES 2023)
Soit $f : [0,1] \to [0,1]$ une application continue. Montrer qu'il existe $x \in [0,1]$ tel que $f(x) = x$.

Question 2.7 Sup f *comme limite d'une suite*
Si $f : [a, b] \to \mathbb{R}$ est une fonction continue, notons $M = \text{Sup}\, f\,([a, b])$. Montrer qu'il existe une suite $(u_n)_{n \in \mathbb{N}}$ de $[a, b]$ telle que $\lim_{n \to +\infty} f(u_n) = M$.

Question 2.8 *(Ecrit CAPLP 2010)*
Soit x_0 un nombre réel, soient f et g deux fonctions définies sur $\mathbb{R}$ à valeurs dans $\mathbb{R}$, f étant continue en x_0 et g ne l'étant pas. Peut-on affirmer que la fonction $f + g$ n'est pas continue en x_0 ?

Question 2.9 *(Ecrit CAPLP 2012)* La courbe représentative d'une fonction continue de $\mathbb{R}$ vers $\mathbb{R}$ peut-elle avoir une tangente verticale ?

Question 2.10 *Prolongement par continuité de* $\sin(1/x)$
Etudier la fonction f de $\mathbb{R}$ dans $\mathbb{R}$ qui à x associe $f(x) = \sin(1/x)$. Cette fonction est-elle prolongeable par continuité en 0 ?

Question 2.11 *(Ecrit CAPLP 2019)*
La fonction définie ci-dessous est-elle continue en 0 ?

$$f : \begin{array}{rcl} \mathbb{R} & \to & \mathbb{R} \\ x & \mapsto & \begin{cases} e^{-1/x}/x^2 & \text{si } x \neq 0 \\ 0 & \text{si } x = 0. \end{cases} \end{array}$$

2.2 Entraînement

2.2.1 Mesclum

Question 2.12 *(Ecrit CAPLP 2019)* Soit f une fonction définie sur $\mathbb{R}$ et soit $(u_n)_{n \in \mathbb{N}}$ une suite de nombres réels qui converge vers l. La suite $(f(u_n))_{n \in \mathbb{N}}$ converge-t-elle vers $f(l)$?

Question 2.13 Soit $f : I \to \mathbb{R}$ une application monotone définie sur un intervalle réel I. Si $f(I)$ est un intervalle, montrer que f est continue.

Question 2.14 Soit $f : I \to \mathbb{R}$ une fonction continue définie sur un intervalle I de $\mathbb{R}$. On suppose que f est injective. Démontrer qu'elle est strictement monotone (on pourra utiliser le théorème des valeurs intermédiaires).

2.2.2 Uniforme continuité

Question 2.15 *Uniforme continuité* *(Ecrit CAPES 2012)*
Soit $f : I \to \mathbb{R}$ une application d'un intervalle réel I dans $\mathbb{R}$.

a) Quand dit-on que f est uniformément continue sur I ?

b) Ecrire à l'aide de quantificateurs la proposition « f n'est pas uniformément continue sur I ».

Question 2.16 *Lipschitzienne $\Rightarrow$ uniformément continue*
(Ecrit CAPES 2012)
Soit $f : I \to \mathbb{R}$ une application lipschitzienne d'un intervalle réel I dans $\mathbb{R}$. Montrer que f est uniformément continue sur I.

Question 2.17 *(Ecrit CAPES 2012)*
a) Montrer que $||x| - |y|| \leq |x - y|$ quels que soient les réels x et y.
b) On considère l'application f de $\mathbb{R}$ dans $\mathbb{R}$ définie par :
$$f(x) = \frac{1}{1 + |x|}.$$
Montrer que f est uniformément continue sur $\mathbb{R}$.

Question 2.18 *(Ecrit CAPES 2012)*
a) Montrer que $\sqrt{x + y} \leq \sqrt{x} + \sqrt{y}$ et que $|\sqrt{x} - \sqrt{y}| \leq \sqrt{|x - y|}$ quels que soient x et y appartenant à $\mathbb{R}_+$.
b) Montrer que la fonction $g : x \mapsto \sqrt{x}$ est uniformément continue sur $\mathbb{R}_+$.
c) Montrer que la fonction g n'est pas lipschitzienne sur $\mathbb{R}_+$.

Question 2.19 *(Ecrit CAPES 2012)* En considérant les suites réelles $(x_n)_{n \in \mathbb{N}}$ et $(y_n)_{n \in \mathbb{N}}$ définies pour tout n en posant $x_n = \sqrt{n+1}$ et $y_n = \sqrt{n}$, montrer que la fonction $h : x \mapsto x^2$ n'est pas uniformément continue sur $\mathbb{R}$. La fonction h est-elle lipschitzienne sur $\mathbb{R}$?

Question 2.20 *(Ecrit CAPES 2012)*
On considère la fonction f de $\mathbb{R}$ dans $\mathbb{R}$ qui à x associe $f(x) = x^2$.
a) Soient $a, b \in \mathbb{R}$ avec $a < b$. Montrer que f est lipschitzienne sur $[a, b]$, et donc uniformément continue sur cet intervalle.
b) Montrer que f n'est pas uniformément continue sur $\mathbb{R}$.

Question 2.21 *(Ecrit CAPES 2012)*
a) Soit f une application uniformément continue de $\mathbb{R}_+$ dans $\mathbb{R}$. On désire montrer l'existence de deux réels a et b tels que $f(x) \leq ax + b$ pour tout $x \in \mathbb{R}_+$. Justifier l'existence d'un réel η_1 strictement positif tel que :
$$\forall (x, y) \in \mathbb{R}_+^2 \quad |x - y| \leq \eta_1 \Rightarrow |f(x) - f(y)| \leq 1.$$
Soit $x_0 \in \mathbb{R}_+$. Soit n_0 le plus petit entier naturel non nul tel que $\frac{x_0}{n_0} \leq \eta_1$. Justifier l'existence de n_0 et exprimer n_0 en fonction de x_0 et η_1. Montrer ensuite que :

$$|f(x_0) - f(0)| \leq \sum_{k=0}^{n_0-1} \left| f\left(\frac{(k+1)x_0}{n_0}\right) - f\left(\frac{kx_0}{n_0}\right) \right|,$$

puis conclure.

b) Les fonctions polynômes de degré supérieur ou égal à 2 sont-elles uniformément continues sur $\mathbb{R}$?

c) La fonction exponentielle est-elle uniformément continue sur $\mathbb{R}$?

Question 2.22 (Ecrit CAPES 2012) Soit I un intervalle de $\mathbb{R}$. Si une fonction f, définie sur I, est uniformément continue sur tout intervalle $[a, b]$ inclus dans I, peut-on en déduire que f est uniformément continue sur I ?

Question 2.23 Théorème de Heine (Ecrit CAPES 2012)
On désire démontrer ici le célèbre théorème de Heine : si une fonction f est continue sur un segment $I = [a, b]$ de $\mathbb{R}$, alors elle est uniformément continue sur ce segment. Supposons que f soit une fonction continue sur I et non uniformément continue sur I. Montrer qu'il existe un réel $\varepsilon > 0$ et deux suites $(x_n)_{n \in \mathbb{N}^*}$ et $(y_n)_{n \in \mathbb{N}^*}$ d'éléments de I tels que pour tout $n \in \mathbb{N}^*$:

$$|x_n - y_n| \leq \frac{1}{n} \quad et \quad |f(x_n) - f(y_n)| > \varepsilon.$$

Montrer ensuite que l'on peut extraire des suites précédentes deux sous-suites convergentes $(x_{\sigma(n)})_{n \in \mathbb{N}^*}$ et $(y_{\sigma(n)})_{n \in \mathbb{N}^*}$. Conclure.

2.3 Réponses

Réponse 2.1 Il s'agit de montrer que, pour tous $f(a)$ et $f(b)$ appartenant à $f(I)$ (avec $a, b \in I$ et $a < b$), et pour tout d situé entre $f(a)$ et $f(b)$, on a $d \in f(I)$ (on utilise cette caractérisation d'un intervalle : « une partie I de $\mathbb{R}$ est un intervalle si, et seulement si, pour tout $a, b \in I$, avec $a \leq b$, l'intervalle $[a, b]$ est inclus dans I » [6]). Le plus simple est de procéder par dichotomie.

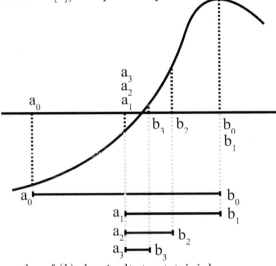

- Si $d = f(a)$ ou $d = f(b)$, le résultat est trivial.
- Sinon d est strictement situé entre $f(a)$ et $f(b)$, et on peut supposer que $f(a) < d < f(b)$ (quitte à recommencer le même raisonnement dans l'autre cas, ou remplacer f par $-f$ et d par $-d$). On pose $a_0 = a$ et $b_0 = b$. On pose ensuite :
$$\begin{cases} a_1 = \dfrac{a_0 + b_0}{2} \text{ et } b_1 = b_0 & \text{si } f(\dfrac{a_0 + b_0}{2}) \leq d \\ a_1 = a_0 \text{ et } b_1 = \dfrac{a_0 + b_0}{2} & \text{si } f(\dfrac{a_0 + b_0}{2}) \geq d, \end{cases}$$

et l'on recommence ensuite de la même façon à chaque pas de la construction. On construit ainsi deux suites $(a_n)_{n \in \mathbb{N}}$ et $(b_n)_{n \in \mathbb{N}}$ qui vérifient :
$$\begin{cases} (a_n) \text{ croît et } (b_n) \text{ décroît,} \\ \forall n \in \mathbb{N} \quad f(a_n) \leq d \leq f(b_n), \quad (*) \\ b_n - a_n = \dfrac{b - a}{2^n}. \end{cases}$$

Ce sont des suites adjacentes, donc elles convergent vers une même limite l. La fonction f étant continue, on peut passer à la limite dans l'inégalité $(*)$ et obtenir $f(l) \leq d \leq f(l)$, c'est-à-dire $d = f(l)$. De plus $l \in [a, b] \subset I$.

Remarque — Si on connaît bien les résultats classiques sur la connexité, on peut répondre rapidement à cette question en disant que l'image d'un connexe par une application continue est encore un connexe, et que les connexes de $\mathbb{R}$ sont exactement les intervalles de $\mathbb{R}$. Sachant cela, l'image d'un intervalle de $\mathbb{R}$ par une fonction continue ne pourra être qu'un intervalle de $\mathbb{R}$.

Réponse 2.2 La preuve par dichotomie est précieuse car elle est constructive. Elle nous offre un algorithme simple qui permet de construire deux suites adjacentes (a_n) et (b_n) qui convergent vers une solution de l'équation $f(x) = d$ où d est donné et où x est l'inconnue. Cette solution $x = l$ est telle que $a_n \leq l \leq b_n$ pour tout n, et $b_n - a_n = (b-a)/2^n$, donc :

$$\forall n \in \mathbb{N} \quad 0 \leq l - a_n \leq \frac{b-a}{2^n}.$$

On peut approximer l par a_n à n'importe quelle précision choisie à l'avance, en se donnant un réel ε strictement positif et en cherchant un entier n tel que $(b-a)/2^n \leq \varepsilon$.

Réponse 2.3 Du grec *dikha* qui veut dire *en deux*, et *tomê* qui signifie *coupé*. En grec, cela donne διχοτομία ce qui pourrait se traduire par *division en deux parties égales*. C'est bien de quoi il s'agit ! La méthode de dichotomie est aussi connue sous le nom de méthode de subdivision binaire. Elle est très utilisée en sciences pour trier des données ou pour fixer un cadre de raisonnement.

Réponse 2.4 Si f n'était pas bornée, pour tout entier naturel n il existerait $u_n \in [a,b]$ tel que $|f(u_n)| \geq n$. Mais le théorème de Bolzano-Weierstrass montre qu'il existe une sous-suite $(u_{n_k})_{k \in \mathbb{N}}$ qui converge vers une limite l dans $[a,b]$. Par continuité, on obtiendrait $\lim_{k \to +\infty} f(u_{n_k}) = f(l)$, ce qui est impossible puisque les inégalités $|f(u_n)| \geq n$ montrent que :

$$\lim_{k \to +\infty} |f(u_{n_k})| = +\infty,$$

tandis que la continuité de l'application « valeur absolue » et l'assertion $\lim_{k \to +\infty} f(u_{n_k}) = f(l)$ montrent que $\lim_{k \to +\infty} |f(u_{n_k})| = |f(l)|$. Les deux limites obtenues ne sont pas égales !

Montrons maintenant que f atteint ses bornes. Posons $M = \operatorname{Sup} f([a,b])$. Il existe une suite $(u_n)_{n \in \mathbb{N}}$ de $[a,b]$ telle que $\lim_{n \to +\infty} f(u_n) = M$ (Question 2.7), et il suffit de choisir une sous-suite $(u_{n_k})_{k \in \mathbb{N}}$ de $(u_n)_{n \in \mathbb{N}}$ qui converge vers une limite l dans $[a,b]$ pour pouvoir écrire $\lim_{k \to +\infty} f(u_{n_k}) = f(l) = M$ par continuité, ce qui prouve que $M \in f([a,b])$.

2.3. RÉPONSES

Réponse 2.5 Si $f : [a,b] \to \mathbb{R}$ est continue sur l'intervalle $[a,b]$, on peut définir $m = \text{Min} f([a,b])$ et $M = \text{Max} f([a,b])$ (comme on l'a vu à la Question 2.4), de sorte que $f([a,b]) \subset [m,M]$. Comme m et M appartiennent à $f([a,b])$, et comme $f([a,b])$ est un intervalle d'après le théorème des valeurs intermédiaires, on aura $[m,M] \subset f([a,b])$ d'où $f([a,b]) = [m,M]$.

Réponse 2.6 Si $f(0) = 0$ ou $f(1) = 1$, l'existence de x est évidente. Sinon, $f(0) > 0$ et $f(1) < 1$, par conséquent $f(0) - 0 > 0$ et $f(1) - 1 < 0$. La fonction $g = f - Id$ est continue, et vérifie $g(b) < 0 < g(a)$, donc on peut appliquer le théorème des valeurs intermédiaires à g : l'équation $g(x) = 0$ aura au moins une solution.

Réponse 2.7 On utilise la caractérisation d'une borne supérieure dans l'ensemble des réels. Ecrire $M = \text{Sup} f([a,b])$ signifie que M est le plus petit majorant de la partie $f([a,b])$, ce qui se traduit dans $\mathbb{R}$ par :

$$\begin{cases} \forall y \in f([a,b]) \quad y \leq M & (M \text{ est un majorant}) \\ \forall \varepsilon \in \mathbb{R}_+^* \quad \exists y \in f([a,b]) \quad M - \varepsilon < y \leq M & (\text{c'est le plus petit}) \end{cases}$$

Si ε de la forme $\varepsilon = 1/n$ où $n \in \mathbb{N}^*$, on peut écrire :

$$\forall n \in \mathbb{N}^* \quad \exists y_n \in f([a,b]) \quad M - \frac{1}{n} < y_n \leq M.$$

Comme $y_n \in f([a,b])$, il existe $u_n \in [a,b]$ tel que $y_n = f(u_n)$, et :

$$\forall n \in \mathbb{N}^* \quad \exists u_n \in [a,b] \quad M - \frac{1}{n} < f(u_n) \leq M.$$

Le théorème des gendarmes montre alors que $\lim_{n \to +\infty} f(u_n) = M$.

Réponse 2.8 Oui, on peut l'affirmer. Montrons que la proposition énoncée est vraie en raisonnant par l'absurde. Si elle était fausse, il existerait une fonction f continue en x_0 et une fonction g non continue en x_0 telles que $h = f + g$ soit continue en x_0. Mais alors $g = h - f$ serait continue en x_0 comme la différence de deux fonctions continues en x_0, ce qui est absurde.

Réponse 2.9 Cela ne fait aucun doute. Il n'y a qu'à voir l'application :

$$f : \begin{array}{rcl} \mathbb{R} & \to & \mathbb{R} \\ x & \mapsto & \sqrt{|x|}. \end{array}$$

qui est continue sur $\mathbb{R}^*$ comme composée de deux fonctions continues. Elle est continue en 0 puisque :
$$\lim_{x \to 0_+} \sqrt{|x|} = 0 = \lim_{x \to 0_-} \sqrt{|x|},$$
donc sera continue sur tout $\mathbb{R}$. De plus :
$$\Delta(x) = \frac{f(x) - f(0)}{x - 0} = \frac{\sqrt{|x|}}{x} = \mathrm{Sgn}(x)\frac{\sqrt{|x|}}{|x|} = \frac{\mathrm{Sgn}(x)}{\sqrt{|x|}}$$
donc $\lim_{x \to 0_+} \Delta(x) = +\infty$ et $\lim_{x \to 0_-} \Delta(x) = -\infty$. Cela prouve que la courbe représentative de f admet une tangente verticale en $x = 0$.

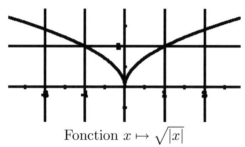

Fonction $x \mapsto \sqrt{|x|}$

Réponse 2.10 La fonction $f(x) = \sin(1/x)$ est impaire, définie et dérivable sur $\mathbb{R}^*$. Pour tout $x \in \mathbb{R}^*$,
$$f'(x) = -\frac{1}{x^2} \cos \frac{1}{x}$$
est du signe de $-\cos(1/x)$, donc :
$$\begin{aligned} f'(x) > 0 &\Leftrightarrow \cos(1/x) < 0 \\ &\Leftrightarrow \exists k \in \mathbb{Z} \quad \frac{\pi}{2} + k2\pi < \frac{1}{x} < \frac{\pi}{2} + k2\pi + \pi \\ &\Leftrightarrow \exists k \in \mathbb{Z} \quad u_k < x < v_k \end{aligned}$$
où $u_k = \left(\frac{\pi}{2} + k2\pi + \pi\right)^{-1}$ et $v_k = \left(\frac{\pi}{2} + k2\pi\right)^{-1}$. Si $x > v_0 = 2/\pi$, alors $f'(x) < 0$ donc f est strictement décroissante sur $[2/\pi, +\infty[$. Voici l'allure de la courbe représentative de f :

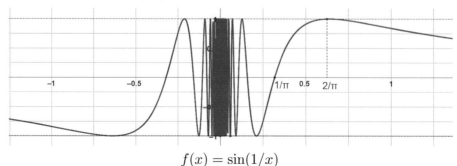

$f(x) = \sin(1/x)$

2.3. RÉPONSES

La fonction $f(x)$ croît et décroît sur des intervalles de plus en plus petits au fur et à mesure que l'on s'approche de 0. Les oscillations sont d'amplitude fixe 1, comme pour la fonction sinus, mais deviennent frénétiques au voisinage de 0. On a :
$$f(x) = 0 \Leftrightarrow \sin\frac{1}{x} = 0 \Leftrightarrow x = \frac{1}{k\pi}$$
donc le plus grand réel positif qui annule f est $1/\pi$. La fonction f atteint son maximum quand $f(x) = 1$ et :
$$f(x) = 1 \Leftrightarrow \sin\frac{1}{x} = 1 \Leftrightarrow x = \frac{1}{\pi/2 + k2\pi}.$$
La plus grande valeur de x telle que $f(x) = 1$ est $2/\pi$.

Posons $a_k = 1/k\pi$ et $b_k = 1/(\pi/2 + k\pi)$. Les deux suites $(a_k)_{k\in\mathbb{N}^*}$ et $(b_k)_{k\in\mathbb{N}^*}$ tendent vers 0, et l'on a vu que $f(a_k) = 0$ et $f(b_k) = 1$ pour tout $k \in \mathbb{N}^*$. Si f était prolongeable par continuité en 0, on aurait :
$$\lim f(a_k) = \lim f(b_k) = l$$
par composition des limites, où l serait justement cette limite supposée de f en 0. C'est faux puisque $\lim f(a_k) = 0$ et $\lim f(b_k) = 1$. On peut donc affirmer que f n'est pas prolongeable par continuité en 0.

Réponse 2.11 On sait que l'exponentielle l'emporte sur la puissance quand on s'intéresse aux limites :
$$\lim_{x \to 0, x > 0} \frac{e^{-1/x}}{x^2} = 0 \quad \text{et} \quad \lim_{x \to 0, x < 0} \frac{e^{-1/x}}{x^2} = +\infty.$$
Ainsi $\lim_{x\to 0, x<0} f(x) \neq f(0)$ et f n'est pas continue en 0.

Remarque — L'allure du graphe de $f : x \mapsto e^{-1/x}/x^2$ donné par une machine ne donne aucun doute sur l'inexistence d'une continuité en 0, sans bien sûr constituer une preuve rigoureuse.

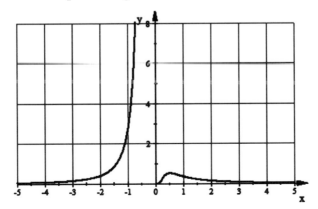

Réponse 2.12 Cette affirmation est fausse car on a oublié une condition importante que doit vérifier f : pour que cela fonctionne, il faut que f soit continue ! Un contre-exemple est donnée par la suite (u_n) telle que $u_n = 1/n$ pour tout n, et la fonction :

$$f : \begin{array}{rcl} \mathbb{R} & \to & \mathbb{R} \\ x & \mapsto & \begin{cases} (-1)^n & \text{s'il existe } n \in \mathbb{N} \text{ tel que } x = 1/n \\ x & \text{sinon.} \end{cases} \end{array}$$

Dans ce cas $\lim u_n = 0$ mais $(f(u_n))$ est la suite $(1, -1, 1, -1, 1, ...)$ qui ne tend vers aucun réel puisque possède deux valeurs d'adhérences (autrement dit possède deux sous-suites qui convergent vers des réels différents).

Réponse 2.13 Supposons f croissante. Montrons que f est continue en a où $a \in I$. On peut supposer que a est intérieur à I quitte à adapter légèrement la preuve. Il existe alors $u, v \in I$ tels que $u < a < v$. Comme f est croissante sur I, le théorème de la limite monotone montre que les limites de f à gauche et à droite en a existent. Notons-les $f(a_-) = \lim_{x \to a_-} f(x)$ et $f(a_+) = \lim_{x \to a_+} f(x)$. On a :

$$f(u) \leq f(a_-) \leq f(a) \leq f(a_+) \leq f(v),$$

et la fonction f sera continue en a si et seulement si $f(a_-) = f(a) = f(a_+)$. Si f n'était pas continue en a, l'une de ces limites ne coïnciderait pas avec $f(a)$, et l'on aurait par exemple $f(a) < f(a_+)$.

Dans ce cas aucun point y de $]f(a), f(a_+)[$ ne serait atteint par f, puisque $x \leq a$ entraîne l'inégalité $f(x) \leq f(a)$, et puisque $x > a$ entraîne l'inégalité $f(x) \geq f(a_+)$ (en effet $f(a_+) = \operatorname{Inf}\{f(x) \,/\, x > a\}$). C'est absurde puisque $f(I)$ est un intervalle.

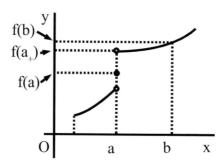

Remarques — α) La réciproque est vraie en vertu du théorème des valeurs intermédiaires.

β) Dans l'énoncé, on peut remplacer l'hypothèse « $f(I)$ est un intervalle » par « f vérifie la propriété des valeurs intermédiaires », car la contradiction obtenue demeure valide.

Réponse 2.14 Supposons que f soit injective et continue. Nous allons proposer deux méthodes : la première utilise le théorème des valeurs intermédiaires tandis que la seconde, très rapide, utilise un résultat général sur la continuité et la connexité. Les deux méthodes sont précieuses.

Première méthode – On commence par montrer que :
$$\forall a, b, c \in I \quad (b \text{ entre } a \text{ et } c) \Rightarrow (f(b) \text{ entre } f(a) \text{ et } f(c)). \quad (*)$$

Supposons par l'absurde que $a < b < c$ et que $f(b)$ soit à l'extérieur de l'intervalle d'extrémités $f(a)$ et $f(c)$, par exemple $f(b) < f(a) < f(c)$, comme sur la figure jointe. Soit $v \in]f(b), f(a)[$. Le théorème des valeurs intermédiaires assure l'existence de $\alpha \in]a, b[$ et de $\beta \in]b, c[$ tels que $v = f(\alpha) = f(\beta)$, ce qui contredit l'injectivité de f.

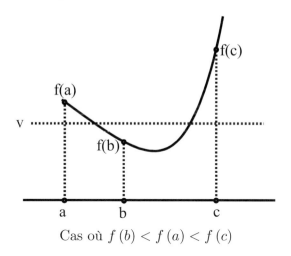

Cas où $f(b) < f(a) < f(c)$

La propriété $(*)$ permet de déduire la stricte monotonie de f. Choisissons a et b dans I (avec $a < b$) et supposons, par exemple, que $f(a) < f(b)$. On montre alors que l'implication :
$$\forall x, y \in I \quad x < y \Rightarrow f(x) < f(y)$$

est vraie en envisageant tous les cas de figure correspondant aux positions relatives de x et y par rapport aux points a et b. Par exemple, si $a < x < b < y$, la propriété $(*)$ montre que $f(x)$ est entre $f(a)$ et $f(b)$, tandis que $f(b)$ est entre $f(a)$ et $f(y)$, d'où $f(a) < f(x) < f(b)$ et $f(a) < f(b) < f(y)$, et cela entraîne bien $f(x) < f(y)$.

Seconde méthode – L'ensemble $E = \{(x,y) \in I \times I \,/\, x < y\}$ est connexe, et l'application $\varphi(x,y) = f(x) - f(y)$ est continue et ne s'annule jamais sur $I \times I$. La partie $\varphi(E)$ sera donc un connexe de $\mathbb{R}$ qui ne contient pas 0, d'où $\varphi(E) \subset \mathbb{R}_+^*$ ou $\varphi(E) \subset \mathbb{R}_-^*$.

$\boxed{\text{Réponse 2.15}}$ a) Une fonction f à valeurs réelles définie sur un intervalle réel I est dite uniformément continue sur I si :

$$\forall \varepsilon > 0 \quad \exists \eta > 0 \quad \forall x, y \in I \quad |x-y| \leq \eta \;\Rightarrow\; |f(x) - f(y)| \leq \varepsilon.$$

b) La fonction f n'est pas uniformément continue sur I si et seulement si :

$$\exists \varepsilon > 0 \quad \forall \eta > 0 \quad \exists x, y \in I \quad |x-y| \leq \eta \;\text{ et }\; |f(x) - f(y)| > \varepsilon.$$

$\boxed{\text{Réponse 2.16}}$ Dire que f est lipschitzienne sur I revient à dire qu'il existe un réel $k > 0$ tel que :

$$\forall x, y \in I \quad |f(x) - f(y)| \leq k\,|x-y|\,.$$

Si $\varepsilon \in \mathbb{R}_+^*$, on aura donc $|f(x) - f(y)| \leq \varepsilon$ dès que $k\,|x-y| \leq \varepsilon$, autrement dit dès que $|x-y| \leq \varepsilon/k$. Ainsi :

$$\forall \varepsilon > 0 \quad \exists \eta = \varepsilon/k > 0 \quad \forall x, y \in I \quad |x-y| \leq \eta \;\Rightarrow\; |f(x) - f(y)| \leq \varepsilon$$

ce qui signifie que f est uniformément continue sur I.

$\boxed{\text{Réponse 2.17}}$ a) On a $|x-y|^2 - ||x| - |y||^2 = 2(|xy| - xy) \geq 0$ quels que soient les réels x, y, donc $||x| - |y|| \leq |x-y|$ puisque la fonction $t \mapsto \sqrt{t}$ est croissante sur $\mathbb{R}_+$.

b) Pour tous $x, y \in \mathbb{R}$,

$$|f(x) - f(y)| = \left|\frac{|y| - |x|}{(1+|x|)(1+|y|)}\right| \leq ||y| - |x|| \leq |y - x|$$

donc f est lipschitzienne de constante 1, et donc *a fortiori* uniformément continue sur $\mathbb{R}$.

$\boxed{\text{Réponse 2.18}}$ a) Pour tous $x, y \in \mathbb{R}_+$:

$$\left(\sqrt{x} + \sqrt{y}\right)^2 - (x+y) = 2\sqrt{x}\sqrt{y} \geq 0$$

donc $\sqrt{x} + \sqrt{y} \geq \sqrt{x+y}$ puisque la fonction $t \mapsto \sqrt{t}$ est croissante sur $\mathbb{R}_+$. Pour démontrer la seconde inégalité, on peut toujours supposer que $x \geq y$

2.3. RÉPONSES

quitte à échanger les notations de x et y. Sous cette hypothèse, il s'agit de montrer que $\sqrt{x} - \sqrt{y} \leq \sqrt{x-y}$, ce qui équivaut à $x+y-2\sqrt{x}\sqrt{y} \leq x-y$, ou encore à $y \leq \sqrt{x}\sqrt{y}$. Comme $y = \sqrt{y} \times \sqrt{y} \leq \sqrt{x}\sqrt{y}$, cette dernière inégalité est toujours vraie.

b) Si $\varepsilon > 0$, la question précédente montre que l'on aura :
$$|g(x) - g(y)| = \left|\sqrt{x} - \sqrt{y}\right| \leq \varepsilon$$
dès que $\sqrt{|x-y|} \leq \varepsilon$, c'est-à-dire dès que $|x-y| \leq \varepsilon^2$. Ainsi, pour tout $\varepsilon > 0$ il existe $\eta = \varepsilon^2$ tel que $|x-y| \leq \eta$ entraîne $|g(x) - g(y)| \leq \varepsilon$. Cela prouve que g est uniformément continue sur $\mathbb{R}_+$.

c) Si g était lipschitzienne sur $\mathbb{R}_+$, la quantité :
$$\varphi(x,y) = \frac{\left|\sqrt{x} - \sqrt{y}\right|}{|x-y|} = \frac{1}{\sqrt{x} + \sqrt{y}}$$
serait majorée quand (x,y) décrit l'ensemble $E = \{(x,y) \in \mathbb{R}_+^2 \,/\, y \neq x\}$, ce qui est impossible puisque :
$$\lim_{x \to 0_+} \varphi(x,0) = \lim_{x \to 0_+} \frac{1}{\sqrt{x}} = +\infty.$$
La fonction g n'est donc pas lipschitzienne sur $\mathbb{R}_+$.

Réponse 2.19 a) D'après la définition de l'uniforme continuité, si une fonction $f : I \to \mathbb{R}$ est uniformément continue sur un intervalle réel I, et si (x_n) et (y_n) sont des suites d'éléments de I telles que $\lim_{n \to +\infty} (x_n - y_n) = 0$, alors :
$$\lim_{n \to +\infty} (f(x_n) - f(y_n)) = 0.$$
En effet, pour tout $\varepsilon > 0$, il existe $\eta > 0$ tel que les conditions $(x,y) \in I^2$ et $|x-y| \leq \eta$ entraînent $|f(x) - f(y)| \leq \varepsilon$. Si n_0 désigne un entier naturel tel que $|x_n - y_n| \leq \eta$ pour $n \geq n_0$ (n_0 existe puisque $\lim_{n \to +\infty} (x_n - y_n) = 0$), on aura $|f(x_n) - f(y_n)| \leq \varepsilon$ dès que $n \geq n_0$, d'où $\lim_{n \to +\infty} (f(x_n) - f(y_n)) = 0$. Cela étant, les suites $(x_n)_{n \in \mathbb{N}}$ et $(y_n)_{n \in \mathbb{N}}$ de termes généraux $x_n = \sqrt{n+1}$ et $y_n = \sqrt{n}$ sont telles que :
$$x_n - y_n = \frac{1}{\sqrt{n} + \sqrt{n+1}},$$
donc $\lim_{n \to +\infty} (x_n - y_n) = 0$. Par ailleurs $h(x_n) - h(y_n) = 1$ quel que soit n, donc :
$$\lim_{n \to +\infty} (h(x_n) - h(y_n)) = 1.$$

Comme cette limite n'est pas nulle, on peut affirmer que h n'est pas uniformément continue sur $\mathbb{R}$.

Tour fonction lipschitzienne sur un intervalle est uniformément continue sur cet intervalle. Comme h n'est pas uniformément continue sur $\mathbb{R}$, on en déduit que h n'est pas lipschitzienne sur $\mathbb{R}$.

Remarque — Dans la Question 2.20 on montre directement que $h(x) = x^2$ n'est pas uniformément continue sur $\mathbb{R}$.

$\boxed{\text{Réponse 2.20}}$ a) Pour tous $x, y \in [a, b]$,

$$|f(x) - f(y)| = |x^2 - y^2| = |x + y||x - y| \leq k \times |x - y|,$$

où $k = 2 \operatorname{Max}(|a|, |b|)$, donc f est lipschitzienne sur $[a, b]$, de rapport k. Ainsi $|f(x) - f(y)| \leq \varepsilon$ dès que $|x - y| \leq \varepsilon/k$, et f sera uniformément continue sur $[a, b]$.

b) Dire que f est uniformément continue sur $\mathbb{R}$, revient à dire que :

$$\forall \varepsilon > 0 \quad \exists \eta > 0 \quad \forall x, y \in \mathbb{R} \quad |x - y| \leq \eta \Rightarrow |x^2 - y^2| \leq \varepsilon.$$

Il s'agit donc de montrer la négation de cette affirmation, autrement dit que :

$$\exists \varepsilon > 0 \quad \forall \eta > 0 \quad \exists x, y \in \mathbb{R} \quad |x - y| \leq \eta \text{ et } |x^2 - y^2| > \varepsilon.$$

Si $\eta > 0$ est donné, il suffit de prendre $x = y + \eta$ pour avoir $|x - y| \leq \eta$. On a alors :

$$x^2 - y^2 = (x - y)(x + y) = \eta(2y + \eta).$$

Rien ne nous empêche de choisir $y = 1/\eta$ pour avoir :

$$x^2 - y^2 = 2 + \eta^2 \geq 2.$$

En conclusion, il existe $\varepsilon = 3/2$ tel que, pour tout $\eta > 0$, il existe deux réels $y = 1/\eta$ et $x = \eta + 1/\eta$ tels que $|x - y| \leq \eta$ et $|x^2 - y^2| \geq 2 > 3/2$. Cela permet de conclure.

$\boxed{\text{Réponse 2.21}}$ a) • Dire que f est uniformément continue de $\mathbb{R}_+$ dans $\mathbb{R}$ signifie que pour tout $\varepsilon > 0$ il existe $\eta > 0$ tel que, pour tout x, y positifs, avoir $|x - y| \leq \eta$ entraîne $|f(x) - f(y)| \leq \varepsilon$. Personne ne nous empêche de choisir ε égal à 1. L'existence de η_1 est donc parfaitement assurée.

• L'ensemble :

$$E = \left\{ m \in \mathbb{N} \ / \ \frac{x_0}{m} \leq \eta_1 \right\} = \left\{ m \in \mathbb{N} \ / \ \frac{x_0}{\eta_1} \leq m \right\}$$

2.3. RÉPONSES

est une partie non vide de $\mathbb{N}$ puisqu'il existe au moins un entier m tel que $\frac{x_0}{\eta_1} \leq m$. Comme $\mathbb{N}$ est un ensemble bien ordonné, on peut affirmer que E possédera un plus petit élément n_0. En fait n_0 sera égal à la partie entière $[x_0/\eta_1]$ de x_0/η_1 si x_0/η_1 est entier, et à $[x_0/\eta_1]+1$ sinon. Dans tous les cas :

$$n_0 \leq [x_0/\eta_1] + 1 \leq \frac{x_0}{\eta_1} + 1.$$

- On a :

$$\begin{aligned} |f(x_0) - f(0)| &= \left| \sum_{k=0}^{n_0-1} f\left(\frac{(k+1)x_0}{n_0}\right) - f\left(\frac{kx_0}{n_0}\right) \right| \\ &\leq \sum_{k=0}^{n_0-1} \left| f\left(\frac{(k+1)x_0}{n_0}\right) - f\left(\frac{kx_0}{n_0}\right) \right|. \end{aligned}$$

- Pour tout k :

$$\left| \frac{(k+1)x_0}{n_0} - \frac{kx_0}{n_0} \right| = \frac{x_0}{n_0} \leq \eta_1$$

donc :

$$\left| f\left(\frac{(k+1)x_0}{n_0}\right) - f\left(\frac{kx_0}{n_0}\right) \right| \leq 1$$

et :

$$|f(x_0) - f(0)| \leq n_0 \leq \frac{x_0}{\eta_1} + 1.$$

Il existe donc $a = 1/\eta_1$ et $b = 1$ tels que $f(x_0) \leq ax_0 + b$ quel que soit $x_0 \in \mathbb{R}_+$.

b) Soit $P(x) = a_n x^n + ... + a_1 x + a_0$ une fonction polynomiale de degré $n \geq 2$. D'après la question précédente, si $P(x)$ était uniformément continue sur $\mathbb{R}$, elle le serait *a fortiori* sur $\mathbb{R}_+$, et il existerait $a, b \in \mathbb{R}$ tels que :

$$\forall x \in \mathbb{R}_+ \quad a_n x^n + ... + a_1 x + a_0 \leq ax + b.$$

Si $a_n > 0$, cela entraîne :

$$\forall x \in \mathbb{R}_+^* \quad a_n x^{n-1} + ... + a_1 + \frac{a_0}{x} \leq a + \frac{b}{x}$$

et l'on voit bien que le membre de gauche de cette inégalité tend vers $+\infty$ quand x tend vers $+\infty$, alors que le membre de droite tend vers le réel a. C'est absurde. Donc $P(x)$ n'est pas uniformément continue sur $\mathbb{R}$.

c) On raisonne par l'absurde comme précédemment. Si la fonction e^x était uniformément continue sur $\mathbb{R}$, elle le serait sur $\mathbb{R}_+$, et l'on pourrait trouver deux réels a et b tels que :

$$\forall x \in \mathbb{R}_+ \quad e^x \leq ax + b,$$

ce qui est ennuyeux car on aurait :

$$\forall x \in \mathbb{R}_+ \quad \frac{e^x}{x} \leq a + \frac{b}{x}$$

ce qui est absurde, le membre de gauche tendant vers $+\infty$ quand x tend vers $+\infty$, alors que le membre de droite tend vers a. La fonction exponentielle n'est donc pas uniformément continue sur $\mathbb{R}$.

Réponse 2.22 On sait que la fonction $f : x \mapsto x^2$ est continue sur tous les segments réels, et donc uniformément continue sur chacun de ces segments d'après le théorème de Heine revisité à la Question 2.23. Mais on sait aussi que f n'est pas uniformément continue sur $\mathbb{R}$ d'après la Question 2.20. On peut donc affirmer que l'implication suggérée par l'énoncé est fausse.

Réponse 2.23 Supposer que f n'est pas uniformément continue sur I revient à affirmer que :

$$\exists \varepsilon > 0 \quad \forall \eta > 0 \quad \exists x, y \in I \quad |x - y| \leq \eta \text{ et } |f(x) - f(y)| > \varepsilon.$$

Pour tout $\eta = 1/n$ il existera donc x_n et y_n tels que $|f(x_n) - f(y_n)| > \varepsilon$, et l'on affirme ainsi l'existence des suites $(x_n)_{n \in \mathbb{N}^*}$ et $(y_n)_{n \in \mathbb{N}^*}$ qui vérifient les conditions demandées. Comme I est compact, le théorème de Bolzano-Weierstrass montre que l'on peut extraire deux sous-suites convergentes $(x_{\sigma(n)})_{n \in \mathbb{N}^*}$ et $(y_{\sigma(n)})_{n \in \mathbb{N}^*}$ des suites $(x_n)_{n \in \mathbb{N}^*}$ et $(y_n)_{n \in \mathbb{N}^*}$. Mais alors :

$$\forall n \in \mathbb{N}^* \quad |x_{\sigma(n)} - y_{\sigma(n)}| \leq \frac{1}{\sigma(n)}$$

montre que $\lim |x_{\sigma(n)} - y_{\sigma(n)}| = 0$, donc que $\lim x_{\sigma(n)} = \lim y_{\sigma(n)} = l$. Par continuité de f, on déduit que $\lim f(x_{\sigma(n)}) = \lim f(y_{\sigma(n)}) = f(l)$, ce qui est absurde car :

$$|f(x_{\sigma(n)}) - f(y_{\sigma(n)})| > \varepsilon$$

quel que soit n. L'application f sera donc uniformément continue sur I.

Chapitre 3

Dérivabilité

3.1 Minimum vital

3.1.1 Rappels de cours

Question 3.1 *Fondamentaux*
(Ecrit CAPES 2023, question e) : Oral CAPES 2008, 2021)
Soient un intervalle I de $\mathbb{R}$, non vide et non réduit à un point, une fonction $f : I \to \mathbb{R}$ et un élément a de I.

a) Donner une définition de l'assertion « f est dérivable en a ».

b) On suppose que f est dérivable en a et on note $f'(a)$ le nombre dérivé de f en a. Démontrer que f admet un développement limité d'ordre 1 en a, qui est : $f(x) = f(a) + (x-a)f'(a) + g(x)$, où g est une fonction négligeable devant $x \mapsto x-a$ en a. On pourra considérer la fonction $\varepsilon : I \to \mathbb{R}$ définie par $\varepsilon(x) = \frac{f(x)-f(a)}{x-a} - f'(a)$ si $x \neq a$ et $\varepsilon(a) = 0$.

c) Démontrer que si f est dérivable en a alors f est continue en a. Donner un contre-exemple pour l'assertion réciproque.

d) **Dérivée d'un produit.** Soit $g : I \to \mathbb{R}$. Démontrer que si f et g sont dérivables en a alors fg l'est aussi. Expliciter $(fg)'(a)$.

e) **Dérivée d'une fonction composée.** Soient J un intervalle de $\mathbb{R}$ tel que $f(I) \subset J$ et une fonction $g : J \to \mathbb{R}$. Démontrer que si f est dérivable en a et si g est dérivable en $f(a)$, alors $g \circ f$ est dérivable en a. Expliciter $(g \circ f)'(a)$.

Question 3.2 *Dérivée d'une fonction impaire*
(Ecrit CAPLP 2013, 2019) Si f est une fonction impaire et dérivable sur $\mathbb{R}$, peut-on affirmer que sa dérivée est paire ?

3.1.2 Questions courtes

Question 3.3 *(Ecrit CAPESA 2019) Soit f une fonction définie et dérivable sur $]1,+\infty[$, à valeurs dans $\mathbb{R}$, telle que $\lim_{x\to+\infty} f(x) = 0$. Peut-on affirmer que $\lim_{x\to+\infty} f'(x) = 0$ où f' désigne la fonction dérivée de f ?*

Question 3.4 *(Ecrit CAPLP 2014)*
La fonction g définie par $g(x) = e^{-2x} \times |\cos(\pi x)|$ est-elle dérivable en $1/2$?

Question 3.5 *(Ecrit CAPLP 2020) La fonction f définie sur $[-1;1]$ par :*
$$f(x) = \begin{cases} \dfrac{1}{x}(\sqrt{1+x^2} - \sqrt{1-x^2}) & \text{si } x \neq 0 \\ 0 & \text{si } x = 0 \end{cases}$$
est-elle continue sur $[-1;1]$ et dérivable sur $]-1;1[$?

3.1.3 Théorème de Rolle

Question 3.6 *Lemme de Rolle*
a) Soit $f : I \to \mathbb{R}$ une application dérivable sur un intervalle ouvert I de $\mathbb{R}$. On suppose que f admet un extrémum en c. Montrer que $f'(c) = 0$.
b) La réciproque est-elle vraie ?
c) Le résultat démontré en a) reste-t-il vrai si c n'est qu'un extremum relatif de f ? Si I est un intervalle quelconque de $\mathbb{R}$?

Question 3.7 *Théorème de Rolle*
Soit $f : [a,b] \to \mathbb{R}$ une application continue sur $[a,b]$ et dérivable sur $]a,b[$. Montrer qu'il existe $c \in]a,b[$ tel que :
$$\frac{f(b) - f(a)}{b - a} = f'(c).$$
On commencera par traiter le cas où $f(a) = f(b)$.

Question 3.8 *Interprétation géométrique* *(Ecrit CAPES 2016)*
Enoncez le théorème de Rolle, aussi connu sous le nom de formule (ou théorème) des accroissements finis, pour une fonction réelle de la variable réelle. Proposez une interprétation géométrique de ce résultat.

Question 3.9 *Le théorème de Rolle reste-t-il vrai si la fonction dont on parle dans ce théorème n'est plus une fonction de $\mathbb{R}$ dans $\mathbb{R}$, mais une fonction de $\mathbb{R}$ dans $\mathbb{R}^n$, ou encore de $\mathbb{R}$ dans $\mathbb{C}$?*

Question 3.10 *Soit $f : I \to \mathbb{R}$ une application continue sur un intervalle I de $\mathbb{R}$, dérivable en tout point de l'intérieur de I. Montrer que f est une fonction constante si et seulement si sa dérivée f' est nulle à l'intérieur de I.*

3.1. MINIMUM VITAL

3.1.4 Etudes de variations

Question 3.11 *(Ecrit CAPESA 2021)*
Soit $k \in \mathbb{R}_+^*$. Dresser le tableau de variations de la fonction $t \mapsto te^{-kt}$ sur $\mathbb{R}_+$.

Question 3.12 *Montrer que la fonction $f(x) = x\sin(1/x)$ définie sur $\mathbb{R}^*$, est prolongeable par continuité en 0, mais que la fonction $\widehat{f}$ obtenue n'est pas dérivable en 0. Donnez l'allure de la courbe représentative de f.*

Question 3.13 *(Ecrit CAPLP 2012) Soient a et b deux réels tels que $a < b$. Si f est une fonction définie, dérivable sur l'intervalle $[a, b]$ et s'il existe un réel x_0 appartenant à $]a, b[$ tel que $f'(x_0) = 0$, peut-on dire que la fonction f change de variations au moins une fois sur l'intervalle $[a, b]$?*

Question 3.14 *Lemme de Gronwall*
Si $f : [0, +\infty[\to \mathbb{R}$ est une fonction dérivable qui vérifie $f'(x) + kf(x) \geq 0$ pour tout $x \geq 0$ (où $k > 0$), démontrer que $f(x) \geq f(0)e^{-kx}$ pour tout $x \geq 0$.

Question 3.15 *Fonctions hyperboliques*
Dessinez à main levée les représentations graphiques des fonctions sinus hyperbolique, cosinus hyperbolique et tangente hyperbolique. Sur quels intervalles ces fonctions sont-elles des bijections ? Comment obtenir le graphe de la fonction $\operatorname{argth} x$?

Question 3.16 *Polynômes de Bernstein (Ecrit CAPES 2020)*
Si $n \in \mathbb{N}$ et $k \in [\![0, n]\!]$, on pose $B_{n,k}(X) = \binom{n}{k}X^k(1-X)^{n-k}$. Montrez que la fonction qui à $t \in [0, 1]$ associe $B_{n,k}(t)$ admet un unique maximum en k/n, puis donnez la valeur de ce maximum.

3.1.5 Fonction logarithme népérien

Question 3.17 *Introduction de $\ln$ en terminale (Ecrit CAPES 2023)*
On appelle fonction logarithme népérien l'unique primitive de $x \mapsto 1/x$ sur $\mathbb{R}_+^*$ s'annulant en 1, on la note $\ln$. Ainsi $\ln$ est dérivable sur $\mathbb{R}_+^*$, $\ln'(x) = 1/x$ et $\ln(1) = 0$. L'objectif de cette question 2 est de démontrer des propriétés élémentaires du logarithme népérien, dont la plupart figurent au programme de terminale. A ce stade, ces propriétés sont supposées ne pas encore avoir été établies. De même, la fonction exponentielle de base e n'est pas supposée avoir été introduite et ne pourra être utilisée.

a) Démontrer que pour tout $(x, y) \in (\mathbb{R}_+^*)^2$, on a $\ln(xy) = \ln(x) + \ln(y)$. On pourra considérer, pour $y \in \mathbb{R}_+^*$ fixé, la fonction φ définie sur $\mathbb{R}_+^*$ par $\varphi(x) = \ln(xy) - \ln(x) - \ln(y)$.

b) En déduire que, pour tout $x \in \mathbb{R}_+^*$ et tout $n \in \mathbb{N}^*$, on a $\ln(x^n) = n\ln(x)$ et $\ln(1/x) = -\ln(x)$.

c) Le but de cette question est de déterminer toutes les fonctions $g : \mathbb{R}_+^* \to \mathbb{R}$ dérivables sur $\mathbb{R}_+^*$ telles que, pour tout $(x, y) \in (\mathbb{R}_+^*)^2$, on a $g(xy) = g(x) + g(y)$. Soit g une telle fonction.

   i. Déterminer $g(1)$.

   ii. Démontrer que, pour tout $(x, y) \in (\mathbb{R}_+^*)^2$, on a $g'(xy) = g'(x)/y$.

   iii. En déduire qu'il existe une constante $c \in \mathbb{R}$ telle que, pour tout $y \in \mathbb{R}_+^*$, on a $g'(y) = c/y$.

   iv. Déterminer l'ensemble des fonctions g dérivables sur $\mathbb{R}_+^*$ qui sont solutions de l'équation fonctionnelle $g(xy) = g(x) + g(y)$.

d) Démontrer que $\ln$ est strictement croissante sur $\mathbb{R}_+^*$.

e) Soit $A \in \mathbb{R}$. Après avoir vérifié qu'il existe n dans $\mathbb{N}^*$ tel que $n \geq A/\ln 2$, démontrer que, pour tout nombre réel x tel que $x \geq 2^n$, $\ln(x) \geq A$.

f) Expliciter les limites de $\ln$ en $+\infty$ et en 0_+.

g) Démontrer que $\ln$ réalise une bijection de $\mathbb{R}_+^*$ sur $\mathbb{R}$.

h) Démontrer que pour tout $(a, b) \in (\mathbb{R}_+^*)^2$, on a :
$$\ln\left(\frac{a+b}{4}\right) = \frac{\ln a + \ln b}{2} \Leftrightarrow a^2 + b^2 = 14ab.$$

Question 3.18 *(Ecrit CAPES 2020)*
Démontrez que $\ln x \leq x - 1$ pour tout $x \in \mathbb{R}_+^*$.

Question 3.19 *(Ecrit CAPES 2013)*
Démontrer que pour tous réels strictement positifs x et y :
$$x \ln y \leq x \ln x + y - x \quad \text{et} \quad x \ln y = x \ln x + y - x \Leftrightarrow x = y.$$

3.2 Entraînement

3.2.1 Règle de l'Hôpital

Question 3.20 *Calculer* $\lim\limits_{x \to 0} \dfrac{\cos x - 1}{x^2}$.

Question 3.21 *Calculer la limite de la fonction :*
$$\frac{e^x - e^{-x} - 2x}{x - \sin x}$$

quand x tend vers 0 en utilisant la règle de l'Hôpital, puis vérifier le résultat obtenu en utilisant des développements limités.

3.2. ENTRAÎNEMENT

3.2.2 Théorème des fonctions réciproques

Question 3.22 *Théorème des fonctions réciproques*
Soit $f : I \to \mathbb{R}$ une fonction continue strictement monotone définie sur un intervalle I de $\mathbb{R}$. On note $J = f(I)$. Montrer que :
   a) J est un intervalle,
   b) f induit une bijection de I sur J,
   c) $f^{-1} : J \to I$ est continue strictement monotone de même sens que f.
   d) Si f est dérivable en $x_0 \in I$ et si $f'(x_0) \neq 0$, alors f^{-1} est dérivable en $f(x_0)$ et :
$$\left(f^{-1}\right)'(f(x_0)) = \frac{1}{f'(x_0)}.$$

Question 3.23 *Dérivabilité de* $\arcsin x$
Comment démontrer que la fonction $\arcsin x$ est dérivable (sur un certain intervalle où elle est définie) et expliciter sa fonction dérivée ?

Question 3.24 *Dérivabilité de* $\sqrt[n]{x}$
Comment définissez-vous la fonction racines n-ièmes ? Comment démontrer que la fonction $\sqrt[n]{x}$ est dérivable et calculer sa dérivée ? Comment définir la fonction $x \mapsto x^r$ lorsque $r \in \mathbb{Q}$?

Question 3.25 Soit $f : I \to J$ une fonction strictement monotone de classe C^n (où $n \in \mathbb{N}^* \cup \{\infty\}$) sur un intervalle I de $\mathbb{R}$, avec $J = f(I)$. On suppose que la dérivée f' de f ne s'annule jamais sur I. Que peut-on dire de f^{-1} ? Justifier.

Question 3.26 On note $g = f^{-1}$ la fonction réciproque d'une fonction f strictement monotone d'un intervalle I sur un autre intervalle J. On suppose que f est trois fois dérivable sur I, et que $f'(x) \neq 0$ pour tout $x \in I$. Montrer que g est trois fois dérivable sur J. Calculer les dérivées g', g'' et g''' successives de g en fonction de f et de ses dérivées.

3.2.3 Questions courtes

Question 3.27 (Ecrit CAPESA 2021) Soit $z = a + ib$ avec $a, b \in \mathbb{R}$. Donner l'expression du conjugué de e^z. Justifier que la fonction $t \mapsto e^{zt}$ est dérivable sur $\mathbb{R}$ et déterminer sa dérivée.

Question 3.28 Calculer $\arctan x + \arctan(1/x)$.

Question 3.29 Soit la fonction $f : \mathbb{R} \to \mathbb{R}$ définie par $f(x) = x^2 \sin(1/x)$ si $x \neq 0$, et $f(0) = 0$ sinon. Montrer que f est dérivable sur $\mathbb{R}$, mais que sa fonction dérivée f' n'est pas continue en 0. Tracer l'allure de la courbe représentative de f, et montrer que cette courbe est tangente à la parabole $y = x^2$ en chaque point de contact. Préciser le comportement de f au voisinage de $+\infty$.

Question 3.30 *(Ecrit CAPLP 2017) Une fonction f est définie sur $\mathbb{R}$ en posant $f(0) = 0$ et $f(x) = x^3 \sin(1/x)$ pour tout $x \in \mathbb{R}^*$. Cette fonction est-elle deux fois dérivable en 0 ? Justifier.*

Question 3.31 *Montrer que $\arcsin x + \arccos x = \pi/2$ pour tout $x \in [-1, 1]$.*

Question 3.32 *Montrer qu'un intervalle $[a, b[$ (avec a, b réels tels que $a < b$) est homéomorphe à $[0, 1[$ et à $[0, +\infty[$.*

Question 3.33 *Montrer que toute droite qui coupe la sinusoïde $y = \sin x$ en au moins deux points distincts est de pente comprise entre -1 et 1.*

3.2.4 Extraits de concours

Question 3.34 *(Ecrit CAPES 2016) Soit g une fonction définie sur un segment $[a, b]$ de $\mathbb{R}$, et à valeurs dans $\mathbb{R}$.*
a) Enoncer le théorème de Rolle (sans le démontrer).
b) Soit $n \in \mathbb{N}^* \setminus \{1\}$. On suppose que g est n fois dérivable sur $[a, b]$ et s'annule en au moins $n+1$ points distincts de $[a, b]$. Montrer que la fonction dérivée n-ième $g^{(n)}$ s'annule en au moins un point de $[a, b]$.

Question 3.35 *(Ecrit CAPESA 2017)*
Soit θ la fonction définie sur $[1, +\infty[$ par :

$$\theta(x) = \left(x + \frac{1}{2}\right) \ln\left(1 + \frac{1}{x}\right).$$

a) Déterminer $\lim_{x \to +\infty} \theta(x)$.
b) Vérifier que θ est deux fois dérivable sur $[1, +\infty[$ et que $\theta'(x) \leq 0$ quel que soit $x \in [1, +\infty[$.
c) En déduire que $\theta(x) \geq 1$ quel que soit $x \in [1, +\infty[$.

Question 3.36 *(Ecrit CAPES 2016) Pour tout $n \in \mathbb{N}^*$, on note $\mathcal{C}^n([0, 1])$ l'ensemble des fonctions définies sur l'intervalle $[0, 1]$ de $\mathbb{R}$, à valeurs réelles, et n fois continûment dérivables sur $[0, 1]$. Soient a, b deux nombres réels. Soit $g \in \mathcal{C}^2([0, 1])$. On pose $M = \text{Max}_{x \in [0, 1]} |g''(x)|$.*
a) Montrer qu'il existe une unique fonction $f \in \mathcal{C}^4([0, 1])$ vérifiant :

$$\begin{cases} \text{Pour tout } x \in [0, 1], \ f''(x) = g(x) \\ f(0) = a, \ f(1) = b \ \text{(condition aux bords)}. \end{cases}$$

b) En appliquant l'inégalité de Taylor-Lagrange à la fonction f à un ordre et sur des intervalles bien choisis, montrer que, pour tous nombres réels x et h tels que $0 \leq x-h \leq x+h \leq 1$, on a :

$$\left|\frac{f(x+h)+f(x-h)-2f(x)}{h^2} - f''(x)\right| \leq \frac{Mh^2}{12}.$$

Question 3.37 *Trigonométrie hyperbolique (Ecrit CAPLP 2019)*
On considère les fonctions f, c, et s définies sur $\mathbb{R}$ par :

$$f(x) = \ln(x+\sqrt{x^2+1}), \quad c(x) = \frac{e^x+e^{-x}}{2}, \quad s(x) = \frac{e^x-e^{-x}}{2}.$$

a) Etudier s. Construire son tableau de variations et son tableau de signes.
b) Calculer c' et déduire le tableau de variations de c de la question a).
c) Montrer que $c^2 = s^2 + 1$. Calculer $f \circ s$ puis $s \circ f$. Que peut-on déduire ?
d) Montrer que la restriction $\widetilde{c}$ de c à l'intervalle $[0, +\infty[$ définit une bijection de $[0, +\infty[$ sur $[1, +\infty[$. Calculer $c(x) + s(x)$ pour tout $x \in \mathbb{R}$. Déterminer la bijection réciproque de la fonction $\widetilde{c}$.
e) Dans un plan muni d'un repère orthonormal, on note $\mathcal{H}$ l'hyperbole d'équation $x^2 - y^2 = 1$ et Ω l'ensemble des points de coordonnées $(\lambda c(t), s(t))$ lorsque t parcourt $\mathbb{R}$ et $\lambda \in \{1, -1\}$. Montrer que $\Omega = \mathcal{H}$.

Question 3.38 *Equation fonctionnelle originale*
(Ecrit CAPES 2023) On se propose de déterminer l'ensemble des fonctions $f : \mathbb{R}_+^* \to \mathbb{R}$ continues sur $\mathbb{R}_+^*$ telles que :

$$\forall x \in \mathbb{R}_+^* \quad f(x) = f\left(\frac{x^2+16}{2x}\right)$$

Soit f une telle fonction.
a) On considère les fonctions :

$$g : \begin{array}{ccc} \mathbb{R}_+^* & \to & \mathbb{R} \\ x & \mapsto & \frac{x^2+16}{2x} \end{array} \quad et \quad h : \begin{array}{ccc} \mathbb{R}_+^* & \to & \mathbb{R} \\ x & \mapsto & g(x)-x. \end{array}$$

i. Dresser le tableau des variations de g, déterminer $g(4)$ et préciser les limites de g en 0_+ et en $+\infty$.
ii. Etudier le signe de la fonction h sur $\mathbb{R}_+^*$.
b) i. Soient $x \in [4, +\infty[$ et la suite réelle $(u_n)_{n \in \mathbb{N}}$ définie par $u_0 = x$ et $u_{n+1} = \frac{u_n^2+16}{2u_n}$. A l'aide de la question a, démontrer que la suite $(u_n)_{n \in \mathbb{N}}$ est convergente et déterminer sa limite.
ii. En déduire que, pour tout $x \in [4, +\infty[$, on a $f(x) = f(4)$.
c) Procéder de manière analogue à la question b pour démontrer que, pour tout x appartenant à $]0, 4[$, on a $f(x) = f(4)$.
d) Conclure.

3.3 Réponses

Réponse 3.1 a) Soit $a \in I$. Une application $f : I \to \mathbb{R}$ est dérivable en a si, et seulement si, il existe un nombre réel l tel que :
$$\lim_{\substack{x \to a \\ x \neq a}} \frac{f(x) - f(a)}{x - a} = l.$$
Dans ce cas, le nombre l est appelé nombre dérivé de f en a, et noté $f'(a)$.

b) En appliquant les théorèmes généraux sur les limites, on constate que l'application $\varepsilon : I \to \mathbb{R}$ définie dans l'énoncé vérifie :
$$\lim_{\substack{x \to a \\ x \neq a}} \varepsilon(x) = \lim_{\substack{x \to a \\ x \neq a}} \left(\frac{f(x) - f(a)}{x - a} - f'(a) \right) = f'(a) - f'(a) = 0.$$
Comme $\varepsilon(a) = 0$, on aura même $\lim_{x \to a} \varepsilon(x) = 0$. Pour tout $x \in I \setminus \{a\}$:
$$\varepsilon(x) = \frac{f(x) - f(a)}{x - a} - f'(a)$$
entraîne $f(x) - f(a) = (x-a)\varepsilon(x) + f'(a)(x-a)$, donc :
$$\forall x \in I \setminus \{a\} \quad f(x) = f(a) + (x-a)f'(a) + g(x) \quad (\dagger)$$
en posant $g(x) = (x-a)\varepsilon(x)$ si $x \in I$. Comme l'assertion $(\dagger)$ est triviale si $x = a$, on obtient :
$$\forall x \in I \quad f(x) = f(a) + (x-a)f'(a) + g(x).$$
L'application g est négligeable devant $x \mapsto x - a$ en a, car $g(a) = 0$ et :
$$\lim_{x \to a, x \neq a} \frac{g(x)}{x - a} = \lim_{x \to a, x \neq a} \varepsilon(x) = 0.$$

Commentaires — α) On peut maintenant noter $g = o(x - a)$ et retrouver la formule bien connue $f(x) = f(a) + (x-a)f'(a) + o(x-a)$.

β) Par définition, g est négligeable devant $x \mapsto x - a$ au voisinage de a, et l'on écrit $g = o(x-a)$, si :
$$\forall \varepsilon \in \mathbb{R}_+^* \quad \exists \eta \in \mathbb{R}_+^* \quad |x - a| \leq \eta \Rightarrow |g(x)| \leq \varepsilon |x - a|.$$
On vérifie facilement que cette définition revient à dire que $\lim_{x \to a, x \neq a} \frac{g(x)}{x-a} = 0$ et $g(a) = 0$, et c'est cette seconde formulation que nous avons utilisée.

c) • Si f est continue en a, alors :
$$f(x) - f(a) = \frac{f(x) - f(a)}{x - a} \times (x - a)$$

3.3. RÉPONSES

pour tout $x \in I\setminus\{a\}$, et par hypothèse :

$$\lim_{x \to a\,;\, x \neq a} \frac{f(x) - f(a)}{x - a} = f'(a) \quad (\dagger)$$

donc :

$$\lim_{x \to a\,;\, x \neq a} (f(x) - f(a)) = f'(a) \times 0 = 0$$

d'après les théorèmes généraux sur les limites. Comme $f(x) - f(a)$ s'annule si $x = a$, on a $\lim_{x \to a} (f(x) - f(a)) = 0$, d'où $\lim_{x \to a} f(x) = f(a)$, ce qui signifie que f est continue en a par définition de la continuité d'une fonction en un point.

- L'assertion réciproque est fausse. Un contre-exemple est donné par la fonction valeur absolue qui à x fait correspondre $|x|$. Cette fonction est définie et continue sur $\mathbb{R}$, mais n'est pas dérivable en 0 puisque $\lim_{x \to 0_+} (|x|/x) = 1$ et $\lim_{x \to 0_-} (|x|/x) = -1 \neq 1$, de sorte que la limite de $|x|/x$ lorsque x tend vers 0 n'existe pas.

d) Les fonctions f et g, définies sur I, sont dérivables en a si, et seulement si, il existe des fonctions ε et ν telles que $\lim_{x \to a} \varepsilon(x) = \lim_{x \to a} \nu(x) = 0$ et telles que pour tout $x \in I$:

$$\begin{cases} f(x) = f(a) + f'(a)(x - a) + \varepsilon(x)(x - a) \\ g(x) = g(a) + g'(a)(x - a) + \nu(x)(x - a). \end{cases}$$

Dans ce cas :

$$f(x)\,g(x) = f(a)\,g(a) + \left[f'(a)\,g(a) + f(a)\,g'(a)\right](x - a) + \varphi(x)(x - a) \quad (*)$$

où :

$$\varphi(x) = f'(a)\,g'(a)(x - a) + (g(a) + g'(a)(x - a))\varepsilon(x)$$
$$+ (f(a) + f'(a)(x - a))\nu(x) + \varepsilon(x)\,\nu(x)(x - a).$$

Comme $\lim_{x \to a} \varepsilon(x) = \lim_{x \to a} \nu(x) = 0$, et comme la continuité de f et g en a donnent $\lim_{x \to a} f(x) = f(a)$ et $\lim_{x \to a} g(x) = g(a)$, on déduit que $\lim_{x \to a} \varphi(x) = 0$. L'expression $(*)$ prouve donc que la fonction fg est dérivable en a et $(fg)'(a) = f'(a)\,g(a) + f(a)\,g'(a)$. On vient de redémontrer la formule classique $(fg)' = f'g + fg'$.

e) Par hypothèse, il existe des fonctions $\varepsilon : I \to \mathbb{R}$ et $\varphi : J \to \mathbb{R}$ respectivement continues en a et b, telles que $\varepsilon(a) = \varphi(b) = 0$, telles que :

$$\begin{cases} \forall x \in I & f(x) = f(a) + f'(a)(x - a) + \varepsilon(x)(x - a) \\ \forall y \in J & g(y) = g(b) + g'(b)(y - b) + \varphi(y)(y - b). \end{cases}$$

Pour tout $x \in I$, on a alors :

$$\begin{aligned} g(f(x)) - g(f(a)) &= g(f(x)) - g(b) \\ &= g'(b)(f(x) - b) + \varphi(f(x))(f(x) - b) \\ &= \left[g'(b) + \varphi(f(x))\right](f(x) - b) \\ &= \left[g'(b) + \varphi(f(x))\right]\left[f'(a) + \varepsilon(x)\right](x - a) \end{aligned}$$

soit :

$$\forall x \in I\backslash\{a\} \quad \frac{g(f(x)) - g(f(a))}{x - a} = \left[g'(b) + \varphi(f(x))\right]\left[f'(a) + \varepsilon(x)\right]. \quad (*)$$

Par composition de limites :

$$\lim_{x \to a} \varphi(f(x)) = \lim_{y \to b} \varphi(y) = \varphi(b) = 0$$

donc $\lim_{x \to a} \left[g'(b) + \varphi(f(x))\right] = g'(b)$. Comme $\lim_{x \to a} \left[f'(a) + \varepsilon(x)\right] = f'(a)$, les théorèmes généraux sur les limites et la relation $(*)$ donnent bien :

$$\lim_{\substack{x \to a \\ x \neq a}} \frac{g(f(x)) - g(f(a))}{x - a} = g'(f(a)) \times f'(a).$$

Réponse 3.2 C'est vrai puisque si f est impaire, $f(-x) = -f(x)$ pour tout $x \in \mathbb{R}$, et qu'en dérivant les deux membres de cette égalité on trouve $f'(-x) \times (-1) = -f'(x)$ soit $f'(-x) = f'(x)$, ce qui démontre que f' est paire.

Réponse 3.3 C'est faux. Comme contre-exemple, on peut penser à la fonction de $]1, +\infty[$ dans $\mathbb{R}$ définie par :

$$f(x) = \frac{\sin(x^2)}{x}$$

dont la dérivée en x est :

$$f'(x) = \frac{\cos(x^2) \times 2x \times x - \sin(x^2)}{x^2} = 2\cos(x^2) - \frac{\sin(x^2)}{x^2}. \quad (*)$$

Comme la fonction $\sin(x^2)$ est bornée et comme x^2 tend vers $+\infty$, on a :

$$\lim_{x \to +\infty} \frac{\sin(x^2)}{x^2} = 0.$$

Si l'on suppose par l'absurde que $\lim_{x \to +\infty} f'(x) = 0$, l'égalité $(*)$ montre que $\lim_{x \to +\infty} 2\cos(x^2) = 0$, ce qui est faux.

Remarques — α) Un grapheur permet de représenter rapidement les courbes des fonctions f et f' pour imaginer ce qui peut se passer à l'infini (sans que cela constitue une preuve) :

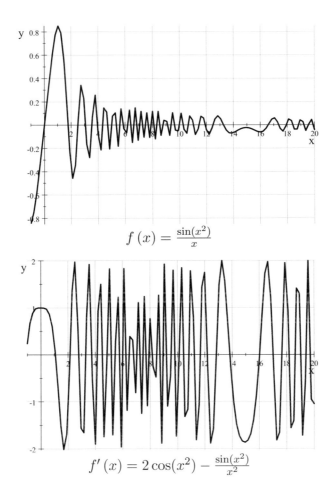

$f(x) = \frac{\sin(x^2)}{x}$

$f'(x) = 2\cos(x^2) - \frac{\sin(x^2)}{x^2}$

β) On montre que $2\cos(x^2)$ ne tend vers aucune limite quand x tend vers $+\infty$ en raisonnant par l'absurde. Si l'on avait $\lim_{x \to +\infty} 2\cos(x^2) = l$, on aurait $\lim_{k \to +\infty} 2\cos(x_k^2) = l$ pour toute suite (x_k) de réels tendant vers $+\infty$. Il suffit de prendre $x_k = \sqrt{k2\pi}$ pour obtenir $\lim_{k \to +\infty} 2\cos(x_k^2) = 2$ donc $l = 2$, puis $x_k = \sqrt{\pi/2 + k2\pi}$ pour obtenir $\lim_{k \to +\infty} 2\cos(x_k^2) = 0$ donc $l = 0$. C'est absurde car l ne peut pas être à la fois égal à 2 et à 0.

Réponse 3.4 C'est faux. Si $x \in\,]0, 1/2[$, $g(x) = e^{-2x} \times \cos(\pi x)$ et si l'on pose $h = x - 1/2$, on obtient :

$$\begin{aligned}\Delta(h) &= \frac{g(x) - g(1/2)}{x - 1/2} = \frac{e^{-2x} \times \cos(\pi x)}{x - 1/2} \\ &= \frac{e^{-2h-1} \times \cos(\pi h + \pi/2)}{h} = -\pi e^{-2h-1} \times \frac{\sin(\pi h)}{\pi h}.\end{aligned}$$

Comme :
$$\lim_{h \to 0_-} (-\pi e^{-2h-1}) = -\frac{\pi}{e} \quad \text{et} \quad \lim_{h \to 0_-} \frac{\sin(\pi h)}{\pi h} = 1$$

on obtient :
$$\lim_{h \to 0_-} \Delta(h) = -\frac{\pi}{e}.$$

Cela montre que g est dérivable à gauche de $1/2$ et que sa dérivée à gauche vaut $-\pi/e$. Si maintenant $x \in]1/2, 1[$, alors $\pi x \in]\pi/2, \pi[$ donc $\cos(\pi x)$ reste négatif sur cet intervalle et :

$$g(x) = -e^{-2x} \times \cos(\pi x).$$

En posant toujours $h = x - 1/2$, les calculs précédents donnent maintenant :

$$\Delta(h) = \frac{g(x) - g(1/2)}{x - 1/2} = \frac{-e^{-2x} \times \cos(\pi x)}{x - 1/2} = \pi e^{-2h-1} \times \frac{\sin(\pi h)}{\pi h}$$

donc cette fois-ci :
$$\lim_{h \to 0_+} \Delta(h) = \frac{\pi}{e}.$$

Cela montre que g est dérivable à droite de $1/2$ et que sa dérivée à droite vaut π/e. Comme $\pi/e \neq -\pi/e$, on peut affirmer que g n'est pas dérivable en $1/2$.

Remarque — La courbe représentative de g admet néanmoins deux demi-tangentes en $x = 1/2$, ce que corrobore le tracé suivant :

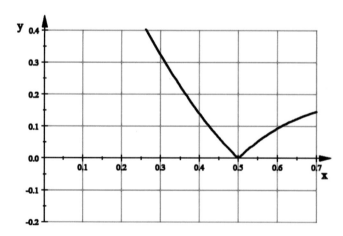

Réponse 3.5 La fonction $x \mapsto \sqrt{1+x^2}$ est définie sur tout $\mathbb{R}$, et la fonction $x \mapsto \sqrt{1-x^2}$ est définie si et seulement si $1 - x^2 \geq 0$, c'est-à-dire $x \in [-1, 1]$. On déduit que f est bien définie sur $[-1, 1]$. La dérivabilité de

f sur $]-1;1[\setminus\{0\}$ est acquise en utilisant les théorèmes généraux sur les limites, mais pour affirmer que f est dérivable sur $]-1;1[$, il reste à vérifier que f est dérivable en 0. En multipliant haut et bas par l'expression conjuguée du dénominateur, on obtient :

$$\frac{f(x)-f(0)}{x-0} = \frac{1}{x^2}(\sqrt{1+x^2}-\sqrt{1-x^2})$$
$$= \frac{1}{x^2}\frac{2x^2}{\sqrt{1+x^2}+\sqrt{1-x^2}} = \frac{2}{\sqrt{1+x^2}+\sqrt{1-x^2}}$$

donc $\lim_{x\to 0}\frac{f(x)-f(0)}{x-0}=1$, ce qui prouve que f est dérivable en 0 et $f'(0)=1$. En conclusion, f est bien dérivable sur $]-1;1[$.

Réponse 3.6 a) Si f admet un maximum en c,

$$\forall x \in I \cap]-\infty,c[\quad \frac{f(x)-f(c)}{x-c} \geq 0 \quad (1)$$

et :

$$\forall x \in I \cap]c,+\infty[\quad \frac{f(x)-f(c)}{x-c} \leq 0. \quad (2)$$

Il suffit de passer à la limite dans ces inégalités lorsque x tend vers c à gauche ou à droite suivant le cas, pour obtenir $f'(c) \geq 0$ d'une part, et $f'(c) \leq 0$ d'autre part, d'où $f'(c)=0$.

b) La réciproque est fausse comme on le voit avec la fonction $f(x)=x^3$ qui est dérivable sur $\mathbb{R}$, vérifie $f'(0)=0$, mais n'admet pas d'extremum en 0.

c) Le résultat reste vrai si c n'est qu'un extremum relatif puisque, pour pouvoir passer à la limite dans les inégalités (1) et (2), il suffit que ces inégalités soient vérifiées au voisinage à droite et à gauche de c, ce qui est le cas.

Par contre I doit absolument être un intervalle ouvert de $\mathbb{R}$ (ou, si l'on préfère, c doit être inclus dans un intervalle ouvert inclus dans l'ensemble de définition de f, ce qui revient à dire que c doit être à l'intérieur de cet ensemble de définition). Le résultat démontré en a) devient faux si $I=[0,1]$ et $f(x)=e^x$.

Réponse 3.7 *Image de $[a,b]$* — On sait que l'image d'un compact (resp. d'un connexe) par une application continue est un compact (resp. un connexe). On sait aussi que les compacts de $\mathbb{R}$ sont les fermés bornés de $\mathbb{R}$, et que les connexes de $\mathbb{R}$ sont les intervalles de $\mathbb{R}$. On peut donc affirmer que :

L'image de $[a,b]$ par l'application continue f est un intervalle fermé de $\mathbb{R}$.

Posons donc $f([a,b]) = [m, M]$.

Cas où $f(a) = f(b)$ — Il faut montrer l'existence de $c \in]a, b[$ tel que $f'(c) = 0$. Si f est une fonction constante, alors $f'(x) = 0$ pour tout $x \in]a, b[$, et le résultat est évident. Sinon il existe $d \in [a, b]$ tel que $f(d) \neq f(a)$. On peut par exemple supposer que $f(d) > f(a)$, l'autre cas se traitant de façon similaire. Alors $M \geq f(d) > f(a)$, et puisque M appartient à $f([a,b])$, il existe $c \in [a, b]$ tel que $M = f(c)$. En fait c appartiendra à l'intervalle ouvert $]a, b[$, autrement $M = f(c) = f(a) = f(b)$, ce qui est impossible. On peut donc dire que f est dérivable sur $]a, b[$ et atteint son maximum en un point c de $]a, b[$. Cela implique que $f'(c) = 0$ (Question 3.6).

Cas général — La fonction :

$$g(x) = f(x) - \frac{f(b) - f(a)}{b - a} x$$

est continue sur $[a, b]$, dérivable sur $]a, b[$.et vérifie $g(a) = g(b)$. D'après le point précédent, il existe $c \in]a, b[$ tel que $g'(c) = 0$, ce qui donne bien :

$$\frac{f(b) - f(a)}{b - a} = f'(c).$$

Réponse 3.8 Le théorème de Rolle (ou formule des accroissements finis) s'énonce ainsi : si $f : [a, b] \to \mathbb{R}$ une application continue sur $[a, b]$ et dérivable sur $]a, b[$, alors il existe $c \in]a, b[$ tel que :

$$\frac{f(b) - f(a)}{b - a} = f'(c).$$

Ce théorème montre qu'avec de bonnes hypothèses de continuité et de dérivabilité, il existe au moins un point du graphe de f où la tangente est parallèle à la droite passant pas les points $(a, f(a))$ et $(b, f(b))$, comme on le vérifie sur la figure.

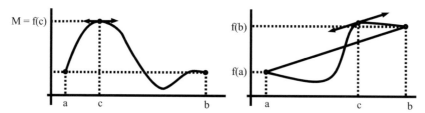

Réponse 3.9 Le théorème de Rolle (Question 3.8) est faux si f est à valeurs dans $\mathbb{R}^n$ ($n \geq 2$) ou $\mathbb{C}$, puisque les fonctions :

$$f : \begin{array}{rcl} [0, 2\pi] & \to & \mathbb{R}^2 \\ x & \mapsto & (\cos x, \sin x) \end{array} \quad \text{et} \quad g : \begin{array}{rcl} [0, 2\pi] & \to & \mathbb{C} \\ x & \mapsto & e^{ix} \end{array}$$

sont continues sur $[0, 2\pi]$, dérivables sur $]0, 2\pi[$, et vérifient $f(0) = f(2\pi)$ et $g(0) = g(2\pi)$, sans qu'il existe de réel c compris entre 0 et 2π, tel que $f'(c) = 0$ ou $g'(c) = 0$. Comment pourrait-il en être autrement quand on sait que $f'(x) = (-\sin x, \cos x)$ et $g'(c) = ie^{ix}$?

Réponse 3.10 Une fonction constante est évidemment de dérivée nulle en tout point de l'intérieur de I. Réciproquement, supposons que $f : I \to \mathbb{R}$ soit une fonction continue sur I, dérivable en tout point de l'intérieur de I, et de dérivée nulle en ces points. Il suffit d'appliquer le théorème des accroissements finis pour obtenir :

$$\forall x_1, x_2 \in I \quad |f(x_1) - f(x_2)| \leq M \times |x_1 - x_2|.$$

où $M = \text{Sup}\{|f'(t)| \ / \ x \text{ intérieur à } I\} = 0$, ce qui signifie que $f(x_1) = f(x_2)$ quels que soient $x_1, x_2 \in I$, et prouve que la fonction f est constante.

Réponse 3.11 Ici $k > 0$. La fonction $f : \mathbb{R}_+ \to \mathbb{R}, t \mapsto te^{-kt}$ est dérivable et sa dérivée en t, donnée par $f'(t) = e^{-kt} + t(-k)e^{-kt} = (1-kt)e^{-kt}$, s'annule en changeant de signe pour $t = 1/k$. Elle est strictement positive sur $[0, 1/k[$ et strictement négative sur $]1/k, +\infty[$ donc f est strictement croissante sur $[0, 1/k[$ et strictement décroissante sur $]1/k, +\infty[$. On a $f(0) = 0$ et $\lim_{t \to +\infty} f(t) = 0_+$. Le tableau de variation de f s'en déduit :

x	0		$1/k$		$+\infty$
$f'(x)$		$+$	0	$-$	
$f(x)$	0	↗	$1/ke$	↘	0_+

Réponse 3.12 • La fonction $f(x) = x \sin(1/x)$ est paire, définie et dérivable sur $\mathbb{R}^*$, et :

$$\forall x \in \mathbb{R}^* \quad f'(x) = \sin \frac{1}{x} - \frac{1}{x} \cos \frac{1}{x}.$$

Comme f est le produit d'une fonction bornée (la fonction $\sin(1/x)$) et d'une fonction qui tend vers 0 quand x tend vers 0 (la fonction identité qui à x associe x), on a $\lim_{x \to 0} f(x) = 0$. La fonction f est donc prolongeable par continuité en 0 si l'on pose $\widehat{f}(0) = 0$.

• La fonction $\widehat{f}$ n'est pas dérivable en 0 car le taux d'accroissement :

$$\frac{\widehat{f}(x) - \widehat{f}(0)}{x - 0} = \frac{f(x)}{x} = \sin \frac{1}{x}$$

ne tend pas vers une limite quand x tend vers 0 en restant distinct de 0. Dans le cas contraire il existerait l tel que $\lim_{x \to 0} f(x) = l$, mais comme la suite $(x_k)_{k\in\mathbb{N}^*}$ définie par $x_k = 1/(k\pi/2)$ tend vers 0 quand k tend vers $+\infty$, on aurait par composition des limites $\lim f(x_k) = l$, soit $l = 1$ puisque $f(x_k) = 1$ quel que soit k. C'est impossible, car en posant $y_k = 1/(k\pi)$ et en nous intéressant à la suite $(y_k)_{k\in\mathbb{N}^*}$, on obtient $\lim y_k = 0$ et donc par composition des limites $\lim f(y_k) = l$, d'où $l = 0$ puisque $f(y_k) = 0$ quel que soit k. La limite espérée ne pourra jamais être égale à la fois à 0 et à 1.

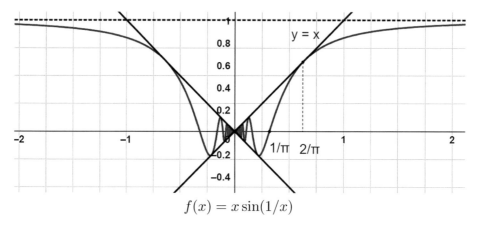

$$f(x) = x\sin(1/x)$$

- L'allure de la courbe représentative de f est donnée sur la figure jointe. On remarque que la courbe oscille entre les droites d'équations $y = \pm x$, et que le nombre d'oscillations augmente quand on se rapproche de zéro. La continuité en 0 provient de l'écrasement de la courbe entre les deux fonctions $x \mapsto \pm x$ qui tendent vers 0 quand x se rapproche de 0.

Réponse 3.13 L'assertion est fausse. L'application $f : x \mapsto x^3$ est définie et dérivable sur tout l'ensemble des nombres réels, donc a fortiori sur l'intervalle $[-1, 1]$. Elle vérifie $f'(0) = 0$ sans que f change de sens de variation en 0, ni nulle part sur l'intervalle $[-1, 1]$. En effet, pour tout $x \in \mathbb{R}$, $f'(x) = 3x^2$ est strictement positif, donc f est strictement croissante sur $\mathbb{R}$.

Réponse 3.14 Posons $\varphi(x) = \left(f(x) - f(0)e^{-kx}\right)e^{kx}$ pour tout $x \in \mathbb{R}_+$. L'application φ de $\mathbb{R}_+$ dans $\mathbb{R}$ ainsi définie est dérivable sur $\mathbb{R}_+$, et telle que $\varphi(0) = 0$ et $\varphi'(x) = (f'(x) + kf(x))e^{kx} \geq 0$ pour tout $x \in \mathbb{R}_+$. C'est donc une fonction croissante sur $\mathbb{R}_+$, et l'on aura bien :
$$\forall x \in \mathbb{R}_+ \quad \varphi(x) \geq \varphi(0)$$
ce qui s'écrit :
$$\forall x \in \mathbb{R}_+ \quad f(x) \geq f(0)e^{-kx}.$$

Réponse 3.15 La fonction $\operatorname{sh} x$ est impaire, strictement croissante sur $\mathbb{R}$, et son graphe passe par l'origine du repère où il admet une tangente de pente 1.

3.3. RÉPONSES

C'est une bijection de $\mathbb{R}$ sur $\mathbb{R}$. La fonction $\operatorname{ch} x$ est paire, décroît avant 0, croît après, admet un minimum en 0, qui vaut 1. Le graphe de la fonction $\operatorname{ch} x$ admet une tangente horizontale en $x = 0$. Les figures ci-dessous montrent l'allure des graphes de ces fonctions et de la fonction $\operatorname{th} x$ qui définit une bijection de $\mathbb{R}$ dans $]-1, 1[$.

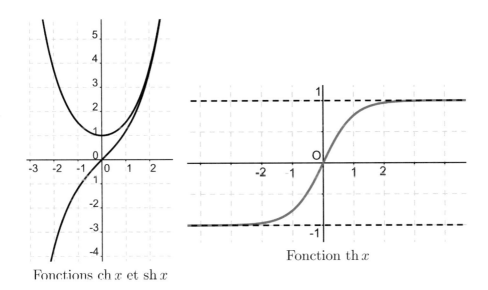

Fonctions $\operatorname{ch} x$ et $\operatorname{sh} x$

Fonction $\operatorname{th} x$

La fonction $\operatorname{argth} x$ est la fonction réciproque de la tangente hyperbolique, donc en repère orthonormal, son graphe s'obtient en traçant le symétrique du graphe de la fonction $\operatorname{th} x$ par rapport à la première bissectrice.

Réponse 3.16 La fonction $B_{n,k}$ est une fonction polynomiale. Elle est donc dérivable sur tout $\mathbb{R}$. On peut aussi remarquer que $B_{n,k}$ est dérivable sur $\mathbb{R}$ comme somme de produits de fonctions dérivables sur $\mathbb{R}$. Si $k = 0$, $B_{n,0}(t) = (1-t)^n$ donc $B'_{n,0}(t) = -n(1-t)^{n-1} = -nB_{n-1,0}(t)$, et si $k = n$, $B_{n,n}(t) = t^n$ donc $B'_{n,n}(t) = nt^{n-1} = nB_{n-1,n-1}(t)$. Si maintenant $k \in [\![1, n-1]\!]$, alors $B_{n,k}(t) = \binom{n}{k} t^k (1-t)^{n-k}$ et l'on obtient .

$$\begin{aligned} B'_{n,k}(t) &= \binom{n}{k} \left[kt^{k-1}(1-t)^{n-k} - (n-k) t^k (1-t)^{n-k-1} \right] \\ &= \binom{n}{k} t^{k-1}(1-t)^{n-k-1} \left[k(1-t) - (n-k) t \right] \\ &= \binom{n}{k} t^{k-1}(1-t)^{n-k-1} (k - nt) \quad (*) \end{aligned}$$

Si $k \in [\![1, n-1]\!]$ et sous réserve que $t \in \,]0,1[$, on obtient les équivalences :

$$B'_{n,k}(t) > 0 \Leftrightarrow kt^{k-1}(1-t)^{n-k} - (n-k)t^k(1-t)^{n-k-1} > 0$$
$$\Leftrightarrow k(1-t) - (n-k)t > 0$$
$$\Leftrightarrow k - nt > 0 \Leftrightarrow t < k/n.$$

On constate de même que, toujours sous l'hypothèse où $t \in \,]0,1[$, $B'_{n,k}(t) = 0$ si et seulement si $t = k/n$, et $B'_{n,k}(t) < 0$ si et seulement si $t > k/n$. Cela montre que la fonction dérivée $B'_{n,k}$ s'annule en changeant de signe en $t = k/n$, et que $B_{n,k}$ est strictement croissante sur $]0, k/n[$, et strictement décroissante sur $]k/n, 1[$. Ainsi $B_{n,k}$ admet un unique maximum en $t = k/n$ et :

$$B_{n,k}\left(\frac{k}{n}\right) = \binom{n}{k}\left(\frac{k}{n}\right)^k \left(1 - \frac{k}{n}\right)^{n-k} = \binom{n}{k}\frac{k^k(n-k)^{n-k}}{n^n}.$$

Si $k = 0$ ou n on a $B_{n,0}(t) = (1-t)^n$ ou $B_{n,n}(t) = t^n$ donc $B_{n,0}$ est strictement décroissante sur $[0,1]$, et $B_{n,n}$ est strictement décroissante sur $[0,1]$. On constate encore que $B_{n,0}$ atteint son maximum en $t = 0 = 0/n$ et que $B_{n,n}$ atteint son maximum en $t = 1 = n/n$. Les formules obtenues sont donc encore valables.

$\boxed{\textbf{Réponse 3.17}}$ a) Pour $y \in \mathbb{R}_+^*$ fixé, la fonction $\varphi : x \mapsto \ln(xy) - \ln x - \ln y$ est définie et dérivable sur $\mathbb{R}_+^*$, et :

$$\forall x \in \mathbb{R}_+^* \quad \varphi'(x) = \frac{y}{xy} - \frac{1}{x} = 0.$$

La fonction φ est donc constante sur $\mathbb{R}_+^*$, et prend toujours la valeur $\varphi(1) = 0$. C'est la fonction nulle, donc $\ln(xy) = \ln x + \ln y$ pour tout $(x,y) \in (\mathbb{R}_+^*)^2$.

b) Soit $x \in \mathbb{R}_+^*$ fixé. Montrons par récurrence sur n que $\ln x^n = n \ln x$ pour tout $n \in \mathbb{N}^*$. L'égalité est triviale si $n = 1$. Si elle est vraie au rang n, la propriété démontrée en a) et l'hypothèse récurrente au rang n donnent $\ln x^{n+1} = \ln(x^n \times x) = \ln x^n + \ln x = n \ln x + \ln x = (n+1)\ln x$, ce qui démontre l'égalité au rang $n+1$ et achève la preuve.

Si $x \in \mathbb{R}_+^*$, la propriété démontrée en a) permet d'écrire :

$$0 = \ln 1 = \ln\left(x \times \frac{1}{x}\right) = \ln x + \ln \frac{1}{x}$$

d'où $\ln(1/x) = -\ln x$.

c) i. Faire $x = y = 1$ dans $g(xy) = g(x) + g(y)$ donne $g(1) = 2g(1)$ soit $g(1) = 0$.

3.3. RÉPONSES

ii. Si l'on dérive les deux membres de l'égalité $g(xy) = g(x) + g(y)$ par rapport à x, pour y fixé, on trouve $g'(xy)y = g'(x)$, soit $g'(xy) = g'(x)/y$.

iii. Il suffit de remplacer x par 1 dans l'égalité précédente pour obtenir $g'(y) = c/y$ quel que soit $y \in \mathbb{R}_+^*$, en posant $c = g'(1)$.

iv. Soit l'équation fonctionnelle $(E) : g(xy) = g(x) + g(y)$. Si g est dérivable sur $\mathbb{R}_+^*$ et solution de (E), les questions précédentes donnent $g(1) = 0$ et $g'(y) = c/y$ pour tout $y \in \mathbb{R}_+^*$. Dans ce cas, la fonction $f = g/c$ vérifie $f(1) = 0$ et $f'(y) = g'(y)/c = 1/y$ pour tout $y \in \mathbb{R}_+^*$. La fonction f est donc l'unique primitive de $x \mapsto 1/x$ sur $\mathbb{R}_+^*$ s'annulant en 1. Par définition $f = \ln$, donc $g = c \ln$.

Réciproquement, si $c \in \mathbb{R}$, la fonction $g = c \ln$ est dérivable sur $\mathbb{R}_+^*$ et vérifie $g(xy) = c \ln(xy) = c(\ln x + \ln y) = c \ln x + c \ln y = g(x) + g(y)$ en utilisant la question a). Ainsi g vérifie l'équation (E).

En conclusion g est dérivable sur $\mathbb{R}_+^*$ et solution de (E) si, et seulement si, il existe un réel c tel que $g = c \ln$.

Commentaires — Attention de ne pas oublier la réciproque sous peine de perdre tous les points réservés à cette question. Oublier la réciproque revient à arrêter le raisonnement en chemin et conclure sans avoir donné la preuve du résultat. Cela revient aussi à oublier de démontrer un des sens d'une équivalence, ou à démontrer seulement une inclusion au lieu d'une égalité. C'est impardonnable pour un professeur de mathématiques.

Voici des précisions pour prendre conscience du danger à écarter. Pour trouver l'ensemble S des solutions d'une équation fonctionnelle (E), il faut supposer que g est une des solutions de (E), puis trouver qu'alors g appartient à un certain ensemble de fonctions $\mathcal{F}$. A ce niveau de la démonstration, on a montré l'inclusion $S \subset \mathcal{F}$. Ensuite, il est nécessaire de prendre une fonction dans $\mathcal{F}$ et démontrer qu'elle est solution de (E), ce qui entraîne l'inclusion réciproque $\mathcal{F} \subset S$. C'est seulement à ce moment que l'on peut conclure à $S = \mathcal{F}$.

d) La fonction $\ln$ est définie et dérivable sur $\mathbb{R}_+^*$. Elle sera strictement croissante sur $\mathbb{R}_+^*$ puisque :
$$\forall x \in \mathbb{R}_+^* \quad \ln' x = \frac{1}{x} > 0.$$

e) • Raisonnons par l'absurde. S'il n'existe pas d'entier $n \in \mathbb{N}^*$ tel que $n \geq A/\ln 2$, alors :
$$\forall n \in \mathbb{N}^* \quad n < A/\ln 2$$

et la suite $(n)_{n \in \mathbb{N}^*}$ est croissante majorée dans $\mathbb{R}$, donc converge dans $\mathbb{R}$, ce qui est absurde car $\lim_{n \to +\infty} n = +\infty$.

Commentaires — On donnera la première réponse qui vient à l'esprit. Voici d'autres réponses possibles :

- Si $n \leq A/\ln 2$ pour tout $n \in \mathbb{N}^*$, alors $n \leq [|A|/\ln 2]$ pour tout $n \in \mathbb{N}$, où $[x]$ désigne la partie entière d'un réel x, mais dans ce cas $\mathbb{N}$ serait majoré, ce qui contredit un des axiomes de définition de $\mathbb{N}$.

- Comme $\lim_{n \to +\infty} n = +\infty$, par définition de cette limite, pour tout réel $A/\ln 2$ il existe $B \in \mathbb{R}$ tel que $n \geq B$ entraîne $n \geq A/\ln 2$, et l'on dispose d'une infinité d'entiers n tels que $n \geq A/\ln 2$.

• Si $x \geq 2^n$ la croissance de ln donne $\ln x \geq n \ln 2 \geq A$.

f) • Pour tout $A \in \mathbb{R}$, on vient de voir qu'il existe un entier n tel que $n \geq A/\ln 2$, et qu'alors :
$$x \geq 2^n \Rightarrow \ln(x) \geq A.$$
Par conséquent :
$$\forall A \in \mathbb{R} \quad \exists B = 2^n \in \mathbb{R} \quad x \geq B \Rightarrow \ln(x) \geq A,$$
ce qui signifie, par définition, que $\lim_{x \to +\infty} \ln x = +\infty$.

• Si x tend vers 0_+, alors $X = 1/x$ tend vers $+\infty$, et par composition de limites :
$$\lim_{x \to 0_+} \ln x = \lim_{X \to +\infty}\left(\ln \frac{1}{X}\right) = \lim_{X \to +\infty}(\ln 1 - \ln X) = \lim_{X \to +\infty}(-\ln X) = -\infty.$$

g) Les questions précédentes permettent de dresser le tableau des variations de la fonction ln, et affirmer que la fonction ln est strictement croissante de $\mathbb{R}_+^*$ dans $\mathbb{R}$, avec $\lim_{x \to 0_+} \ln x = -\infty$ et $\lim_{x \to +\infty} \ln x = +\infty$. Cela prouve que ln est une bijection de $\mathbb{R}_+^*$ sur $\mathbb{R}$.

h) On a :
$$\ln\left(\frac{a+b}{4}\right) = \frac{\ln a + \ln b}{2} \Leftrightarrow \ln\left(\frac{a+b}{4}\right) = \frac{\ln(ab)}{2}$$
$$\Leftrightarrow 2\ln\left(\frac{a+b}{4}\right) = \ln(ab)$$
$$\Leftrightarrow \ln\left(\frac{a+b}{4}\right)^2 = \ln(ab) \quad (1)$$
$$\Leftrightarrow \left(\frac{a+b}{4}\right)^2 = ab \quad \quad (2)$$
$$\Leftrightarrow a^2 + b^2 = 14ab$$

où l'équivalence permettant de passer de (1) à (2) provient de la bijectivité de la fonction $\ln : \mathbb{R}_+^* \to \mathbb{R}$.

3.3. RÉPONSES

Réponse 3.18 Pour démontrer que $\ln x \leq x - 1$ quel que soit $x \in \mathbb{R}_+^*$, on étudie les variations de la fonction ψ définie sur $\mathbb{R}_+^*$ par $\psi(x) = x - 1 - \ln x$. La fonction ψ est définie et dérivable sur $\mathbb{R}_+^*$, et :

$$\forall x \in \mathbb{R}_+^* \quad \psi'(x) = 1 - \frac{1}{x} = \frac{x-1}{x},$$

donc ψ' est strictement négative sur $]0,1[$, strictement positive sur $]1,+\infty[$ et s'annule seulement en $x = 1$. La fonction ψ est donc strictement décroissante sur $]0,1[$, strictement croissante sur $]1,+\infty[$, et atteint son minimum en $x = 1$. Ainsi $\psi(x) \geq \psi(1) = 0$, c'est-à-dire $\ln x \leq x - 1$, pour tout $x \in \mathbb{R}_+^*$.

Remarques — α) L'inégalité $\ln x \leq x - 1$ peut se montrer en utilisant la concavité de la fonction ln, la dérivée seconde $x \mapsto -1/x^2$ de ln restant positive sur $\mathbb{R}_+^*$ (on rappelle qu'une fonction f est concave si $-f$ est convexe). Cela montre que la courbe représentative $\mathcal{C}$ de la fonction ln est située au-dessous de toutes ses tangentes. Comme la tangente en $x = 1$ à $\mathcal{C}$ admet l'équation $y = x - 1$, on déduit que $\ln x \leq x - 1$ pour tout $x \in \mathbb{R}_+^*$.

β) L'étude des variations de ψ montre que $\psi(x) = \psi(1) = 0$ si et seulement si $x = 1$, donc $\ln x = x - 1$ si et seulement si $x = 1$.

Réponse 3.19 Si x et y appartiennent à $\mathbb{R}_+^*$,

$$x \ln y \leq x \ln x + y - x \iff \ln y \leq \ln x + \frac{y}{x} - 1$$
$$\iff \ln \frac{y}{x} \leq \frac{y}{x} - 1$$

et la dernière inégalité écrite est toujours vraie car :

$$\forall h \in \mathbb{R}_+^* \quad \ln h \leq h - 1. \quad (\dagger)$$

On vérifie ($\dagger$) en étudiant les variations de la fonction ψ définie sur $\mathbb{R}_+^*$ par :

$$\psi(h) = h - 1 - \ln h.$$

ψ est dérivable sur $\mathbb{R}_+^*$, et :

$$\forall h \in \mathbb{R}_+^* \quad \psi'(h) = 1 - \frac{1}{h} = \frac{h-1}{h},$$

donc ψ' est strictement négative sur $]0,1[$, strictement positive sur $]1,+\infty[$ et s'annule seulement en $h = 1$. La fonction ψ est donc strictement décroissante sur $]0,1[$, strictement croissante sur $]1,+\infty[$, et atteint son minimum en $h = 1$ et uniquement en ce point. Cela montre l'inégalité ($\dagger$), mais prouve aussi que :

$$\psi(h) = \psi(1) = 0 \iff h = 1$$

donc que :
$$\ln \frac{y}{x} = \frac{y}{x} - 1 \Leftrightarrow \frac{y}{x} = 1$$
et en développant :
$$x \ln y = x \ln x + y - x \Leftrightarrow x = y,$$
toujours sous l'hypothèse où $x, y \in \mathbb{R}_+^*$.

Réponse 3.20 Si $f(x) = \cos x - 1$ et $g(x) = x^2$, la limite de $f(x)/g(x)$ quand x tend vers 0 est une forme indéterminée $0/0$. La règle de l'Hôpital permet de lever l'indétermination :
$$\lim_{x \to 0} \frac{\cos x - 1}{x^2} = \lim_{x \to 0} \frac{-\sin x}{2x} = -\frac{1}{2}.$$
On aurait aussi pu conclure en ayant recours à des développements limités.

Réponse 3.21 Posons $f(x) = e^x - e^{-x} - 2x$ et $g(x) = x - \sin x$. Ces deux fonctions sont indéfiniment dérivables sur $\mathbb{R}$, et l'on peut appliquer la règle de l'Hôpital trois fois de suite pour justifier la ligne suivante (écrite de façon bien cavalière puisque c'est la dernière limite, qui existe, qui donne un sens à toutes les limites précédentes en utilisant justement cette règle, mais nous ferons cet abus bien pratique) :
$$\lim_{x \to 0} \frac{f(x)}{g(x)} = \lim_{x \to 0} \frac{e^x + e^{-x} - 2}{1 - \cos x} = \lim_{x \to 0} \frac{e^x - e^{-x}}{\sin x} = \lim_{x \to 0} \frac{e^x + e^{-x}}{\cos x} = 2.$$
Comme au voisinage de 0 :
$$f(x) = 1 + x + \frac{x^2}{2} + \frac{x^3}{6} - \left(1 - x + \frac{x^2}{2} - \frac{x^3}{6}\right) - 2x + o(x^3) = \frac{x^3}{3} + o(x^3)$$
et :
$$g(x) = x - \left(x - \frac{x^3}{6} + o(x^3)\right) = \frac{x^3}{6} + o(x^3)$$
on obtient bien :
$$\lim_{x \to 0} \frac{f(x)}{g(x)} = \lim_{x \to 0} \frac{x^3/3 + o(x^3)}{x^3/6 + o(x^3)} = \lim_{x \to 0} \frac{2 + o(1)}{1 + o(1)} = 2.$$

Réponse 3.22 On peut supposer que f est strictement croissante (quitte à raisonner de façon similaire si f est strictement décroissante, ou se ramener au cas traité en remplaçant f par $-f$).

a) $J = f(I)$ est un intervalle comme l'image d'un intervalle par une application continue. C'est ce qu'affirme le théorème des valeurs intermédiaires démontré à la Question 2.1.

b) L'application $f : I \to J$ est bien définie et surjective par construction. Comme f est strictement croissante :
$$\forall a, b \in I \quad a < b \Rightarrow f(a) < f(b),$$
donc $a \neq b$ entraîne $f(a) \neq f(b)$. Cela montre que f est injective.

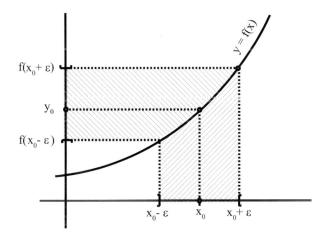

c) *Stricte monotonie* — Il est facile de voir que f^{-1} est strictement croissante. En effet, si $y_1, y_2 \in J$ et $y_1 < y_2$, et si l'on pose $x_i = f^{-1}(y_i)$, alors $x_1 < x_2$ autrement la stricte croissance de f entraînerait $y_1 > y_2$, ce qui est absurde.

Continuité — Soit $y_0 \in J$. Il existe $x_0 \in I$ tel que $y_0 = f(x_0)$. Soit $\varepsilon > 0$. On envisage trois cas suivant que y_0 soit ou non une borne de I.

∘ Premier cas : si x_0 est à l'intérieur de I (voir figure), on peut toujours supposer que ε est tel que $]x_0 - \varepsilon, x_0 + \varepsilon[\subset I$ quitte à remplacer ε par un nombre plus petit. La croissance de f^{-1} permet alors d'écrire .
$$f^{-1}(]f(x_0 - \varepsilon), f(x_0 + \varepsilon)[) \subset]x_0 - \varepsilon, x_0 + \varepsilon[,$$
ce qui montre la continuité de f^{-1} en y_0.

∘ Deuxième cas : si x_0 est la borne supérieure de I, on peut toujours troquer ε pour un autre ε plus petit tel que $]x_0 - \varepsilon, x_0] \subset I$, et la croissance de f^{-1} donne :
$$f^{-1}(]f(x_0 - \varepsilon), f(x_0)]) \subset]x_0 - \varepsilon, x_0].$$

Comme $]f(x_0 - \varepsilon), f(x_0)]$ est l'intersection de J et d'un intervalle ouvert centré sur y_0, et comme $]x_0 - \varepsilon, x_0]$ est aussi l'intersection de I et d'un intervalle ouvert centré sur x_0, l'inclusion précédente prouve que f^{-1} est continue en y_0.

∘ Troisième cas : si x_0 est la borne inférieure de I, on raisonne comme dans le cas b) : quitte à choisir un ε plus petit, on a $[x_0, x_0 + \varepsilon[\subset I$, et la croissance de f^{-1} donne :
$$f^{-1}([f(x_0), f(x_0 + \varepsilon)[) \subset [x_0, x_0 + \varepsilon[.$$
On conclut de la même façon.

d) Notons $y_0 = f(x_0)$. On a :
$$\frac{f^{-1}(y) - f^{-1}(y_0)}{y - y_0} = \frac{f^{-1}(f(x)) - f^{-1}(f(x_0))}{f(x) - f(x_0)} = \frac{1}{\dfrac{f(x) - f(x_0)}{x - x_0}}.$$

Lorsque y tend vers y_0 en restant différent de y_0, $x = f^{-1}(y)$ tend vers x_0 (continuité de f^{-1}) en restant différent de x_0. On peut donc utiliser le théorème de composition des limites à la fonction $h \circ f^{-1}$, où :
$$f^{-1} : y \longmapsto f^{-1}(y) \quad \text{et} \quad h : x \longmapsto \left(\frac{f(x) - f(x_0)}{x - x_0}\right)^{-1}$$
pour obtenir :
$$\lim_{\substack{y \to y_0 \\ y \neq y_0}} \frac{f^{-1}(y) - f^{-1}(y_0)}{y - y_0} = \lim_{\substack{x \to x_0 \\ x \neq x_0}} \frac{1}{\dfrac{f(x) - f(x_0)}{x - x_0}} = \frac{1}{f'(x_0)}.$$

Remarque — Si f^{-1} est dérivable en $f(x_0)$, il suffit de dériver la fonction $f^{-1} \circ f = Id_I$ en x_0 pour obtenir $(f^{-1})'(f(x_0)) \cdot f'(x_0) = 1$, d'où $f'(x_0) \neq 0$ et la formule annoncée. On peut donc affirmer que :
$$f'(x_0) \neq 0 \quad \Leftrightarrow \quad (f^{-1} \text{ est dérivable en } y_0).$$

Réponse 3.23 L'application sinus est continue et strictement croissante de $[-\pi/2, \pi/2]$ dans $[-1, 1]$, donc induit un homéomorphisme (c'est-à-dire une application continue, bijective, et de fonction réciproque continue) entre ces deux intervalles. La fonction réciproque est appelée « fonction arc sinus » ou « fonction arc dont le sinus est x », et notée arcsin. Ainsi :
$$\arcsin : \begin{array}{rcl} [-1, 1] & \to & [-\pi/2, \pi/2] \\ y & \mapsto & \arcsin y. \end{array}$$

3.3. RÉPONSES

Si l'on sous-entend que $x \in [-\pi/2, \pi/2]$ et que $y \in [-1, 1]$, on a donc :

$$y = \sin x \quad \Leftrightarrow \quad x = \arcsin y.$$

Posons momentanément $f(x) = \sin x$ et $g = f^{-1} = \arcsin$. f est dérivable sur $[-\pi/2, \pi/2]$, et $f'(x) = \cos x$ pour tout $x \in [-\pi/2, \pi/2]$. Par suite f' ne s'annule jamais sur $]-\pi/2, \pi/2[$ et le Théorème des fonctions réciproques montre que g est dérivable sur $]-1, 1[$, de dérivée en $y \in]-1, 1[$:

$$g'(y) = \frac{1}{f'(g(y))} = \frac{1}{\cos(\arcsin y)} = \frac{1}{\cos x}$$

où $x = \arcsin y$. On a $y = \sin x$ donc $\cos^2 x + y^2 = 1$, ce qui permet d'écrire $\cos x = \pm\sqrt{1 - y^2}$. Comme $\cos x$ est positif pour tout $x \in]-\pi/2, \pi/2[$, on obtient $\cos x = \sqrt{1 - y^2}$, et en remplaçant :

$$\forall y \in]-1, 1[\quad g'(y) = (\arcsin y)' = \frac{1}{\sqrt{1 - y^2}}.$$

Réponse 3.24 Si $n \in \mathbb{N}^*$, on connaît la fonction puissance n-ième :

$$f_n : \begin{array}{rcl} \mathbb{R} & \to & \mathbb{R} \\ x & \mapsto & x^n. \end{array}$$

- Si n est pair, f_n est paire, continue, strictement croissante de $\mathbb{R}_+$ sur $\mathbb{R}_+$, dérivable et de dérivée $f'_n(x) = nx^{n-1}$. Cette dérivée s'annule seulement en $x = 0$. On peut donc affirmer que $f_n|_{\mathbb{R}_+} : \mathbb{R}_+ \to \mathbb{R}_+$ est bijective, d'application réciproque $g_n = f_n|_{\mathbb{R}_+}^{-1} : \mathbb{R}_+ \to \mathbb{R}_+$ continue, strictement croissante, dérivable sur $\mathbb{R}_+^*$, et :

$$\forall x \in \mathbb{R}_+^* \quad g'_n(x) = \frac{1}{n(g_n(x))^{n-1}} = \frac{g_n(x)}{n(g_n(x))^n} = \frac{g_n(x)}{nx}. \quad (\dagger)$$

- Si n est impair, f_n est impaire, continue, strictement croissante de $\mathbb{R}$ sur $\mathbb{R}$, dérivable sur $\mathbb{R}$ de dérivée $f'_n(x) = nx^{n-1}$. On peut relire ce qui a été dit ci-dessus avec un seul changement notable : cette fois-ci $f_n : \mathbb{R} \to \mathbb{R}$ est bijective, et l'application réciproque g_n est définie sur $\mathbb{R}$ à valeurs dans $\mathbb{R}$, et dérivable sur $\mathbb{R}^*$.

Dans les deux cas, on pose $g_n(x) = x^{1/n}$ (ou encore $g_n(x) = \sqrt[n]{x}$) pour tout réel x où g_n est définie, et l'on dit que g_n est la fonction « radical n-ième » ou « racine n-ième ». Si $n = 2$, on note $x^{1/2} = \sqrt{x}$, et $(\dagger)$ donne :

$$\forall x \in \mathbb{R}_+^* \quad (\sqrt{x})' = \frac{\sqrt{x}}{2x} = \frac{1}{2\sqrt{x}}.$$

On définit les fonctions puissances d'exposants rationnels en posant, pour tout $x \in \mathbb{R}_+$ et tout $(p,q) \in \mathbb{N} \times \mathbb{N}^*$, et lorsque p et q sont premiers entre eux :

$$x^{p/q} = \sqrt[q]{x^p} = (x^p)^{1/q}.$$

La notation sous forme de puissances est pratique car les formules usuelles concernant les puissances entières se généralisent au cas des puissances rationnelles. En effet (†) permet d'écrire :

$$(x^{1/n})' = \frac{x^{\frac{1}{n}}}{nx} = \frac{1}{n} x^{\frac{1}{n}-1},$$

et l'on aura $(x^r)' = rx^{r-1}$ lorsque $r \in \mathbb{Q}$, partout où cela a un sens.

Réponse 3.25 On peut dire que f^{-1} est aussi de classe C^n sur J. En effet, si f est une application de classe C^n strictement monotone de I sur J, dont la dérivée ne s'annule jamais, le Théorème des fonctions réciproques montre que f est bijective et que sa fonction réciproque f^{-1} est strictement monotone et dérivable sur J, et que :

$$\left(f^{-1}\right)' = \frac{1}{f' \circ f^{-1}}. \quad (*)$$

Comme f' et f^{-1} sont continues, $(*)$ montre que $(f^{-1})'$ est aussi continue, et donc f^{-1} est de classe C^1. Mais si f^{-1} est de classe C^1, alors $(*)$ montre que $(f^{-1})'$ est de classe C^2. On continue de cette façon et l'on montre par récurrence que f^{-1} est de classe C^k pour tout k compris entre 1 et n. L'hérédité se montre ainsi : au rang k, on suppose que f^{-1} est de classe C^k, et $(*)$ montre qu'alors f^{-1} est de classe C^{k+1}. En conclusion f^{-1} est de classe C^n.

Réponse 3.26 La fonction g est dérivable sur J d'après le théorème des fonctions réciproques qui nous donne aussi la formule :

$$g' = \frac{1}{f' \circ g}.$$

Comme $f' \circ g$ est dérivable sur J (comme composée de fonctions dérivables) et ne s'annule jamais, l'inverse $1/(f' \circ g)$ sera aussi dérivable sur J. On peut donc affirmer que g est deux fois dérivables sur J. Comme $f' \circ g$ est la composée de deux fonctions deux fois dérivables sur J, on en déduit que $g' = 1/(f' \circ g)$ est aussi deux fois dérivables sur J. Finalement g sera trois fois dérivable sur J. On a aussi $f' = 1/(g' \circ f)$, soit :

$$g' \circ f = \frac{1}{f'}.$$

Les fonctions qui interviennent dans cette égalité sont deux fois dérivables, et il suffit de dérivée les deux membres pour obtenir :

$$(g'' \circ f) \times f' = -\frac{f''}{f'^2},$$

ce qui s'écrit successivement :

$$g'' \circ f = -\frac{f''}{f'^3} \; (*), \quad \text{puis } g'' = -\frac{f'' \circ g}{(f' \circ g)^3}.$$

De $(*)$ on tire :

$$(g''' \circ f) \times f' = -\frac{f''' f'^3 - f'' \times 3f'^2 f''}{f'^6}, \quad \text{soit } g''' \circ f = \frac{3f''^2 - f' f'''}{f'^5}.$$

D'où cette expression de g''' en fonction de f et de ses dérivées :

$$g''' = \frac{3(f'' \circ g)^2 - (f' \circ g)(f''' \circ g)}{(f' \circ g)^5}.$$

Réponse 3.27 Ici $e^z = e^{a+ib} = e^a e^{ib}$ et $\overline{e^z} = e^a \overline{e^{ib}} = e^a e^{-ib} = e^{a-ib} = e^{\bar z}$.
La fonction $g : \mathbb{R} \to \mathbb{C}; t \mapsto e^{zt}$ est dérivable sur $\mathbb{R}$ puisque pour tout $t \in \mathbb{R}$:
$g(t) = e^{zt} = e^{at} e^{ibt} = e^{at}(\cos bt + i \sin bt) = e^{at} \cos bt + i e^{at} \sin bt$, et que les parties réelles et imaginaires de $g(t)$, respectivement $e^{at} \cos bt$ et $e^{at} \sin bt$, définissent des fonctions dérivables de $\mathbb{R}$ dans $\mathbb{R}$. Pour tout $t \in \mathbb{R}$:

$$\begin{aligned}
g'(t) &= \left(e^{at} \cos bt\right)' + i \left(e^{at} \sin bt\right)' \\
&= ae^{at} \cos bt + e^{at}(-b \sin bt) + i \left[ae^{at} \sin bt + e^{at}(b \cos bt)\right] \\
&= e^{at} \left[(a \cos bt - b \sin bt) + i (a \sin bt + b \cos bt)\right] \\
&= e^{at} \left[a (\cos bt + i \sin bt) + ib (\cos bt + i \sin bt)\right] \\
&= e^{at}[ae^{ibt} + ibe^{ibt}] = (a+ib) e^{(a+ib)t} = ze^{zt}.
\end{aligned}$$

Remarque — On aurait aussi pu dire que la dérivée de $g(t) = e^{zt}$ était $g'(t) = ze^{zt}$ en appliquant le théorème de dérivation des fonctions composées et en utilisant que la fonction $z \mapsto e^z$ est holomorphe sur $\mathbb{C}$, c'est-à-dire dérivable suivant la variable complexe z en tout point de $\mathbb{C}$.

Réponse 3.28 L'application qui à x associe $f(x) = \arctan x + \arctan(1/x)$ est définie et dérivable sur $\mathbb{R}^*$, de dérivée :

$$f'(x) = \frac{1}{1+x^2} + \frac{1}{1+\dfrac{1}{x^2}} \times \frac{-1}{x^2} = 0.$$

L'application f est donc constante sur chacun des intervalles $\mathbb{R}_+^*$ et $\mathbb{R}_-^*$. Comme $f(1) = \pi/2$ et $f(-1) = -\pi/2$, on obtient :

$$\forall x \in \mathbb{R}^* \quad \arctan x + \arctan \frac{1}{x} = \operatorname{Sgn}(x) \times \frac{\pi}{2}$$

où $\operatorname{Sgn}(x)$ désigne le signe de x, c'est-à-dire vaut $+1$ si $x > 0$ et -1 sinon.

Réponse 3.29 • La fonction $f(x) = x^2 \sin(1/x)$ est impaire. Elle est définie et dérivable sur $\mathbb{R}^*$, et :

$$\forall x \in \mathbb{R}^* \quad f'(x) = 2x \sin \frac{1}{x} - \cos \frac{1}{x}.$$

On a :

$$\lim_{\substack{x \to 0 \\ x \neq 0}} \frac{f(x) - f(0)}{x - 0} = \lim_{\substack{x \to 0 \\ x \neq 0}} \left(x \sin \frac{1}{x} \right) = 0$$

(car la fonction $\sin(1/x)$ est bornée et multipliée par la fonction x qui tend vers 0) donc f est dérivable en 0, de dérivée $f'(0) = 0$ en ce point. La fonction f', bien que continue sur $\mathbb{R}^*$, n'est pas continue en 0 car $\lim_{x \to 0, x \neq 0} f'(x)$ n'existe pas : si cette limite existait, comme $x \sin(1/x)$ tend vers 0, cela voudrait dire que la fonction $\cos(1/x)$ admet une limite pour x tendant vers 0, ce qui est faux.

• La figure jointe montre l'allure du graphe $\mathcal{G}$ de f. On a $-x^2 \leq f(x) \leq x^2$ pour tout $x \neq 0$, donc $\mathcal{G}$ est situé entre les paraboles d'équations $y = \pm x^2$. Comme :

$$f(x) = x^2 \Leftrightarrow \sin \frac{1}{x} = 1 \Leftrightarrow \exists k \in \mathbb{Z} \quad x = x_k$$

où par définition $x_k = 1/(\pi/2 + k\pi)$, le graphe $\mathcal{G}$ coupe la parabole $\mathcal{P}$ d'équation $y = x^2$ aux points M_k de coordonnées (x_k, x_k^2). On a $f'(x_k) = 2x_k$ pour tout $k \in \mathbb{Z}$, donc les tangentes à $\mathcal{G}$ et à $\mathcal{P}$ en M_k ont même pente. Elles sont confondues. Cela montre que $\mathcal{G}$ est tangent à la parabole en chaque point de contact.

• Au voisinage de $+\infty$, $\sin(1/x) \sim 1/x$ donc $f(x) \sim x$. On en déduit que $\lim_{x \to +\infty} f(x) = +\infty$. On a :

$$\lim_{x \to +\infty} \frac{f(x)}{x} = 1 \quad \text{et} \quad \lim_{x \to +\infty} (f(x) - x) = 0$$

car :

$$f(x) - x = x^2 \sin \frac{1}{x} - x = x^2 \left(\frac{1}{x} - \frac{1}{6x^3} + o\left(\frac{1}{x^3}\right) \right) - x = -\frac{1}{6x} + o\left(\frac{1}{x}\right),$$

donc $\mathcal{G}$ admet la première bissectrice $y = x$ comme asymptote oblique quand x tend vers $+\infty$. La fonction f étant impaire, on peut affirmer que $\mathcal{G}$ admet la même droite comme asymptote quand x tend vers $-\infty$.

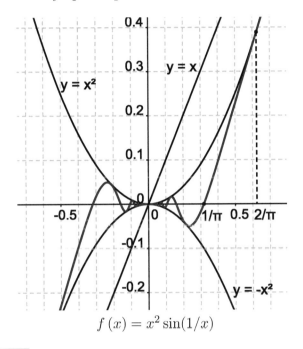

$f(x) = x^2 \sin(1/x)$

Réponse 3.30 Elle ne l'est pas. On a $f(x) = x^3 \sin(1/x)$ si $x \in \mathbb{R}^*$, et $f(0) = 0$. La fonction f est donc dérivable sur $\mathbb{R}^*$ et :

$$\forall x \in \mathbb{R}^* \quad f'(x) = 3x^2 \sin\frac{1}{x} + x^3 \left(\cos\frac{1}{x}\right) \times \frac{-1}{x^2} = 3x^2 \sin\frac{1}{x} - x \cos\frac{1}{x}.$$

Par ailleurs :
$$\lim_{x \to 0} \frac{f(x) - f(0)}{x - 0} = \lim_{x \to 0} x^2 \sin\frac{1}{x} = 0$$

puisque $x^2 \sin(1/x)$ est le produit d'une fonction bornée par une fonction qui tend vers 0 lorsque x tend vers 0. Cela montre que f est dérivable en 0, de nombre dérivé en ce point $f'(0) = 0$. Pour voir si f est deux fois dérivable en 0, il faut voir si la fonction f' est dérivable en 0, dont s'intéresser à la limite du taux d'accroissement :

$$\Delta_x = \frac{f'(x) - f'(0)}{x - 0} = 3x \sin\frac{1}{x} - \cos\frac{1}{x}$$

de f' à partir de 0. On a bien $\lim_{x \to 0} 3x \sin(1/x) = 0$, mais comme la fonction $\cos(1/x)$ ne tend vers aucune limite lorsque x tend vers 0, on déduit que la limite $\lim_{x\to 0} \Delta_x$ n'existe pas (c'est un petit raisonnement par l'absurde qui nous le montre : si $\lim_{x\to 0} \Delta_x$ existait, la relation précédente, qui exprime $\cos(1/x)$ comme une différence de deux fonctions qui tendent vers 0 quand x tend vers 0, prouverait que $\lim_{x\to 0} \cos(1/x)$ existe, absurde), donc f n'est pas deux fois dérivable en 0.

Réponse 3.31 Comme :

$$\forall x \in \;]-1,1[\quad (\arcsin x + \arccos x)' = \frac{1}{\sqrt{1-x^2}} - \frac{1}{\sqrt{1-x^2}} = 0,$$

la fonction $f(x) = \arcsin x + \arccos x$ est constante sur $]-1,1[$, et aussi sur $[-1,1]$ par continuité. Comme $f(0) = \pi/2$, la valeur de cette constante est $\pi/2$.

Réponse 3.32 L'application affine :

$$\begin{array}{rccc} f: & [a,b[& \to & [0,1[\\ & x & \mapsto & \dfrac{1}{b-a}(x-a) \end{array}$$

est une bijection bicontinue de $[a,b[$ sur $[0,1[$. La restriction suivante de la fonction tangente hyperbolique :

$$\begin{array}{rccc} \mathrm{th}: & [0,+\infty[& \to & [0,1[\\ & x & \mapsto & \mathrm{th}\, x \end{array}$$

est une fonction continue strictement monotone et surjective entre les deux intervalles $[0,+\infty[$ et $[0,1[$, donc un homéomorphisme entre ces deux intervalles d'après le théorème des fonctions réciproques. On en déduit que la composée $f^{-1} \circ \mathrm{th}$ est un homéomorphisme de $[0,+\infty[$ sur $[a,b[$.

On remarquera que les trois intervalles considérés sont semi-ouverts : on dit qu'ils sont de même type topologique. Le résultat démontré n'est donc pas vraiment surprenant puisqu'au niveau purement topologique, ces intervalles sont identiques.

Réponse 3.33 Une droite verticale est de pente infinie et coupe la sinusoïde en un seul point. Considérons maintenant une droite qui n'est pas verticale. Celle-ci admet une équation de la forme $y = ax + b$, et supposer qu'elle coupe la sinusoïde en au moins deux points distincts revient à supposer qu'il existe deux réels distincts x_1 et x_2 tels que :

$$\begin{cases} \sin x_1 = ax_1 + b \\ \sin x_2 = ax_2 + b. \end{cases}$$

Le théorème des accroissements finis montre que $|\sin x_1 - \sin x_2| \leq |x_1 - x_2|$, donc $|a| \leq 1$ et l'on peut conclure.

Réponse 3.34 a) Le théorème de Rolle s'énonce :

« Si f est une fonction à valeurs réelles, continue sur l'intervalle $[a,b]$ et dérivable sur $]a,b[$, et si $f(a) = f(b)$, alors il existe $c \in \,]a,b[$ tel que $f'(c) = 0$. »

Remarque — Cet énoncé est aussi appelé « lemme de Rolle » par certains auteurs qui désignent alors comme « théorème de Rolle » l'énoncé suivant : « si f est une fonction à valeurs réelles, continue sur $[a,b]$ et dérivable sur $]a,b[$, alors il existe $c \in \,]a,b[$ tel que $f'(c) = \frac{f(b)-f(a)}{b-a}$. » que l'on connaît aussi sous le nom de « théorème des accroissements finis » ([6], chap. 3). La suite de l'exercice permet de savoir de quel énoncé il s'agit.

b) Notons $b_0 < ... < b_n$ les $n+1$ points distincts de $[a,b]$ où s'annule g. Montrons la propriété :

$\mathcal{P}(k)$: « $g^{(k)}$ s'annule en au moins $n+1-k$ points distincts de $[a,b]$ »

par récurrence finie pour k variant de 0 à n.

L'énoncé suppose que la propriété est vraie lorsque $k=0$. Soit $k \in [\![0, n-1]\!]$. Si la propriété $\mathcal{P}(k)$ est vraie, alors $g^{(k)}$ s'annule en des points c_1, ..., c_{n+1-k} de $[a,b]$ tels que $c_1 < ... < c_{n+1-k}$. La fonction $g^{(k)}$ étant dérivable sur $[a,b]$ et telle que $g^{(k)}(c_1) = ... = g^{(k)}(c_{n+1-k}) = 0$, le théorème de Rolle s'applique sur chacun des intervalles $[c_i, c_{i+1}]$ et montre l'existence de $d_i \in \,]c_i, c_{i+1}[$ tel que $g^{(k+1)}(d_i) = 0$. Finalement :

$$\forall i \in [\![1, n+1-k]\!] \quad \exists d_i \in \,]c_i, c_{i+1}[\quad g^{(k+1)}(d_i) = 0$$

donc $g^{(k+1)}$ s'annule en au moins $(n+1-k) - 1 = n+1-(k+1)$ points. Cela démontre la propriété $\mathcal{P}(k+1)$ au rang $k+1$, et achève le raisonnement par récurrence. En conclusion $\mathcal{P}(n)$ est vraie, et $g^{(n)}$ s'annule en au moins un point de $[a,b]$.

Remarque — Une autre solution consiste à raisonner par récurrence sur n avec la propriété $\mathcal{Q}(n)$: « si g est n fois dérivable sur $[a,b]$ et s'annule en au moins $n+1$ points distincts de $[a,b]$, alors $g^{(n)}$ s'annule en au moins un point de $[a,b]$ ».

Réponse 3.35 a) Posons $x = 1/h$ de sorte que h tende vers 0 quand x tend vers $+\infty$. On a :

$$\theta(x) = \left(\frac{1}{h} + \frac{1}{2}\right) \ln(1+h) = \frac{\ln(1+h)}{h} + \frac{\ln(1+h)}{2}$$

où $\lim_{h \to 0} \frac{\ln(1+h)}{h} = 1$ et $\lim_{h \to 0} \frac{\ln(1+h)}{2} = 0$. Par suite $\lim_{x \to +\infty} \theta(x) = 1$.

b) L'énoncé admet que la fonction θ définie par :

$$\theta(x) = \left(x + \frac{1}{2}\right) \ln\left(1 + \frac{1}{x}\right)$$

est définie sur $[1, +\infty[$. En fait $\ln\left(1 + \frac{1}{x}\right)$ est défini lorsque $\frac{x+1}{x} > 0$, et un tableau de signes montre que c'est le cas si et seulement si $x < -1$ ou $x > 0$. La fonction $\ln\left(1 + \frac{1}{x}\right)$ est donc *a fortiori* définie sur $[1, +\infty[$ et infiniment dérivable sur cet intervalle. On en déduit que θ est infiniment dérivable sur $[1, +\infty[$ comme produit de deux fonctions infiniment dérivables. Pour tout $x \in [1, +\infty[$:

$$\begin{aligned}\theta'(x) &= \ln\left(1 + \frac{1}{x}\right) + \left(x + \frac{1}{2}\right) \frac{1}{1 + \frac{1}{x}} \times \left(-\frac{1}{x^2}\right) \\ &= \ln\left(1 + \frac{1}{x}\right) - \frac{1}{x+1} - \frac{1}{2(x^2+x)}\end{aligned}$$

puis :

$$\begin{aligned}\theta''(x) &= \frac{1}{1 + \frac{1}{x}} \times \left(-\frac{1}{x^2}\right) + \frac{1}{(x+1)^2} + \frac{1}{4(x^2+x)^2} \times (4x+2) \\ &= -\frac{1}{x(x+1)} + \frac{1}{(x+1)^2} + \frac{2x+1}{2x^2(x+1)^2} = \frac{1}{2x^2(x+1)^2}.\end{aligned}$$

Ainsi θ'' est positive sur $[1, +\infty[$, donc θ' est croissante sur cet intervalle. Comme $\lim_{x \to +\infty} \theta'(x) = 0$, on obtient :

$$\forall x \in [1, +\infty[\quad \theta'(x) \leq 0.$$

Remarque — Pour simplifier, on a parlé de la fonction $\ln\left(1 + \frac{1}{x}\right)$ au lieu de la fonction $x \mapsto \ln\left(1 + \frac{1}{x}\right)$. Il s'agit d'un abus de langage bien pratique qui n'engendre aucune difficulté une fois que l'on sait de quoi il ressort. On refera cet abus de langage à certaines occasions.

c) Comme θ' est négative sur $[1, +\infty[$, θ sera décroissante sur $[1, +\infty[$. Comme $\lim_{x \to +\infty} \theta(x) = 1$, on déduit que $\theta(x) \geq 1$ pour tout $x \in [1, +\infty[$.

$\boxed{\text{Réponse 3.36}}$ a) On a :

$$\forall x \in [0, 1] \quad f''(x) = g(x) \quad (C)$$

si et seulement si :

$$\forall x \in [0, 1] \quad f'(x) = \int_0^x g(t)\,dt + \alpha \quad (C1)$$

3.3. RÉPONSES

où α est une constante arbitraire. L'intégrale de g sur $[0, x]$ existe puisque g est continue sur $[0, 1]$. Si l'on pose $G(x) = \int_0^x g(t)\, dt$, le cours nous permet d'affirmer que G est dérivable sur $[0, 1]$, de dérivée g, ce qui donne la condition nécessaire et suffisante $(C1)$. On recommence : G est continue sur $[0, 1]$ donc $\widetilde{f}(x) = \int_0^x G(t)\, dt$ définit une primitive de G sur $[0, 1]$ et $(C1)$ équivaut à :

$$\forall x \in [0, 1] \quad f(x) = \int_0^x (G(t) + \alpha)\, dt + \beta$$

où β est une nouvelle constante arbitraire. Finalement la condition (C) est équivalente à :

$$\forall x \in [0, 1] \quad f(x) = \widetilde{f}(x) + \alpha x + \beta. \quad (C2)$$

Il suffit maintenant de constater que :

$$\begin{cases} f(0) = a \\ f(1) = b \end{cases} \Leftrightarrow \begin{cases} \beta = a \\ \alpha + \beta = b \end{cases} \Leftrightarrow \begin{cases} \beta = a \\ \alpha = b - a \end{cases}$$

pour pouvoir affirmer qu'il existe une et une seule fonction f de $\mathcal{C}^4([0, 1])$ qui satisfait les deux conditions de l'énoncé.

b) Posons $M_4 = \mathrm{Max}_{x \in [0,1]} \left| f^{(4)}(x) \right|$. Posons aussi :

$$\begin{cases} A = f(x+h) - f(x) - f'(x)h - \dfrac{f''(x)}{2}h^2 - \dfrac{f^{(3)}(x)}{6}h^3 \\ B = f(x-h) - f(x) - f'(x)(-h) - \dfrac{f''(x)}{2}h^2 - \dfrac{f^{(3)}(x)}{6}(-h)^3. \end{cases}$$

En appliquant l'inégalité de Taylor-Lagrange à la fonction f à l'ordre 4 sur les intervalles $[x, x+h]$ puis $[x, x-h]$, on obtient :

$$\begin{cases} |A| \leq M_4 \dfrac{h^4}{4!} \\ |B| \leq M_4 \dfrac{h^4}{4!} \end{cases}$$

de sorte que $\left| f(x+h) + f(x-h) - 2f(x) - f''(x)h^2 \right| = |A + B|$. Comme :

$$|A + B| \leq |A| + |B| \leq 2 \times M_4 \frac{h^4}{4!} = M_4 \frac{h^4}{12}$$

on déduit que :

$$\left| f(x+h) + f(x-h) - 2f(x) - f''(x)h^2 \right| \leq M_4 \frac{h^4}{12}$$

soit :

$$\left| \frac{f(x+h) + f(x-h) - 2f(x)}{h^2} - f''(x) \right| \leq \frac{Mh^2}{12}$$

en divisant les deux membres de l'inégalité par h^2 qui est positif. Evidemment, comme on a divisé par h, on suppose forcément que $h \neq 0$, ce qui sera heureusement le cas dans la suite du problème.

Réponse 3.37 Remarque : la fonction c est appelée cosinus hyperbolique et notée cosh, tandis que s est appelée sinus hyperbolique et notée sinh.

a) La fonction s est définie et dérivable sur tout $\mathbb{R}$, et pour tout x réel :

$$s'(x) = \frac{e^x - (-1)e^{-x}}{2} = \frac{e^x + e^{-x}}{2} = c(x).$$

On a :
$$\lim_{x \to -\infty} s(x) = \lim_{x \to -\infty} \frac{e^x - e^{-x}}{2} = -\infty$$

car $\lim_{x \to -\infty} e^x = 0$ et $\lim_{x \to -\infty} e^{-x} = +\infty$. On a aussi $\lim_{x \to +\infty} s(x) = +\infty$ car $\lim_{x \to +\infty} e^x = +\infty$ et $\lim_{x \to +\infty} e^{-x} = 0$. Tous les nombres dérivés $s'(x)$ restent strictement positifs quel que soit le réel x car e^x et e^{-x} sont strictement positifs. La fonction s est donc strictement croissante sur $\mathbb{R}$, et le calcul des limites que l'on a mené permet de proposer ce tableau de variations :

x	$-\infty$		$+\infty$
$s'(x)$		$+$	
$s(x)$	$-\infty$	$\nearrow$	$+\infty$

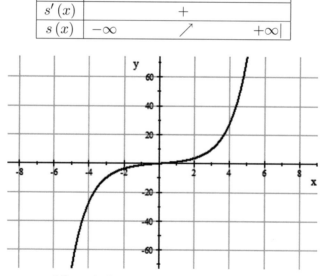

Allure de la courbe de la fonction sinh

Comme $s(0) = 0$, le tableau de variation de s montre que $s(x)$ est strictement négatif si $x < 0$, et strictement positif si $x > 0$.

b) La fonction c est définie et dérivable sur $\mathbb{R}$, et si $x \in \mathbb{R}$:

$$c'(x) = \left(\frac{e^x + e^{-x}}{2}\right)' = \frac{e^x - e^{-x}}{2} = s(x)$$

donc $c' = s$. L'étude du signe de $s(x)$ menée plus haut permet les variations de c :

x	$-\infty$		0		$+\infty$
$c'(x)$		$-$	0	$+$	
$c(x)$	$+\infty$	↘	1	↗	$+\infty$

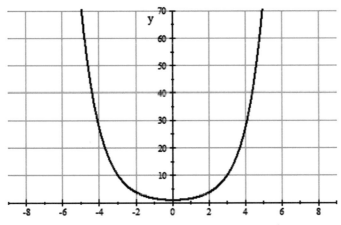

Allure de la courbe de la fonction cosh

c) Pour tout réel x :

$$\begin{aligned}
s(x)^2 + 1 &= \frac{(e^x - e^{-x})^2}{4} + 1 = \frac{e^{2x} + e^{-2x} - 2}{4} + 1 \\
&= \frac{e^{2x} + e^{-2x} + 2}{4} = \left(\frac{e^x + e^{-x}}{2}\right)^2 = c(x)^2.
\end{aligned}$$

Pour tout réel x :

$$\begin{aligned}
(f \circ s)(x) &= f(s(x)) = \ln\left(s(x) + \sqrt{s(x)^2 + 1}\right) \\
&= \ln\left(s(x) + \sqrt{c(x)^2}\right) = \ln(s(x) + c(x))
\end{aligned}$$

puisque $c(x)$ positif entraîne $\sqrt{c(x)^2} = c(x)$. Comme $s(x) + c(x) = e^x$, on obtient $(f \circ s)(x) = \ln(e^x) = x$. On vient de montrer que $f \circ s = Id_{\mathbb{R}}$. Pour tout réel x :

$$(s \circ f)(x) = s(f(x)) = \frac{e^{f(x)} - e^{-f(x)}}{2}.$$

Mais :
$$e^{f(x)} = e^{\ln(x+\sqrt{x^2+1})} = x + \sqrt{x^2+1} \quad \text{et} \quad e^{-f(x)} = \frac{1}{e^{f(x)}} = \frac{1}{x+\sqrt{x^2+1}}$$

donc :
$$(s \circ f)(x) = \frac{1}{2}\left(x + \sqrt{x^2+1} - \frac{1}{x+\sqrt{x^2+1}}\right) = \frac{1}{2}\left(\frac{(x+\sqrt{x^2+1})^2 - 1}{x+\sqrt{x^2+1}}\right)$$
$$= \frac{1}{2}\left(\frac{(x^2+(x^2+1)) + 2x\sqrt{x^2+1} - 1}{x+\sqrt{x^2+1}}\right) = \frac{1}{2}\left(\frac{2x^2 + 2x\sqrt{x^2+1}}{x+\sqrt{x^2+1}}\right)$$
$$= x.$$

Encore une fois $s \circ f = Id_{\mathbb{R}}$. Les deux questions précédentes montrent que s est une fonction bijective de $\mathbb{R}$ dans $\mathbb{R}$, de fonction réciproque $s^{-1} = f$.

d) La fonction $\widetilde{c}$ est définie, continue et strictement croissante sur $[0, +\infty[$. De plus $\widetilde{c}(0) = 1$ et $\lim_{x \to +\infty} \widetilde{c}(x) = +\infty$, donc $\widetilde{c}$ est une bijection de $[0, +\infty[$ sur $[1, +\infty[$. Si x est un réel :

$$c(x) + s(x) = \frac{e^x + e^{-x}}{2} + \frac{e^x - e^{-x}}{2} = e^x.$$

Etant donné $y \in [1, +\infty[$, il s'agit de déterminer $x \in \mathbb{R}_+$ tel que :

$$c(x) = \frac{e^x + e^{-x}}{2} = y.$$

Cela s'écrit $e^{2x} - 2ye^x + 1 = 0$, et la résolution de l'équation du second degré associée donne $e^x = y \pm \sqrt{y^2 - 1}$. En fait on ne peut pas avoir $e^x = y - \sqrt{y^2-1}$ car x doit appartenir à $\mathbb{R}_+$, ce qui impose d'avoir $e^x \geq 1$, alors que :

$$y - \sqrt{y^2-1} \geq 1 \Leftrightarrow 1 + \sqrt{y^2-1} \leq y$$
$$\Leftrightarrow \left(1 + \sqrt{y^2-1}\right)^2 \leq y^2$$
$$\Leftrightarrow 2\sqrt{y^2-1} \leq 0 \Leftrightarrow y = 1$$

puisque $y \in [1, +\infty[$. On note que $y = 1$ entraîne $y - \sqrt{y^2-1} = y + \sqrt{y^2-1}$. Finalement, en tenant compte des hypothèses sur x et y, on obtient :

$$c(x) = y \Leftrightarrow e^x = y + \sqrt{y^2-1} \Leftrightarrow x = \ln(y + \sqrt{y^2-1})$$

et l'on peut affirmer que la fonction réciproque de $\widetilde{c}$ est :

$$\widetilde{c}^{-1}: [1, +\infty[\to \mathbb{R}_+$$
$$x \mapsto \ln(x + \sqrt{x^2-1}).$$

e) Par hypothèse $\mathcal{H} : x^2 - y^2 = 1$ et Ω est l'ensemble des points $M(t)$ de coordonnées $(\lambda c(t), s(t))$ où $t \in \mathbb{R}$ et $\lambda = \pm 1$. Si $M(x,y) \in \Omega$, il existe $(t, \lambda) \in \mathbb{R} \times \{\pm 1\}$ tel que $x = \lambda c(t)$ et $y = s(t)$, et dans ce cas :

$$x^2 - y^2 = \lambda^2 c(t)^2 - s(t)^2 = \left(\frac{e^x + e^{-x}}{2}\right)^2 - \left(\frac{e^x - e^{-x}}{2}\right)^2$$
$$= \frac{e^{2x} + e^{-2x} + 2}{4} - \frac{e^{2x} + e^{-2x} - 2}{4} = 1$$

donc $M \in \mathcal{H}$. Cela montre l'inclusion $\Omega \subset \mathcal{H}$.

Réciproquement, si $M(x,y) \in \mathcal{H}$ alors $x^2 - y^2 = 1$, donc $x^2 = 1 + y^2 \geq 1$, ce qui entraîne $|x| \geq 1$. On sait que le cosinus hyperbolique c définit une bijection de $\mathbb{R}_+$ sur $[1, +\infty[$, donc on envisage deux cas :

Premier cas – Si $x \geq 1$, il existe $t \in \mathbb{R}_+$ tel que $x = c(t)$. En utilisant la question A.3 :
$$y^2 = x^2 - 1 = c(t)^2 - 1 = s(t)^2 \quad (*)$$

donc $y = \pm s(t)$. Si $y = s(t)$ alors $(x,y) = (c(t), s(t))$ donc $M \in \Omega$. Dans le cas contraire $y = -s(t) = s(t')$ en posant $t' = -t$, et l'on peut encore écrire $(x,y) = (c(t'), s(t'))$ en tenant compte de la parité de la fonction cosinus hyperbolique, de sorte que $M \in \Omega$. Dans les deux cas $M \in \Omega$.

Second cas – Si $x \leq 1$, il existe $t \in \mathbb{R}_+$ tel que $x = -c(t)$, et l'on obtient encore la relation $(*)$. En raisonnant comme dans le cas précédent, on constate que $M \in \Omega$.

En conclusion, on a démontré l'implication :
$$M \in \mathcal{H} \Rightarrow M \in \Omega,$$

ce qui prouve l'inclusion $\mathcal{H} \subset \Omega$. Comme on sait déjà que $\Omega \subset \mathcal{H}$, on peut conclure à $\Omega = \mathcal{H}$.

Réponse 3.38 a) i. La fonction g est définie et dérivable sur $\mathbb{R}_+^*$, et pour tout $x \in \mathbb{R}_+^*$:

$$g'(x) = \frac{2x \times 2x - 2(x^2 + 16)}{(2x)^2} = \frac{x^2 - 16}{2x^2} = \frac{(x-4)(x+4)}{2x^2}$$

est du signe du trinôme $(x-4)(x+4)$, donc négatif entre -4 et 4, et positif à l'extérieur de $[-4, 4]$. La fonction g est donc décroissante sur $]0, 4]$ et croissante sur $[4, +\infty[$. On a $g(4) = 4$, et aussi :

$$\lim_{x \to 0_+} g(x) = \lim_{x \to 0_+} \frac{x^2 + 16}{2x} = +\infty,$$

$$\lim_{x \to +\infty} g(x) = \lim_{x \to +\infty} \frac{x^2+16}{2x} = \lim_{x \to +\infty} \frac{x}{2} = +\infty.$$

La dérivée g' s'annule en changeant de signe en $x = 4$, atteignant en ce point un minimum global. Le tableau des variations de g s'en déduit :

x	0		4		$+\infty$
$g'(x)$	||	$-$	0	$+$	
$g(x)$	$+\infty$	$\searrow$	4	$\nearrow$	$+\infty$

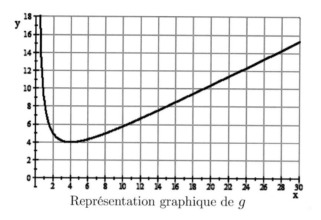
Représentation graphique de g

a) ii. Si $x \in \mathbb{R}_+^*$:

$$h(x) \geq 0 \Leftrightarrow g(x) = \frac{x^2+16}{2x} \geq x \Leftrightarrow x^2 - 16 \leq 0 \Leftrightarrow x \in \,]0, 4]$$

donc h est positive sur $]0, 4]$ et négative sur $[4, +\infty[$. La courbe représentative de g est donc au-dessus de la première bissectrice d'équation $y = x$ si $x \in \,]0, 4]$, et au-dessous de celle-ci si $x \in [4, +\infty[$.

b) i. La suite (u_n) est définie par la condition initiale $u_0 = x$ et la relation de récurrence $u_{n+1} = g(u_n)$. Comme $x \in [4, +\infty[$, la question précédente montre que :

$$u_1 = g(u_0) = g(x) \leq x = u_0.$$

Ainsi $u_1 \leq u_0$. Les variations de g montrent que $g([4, +\infty[) \subset [4, +\infty[$, de sorte $u_n \in [4, +\infty[$ pour tout $n \in \mathbb{N}$ (comme on le vérifie en raisonnant par récurrence : $u_0 \in [4, +\infty[$ par définition, et si $u_n \in [4, +\infty[$, alors $u_{n+1} = g(u_n)$ appartiendra encore à $[4, +\infty[$ puisque $g([4, +\infty[) \subset [4, +\infty[$).

On peut alors vérifier, par récurrence sur n, que la suite (u_n) est décroissante. En effet, l'inégalité $u_1 \leq u_0$ est acquise, et si l'on a $u_{n+1} \leq u_n$ au rang n, la croissance de g sur $[4, +\infty[$ entraîne $g(u_{n+1}) \leq g(u_n)$, soit $u_{n+2} \leq u_{n+1}$, ce

3.3. RÉPONSES

qui montre cette inégalité au rang $n+1$. Finalement $u_{n+1} \leq u_n$ quel que soit $n \in \mathbb{N}$, et la suite (u_n) est bien décroissante.

La suite (u_n) est décroissante et minorée par 4 (puisque $u_n \in [4, +\infty[$ pour tout n). C'est donc une suite qui converge vers un réel l. Il suffit de passer à la limite dans les égalités $u_{n+1} = g(u_n)$ pour n tendant vers $+\infty$, pour obtenir $l = g(l)$. Le tableau de variation de g montre alors que $l = 4$. En conclusion :

$$\lim_{n \to +\infty} u_n = 4.$$

b) ii. Par hypothèse $f(x) = f(g(x))$, donc :

$$\forall n \in \mathbb{N} \quad f(u_n) = f(g(u_n)) = f(u_{n+1}). \quad (\nabla)$$

La suite $(f(u_n))$ est donc constante : il existe $c \in \mathbb{R}$ tel que $f(u_n) = c$ pour tout n. Comme la fonction f est continue, et comme $\lim_{n \to +\infty} u_n = 4$, on obtient $c = \lim_{n \to +\infty} f(u_n) = f(4)$. Comme par définition $u_0 = x$, on déduit que $f(x) = f(u_0) = c = f(4)$. Tout ce raisonnement a été mené en choisissant un x quelconque dans l'intervalle $[4, +\infty[$ puis en construisant une suite ad hoc. On peut donc conclure à :

$$\forall x \in [4, +\infty[\quad f(x) = f(4).$$

c) Si $x \in]0, 4[$, le tableau des variations de g montre que $g(x) \in [4, +\infty[$. La suite (u_n) est donc telle que $u_0 = x$, puis $u_1 = g(u_0) \in [4, +\infty[$. Ce qui a été fait dans la question 11.b.i peut donc être repris pour la suite $(u_n)_{n \in \mathbb{N}^*}$, et l'on peut conclure à $\lim_{n \to +\infty} u_n = 4$. Il suffit alors d'écrire les relations (∇) et de raisonner comme en 11.b.ii pour obtenir :

$$\forall x \in]0, 4[\quad f(x) = f(4).$$

d) Les deux questions précédentes montrent que $f(x) = f(4)$ quel que soit $x \in \mathbb{R}_+^*$. On a ainsi démontré que si f est solution de l'équation fonctionnelle $f(x) = f(g(x))$, alors f est constante. La réciproque étant évidente, on peut conclure : une fonction f vérifie l'équation fonctionnelle $f(x) = f(g(x))$ si, et seulement si, elle est constante.

Chapitre 4

Intégration

4.1 Minimum vital

4.1.1 Adopter de bons réflexes

Question 4.1 *(Ecrit CAPES 2023) Si la valeur moyenne d'une fonction continue sur un intervalle est nulle, peut-on affirmer que la fonction est nulle sur cet intervalle ?*

Question 4.2 *(Ecrit CAPES 2023) Soient deux fonctions f et g définies et continues sur $[a;b]$ et à valeurs dans $\mathbb{R}$. Si :*
$$\int_a^b f(x)\,dx > \int_a^b g(x)\,dx,$$
peut-on déduire que pour tout $x \in [a;b]$, on a $f(x) > g(x)$?

Question 4.3 *(Oral CAPES 2008) Calculer l'intégrale $I = \int_0^3 \dfrac{x}{2x+3}\,dx$.*

Question 4.4 *(Ecrit CAPLP 2011) Soient f et g deux fonctions définies et continues sur l'intervalle $[2;5]$. Si $\int_2^5 f(x)\,dx \leq \int_2^5 g(x)\,dx$, alors peut-on dire que pour tout nombre réel x appartenant à l'intervalle $[2;5]$, on a $f(x) \leq g(x)$? Justifiez votre réponse.*

Question 4.5 *(Ecrit CAPES 2012 & 2013) Soient a et b deux réels tels que $a < b$. Si f est une fonction définie, continue et positive sur l'intervalle $[a,b]$ et si $\int_a^b f(x)\,dx = 0$, peut-on affirmer que f est nulle sur l'intervalle $[a,b]$? Justifier.*

Question 4.6 *(Ecrit CAPLP 2012) Soient a et b deux réels tels que $a < b$. Si f est une fonction définie et à valeurs dans $\mathbb{R}$, continue par morceaux et positive sur l'intervalle $[a,b]$, et si $\int_a^b f(t)\,dt = 0$ peut-on affirmer que f est nulle sur l'intervalle $[a,b]$. Justifier.*

Question 4.7 **Fonctions additives & continues sur $\mathbb{R}$**
(Ecrit CAPES 2023) On dit qu'une fonction $f : \mathbb{R} \to \mathbb{R}$ définie sur $\mathbb{R}$ est additive sur $\mathbb{R}$ si, pour tous nombres réels x et y, $f(x+y) = f(x) + f(y)$. On veut déterminer l'ensemble des fonctions additives et continues sur $\mathbb{R}$. Soit f une fonction additive et continue sur $\mathbb{R}$.

a) Déterminer $f(0)$. Après avoir justifié l'existence de ces intégrales, démontrer que :

$$\forall x \in \mathbb{R} \quad f(x) = \int_0^1 f(x+t)\,dt - \int_0^1 f(t)\,dt.$$

b) Démontrer que :

$$\forall x \in \mathbb{R} \quad f(x) = \int_x^{x+1} f(t)\,dt - \int_0^1 f(t)\,dt.$$

c) Démontrer que f est dérivable sur $\mathbb{R}$ et déterminer f'. Conclure.

4.1.2 Questions de cours

Question 4.8 **Primitives d'une fonction continue** *(ens. supérieur)*
Soit f une application d'un intervalle ouvert I de $\mathbb{R}$ dans $\mathbb{R}$. Si $a \in I$ on pose :

$$\forall x \in I \quad F(x) = \int_a^x f(t)\,dt$$

ce qui définit une application F de I dans $\mathbb{R}$.

a) Si f est localement intégrable au sens de Riemann sur I, montrer que F est continue sur I.

b) Si f est continue sur I, montrer que F est dérivable sur I et que $F' = f$. [Autre façon de poser la question : démontrer qu'une fonction continue sur un intervalle et à valeurs réelles admet une primitive sur cet intervalle.]

Question 4.9 **Primitives d'une fonction continue** *(ens. secondaire)*
(Ecrit CAPES 2023) Proposer une démonstration du théorème rappelé ci-dessous, telle qu'elle pourrait être rédigée devant une classe de terminale spécialité mathématiques, en se plaçant dans le cas d'une fonction positive, continue et croissante sur l'intervalle d'étude.

Théorème — Si f est une fonction continue positive sur $[a,b]$, alors la fonction F définie sur $[a,b]$ par $F(x) = \int_a^x f(t)\,dt$ est la primitive de f qui s'annule en a.

Question 4.10 *Théorème fondamental de l'analyse*
Soit $f : I \to \mathbb{R}$ une application continue définie sur un intervalle I de $\mathbb{R}$.
  a) Montrer que f admet au moins une primitive F sur I.
  b) Montrer que f admet une infinité de primitives sur cet intervalle et que ces primitives sont toutes de la forme $x \mapsto F(x) + c$ où $c \in \mathbb{R}$.
  c) Montrer qu'il existe une et une seule primitive de f prenant une valeur donnée y_0 en un point x_0 de I. Donner une expression de cette primitive.
  d) Montrer qu'il existe une et une seule primitive de f qui s'annule en x_0. Donner une expression de cette primitive.
  e) Montrer le théorème fondamental de l'analyse :
$$\forall a, b \in I \quad \int_a^b f(t)\, dt = F(b) - F(a).$$

Question 4.11 *Fonctions logarithmes* (Ecrit CAPES 2019)
On appelle logarithme toute fonction f définie et dérivable sur $\mathbb{R}_+^*$ telle que $f(1) = 0$ et qu'il existe $a \in \mathbb{R}^*$ pour lequel :
$$\forall x \in \mathbb{R}_+^* \quad f'(x) = \frac{a}{x}.$$

  a) Soit $a \in \mathbb{R}^*$. Justifier qu'il existe un unique logarithme, noté f_a, tel que $f_a'(x) = a/x$ pour tout $x \in \mathbb{R}_+^*$. Si $a = 1$ on utilise la notation $\ln$ (logarithme népérien).
  b) Pour tout $a \in \mathbb{R}^*$, exprimer f_a à l'aide de $\ln$.
  c) Montrer que $f_a(xy) = f_a(x) + f_a(y)$ pour tout $(a, x, y) \in \mathbb{R}^* \times \mathbb{R}_+^* \times \mathbb{R}_+^*$. Indication : on pourra étudier la fonction $x \mapsto f_a(xy)$.
  d) Montrer que :
$$\forall x \in \mathbb{R}_+^* \quad f_a\left(\frac{1}{x}\right) = -f_a(x).$$

  e) Si $x \in \mathbb{R}_+^*$ et $r \in \mathbb{Q}$, montrer que $f_a(x^r) = r f_a(x)$. Indication : on pourra commencer par traiter le cas où $r \in \mathbb{N}$ puis où $r \in \mathbb{Z}$.
  f) Montrer que la fonction $\ln$ est strictement croissante, puis déterminer ses limites quand x tend vers $+\infty$ ou 0. Montrer que la fonction $\ln$ est une bijection de $\mathbb{R}_+^*$ sur $\mathbb{R}$. Comment généraliser au cas des logarithmes f_a ?

Question 4.12 *Première formule de la moyenne* (Ecrit CAPES 2011)
Soient a et b deux réels tels que $a < b$ et soient $f, g : [a, b] \to \mathbb{R}$ deux fonctions continues sur $[a, b]$. On suppose g positive. Montrer qu'il existe $c \in [a, b]$, tel que :
$$\int_a^b f(x) g(x)\, dx = f(c) \int_a^b g(x)\, dx.$$

4.1.3 Questions pédagogiques

Question 4.13 *Analyse d'erreur d'élève (Ecrit CAPES 2023)*
Le QCM suivant, extrait de l'évaluation TIMMS 2008, est proposé à des élèves de terminale spécialité mathématiques : « *Pour les aires entre le graphe de f et l'axe des abscisses, l'aire de A est 4,8 unités, l'aire de B est de 0,8 unités et l'aire de C est de 2 unités. Quelle est la valeur de $\int_{-2}^{4} f(x)\,dx$?*
   a) 5,6   *b)* 6,0   *c)* 6,8   *d)* 7,6 »

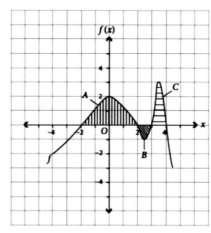

1) Ecrire les énoncés mathématiques sur le calcul intégral (définition, propriété) que doivent mobiliser les élèves pour répondre correctement.

2) Dans un QCM, les réponses fausses proposées, appelées distracteurs, correspondent en général à des erreurs courantes. Indiquer la bonne réponse et analyser les distracteurs de ce QCM.

3) Une majorité d'élèves a répondu d) à la question posée. Proposer un exercice qui pourrait permettre de remédier à l'erreur commise.

Question 4.14 *Méthode de Monte-Carlo (Ecrit CAPES 2023)*
Un exercice de terminale spécialité mathématiques demande d'écrire un algorithme qui utilise la méthode de Monte-Carlo pour renvoyer une approximation de l'aire de la portion du plan comprise entre l'axe des ordonnées, celui des abscisses, la droite d'équation $x = 1$, et la courbe représentative de la fonction f définie sur $\mathbb{R}$ par :
$$f(x) = \frac{1}{\sqrt{2\pi}} e^{-x^2/2} \;;$$

a) Expliquer le résultat obtenu et analyser les erreurs commises par l'élève dans le programme suivant qu'il produit en réponse à cet exercice :

```
01. from math import*
```

```
02. from random import*
03.
04. def f(x) :
05.     y=exp(-x*x/2)/sqrt(2*pi)
06.     return y
07.
08. def aire(n) :
09.     compteur=0
10.     for k in range(n) :
11.         x=random()
12.         y=random()
13.         if y<f(x) :
14.             compteur=compteur+1
15.     return compteur
```
On obtient :
>> aire(1000000)
1

b) Proposer une correction de ce programme.

c) Que représente, dans un autre domaine des mathématiques, le résultat que l'on vient d'obtenir ?

Question 4.15 *Choisir le bon exercice* (Ecrit CAPES 2023)
Pour utiliser la méthode de Monte-Carlo en classe terminale spécialité mathématiques, un enseignant hésite entre les deux situations suivantes. Quelle situation paraît la plus pertinente à ce niveau ?

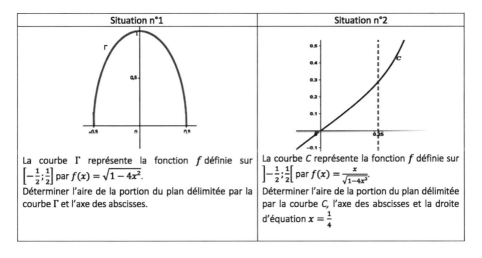

Situation n°1	Situation n°2
La courbe Γ représente la fonction f définie sur $\left[-\frac{1}{2};\frac{1}{2}\right]$ par $f(x) = \sqrt{1-4x^2}$. Déterminer l'aire de la portion du plan délimitée par la courbe Γ et l'axe des abscisses.	La courbe C représente la fonction f définie sur $\left]-\frac{1}{2};\frac{1}{2}\right[$ par $f(x) = \frac{x}{\sqrt{1-4x^2}}$. Déterminer l'aire de la portion du plan délimitée par la courbe C, l'axe des abscisses et la droite d'équation $x = \frac{1}{4}$.

4.2 Entraînement

4.2.1 Calculs d'intégrales

Question 4.16 *Rappeler et démontrer la formule de changement de variables pour une fonction réelle d'une variable réelle.*

Question 4.17 Arches paraboliques *(Ecrit CAPES 2023)*
Archimède affirmait que l'aire de la surface sous une arche parabolique est égale aux deux tiers de la base multipliée par la hauteur de l'arche. Démontrer cette propriété

Question 4.18 *(Ecrit du CAPLP 2015) Si n est entier naturel, on note :*

$$I_n = \int_0^{+\infty} t^n e^{-t} dt.$$

Peut-on dire que pour tout entier naturel n, le nombre I_n existe et vaut n! ? Justifiez votre réponse.

Question 4.19 *(Ecrit CAPLP 2017) Calculer $I = \int_1^{e^\pi} \cos(\ln x)\, dx$.*

Question 4.20 *(Ecrit CAPLP 2016) Calculer $\int_0^\pi t^2 \cos t\, dt$.*

Question 4.21 *(Ecrit CAPLP 2018)*
Soit f la fonction de $\mathbb{R}$ dans $\mathbb{R}$ définie par $f(x) = e^{-x^2/2}$.
  a) Etudier la parité f.
  b) Etudier les variations de f et dessiner l'allure de son graphe.
  3. Calculer $\int_0^{+\infty} f(t)\, dt$ en utilisant un résultat les lois normales.

Question 4.22 *(Ecrit CAPESA 2017) Soit la fonction f définie sur $]0,1]$ par $f(x) = -\ln x$. Si n est un entier naturel supérieur ou égal à 2, on pose :*

$$\alpha_n = \int_0^{\frac{1}{n}} f(x)\, dx, \quad \beta_n = \int_0^{\frac{1}{2n}} f(x)\, dx \text{ et } \gamma_n = \int_{1-\frac{1}{2n}}^1 f(x)\, dx.$$

Exprimer les réels α_n, β_n et γ_n en fonction de n.

Question 4.23 *(Ecrit CAPLP 2018) Pour tout $n \in \mathbb{N}^*$, on définit la fonction f_n de $\mathbb{R}$ dans $\mathbb{R}$ par $f_n(x) = x^n e^{-x^2/2}$, et l'on pose :*

$$I_n = \int_0^{+\infty} f_n(t)\, dt.$$

4.2. ENTRAÎNEMENT

a) Etudier la parité de f_n en fonction de n, puis le sens de variation de f_n sur $\mathbb{R}_+$ lorsque $n \geq 2$. Construire le tableau des variations de f_n sur $\mathbb{R}$ en fonction de la parité de n.

b) Calculer $\lim_{t \to +\infty} t^2 f_n(t)$. En déduire qu'il existe un réel t_0 tel que $t \geq t_0$ entraîne $0 \leq f_n(t) \leq 1/t^2$. En déduire que l'intégrale I_n est convergente.

c) Montrer que $I_{n+2} = (n+1)I_n$ pour tout $n \in \mathbb{N}^*$. Calculer I_0 et I_1. En déduire que :

$$\forall n \in \mathbb{N}^* \quad I_{2n+1} = 2^n n! \quad et \quad I_{2n} = \sqrt{\frac{\pi}{2}} \frac{(2n)!}{2^n n!}.$$

Question 4.24 Formule de Wallis
On pose $I_n = \int_0^{\frac{\pi}{2}} \sin^n t \, dt$ pour tout $n \in \mathbb{N}$.

a) Montrer que $I_n = \dfrac{n-1}{n} I_{n-2}$ pour tout $n \geq 2$, puis en déduire les formules :

$$I_{2p} = \frac{2p-1}{2p} \cdot \frac{2p-3}{2p-2} \cdots \frac{1}{2} \frac{\pi}{2} = \frac{(2p)!}{2^{2p}(p!)^2} \frac{\pi}{2}$$

et :

$$I_{2p+1} = \frac{2p}{2p+1} \cdot \frac{2p-2}{2p-1} \cdots \frac{2}{3} = \frac{2^{2p}(p!)^2}{(2p+1)!}.$$

b) Montrer que $I_1 \leq I_0$ et $I_{2n+1} \leq I_{2n} \leq I_{2n-1}$ quel que soit $n \in \mathbb{N}^*$.

c) En déduire la formule de Wallis :

$$\pi = \lim_{n \to +\infty} \frac{16^n (n!)^4}{n \left((2n)!\right)^2}.$$

d) Quelle est la valeur de l'intégrale $J_n = \int_0^{\frac{\pi}{2}} \cos^n u \, du$?

Question 4.25 Intégrales et séries de Bertrand
a) Montrer que l'intégrale :

$$I = \int_e^{+\infty} \frac{1}{x^\alpha \ln^\beta x} \, dx$$

converge si et seulement si $(\alpha > 1)$ ou $(\alpha = 1$ et $\beta > 1)$. On pourra comparer l'intégrande aux fonctions de référence $1/x^\gamma$.

b) En déduire la nature de l'intégrale généralisée $J = \int_0^{1/e} \dfrac{1}{x^\alpha \ln^\beta x} \, dx$.

c) Etudier la convergence des séries de Bertrand $\sum_{n \geq 2} \dfrac{1}{n^\alpha \ln^\beta n}$.

Question 4.26 *Primitive de la cosécante* (Ecrit CAPESA 2019)
La cosécante d'un réel x est, lorsqu'il existe, le réel :
$$\operatorname{cosec} x = \frac{1}{\sin x}.$$

a) Justifier que la fonction cosécante admet une unique primitive F sur l'intervalle $]0, \pi[$ qui s'annule en $\pi/2$.

b) Sans calculer explicitement F, montrer que la courbe représentative $\mathcal{G}$ de F admet un centre de symétrie.

c) Si $x \in]0, \pi[$, simplifier l'expression :
$$\frac{\sin x}{1 - \cos x} + \frac{\sin x}{1 + \cos x}.$$

En déduire une expression de F, puis retrouver le centre de symétrie de $\mathcal{G}$.

4.2.2 Comparaisons

Question 4.27 (Ecrit CAPLP 2013) On considère les suites (u_n) et (v_n) définies, pour tout entier naturel n, par :
$$u_n = \int_1^2 \frac{(\ln t)^n}{t} dt \quad et \quad v_n = (\ln 2)^{n+1}.$$

Peut-on dire que $u_n \leq v_n$ quel que soit l'entier naturel n ? Justifiez.

Question 4.28 (Ecrit CAPESA 2017) Soit f une fonction à valeurs réelles définie, continue et décroissante sur $]0,1]$, telle que $f(1) = 0$. On suppose que l'intégrale $\int_0^1 f(x)\,dx$ est convergente.

a) Montrer que pour tout réel $x \in]0,1]$: $0 \leq \dfrac{x}{2} f(x) \leq \int_{\frac{x}{2}}^x f(t)\,dt$.

b) En déduire que $\lim\limits_{x \to 0_+} xf(x) = 0$.

Question 4.29 *Encadrement de* $n!$ (Ecrit CAPESA 2015)
Soient n et k deux entiers naturels tels que $1 \leq k \leq n-1$.

a) Démontrer que : $\forall t \in [k, k+1] \quad \ln k \leq \ln t \leq \ln(k+1)$.

b) Soit φ la fonction définie sur $]0, +\infty[$ par $\varphi(t) = t\ln(t) - t$. Vérifier que φ est une primitive de la fonction $\ln$ sur $]0, +\infty[$. A l'aide d'une intégration, déduire de l'encadrement précédent que $\ln((n-1)!) \leq \varphi(n) + 1 \leq \ln(n!)$.

c) En déduire que $(n-1)! \leq e \left(\dfrac{n}{e}\right)^n \leq n! \leq ne \left(\dfrac{n}{e}\right)^n$.

4.2. ENTRAÎNEMENT

Question 4.30 *(Ecrit CAPESA 2017)*
Soit f une fonction à valeurs réelles, positive, continue, décroissante, dérivable et intégrable sur $]0,1]$, telle que $f(1) = 0$. On suppose aussi que f' est croissante sur $]0,1]$. Soient $a \in]0,1[$ et $r = \text{Min}(a, 1-a)$.

a) Montrer les inégalités : $0 \leq a - r < a < a + r \leq 1$.

b) Justifier que la fonction :
$$\phi : x \mapsto \int_{a-x}^{a+x} f(t)\,dt - 2xf(a)$$
est définie et deux fois dérivable sur l'intervalle $[0, r[$.

c) Montrer que ϕ'' est positive sur l'intervalle $[0, r[$.

d) En déduire que :
$$\forall x \in [0, r[\quad 2xf(a) \leq \int_{a-x}^{a+x} f(t)\,dt.$$

Question 4.31 *(Ecrit CAPESA 2017) Soit f une fonction à valeurs réelles définie, continue et décroissante sur $]0,1]$, telle que $f(1) = 0$. On suppose l'intégrale $\int_0^1 f(x)\,dx$ est convergente. Soit n un entier ≥ 3.*

a) Si $k \in \mathbb{N}$ vérifie $2 \leq k \leq n-1$, montrer l'encadrement :
$$\int_{\frac{k}{n}}^{\frac{k+1}{n}} f(x)\,dx \leq \frac{1}{n} f\left(\frac{k}{n}\right) \leq \int_{\frac{k-1}{n}}^{\frac{k}{n}} f(x)\,dx.$$

b) En déduire que :
$$\int_{\frac{2}{n}}^{1} f(x)\,dx \leq \frac{1}{n} \times \sum_{k=2}^{n-1} f\left(\frac{k}{n}\right) \leq \int_{\frac{1}{n}}^{\frac{n-1}{n}} f(x)\,dx \leq \int_{\frac{1}{n}}^{1} f(x)\,dx.$$

c) Montrer que $\displaystyle\lim_{n \to +\infty} \frac{1}{n} \times \sum_{k=1}^{n} f\left(\frac{k}{n}\right) = \int_0^1 f(x)\,dx.$

Question 4.32 *(Ecrit CAPESA 2017) Soit f une fonction à valeurs réelles, positive, décroissante et dérivable sur $]0,1]$, telle que $f(1) = 0$. On suppose aussi que f' est croissante sur $]0,1]$. Soit n un entier ≥ 2. Soient a et b deux réels tels que $0 < a < b \leq 1$.*

a) On considère la fonction g définie sur $[a,b]$ par :
$$g(t) = f(t) - \left(\frac{f(b) - f(a)}{b - a}(t - a) + f(a)\right).$$
Montrer qu'il existe $c \in]a,b[$ tel que $g'(c) = 0$.

b) Déterminer le signe de g', puis celui de g sur l'intervalle $[a,b]$.

c) Montrer que $\displaystyle\int_a^b f(t)\,dt \leq \frac{f(a) + f(b)}{2}(b - a).$

4.2.3 Exercices surprenants

Question 4.33 *(Ecrit CAPESA 2019)*
Soit f une application continue de $[0,1]$ dans $\mathbb{R}$ telle que $\int_0^1 f(x)\,dx = 2$.
Existe-t-il $x_0 \in [0,1]$ tel que $f(x_0) = 2$?

Question 4.34 Volume d'une boule
Démontrez la formule donnant le volume d'une boule.

Question 4.35 *(Ecrit CAPLPA 2014) On considère la fonction :*
$$F : x \mapsto \int_0^x \sin^2 t\,dt.$$
L'équation $F(x) = 100$ admet-elle une unique solution ? Justifiez la réponse.

Question 4.36 *(Ecrit CAPLPA 2014) On considère la fonction :*
$$t \mapsto P(t) = \frac{M}{1 + Ce^{-kt}}$$
où M, C et k sont des constantes réelles strictement positives, avec $C > -1$.
Soit $T \in \mathbb{R}_+^*$. Calculer, en fonction de M, C, k et T, la valeur moyenne :
$$\mu_T = \frac{1}{T}\int_0^T P(t)\,dt.$$
Déterminer ensuite la limite de μ_T quand T tend vers $+\infty$.

Question 4.37 *Soit $f : \mathbb{R}_+ \to \mathbb{R}$ une fonction localement intégrable telle que l'intégrale généralisée :*
$$\int_0^{+\infty} f(x)\,dx$$
converge.

a) La fonction f possède-t-elle nécessairement une limite en $+\infty$?
b) Si f possède une limite l en $+\infty$, montrer que $l = 0$.

Question 4.38 Chaînette *(Ecrit CAPLP 2019)*
La courbe plane formée par une corde tenue par ses deux extrémités et soumise à son poids est appelée chaînette. On démontre que les chaînettes sont les solutions de l'équation différentielle :
$$(F): \quad y'' = \frac{1}{a}\sqrt{1 + y'^2}$$
où $a > 0$. Parmi les solutions de (F), il en existe une, notée φ_a, dont le minimum, atteint en 0, est a. On suppose que $a, b \in \mathbb{R}_+^*$ et les figures ci-dessous montrent le graphe $\mathcal{C}_{\varphi_a}$ de φ_a dans un repère orthonormal $(O, \overrightarrow{u}, \overrightarrow{v})$:

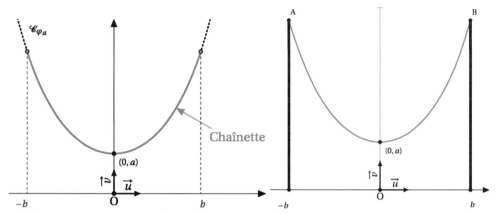

a) On admet que la fonction réciproque de la fonction sinus hyperbolique est $\sinh^{-1}(x) = \ln(x + \sqrt{x^2 + 1})$. Déterminer la dérivée de $\sinh^{-1}$.

b) Résoudre l'équation différentielle (F). Montrer que $\varphi_a(x) = a\cosh(x/a)$ pour tout réel x. Calculer la longueur l de la chaînette en admettant que :

$$l = \int_{-b}^{b} \sqrt{1 + \varphi'_a(x)^2}\, dx.$$

c) Soient deux poteaux de même hauteur de sommets A et B distants d'une longueur $2b$. On admet que l'intensité de la force de tension en A et B est la fonction T définie sur $\mathbb{R}_+^*$ par :

$$T(a) = a\mu g \cosh\left(\frac{b}{a}\right)$$

où $\mu > 0$ est la masse linéique de la corde et $g > 0$ la constante de gravitation. Parmi les chaînettes passant par A et B, on cherche celle qui a l'intensité de la force de tension minimale en A et B. Soit φ la fonction définie sur $[0, +\infty[$ par $\varphi(t) = \cosh(t) - t\sinh(t)$, et h celle définie sur $[0, +\infty[$ par $h(t) = e^{2t}(t-1) - t - 1$. Montrer que h admet un extremum dont l'abscisse α appartient à $[0, 1]$ et construire le tableau de variations de h. Déduire que l'équation $\varphi(t) = 0$ admet une unique solution τ positive. Déterminer une valeur approchée de τ à 10^{-3} près.

(d) Pour quelle valeur de a la tension T est-elle minimale ? Etant donné une corde de longueur l, déterminer le demi-écartement b des poteaux pour que la tension en A et B soit minimale.

Question 4.39 *(Ecrit CAPLP 2019)*
Soit h la fonction de $\mathbb{R}$ dans $\mathbb{R}$ définie par $h(x) = \sqrt{x^2 - 1}$. Le plan est rapporté à un repère orthonormal $\mathcal{R} = (O, \vec{u}, \vec{v})$. Soit A le point de coordonnées $(1, 0)$, $\mathcal{C}_h$ la courbe représentative de h et Δ la droite d'équation $y = x$.

a) Déterminer l'ensemble de définition D de la fonction h. Montrer que $\mathcal{C}_h$ est symétrique par rapport à l'axe des ordonnées. Etudier la dérivabilité de h en 1, et en déduire une équation de la tangente T à $\mathcal{C}_h$ au point d'abscisse 1.

b) Montrer que Δ est une asymptote oblique de $\mathcal{C}_h$ au voisinage de $+\infty$, et étudier les positions relatives de $\mathcal{C}_h$ et Δ quand x parcourt D.

c) Soit $\mathcal{H}$ l'hyperbole d'équation $x^2 - y^2 = 1$. Construire la courbe $\mathcal{C}_h$ et les droites Δ et T. Déduire une construction de l'hyperbole $\mathcal{H}$.

d) Soit a un réel ≥ 1. Soit (a, b) le couple des coordonnées du point M de $\mathcal{C}_h$ d'abscisse a, et α l'aire du domaine compris entre le segment $[OA]$, la partie de $\mathcal{C}_h$ allant du point A au point M et le segment $[OM]$.

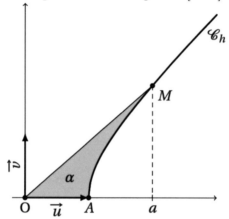

Pour quelle valeur du réel λ la fonction définie sur l'intervalle $]1, +\infty[$ par $g(x) = \lambda x\sqrt{x^2 - 1} - \lambda \ln(\sqrt{x^2 - 1} + x)$ est-elle une primitive de h ? En déduire l'aire α en fonction de a.

e) Dans cette question, on admet (Question 3.37) que la fonction réciproque de la fonction $\cosh : \mathbb{R}_+ \to [1, +\infty[$ est la fonction $\cosh^{-1}$ définie sur $[1, +\infty[$ en posant $\cosh^{-1}(x) = \ln(x + \sqrt{x^2 - 1})$. Montrer que $a = \left(e^{2\alpha} + e^{-2\alpha}\right)/2$. En déduire l'ordonnée du point M en fonction de a.

4.2.4 Formules de Taylor

Question 4.40 Développement limité d'une primitive
On suppose que $f : \mathbb{R} \to \mathbb{R}$ admet un développement limité à l'ordre n en 0, que l'on note $f(x) = a_0 + a_1 x + ... + a_n x^n + o(x^n)$. On suppose aussi que f admet une primitive F sur un intervalle ouvert I contenant 0. En utilisant le théorème des accroissements finis, démontrer que F admet le développement limité suivant à l'ordre n en 0 :

$$F(x) = F(0) + a_0 x + a_1 \frac{x^2}{2} + ... + a_n \frac{x^{n+1}}{n+1} + o(x^{n+1}).$$

Question 4.41 *Formule de Taylor avec reste intégral*
(Ecrit CAPES 2016) Soient $n \in \mathbb{N}^*$ et f une fonction réelle n fois continûment dérivable sur un intervalle I de $\mathbb{R}$. Soient $(a,b) \in I^2$.

a) Justifier que $f(b) = f(a) + \int_a^b f'(t)\,dt$.

b) Montrer que si $n \geq 2$, alors :
$$f(b) = f(a) + f'(a)(b-a) + \int_a^b f''(t)(b-t)\,dt.$$

c) Montrer la formule de Taylor avec reste intégral à l'ordre n :
$$f(b) = f(a) + f'(a)(b-a) + ... + \frac{f^{(n-1)}(a)}{(n-1)!}(b-a)^{n-1} + \int_a^b \frac{f^{(n)}(t)}{(n-1)!}(b-t)^{n-1}\,dt.$$

Question 4.42 *Inégalité de Taylor-Lagrange* (Ecrit CAPES 2016)
Soient $n \in \mathbb{N}^*$ et f une fonction réelle n fois continûment dérivable sur un intervalle I de $\mathbb{R}$. Soient $(a,b) \in I^2$.

a) Rappeler la formule de Taylor avec reste intégral à l'ordre n.

b) Justifier l'existence de $M_n = \text{Max}_{x \in [a,b]} \left| f^{(n)}(x) \right|$.

c) Démontrer l'inégalité de Taylor-Lagrange à l'ordre n :
$$\left| f(b) - f(a) - f'(a)(b-a) - ... - \frac{f^{(n-1)}(a)}{(n-1)!}(b-a)^{n-1} \right| \leq M_n \frac{(b-a)^n}{n!}.$$

4.3 Réponses

Réponse 4.1 C'est faux, comme le montre le contre-exemple suivant : la fonction f définie par $f(x) = x$ sur l'intervalle $[-1,1]$ est continue sur cet intervalle et de valeur moyenne :
$$\frac{1}{2}\int_{-1}^1 f(x)\,dx = \frac{1}{2}\int_{-1}^1 x\,dx = \frac{1}{2}\left[\frac{x^2}{2}\right]_{-1}^1 = \frac{1}{4}(1^2 - (-1)^2) = 0$$
sans être identiquement nulle sur $[-1,1]$.

Commentaires — On rappelle que, par définition, la valeur moyenne d'une fonction f définie et continue sur un intervalle $[a,b]$, à valeurs réelles, est :
$$\frac{1}{b-a}\int_a^b f(x)\,dx.$$

Dans la réponse donnée ci-dessus, on peut remplacer la fonction définie par $f(x) = x$ par n'importe quelle fonction impaire, et l'intervalle $[-1,1]$ par n'importe quel intervalle de la forme $[-c,c]$ (avec $c > 0$) sur lequel f est défini.

Réponse 4.2 C'est faux. Soit $n \in \mathbb{N}^*$. Considérons la fonction f affine par morceaux dont le graphe est formé par un segment liant le point A de coordonnées $(0,n)$ au point B de coordonnées $((a+b)/2, 0)$, puis un segment horizontal d'extrémités les points de coordonnées $((a+b)/2, 0)$ et $(b, 0)$. Choisissons la fonction g identiquement égale à 1 entre a et b. Voici les graphes de ces fonctions :

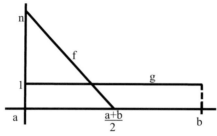

Comme l'intégrale d'une fonction mesure l'aire sous la courbe représentative de cette fonction :

$$\int_a^b f(x)\,dx = \frac{n}{2}\left(\frac{a+b}{2} - a\right) = \frac{n(b-a)}{4} \quad \text{et} \quad \int_a^b g(x)\,dx = b - a$$

donc $\int_a^b f(x)\,dx > \int_a^b g(x)\,dx$ si et seulement si $\frac{n(b-a)}{4} > b - a$ c'est-à-dire $n > 4$. En prenant $n = 5$, on a $\int_a^b f(x)\,dx > \int_a^b g(x)\,dx$, et pourtant il existe un élément x de $[a, b]$ tel que $f(x) \leq g(x)$: il suffit de prendre $x = b$,pour s'en apercevoir (n'importe quel réel x de l'intervalle $[(a+b)/2, b]$ convient d'ailleurs). Cela prouve que l'affirmation proposée est fausse.

Commentaires — α) La rédaction proposée répond à la question sans perte de temps inutile, en étant certain d'engranger tous les points correspondants à cette question. On peut bien sûr procéder autrement, et utiliser un brouillon pour vite trouver les expressions algébriques des fonctions f et g proposées en contre-exemple. En posant $f(x) = \alpha x + \beta$, et en résolvant le système :

$$\begin{cases} f(a) = \alpha a + \beta = n \\ f\left(\dfrac{a+b}{2}\right) = \alpha \dfrac{a+b}{2} + \beta = 0 \end{cases}$$

on obtient $(\alpha, \beta) = \left(\frac{2n}{a-b}, -\alpha\frac{a+b}{2}\right)$, de sorte que f soit définie ainsi :

$$f(x) = \begin{cases} \dfrac{-2n}{b-a}x + \dfrac{n(a+b)}{b-a} & \text{si } x \in \left[a, \frac{a+b}{2}\right[\\ 0 & \text{si } x \in \left]\frac{a+b}{2}, b\right]. \end{cases}$$

4.3. RÉPONSES

Ce travail est inutile car fait perdre du temps qu'il vaut mieux utiliser ailleurs dans l'épreuve.

β) Dans la réfutation de l'affirmation proposée, nous avons dû démontrer qu'une implication était fausse. Si $p \Rightarrow q$ représente cette implication, nous avons montré que la négation de cette affirmation était vraie, sachant que cette négation s'écrit :
$$\neg(p \Rightarrow q) = p \wedge \neg q.$$
Dans cette écriture, nous avons noté $\neg$ la négation d'une proposition, qui se lit « non », et le symbole $\wedge$ signifie « et » dans le langage de la logique.

Nous avons exhibé deux fonctions f et g telles que $\int_a^b f(x)\,dx > \int_a^b g(x)\,dx$ (autrement dit p est vraie) mais pour qui il existe x dans l'intervalle $[a,b]$ tel que $\neg q = \neg(f(x) > g(x)) = f(x) \leq g(x)$ soit vrai. Ce genre d'explicitation d'un raisonnement n'est pas utile pour l'écrit du concours, mais peut devenir décisif dans une épreuve orale comme l'oral 1 du CAPES qui doit tester le candidat sur ses connaissances mathématiques. Il est donc conseillé de bien comprendre ce qu'on a fait et d'apprendre à bien expliquer ce raisonnement pour soi-même (on vise toujours à augmenter ses capacités de compréhension !) et pour répondre éventuellement à une question test à l'oral.

Réponse 4.3 Il faut penser à décomposer la fraction rationnelle sous le signe somme en éléments simples. On écrit la division euclidienne de x par $2x+3$ sous la forme $x = (2x+3)q + r$ où q et r sont des polynômes constants. En identifiant les coefficients des deux membres, on trouve $q = 1/2$ et $r = -3/2$. Donc :
$$\frac{x}{2x+3} = \frac{(2x+3)q + r}{2x+3} = \frac{1}{2} - \frac{3}{2(2x+3)}$$
et :
$$\begin{aligned} I = \int_0^3 \frac{x}{2x+3}\,dx &= \frac{3}{2} - \frac{3}{4}\left[\ln(2x+3)\right]_0^3 \\ &= \frac{3}{2} - \frac{3}{4}[\ln 9 - \ln 3] = \frac{3}{2} - \frac{3}{4}\ln 3. \end{aligned}$$

Commentaires — Ce calcul a été demandé en 2008 à l'oral du CAPES. Voici un compte rendu d'épreuve extrait de [5] :

> *Examinateur* – Revenons au thème « calcul d'intégrales par des méthodes variées ». Combien en proposez-vous ?
> *Candidat* – Calcul de primitives, intégration par parties.
> *Examinateur* – Une troisième ?
> *Candidat* – ...

Examinateur – Par exemple, comment pourrait-on calculer l'intégrale $\int_0^3 \frac{x}{2x+3} dx$?
Candidat ...
Examinateur – La fonction sous le signe intégrale fait-elle partie d'une famille particulière ?
Candidat – Une fraction rationnelle.
Examinateur – Alors, ça devrait déclencher un réflexe !
Candidat – La décomposition en éléments simples !

Réponse 4.4 Un contre-exemple est facile à trouver : il suffit de considérer la fonction g constante égale à $1/2$ sur l'intervalle $[2,5]$, et la fonction f affine par morceaux nulle sur $[2+1/n, 5]$ (où $n \in \mathbb{N}^*$), et telle que $f(2) = 1$. L'intégrale $\int_2^5 f(x)\,dx$ est égale à l'aire du triangle hachuré sur la figure, soit :

$$\int_2^5 f(x)\,dx = \frac{1 \times (1/n)}{2} = \frac{1}{2n}$$

et :

$$\int_2^5 g(x)\,dx = \int_2^5 \frac{1}{2} dx = \left[\frac{1}{2}x\right]_2^5 = \frac{3}{2}$$

de sorte que l'on ait bien l'inégalité $\int_2^5 f(x)\,dx \leq \int_2^5 g(x)\,dx$.
Mais $f(2) = 1 > g(2) = 1/2$, donc l'assertion $f(x) \leq g(x)$ pour tout $x \in [2,5]$ est fausse.

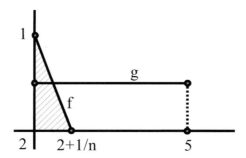

Extrait du rapport du jury — Plusieurs copies laissent apparaître des confusions entre les notions d'aire et d'intégrale. On relève par ailleurs souvent un manque de rigueur dans l'énoncé des contre-exemples choisis et chez de nombreux candidats une connaissance très approximative du lien entre intégrale et aire, en particulier l'incidence du signe de la fonction. Quelques candidats, pensant que la propriété est vraie, pensent la « démontrer », en donnant un exemple.

4.3. RÉPONSES

Réponse 4.5 Raisonnons par l'absurde en supposant qu'il existe $c \in [a, b]$ tel que $f(c) > 0$. On peut supposer que c appartient à $]a, b[$ pour fixer les idées, le raisonnement s'adaptant facilement si $c = a$ ou $c = b$. Soit ε un réel tel que $0 < \varepsilon < f(c)/2$. La continuité de f en c montre qu'il existe un réel $\eta > 0$ tel que $a \leq c - \eta < c + \eta \leq b$ et :

$$c - \eta \leq x \leq c + \eta \;\Rightarrow\; f(c) - \varepsilon \leq f(x) \leq f(c) + \varepsilon$$
$$\Rightarrow\; 0 < f(c)/2 \leq f(x).$$

Comme f est positive, on en déduit que :

$$\int_a^b f(x)\,dx \geq \int_{c-\eta}^{c+\eta} \frac{f(c)}{2}\,dx = f(c)\eta > 0,$$

ce qui est absurde puisque l'intégrale $\int_a^b f(x)\,dx$ est nulle.

Réponse 4.6 C'est faux, comme le montre la fonction f définie sur $[0, 2]$ qui vaut 0 si $x \in [0, 1[\,\cup\,]1, 2]$, et prend la valeur 1 si $x = 1$. Dans ce cas l'intégrale de f sur $[0, 2]$ est nulle sans que la fonction f soit nulle.

Remarque — La difficulté est de se souvenir ici de la « bonne » définition de la continuité par morceau :

> On dit qu'une fonction f est *continue par morceaux* sur un intervalle $[a, b]$ (où $a < b$) s'il existe une subdivision $a_0 = a < a_1 < \ldots < a_n = b$ de $[a, b]$ telle que f restreinte à chaque intervalle ouvert $]a_i, a_{i+1}[$ admette un prolongement continu à l'intervalle fermé $[a_i, a_{i+1}]$.

Cela signifie que f, définie sur $[a, b]$, est continue sur chacun des intervalles $]a_i, a_{i+1}[$ et possède une limite finie à droite et à gauche en chaque a_i, ces limites pouvant être distinctes entre elles.

De façon plus générale, on dit qu'une fonction f est de classe C^k sur $[a, b]$ s'il existe une subdivision $a_0 = a < a_1 < \ldots < a_n = b$ de $[a, b]$ telle que f restreinte à chaque intervalle ouvert $]a_i, a_{i+1}[$ admette un prolongement en une fonction de classe C^k sur $[a_i, a_{i+1}]$.

Réponse 4.7 a) De $f(0 + 0) = f(0) + f(0)$ on tire $f(0) = 2f(0)$ d'où $f(0) = 0$. Les fonctions f et $t \mapsto f(x + t)$ sont définies et continues sur $\mathbb{R}$, donc intégrables sur tout intervalle de $\mathbb{R}$. Comme f est additive :

$$\int_0^1 f(x+t)\,dt - \int_0^1 f(t)\,dt = \int_0^1 (f(x)+f(t))\,dt - \int_0^1 f(t)\,dt$$
$$= \int_0^1 f(x)\,dt + \int_0^1 f(t)\,dt - \int_0^1 f(t)\,dt$$
$$= [f(x)t]_{t=0}^1 = f(x).$$

b) Par le changement de variable $u = x + t$ sur la première intégrale :

$$f(x) = \int_0^1 f(x+t)\,dt - \int_0^1 f(t)\,dt = \int_x^{x+1} f(u)\,du - \int_0^1 f(t)\,dt.$$

c) • Comme f est continue sur $\mathbb{R}$, un théorème du cours montre que la fonction :
$$F : \mathbb{R} \to \mathbb{R}$$
$$x \mapsto \int_0^x f(t)\,dt$$
est dérivable, de fonction dérivée $F' = f$. La question précédente permet d'écrire, pour tout $x \in \mathbb{R}$:

$$f(x) = \int_0^{x+1} f(t)\,dt - \int_0^x f(t)\,dt - \int_0^1 f(t)\,dt = F(x+1) - F(x) - F(1)$$

ce qui prouve que f est la somme de trois fonctions dérivables, et :

$$\forall x \in \mathbb{R} \quad f'(x) = f(x+1) - f(x) = f(1) \quad (*)$$

en utilisant l'additivité de f.

• Si f est additive et continue sur $\mathbb{R}$, et si l'on pose $a = f(1)$, la relation $(*)$ entraîne l'existence de $b \in \mathbb{R}$ tel que $f(x) = ax + b$ pour tout réel x. Comme f est additive, $f(0) = 0$ (question a) donc $b = 0$. Finalement, si f est additive et continue sur $\mathbb{R}$, il existe $a \in \mathbb{R}$ tel que $f(x) = ax$ quel que soit $x \in \mathbb{R}$, autrement dit f est une application linéaire. La réciproque étant évidente, on peut conclure : une fonction est additive et continue sur $\mathbb{R}$ si et seulement si c'est une application linéaire.

Réponse 4.8 a) L'hypothèse « f localement intégrable sur I » signifie que pour tout x_0 appartenant à I, il existe un intervalle compact $[\alpha, \beta]$ inclus dans I, tel que f soit intégrable sur $[\alpha, \beta]$. Cette hypothèse nous permet de travailler sur un intervalle I non borné, ce qui peut s'avérer utile, mais perd tout son sens si I est déjà un intervalle borné, puisque dans ce cas on pose $I = [a, b]$ et on suppose simplement que f est intégrable sur $[a, b]$.

Si x_0 est un point quelconque de I, et si $[\alpha, \beta]$ désigne un intervalle (non vide et non réduit à un point) de I tel que $x_0 \in [\alpha, \beta] \subset I$ et tel que f soit intégrable

4.3. RÉPONSES

sur $[\alpha, \beta]$, alors f est une fonction bornée sur $[\alpha, \beta]$ (par définition d'une fonction intégrable au sens de Riemann) et on peut poser $M = \text{Sup}_{t \in [\alpha, \beta]} |f(t)|$. Par suite :

$$\forall x \in [\alpha, \beta] \quad |F(x) - F(x_0)| = \left| \int_{x_0}^{x} f(t)\, dt \right| \leq M \times |x - x_0|.$$

Cela montre que la restriction de f à $[\alpha, \beta]$ est lipschitzienne, donc que f est continue en x_0.

Reconnaître une application lipschitzienne pour affirmer rapidement qu'elle est continue, c'est bien, mais il faut pouvoir démontrer cette propriété bien connue. Si ε est un réel strictement positif donné à l'avance, il suffit d'avoir $|x - x_0| \leq \varepsilon/M$ (on suppose $M \neq 0$ sinon f est identiquement nulle sur $[\alpha, \beta]$ et le résultat est trivial) pour obtenir :

$$|F(x) - F(x_0)| \leq M \times |x - x_0| \leq \varepsilon.$$

Si l'on choisit $\eta = \varepsilon/M$, on peut alors écrire :

$$\forall \varepsilon > 0 \quad \exists \eta > 0 \quad |x - x_0| \leq \eta \Rightarrow |F(x) - F(x_0)| \leq \varepsilon$$

ce qui démontre la continuité de F en x_0.

b) Soit $x_0 \in I$. On doit démontrer que l'application :

$$x \mapsto F(x) = \int_{a}^{x} f(t)\, dt$$

est dérivable en x_0 et que $F'(x_0) = f(x_0)$. Si x_0 est une borne de l'intervalle I, on parlera bien sûr de dérivée à droite ou à gauche suivant le cas. Dans la suite nous supposerons que x_0 est à l'intérieur de I, la démonstration s'adaptant sans difficulté aux autres cas. Il existe alors un réel strictement positif ζ tel que $[x_0 - \zeta, x_0 + \zeta] \subset I$ et puisque f est continue en x_0, pour tout $\varepsilon > 0$ il existe $\eta \in \,]0, \zeta]$ tel que :

$$|x - x_0| \leq \eta \Rightarrow |f(x) - f(x_0)| \leq \varepsilon.$$

Dans ce cas, si $x \neq x_0$,

$$\left| \frac{F(x) - F(x_0)}{x - x_0} - f(x_0) \right| = \frac{1}{|x - x_0|} \left| \int_{x_0}^{x} f(t)\, dt - \int_{x_0}^{x} f(x_0)\, dt \right|$$

$$\leq \frac{1}{|x - x_0|} \left| \int_{x_0}^{x} (f(t) - f(x_0))\, dt \right| \leq \varepsilon$$

donc :
$$\forall \varepsilon > 0 \quad \exists \eta > 0 \quad |x - x_0| < \eta \Rightarrow \left| \frac{F(x) - F(x_0)}{x - x_0} - f(x_0) \right| \leq \varepsilon.$$

Cela montre que :
$$\lim_{x \to x_0, x \neq x_0} \frac{F(x) - F(x_0)}{x - x_0} = f(x_0)$$

et signifie que F est dérivable en x_0, de dérivée $f(x_0)$.

Réponse 4.9 On doit démontrer le théorème dans le cas particulier où la fonction f est positive, continue et croissante sur $I = [a, b]$. Pour tout $x \in [a, b]$, posons :
$$F(x) = \int_a^x f(x)\, dx.$$

On se place au niveau de la classe de terminale où l'intégrale de f sur $[a, b]$ est égale à l'aire sous la courbe de f (cf. commentaire α). Soient $x_0 \in I$ et h un réel non nul tel que $x_0 + h \in I$. Montrons que F est dérivable en x_0 et $F'(x_0) = f(x_0)$.

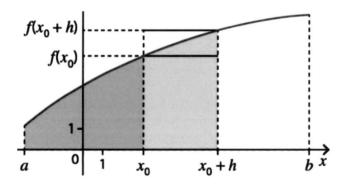

Envisageons deux cas suivant le signe de h :

- Si $h > 0$, la figure montre l'encadrement :
$$f(x_0) \times h \leq F(x_0 + h) - F(x_0) = \int_{x_0}^{x_0 + h} f(x)\, dx \leq f(x_0 + h) \times h$$

puisque l'aire sous la courbe de f entre x_0 et $x_0 + h$ est, par définition, égale à $F(x_0 + h) - F(x_0)$, et se trouve comprise entre les aires des rectangles de largeur h et de hauteurs $f(x_0)$ et $f(x_0 + f)$. Par conséquent :
$$f(x_0) \leq \frac{F(x_0 + h) - F(x_0)}{h} \leq f(x_0 + h).$$

Comme f est continue, $\lim_{h \to 0_+} f(x_0 + h) = f(x_0)$, et le théorème des gendarmes donne :
$$\lim_{h \to 0_+} \frac{F(x_0 + h) - F(x_0)}{h} = f(x_0). \quad (1)$$

• Si $h < 0$, on obtient :
$$f(x_0 + h) \times (-h) \leq F(x_0) - F(x_0 + h) = \int_{x_0+h}^{x_0} f(x)\, dx \leq f(x_0) \times (-h)$$

d'où :
$$f(x_0 + h) \leq \frac{F(x_0) - F(x_0 + h)}{-h} \leq f(x_0)$$

et le théorème des gendarmes donne :
$$\lim_{h \to 0_-} \frac{F(x_0 + h) - F(x_0)}{h} = f(x_0). \quad (2)$$

Les assertions (1) et (2) montrent que :
$$\lim_{h \to 0} \frac{F(x_0 + h) - F(x_0)}{h} = f(x_0),$$

ce qui prouve que F est dérivable en x_0 et $F'(x_0) = f(x_0)$.

Commentaires — α) En terminale spécialité mathématiques (prog. 2019-20), on dit que l'intégrale d'une fonction f continue positive sur un segment $[a, b]$ de $\mathbb{R}$ (où $a \leq b$), à valeurs réelles, est le nombre, noté $\int_a^b f(t)\, dt$, égal à l'aire $\mathcal{A}_{[a,b]}$ sous la courbe représentative de f sur l'intervalle $[a, b]$. C'est donc l'aire délimitée par l'axe Ox des abscisses, les droites d'équation $x = a$ et $x = b$ (dans le repère orthonormal où on représente f), et la courbe représentative $\mathcal{C}_f$ de f. On a donc par définition :
$$\int_a^b f(t)\, dt = \mathcal{A}_{[a,b]}.$$
Si $a \geq b$, on pose $\int_a^b f(t)\, dt = -\mathcal{A}_{[b,a]}$.

β) On peut adapter la démonstration proposée dans le cas où f est décroissante. On aura ainsi démontré le théorème dans le cas particulier où f est une fonction continue, positive et monotone sur I.

γ) On ne peut pas raisonner de cette manière pour traiter le cas général où f est seulement continue et positive sur I. Le théorème qui figure dans le programme de terminale devra donc être admis.

δ) On peut avoir l'idée de déduire le cas général de celui où la fonction est monotone, en imaginant que, étant donné une fonction f continue et positive sur I, il existe une partition de I en un nombre fini d'intervalles sur chacun desquels f serait monotone. Mais cela ne fonctionne pas car il existe des fonctions continues et positives sur un intervalle qui changent de variations une infinité de fois sur cet intervalle. Par exemple, la fonction continue :

$$g : \begin{array}{ccc} \mathbb{R}^* & \to & \mathbb{R} \\ x & \mapsto & x \sin \dfrac{1}{x} \end{array}$$

peut être prolongée par continuité en 0 en posant $\widetilde{g}(0) = 0$. On obtient une fonction $\widetilde{g} : [0,1] \to \mathbb{R}$ qui change de variations une infinité de fois au voisinage de 0. La fonction f définie sur $[0,1]$ par $f(x) = 1 + \widetilde{g}(x)$ est alors continue et positive sur $[0,1]$, et change elle aussi de variations une infinité de fois au voisinage de 0.

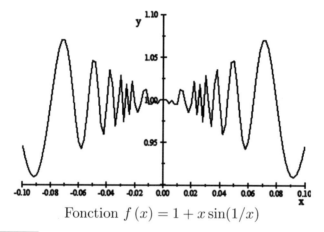

Fonction $f(x) = 1 + x\sin(1/x)$

Réponse 4.10 a) Voir Question 4.8 dans le cas général d'une fonction continue (enseignement supérieur), ou la Question 4.9 dans le cas particulier d'une fonction continue, positive et monotone (enseignement maths expertes en terminale).

b) Si G est une primitive de f sur I, l'application $G - F$ est dérivable sur I et de dérivée nulle. C'est donc une constante c (conséquence du théorème de Rolle) et $G(x) = F(x) + c$ pour tout $x \in I$. Réciproquement, toute fonction $G(x) = F(x) + c$ admet f pour fonction dérivée sur I.

c) Une primitive $G = F + c$ de f vérifie $G(x_0) = y_0$ si et seulement si $F(x_0) + c = y_0$, c'est-à-dire $c = y_0 - F(x_0)$. Sur l'intervalle I, il existe donc une et une seule primitive G de f telle que $G(x_0) = y_0$, et elle est donnée par :

$$\forall x \in I \quad G(x) = F(x) - F(x_0) + y_0.$$

Comme :
$$F(x) = \int_a^x f(t)\,dt$$
où a désigne un point quelconque de I, on obtient :
$$G(x) = \int_a^x f(t)\,dt - \int_a^{x_0} f(t)\,dt + y_0 = \int_{x_0}^x f(t)\,dt + y_0. \quad (*)$$

d) D'après c), et en choisissant $y_0 = 0$, on constate que l'unique primitive de f qui s'annule x_0 est définie par :
$$\forall x \in I \quad G(x) = \int_{x_0}^x f(t)\,dt.$$

e) Si F est une primitive de f sur I, il existe $c \in \mathbb{R}$ tel que :
$$\forall x \in I \quad F(x) = \int_a^x f(t)\,dt + c$$
et cela entraîne $F(a) = c$. Par conséquent, si $b \in I$:
$$F(b) = \int_a^b f(t)\,dt + F(a)$$
soit :
$$\int_a^b f(t)\,dt = F(b) - F(a).$$

Remarque — On vient de montrer une version faible du théorème fondamental de l'analyse suivant lequel $\int_a^b f(x)\,dx = [F(x)]_a^b$ pour toute fonction f intégrable au sens de Riemann sur $[a,b]$ qui admet une primitive F sur cet intervalle ([12], §6.7.1).

$\boxed{\text{Réponse 4.11}}$ a) La fonction $h : x \mapsto a/x$ est définie et continue sur $\mathbb{R}_+^*$, donc intégrable sur cet intervalle. Posons :
$$\forall x \in \mathbb{R}_+^* \quad f(x) = \int_1^x \frac{a}{t}\,dt.$$

On sait que f est dérivable sur $\mathbb{R}_+^*$ et $f' = h$. De plus $f(1) = 0$, donc f vérifie les deux conditions de l'énoncé qui permettent de l'appeler logarithme. Il existe ainsi au moins un logarithme dont la dérivée est la fonction h. L'unicité est facile à vérifier : en effet, si f et g vérifient $f' = g' = h$ et $f(1) = g(1) = 0$, alors $(f-g)' = 0$ donc il existe une constante réelle c telle que $f(x) - g(x) = c$ pour tout $x \in \mathbb{R}_+^*$. Nécessairement $c = f(1) - g(1) = 0 - 0 = 0$, donc $f = g$.

b) Ce qui précède permet d'écrire, pour tout $x \in \mathbb{R}_+^*$:

$$f_a(x) = \int_1^x \frac{a}{t} dt = a \int_1^x \frac{1}{t} dt = a f_1(x) = a \ln x$$

donc $f_a = a \ln$.

c) Pour $y \in \mathbb{R}_+^*$ fixé, la fonction $F : x \mapsto f_a(xy)$ est définie et dérivable sur $\mathbb{R}_+^*$ comme composée de deux fonctions dérivables, et :

$$\forall x \in \mathbb{R}_+^* \quad F'(x) = f_a'(xy) \times y = \frac{a}{xy} y = \frac{a}{x}.$$

Comme $F(1) = f_a(y)$, on déduit que la fonction $G = F - f_a(y)$ est dérivable sur $\mathbb{R}_+^*$, de dérivée la fonction $x \mapsto a/x$, et telle que $G(1) = F(1) - f_a(y) = 0$. Par définition $G = f_a$, donc $F = G + f_a(y)$, ce qui signifie que :

$$\forall x, y \in \mathbb{R}_+^* \quad f_a(xy) = f_a(x) + f_a(y). \quad (\dagger)$$

Remarque — On vient de montrer que f_a est un morphisme du groupe multiplicatif de $(\mathbb{R}_+^*, \times)$ vers le groupe additif $(\mathbb{R}, +)$.

d) D'après (†), pour tout $x \in \mathbb{R}_+^*$:

$$0 = f_a(1) = f_a\left(x \times \frac{1}{x}\right) = f_a(x) + f_a\left(\frac{1}{x}\right)$$

donc :

$$f_a\left(\frac{1}{x}\right) = -f_a(x). \quad (\ddagger)$$

e) Soit $x \in \mathbb{R}_+^*$ fixé une fois pour toutes.

Première étape — Montrons par récurrence sur n que :

$$\forall n \in \mathbb{N} \quad f_a(x^n) = n f_a(x).$$

L'égalité $f_a(x^0) = 0 \times f_a(x)$ est triviale car $f_a(x^0) = f_a(1) = 0$ par définition. Si l'égalité est vraie qu'au rang n,

$$f_a(x^{n+1}) = f_a(x^n \times x) = f_a(x^n) + f_a(x) = (n+1) f_a(x)$$

d'après (†), donc l'égalité est démontrée au rang $n+1$. Cela achève le raisonnement par récurrence.

Deuxième étape — Montrons que :

$$\forall n \in \mathbb{Z} \quad f_a(x^n) = n f_a(x).$$

On sait déjà que l'égalité est vraie si $n \in \mathbb{N}$, d'après la première étape. Si maintenant $n \in \mathbb{Z}_-^*$, posons $m = -n \in \mathbb{N}$. La première étape et la relation ($\ddagger$) permettent de conclure car :

$$f_a(x^n) = f_a(x^{-m}) = f_a\left(\frac{1}{x^m}\right) = -f_a(x^m)$$
$$= -(mf_a(x)) = (-m)f_a(x) = nf_a(x)$$

Troisième étape — Montrons que :
$$\forall r \in \mathbb{Q} \quad f_a(x^r) = rf_a(x).$$

Si $r \in \mathbb{Q}$, il existe $p \in \mathbb{Z}$ et $q \in \mathbb{N}^*$ tels que $r = p/q$. L'étape 2 montre que :

$$f_a(x^r) = f_a\left((x^{1/q})^p\right) = pf_a(x^{1/q}).$$

Comme $f_a(x) = f_a\left((x^{1/q})^q\right) = qf_a\left(x^{1/q}\right)$ on aura $f_a\left(x^{1/q}\right) = (1/q)f_a(x)$, et en remplaçant dans les égalités précédentes, on obtient :

$$f_a(x^r) = p \times \frac{1}{q}f_a(x) = rf_a(x).$$

f) • Par définition, la fonction $\ln$ est définie et dérivable sur $\mathbb{R}_+^*$, de dérivée la fonction <u>strictement positive</u> qui à x associe $1/x$. Cela implique que la fonction $\ln$ est strictement croissante sur $\mathbb{R}_+^*$.

• La fonction $\ln$ est croissante, donc $x \geq 2^n$ entraîne $\ln x \geq n \ln 2$ où n désigne un entier naturel. On remarque aussi que la stricte croissance de $\ln$ implique que $\ln 2 > \ln 1 = 0$. Ainsi $\lim_{n \to +\infty} (n \ln 2) = +\infty$. Si $A \in \mathbb{R}_+$, il existe donc un entier n tel que $n \ln 2 \geq A$. Par conséquent :

$$\forall A \in \mathbb{R}_+ \quad \exists x_0 = 2^n \quad x \geq x_0 \Rightarrow \ln x \geq n \ln 2 \geq A.$$

Cela montre que $\lim_{x \to +\infty} \ln x = +\infty$.

• Si $X > 0$, on remarque que $x = 1/X$ entraîne $\ln x = -\ln X$ et que X tend vers $+\infty$ quand x tend vers 0_+. Par composition des limites, on peut donc écrire :
$$\lim_{x \to 0_+} \ln x = \lim_{X \to +\infty} (-\ln X) = -\infty.$$

Remarque — On aurait pu utiliser des puissances entières, comme pour la première limite. En effet, $x \leq (1/2)^n$ implique $\ln x \leq n \ln(1/2)$, et comme $1/2 < 1$ on sait que $\ln(1/2) < 0$. Ainsi $\lim_{n \to +\infty} n \ln(1/2) = -\infty$. Si $B \in \mathbb{R}_-$ il existera toujours au moins un entier naturel n tel que $n \ln(1/2) \leq B$, et l'on peut affirmer que :

$$\forall B \in \mathbb{R}_- \quad \exists x_0 = (1/2)^n \quad x \leq x_0 \;\Rightarrow\; \ln x \leq n \ln(1/2) \leq B,$$

ce qui prouve que $\lim_{x \to 0_+} \ln x = -\infty$.

- La fonction ln est définie et strictement croissante sur $\mathbb{R}_+^*$, à valeurs dans $\mathbb{R}$, et admet les limites $\lim_{x \to +\infty} \ln x = +\infty$ et $\lim_{x \to 0_+} \ln x = -\infty$. On en déduit que ln est une bijection de $\mathbb{R}_+^*$ sur $\mathbb{R}$.

Remarques — α) L'injectivité est une conséquence directe de la stricte croissance de ln qui permet d'affirmer que :

$$x < y \;\Rightarrow\; \ln x < \ln y$$

ce qui entraîne $x \neq y \;\Rightarrow\; \ln x \neq \ln y$.

β) La surjectivité se démontre en adaptant le théorème des valeurs intermédiaires. En effet, si $y \in \mathbb{R}$, comme $\lim_{x \to +\infty} \ln x = +\infty$ et $\lim_{x \to 0_+} \ln x = -\infty$ il existe des réels strictement positifs x_1 et x_2 tels que $\ln x_1 \leq y \leq \ln x_2$, et nécessairement $x_1 \leq x_2$. La fonction ln étant continue sur $[x_1, x_2]$, le théorème des valeurs intermédiaires montre l'existence de $x \in [x_1, x_2]$ tel que $y = \ln x$, ce qui prouve que y est dans $\ln\left(\mathbb{R}_+^*\right)$. Comme y a été choisi quelconque dans $\mathbb{R}$, on a montré l'inclusion $\mathbb{R} \subset \ln\left(\mathbb{R}_+^*\right)$, d'où $\ln\left(\mathbb{R}_+^*\right) = \mathbb{R}$ puisque l'inclusion $\ln\left(\mathbb{R}_+^*\right) \subset \mathbb{R}$ est triviale.

- Si $a \in \mathbb{R}^*$, on a démontré que $f_a = a \ln$ à la question b). Cette relation permet de ramener l'étude des variations de f_a à celles de ln, et de montrer que f_a réalise une bijection de $\mathbb{R}_+^*$ sur $\mathbb{R}$. En particulier, si $a > 0$, la fonction $f_a = a \ln$ sera strictement croissante sur $\mathbb{R}_+^*$, et si $a < 0$ elle sera strictement décroissante sur $\mathbb{R}_+^*$.

Réponse 4.12 Comme f est continue sur le segment $[a, b]$, il existe des réels m et M tels que $f([a,b]) = [m, M]$ et donc :

$$\forall x \in [a, b], \quad m \leq f(x) \leq M.$$

Comme f et g sont continues donc intégrables sur $[a, b]$, et g positive, il vient :

$$m \int_a^b g(x)\,dx \leq \int_a^b f(x)g(x)\,dx \leq M \int_a^b g(x)\,dx.$$

Si g est nulle, le résultat est trivial : n'importe quel $c \in [a, b]$ convient. On suppose désormais g non nulle. Elle est donc strictement positive en au moins un point de $[a, b]$. Comme elle est continue, on a alors $I = \int_a^b g(x)\,dx > 0$. Il vient donc :

$$m \leq \frac{1}{I} \int_a^b f(x)g(x)\,dx \leq M.$$

4.3. RÉPONSES

Comme m et M sont des valeurs prises par f, il existe - d'après le théorème des valeurs intermédiaires - $c \in [a, b]$ tel que :

$$f(c) = \frac{1}{I} \int_a^b f(x)g(x)\, dx,$$

ce qui est l'inégalité cherchée.

Réponse 4.13 1) Voici ce qu'il faut retenir du cours pour répondre. Dans les textes qui suivent, on suppose que a et b sont deux réels tels que $a < b$:

Définition 1 — Si f est une fonction continue et positive de $[a, b]$ dans $\mathbb{R}$, le symbole $\int_a^b f(x)\, dx$ représente l'aire sous la courbe représentative $\mathcal{C}$ de la fonction f, étant sous entendu que l'on parle ici de l'aire de la partie du plan délimitée par $\mathcal{C}$, l'axe des abscisses, et les deux droites verticales d'équations $x = a$ et $x = b$.

Définition 2 — Si f est une fonction continue et négative de $[a, b]$ dans $\mathbb{R}$, on pose $\int_a^b f(x)\, dx = -\int_a^b |f(x)|\, dx$.

Propriété — Si f est une fonction continue sur $[a, b]$ et si c est un réel tel que $b < c$, alors :

$$\int_a^c f(x)\, dx = \int_a^b f(x)\, dx + \int_b^c f(x)\, dx.$$

Commentaire — Le symbole $\int_a^b f(x)\, dx$ représente l'aire algébrique sous la courbe $\mathcal{C}$, c'est-à-dire une aire comptée positivement quand cette courbe est au-dessus de l'axe des abscisses, et négativement dans le cas contraire,

2) Ici $A = 4, 8$, $B = 0, 8$ et $C = 2$. La bonne réponse est (b) puisque :

$$I = \int_{-2}^4 f(x)\, dx = A - B + C = 4,8 - 0,8 + 2 = 6.$$

Les autres réponses correspondent à des distracteurs :

(a) On écrit $I = A + B = 5, 6$ en ne comptant que les deux premières aires, et en les additionnant : une double méprise.

(c) Ici $I = A + C = 6, 8$, donc on n'a compté que les aires correspondant aux intervalles où f est positive, ce qui est faux.

(d) Ici $I = A + B + C = 7, 6$. On a additionné les aires quelle que soit la position de la courbe par rapport à l'axe des abscisses.

3) On peut demander de tracer la courbe représentative $\mathcal{C}$ de la fonction $g : x \mapsto -x + 1$ entre 0 et 2, puis de calculer l'intégrale de g entre ces points. On obtient :

$$\int_{-0}^2 g(x)\, dx = \int_{-0}^2 (-x+1)\, dx = \left[-\frac{x^2}{2} + x\right]_0^2 = -2 + 2 = 0$$

et pourtant la partie du plan située entre $\mathcal{C}$ et l'axe des abscisses Ox est formé d'un triangle au-dessus de Ox quand $0 \leq x \leq 1$, puis d'un triangle au-dessous de Ox quand $1 \leq x \leq 2$.

Réponse 4.14 a) Le programme proposé comporte deux erreurs :

- A la ligne 13, on a oublié d'indenter l'instruction `if y<f(x)`, de sorte qu'elle ne sera pas prise en compte par le programme dans la boucle `for`. La ligne 14 doit aussi être indentée en conséquence.

- A la ligne 15 on a oublié de diviser le nombre de points situés sous la courbe par le nombre total d'essais effectués. Au lieu de `return compteur` il faut écrire `return compteur/n`.

Le résultat obtenu par l'élève avec la commande `return compteur` est 1 pour la raison suivante : l'indentation de la ligne 13 étant incorrecte, le programme a effectué la boucle for uniquement pour les instructions des lignes 11 et 12, puis est sorti de la boucle pour appliquer le test `y<f(x)` sur les dernières valeurs de x et y tirées au hasard. Le programme affichera donc un 1 si $y < f(x)$, mais un 0 dans le cas contraire. Dans l'exemple fourni par l'énoncé, le programme affiche un 1.

Commentaire — Les commandes `x=random()` et `y=random()` permettent de tirer au hasard un point de coordonnées (x,y) dans le carré $C = [0,1[\times [0,1[$. On peut vérifier, en étudiant la courbe en cloche $f : x \mapsto e^{-x^2/2}/\sqrt{2\pi}$ ou en affichant son tracé sur un écran, que la courbe de f est toujours située sous la droite d'équation $y = 1$.

La proportion des points qui tombent sous la courbe et dans le carré C, par rapport à tous les points essayés qui tombent dans C, est bien représenté par `compteur/n`. Ce dernier nombre n'a pas à être multiplié par l'aire du carré C, puisque cette dernière vaut 1.

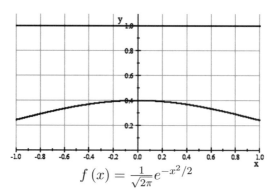

$$f(x) = \frac{1}{\sqrt{2\pi}} e^{-x^2/2}$$

b) Voici le programme corrigé. Les lignes numérotées en gras sont les seules à avoir été modifiées :

4.3. RÉPONSES

```
01. from math import*
02. from random import*
03.
04. def f(x) :
05.     y=exp(-x*x/2)/sqrt(2*pi)
06.     return y
07.
08. def aire(n) :
09.     compteur=0
10.     for k in range(n) :
11.         x=random()
12.         y=random()
13.         if y<f(x) :
14.             compteur=compteur+1
15.     return compteur/n
```

Commentaire — On obtient maintenant :
>>> aire(1000000)
0.341715

Ce nombre correspond au calcul approché de l'intégrale de $f : x \mapsto e^{-x^2/2}/\sqrt{2\pi}$ entre 0 et 1 obtenu avec une machine :

$$\int_0^1 f(x)\, dx = \int_0^1 \frac{1}{\sqrt{2\pi}} e^{-x^2/2}\, dx \simeq 0,341\,344\,746.$$

c) Le nombre $p \simeq 0,341$ obtenu coïncide avec la probabilité d'envoyer une fléchette dans la zone située sous la courbe de f, quand l'on envoie une fléchette aléatoirement et un grand nombre de fois sur la cible formée par le carré $C = [0, 1[\, \times\, [0, 1[$.

C'est aussi la probabilité de l'événement $0 \leq X \leq 1$ où X désigne la loi normale centrée réduite, puisque :

$$\mathrm{p}(0 \leq X \leq 1) = \int_0^1 \frac{1}{\sqrt{2\pi}} e^{-x^2/2}\, dx \simeq 0,341.$$

Commentaires — Si $(m, \sigma) \in \mathbb{R} \times \mathbb{R}_+$, on dit qu'une variable aléatoire X suit **la loi normale de paramètres m et σ^2**, et l'on note $X \sim \mathcal{N}(m, \sigma^2)$, si X est une variable continue de densité de probabilité la fonction gaussienne :

$$x \mapsto f_{(m,\sigma)}(x) = \frac{1}{\sigma\sqrt{2\pi}} e^{-(x-m)^2/2\sigma^2}.$$

La **loi normale centrée réduite** est obtenue pour la moyenne $m = 0$ et l'écart-type $\sigma = 1$, donc sa densité est la fonction $f : x \mapsto e^{-x^2/2}/\sqrt{2\pi}$ utilisée pour calculer p.

$\boxed{\text{Réponse 4.15}}$ On préférera chercher l'aire sous la courbe de $x \mapsto \sqrt{1 - 4x^2}$ car le calcul de l'intégrale $I = \int_{-1/2}^{1/2} \sqrt{1 - 4x^2}\, dx$ est impossible pour un élève de terminale spécialité mathématiques, le changement de variables n'étant pas au programme de cette classe. Par contre, le calcul de $J = \int_0^{1/4} \frac{x}{\sqrt{1-4x^2}}\, dx$ est possible en terminale en exhibant une primitive de $x \mapsto \frac{x}{\sqrt{1-4x^2}}$ obtenue grâce à la formule de dérivation $(\sqrt{u})' = u'/(2\sqrt{u})$.

Remarques — En post bac on calculera I en utilisant un changement de variable du type $2x = \sin t$.

Commentaires — α) En terminale, il n'est cependant pas stupide de proposer une activité permettant le calcul de J de deux façons différentes : par la méthode de Monte-Carlo et en utilisant une primitive de $\frac{x}{\sqrt{1-4x^2}}$, ce qui autorisera la comparaison des résultats obtenus.

β) Calculons I. Le changement de variables $2x = \sin t$ donne :

$$I = \int_{-1/2}^{1/2} \sqrt{1 - 4x^2}\, dx = \int_{-\pi/2}^{\pi/2} \sqrt{1 - \sin^2 t}\, \frac{\cos t}{2}\, dt = \frac{1}{2}\int_{-\pi/2}^{\pi/2} |\cos t|\cos t\, dt.$$

Comme la fonction cosinus reste positive sur $[-\pi/2, \pi/2]$:

$$I = \frac{1}{2}\int_{-\pi/2}^{\pi/2} \cos^2 t\, dt = \frac{1}{2}\int_{-\pi/2}^{\pi/2} \frac{1 + \cos 2t}{2}\, dt = \frac{1}{4}\left[t + \frac{\sin 2t}{2}\right]_{-\pi/2}^{\pi/2} = \frac{\pi}{4}.$$

γ) Calculons J comme on pourrait le faire en terminale :

$$J = \int_0^{1/4} \frac{x}{\sqrt{1-4x^2}}\, dx = -\frac{1}{4}\int_0^{1/4} \frac{-8x}{2\sqrt{1-4x^2}}\, dx = -\frac{1}{4}\left[\sqrt{1-4x^2}\right]_0^{1/4} = \frac{1}{4} - \frac{\sqrt{3}}{8}.$$

$\boxed{\text{Réponse 4.16}}$ Voici le résultat à démontrer :

Théorème – Soient I et J des intervalles de $\mathbb{R}$. Soient $f : I \to \mathbb{R}$ continue et $\varphi : J \to I$ continûment dérivable sur J (c'est-à-dire dérivable sur J et de dérivée continue sur J). Pour $i \in \{1, 2\}$ soient $t_i \in I$ et $u_i \in J$ tels que $\varphi(u_i) = t_i$. Alors :

$$\int_{t_1}^{t_2} f(t)\, dt = \int_{u_1}^{u_2} f(\varphi(u))\, \varphi'(u)\, du.$$

4.3. RÉPONSES

Preuve — Si F désigne une primitive de f sur I, la fonction $F \circ \varphi$ est dérivable sur J, de fonction dérivée $(F \circ \varphi)'(u) = f(\varphi(u))\varphi'(u)$ continue sur J, donc intégrable sur J. Alors :

$$\int_{u_1}^{u_2} f(\varphi(u))\varphi'(u)\, du = \int_{u_1}^{u_2} (F \circ \varphi)'(u)\, du$$
$$= [F \circ \varphi(u)]_{u_1}^{u_2} = [F(t)]_{t_1}^{t_2} = \int_{t_1}^{t_2} f(t)\, dt.$$

Remarque — Il n'est dit nulle part que φ doit être bijective, ce qui rend cette formule bien souple à employer. Les hypothèses données ici dans le cadre des fonctions réelles d'une variable réelle sont donc plus faibles que dans le cas d'une intégrale multiple où l'on doit supposer φ est un C^1-difféomorphisme.

Réponse 4.17 On peut choisir un repère d'origine situé à la base de l'arche parabolique, comme sur la figure jointe. Pour travailler dans le cas général, on notera b la longueur de la base de l'arche, et h sa hauteur. On recherche une parabole $\mathcal{P}$ d'axe de symétrie vertical, passant par les points $(0,0)$, $(b,0)$ et $(b/2, h)$. L'équation $y = \alpha x^2 + \beta x + \gamma$ de $\mathcal{P}$ sera obtenue en résolvant le système :

$$(S) \begin{cases} 0 = \gamma \\ 0 = \alpha b^2 + \beta b \\ h = \alpha \dfrac{b^2}{4} + \beta \dfrac{b}{2}. \end{cases}$$

On a :

$$(S) \Leftrightarrow \begin{cases} \gamma = 0 \\ \beta = -\alpha b \\ \alpha \dfrac{b^2}{4} - \alpha \dfrac{b^2}{2} = h \end{cases} \Leftrightarrow \begin{cases} \gamma = 0 \\ \beta = \dfrac{4h}{b} \\ \alpha = -\dfrac{4h}{b^2}. \end{cases}$$

Ainsi $\mathcal{P}$ est d'équation $y = -\dfrac{4h}{b^2}x^2 + \dfrac{4h}{b}x$. L'aire de l'arche sera comme l'annonce Archimède puisque :

$$\mathcal{A} = \int_0^b \left(-\frac{4h}{b^2}x^2 + \frac{4h}{b}x\right) dx = \frac{4h}{b}\int_0^b \left(-\frac{1}{b}x^2 + x\right) dx$$
$$= \frac{4h}{b}\left[-\frac{1}{b}\frac{x^3}{3} + \frac{x^2}{2}\right]_0^b = \frac{4h}{b}\left(-\frac{b^2}{3} + \frac{b^2}{2}\right) = \frac{2bh}{3}.$$

Voici la représentation graphique de la parabole $\mathcal{P}$ pour $b = 6$ et $h = 8$:

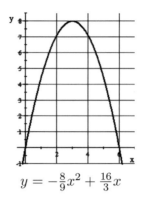

$$y = -\frac{8}{9}x^2 + \frac{16}{3}x$$

Réponse 4.18 VRAI. Montrons que la formule est vraie en raisonnant par récurrence sur n. Comme :

$$I_0^{(A)} = \int_0^A e^{-t}dt = \left[-e^{-t}\right]_0^A = 1 - e^{-A}$$

et comme $\lim_{A\to+\infty}(-e^{-A}) = 0$, on obtient $I_0 = \lim_{A\to+\infty} I_0^{(A)} = 1$. La formule proposée est donc vraie si $n = 0$. Si elle est vraie jusqu'au rang n, montrons qu'elle est encore vraie au rang $n+1$, ce qui permettra de conclure. Une intégration par parties donne :

$$\begin{aligned}I_{n+1}^{(A)} = \int_0^A t^{n+1}e^{-t}dt &= \left[t^{n+1}(-e^{-t})\right]_0^A - \int_0^A (n+1)t^n(-e^{-t})dt \\ &= -A^{n+1}e^{-A} + (n+1)\int_0^A t^n e^{-t}dt.\end{aligned}$$

L'hypothèse récurrente montre que :

$$\lim_{A\to+\infty}\int_0^A t^n e^{-t}dt = \int_0^{+\infty} t^n e^{-t}dt = n!$$

et comme $\lim_{A\to+\infty}(-A^{n+1}e^{-A}) = 0$, on déduit que :

$$\lim_{A\to+\infty} I_{n+1}^{(A)} = (n+1) \times n! = (n+1)!$$

comme on le désirait.

Réponse 4.19 Par le changement de variables $t = \ln x$ on obtient :

$$I = \int_1^{e^\pi} \cos(\ln x)\,dx = \int_0^\pi e^t \cos t\,dt.$$

4.3. RÉPONSES

Une double intégration par parties permet d'écrire :

$$\begin{aligned}
I &= \left[e^t \cos t\right]_0^\pi - \int_0^\pi e^t(-\sin t)\, dt \\
&= -e^\pi - 1 + \int_0^\pi e^t \sin t\, dt \\
&= -e^\pi - 1 + \left[e^t \sin t\right]_0^\pi - \int_0^\pi e^t \cot s\, dt \\
&= -e^\pi - 1 - I
\end{aligned}$$

d'où $I = -\dfrac{e^\pi + 1}{2}$, qui n'est pas égal à $-e^\pi$.

Réponse 4.20 Deux intégrations par parties donnent :

$$I = \int_0^\pi t^2 \cos t\, dt = \left[t^2 \sin t\right]_0^\pi - \int_0^\pi 2t \sin t\, dt = -2\int_0^\pi t \sin t\, dt$$

et : $\displaystyle\int_0^\pi t \sin t\, dt = [t(-\cos s)]_0^\pi - \int_0^\pi (-\cos t)\, dt = \pi(-\cos \pi) + \int_0^\pi \cos t\, dt.$

Ainsi :

$$I = -2\pi(-\cos \pi) - 2\int_0^\pi \cos t\, dt = -2\pi - 2[\sin t]_0^\pi = -2\pi.$$

Réponse 4.21 a) On a $f(-x) = e^{-(-x)^2/2} = e^{-x^2/2} = f(x)$ quel que soit le réel x, donc la fonction f est paire. Il suffira de l'étudier sur $\mathbb{R}_+$ puis de déduire son graphe complet par symétrie par rapport à l'axe des ordonnées.

b) La fonction f est dérivable sur $\mathbb{R}$, de dérivée $f'(x) = -xe^{-x^2/2}$ en x, donc $f'(x) < 0$ quel que soit $x \in \mathbb{R}_+^*$, et l'on peut affirmer que f est strictement décroissante sur $\mathbb{R}_+$. Comme f est paire, elle sera strictement croissante sur $\mathbb{R}_+$ et son graphe sera symétrique par rapport à l'axe des ordonnées. La fonction dérivée f' s'annule uniquement en $x = 0$, donc la courbe représentative de f admet une tangente horizontale en $x = 0$. Enfin $\lim_{x \to +\infty} f(x) = 0_+$. On obtient une fonction cloche de tableau de variations :

x	$-\infty$		0		$+\infty$
$f'(x)$		+	0	−	
$f(x)$	0_+	↗	1	↘	0_+

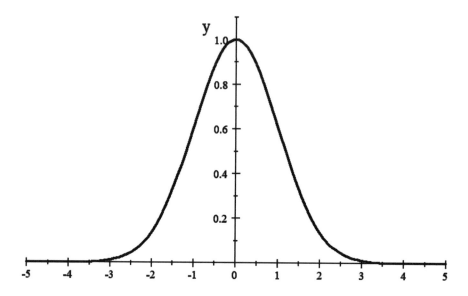

c) On sait que la fonction $\varphi : x \mapsto e^{-x^2/2}/\sqrt{2\pi}$ est la densité de probabilité de la loi normale centrée réduite, et qu'à ce titre :

$$\int_{-\infty}^{+\infty} \frac{e^{-x^2/2}}{\sqrt{2\pi}}\, dt = 1.$$

La parité de φ donne $\displaystyle\int_0^{+\infty} \frac{e^{-x^2/2}}{\sqrt{2\pi}}\, dt = \frac{1}{2}$, de sorte que :

$$\int_0^{+\infty} f(t)\, dt = \sqrt{2\pi} \int_0^{+\infty} \frac{e^{-x^2/2}}{\sqrt{2\pi}}\, dt = \sqrt{2\pi} \times \frac{1}{2} = \sqrt{\frac{\pi}{2}}.$$

Réponse 4.22 On sait qu'une primitive de la fonction logarithme népérien $\ln$ sur $\mathbb{R}_+^*$ est $x \mapsto x\ln x - x$, donc :

$$\begin{aligned}
\alpha_n &= \int_0^{\frac{1}{n}} f(x)\, dx = \lim_{A \to 0_+} \int_A^{\frac{1}{n}} f(x)\, dx \\
&= \lim_{A \to 0_+} [x - x\ln x]_A^{1/n} = \frac{1}{n} - \frac{1}{n}\ln\frac{1}{n} = \frac{1}{n} + \frac{\ln n}{n}.
\end{aligned}$$

De même :

$$\beta_n = \lim_{A \to 0_+} [x - x\ln x]_A^{1/2n} = \frac{1}{2n} - \frac{1}{2n}\ln\frac{1}{2n} = \frac{1}{2n} + \frac{\ln(2n)}{2n}.$$

Enfin :

4.3. RÉPONSES

$$\begin{aligned}\gamma_n &= \int_{1-\frac{1}{2n}}^{1} f(x)\,dx = [x - x\ln x]_{1-1/2n}^{1} \\ &= 1 - \left(1 - \frac{1}{2n}\right) + \left(1 - \frac{1}{2n}\right)\ln\left(1 - \frac{1}{2n}\right) \\ &= \frac{1}{2n} + \left(1 - \frac{1}{2n}\right)\ln\left(1 - \frac{1}{2n}\right).\end{aligned}$$

Réponse 4.23 a) Si $x \in \mathbb{R}$, alors :

$$f_n(-x) = (-1)^n x^n e^{-x^2/2} = (-1)^n f_n(x)$$

donc f_n est paire si n est pair, et impaire sinon. La fonction $f_n : x \mapsto x^n e^{-x^2/2}$ est dérivable sur $\mathbb{R}$, et si $x \in \mathbb{R}$:

$$\begin{aligned}f_n'(x) &= nx^{n-1}e^{-x^2/2} + x^n(-x)e^{-x^2/2} \\ &= \left(nx^{n-1} - x^{n+1}\right)e^{-x^2/2} \\ &= x^{n-1}\left(n - x^2\right)e^{-x^2/2}.\end{aligned}$$

Il suffit d'étudier f_n sur $\mathbb{R}_+$ pour la connaître sur $\mathbb{R}$ en entier. Si $n \geq 2$, la dérivée f_n' s'annule sur $\mathbb{R}_+$ en deux points $x = 0$ et $x = \sqrt{n}$, et reste positive sur $[0, \sqrt{n}]$, et négative sur $[\sqrt{n}, +\infty[$. On en déduit que f_n est croissante sur $[0, \sqrt{n}]$, et décroissante sur $[\sqrt{n}, +\infty[$.

On constate que $\lim_{x \to +\infty} f_n(x) = 0_+$ et l'on rassemble les variations de f_n sur $\mathbb{R}_+$ dans ce tableau :

x	0		$\sqrt{n}$		$+\infty$
$f_n'(x)$		+	0	−	
$f_n(x)$	0	↗	$n^{n/2}e^{-n/2}$	↘	0_+

Sur $\mathbb{R}$, il faut faire deux cas. Si n est pair (et différent de 0), f_n est paire, et :

x	$-\infty$		$-\sqrt{n}$		0		$\sqrt{n}$		$+\infty$
$f_n'(x)$		+	0	−	0	+	0	−	
$f_n(x)$	0_+	↗		↘	0	↗		↘	0_+

Si n est impair (et $n \neq 1$, sinon il faut seulement de changer la valeur de $f_n'(0)$), alors f_n est impaire et :

x	$-\infty$		$-\sqrt{n}$		0		$\sqrt{n}$		$+\infty$
$f_n'(x)$		−	0	+	0	+	0	−	
$f_n(x)$	0_+	↘		↗	0	↗		↘	0_+

Remarque — Les fonctions f_0 et f_1 sont étudiées aux Questions 4.21 et 5.28.

b) On a $\lim_{t\to+\infty} t^2 f_n(t) = \lim_{t\to+\infty}(t^{n+2}e^{-t^2/2}) = 0$ donc il existe t_0 tel que $t \geq t_0$ entraîne $t^{n+2}e^{-t^2/2} \leq 1$, autrement dit :

$$t \geq t_0 \;\Rightarrow\; 0 \leq f_n(t) \leq \frac{1}{t^2}.$$

L'intégrale $\int_1^{+\infty} \frac{1}{t^2}\,dt$ étant convergente d'après le cours, on déduit immédiatement que l'intégrale I_n converge.

Remarque — La convergence de $\int_1^{+\infty} \frac{1}{t^2}\,dt$ se vérifie facilement en calculant :

$$\int_1^A \frac{1}{t^2}\,dt = \left[-\frac{1}{t}\right]_1^A = 1 - \frac{1}{A}$$

où A est un réel supérieur à 1. Cela montre que $\lim_{A\to+\infty} \int_1^A \frac{1}{t^2}\,dt = 1$ et assure la convergence de l'intégrale $\int_1^{+\infty} \frac{1}{t^2}\,dt$.

c) • Si $n \in \mathbb{N}^*$ et $A > 0$, une intégration par parties donne :

$$\begin{aligned}
\int_0^A t^{n+2} e^{-t^2/2}\,dt &= \int_0^A -t^{n+1} \times (-t)e^{-t^2/2}\,dt \\
&= \left[-t^{n+1} e^{-t^2/2}\right]_0^A - \int_0^A -(n+1)t^n e^{-t^2/2}\,dt \\
&= -A^{n+1} e^{-A^2/2} + (n+1)\int_0^A t^n e^{-t^2/2}\,dt
\end{aligned}$$

et $I_{n+2} = \lim_{A\to+\infty}\left(-A^{n+1}e^{-A^2/2} + (n+1)\int_0^A t^n e^{-t^2/2}\,dt\right) = (n+1)I_n$.

• On sait que la fonction $\varphi : x \mapsto e^{-x^2/2}/\sqrt{2\pi}$ est la densité de probabilité de la loi normale centrée réduite, et qu'à ce titre :

$$\int_{-\infty}^{+\infty} \frac{e^{-x^2/2}}{\sqrt{2\pi}}\,dt = 1.$$

La parité de φ donne $\int_0^{+\infty} \frac{e^{-x^2/2}}{\sqrt{2\pi}}\,dt = \frac{1}{2}$, de sorte que :

$$I_0 = \int_0^{+\infty} f_0(t)\,dt = \sqrt{2\pi} \int_0^{+\infty} \frac{e^{-x^2/2}}{\sqrt{2\pi}}\,dt = \sqrt{2\pi} \times \frac{1}{2} = \sqrt{\frac{\pi}{2}}.$$

4.3. RÉPONSES

- Si $A > 0$,
$$\int_0^A t e^{-t^2/2}\, dt = \left[-e^{-t^2/2}\right]_0^A = 1 - e^{-A^2/2}$$

et comme $\lim_{A \to +\infty} e^{-A^2/2} = 0$, on obtient $I_1 = \lim_{A \to +\infty} \int_0^A t e^{-t^2/2}\, dt = 1$.

- En utilisant la relation $I_{k+2} = (k+1) I_k$, si $n \in \mathbb{N}^*$ on obtient :

$$\begin{aligned} I_{2n+1} &= (2n) I_{2n-1} \\ &= (2n)(2n-2)..(2n-2k) I_{2n-2k-1} \\ &= \ldots = 2^n n! \times I_1 = 2^n n! \end{aligned}$$

puis :

$$\begin{aligned} I_{2n} &= (2n-1) I_{2n-2} \\ &= (2n-1)(2n-3)\ldots(2n-2k+1) I_{2n-2k} \\ &= \ldots = (2n-1)(2n-3)\ldots 1 \times I_0. \end{aligned}$$

Comme $I_0 = \sqrt{\pi/2}$ et :

$$(2n-1)(2n-3)\ldots 1 = \frac{2n(2n-2)\ldots 2}{2n(2n-2)\ldots 2} \times (2n-1)(2n-3)\ldots 1 = \frac{(2n)!}{2^n n!}$$

on obtient :

$$I_{2n} = \sqrt{\frac{\pi}{2}} \frac{(2n)!}{2^n n!}.$$

Remarque — Les points de suspension peuvent à chaque fois être remplacés par des récurrences évidentes.

$\boxed{\text{Réponse 4.24}}$ a) En effectuant une intégration par parties,

$$\begin{aligned} I_n &= \int_0^{\frac{\pi}{2}} \sin^n t\, dt = \int_0^{\frac{\pi}{2}} \sin t \, \sin^{n-1} t\, dt \\ &= \left[(-\cos t \sin^{n-1} t)\right]_0^{\frac{\pi}{2}} - \int_0^{\frac{\pi}{2}} (-\cos t)(n-1) \sin^{n-2} t \cos t\, dt \\ &= (n-1) \int_0^{\frac{\pi}{2}} \sin^{n-2} t \cos^2 t\, dt = (n-1) \int_0^{\frac{\pi}{2}} \sin^{n-2} t \left(1 - \sin^2 t\right) dt \\ &= (n-1) I_{n-2} - (n-1) I_n \end{aligned}$$

donc $I_n = \dfrac{n-1}{n} I_{n-2}$. Puisque $I_0 = \dfrac{\pi}{2}$ et $I_1 = 1$, on obtient :

$$I_{2p} = \frac{2p-1}{2p} \cdot \frac{2p-3}{2p-2} \ldots \frac{1}{2} I_0 = \frac{(2p)!}{2^{2p} (p!)^2} \frac{\pi}{2}$$

et :
$$I_{2p+1} = \frac{2p}{2p+1} \cdot \frac{2p-2}{2p-1} \cdots \frac{2}{3} I_1 = \frac{2^{2p}(p!)^2}{(2p+1)!}.$$
pour tout $p \in \mathbb{N}$.

b) On a bien sûr $I_1 = 1 \leq I_0 = \pi/2$. Si $n \in \mathbb{N}^*$,
$$t \in [0, \pi/2] \Rightarrow 0 \leq \sin t \leq 1 \Rightarrow \sin^{2n+1} t \leq \sin^{2n} t \leq \sin^{2n-1} t$$
et il suffit d'intégrer ces dernières inégalités sur l'intervalle $[0, \pi/2]$ pour obtenir $I_{2n+1} \leq I_{2n} \leq I_{2n-1}$.

c) Les inégalités du b) s'écrivent :
$$\frac{2^{2n}(n!)^2}{(2n+1)!} \leq \frac{(2n)!}{2^{2n}(n!)^2} \frac{\pi}{2} \leq \frac{2^{2n-2}((n-1)!)^2}{(2n-1)!}$$
d'où :
$$1 \leq \frac{(2n+1)((2n)!)^2}{2^{4n}(n!)^4} \frac{\pi}{2} \leq \frac{(2n+1)}{2n}.$$
En passant à la limite, on obtient bien :
$$\pi = \lim_{n \to +\infty} \frac{2}{2n+1} \frac{16^n (n!)^4}{((2n)!)^2} = \lim_{n \to +\infty} \frac{16^n (n!)^4}{n((2n)!)^2}.$$

d) Le changement de variable $u = \pi/2 - t$ donne :
$$I_n = \int_0^{\frac{\pi}{2}} \sin^n t \, dt = \int_{\frac{\pi}{2}}^0 \cos^n u \, (-du) = \int_0^{\frac{\pi}{2}} \cos^n u \, du = J_n.$$

Réponse 4.25 a) • La convergence de I est assurée s'il existe un réel $\gamma > 1$ tel que :
$$\frac{1}{x^\alpha \ln^\beta x} = O\left(\frac{1}{x^\gamma}\right).$$
On a :
$$\lim_{x \to +\infty} \frac{x^\gamma}{x^\alpha \ln^\beta x} = 0$$
dès que $\alpha > \gamma$. Par conséquent, si $\alpha > 1$, il sera facile de trouver un réel γ dans l'intervalle $]1, \alpha[$, et l'intégrale I convergera.

• La divergence de I est assurée s'il existe $\gamma < 1$ et une constante M tels que $\dfrac{1}{x^\alpha \ln^\beta x} \geq \dfrac{M}{x^\gamma}$ pour x assez grand. On a :

4.3. RÉPONSES

$$\lim_{x \to +\infty} \frac{x^\gamma}{x^\alpha \ln^\beta x} = +\infty$$

dès que $\alpha < \gamma$. Si $\alpha < 1$, on peut trouver un nombre γ dans l'intervalle $]\alpha, 1[$ et conclure à la divergence de I.

• Il ne reste plus qu'à étudier le cas où $\alpha = 1$. Le changement de variable $u = \ln x$ donne :

$$\int_e^A \frac{1}{x \ln^\beta x} \, dx = \int_1^{\ln A} \frac{1}{u^\beta} \, du,$$

donc, dans ce cas, I converge si et seulement si $\beta > 1$.

b) Par le changement de variable $x = 1/u$, et pour $A \in]0, 1/e[$,

$$\int_A^{1/e} \frac{1}{x^\alpha \ln^\beta x} \, dx = (-1)^{\beta+1} \int_{1/A}^e \frac{1}{u^{2-\alpha} \ln^\beta u} \, du = (-1)^\beta \int_e^{1/A} \frac{1}{u^{2-\alpha} \ln^\beta u} \, du.$$

Cela montre que J converge si et seulement si $\int_e^{+\infty} \frac{1}{u^{2-\alpha} \ln^\beta u} \, du$ converge, ce qui équivaut à $(2 - \alpha > 1)$ ou $(\alpha = 1$ et $\beta > 1)$ d'après la première question. En conclusion, J converge si et seulement si $(\alpha < 1)$ ou $(\alpha = 1$ et $\beta > 1)$.

c) En raisonnant comme dans la première question, c'est-à-dire en comparant la série $\sum_{n \geq 2} 1/(n^\alpha \ln^\beta n)$ à la série de Riemann $\sum_{n \geq 2} 1/n^\gamma$, on montre que $\sum_{n \geq 2} 1/(n^\alpha \ln^\beta n)$ converge si $\alpha > 1$ et diverge si $\alpha < 1$. Il reste alors à envisager le cas où $\alpha = 1$. De trois choses l'une :

• Si $\alpha = 1$ et $\beta > 0$, $1/(x \ln^\beta x)$ est positive décroissante sur $]e, +\infty[$, donc la série $\sum_{n \geq 2} 1/(x \ln^\beta x)$ et l'intégrale $\int_e^{+\infty} 1/(x \ln^\beta x) \, dx$ sont de même nature, et convergent si et seulement si $\beta > 1$.

• Si $\alpha = 1$ et $\beta < 0$, $\lim_{x \to +\infty} (1/\ln^\beta x) = +\infty$ et l'on peut trouver deux réels strictement positifs M et x_0 tels que :

$$x \geq x_0 \quad \Rightarrow \quad \frac{1}{x \ln^\beta x} \geq \frac{M}{x}.$$

Dans ce cas :

$$\frac{1}{n \ln^\beta n} \geq \frac{M}{n}$$

dès que $n \geq [x_0] + 1$, et la divergence de la série harmonique $\sum_{n \geq 2} M/n$ entraîne celle de $\sum_{n \geq 2} 1/(n \ln^\beta n)$.

• Si $\alpha = 1$ et $\beta = 0$, la série proposée n'est autre que la série de Riemann $\sum_{n \geq 2} 1/n$ qui diverge.

Réponse 4.26 a) La fonction cosécante est définie et continue sur $]0, \pi[$, donc intégrable sur cet intervalle. On sait qu'elle y admet alors une unique primitive F s'annulant en $\pi/2$, définie par :

$$\forall x \in]0, \pi[\quad F(x) = \int_{\pi/2}^{x} \operatorname{cosec} t \, dt.$$

b) La courbe représentative de la fonction cosécante sur $]0, \pi[$ est symétrique par rapport à la droite $x = \pi/2$, puisque :

$$\forall x \in \mathbb{R} \setminus \pi\mathbb{Z} \quad \sin\left(\frac{\pi}{2} - t\right) = \sin\left(\frac{\pi}{2} + t\right).$$

Comme $F(x)$ représente l'aire algébrique sous cette courbe pour t variant de $\pi/2$ à x, cela entraîne que $F(x)$ est négative si $0 < x \leq \pi/2$, positive si $\pi/2 \leq x < \pi$, et :

$$\forall t \in [0, \pi/2[\quad F\left(\frac{\pi}{2} + t\right) = -F\left(\frac{\pi}{2} - t\right).$$

Dans ce cas le point $\Omega(\pi/2, 0)$ est le milieu du segment $[M_{\pi/2-t} M_{\pi/2+t}]$ pour tout $t \in [0, \pi/2[$, en posant :

$$M_{\pi/2-t}\begin{pmatrix} \pi/2 - t \\ F(\pi/2 - t) \end{pmatrix} \quad \text{et} \quad M_{\pi/2+t}\begin{pmatrix} \pi/2 + t \\ F(\pi/2 + t) \end{pmatrix},$$

puisque :

$$\begin{cases} \dfrac{1}{2}\left(\left(\dfrac{\pi}{2} - t\right) + \left(\dfrac{\pi}{2} + t\right)\right) = \dfrac{\pi}{2} \\ \dfrac{1}{2}\left(F\left(\dfrac{\pi}{2} - t\right) + F\left(\dfrac{\pi}{2} + t\right)\right) = 0. \end{cases} \quad (\dagger)$$

Cela prouve que Ω est un centre de symétrie de la courbe représentative de F.

c) Si $x \in]0, \pi[$:

$$E = \frac{\sin x}{1 - \cos x} + \frac{\sin x}{1 + \cos x} = \frac{\sin x (1 + \cos x) + \sin x (1 - \cos x)}{1 - \cos^2 x}$$

$$= \frac{2 \sin x}{\sin^2 x} = \frac{2}{\sin x} = 2 \operatorname{cosec} x.$$

On peut maintenant écrire, pour tout $x \in]0, \pi[$:

$$\begin{aligned} F(x) &= \int_{\pi/2}^{x} \operatorname{cosec} t \, dt = \frac{1}{2} \int_{\pi/2}^{x} \left(\frac{\sin t}{1 - \cos t} + \frac{\sin t}{1 + \cos t}\right) dt \\ &= \frac{1}{2} \left[\ln|1 - \cos t| - \ln|1 + \cos t|\right]_{\pi/2}^{x} \\ &= \frac{1}{2} \left[\ln \frac{1 - \cos t}{1 + \cos t}\right]_{\pi/2}^{x} = \frac{1}{2} \ln \frac{1 - \cos x}{1 + \cos x}. \end{aligned}$$

Montrer que $\Omega(\pi/2, 0)$ est un centre de symétrie de la courbe représentative de F revient, d'après (†), à montrer que pour tout $t \in [0, \pi/2[$:
$$F\left(\frac{\pi}{2} - t\right) + F\left(\frac{\pi}{2} + t\right) = 0.$$
Cela se vérifie facilement :
$$\begin{aligned}
F\left(\frac{\pi}{2} - t\right) + F\left(\frac{\pi}{2} + t\right) &= \frac{1}{2}\ln\frac{1 - \cos(\pi/2 - t)}{1 + \cos x(\pi/2 - t)} + \frac{1}{2}\ln\frac{1 - \cos(\pi/2 + t)}{1 + \cos(\pi/2 + t)} \\
&= \frac{1}{2}\ln\frac{1 - \sin t}{1 + \sin t} + \frac{1}{2}\ln\frac{1 + \sin t}{1 - \sin t} \\
&= \frac{1}{2}\ln\left(\frac{1 - \sin t}{1 + \sin t} \times \frac{1 + \sin t}{1 - \sin t}\right) = \frac{1}{2}\ln 1 = 0.
\end{aligned}$$

Réponse 4.27 C'est vrai. Une primitive de la fonction $t \mapsto \frac{\ln^n t}{t}$ sur $\mathbb{R}^*$ est $\frac{\ln^{n+1} t}{n+1}$, donc .
$$u_n = \int_1^2 \frac{\ln^n t}{t} dt = \left[\frac{\ln^{n+1} t}{n+1}\right]_1^2 = \frac{\ln^{n+1} 2}{n+1} \leq \ln^{n+1} 2.$$

Remarque — Si l'on n'a pas vu la primitive de $(\ln t)^n / t$, on peut aussi noter que pour $n = 0$, la propriété est triviale puisque :
$$u_0 = \int_1^2 \frac{1}{t} dt = [\ln t]_1^2 = \ln 2 = v_0,$$
puis, pour $n \in \mathbb{N}^*$, utiliser une intégration par parties pour obtenir :
$$\begin{aligned}
u_n = \int_1^2 \frac{\ln^n t}{t} dt &= [\ln t \times \ln^n t]_1^2 - \int_1^2 \ln t \times \frac{n \ln^{n-1} t}{t} dt \\
&= \ln^{n+1} 2 - n \int_1^2 \frac{\ln^n t}{t} dt.
\end{aligned}$$
Comme la fonction $t \mapsto (\ln^n t)/t$ est positive sur $[1, 2]$, la quantité $n \int_1^2 \frac{\ln^n t}{t} dt$ sera positive et l'on obtient bien $u_n \leq \ln^{n+1} 2$.

Réponse 4.28 a) Comme f est décroissante sur $]0, 1]$ et $f(1) = 0$, on a $f(x) \geq f(1) = 0$ pour tout $x \in]0, 1]$. Pour tout $x \in]0, 1]$, la décroissance de f sur $[x/2, x]$ montre aussi que :
$$\int_{\frac{x}{2}}^x f(t)\, dt \geq \int_{\frac{x}{2}}^x f(x)\, dt = \left(x - \frac{x}{2}\right) f(x) = \frac{x}{2} f(x).$$

En conclusion :
$$\forall x \in \,]0,1] \quad 0 \leq \frac{x}{2} f(x) \leq \int_{\frac{x}{2}}^{x} f(t)\,dt.$$

b) L'encadrement précédent s'écrit :
$$0 \leq xf(x) \leq 2 \int_{\frac{x}{2}}^{x} f(t)\,dt.$$

Si l'on sait que :
$$\lim_{x \to 0_+} \int_{\frac{x}{2}}^{x} f(t)\,dt = 0, \quad (*)$$

on peut appliquer le théorème des gendarmes et conclure que $xf(x)$ tend vers une limite quand x tend vers 0_+, et $\lim_{x \to 0_+} xf(x) = 0$. Tout revient donc à démontrer $(*)$. Comme f est intégrable sur $[0,1]$, pour tout $x \in \,]0,1]$:
$$\int_0^x f(t)\,dt + \int_x^1 f(t)\,dt = \int_0^1 f(t)\,dt$$

donc :
$$\begin{aligned}\lim_{x \to 0_+} \int_0^x f(t)\,dt &= \lim_{x \to 0_+} \left(\int_0^1 f(t)\,dt - \int_x^1 f(t)\,dt \right) \\ &= \int_0^1 f(t)\,dt - \left(\lim_{x \to 0_+} \int_x^1 f(t)\,dt \right) = 0\end{aligned}$$

par définition de $\int_0^1 f(t)\,dt$. On en déduit que :
$$\lim_{x \to 0_+} \int_{\frac{x}{2}}^{x} f(t)\,dt = \lim_{x \to 0_+} \left(\int_0^x f(t)\,dt - \int_0^{\frac{x}{2}} f(t)\,dt \right) = 0,$$

ce qui prouve $(*)$.

Réponse 4.29 a) La fonction $\ln$ étant croissante sur $\mathbb{R}_+^*$, si $k \leq t \leq k+1$ on déduit l'encadrement $\ln k \leq \ln t \leq \ln(k+1)$.

b) La fonction $\varphi : t \to t \ln t - t$ est dérivable sur $\mathbb{R}_+^*$ comme somme de produits de fonctions dérivables sur cet intervalle, et :
$$\forall t \in \mathbb{R} \quad \varphi'(t) = \ln t + t \times \frac{1}{t} - 1 = \ln t$$

donc φ est une primitive du logarithme népérien. Pour tout $k \in [\![1, n-1]\!]$, on a $\ln k \leq \ln t \leq \ln(k+1)$, donc en intégrant sur l'intervalle $[1, n-1]$ on obtient :
$$\int_k^{k+1} \ln k\,dt \leq \int_k^{k+1} \ln t\,dt \leq \int_k^{k+1} \ln(k+1)\,dt$$

soit :
$$\ln k \leq \int_k^{k+1} \ln t\, dt \leq \ln(k+1).$$

En sommant ces inégalités membres à membres, on trouve :
$$\sum_{k=1}^{n-1} \ln k \leq \sum_{k=1}^{n-1} \int_k^{k+1} \ln t\, dt \leq \sum_{k=1}^{n-1} \ln(k+1)$$

soit :
$$\ln((n-1)!) \leq \int_1^n \ln t\, dt \leq \ln(n!).$$

Comme $\int_1^n \ln t\, dt = [\varphi(t)]_1^n = \varphi(n) - \varphi(1) = \varphi(n) + 1$, on obtient finalement :
$$\ln((n-1)!) \leq \varphi(n) + 1 \leq \ln(n!). \quad (*)$$

c) La fonction exponentielle étant croissante, les inégalités $(*)$ entraînent :
$$e^{\ln((n-1)!)} \leq e^{\varphi(n)+1} \leq e^{\ln(n!)}$$

soit :
$$(n-1)! \leq e^{n\ln n - n + 1} \leq n!$$

et comme $e^{n\ln n - n + 1} = n^n \times (e^{-1})^n \times e = e\left(\dfrac{n}{e}\right)^n$, on obtient :
$$(n-1)! \leq e\left(\dfrac{n}{e}\right)^n \leq n!.$$

Comme :
$$(n-1)! \leq e\left(\dfrac{n}{e}\right)^n \;\Rightarrow\; n! \leq ne\left(\dfrac{n}{e}\right)^n$$

on obtient les inégalités demandées :
$$(n-1)! < e\left(\dfrac{n}{e}\right)^n < n! < ne\left(\dfrac{n}{e}\right)^n.$$

$\boxed{\textbf{Réponse 4.30}}$ a) On sait que $0 < a < 1$. On doit montrer que :
$$0 \leq a - r < a < a + r \leq 1. \quad (*)$$

De deux choses l'une :

- Si $a \leq 1 - a$, alors $2a \leq 1$ et $r = \text{Min}(a, 1-a) = a$. Dans ce cas $(*)$ s'écrit $0 \leq a - a < a < 2a \leq 1$, ce qui est trivial.

- Si $1 - a \leq a$, alors $1 \leq 2a$ et $r = 1 - a$. Les inégalités $(*)$ s'écrivent maintenant $0 \leq a-(1-a) < a < a+(1-a) \leq 1$, soit $0 \leq 2a-1 < a < 1 \leq 1$, ce qui est encore trivial.
En conclusion les inégalités $(*)$ sont toujours vraies.

b) La fonction ϕ est la somme de la fonction F qui à x associe $\int_{a-x}^{a+x} f(t)\,dt$ et de la fonction polynomiale $P : x \mapsto -2xf(a)$. On sait que P est définie et de classe C^∞ sur tout $\mathbb{R}$, donc *a fortiori* sur $[0,r[$. Donc montrer que ϕ est définie et deux fois dérivable sur l'intervalle $[0,r[$ revient à montrer que F l'est. La fonction f est définie, dérivable et intégrable sur $]0,1]$. Pour tout $x \in [0,r[$, la question B.1.a permet d'écrire :

$$0 \leq a - r \leq a - x \leq a + x \leq a + r \leq 1,$$

ce qui montre que f est intégrable sur $[a-x, a+x]$, et donc que l'intégrale $\int_{a-x}^{a+x} f(t)\,dt$ a un sens. La fonction F est ainsi bien définie sur $[0,r[$. Comme f est continue, les fonctions :

$$F_1 : x \mapsto \int_a^{a+x} f(t)\,dt \quad \text{et} \quad F_2 : x \mapsto \int_a^{a-x} f(t)\,dt$$

sont dérivables sur $[0,r[$, de dérivées en x données par $F_1'(x) = f(a+x)$ et $F_2'(x) = f(a-x)$ (on utilise un résultat de cours et le théorème de dérivation d'une fonction composée). Par suite $F = F_1 - F_2$ est dérivable sur $[0,r[$ et :

$$\forall x \in [0,r[\quad F'(x) = F_1'(x) - F_2'(x) = f(a+x) - f(a-x).$$

Comme f est dérivable sur $[0,r[$, cette expression de F' montre que F' est dérivable et que $F''(x) = f'(a+x) - f'(a-x)$ quel que soit $x \in [0,r[$. Finalement F sera deux fois dérivable sur $[0,r[$. Il en sera de même de ϕ, et :

$$\forall x \in [0,r[\quad \phi''(x) = F''(x) + P''(x) = f'(a+x) - f'(a-x).$$

c) Comme par hypothèse f' est croissante sur $]0,1]$, puisque pour tout $x \in [0,r[$ on a $a-x \leq a+x$, on obtient $f'(a-x) \leq f'(a+x)$, d'où :

$$\forall x \in [0,r[\quad \phi''(x) = f'(a+x) - f'(a-x) \geq 0.$$

d) Comme ϕ'' est positive sur $[0,r[$, la fonction ϕ' est croissante sur cet intervalle. On a donc :

$$\forall x \in [0,r[\quad \phi'(0) \leq \phi'(x).$$

Mais $\phi'(x) = F'(x) + P'(x) = f(a+x) - f(a-x) - 2f(a)$, donc $\phi'(0) = 0$ et :

$$\forall x \in [0,r[\quad 0 \leq \phi'(x).$$

Cela prouve que ϕ est croissante sur $[0, r[$, donc $\phi(0) \leq \phi(x)$ pour tout x dans l'ensemble de définition de ϕ. Enfin :

$$\phi(0) = \int_a^a f(t)\,dt - 2 \times 0 \times f(a) = 0$$

donc $\phi(x) \geq 0$ pour tout $x \in [0, r[$, c'est-à-dire :

$$\forall x \in [0, r[\quad 2xf(a) \leq \int_{a-x}^{a+x} f(t)\,dt.$$

Réponse 4.31 a) Comme f est décroissante sur $]0,1]$, pour tout $k \in [\![2, n-1]\!]$:

$$\int_{\frac{k}{n}}^{\frac{k+1}{n}} f(x)\,dx \leq \int_{\frac{k}{n}}^{\frac{k+1}{n}} f\left(\frac{k}{n}\right) dx = \left(\frac{k+1}{n} - \frac{k}{n}\right) f\left(\frac{k}{n}\right) = \frac{1}{n} f\left(\frac{k}{n}\right)$$

et :

$$\int_{\frac{k-1}{n}}^{\frac{k}{n}} f(x)\,dx \geq \int_{\frac{k-1}{n}}^{\frac{k}{n}} f\left(\frac{k}{n}\right) dx = \left(\frac{k}{n} - \frac{k-1}{n}\right) f\left(\frac{k}{n}\right) = \frac{1}{n} f\left(\frac{k}{n}\right)$$

d'où l'encadrement demandé.

b) En additionnant membre à membre les encadrements obtenus dans la question précédente pour k variant de 2 à $n-1$, on obtient :

$$\sum_{k=2}^{n-1} \int_{\frac{k}{n}}^{\frac{k+1}{n}} f(x)\,dx \leq \sum_{k=2}^{n-1} \frac{1}{n} f\left(\frac{k}{n}\right) \leq \sum_{k=2}^{n-1} \int_{\frac{k-1}{n}}^{\frac{k}{n}} f(x)\,dx$$

soit :

$$\int_{\frac{2}{n}}^{1} f(x)\,dx \leq \frac{1}{n} \times \sum_{k=2}^{n-1} f\left(\frac{k}{n}\right) \leq \int_{\frac{1}{n}}^{\frac{n-1}{n}} f(x)\,dx.$$

Comme f est positive, on obtient aussi $\int_{\frac{1}{n}}^{\frac{n-1}{n}} f(x)\,dx \leq \int_{\frac{1}{n}}^{1} f(x)\,dx$.
Cela prouve les trois inégalités demandées.

c) On dispose de l'encadrement :

$$\int_{\frac{2}{n}}^{1} f(x)\,dx \leq \frac{1}{n} \times \sum_{k=2}^{n-1} f\left(\frac{k}{n}\right) \leq \int_{\frac{1}{n}}^{1} f(x)\,dx,$$

et comme l'intégrale $\int_0^1 f(x)\,dx$ est convergente :

$$\lim_{n\to+\infty} \int_{\frac{2}{n}}^1 f(x)\,dx = \int_0^1 f(x)\,dx \quad \text{et} \quad \lim_{n\to+\infty} \int_{\frac{1}{n}}^1 f(x)\,dx = \int_0^1 f(x)\,dx.$$

Il suffit d'appliquer le théorème des gendarmes pour conclure à l'existence de la limite de $\frac{1}{n} \times \sum_{k=1}^n f\left(\frac{k}{n}\right)$ quand n tend vers $+\infty$ et à l'encadrement :

$$\lim_{n\to+\infty} \frac{1}{n} \times \sum_{k=1}^n f\left(\frac{k}{n}\right) = \int_0^1 f(x)\,dx.$$

Réponse 4.32 a) La fonction g est dérivable sur $]0,1]$, donc *a fortiori* sur $[a,b]$. De plus $g(a) = 0$ et :

$$\begin{aligned} g(b) &= f(b) - \left(\frac{f(b) - f(a)}{b-a}(b-a) + f(a)\right) \\ &= f(b) - ((f(b) - f(a)) + f(a)) \\ &= 0. \end{aligned}$$

On peut donc appliquer le théorème de Rolle et affirmer l'existence de $c \in \,]a,b[$ tel que $g'(c) = 0$.

b) Pour tout $t \in [a,b]$:

$$g'(t) = f'(t) - \frac{f(b) - f(a)}{b-a}.$$

Comme f' est croissante par hypothèse, il en sera de même de g' sur l'intervalle $[a,b]$. On a vu l'existence de $c \in \,]a,b[$ tel que $g'(c) = 0$. On en déduit que $g'(t) < 0$ si $x \in [a,c[$, et $g'(t) \geq 0$ si $x \in [c,b]$. La fonction g est donc décroissante sur $[a,c[$, puis croissante sur $[c,b]$. Comme $g(a) = g(b) = 0$, on déduit que :

$$\forall t \in [a,b] \quad g(t) \leq 0.$$

c) Comme $g(t) \leq 0$ pour tout $t \in [a,b]$, on a :

$$f(t) \leq \frac{f(b) - f(a)}{b-a}(t-a) + f(a)$$

pour tout $t \in [a,b]$. En intégrant les deux membres sur $[a,b]$ on trouve :

$$\begin{aligned} \int_a^b f(t)\,dt &\leq \left[\frac{f(b) - f(a)}{b-a}\frac{(t-a)^2}{2} + f(a)t\right]_a^b \\ &\leq \frac{f(b) - f(a)}{b-a}\frac{(b-a)^2}{2} + f(a)(b-a) \\ &\leq \left(\frac{f(b) - f(a)}{2} + f(a)\right)(b-a) \end{aligned}$$

4.3. RÉPONSES

soit :
$$\int_a^b f(t)\,dt \leq \frac{f(a)+f(b)}{2}(b-a). \quad (\dagger)$$

Remarque — Par hypothèse, f' est croissante sur $]0,1]$, ce qui signifie que f est convexe sur cet intervalle. La courbe représentative de f est donc sous la sécante $[AB]$ d'extrémités les points d'abscisses a et b sur la courbe. L'aire sous la courbe f lorsque $a \leq x \leq b$ est donc inférieure à l'aire du trapèze délimité par la sécante $[AB]$, les verticales issues de A et B, et l'axe des abscisses. C'est exactement ce que signifie la formule $(\dagger)$.

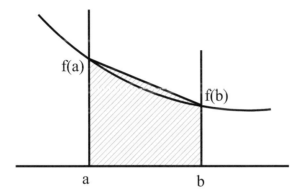

Réponse 4.33 Oui. Pour le démontrer, on va rappeler qu'une fonction continue transforme un intervalle compact (c'est-à-dire fermé borné) en un intervalle compact. Il existe donc m et M tels que $f([0,1]) = [m,M]$.

On montre ensuite qu'il existe x_1 et x_2 dans $[0,1]$ tels que $f(x_1) \leq 2$ et $f(x_2) \geq 2$. On raisonne par l'absurde : si x_1 n'existe pas, $f(x) > 2$ pour tout $x \in [0,1]$, donc $[m,M] \subset]2,+\infty[$, c'est-à-dire $m > 2$. Mais alors :

$$2 = \int_0^1 f(x)\,dx \geq \int_0^1 m\,dx = m$$

donc $m \leq 2$. C'est absurde. On recommence : si x_2 n'existe pas, $f(x) < 2$ pour tout x donc $[m,M] \subset]-\infty,2[$. Dans ce cas $M < 2$ et :

$$2 = \int_0^1 f(x)\,dx \leq \int_0^1 M\,dx = M$$

ce qui est absurde. Pour conclure, on remarque que $f(x_1) \leq 2 \leq f(x_2)$ et on utilise le théorème des valeurs intermédiaires qui assure l'existence d'un réel x_0, situé entre x_1 et x_2, tel que $f(x_0) = 2$.

Réponse 4.34 On utilise la méthode des disques (rappelée dans une question du volume de géométrie de la collection PREPA CAPES MATHS [10], chapitre sur le théorème de Thalès). La figure jointe représente une boule de centre O et de rayon R, donc d'équation $x^2 + y^2 + z^2 = R^2$ dans un repère orthonormal. Pour z variant de 0 à R, le rayon du disque « à intégrer » est $r(z) = y$ où y est positif et tel que $R^2 = y^2 + z^2$ (calculé dans le plan $x = 0$), donc :
$$r(z) = y = \sqrt{R^2 - z^2}.$$

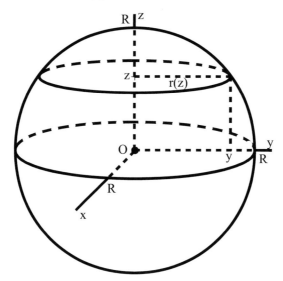

Le volume $V_{1/2}$ de la demi-boule est alors :

$$\begin{aligned} V_{1/2} &= \int_0^R S(z)\, dz = \int_0^R \pi r(z)^2\, dz = \int_0^R \pi \left(R^2 - z^2\right) dz \\ &= \pi R^3 - \pi \left[\frac{z^3}{3}\right]_0^R = \frac{2\pi R^3}{3} \end{aligned}$$

et le volume de la boule sera $V = 2V_{1/2} = \dfrac{4}{3}\pi R^3$. On retrouve la formule connue.

Réponse 4.35 C'est vrai. En effet :

$$\int_0^x \sin^2 t\, dt = \int_0^x \frac{1 - \cos 2t}{2}\, dt = \frac{x}{2} - \frac{\sin 2x}{4}.$$

Pour tout $x \in \mathbb{R}$, on a :
$$\left|\frac{\sin 2x}{4}\right| \leq \frac{1}{4}$$

4.3. RÉPONSES

donc la fonction $f : x \mapsto \frac{\sin 2x}{4}$ est bornée. Comme $\lim_{x \to +\infty} (x/2) = +\infty$, on déduit que :
$$\lim_{x \to +\infty} \int_0^x \sin^2 t \, dt = +\infty.$$

Par ailleurs $\sin^2 t$ est toujours strictement positif sauf pour t congru à 0 modulo π, ce qui permet d'affirmer que la fonction F est strictement croissante sur $\mathbb{R}_+$. On note aussi que F est dérivable sur $\mathbb{R}$, donc continue sur $\mathbb{R}$.

Finalement F est continue strictement croissante, s'annule en 0, et tend vers $+\infty$ quand x tend vers $+\infty$. Une version adaptée du théorème des valeurs intermédiaires montre qu'il existe un unique réel x_0 appartenant à $\mathbb{R}_+^*$, tel que $F(x) = 100$.

Réponse 4.36 • On a :

$$\begin{aligned}
\mu_T = \frac{1}{T}\int_0^T P(t)\,dt &= \frac{1}{T}\int_0^T \frac{M}{1+Ce^{-kt}}\,dt \\
&= \frac{M}{kT}\int_0^T \frac{ke^{kt}}{e^{kt}+C}\,dt \\
&= \frac{M}{kT}\Big[\ln|e^{kt}+C|\Big]_0^T
\end{aligned}$$

donc :
$$\mu_T = \frac{M}{kT}\Big(\ln(e^{kT}+C) - \ln(1+C)\Big)$$

puisque $C > -1$ et puisque $k > 0$ entraîne $e^{kT} + C \geq e^0 + C \geq 1 + C > 0$.

• On a :
$$\lim_{T \to +\infty} \frac{M}{kT}\ln(1+C) = 0 \quad (\flat)$$

et :
$$\begin{aligned}
\frac{M}{kT}\ln(e^{kT}+C) &= \frac{M}{kT}\ln\left(e^{kT}\left(1+\frac{C}{e^{kT}}\right)\right) \\
&= \frac{M}{kT}\ln\left(e^{kT}\right) + \frac{M}{kT}\ln\left(1+\frac{C}{e^{kT}}\right) \\
&= M + \frac{M}{kT}\ln\left(1+\frac{C}{e^{kT}}\right).
\end{aligned}$$

Comme $\lim_{T \to +\infty} \ln\left(1+\frac{C}{e^{kT}}\right) = 0$ et $\lim_{T \to +\infty} \frac{M}{kT} = 0$, on aura :
$$\lim_{T \to +\infty} \frac{M}{kT}\ln\left(1+\frac{C}{e^{kT}}\right) = 0$$

donc :
$$\lim_{T\to +\infty} \frac{M}{kT} \ln\left(e^{kT} + C\right) = M. \quad (\natural)$$

De ($\flat$) et ($\natural$) on déduit :

$$\lim_{T\to +\infty} \mu_T = \lim_{T\to +\infty} \frac{M}{kT}\left(\ln(e^{kT}+C) - \ln(1+C)\right) = M.$$

$\boxed{\text{Réponse 4.37}}$ a) Non. Un contre-exemple peut être construit en choisissant une fonction $f : \mathbb{R}_+ \to \mathbb{R}$ continue sur $[0,1]$, telle que $f(x) = 1/x^2$ pour tout $x \geq 1$ de sorte que l'intégrale $\int_0^{+\infty} f(x)\,dx$ converge, puis en perturbant cette fonction pour créer une fonction $g : \mathbb{R}_+ \to \mathbb{R}$ égale à f en tout $x \in \mathbb{R}_+\backslash \mathbb{N}^*$, telle que pour tout $n \in \mathbb{N}^*$, $g(n) = n$. L'intégrale $\int_0^{+\infty} g(x)\,dx$ converge encore, mais la limite de g n'existe pas quand x tend vers $+\infty$.

b) Supposons $\lim_{x\to +\infty} f(x) = l$.

Première méthode.- Comme $\lim_{x\to +\infty} f(x) = l \neq 0$, on a $f \sim_{+\infty} l$ et il existe un intervalle $[A, +\infty[$ sur lequel la fonction f garde un signe constant. D'après le théorème de comparaison, applicable puisque f conserve un signe constant sur $[A, +\infty[$, les intégrales $\int_A^{+\infty} f(x)\,dx$ et $\int_A^{+\infty} l\,dx$ sont de même nature, donc $\int_A^{+\infty} f(x)dx$ diverge, ce qui est absurde.

Deuxième méthode.- Supposons par exemple que $l > 0$. Pour $\varepsilon = l/2$, il existe $x_0 > 0$ tel que :

$$x \in [x_0, +\infty[\;\Rightarrow\; |f(x) - l| \leq \frac{l}{2} \;\Rightarrow\; f(x) \geq \frac{l}{2}.$$

Pour tout $A \geq x_0$ on aura donc :

$$\int_{x_0}^A f(x)\,dx \geq \int_{x_0}^A \frac{l}{2}\,dx.$$

Comme $\int_{x_0}^A (1/2)\,dx = (A - x_0)/2$ tend vers $+\infty$ quand A tend vers $+\infty$, l'intégrale $\int_{x_0}^{+\infty} (1/2)\,dx$ diverge, donc l'intégrale $\int_0^{+\infty} f(x)\,dx$ diverge aussi. Absurde. On peut raisonner de la même façon si $l < 0$. En conclusion $l = 0$.

$\boxed{\text{Réponse 4.38}}$ a) Si $x \in \mathbb{R}$, on sait que $\sinh^{-1}(x) = \ln(x + \sqrt{x^2+1})$, donc :

$$(\sinh^{-1})'(x) = \frac{1}{x+\sqrt{x^2+1}} \times \left(1 + \frac{2x}{2\sqrt{x^2+1}}\right) = \frac{1}{\sqrt{x^2+1}}.$$

b) • Posons $y' = z$, de sorte que l'équation différentielle (F) devienne :

4.3. RÉPONSES

$$z' = \frac{1}{a}\sqrt{1+z^2}.$$

Cette équation différentielle est à variables séparables puisque s'écrit :

$$\frac{z'}{\sqrt{1+z^2}} = \frac{1}{a}.$$

Résolvons-là « à la physicienne » en l'écrivant :

$$\frac{1}{\sqrt{1+z^2}}\frac{dz}{dx} = \frac{1}{a} \quad \text{puis} \quad \frac{1}{\sqrt{1+z^2}}dz = \frac{1}{a}dx.$$

En intégrant les deux membres (c'est la méthode du cours), on obtient :

$$\sinh^{-1}(z) = \frac{x}{a} + c$$

où c est une constante réelle. Ainsi :

$$y' = z = \sinh\left(\frac{x}{a} + c\right)$$

donc :

$$y = a\cosh\left(\frac{x}{a} + c\right).$$

Remarque — Résoudre une équation différentielle à variables séparées de la forme $f(y)\,y' = g(x)$ « à la physicienne » revient à écrire $f(y)\frac{dy}{dx} = g(x)$, puis $f(y)\,dy = g(x)\,dx$, puis à intégrer par rapport à y dans le membre de gauche, et par rapport à x dans le membre de droite. C'est ce qui a été fait.

La justification consiste à partir de l'équation $f(y)\,y' = g(x)$ pour écrire $y'(x).f(y(x)) = g(x)$ où $y(x)$ est une fonction de x, et intégrer les deux membres suivant la variable x. Si F est une primitive de f (si elle existe), la dérivée de la fonction $F \circ y$ est $(f \circ y) \times y'$, autrement dit (en faisant un abus classique) $F(y(x))$ est la primitive de $y'(x).f(y(x))$. Si G est une primitive de g, l'équation $y'(x).f(y(x)) = g(x)$ donne alors, en passant aux primitives :

$$F(y(x)) = G(x) + c$$

où c est une constante. Cela s'écrit encore $F(y) = G(x) + c$, et c'est exactement l'égalité que nous trouvons avec la méthode physicienne !

• La question précédente montre l'existence d'une constante c telle que $\varphi_a(x) = a\cosh\left(\frac{x}{a} + c\right)$. Mais φ_a est telle que $\varphi_a(0) = a$, et :

$$\varphi_a(0) = a \Leftrightarrow a\cosh(c) = a \Leftrightarrow \cosh(c) = 1 \Leftrightarrow c = 0.$$

Donc $\varphi_a(x) = a\cosh(x/a)$ pour tout réel x.

- Comme $\varphi_a(x) = a\cosh(x/a)$, on obtient $\varphi'_a(x) = \sinh(x/a)$ puis :

$$\begin{aligned}
l &= \int_{-b}^{b} \sqrt{1+\varphi'_a(x)^2}\, dx = \int_{-b}^{b} \sqrt{1+\sinh^2\left(\frac{x}{a}\right)}\, dx \\
&= \int_{-b}^{b} \sqrt{\cosh^2\left(\frac{x}{a}\right)}\, dx = \int_{-b}^{b} \cosh\left(\frac{x}{a}\right) dx = \left[a\sinh\left(\frac{x}{a}\right)\right]_{-b}^{b} \\
&= a\sinh\left(\frac{b}{a}\right) - a\sinh\left(\frac{-b}{a}\right) = 2a\sinh\left(\frac{b}{a}\right).
\end{aligned}$$

c) La fonction $h : [0,+\infty[\to \mathbb{R}$ est indéfiniment dérivable et si $t \in [0,+\infty[$:

$$h'(t) = 2e^{2t}(t-1) + e^{2t} - 1 = (2t-1)e^{2t} - 1$$

$$h''(t) = 2e^{2t} + (2t-1) \times 2e^{2t} = 4te^{2t}$$

donc $h''(t) > 0$ pour tout $t \in \,]0,+\infty[$, et cela prouve que la fonction h' est strictement croissante sur $[0,+\infty[$.

Comme $h'(0) = -2 < 0$ et $h'(1) = e^2 - 1 > 0$, le théorème des valeurs intermédiaires montre l'existence de $\alpha \in [0,1]$ tel que $h'(\alpha) = 0$. On remarque que $\lim_{t\to+\infty} h'(t) = +\infty$, si bien que h' définisse une bijection de $\mathbb{R}_+$ sur $[-2,+\infty[$, ce qui montre que h' s'annule seulement en α, en étant négative à gauche de α et positive autrement. On déduit le tableau de variations de h :

x	0		α		$+\infty$
$h'(x)$		$-$	0	$+$	
$h(x)$	-2	$\searrow$	$h(\alpha)$	$\nearrow$	$+\infty$

Ce tableau montre que la fonction h admet un minimum global en α. Un grapheur donne l'allure de la courbe.

- On a :

$$\begin{aligned}
\varphi(t) = 0 &\Leftrightarrow \cosh(t) = t\sinh(t) \Leftrightarrow e^t + e^{-t} = t\left(e^t - e^{-t}\right) \\
&\Leftrightarrow (t-1)e^t - (t+1)e^{-t} = 0 \Leftrightarrow (t-1)e^{2t} - t - 1 = 0 \Leftrightarrow h(t) = 0.
\end{aligned}$$

Le tableau de variations de h obtenu à la question précédente montre que h ne s'annule pas sur $[0,\alpha]$, puis qu'il existe un unique réel $\tau > \alpha > 0$ tel que $h(\tau) = 0$ (en utilisant le théorème des valeurs intermédiaires), c'est-à-dire aussi $\varphi(\tau) = 0$.

4.3. RÉPONSES

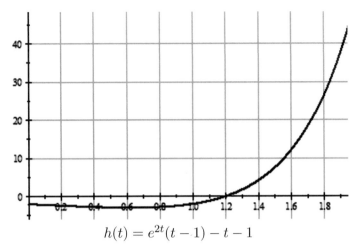
$$h(t) = e^{2t}(t-1) - t - 1$$

- On trouve $h(1,199) \simeq -9,77074015.10^{-3}$ et $h(1,2) \simeq 4,63527613.10^{-3}$, donc $h(1,199) < 0$ et $h(1,2) > 0$. Le théorème des valeurs intermédiaires appliqué à h entre les points $1,199$ et $1,2$ montre que $1,199 < \tau < 1,2$. Ainsi $1,2$ est une approximation décimale de τ à 10^{-3} par excès

Remarque — On a parachuté les décimaux $1,199$ et $1,2$, ce qui n'est pas interdit et facile à faire quand on utilise en coulisse une calculatrice formelle qui a affiché $1,19967864$ comme valeur approchée de τ. On peut aussi simplement le lire sur le graphique de h. Une troisième solution, plus longue, consiste à encadrer grossièrement τ puis écrire un programme de dichotomie.

d) • La fonction $a \mapsto T(a) = a\mu g \cosh(b/a)$ est définie et dérivable sur $\mathbb{R}_+^*$, et :

$$\begin{aligned} T'(a) &= \mu g \cosh\left(\frac{b}{a}\right) + a\mu g \sinh\left(\frac{b}{a}\right) \times \frac{-b}{a^2} \\ &= \mu g \left(\cosh\left(\frac{b}{a}\right) - \frac{b}{a}\sinh\left(\frac{b}{a}\right)\right) = \mu g \, \varphi\left(\frac{b}{a}\right) \end{aligned}$$

donc : $\quad T'(a) = 0 \Leftrightarrow \varphi\left(\dfrac{b}{a}\right) = 0 \Leftrightarrow \dfrac{b}{a} = \tau \Leftrightarrow a = \dfrac{b}{\tau}.$

Les question précédentes donnent $\tau \simeq 1,200$ à 10^{-3} par excès. La fonction T admet donc un extremum global en $a = b/\tau$. Il s'agit bien d'un minimum car on constate que $b > b/\tau$ et $T'(b) = \mu g \varphi(1) = \mu g > 0$, ce qui prouve que T' est positive à droite de b/τ, donc aussi négative à gauche car cette fonction change de signe en b/τ comme le fait φ.

• La tension en A et B est minimale si et seulement si $a = b/\tau$, c'est-à-dire $b = a\tau$. La longueur l de la corde sera alors égale à :

$$l = 2a \sinh\left(\frac{b}{a}\right) = 2\frac{b}{\tau}\sinh(\tau)$$

d'après la question b). Si on connaît la longueur l de la corde, on déduit que le demi-écartement b des poteaux pour une tension minimale en A et B, est :

$$b = \frac{\tau l}{2\sinh(\tau)} = \frac{\tau l}{e^\tau - e^{-\tau}}.$$

Réponse 4.39 a) • La fonction h est définie pour tous les réels x tels que $x^2 - 1 \geq 0$, c'est-à-dire $|x| \geq 1$. L'ensemble de définition D de h est donc $D =]-\infty, -1] \cup [1, +\infty[$.

• La fonction h est impaire car $h(-x) = \sqrt{(-x)^2 - 1} = \sqrt{x^2 - 1} = h(x)$ quel que soit $x \in D$, donc $\mathcal{C}_h$ est symétrique par rapport à l'axe des ordonnées.

• La fonction h est dérivable sur $D_0 =]-\infty, -1[\cup]1, +\infty[$. Comme :

$$\lim_{x \to 1_+} \frac{h(x) - h(1)}{x - 1} = \lim_{x \to 1_+} \frac{\sqrt{x^2 - 1}}{x - 1} = \lim_{x \to 1_+} \sqrt{\frac{x + 1}{x - 1}} = +\infty,$$

la fonction h n'est pas dérivable en 1, cependant $\mathcal{C}_h$ admettra une tangente verticale en A. La tangente à la courbe $\mathcal{C}_h$ au point d'abscisse 1 étant verticale, son équation est $x = 1$.

b) Pour tout $x \geq 1$:

$$h(x) - x = \sqrt{x^2 - 1} - x = \frac{(\sqrt{x^2 - 1} - x)(\sqrt{x^2 - 1} + x)}{\sqrt{x^2 - 1} + x}$$

$$= \frac{(x^2 - 1) - x^2}{\sqrt{x^2 - 1} + x} = \frac{-1}{\sqrt{x^2 - 1} + x},$$

donc $\lim_{x \to +\infty}(h(x) - x) = 0_-$ et la droite Δ d'équation $y = x$ est une asymptote oblique à la courbe $\mathcal{C}_h$ au voisinage de $+\infty$. En reprenant les égalités précédentes, on constate que :

$$\forall x \in [1, +\infty[\quad h(x) - x = \frac{-1}{\sqrt{x^2 - 1} + x} < 0$$

de sorte que $h(x) < x$ pour tout $x \geq 1$. Cela signifie que la courbe $\mathcal{C}_h$ est strictement au-dessous de la droite Δ pour tout $x \in [1, +\infty[$. Par contre :

$$\forall x \in]-\infty, -1] \quad h(x) - x = \frac{-1}{\sqrt{x^2 - 1} + x} > 0$$

puisque dans ce cas $\sqrt{x^2 - 1} + x$ reste négatif. En effet, si $x \leq -1$:

$$\sqrt{x^2 - 1} + x < 0 \Leftrightarrow \sqrt{x^2 - 1} < -x \Leftrightarrow x^2 - 1 < x^2 \Leftrightarrow -1 < 0$$

et l'inégalité $-1 < 0$ est triviale. La courbe $\mathcal{C}_h$ est donc strictement au-dessus de la droite Δ lorsque $x \in]-\infty, -1]$.

c) Voici les graphiques demandés :

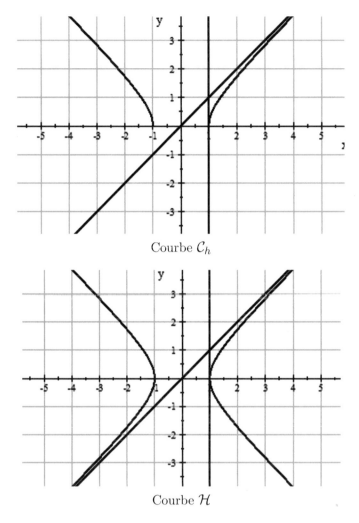

Courbe $\mathcal{C}_h$

Courbe $\mathcal{H}$

On a $\mathcal{C}_h \subset \mathcal{H}$, et même $\mathcal{C}_h \cap \Phi = \mathcal{H} \cap \Phi$ en notant Φ le demi-plan d'équation $y \geq 0$, puisque si M est de coordonnées (x, y) :

$$M \in \mathcal{C}_h \cap \Phi \Leftrightarrow \begin{cases} y \geq 0 \\ y = \sqrt{x^2 - 1} \end{cases} \Leftrightarrow \begin{cases} y \geq 0 \\ y^2 = x^2 - 1 \end{cases} \Leftrightarrow M \in \mathcal{H} \cap \Phi.$$

De plus l'hyperbole $\mathcal{H}$ est symétrique par rapport à l'axe des abscisses puisque :

$$(x, y) \in \mathcal{H} \Rightarrow x^2 - y^2 = 1 \Rightarrow x^2 - (-y)^2 = 1 \Rightarrow (x, -y) \in \mathcal{H},$$

donc il suffit de tracer $\mathcal{C}_h$ et de compléter par symétrie orthogonale par rapport à l'axe des abscisses pour obtenir $\mathcal{H}$.

d) • La fonction $g_\lambda : x \mapsto \lambda x \sqrt{x^2 - 1} - \lambda \ln(\sqrt{x^2 - 1} + x)$ est définie et dérivable sur $]1, +\infty[$, et si $x \in\,]1, +\infty[$:

$$\begin{aligned}
g'_\lambda(x) &= \lambda\sqrt{x^2-1} + \lambda x \frac{2x}{2\sqrt{x^2-1}} - \lambda \frac{1}{\sqrt{x^2-1}+x}\left(\frac{2x}{2\sqrt{x^2-1}}+1\right) \\
&= \lambda\sqrt{x^2-1} + \frac{\lambda x^2}{\sqrt{x^2-1}} + \lambda(\sqrt{x^2-1}-x)\left(\frac{x}{\sqrt{x^2-1}}+1\right) \\
&= \frac{2\lambda x^2 - \lambda}{\sqrt{x^2-1}} + \lambda\left(-\frac{x^2}{\sqrt{x^2-1}}+\sqrt{x^2-1}\right) \\
&= \frac{2\lambda x^2 - \lambda}{\sqrt{x^2-1}} + \left(\frac{-\lambda}{\sqrt{x^2-1}}\right) = \frac{2\lambda x^2 - 2\lambda}{\sqrt{x^2-1}} = 2\lambda\sqrt{x^2-1}.
\end{aligned}$$

Il suffit de choisir $\lambda = 1/2$ pour avoir $g'_{1/2}(x) = \sqrt{x^2-1} = h(x)$ quel que soit $x \in]1, +\infty[$, de sorte que $g_{1/2}$ soit une primitive de h sur $]1, +\infty[$.

• La fonction h est continue sur $[1, a]$ et dérivable sur $]1, a]$ donc intégrable sur $[1, a]$, et l'on vient de trouver une primitive de h sur $]1, a]$. L'aire $\mathcal{A}$ sous la courbe de h entre 1 et a vaut donc :

$$\mathcal{A} = \int_1^a h(x)\,dx = \left[g_{1/2}(x)\right]_1^a = \frac{1}{2}a\sqrt{a^2-1} - \frac{1}{2}\ln(\sqrt{a^2-1}+a).$$

L'aire $\mathcal{A}_{OaM}$ du triangle OaM de la figure de l'énoncé est :

$$\mathcal{A}_{OaM} = \frac{a \times h(a)}{2}$$

donc :

$$\begin{aligned}
\alpha &= \mathcal{A}_{OaM} - \mathcal{A} = \frac{a\sqrt{a^2-1}}{2} - \left(\frac{1}{2}a\sqrt{a^2-1} - \frac{1}{2}\ln(\sqrt{a^2-1}+a)\right) \\
&= \frac{1}{2}\ln(\sqrt{a^2-1}+a).
\end{aligned}$$

e) On dispose de la la fonction réciproque de la restriction de cosh à $\mathbb{R}_+$, notée :

$$\cosh^{-1}: \begin{array}{ccc} [1, +\infty[& \to & \mathbb{R}_+ \\ x & \mapsto & \ln(x+\sqrt{x^2-1}) \end{array}$$

Par conséquent :

$$\alpha = \frac{1}{2}\ln(\sqrt{a^2-1}+a) \Leftrightarrow 2\alpha = \widetilde{c}^{-1}(a)$$

$$\Leftrightarrow a = \widetilde{c}(2\alpha) = \cosh(2\alpha) = \frac{e^{2\alpha}+e^{-2\alpha}}{2}.$$

L'ordonnée b de M est :

$$\begin{aligned}
b &= h(a) = h(\cosh(2\alpha)) = \sqrt{\cosh^2(2\alpha)-1} \\
&= \sqrt{\sinh^2(2\alpha)} = \sinh(2\alpha) = \frac{e^{2\alpha}-e^{-2\alpha}}{2}.
\end{aligned}$$

car $\alpha \geq 0$ implique $\sinh(2\alpha) \geq 0$.

Remarque — On vient de démontrer qu'il existe une paramétrisation de la branche $\mathcal{H}_+$ de l'hyperbole équilatère $\mathcal{H}$ d'équation $x^2 - y^2 = 1$, située dans le demi-plan $(y \geq 0)$, de la forme :

$$\varphi : \begin{array}{ccc} \mathbb{R} & \to & \mathbb{R}^2 \\ t & \mapsto & M(t) = (\cosh(t), \sinh(t)) \end{array}$$

où t est le double de l'aire algébrique de la surface délimitée par la demi-droite $[OM(t))$, l'hyperbole et l'axe des abscisses. On retrouve une certaine analogie avec ce qui existe pour les fonctions trigonométriques.

Réponse 4.40 Soit $f(x) = P(x) + o(x^n)$ où $P(x) = a_0 + a_1 x + ... + a_n x^n$. Soit $Q(x)$ la primitive de $P(x)$ qui s'annule en $x = 0$. Le théorème des accroissements finis montre que pour tout x voisin de 0 :

$$|(F(x) - Q(x)) - (F(0) - Q(0))| \leq M \times |x - 0|$$

où $M = \text{Sup}\{|f(t) - P(t)| \,/\, t \text{ entre } 0 \text{ et } x\}$, soit encore :

$$|F(x) - F(0) - Q(x)| \leq M \times |x|.$$

Dire que $f(x) - P(x) = o(x^n)$ revient à dire que pour tout $\varepsilon > 0$, il existe $\eta > 0$ tel que :

$$|t| \leq \eta \Rightarrow |f(t) - P(t)| \leq \varepsilon |t|^n.$$

On en déduit que $M \leq \varepsilon |x|^n$ dès que $|x| \leq \eta$, et donc que :

$$\forall \varepsilon > 0 \quad \exists \eta > 0 \quad |x| \leq \eta \Rightarrow |F(x) - F(0) - Q(x)| \leq \varepsilon |x|^{n+1},$$

ce qui prouve que $F(x) - F(0) - Q(x) = o(x^{n+1})$.

Réponse 4.41 Notons $\mathcal{C}^n(I)$ l'ensemble des fonctions réelles n fois continûment dérivables sur I.

a) D'après le cours, si φ est une application continue de I dans $\mathbb{R}$, alors φ est intégrable sur tout intervalle compact de I et l'application :

$$\Phi : x \longmapsto \int_a^x \varphi(t)\, dt$$

est dérivable sur I, de dérivée φ. Autrement dit Φ est une primitive de φ sur I. Ici $f \in \mathcal{C}^n(I)$ et $n \geq 1$, donc f est au moins dérivable, de dérivée continue, sur I. On peut donc affirmer que l'application :

$$F : x \longmapsto \int_a^x f'(t)\, dt$$

est une primitive de f' sur I. Les fonctions f et F sont donc deux primitives de la même fonction f' sur l'intervalle I, et comme deux telles fonctions diffèrent entre elles d'une constante (cf. cours), il existe un réel cte tel que :

$$\forall x \in I \quad f(x) = F(x) + cte = \int_a^x f'(t)\, dt + cte.$$

En faisant $x = a$ dans cette égalité, on trouve $cte = f(a)$, donc :

$$\forall x \in I \quad f(x) = \int_a^x f'(t)\, dt + f(a).$$

En faisant $x = b$ on obtient bien l'égalité annoncée :

$$f(b) = f(a) + \int_a^b f'(t)\, dt.$$

b) La fonction f' est supposée continûment dérivable sur I, de sorte que l'on puisse utiliser une intégration par parties pour écrire :

$$\begin{aligned}\int_a^b f'(t)\, dt &= \left[(t-b) f'(t)\right]_a^b - \int_a^b (t-b) f''(t)\, dt \\ &= f'(a)(b-a) + \int_a^b f''(t)(b-t)\, dt.\end{aligned}$$

En remplaçant dans la formule obtenue à la question précédente, on obtient :

$$f(b) = f(a) + f'(a)(b-a) + \int_a^b f''(t)(b-t)\, dt.$$

c) Raisonnons par récurrence sur n. La formule est vraie si $n = 1$ d'après la question a). Si la formule est vraie jusqu'au rang n et si $f \in \mathcal{C}^{n+1}(I)$, l'hypothèse récurrente au rang n donne :

$$f(b) = f(a) + f'(a)(b-a) + \ldots + \frac{f^{(n-1)}(a)}{(n-1)!}(b-a)^{n-1} + \int_a^b \frac{f^{(n)}(t)}{(n-1)!}(b-t)^{n-1}\, dt.$$

Par intégration par partie :

$$\begin{aligned}\int_a^b \frac{f^{(n)}(t)}{(n-1)!}(b-t)^{n-1}\, dt &= \left[-\frac{(b-t)^n}{n!} f^{(n)}(t)\right]_a^b + \int_a^b \frac{(b-t)^n}{n!} f^{(n+1)}(t)\, dt \\ &= \frac{f^{(n)}(a)}{n!}(b-a)^n + \int_a^b \frac{f^{(n+1)}(t)}{n!}(b-t)^n\, dt\end{aligned}$$

4.3. RÉPONSES

et il suffit de remplacer dans l'égalité précédente pour obtenir la formule au rang $n+1$, ce qui permet de conclure.

Réponse 4.42 a) Si f est une fonction réelle n fois continûment dérivable sur un intervalle I de $\mathbb{R}$, et si $(a,b) \in I^2$, la formule de Taylor avec reste intégral à l'ordre n appliquée à f s'écrit (Question 4.41) :

$$f(b) = f(a) + f'(a)(b-a) + ... + \frac{f^{(n-1)}(a)}{(n-1)!}(b-a)^{n-1} + \int_a^b \frac{f^{(n)}(t)}{(n-1)!}(b-t)^{n-1}\,dt.$$

b) L'application $f^{(n)}$ est continue sur l'intervalle compact $[a,b]$, donc atteint son maximum en un point de cet intervalle.

Remarque — On se contente de citer le cours. Le lecteur désireux d'utiliser ce problème comme tremplin dans ses révisions devra se reposer la question de la démonstration d'un tel résultat qu'il faut en particulier bien connaître pour pouvoir démontrer le théorème de Rolle.

Voici une réponse rapide et cavalière qui fait appel à d'autres connaissances :

> « On sait que l'image d'un compact (resp. d'un connexe) par une application continue est un compact (resp. un connexe). On sait aussi que les compacts de $\mathbb{R}$ sont les fermés bornés de $\mathbb{R}$, et que les connexes de $\mathbb{R}$ sont les intervalles de $\mathbb{R}$. On peut donc affirmer que l'image de $[a,b]$ par l'application continue f est un intervalle fermé de $\mathbb{R}$. » ([6], début de la preuve du Th. 15)

Une preuve plus élémentaire est donnée en [6], Th. 4 à l'occasion de la révision du théorème des valeurs intermédiaires.

c) Posons :
$$S = f(b) - f(a) - f'(a)(b-a) - ... - \frac{f^{(n-1)}(a)}{(n-1)!}(b-a)^{n-1}.$$

On a $S = \int_a^b \frac{f^{(n)}(t)}{(n-1)!}(b-t)^{n-1}\,dt$ d'après (B.I.3), de sorte que :

$$\begin{aligned}
|S| &= \left|\int_a^b \frac{f^{(n)}(t)}{(n-1)!}(b-t)^{n-1}\,dt\right| \\
&\leq \int_a^b \frac{|f^{(n)}(t)|}{(n-1)!}(b-t)^{n-1}\,dt \leq M_n \int_a^b \frac{(b-t)^{n-1}}{(n-1)!}\,dt \\
&\leq M_n \left[-\frac{(b-t)^n}{n!}\right]_a^b \leq M_n \frac{(b-a)^n}{n!}.
\end{aligned}$$

Le résultat s'en déduit.

Chapitre 5

Suites

5.1 Minimum vital

5.1.1 Questions courtes

Question 5.1 *Vrai/Faux sur les suites* (Ecrit CAPES 2022)
Ces assertions sont-elles vraies ? Justifier vos réponses.
Soit $(u_n)_n$ une suite de nombres réels.
   a) Si elle est décroissante et minorée par 0 alors elle converge vers 0.
   b) Si $(u_{2n})_n$ et $(u_{2n+1})_n$ convergent alors $(u_n)_n$ converge.

Question 5.2 *(Ecrit CAPESA 2021) Peut-on dire qu'une suite réelle (u_n) qui converge vers 0 est telle que $\lim_{n\to+\infty} 1/u_n = +\infty$ ou $\lim_{n\to+\infty} 1/u_n = -\infty$?*

Question 5.3 *(Ecrit CAPES 2019)*
Une balle lancée d'une hauteur de 2 m atteint après chaque rebond 70% de sa hauteur précédente et cesse de rebondir quand sa hauteur n'excède pas 1 mm. Au bout de combien de rebonds cela se produira-t-il ?

Question 5.4 *(Ecrit CAPLP 2017) Peut-on dire que toute suite réelle strictement décroissante tend vers $-\infty$? Justifier.*

Question 5.5 *Suites croissantes à l'oral* (Oral CAPES 2021 [3])
Montrer qu'une suite réelle croissante et majorée converge.

Question 5.6 *Suites croissantes à l'écrit* (Ecrit CAPES 2015)
On s'intéresse à des suites réelles.
   a) Montrer qu'une suite croissante et non majorée diverge vers $+\infty$.
   b) Montrer qu'une suite croissante et majorée converge.
   c) Établir une CNS pour qu'une suite décroissante soit convergente.

Question 5.7 *Equivalences de suites* (Ecrit CAPESA 2017)
Soient les suites $(u_n)_{n\geq 1}$ et $(v_n)_{n\geq 1}$ définies pour tout $n \geq 1$ par $u_n = n^2 + n$ et $v_n = n^2$. Montrer que l'implication $(u_n \sim v_n \Rightarrow u_n^n \sim v_n^n)$ est fausse.

Question 5.8 (Ecrit CAPESA 2019) Les suites $(u_n)_{n\in\mathbb{N}^*}$ et $(v_n)_{n\in\mathbb{N}^*}$ étant définies ci-dessous, peut-on dire que $u_n = v_n$ pour tout $n \in \mathbb{N}^*$?
$$\forall n \in \mathbb{N}^* \quad u_n = \sum_{k=1}^{n} k^3 \quad et \quad v_n = \left(\sum_{k=1}^{n} k\right)^2.$$

5.1.2 Questions de cours

Question 5.9 *Suites adjacentes* (Ecrit CAPESA 2013 et CAPES 2018)
On considère une suite réelle $(a_n)_{n\in\mathbb{N}}$ strictement croissante et une suite réelle $(b_n)_{n\in\mathbb{N}}$ strictement décroissante telles que $\lim_{n\to+\infty}(a_n - b_n) = 0$. De telles suites sont dites strictement adjacentes.
  a) Montrer que la suite $(b_n - a_n)_{n\in\mathbb{N}}$ est strictement décroissante.
  b) Montrer que $b_n - a_n \geq 0$ pour tout entier naturel n.
  c) Montrer que (a_n) et (b_n) convergent vers la même limite l.
  d) Montrer que $a_n < l < b_n$ pour tout entier naturel n.

Question 5.10 *Convergence au sens de Cesàro* (Ecrit CAPES 2015)
Soit (u_n) une suite de complexes convergeant vers une limite l.
  a) Montrer que la suite (v_n) de terme général ci-dessous tend vers l :
$$v_n = \frac{u_1 + ... + u_n}{n}.$$
  b) Une suite (u_n) est convergente au sens de Cesàro si (v_n) est convergente. Montrer qu'une suite peut converger au sens de Cesàro sans être convergente.

Question 5.11 *Suites géométriques* (Ecrit CAPESA 2013)
  a) Soit $q \in]1, +\infty[$. On pose $q = 1 + a$. Démontrer que $(1+a)^n > na$ pour tout $n \in \mathbb{N}$, puis en déduire la limite de q^n quand n tend vers $+\infty$.
  b) Si $q \in]-1, 1[$, montrer que la suite (q^n) converge et préciser sa limite.
  c) Justifier que si $q \leq -1$, $\lim_{n\to+\infty} q^n$ n'existe pas.
  d) Dresser un tableau donnant $\lim_{n\to+\infty} q^n$ selon la valeur du réel q.

Question 5.12 *Suites arithmético-géométriques*
(Ecrit CAPESA 2013, Oral CAPES 2021)
On appelle suite arithmético-géométrique toute suite $(u_n)_{n\in\mathbb{N}}$ de $\mathbb{C}$ telle que $u_{n+1} = qu_n + r$ pour tout $n \in \mathbb{N}$, avec $q, r \in \mathbb{C}$. On suppose que $q \neq 1$ et $r \neq 0$.
  a) Déterminer L tel que $L = qL + r$.
  b) Pour n on pose $v_n = u_n - L$. Montrer que (v_n) est une suite géométrique.
  c) Trouver l'expression de v_n, puis de u_n, en fonction de n.

Question 5.13 *Critère de d'Alembert pour les suites*
Soit (u_n) une suite à termes strictement positifs telle que $\lim \frac{u_{n+1}}{u_n} = l \in \overline{\mathbb{R}}$.
 1) Montrer que :
  a) Si $l < 1$, $\lim u_n = 0$.
  b) Si $l > 1$, $\lim u_n = +\infty$.
  c) Si $l = 1$, on ne peut pas conclure.
 2) On écrit $u_n \prec\prec v_n$ pour signifier que la suite réelle (u_n) est négligeable devant la suite réelle (v_n). Démontrer que $n^b \prec\prec a^n \prec\prec n! \prec\prec n^n$ lorsque $a > 1$ et $b > 0$.
 3) Soient $(a, p) \in (\mathbb{R}_+^*)^2$. Montrer que $\lim(ap^{2n+1}/n!) = 0$.

5.2 Entraînement

5.2.1 Généralités

Question 5.14 *Programmation* (Ecrit CAPESA 2021)
On considère la fonction seuil ci-dessous écrite en langage Python. Pour tout réel $a > 1$, l'exécution de seuil(a) affiche-t-elle une valeur ?

```
def seuil (a)
S=0
n=1
while S<a
    S=S+6/n**2
    n=n+1
return n
```

Question 5.15 Soit $(x_n)_{n \in \mathbb{N}}$ une suite monotone de nombres réels pour laquelle il existe une sous-suite extraite convergente. Montrer que la suite $(x_n)_{n \in \mathbb{N}}$ converge.

Question 5.16 (Ecrit CAPESA 2019) Soit (u_n) une suite réelle telle que les sous-suites (u_{2n}) et (u_{3n}) convergent. La suite (u_n) est-elle convergente ?

Question 5.17 Donner un exemple d'une suite de points $(x_n)_n$ de $\mathbb{R}$ bornée et d'une fonction continue $f : \mathbb{R} \to \mathbb{R}$ pour laquelle la suite des images $(f(x_n))_n$ n'est pas bornée.

Question 5.18 (Ecrit CAPLP 2019) La suite $(u_n)_{n \in \mathbb{N}}$ est définie par $u_0 = 1$ et la relation de récurrence $(*)$. Peut-on dire que $u_n = \frac{1}{\sqrt{n+1}}$ pour tout n ?

$$\forall n \in \mathbb{N} \quad u_{n+1} = \frac{u_n}{\sqrt{u_n^2 + 1}}. \quad (*)$$

Question 5.19 *Une suite réelle (u_n) est dite négligeable devant une autre suite réelle (v_n), et l'on note $u_n \prec\prec v_n$, lorsque :*
$$\forall \varepsilon \in \mathbb{R}_+^* \quad \exists N \in \mathbb{N} \quad n \geq N \implies |u_n| \leq \varepsilon |v_n|.$$
Soient a et b deux réels tels que $a > 1$ et $b > 0$. Montrer que :
$$\ln n \prec\prec n^b \prec\prec a^n \prec\prec n! \prec\prec n^n.$$

Question 5.20 *a) En appliquant le théorème des accroissements finis à la fonction :*
$$f(x) = \left(1 + \frac{x}{1!} + \frac{x^2}{2!} + \ldots + \frac{x^n}{n!}\right) e^{-x}$$
sur l'intervalle $[0, 1]$, montrer que la suite de terme général :
$$u_n = 1 + \frac{1}{1!} + \frac{1}{2!} + \ldots + \frac{1}{n!}$$
converge vers e.

b) Pour tout $n \in \mathbb{N}^*$, on pose $v_n = u_n + \frac{1}{n.n!}$. Montrer que les suites $(u_n)_{n \in \mathbb{N}^*}$ et $(v_n)_{n \in \mathbb{N}^*}$ sont adjacentes.

c) Utiliser ces informations pour obtenir des encadrements de e par des nombres rationnels. Démontrer que e est irrationnel. Proposer enfin une valeur approchée de e à $0,01$ près par défaut.

5.2.2 Suites récurrentes

Question 5.21 *(Oral CAPES 2018 [2], Ecrit CAPLP 2019)*
Soit $(u_n)_{n \in \mathbb{N}}$ la suite de nombres réels définie par $u_0 = 5$ et la relation de récurrence $u_{n+1} = \sqrt{1 + u_n}$. Cette suite est-elle convergente ?

Question 5.22 *Algorithmique (Ecrit CAPESA 2019)*
L'algorithme ci-dessous se termine-t-il ?

Algorithme	Commentaire
$A \leftarrow -3$	$\leftarrow$ est le symbole pour l'affectation d'une variable.
$N \leftarrow 0$	
Tant que $A \leqslant 1,9$	Boucle « Tant que ».
$\quad N \leftarrow N + 1$	
$\quad A \leftarrow \frac{1}{2}A + 1$	
Fin Tant que	
Afficher $N + 1$	Valeur affichée par l'algorithme.

Question 5.23 *Suite de Fibonacci I (Ecrit CAPLP 2020)*
Soit (F_n) la suite de Fibonacci définie par ses deux premiers termes $F_0 = 0$ et $F_1 = 1$ et la relation récurrente $F_{n+2} = F_{n+1} + F_n$ pour tout $n \in \mathbb{N}$.
Soit $P = \begin{pmatrix} 1 & 1 \\ 1 & 0 \end{pmatrix}$. Montrer que pour tout $k \in \mathbb{N}^*$:

$$P^k = \begin{pmatrix} F_{k+1} & F_k \\ F_k & F_{k-1} \end{pmatrix} \quad \text{et} \quad \begin{pmatrix} F_{k+1} \\ F_k \end{pmatrix} = P^k \begin{pmatrix} F_1 \\ F_0 \end{pmatrix}.$$

Question 5.24 *Suite de Fibonacci II* (Ecrit CAPLP 2020)
Soit (F_n) la suite de Fibonacci définie par ses deux premiers termes $F_0 = 0$ et $F_1 = 1$ et la relation récurrente $F_{n+2} = F_{n+1} + F_n$ pour tout $n \in \mathbb{N}$. Etablir que $F_p F_{q+1} + F_{p-1} F_q = F_{p+q}$ quel que soit $(p, q) \in \mathbb{N}^* \times \mathbb{N}^*$.

Question 5.25 *Concentration d'un antibiotique* (Ecrit CAPLPA 2017)
Juste après l'injection d'un antibiotique par voie intraveineuse, sa concentration est de $1,5$ mg/l de sang. On admet que cette concentration diminue de $2,85\%$ toutes les heures, et l'on rappelle que la demi-vie d'un antibiotique est le temps au bout duquel la moitié de sa quantité initiale a disparu.
  a) Ecrire un algorithme permettant de déterminer la demi-vie.
  b) On note u_n la concentration d'antibiotique dans le sang au bout de n heures. Exprimer u_{n+1} en fonction de u_n, en déduire une expression de u_n en fonction de n, puis déterminer la valeur de la demi-vie à l'heure près.

Question 5.26 (Ecrit CAPLP 2017)
On considère la fonction h de $]0; +\infty[$ dans $\mathbb{R}$ définie par :
$$h(x) = \frac{x^2 + 1}{2x}.$$

On construit une suite $(u_n)_{n \geq 0}$ par récurrence en posant $u_{n+1} = h(u_n)$ pour tout $n \in \mathbb{N}$ et $u_0 = 3$. On étudie cette suite suivant différentes méthodes.
  a) Etudier les variations de h. Montrer que l'intervalle $[1; +\infty[$ est stable par la fonction h, puis que $0 \leq h'(x) \leq 4/9$ pour tout $x \in [1; 3]$.
  b) Montrer que la suite (u_n) et bien définie et que $u_n \geq 0$ pour tout n.
  c) Montrer que la suite (u_n) est décroissante. Déduire qu'elle converge et déterminer sa limite.
  d) Montrer que $0 \leq u_{n+1} - 1 \leq \frac{4}{9}(u_n - 1)$ pour tout $n \in \mathbb{N}$. En déduire que :
$$\forall n \in \mathbb{N} \quad 0 \leq u_n - 1 \leq 2 \times \left(\frac{4}{9}\right)^n,$$
puis la convergence et la limite de (u_n). Déterminer un entier n_0 tel que pour tout $n \geq n_0$, on ait $0 \leq u_n - 1 \leq 10^{-4}$.
  e) Pour tout $n \in \mathbb{N}$ on pose $w_n = \frac{u_n - 1}{u_n + 1}$. Calculer w_{n+1} en fonction de w_n. En déduire w_n et u_n en fonction de n. Retrouver alors la limite de (u_n).

Question 5.27 (Ecrit CAPLP 2016) La suite (u_n) définie par son premier terme $u_0 = 1/2$ et par la relation de récurrence $u_{n+1} = -u_n^2 + u_n$, vraie pour tout $n \in \mathbb{N}$, converge-t-elle vers 0 ?

Question 5.28 *(Ecrit CAPLP 2018)* Soient f la fonction de $\mathbb{R}$ dans $\mathbb{R}$ définie par $f(x) = xe^{-x^2/2}$, et $\mathcal{C}$ sa courbe représentative.

a) Etudier la parité de f. Etablir le tableau des variations de f sur $[0, +\infty[$. Montrer ensuite que $\mathcal{C}$ admet une asymptote horizontale et préciser la position de $\mathcal{C}$ par rapport à cette asymptote.

b) Déterminer une équation de la tangente T à $\mathcal{C}$ au point d'abscisse 0.

c) Justifier que f est de classe C^2 sur $\mathbb{R}$. Etudier la convexité de f et déterminer les éventuels points d'inflexion.

d) Tracer T et $\mathcal{C}$ dans un repère orthonormal du plan.

e) Soit (u_n) la suite de premier terme $u_0 = 1$ telle que $u_{n+1} = f(u_n)$ pour tout $n \in \mathbb{N}$. Montrer que $0 \leq u_n \leq 1$ pour tout entier naturel n. Montrer que la suite (u_n) est décroissante et converge vers une limite L que l'on déterminera.

f) Construire un algorithme qui détermine le plus petit rang n_0 à partir duquel $|u_n - L| \leq 10^{-1}$. Calculer n_0 en utilisant une calculatrice.

Question 5.29 **Puissance d'une matrice** *(Ecrit CAPES 2017)*

a) Calculer U^2 et U^3 lorsque :
$$U = \begin{pmatrix} 0 & 1 & 1 & 1 \\ 1 & 0 & 1 & 1 \\ 1 & 1 & 0 & 1 \\ 1 & 1 & 1 & 0 \end{pmatrix}.$$

b) Montrer qu'il existe deux suites réelles $(\alpha_k)_{k \geq 0}$ et $(\beta_k)_{k \geq 0}$ telles que :

$$\forall k \in \mathbb{N} \quad U^k = \begin{pmatrix} \alpha_k & \beta_k & \beta_k & \beta_k \\ \beta_k & \alpha_k & \beta_k & \beta_k \\ \beta_k & \beta_k & \alpha_k & \beta_k \\ \beta_k & \beta_k & \beta_k & \alpha_k \end{pmatrix} \quad et \quad \begin{cases} \alpha_{k+1} = 3\beta_k \\ \beta_{k+1} = \alpha_k + 2\beta_k. \end{cases}$$

c) En déduire que $\beta_{k+2} = 2\beta_{k+1} + 3\beta_k$ quel que soit $k \in \mathbb{N}$, puis que :

$$\forall k \in \mathbb{N} \quad \beta_k = \frac{3^k - (-1)^k}{4} \quad et \quad \alpha_k = \frac{3^k + 3(-1)^k}{4}.$$

Question 5.30 **Suite de Fibonacci III** *(Ecrit CAPLP 2020)*

Soient $\varphi = \frac{1+\sqrt{5}}{2}$ et $\varphi' = \frac{1-\sqrt{5}}{2}$. On dit qu'une suite $(u_n)_{n \in \mathbb{N}}$ de nombres réels est une suite de type *(F)* si :

$$\forall n \in \mathbb{N} \quad u_{n+2} = u_{n+1} + u_n.$$

1) Soit $(u_n)_{n \in \mathbb{N}}$ une suite géométrique de raison r de premier terme $u_0 = 1$. Montrer que (u_n) est de type *(F)* si et seulement si $r = \varphi$ ou φ'. On appelle suite de Fibonacci la suite (F_n) de type *(F)* telle que $F_0 = 0$ et $F_1 = 1$.

2) Montrer que $F_n = \frac{1}{\sqrt{5}}(\varphi^n - \varphi'^n)$ pour tout n, puis que $F_n \neq 0$ si $n \geq 1$.

3) Si $n \in \mathbb{N}^*$ on pose $R_n = F_{n+1}/F_n$. Soit f la fonction définie sur $]0, +\infty[$ par $f(x) = 1 + 1/x$.
(a) Montrer que $R_{n+1} = f(R_n)$ pour tout $n \in \mathbb{N}^*$.
(b) Étudier les variations de la fonction f sur $]0, +\infty[$.
(c) Résoudre l'équation $f(x) = x$.
(d) Dans un même repère, tracer la courbe représentative de la fonction f et la droite d'équation $y = x$. Sur le graphique, on mettra en évidence les 4 premiers termes de la suite (R_n).

4) On définit la fonction g sur $]0, +\infty[$ par $g(x) = 2 - \frac{1}{x+1}$.
(a) Montrer que $g = f \circ f$ puis étudier les variations de g sur $\mathbb{R}_+^*$.
(b) Tracer le graphe de g en indiquant les asymptotes éventuelles.
(c) Montrer que $R_{n+2} = g(R_n)$ pour tout $n \in \mathbb{N}^*$.

5) Pour tout $n \in \mathbb{N}^*$ on pose $a_n = R_{2n-1}$ et $b_n = R_{2n}$.
(a) Montrer que $0 < a_n < \varphi < b_n$ pour tout $n \in \mathbb{N}^*$.
(b) Montrer que $(a_n)_{n \in \mathbb{N}^*}$ est croissante et que $(b_n)_{n \in \mathbb{N}^*}$ est décroissante
(c) Montrer que :
$$\forall n \in \mathbb{N}^* \quad R_{n+1} R_n = \frac{F_{n+2}}{F_n} \quad \text{et} \quad R_{n+1} R_n \geq 2.$$
(d) Déduire par récurrence que $|R_{n+1} - R_n| \leq 1/2^{n-1}$ pour tout $n \in \mathbb{N}^*$.
(e) Montrer que les suites $(a_n)_{n \in \mathbb{N}^*}$ et $(b_n)_{n \in \mathbb{N}^*}$ sont adjacentes. En déduire que (R_n) converge et donner sa limite.

Question 5.31 *(Ecrit CAPES 2021)*
On cherche l'ensemble E_0 des suites $u = (u_n)_{n \in \mathbb{N}}$ vérifiant :
$$\forall n \in \mathbb{N} \quad u_{n+3} = 3u_{n+2} - 2u_{n+1}. \quad (\dagger)$$

1) Montrer que la suite $c = (c_n)_{n \in \mathbb{N}}$ définie par $c_0 = 1$ et $c_n = 0$ quel que soit $n \in \mathbb{N}^*$, appartient à E_0.

2) Soit $u = (u_n)_{n \in \mathbb{N}}$ un élément de E_0. Soit $\lambda \in \mathbb{R}$. Pour tout $n \in \mathbb{N}$ on pose $v_n = u_n - \lambda c_n$. Démontrer qu'il existe un réel λ tel que $v_2 = 3v_1 - 2v_0$ et que pour cette valeur de λ :
$$\forall n \in \mathbb{N} \quad v_{n+2} = 3v_{n+1} - 2v_n. \quad (\ddagger)$$

3) Montrer qu'il existe des réels α et β tels que $v_0 = \alpha + \beta$ et $v_1 = \alpha + 2\beta$. Démontrer que $v_n = \alpha + \beta 2^n$ pour tout $n \in \mathbb{N}$, puis que la suite u est combinaison linéaire des suites $(c_n)_{n \in \mathbb{N}}$, $(2^n)_{n \in \mathbb{N}}$ et $(1)_{n \in \mathbb{N}}$ où $(1)_{n \in \mathbb{N}}$ désigne la suite constante de valeur 1.

4) Démontrer que toute suite $u = (u_n)_{n \in \mathbb{N}}$ combinaison linéaire des suites $(c_n)_{n \in \mathbb{N}}$, $(2^n)_{n \in \mathbb{N}}$ et $(1)_{n \in \mathbb{N}}$ appartient à E_0. en déduire l'ensemble E_0. Quel raisonnement a permis de déterminer E_0 ?

5.2.3 Extraits de concours

Question 5.32 *(Ecrit CAPES 2015) Soit $(x_n)_{n \in \mathbb{N}^*}$ une suite réelle indexée sur $\mathbb{N}^*$. On admet que l'on connaît le résultat principal concernant la convergence au sens de Cesàro (Question 5.10).*
  1) *Si $(x_n)_{n \in \mathbb{N}^*}$ converge, montrer que la suite $(x_{n+1} - x_n)_{n \in \mathbb{N}^*}$ converge.*
  2) *On suppose que la suite $(x_{n+1} - x_n)_{n \in \mathbb{N}^*}$ converge vers un réel l.*
    a) *Montrer que la suite $(x_n/n)_{n \in \mathbb{N}^*}$ converge et préciser sa limite.*
    b) *Étudier la convergence de la suite $(x_n)_{n \in \mathbb{N}^*}$ lorsque $l \neq 0$.*
    c) *La suite $(x_n)_{n \in \mathbb{N}^*}$ est-elle nécessairement convergente quand $l = 0$?*

Question 5.33 *(Ecrit CAPES 2018)*
Si $\theta \in \mathbb{R}_+^*$ et $n \in \mathbb{N}$ on pose $c_n = \cos(n\pi\theta)$ et $s_n = \sin(n\pi\theta)$. Vérifier que :

$$\forall n \in \mathbb{N} \quad \begin{cases} c_{n+1} + c_{n-1} = 2c_n \cos(\pi\theta) \\ c_{n+1} - c_{n-1} = -2s_n \sin(\pi\theta) \\ c_n^2 + s_n^2 = 1. \end{cases}$$

En déduire que la suite $(c_n)_{n \in \mathbb{N}}$ converge si et seulement si θ est un entier relatif pair.

Question 5.34 *(Ecrit CAPLP 2016) Si une suite réelle n'est pas majorée, peut-on affirmer qu'elle tend vers $+\infty$?*

Question 5.35 *(Ecrit CAPES 2018) Si $n \in \mathbb{N}$ on pose $u_n = \cos(2^n \pi \theta)$.*
  a) *On suppose qu'il existe $a \in \mathbb{N}^*$ et $p \in \mathbb{N}$ tels que $\theta = a/2^p$. Quelle est la nature de la suite $(u_n)_{n \in \mathbb{N}}$?*
  b) *On suppose qu'il existe $a \in \mathbb{N}^*$ et $p \in \mathbb{N}$ tels que $\theta = \dfrac{a}{2^p} + \dfrac{1}{3}$. Quelle est la nature de la suite $(u_n)_{n \in \mathbb{N}}$?*
  c) *Justifier que $u_{n+1} = 2u_n^2 - 1$ pour tout $n \in \mathbb{N}$. Lorsque la suite $(u_n)_{n \in \mathbb{N}}$ converge vers l, en déduire les seules valeurs possibles de l.*

Question 5.36 *(Ecrit CAPLP 2012) Soit k la fonction de $\mathbb{R}$ dans $\mathbb{R}$ définie par :*

$$\begin{cases} k(x) = \dfrac{e^x - 1}{x} - 1 & si \ x \neq 0 \\ k(0) = 0. \end{cases}$$

Soit $(u_n)_{n \in \mathbb{N}}$ la suite définie par $u_0 = 1$ et $u_{n+1} = k(u_n)$ pour tout $n \in \mathbb{N}$. Pour tout $x \in \mathbb{R}$ on pose $f(x) = k(x) + 1$.
  a) *Montrer que la fonction f est dérivable en tout point de $\mathbb{R}$, et que :*

$$\forall x \in \mathbb{R}^* \quad f'(x) = \frac{g(x)}{x^2},$$

où g est une fonction définie sur $\mathbb{R}$ que l'on déterminera. En déduire les variations de la fonction f.

b) Donner le tableau de variation de la fonction k. Démontrer ensuite que $0 < u_{n+1} < u_n$ pour tout $n \in \mathbb{N}$, puis que la suite $(u_n)_{n \in \mathbb{N}}$ est convergente.

c) Soit L la limite de la suite $(u_n)_{n \in \mathbb{N}}$. Montrer que $0 \leq L < 1$ et $L = k(L)$. Démontrer ensuite que $(L = 0)$ ou $\left(L \in \,]0,1[\ \text{et}\ e^L = L^2 + L + 1\right)$.

d) On pose $\omega(x) = e^x - (x^2 + x + 1)$ pour tout réel x. En étudiant les variations de ω, montrer que $\omega(x) \neq 0$ quel que soit x appartenant à l'intervalle $]0,1[$. En déduire la valeur de L.

Question 5.37 *(Ecrit CAPES 2018)* Soit x un réel de l'intervalle $[0,1[$. On définit la suite $\alpha(x) = (\alpha_k(x))_{k \in \mathbb{N}^*}$ en posant $\alpha_k(x) = E(2^k x) - 2E(2^{k-1} x)$ quel que soit $k \in \mathbb{N}^*$. Pour tout $n \in \mathbb{N}^*$ on pose :
$$u_n(x) = \sum_{k=1}^n \alpha_k(x) 2^{-k} \quad \text{et} \quad v_n(x) = u_n(x) + 2^{-n}.$$

a) Montrer que $\alpha_k(x) \in \{0,1\}$ quel que soit $k \in \mathbb{N}^*$.

b) Montrer que les suites $(u_n(x))_{n \in \mathbb{N}^*}$ et $(v_n(x))_{n \in \mathbb{N}^*}$ sont adjacentes et prennent leurs valeurs dans $[0,1]$.

c) Vérifier que $E(2^n x) = 2^n u_n(x)$ et en déduire que $u_n(x) \leq x < v_n(x)$ quel que soit l'entier naturel $n \geq 1$.

d) Quelle est la limite commune des suites $(u_n(x))_{n \in \mathbb{N}^*}$ et $(v_n(x))_{n \in \mathbb{N}^*}$?

Question 5.38 *(Ec. CAPES 2020)* **Nombre d'or & fractions continues**
Le nombre d'or est l'unique réel positif φ solution de l'équation $\varphi = 1 + 1/\varphi$. Le nombre φ vérifie alors :
$$\varphi = 1 + \cfrac{1}{1+\cfrac{1}{\varphi}}\ ;\quad \varphi = 1 + \cfrac{1}{1+\cfrac{1}{1+\cfrac{1}{\varphi}}}\ ;...;\quad \varphi = 1 + \cfrac{1}{1+\cfrac{1}{1+\cfrac{1}{1+...}}}.$$

On se propose de formaliser cette écriture à l'aide d'une suite convergeant vers φ. Pour cela, on note f la fonction définie sur $\mathbb{R}_1^*$ par $f(x) = 1 + 1/x$ et on définit la suite $(u_n)_{n \in \mathbb{N}}$ par $u_0 = 1$ et :
$$\forall n \in \mathbb{N} \quad u_{n+1} = f(u_n).$$

1. a) Montrer que u_n est bien défini et strictement positif pour tout $n \in \mathbb{N}$.

b) Donner sous forme de fractions les valeurs de u_1, u_2, u_3, u_4, u_5.

c) Montrer que u_n est un nombre rationnel quel que soit $n \in \mathbb{N}$.

d) Représenter sur un même graphique la fonction f, le nombre φ et les 6 premières valeurs de la suite $(u_n)_{n \in \mathbb{N}}$.

2. a) Si la suite $(u_n)_{n\in\mathbb{N}}$ converge, quelle est la valeur de sa limite ?

b) Démontrer que la suite $(u_{2n})_{n\in\mathbb{N}}$ est croissante et majorée par φ et que la suite $(u_{2n+1})_{n\in\mathbb{N}}$ est décroissante et minorée par φ.

c) Démontrer que la suite $(u_n)_{n\in\mathbb{N}}$ converge et préciser sa limite.

3. On définit deux suites $(p_n)_{n\in\mathbb{N}}$ et $(q_n)_{n\in\mathbb{N}}$ par $p_0 = q_0 = 1$ et :

$$\forall n \in \mathbb{N} \quad \begin{cases} p_{n+1} = p_n + q_n \\ q_{n+1} = p_n. \end{cases}$$

a) Démontrer que, pour tout entier naturel n, p_n et q_n sont des nombres entiers strictement positifs.

b) Démontrer que, pour tout entier naturel n, $p_{n+1}q_n - p_n q_{n+1} = (-1)^n$.

c) Démontrer que, pour tout entier naturel n, p_n/q_n est la fraction irréductible égale à u_n.

d) Démontrer que les suites $(p_n)_{n\in\mathbb{N}}$ et $(q_n)_{n\in\mathbb{N}^*}$ sont strictement croissantes.

e) Démontrer que, pour tout entier naturel $n \geq 2$, $q_{n+1} > 2q_{n-1}$.

f) Démontrer que, pour tout entier naturel n non nul :

$$|u_n - \varphi| < |u_{n+1} - u_n| \leq \frac{1}{2^n}.$$

g) Écrire une fonction Python qui prend en argument un nombre ε strictement positif et renvoie deux listes finies d'entiers $[p_0, p_1, ..., p_{n_0}]$, $[q_0, q_1, ..., q_{n_0}]$ telles que p_{n_0}/q_{n_0} soit une valeur approchée de φ à ε près.

5.3 Réponses

Réponse 5.1 a) Faux puisque la suite (u_n) de terme général $u_n = 1 + 1/n$ est décroissante et minorée par 0, mais converge vers 1.

b) C'est faux puisque la suite (u_n) définie par $u_{2n} = 1 + 1/n$ pour tout $n \in \mathbb{N}$, et par $u_{2n+1} = 5 + 1/(n+1)$ pour tout $n \in \mathbb{N}$, est telle que $(u_{2n})_n$ converge vers 1, $(u_{2n+1})_n$ converge vers 5, et pourtant $(u_n)_n$ diverge.

Commentaire — Cette réponse suffit à l'écrit, et revient à affirmer que $(u_n)_n$ diverge puisque possède deux valeurs d'adhérences distinctes 1 et 5. Pendant une épreuve orale, un jury pourrait avoir envie de vérifier si le candidat peut démontrer rigoureusement que $(u_n)_n$ diverge.

Pour ce faire, celui-ci peut retourner à la définition de la convergence d'une suite apprise en licence, ou répondre plus rapidement en utilisant un résultat classique du cours d'analyse. On raisonne par l'absurde en supposant que $(u_n)_n$

converge vers une limite l appartenant à $\mathbb{R}$. Dans ce cas, un théorème montre que toutes les sous-suites de $(u_n)_n$ convergent vers la même limite l, et ici on déduit que $\lim u_{2n} = \lim u_{2n+1} = l$, ce qui est impossible puisque $\lim u_{2n} = 1$ et $\lim u_{2n+1} = 5$.

Réponse 5.2 C'est faux comme le montre le contre-exemple suivant. Définissons la suite (u_n) en posant $u_n = 1/n$ si n est pair, et $u_n = -1/n$ si n est impair. Dans ce cas :

$$\lim_{k\to+\infty} \frac{1}{u_{2k}} = \lim_{k\to+\infty} (2k) = +\infty$$
$$\text{et} \lim_{k\to+\infty} \frac{1}{u_{2k+1}} = \lim_{k\to+\infty} [-(2k+1)] = -\infty,$$

et cela prouve que la suite (u_n) n'admet pas de limite finie ou infinie quand n tend vers $+\infty$.

Remarque — Pour vérifier que la suite (u_n) n'admet pas de limite, on raisonne par l'absurde en supposant qu'elle possède une limite l dans la droite numérique achevée $\overline{\mathbb{R}} = \mathbb{R} \cup \{\pm\infty\}$. Dans ce cas toute sous-suite de (u_n) doit converger vers l, ce qui n'est pas le cas des sous-suites (u_{2k}) et (u_{2k+1}), d'où l'absurdité.

Réponse 5.3 Appelons u_n la hauteur atteinte par la balle au n-ième rebond. On pose $u_0 = 2$ car on lache la balle à 2 m. On obtient :

$$\begin{cases} u_0 = 2 \\ u_1 = (0,7)u_0 \\ u_2 = (0,7)u_1 = (0,7)^2 u_0 \\ \ldots\ldots\ldots \\ u_n = (0,7)^n u_0 \end{cases}$$

et tout revient à déterminer le plus petit entier n tel que $(0,7)^n u_0 \leq 10^{-3}$, puisque nous travaillons en mètres et que 1 mm = 10^{-3} m. On a :

$$(0,7)^n u_0 \leq 10^{-3} \Leftrightarrow (0,7)^n \leq \frac{10^{-3}}{2}$$
$$\Leftrightarrow n \ln 0,7 \leq \ln \frac{10^{-3}}{2}$$
$$\Leftrightarrow n \geq \left(\ln \frac{10^{-3}}{2}\right)(\ln 0,7)^{-1}$$

puisque $\ln 0,7 < 0$. Une calculatrice donne :

$$\left(\ln \frac{10^{-3}}{2}\right)(\ln 0,7)^{-1} \simeq 21,310$$

et la balle cessera de rebondir au bout de 22 rebonds.

Remarque — On aurait aussi pu programmer sa calculatrice pour découvrir l'entier n tel que $(0,7)^n u_0 \leq 10^{-3}$. On peut aussi vérifier qu'il faudra 22 rebonds en calculant les valeurs approchées $(0,7)^{22} \times 2 \simeq 7,819\,642\,10 \times 10^{-4}$ et $(0,7)^{21} \times 2 \simeq 1,117\,091\,73 \times 10^{-3}$.

$\boxed{\textbf{Réponse 5.4}}$ C'est faux. Un contre-exemple très simple est donné par la suite $(1/n)_{n \in \mathbb{N}^*}$ strictement décroissante, qui tend vers 0 et non vers $-\infty$.

$\boxed{\textbf{Réponse 5.5}}$ Si la suite $(u_n)_{n \in \mathbb{N}}$ est croissante majorée par un nombre M, son support $\{u_n \,/\, n \in \mathbb{N}\}$ est une partie non vide majorée de $\mathbb{R}$, donc possède une borne supérieure $M = \mathrm{Sup}\,\{u_n \,/\, n \in \mathbb{N}\}$ dans $\mathbb{R}$ d'après le théorème de la borne supérieure. On vérifie alors que $M = \lim u_n$. En effet, si $\varepsilon \in \mathbb{R}_+^*$, la définition d'une borne supérieure dans $\mathbb{R}$ montre l'existence d'un entier naturel n_0 tel que $M - \varepsilon \leq u_{n_0} \leq M$, et la croissance de $(u_n)_{n \in \mathbb{N}}$ permet d'écrire :

$$n \geq n_0 \;\Rightarrow\; M - \varepsilon \leq u_{n_0} \leq u_n \leq M.$$

Par conséquent :

$$\forall \varepsilon \in \mathbb{R}_+^* \quad \exists n_0 \in \mathbb{N} \quad n \geq n_0 \;\Rightarrow\; |u_n - M| \leq \varepsilon,$$

ce qui prouve que $M = \lim u_n$.

$\boxed{\textbf{Réponse 5.6}}$ a) Si la suite $(u_n)_{n \in \mathbb{N}}$ est croissante et non majorée, pour tout réel A il existe $N \in \mathbb{N}$ tel que $u_N \geq A$, et la croissance de $(u_n)_{n \in \mathbb{N}}$ montre que :

$$n \geq N \;\Rightarrow\; u_n \geq u_N \geq A.$$

Ainsi :

$$\forall A \in \mathbb{R} \quad \exists N \in \mathbb{N} \quad n \geq N \;\Rightarrow\; u_n \geq A$$

ce qui prouve que $(u_n)_{n \in \mathbb{N}}$ tend vers $+\infty$ quand n tend vers $+\infty$.

b) Voir Question 5.5.

c) Les deux questions précédentes montrent qu'une suite réelle croissante converge dans $\mathbb{R}$ si et seulement si elle est majorée. Si $(v_n)_{n \in \mathbb{N}}$ est une suite réelle décroissante, alors $(-v_n)_{n \in \mathbb{N}}$ est une suite croissante qui converge si et seulement si $(v_n)_{n \in \mathbb{N}}$ converge. On déduit que :

$$\begin{aligned}
(v_n)_{n \in \mathbb{N}} \text{ converge} \;&\Leftrightarrow\; (-v_n)_{n \in \mathbb{N}} \text{ converge} \\
&\Leftrightarrow\; (-v_n)_{n \in \mathbb{N}} \text{ majorée} \\
&\Leftrightarrow\; (v_n)_{n \in \mathbb{N}} \text{ minorée}.
\end{aligned}$$

5.3. RÉPONSES

Ainsi une suite réelle décroissante converge si et seulement si elle est minorée.

Réponse 5.7 On a $\lim\limits_{n\to+\infty} \dfrac{u_n}{v_n} = \lim\limits_{n\to+\infty} \dfrac{n^2+n}{n^2} = 1$, donc $u_n \sim v_n$ et pourtant (u_n^n) n'est pas équivalente à (v_n^n) car :

$$\lim_{n\to+\infty} \frac{u_n^n}{v_n^n} = \lim_{n\to+\infty} \left(\frac{n^2+n}{n^2}\right)^n = \lim_{n\to+\infty} \left(1+\frac{1}{n}\right)^n = e \neq 1.$$

Cela prouve que l'implication $(u_n \sim v_n \Rightarrow u_n^n \sim v_n^n)$ est fausse.

Remarque — Pour vérifier que $\lim_{n\to+\infty}\left(1+\frac{1}{n}\right)^n = e$, on écrit :

$$\ln\left(1+\frac{1}{n}\right)^n = n\ln\left(1+\frac{1}{n}\right)$$

et l'on pose $x = 1/n$. Si n tend vers $+\infty$, alors x tend vers 0_+ et :

$$\lim_{n\to+\infty} \ln\left(1+\frac{1}{n}\right)^n = \lim_{x\to 0_+} \frac{\ln(1+x)}{x} = 1$$

en utilisant la définition de la dérivée de ln au point $x = 1$, sachant que $(\ln x)' = 1/x$. Par composition des limites on obtient :

$$\lim_{n\to+\infty} \left(1+\frac{1}{n}\right)^n = e^1 = e.$$

Réponse 5.8 C'est vrai. Pour le démontrer, on remarque que $\sum_{k=1}^n k$ est la somme des n premiers termes d'une suite arithmétique de raison 1 et de premier terme 1, donc :

$$v_n = \left(\sum_{k=1}^n k\right)^2 = \left(\frac{n(n+1)}{2}\right)^2 = \frac{n^2(n+1)^2}{4}.$$

Montrer que $u_n = v_n$ pour tout n, revient donc à montrer que :

$$\forall n \in \mathbb{N}^* \quad u_n = \sum_{k=1}^n k^3 = \frac{n^2(n+1)^2}{4}.$$

On raisonne par récurrence sur n. L'égalité est triviale si $n = 1$ car $1 = \frac{1^2 \times 2^2}{4}$. Si l'égalité est vraie au rang n, alors :

$$\begin{aligned} u_{n+1} &= \sum_{k=1}^{n+1} k^3 = u_n + (n+1)^3 = \frac{n^2(n+1)^2}{4} + (n+1)^3 \\ &= \frac{n^2 + 4(n+1)}{4}(n+1)^2 = \frac{(n+1)^2(n+2)^2}{4} \end{aligned}$$

et cela prouve que l'égalité est vraie au rang $n+1$.

Réponse 5.9 a) La suite (a_n) est strictement croissante et la suite (b_n) est strictement décroissante, donc pour tout $n \in \mathbb{N}$:
$$\begin{cases} b_{n+1} < b_n \\ a_n < a_{n+1} \end{cases}$$
d'où :
$$\begin{cases} b_{n+1} < b_n \\ -a_{n+1} < -a_n \end{cases}$$
et $b_{n+1} - a_{n+1} < b_n - a_n$ en additionnant membre à membre ces inégalités. Ainsi $b_{n+1} - a_{n+1} < b_n - a_n$ pour tout $n \in \mathbb{N}$, et cela montre que la suite $(b_n - a_n)_{n \in \mathbb{N}}$ est strictement décroissante.

b) Raisonnons par l'absurde. S'il existait $m \in \mathbb{N}$ tel que $b_m < a_m$, on aurait $b_n \leq b_m < a_m \leq a_n$ pour tout $n \geq m$, donc :
$$\forall n \geq m \quad 0 < a_m - b_m \leq a_n - b_n,$$
ce qui est absurde puisqu'il suffit de passer à la limite dans ces inégalités, pour n tendant vers $+\infty$, pour obtenir $0 < a_m - b_m \leq 0$ (en utilisant l'hypothèse $\lim_{n \to +\infty}(a_n - b_n) = 0$). En conclusion :
$$\forall n \in \mathbb{N} \quad b_n - a_n \geq 0.$$

c) La suite (a_n) est croissante, majorée par b_0 puisque $a_n \leq b_n \leq b_0$ pour tout n, donc converge vers une limite l. De même, la suite (b_n) est décroissante, minorée par a_0, donc converge vers une limite l'. Ainsi :
$$\lim_{n \to +\infty}(a_n - b_n) = \lim_{n \to +\infty} a_n - \lim_{n \to +\infty} b_n = l - l',$$
et comme par hypothèse $\lim_{n \to +\infty}(a_n - b_n) = 0$, on obtient $l - l' = 0$, c'est-à-dire $l = l'$.

d) S'il existait n tel que $l < a_n$, on aurait $l < a_n \leq a_k$ quel que soit $k \geq n$. En passant à la limite dans ces inégalités pour k tendant vers l'infini, on obtient $l < a_n \leq l$, ce qui est absurde. Donc $a_n \leq l$ pour tout n. En raisonnant de la même façon, on obtient aussi que $l \leq b_n$ pour tout n. Ainsi :
$$\forall n \in \mathbb{N} \quad a_n \leq l \leq b_n.$$

Raisonnons par l'absurde en supposant qu'il existe $n \in \mathbb{N}$ tel que $a_n = l$. On peut alors écrire :
$$a_n = l < a_{n+1} < a_m$$
quel que soit $m > n$. En faisant tendre m vers l'infini dans ces inégalités, on obtient $l < a_{n+1} \leq l$, ce qui est absurde. Donc :

$$\forall n \in \mathbb{N} \quad a_n < l.$$

En raisonnant de la même façon, on, montrerait que $l < b_n$ pour tout n, ce qui permet de conclure à :

$$\forall n \in \mathbb{N} \quad a_n < l < b_n.$$

Réponse 5.10 a) On a :

$$|v_n - l| \le \frac{|u_1 - l| + ... + |u_n - l|}{n}.$$

Pour tout $\varepsilon > 0$, il existe N tel que $k > N$ entraîne $|u_k - l| < \varepsilon$. Donc si $n > N$,

$$\begin{aligned}|v_n - l| &\le \frac{|u_1 - l| + ... + |u_N - l|}{n} + \frac{|u_{N+1} - l| + ... + |u_n - l|}{n} \\ &\le \frac{|u_1 - l| + ... + |u_N - l|}{n} + \frac{n-N}{n}\varepsilon \le A + \varepsilon.\end{aligned}$$

Une fois l'entier naturel N fixé, le numérateur de $A = \frac{|u_1 - l| + ... + |u_N - l|}{n}$ est constant, et $\lim_{n \to +\infty} A = 0$, donc il existe N' tel que $n > N'$ entraîne $A < \varepsilon$. On aura donc :

$$\forall \varepsilon > 0 \quad \exists N'' = \sup(N, N') \quad n > N'' \Rightarrow |v_n - l| \le 2\varepsilon$$

ce qui montre que $\lim_{n \to +\infty} v_n = l$.

b) La suite de terme général $u_n - (-1)^n$ ne converge pas bien qu'elle converge au sens de Cesàro. En effet $v_n = -1/n$ si n est impair, et $v_n = 0$ si n est pair, donc $\lim_{n \to +\infty} v_n = 0$.

Réponse 5.11 a) La formule du binôme de Newton montre que :

$$(1+a)^n = 1 + na + \binom{n}{2}a^2 + ... + \binom{n}{k}a^k + ... + a^n \ge na$$

puisque la somme ne fait intervenir que des termes positifs. Comme a est strictement positif, on aura $\lim_{n \to +\infty}(na) = +\infty$, et on en déduit que :

$$\lim_{n \to +\infty} q^n = \lim_{n \to +\infty} (1+a)^n = +\infty.$$

b) Si $|q| < 1$, alors $\xi = 1/|q| > 1$ et la question précédente montre que $\lim_{n \to +\infty} \xi^n = +\infty$, donc :

$$\lim_{n \to +\infty} |q^n| = \lim_{n \to +\infty} \frac{1}{\xi^n} = 0.$$

c) Si $q = -1$, la suite (q^n) diverge car elle vaut successivement 1 ou -1. On a en effet $q^n = 1$ si n est pair, et $q^n = -1$ si n est impair. Si $q < -1$, la suite (q^n) diverge. On le montre en raisonnant par l'absurde : si la suite (q^n) avait une limite l dans $\mathbb{R}$, la suite $(|q|^n)$ tendrait vers $|l|$, ce qui est impossible puisque $|q| > 1$ entraîne $\lim_{n \to +\infty} |q|^n = +\infty$ d'après la question a).

d) Voici le tableau donnant $\lim_{n \to +\infty} q^n$:

q		-1		1	
$\lim q^n$	pas de limite		0		$+\infty$

pas de limite / 1

Réponse 5.12 a) $L = qL + r$ équivaut à $L = \dfrac{r}{1-q}$ puisque $1 - q \neq 0$.

b) Pour tout $n \in \mathbb{N}$, en soustrayant membre à membre :
$$\begin{cases} u_{n+1} = qu_n + r \\ L = qL + r \end{cases} \Rightarrow u_{n+1} - L = q(u_n - L) \Rightarrow v_{n+1} = qv_n$$
donc (v_n) est une suite géométrique de raison q.

c) Pour tout n on aura $v_n = q^n v_0$, soit $u_n - L = q^n(u_0 - L)$, c'est-à-dire $u_n = q^n(u_0 - L) + L$.

Réponse 5.13 1.a) Il existe k tel que $l < k < 1$. Ici $\lim(u_{n+1}/u_n) = l$, donc il est possible de trouver un entier N tel que :
$$n \geq N \Rightarrow \frac{u_{n+1}}{u_n} \leq k \Rightarrow u_{n+1} \leq ku_n.$$
Dans ce cas $u_n \leq k^{n-N} u_N$ dès que $n \geq N$. Comme la suite $(k^{n-N} u_N)_n$ tend vers 0 quand n tend vers $+\infty$, on déduit que $\lim u_n = 0$.

b) Soit k tel que $1 < k < l$. Il existe N tel que :
$$n \geq N \Rightarrow \frac{u_{n+1}}{u_n} \geq k \Rightarrow u_{n+1} \geq ku_n$$
donc $u_n \geq k^{n-N} u_N$ dès que $n \geq N$. Comme la suite $(k^{n-N} u_N)_n$ tend vers $+\infty$ quand n tend vers $+\infty$, il en sera de même de (u_n).

c) Si $u_n = n^\alpha$, avec $\alpha \in \mathbb{R}$, alors $\lim(u_{n+1}/u_n) = 1$, ce qui ne nous empêche pas d'obtenir des convergences disparates, la suite (u_n) tendant vers 0 si $\alpha < 0$, vers 1 si $\alpha = 0$, et vers $+\infty$ si $\alpha > 0$. On ne peut pas conclure.

2) On peut démontrer que $\lim \dfrac{n^b}{a^n} = \lim \dfrac{a^n}{n!} = \lim \dfrac{n!}{n^n} = 0$

en utilisant la question 1.a). Traitons seulement le cas où $u_n = n^b/a^n$. Ici la suite :

5.3. RÉPONSES

$$\frac{u_{n+1}}{u_n} = \frac{(n+1)^b}{a^{n+1}} \times \frac{a^n}{n^b} = \frac{1}{a} \times \left(1 + \frac{1}{n}\right)^b$$

tend vers $1/a$ quand n tend vers $+\infty$. Comme $1/a < 1$, la question 1.a) montre que $\lim u_n = 0$.

3) Posons $u_n = ap^{2n+1}/n!$. On a :

$$\frac{u_{n+1}}{u_n} = \frac{ap^{2n+3}}{(n+1)!} \times \frac{n!}{ap^{2n+1}} = \frac{p^2}{n+1}$$

donc $\lim(u_{n+1}/u_n) = 0$, et la question 1.a) montre que $\lim u_n = 0$.

Réponse 5.14 Pour un réel a donné, le programme proposé est censé retourner la première valeur de l'entier naturel $n \geq 1$ tel que $S_n \geq a$, où S_n désigne la somme :

$$S_n = 6 + \frac{6}{2^?} + \frac{6}{3^?} + ... + \frac{6}{n^?} = 6 \sum_{k=1}^{n} \frac{1}{k^?}.$$

On sait que la série de Riemann $\sum_{k=1}^{n} \frac{1}{k^\alpha}$ converge quand $\alpha > 1$, donc la série $\sum_{k=1}^{n} \frac{1}{k^2}$ tend vers un certain réel l, et (S_n) est une suite croissante qui tend vers $6l$. Il suffit de choisir a strictement supérieur à $6l$ pour être assuré de ne jamais trouver d'entier n tel que $S_n \geq a$ (puisqu'alors $S_n \leq 6l < a$ quel que soit n). Dans ce cas, le programme proposé n'affichera aucune valeur et parcourra des boucles à l'infini sans jamais s'arrêter.

Remarque — On sait que $\sum_{k=1}^{+\infty} \frac{1}{k^2} = \frac{\pi^2}{6}$.

Réponse 5.15 Supposons par exemple que la suite (x_n) soit croissante et que la suite extraite $(x_{n_k})_{k \in \mathbb{N}}$ converge. Dans ce cas $(x_{n_k})_{k \in \mathbb{N}}$ est bornée et il existe $M > 0$ tel que $x_{n_k} \leq M$ pour tout entier k. L'application φ de $\mathbb{N}$ dans $\mathbb{N}$ définie par $k \mapsto n_k$ est strictement croissante. Par récurrence, on en déduit $n_k \geq k$ pour tout $k \in \mathbb{N}$ (en effet $n_0 \geq 0$, et si l'on suppose $n_k \geq k$, la stricte croissance de φ entraîne $n_{k+1} > n_k \geq k$ d'où $n_{k+1} \geq k+1$).

Comme (x_n) est croissante, pour tout $k \in \mathbb{N}$, on aura $x_k \leq x_{n_k} \leq M$, et cela prouve que (x_n) est majorée. Il suffit de rappeler que toute suite réelle croissante et majorée converge, pour conclure à la convergence de (x_n).

Réponse 5.16 C'est faux : la suite (u_n) peut diverger alors que ses sous-suites (u_{2n}) et (u_{3n}) convergent. Un contre-exemple est donné par la suite (u_n) définie par $u_n = n$ si n est une puissance de 5 (c'est-à-dire de la forme $n = 5^k$) et $u_n = 0$ sinon. Dans ce cas (u_{2n}) et (u_{3n}) sont les suites nulles, donc convergent, mais (u_n) ne converge pas dans $\mathbb{R}$ puisque sa sous-suite $(u_{5^k})_{k \in \mathbb{N}}$ est égale à $(5^k)_{k \in \mathbb{N}}$, donc tend vers $+\infty$.

Réponse 5.17 Il suffit de choisir $x_n = 1/n$ et la fonction définie sur $\mathbb{R}^*$ qui à tout réel t associe $f(t) = 1/t$.

Réponse 5.18 C'est vrai, comme on le vérifie en raisonnant par récurrence sur n. Si $n = 0$, on a bien l'égalité $u_0 = 1 = 1/(\sqrt{0+1})$. Si, au rang n, on peut écrire $u_n = 1/(\sqrt{n+1})$, alors :

$$u_{n+1} = \frac{u_n}{\sqrt{u_n^2+1}} = \frac{\frac{1}{\sqrt{n+1}}}{\sqrt{\frac{1}{n+1}+1}} = \frac{1}{\sqrt{n+2}} = \frac{1}{\sqrt{(n+1)+1}}$$

et l'égalité est vraie au rang $n+1$. Le raisonnement aboutit.

Réponse 5.19 Rappelons que la relation $\prec\prec$ est la relation de prépondérance entre des suites réelles : on dit que (v_n) est prépondérante devant (u_n) si et seulement si (u_n) est négligeable devant (v_n), ce qui s'écrit indifféremment $u_n \prec\prec v_n$ (notation de Hardy) ou $u_n = o(v_n)$ (notation de Landau), et se traduit par :

$$\forall \varepsilon \in \mathbb{R}_+^* \quad \exists N \in \mathbb{N} \quad n \geq N \Rightarrow |u_n| \leq \varepsilon |v_n|$$

ou encore, si v_n ne s'annule jamais à partir d'un certain rang :

$$\lim_{n \to +\infty} \frac{u_n}{v_n} = 0.$$

Montrons que $\ln n \prec\prec n^b$ — Si $u_n = (\ln n)/n^b$, alors :

$$\ln u_n = \ln \ln n - b \ln n = \ln n \left(\frac{\ln \ln n}{\ln n} - b\right)$$

va tendre vers $-\infty$ quand n tend vers l'infini, par application des théorèmes généraux sur les limites, puisque $\ln n$ tend vers $+\infty$ et $\frac{\ln \ln n}{\ln n}$ tend vers 0. On déduit que $\lim u_n = \lim e^{\ln u_n} = 0$ par composition de limites.

Montrons que $n^b \prec\prec a^n$ — Si $u_n = n^b/a^n$,

$$\ln u_n = b \ln n - n \ln a = n \left(\frac{\ln n}{n} - \ln a\right) \to -\infty$$

tend vers $-\infty$ car $\lim \frac{\ln n}{n} = 0$, donc $\frac{\ln n}{n} - \ln a$ tend vers $-\ln a$, qui est strictement négatif, tandis que n tend vers $+\infty$. De $\lim(\ln u_n) = -\infty$ et $u_n = e^{\ln u_n}$ on déduit $\lim u_n = 0$ par composition de limites.

Montrons que $a^n \prec\prec n!$ — Si $u_n = a^n/n!$, notons $[a]$ la partie entière de a. Pour tout entier $n \geq [a]+1$,

$$u_n = \frac{a}{n} \underbrace{\left(\frac{a}{n-1}\cdots\frac{a}{[a]+1}\right)}_{<1} \underbrace{\left(\frac{a}{[a]}\cdots\frac{a}{1}\right)}_{\leq a\times\ldots\times a} \leq \frac{a}{n} \times a^{[a]}$$

d'où $\lim_{n\to+\infty} u_n = 0$.

Montrons que $n! \prec\prec n^n$ — Si $u_n = n!/n^n$, alors :

$$\forall n \in \mathbb{N}^* \quad u_n = \frac{n}{n}\frac{(n-1)}{n}\cdots\frac{2}{n}\frac{1}{n} \leq \frac{1}{n}$$

pour tout $n \geq 1$, d'où $\lim u_n = 0$.

Toutes les suites auxquelles on s'intéresse dans ce théorème peuvent alors être comparées entre elles en utilisant la transitivité de la relation de prépondérance.

Remarque — On peut comparer quatre des cinq suites étudiées dans cette question, et obtenir $n^b \prec\prec a^n \prec\prec n! \prec\prec n^n$, en n'utilisant qu'un seul résultat général : le critère de d'Alembert pour les suites (Question 5.13).

Réponse 5.20 a) La fonction f est dérivable sur $\mathbb{R}$ et $f'(x) = -\frac{x^n}{n!}e^{-x}$ pour tout $x \in \mathbb{R}$, donc :

$$|f(1) - f(0)| \leq \sup_{x\in[0,1]} \left|\frac{x^n}{n!}e^{-x}\right| \times (1-0) \leq \frac{1}{n!}$$

$$\left|\left(\sum_{k=0}^{n}\frac{1}{k!}\right)e^{-1} - 1\right| \leq \frac{1}{n!}$$

$$\left|\sum_{k=0}^{n}\frac{1}{k!} - e\right| \leq \frac{e}{n!}.$$

Comme $\lim_{n\to+\infty}(e/n!) = 0$, on en déduit que $\sum_{0}^{+\infty}(1/k!) = e$.

b) La suite (u_n) est strictement croissante et tend vers e. La suite (v_n) est strictement décroissante car pour tout $n \in \mathbb{N}^*$,

$$\begin{aligned}v_{n+1} - v_n &= \frac{1}{(n+1)!} + \frac{1}{(n+1).(n+1)!} - \frac{1}{n.n!} \\ &= \left(\frac{1}{n+1} + \frac{1}{(n+1)^2} - \frac{1}{n}\right)\frac{1}{n!} = \frac{-1}{n(n+1)^2} \times \frac{1}{n!} < 0.\end{aligned}$$

Comme $\lim v_n = e$, on a $\lim (v_n - u_n) = 0$, et les suites (u_n) et (v_n) sont bien adjacentes.

c) Comme les suites (u_n) et (v_n) sont adjacentes et convergent vers e, on aura :
$$\forall n \in \mathbb{N}^* \quad 1 + \frac{1}{1!} + \frac{1}{2!} + ... + \frac{1}{n!} < e < 1 + \frac{1}{1!} + \frac{1}{2!} + ... + \frac{1}{n!} + \frac{1}{n.n!}. \quad (*)$$
Si e était rationnel, il existerait des entiers naturels non nuls p et q tels que $e = p/q$, et l'encadrement $(*)$ donnerait, quand $n = q$:
$$\left(1 + \frac{1}{1!} + \frac{1}{2!} + ... + \frac{1}{q!}\right) q.q! < p.q! < \left(1 + \frac{1}{1!} + \frac{1}{2!} + ... + \frac{1}{q!}\right) q.q! + 1.$$
C'est absurde car ces inégalités ne font intervenir que des entiers. Pour $n = 5$, l'encadrement $(*)$ devient $2,7166 < e < 2,7183$, soit $2,71 \leq e < 2,72$. Ainsi $2,71$ est la valeur approchée de e à $0,01$ près par défaut.

Remarque — On pourrait reprendre ces questions avec la suite $(w_n)_{n \in \mathbb{N}^*}$ de terme général $w_n = u_n + (1/n!)$ à la place de $(v_n)_{n \in \mathbb{N}^*}$. On obtiendrait encore des suites adjacentes qui tendent vers e, et on pourrait encore déduire des encadrements qui prouveraient que e n'est pas rationnel. L'intérêt d'utiliser la suite $(v_n)_{n \in \mathbb{N}^*}$ est d'obtenir une convergence plus rapide vers e, et donc aussi des encadrements plus précis de e pour un entier n donné.

Réponse 5.21 La proposition est vraie. Montrons-le. Soit la fonction :
$$\begin{array}{rccc} f : & \mathbb{R}_+ & \to & \mathbb{R} \\ & x & \mapsto & \sqrt{1+x}. \end{array}$$
Cette fonction f est croissante comme la composée de deux fonctions croissantes : la fonction $x \mapsto 1 + x$ de $\mathbb{R}_+$ dans $\mathbb{R}_+$, suivie de la fonction $x \mapsto \sqrt{x}$ qui est croissante sur $\mathbb{R}_+$. On peut aussi voir que f est dérivable sur $\mathbb{R}_+^*$, et que le nombre dérivé $f'(x) = 1/2\sqrt{1+x}$ reste positif pour tout $x \in \mathbb{R}_+$.

La suite (u_n) est définie par $u_0 = 5$ et la relation $u_{n+1} = f(u_n)$. Cette suite est donc bien définie puisque $f(\mathbb{R}_+) \subset \mathbb{R}_+$. On a $u_1 = \sqrt{1+5} = \sqrt{6}$ donc $u_1 \leq u_0$. Il est alors facile de vérifier que $u_{n+1} \leq u_n$ pour tout $n \in \mathbb{N}$, en raisonnant par récurrence sur n. L'inégalité est vraie au rang $n = 0$ car $\sqrt{6} \leq 5$, et si l'on suppose que $u_{n+1} \leq u_n$, la croissance de f donne $f(u_{n+1}) \leq f(u_n)$, c'est-à-dire $u_{n+2} \leq u_{n+1}$, ce qui prouve l'inégalité au rang $n + 1$.

Finalement la suite (u_n) est décroissante et minorée (tous ses termes sont positifs, donc elle est minorée par 0), donc converge dans $\mathbb{R}$.

Remarque — Par passage à la limite dans $u_{n+1} = \sqrt{1+u_n}$ et en utilisant la continuité de f, on obtient $l = \sqrt{1+l}$ où $l = \lim u_n$, d'où $l^2 - l - 1 = 0$, donc

$l = \left(1 + \sqrt{5}\right)/2$ car l doit être positif. La limite de (u_n) est donc le nombre d'or.

Réponse 5.22 Cet algorithme se termine. Pour le voir, il faut comprendre que l'algorithme calcule les termes successifs de la suite $(A_n)_{n\in\mathbb{N}}$ définie par $A_0 = -3$ et :
$$\forall n \in \mathbb{N} \quad A_{n+1} = \frac{1}{2}A_n + 1,$$
et s'arrête dès que l'on n'a plus $A_n \leq 1,9$. La suite (A_n) est une suite arithmético-géométrique. Comme :
$$l = \frac{1}{2}l + 1 \Leftrightarrow l = 2$$
il suffit de soustraire les égalités $A_{n+1} = \frac{1}{2}A_n + 1$ et $2 = \frac{1}{2}2 + 1$ pour obtenir :
$$\forall n \in \mathbb{N} \quad A_{n+1} - 2 = \frac{1}{2}(A_n - 2)$$
d'où (en raisonnant par récurrence) :
$$\forall n \in \mathbb{N} \quad A_n - 2 = \left(\frac{1}{2}\right)^n (A_0 - 2).$$
Comme $1/2 \in \,]-1, 1[$, on a $\lim (1/2)^n = 0$ donc $\lim (A_n - 2) = 0$, ce qui prouve que la suite (A_n) tend vers 2. Par suite :
$$\exists N \in \mathbb{N} \quad n \geq N \Rightarrow 1,9 < A_n$$
et l'on est certain d'obtenir un terme A_n de la suite (A_n) supérieur strictement à $1,9$ au bout d'un nombre fini de pas, ce qui entraîne l'arrêt de l'algorithme.

Réponse 5.23 Montrons que ces deux égalités matricielles sont vraies quel que soit $k \in \mathbb{N}^*$ en raisonnant par récurrence sur k. Si $k = 1$, on a bien :
$$P^1 = \begin{pmatrix} F_2 & F_1 \\ F_1 & F_0 \end{pmatrix} \quad \text{et} \quad \begin{pmatrix} F_2 \\ F_1 \end{pmatrix} = P^1 \begin{pmatrix} F_1 \\ F_0 \end{pmatrix}.$$
puisque $F_0 = 0$, $F_1 = F_2 = 1$ et :
$$P^1 \begin{pmatrix} F_1 \\ F_0 \end{pmatrix} = \begin{pmatrix} 1 & 1 \\ 1 & 0 \end{pmatrix} \begin{pmatrix} 1 \\ 0 \end{pmatrix} = \begin{pmatrix} 1 \\ 1 \end{pmatrix} = \begin{pmatrix} F_2 \\ F_1 \end{pmatrix}.$$
Si les deux égalités sont vraies au rang k, alors :
$$P^{k+1} = P.P^k = \begin{pmatrix} 1 & 1 \\ 1 & 0 \end{pmatrix} \begin{pmatrix} F_{k+1} & F_k \\ F_k & F_{k-1} \end{pmatrix}$$
$$= \begin{pmatrix} F_{k+1} + F_k & F_k + F_{k-1} \\ F_{k+1} & F_k \end{pmatrix} = \begin{pmatrix} F_{k+2} & F_{k+1} \\ F_{k+1} & F_k \end{pmatrix}$$

et :
$$P^{k+1}\begin{pmatrix} F_1 \\ F_0 \end{pmatrix} = \begin{pmatrix} F_{k+2} & F_{k+1} \\ F_{k+1} & F_k \end{pmatrix}\begin{pmatrix} 1 \\ 0 \end{pmatrix} = \begin{pmatrix} F_{k+2} \\ F_{k+1} \end{pmatrix}$$

et les deux égalités sont encore vraies au rang $k+1$.

Réponse 5.24 Pour démontrer que :
$$\forall (p,q) \in \mathbb{N}^* \times \mathbb{N}^* \quad F_p F_{q+1} + F_{p-1} F_q = F_{p+q} \quad (*)$$
nous raisonnerons par récurrence sur q une fois p fixé dans $\mathbb{N}^*$. L'égalité proposée est vraie aux rangs $q = 1$ et $q = 2$ car :
$$F_p F_2 + F_{p-1} F_1 = F_p \times 1 + F_{p-1} \times 1 = F_{p+1}$$
et :
$$\begin{aligned} F_p F_3 + F_{p-1} F_2 &= F_p \times 2 + F_{p-1} \times 1 = F_p + (F_p + F_{p-1}) \\ &= F_p + F_{p+1} = F_{p+2} \end{aligned}$$

Si maintenant l'on suppose que l'égalité $(*)$ est vraie jusqu'au rang q, alors :
$$\begin{aligned} F_{p+q+1} &= F_{p+q} + F_{p+q-1} \\ &= (F_p F_{q+1} + F_{p-1} F_q) + (F_p F_q + F_{p-1} F_{q-1}) \\ &= F_p (F_{q+1} + F_q) + F_{p-1}(F_q + F_{q-1}) \\ &= F_p F_{q+2} + F_{p-1} F_{q+1} \end{aligned}$$

et cela prouve l'égalité au rang $q+1$.

Réponse 5.25 a) Notons u_0 la concentration initiale à l'heure 0. D'une heure à l'autre, la concentration passe de u à $\left(1 - \frac{2,85}{100}\right)u$, autrement dit de u à $0,9715u$. L'algorithme de calcul de la demi-vie d'un antibiotique s'en déduit :

  $n \leftarrow 0$
  $u \leftarrow u_0$
  Tant que $u > u_0/2$ faire :
  $u \leftarrow 0,9715 * u$
  $n \leftarrow n+1$
  Fin de la boucle faire
  Afficher n

b) On a $u_0 = 1,5$ et $u_{n+1} = \left(1 - \frac{2,85}{100}\right)u_n = 0,9715 u_n$ pour tout n.
La suite (u_n) est la suite géométrique de raison $\alpha = 0,9715$ et de premier terme $u_0 = 1,5$, donc $u_n = \alpha^n u_0 = 0,9715^n \times 1,5$. La demi-vie de l'antibiotique sera la première valeur de n telle que $u_n \leq u_0/2$. Comme :
$$u_n \leq \frac{u_0}{2} \Leftrightarrow \alpha^n u_0 \leq \frac{u_0}{2} \Leftrightarrow \alpha^n \leq \frac{1}{2} \Leftrightarrow n \ln \alpha \leq -\ln 2 \Leftrightarrow n \geq -\frac{\ln 2}{\ln \alpha}$$

et comme $-\dfrac{\ln 2}{\ln \alpha} = -\dfrac{\ln 2}{\ln 0,9715} \simeq 23,9727$, la demi-vie est de 24 heures.

Réponse 5.26 • Pour tout $x \in \mathbb{R}_+^*$,
$$h(x) = x - \frac{g(x)}{2} = x - \frac{1}{2}\left(x - \frac{1}{x}\right) = \frac{x^2+1}{2x}$$

donc h est dérivable sur $\mathbb{R}_+^*$, de fonction dérivée donnée par :
$$h'(x) = \frac{2x \times 2x - 2(x^2+1)}{4x^2} = \frac{x^2-1}{2x^2}.$$

Le dénominateur $2x^2$ de $h'(x)$ reste strictement positif quand x décrit $\mathbb{R}_+^*$. Le numérateur s'annule en $x = \pm 1$, et il est négatif si $x \in [-1,1]$ et positif dans le cas contraire. Enfin $\lim_{x\to 0_+} h(x) = \lim_{x\to +\infty} h(x) = +\infty$. Le tableau de variations de h est donc :

x	0		1		$+\infty$
$h'(x)$		$-$	0	$+$	
$h(x)$	$+\infty$	$\searrow$	1	$\nearrow$	$+\infty$

• Le tableau de variations montre que h est croissante sur $[1;+\infty[$ et que $h(1) = 1$, donc pour tout $x \geq 1$ on aura $h(x) \geq h(1) = 1$. Cela prouve que $h([1;+\infty[) \subset [1;+\infty[$, autrement dit que $[1;+\infty[$ est stable par h.

• Si $1 \leq x \leq 3$, alors :
$$0 \leq h'(x) \leq \frac{4}{9} \iff 0 \leq \frac{x^2-1}{2x^2} \leq \frac{4}{9}$$
$$\iff 0 \leq x^2 - 1 \leq \frac{8x^2}{9}$$
$$\iff 1 \leq x^2 \text{ et } 9x^2 - 9 \leq 8x^2$$
$$\iff 1 \leq x^2 \leq 9.$$

La dernière assertion $1 \leq x^2 \leq 9$ est toujours vraie sous l'hypothèse $1 \leq x \leq 3$ car la fonction $x \mapsto x^2$ est croissante sur $\mathbb{R}_+$. On peut donc affirmer que $0 \leq h'(x) \leq 4/9$ pour tout $x \in [1;3]$.

b) On aura montré que les termes de la suite (u_n) sont bien définis et strictement positifs si l'on prouve que la propriété suivante :

$\mathcal{P}(n)$: « Il existe des réels $u_0 = 3, u_1, ..., u_n$ tels que $u_{k+1} = h(u_k)$ pour tout $k \in [\![0, n-1]\!]$, et tels que $u_k \geq 1$ pour tout $k \in [\![0, n]\!]$. »

est vraie pour tout $n \in \mathbb{N}^*$. Raisonnons par récurrence sur n, pour $n \geq 1$. La propriété $\mathcal{P}(1)$ est vraie en posant $u_1 = h(u_0) = h(3)$, ce qui a un sens puisque 3 est dans l'ensemble de définition $\mathbb{R}_+^*$ de h. Comme $3 \in [1; +\infty[$, la stabilité de $[1; +\infty[$ par h montrée plus haut prouve que $u_1 = h(3) \in [1; +\infty[$, donc que $u_1 \geq 1$.

Si maintenant $\mathcal{P}(n)$ est vraie, montrer que $\mathcal{P}(n+1)$ est vraie revient à prouver que l'on peut poser $u_{n+1} = h(u_n)$ et qu'alors $u_{n+1} \geq 1$. Par hypothèse $u_n \geq 1$ donc u_n appartient à l'ensemble de définition de h et cela a un sens de poser $u_{n+1} = h(u_n)$. La stabilité de l'intervalle $[1; +\infty[$ par h permet d'écrire :

$$u_n \geq 1 \Rightarrow u_{n+1} \geq 1$$

ce démontre que $\mathcal{P}(n+1)$ est vraie.

c) Pour tout $n \in \mathbb{N}$,

$$u_{n+1} - u_n = \frac{u_n^2 + 1}{2u_n} - u_n = \frac{1 - u_n^2}{2u_n} \leq 0$$

puisque $1 - u_n^2 \leq 0$ d'après (C.1.b) et $u_n \geq 0$ d'après (C.2). Cela montre que la suite $(u_n)_{n \geq 0}$ est décroissante. La suite (u_n) est une suite réelle décroissante minorée par 0, donc converge vers une limite l. La fonction h est continue sur $\mathbb{R}_+^*$, et il suffit de passer à la limite dans l'égalité $u_{n+1} = h(u_n)$ pour obtenir $l = h(l)$, soit :

$$\frac{l^2 + 1}{2l} = l$$

qui s'écrit encore $l^2 + 1 = 2l^2$, et donne $l = \pm 1$. Comme $u_n \geq 0$ pour tout n, la limite l de la suite (u_n) ne peut pas être égale à -1. Donc $l = 1$.

d) • On a déjà montré en b) que $u_n \geq 1$ pour tout n, d'où la première inégalité $0 \leq u_{n+1} - 1$ de l'encadrement. L'inégalité des accroissements finis montre que pour tout n :

$$|u_{n+1} - 1| = |h(u_n) - h(1)| \leq \mathrm{Sup}_{t \in [1, u_n]} |h'(t)| \times |u_n - 1|.$$

D'après c) la suite (u_n) est décroissante, donc $1 \leq u_n \leq u_0 = 3$ quel que soit n. La question a) montre que $0 \leq h'(t) \leq 4/9$ dès que $t \in [1; 3]$, de sorte que $\mathrm{Sup}_{t \in [1, u_n]} |h'(t)| \leq 4/9$, et que l'on obtienne :

$$|u_{n+1} - 1| \leq \frac{4}{9} |u_n - 1|.$$

Comme $0 \leq u_{n+1} - 1$ et $0 \leq u_n - 1$, on trouve bien l'encadrement :

$$0 \leq u_{n+1} - 1 \leq \frac{4}{9}(u_n - 1).$$

- Si $n \in \mathbb{N}$,

$$0 \leq u_n - 1 \leq \frac{4}{9}(u_{n-1} - 1) \leq \left(\frac{4}{9}\right)^2 (u_{n-2} - 1)$$
$$\leq \ldots \leq \left(\frac{4}{9}\right)^k (u_{n-k} - 1) \leq \ldots \leq \left(\frac{4}{9}\right)^n (u_0 - 1)$$

et comme $u_0 = 3$, on obtient :

$$\forall n \in \mathbb{N} \quad 0 \leq u_n - 1 \leq 2 \times \left(\frac{4}{9}\right)^n. \quad (*)$$

Comme $0 \leq 4/9 < 1$, on a $\lim(2 \times (4/9)^n) = 0$ et le théorème des gendarmes appliqué à l'encadrement précédent montre que la limite $\lim(u_n - 1)$ existe, et que $\lim(u_n - 1) = 0$. Donc $\lim u_n = 1$.

- On a :

$$2 \times \left(\frac{4}{9}\right)^x \leq 10^{-4} \quad \Leftrightarrow \quad x \ln \frac{4}{9} \leq -4 \ln 10 - \ln 2$$
$$\Leftrightarrow \quad x \geq -\frac{4 \ln 10 + \ln 2}{\ln \frac{4}{9}} \simeq 12{,}213$$

Les encadrements $(*)$ montrent que l'on peut prendre $n_0 = 13$.

e) • En remplaçant :

$$w_{n+1} = \frac{u_{n+1} - 1}{u_{n+1} + 1} = \frac{\dfrac{u_n^2 + 1}{2u_n} - 1}{\dfrac{u_n^2 + 1}{2u_n} + 1} = \frac{u_n^2 - 2u_n + 1}{u_n^2 + 2u_n + 1} = \left(\frac{u_n - 1}{u_n + 1}\right)^2 = w_n^2.$$

- On peut écrire $w_n = w_{n-1}^2 = (w_{n-2}^2)^2 = w_{n-2}^{2^2}$ et continuer ainsi pour obtenir $w_n = w_{n-1}^2 = w_{n-2}^{2^2} = \ldots = w_{n-k}^{2^k} = \ldots = w_0^{2^n}$ où :

$$w_0 = \frac{u_0 - 1}{u_0 + 1} = \frac{2}{4} = \frac{1}{2}.$$

Finalement :

$$\forall n \in \mathbb{N} \quad w_n = \left(\frac{1}{2}\right)^{2^n}.$$

Cela peut se vérifier rigoureusement par récurrence. La formule proposée est vraie si $n = 0$. Si elle est vraie jusqu'au rang n, alors :

$$w_{n+1} = w_n^2 = \left[\left(\frac{1}{2}\right)^{2^n}\right]^2 = \left(\frac{1}{2}\right)^{2^{n+1}}$$

et la formule est vraie au rang $n+1$.

- On a :

$$w_n = \frac{u_n - 1}{u_n + 1} \Leftrightarrow w_n u_n + w_n = u_n - 1$$
$$\Leftrightarrow (w_n - 1)u_n = -w_n - 1$$
$$\Leftrightarrow u_n = \frac{1 + w_n}{1 - w_n}$$

puisque $w_n \neq 1$ (sinon $u_n - 1 = u_n + 1$ entraîne $-1 = 1$, ce qui est absurde). En utilisant la question précédente, on déduit que :

$$\forall n \in \mathbb{N} \quad u_n = \frac{1 + w_n}{1 - w_n} = \frac{1 + \frac{1}{2^{2^n}}}{1 - \frac{1}{2^{2^n}}} = \frac{2^{2^n} + 1}{2^{2^n} - 1}.$$

- Comme $\lim(1/2^{2^n}) = 0$ on obtient :

$$\lim u_n = \lim \frac{1 + \frac{1}{2^{2^n}}}{1 - \frac{1}{2^{2^n}}} = 1.$$

Réponse 5.27 Oui, et nous allons le démontrer. Pour tout $n \in \mathbb{N}$ on a $u_{n+1} = -u_n^2 + u_n \leq u_n$ puisque $-u_n^2$ est toujours négatif, de sorte que (u_n) soit une suite décroissante. On peut vérifier par récurrence sur n que tous les termes u_n restent positifs. En effet, $u_0 = 1/2 > 0$, donc l'affirmation est vraie au rang 0, et si elle est vraie au rang n :

$$u_{n+1} = u_n(1 - u_n) \geq 0$$

puisque $u_n \geq 0$ par hypothèse de récurrence, et $1 - u_n \geq 0$. Ce dernier point se vérifie en rappelant la décroissance de (u_n) pour obtenir :

$$u_n \leq u_{n-1} \leq ... \leq u_0 = \frac{1}{2} \leq 1$$

d'où $1 - u_n \geq 0$. Finalement (u_n) est une suite réelle décroissante minorée par 0, donc converge d'après le théorème de la borne supérieure. Si l'on pose

$\lim u_n = l$, il suffit de passer à la limite dans les égalités $u_{n+1} = -u_n^2 + u_n$ pour obtenir $l = -l^2 + l$, d'où $l = 0$. En conclusion $\lim u_n = 0$.

Réponse 5.28 a) On a $f(-x) = -xe^{-(-x)^2/2} = -xe^{-x^2/2} = -f(x)$ pour tout réel x, donc la fonction f est impaire. La fonction f est dérivable sur $\mathbb{R}$, et pour tout x on a $f'(x) = e^{-x^2/2} - x^2 e^{-x^2/2} = (1-x^2)e^{-x^2/2}$. Cette dérivée s'annule pour $x = \pm 1$, reste strictement positive sur $]-1, 1[$ et strictement négative sur $\mathbb{R}\setminus[-1, 1]$, donc f croît sur $[-1, 1]$ et décroît ailleurs.

x	0		1		$+\infty$
$f'(x)$		$+$	0	$-$	
$f(x)$	0	↗	$e^{-1/2}$	↘	0_+

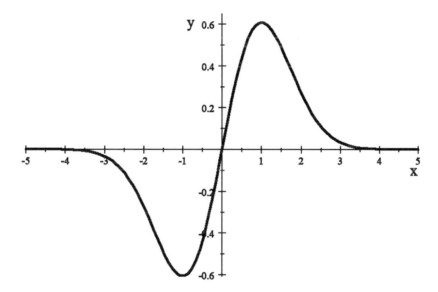

Comme $\lim_{x \to \pm\infty} f(x) = 0$, la courbe $\mathcal{C}$ admet l'axe des abscisses comme asymptote horizontale. Comme $f(x) = xe^{-x^2/2}$ reste positive sur $\mathbb{R}_+$, et négative sur $\mathbb{R}_-$, on peut affirmer que $\mathcal{C}$ est au-dessus de cette asymptote si $x \in \mathbb{R}_+$, et au-dessous si $x \in \mathbb{R}_-$.

b) Une équation de T est $y = f'(0)(x - 0) + f(0)$. Comme $f'(0) = 1$ et $f(0) = 0$, cette équation s'écrit $y = x$ et on reconnaît la première bissectrice.

c) La fonction f est deux fois dérivable et si $x \in \mathbb{R}$:

$$\begin{aligned} f''(x) &= ((1-x^2)e^{-x^2/2})' = -2xe^{-x^2/2} + (1-x^2) \times (-x)e^{-x^2/2} \\ &= (x^3 - 3x)e^{-x^2/2} = x(x^2 - 3)e^{-x^2/2}. \end{aligned}$$

Cette dérivée seconde s'annule en changeant de signe quand $x = 0$ ou $x = \pm\sqrt{3}$, donc f admet trois points d'inflexion aux points d'abscisses 0 et $\pm\sqrt{3}$. Le tableau de signes de $f''(x)$ construit ci-dessous montre que f est convexe sur $\left[-\sqrt{3}, 0\right]$ et $\left[\sqrt{3}, -\infty\right[$, et concave sur $\left]-\infty, -\sqrt{3}\right]$ et $\left[0, \sqrt{3}\right]$, ce qu'on vérifie sur le graphique.

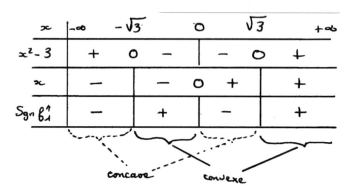

d) Voici le graphique :

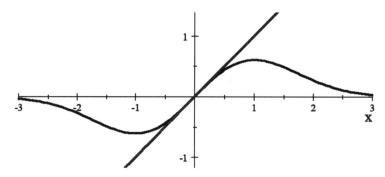

e) On vérifie que $0 \leq u_n \leq 1$ pour tout $n \in \mathbb{N}$ en raisonnant par récurrence sur n. Cet encadrement est assuré si $n = 0$ puisque $u_0 = 1$. Si l'on a $0 \leq u_n \leq 1$ au rang n, alors $u_{n+1} = u_n e^{-u_n^2/2}$ est positif puisque u_n l'est, et les variations de f étudiées à en a) montrent que $u_{n+1} = f(u_n) \leq 1$. Ainsi $0 \leq u_{n+1} \leq 1$ et l'encadrement est vrai au rang $n+1$.

Comme $u_1 = u_0 e^{-u_0^2/2} = e^{-1/2} \simeq 0,6$ on constate que $u_1 \leq u_0$. Comme $f : [0, 1] \to [0, 1]$ est une fonction croissante et comme $u_n \in [0, 1]$ pour tout n, il est facile de raisonner par récurrence pour démontrer que $u_{n+1} \leq u_n$ que quel soit n. Au rang $n = 0$, on a bien $u_1 \leq u_0$. Si l'on suppose que l'on a $u_{n+1} \leq u_n$ au rang n, il suffit d'appliquer f aux deux membres de cette inégalité pour obtenir $f(u_{n+1}) \leq f(u_n)$, soit $u_{n+2} \leq u_{n+1}$, ce qui montre que l'inégalité est vraie au rang $n+1$. Ainsi la suite (u_n) est décroissante, et minorée par 0, donc converge vers une limite $L \geq 0$.

5.3. RÉPONSES

Il suffit de passer à la limite dans les égalités $u_{n+1} = f(u_n)$ pour obtenir $L = f(L)$. On conclut en écrivant :

$$L = f(L) \Rightarrow L = Le^{-L^2/2} \Rightarrow e^{-L^2/2} = 1 \Rightarrow \frac{L^2}{2} = 0 \Rightarrow L = 0.$$

f) L'assertion $|u_n - L| \leq 10^{-1}$ équivaut à $u_n \leq 0,1$. Voici un algorithme permettant de calculer n_0 :

$n \leftarrow 0$
$u \leftarrow 1$
Tant que $u > 0,1$ faire :
$u \leftarrow ue^{-u^2/2}$
$n \leftarrow n + 1$
Fin de la boucle faire
Afficher n, u

On utilisera sa calculatrice. Avec Python on obtient ce programme :

```
# caplp2018
from math import*
n=0
u=1
while (u>0.1) :
    u=u*exp(-u*u/2)
    n=n+1
print(n,u)
```

Voici la sortie où l'on obtient $n_0 = 97$:

```
>>> (executing file "caplp2018.py")
97 0.09970425163268308
```

Réponse 5.29 a) On obtient :

$$U^2 = \begin{pmatrix} 0 & 1 & 1 & 1 \\ 1 & 0 & 1 & 1 \\ 1 & 1 & 0 & 1 \\ 1 & 1 & 1 & 0 \end{pmatrix} \begin{pmatrix} 0 & 1 & 1 & 1 \\ 1 & 0 & 1 & 1 \\ 1 & 1 & 0 & 1 \\ 1 & 1 & 1 & 0 \end{pmatrix} = \begin{pmatrix} 3 & 2 & 2 & 2 \\ 2 & 3 & 2 & 2 \\ 2 & 2 & 3 & 2 \\ 2 & 2 & 2 & 3 \end{pmatrix}$$

$$U^3 = \begin{pmatrix} 3 & 2 & 2 & 2 \\ 2 & 3 & 2 & 2 \\ 2 & 2 & 3 & 2 \\ 2 & 2 & 2 & 3 \end{pmatrix} \begin{pmatrix} 0 & 1 & 1 & 1 \\ 1 & 0 & 1 & 1 \\ 1 & 1 & 0 & 1 \\ 1 & 1 & 1 & 0 \end{pmatrix} = \begin{pmatrix} 6 & 7 & 7 & 7 \\ 7 & 6 & 7 & 7 \\ 7 & 7 & 6 & 7 \\ 7 & 7 & 7 & 6 \end{pmatrix}.$$

b) L'existence de ces deux suites peut être démontrée par récurrence, en considérant la propriété $\mathcal{P}(m)$ suivante :

$\mathcal{P}(m)$: il existe des suites finies de réels $(\alpha_0, ..., \alpha_m)$ et $(\beta_0, ..., \beta_m)$ telles que, pour tout $k \in [\![0, m]\!]$, U^k soit de la forme annoncée et :

$$\forall k \in [\![0, m-1]\!] \quad \begin{cases} \alpha_{k+1} = 3\beta_k \\ \beta_{k+1} = \alpha_k + 2\beta_k. \end{cases} \quad (R)$$

Les propriétés $\mathcal{P}(0)$ et $\mathcal{P}(1)$ sont vraies car $U^0 = I$ et $U^1 = U$ sont de la forme annoncée avec $(\alpha_0, \beta_0) = (1, 0)$ et $(\alpha_1, \beta_1) = (0, 1)$, et puisque :

$$\begin{cases} \alpha_1 = 3\beta_0 \\ \beta_1 = \alpha_0 + 2\beta_0. \end{cases}$$

Si la propriété $\mathcal{P}(m)$ est vraie pour un certain entier naturel $m \geq 1$, alors :

$$U^{m+1} = U^m U = \begin{pmatrix} \alpha_m & \beta_m & \beta_m & \beta_m \\ \beta_m & \alpha_m & \beta_m & \beta_m \\ \beta_m & \beta_m & \alpha_m & \beta_m \\ \beta_m & \beta_m & \beta_m & \alpha_m \end{pmatrix} \begin{pmatrix} 0 & 1 & 1 & 1 \\ 1 & 0 & 1 & 1 \\ 1 & 1 & 0 & 1 \\ 1 & 1 & 1 & 0 \end{pmatrix}$$

$$= \begin{pmatrix} 3\beta_m & \alpha_m + 2\beta_m & \alpha_m + 2\beta_m & \alpha_m + 2\beta_m \\ \alpha_m + 2\beta_m & 3\beta_m & \alpha_m + 2\beta_m & \alpha_m + 2\beta_m \\ \alpha_m + 2\beta_m & \alpha_m + 2\beta_m & 3\beta_m & \alpha_m + 2\beta_m \\ \alpha_m + 2\beta_m & \alpha_m + 2\beta_m & \alpha_m + 2\beta_m & 3\beta_m \end{pmatrix}$$

$$= \begin{pmatrix} \alpha_{m+1} & \beta_{m+1} & \beta_{m+1} & \beta_{m+1} \\ \beta_{m+1} & \alpha_{m+1} & \beta_{m+1} & \beta_{m+1} \\ \beta_{m+1} & \beta_{m+1} & \alpha_{m+1} & \beta_{m+1} \\ \beta_{m+1} & \beta_{m+1} & \beta_{m+1} & \alpha_{m+1} \end{pmatrix}$$

en posant :

$$\begin{cases} \alpha_{m+1} = 3\beta_m \\ \beta_{m+1} = \alpha_m + 2\beta_m. \end{cases}$$

Cela montre que la propriété $\mathcal{P}(m+1)$ est vraie et achève la démonstration.

c) Pour tout $k \in \mathbb{N}$ on a $\beta_{k+2} = \alpha_{k+1} + 2\beta_{k+1} = 2\beta_{k+1} + 3\beta_k$. La suite (β_k) vérifie la relation :

$$\beta_{k+2} = 2\beta_{k+1} + 3\beta_k. \quad (\dagger)$$

C'est donc une suite récurrente linéaire que l'on peut expliciter en utilisant une méthode vue en cours. On cherche d'abord les suites de la forme $(\lambda^k)_k$ solutions de $(\dagger)$, c'est-à-dire vérifiant :

$$\lambda^{k+2} = 2\lambda^{k+1} + 3\lambda^k$$

pour tout k. Cela revient à chercher λ tel que $\lambda^2 - 2\lambda - 3 = 0$. Le discriminant réduit de ce trinôme du second degré est $\Delta' = 4$, donc ses racines sont 1 ± 2, c'est-à-dire 3 et -1. D'après le cours, les suites de termes généraux 3^k et $(-1)^k$ forment une base de l'espace vectoriel des solutions de (†). Il existe donc deux réels a, b tels que :
$$\forall k \in \mathbb{N} \quad \beta_k = a \times 3^k + b(-1)^k.$$

En remplaçant k par 0, puis par 1, on obtient :
$$\begin{cases} a + b = \beta_0 = 0 \\ 3a - b = \beta_1 = 1 \end{cases}$$

d'où $b = -a$ et $a = 1/4$. On obtient donc, pour tout $k \in \mathbb{N}$:
$$\beta_k = \frac{3^k - (-1)^k}{4} \quad \text{et} \quad \alpha_k = 3\beta_{k-1} = \frac{3^k - 3(-1)^{k-1}}{4} = \frac{3^k + 3(-1)^k}{4}.$$

Réponse 5.30 1) La suite géométrique (u_n) de raison $r \neq 0$ et de premier terme $u_0 = 1$ est de terme général $u_n = r^n$. Elle est de type (F) si et seulement si $r^{n+2} = r^{n+1} + r^n$ pour tout $n \in \mathbb{N}$, ce qui équivaut à dire que r est solution $r^2 = r + 1$. Le discriminant de $r^2 - r - 1 = 0$ est $\Delta = 5$, donc les racines de cette équation du second degré sont $\frac{1 \pm \sqrt{5}}{2}$. On reconnaît φ et φ'. En conclusion, la suite (u_n) est de type (F) si et seulement si $r \in \{\varphi, \varphi'\}$.

2) • On sait d'après le cours que l'ensemble des suites du type (F) forme un espace vectoriel de dimension 2 sur $\mathbb{R}$. On peut aussi vérifier que la famille $\mathcal{B} = ((\varphi^n), (\varphi'^n))$ est une base de cet espace vectoriel. En effet, les suites (φ^n) et (φ'^n) sont bien du type (F) comme on l'a vu dans la question précédente, et la famille $\mathcal{B}$ est libre puisque :
$$\forall n \in \mathbb{N} \quad \alpha\varphi^n + \beta\varphi'^n = 0 \Rightarrow (S) \begin{cases} \alpha + \beta = 0 \\ \alpha\varphi + \beta\varphi' = 0 \end{cases} \Rightarrow \alpha = \beta = 0,$$

le système (S) étant de Cramer puisque de déterminant $\varphi' - \varphi = -\sqrt{5}$ non nul. On conclut en disant que $\mathcal{B}$ étant libre dans un espace vectoriel de dimension 2, c'est une base de cette espace. La suite (F_n) est de type (F), donc s'exprimera dans la base $\mathcal{B}$, et il existera $\alpha, \beta \in \mathbb{R}$ tels que :
$$\forall n \in \mathbb{N} \quad F_n = \alpha\varphi^n + \beta\varphi'^n.$$

On détermine α et β en résolvant le système correspondant à ces égalités pour $n = 0$ puis $n = 1$:
$$\begin{cases} \alpha + \beta = F_0 = 0 \\ \alpha\varphi + \beta\varphi' = F_1 = 1. \end{cases}$$

Les formules de Cramer donnent alors :

$$\alpha = \frac{\begin{vmatrix} 0 & 1 \\ 1 & \varphi' \end{vmatrix}}{\begin{vmatrix} 1 & 1 \\ \varphi & \varphi' \end{vmatrix}} = \frac{-1}{\varphi' - \varphi} = \frac{1}{\sqrt{5}} \quad \text{et} \quad \beta = \frac{\begin{vmatrix} 1 & 0 \\ \varphi & 1 \end{vmatrix}}{\begin{vmatrix} 1 & 1 \\ \varphi & \varphi' \end{vmatrix}} = \frac{1}{\varphi' - \varphi} = \frac{-1}{\sqrt{5}}$$

d'où :
$$\forall n \in \mathbb{N} \quad F_n = \frac{1}{\sqrt{5}} \left(\varphi^n - \varphi'^n \right).$$

Autre solution — On peut éviter d'utiliser ces résultats du cours d'algèbre linéaire en raisonnant par récurrence sur n. On vérifie que :

$$\frac{1}{\sqrt{5}} \left(\varphi^0 - \varphi'^0 \right) = 0 = F_0 \quad \text{et} \quad \frac{1}{\sqrt{5}} \left(\varphi - \varphi' \right) = \frac{\sqrt{5}}{\sqrt{5}} = 1 = F_1$$

ce qui montre que la relation demandée est vraie pour $n = 0$ ou 1. Puis on suppose que l'égalité est vraie jusqu'au rang $n + 1$, où $n \in \mathbb{N}$. Alors :

$$F_{n+2} = F_{n+1} + F_n = \frac{1}{\sqrt{5}} \left(\varphi^{n+1} - \varphi'^{n+1} \right) + \frac{1}{\sqrt{5}} \left(\varphi^n - \varphi'^n \right)$$

en appliquant l'hypothèse récurrente. Comme (φ^n) et (φ'^n) sont du type (F), on obtient :

$$F_{n+2} = \frac{1}{\sqrt{5}} (\varphi^{n+1} + \varphi^n) - \frac{1}{\sqrt{5}} (\varphi'^{n+1} + \varphi'^n) = \frac{1}{\sqrt{5}} \left(\varphi^{n+2} - \varphi'^{n+2} \right)$$

ce qui démontre l'égalité au rang $n + 2$ et achève la démonstration.

• On montre que $F_n \neq 0$ pour tout $n \in \mathbb{N}^*$ en montrant que $F_n \in \mathbb{N}^*$ pour tout $n \in \mathbb{N}^*$ par récurrence sur n. Aux rangs $n = 1$ et $n = 2$, on a bien $F_1 = 1 \in \mathbb{N}^*$ et $F_2 = F_1 + F_0 = 1 \in \mathbb{N}^*$. Si $F_k \in \mathbb{N}^*$ pour tout $k \leq n + 1$, où $n \in \mathbb{N}^*$, alors $F_{n+2} = F_{n+1} + F_n \in \mathbb{N}^*$ comme somme de deux entiers naturels non nuls, ce qui prouve l'assertion au rang $n + 2$.

3.a) On a :
$$f(R_n) = 1 + \frac{1}{R_n} = \frac{F_{n+1} + F_n}{F_{n+1}} = \frac{F_{n+2}}{F_{n+1}} = R_{n+1}.$$

3.b) La fonction $x \mapsto f(x) = 1 + 1/x$ est définie et dérivable sur $\mathbb{R}_+^*$, et pour tout $x \in \mathbb{R}_+^*$: $f'(x) = -1/x^2 < 0$. On en déduit que f est strictement décroissante sur $\mathbb{R}_+^*$. On calcule aussi les limites $\lim_{x \to +\infty} f(x) = 1$ et $\lim_{x \to 0_+} f(x) = +\infty$.

5.3. RÉPONSES

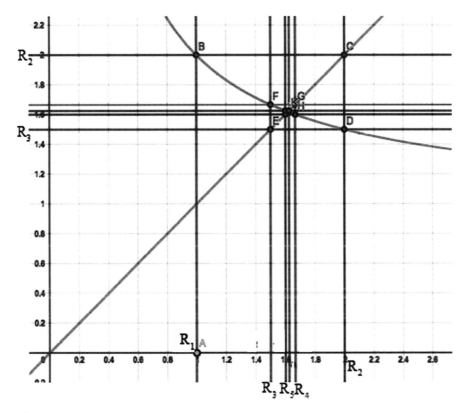

3.c) On a :
$$f(x) = x \Leftrightarrow 1 + \frac{1}{x} = x \Leftrightarrow x^2 - x - 1 = 0 \Leftrightarrow x \in \{\varphi, \varphi'\}$$

où $\varphi = \dfrac{1+\sqrt{5}}{2}$ et $\varphi' = \dfrac{1-\sqrt{5}}{2}$.

3.d) La figure montre une partie de la courbe représentative $\mathcal{C}_f$ de f et la droite d'équation $y = x$. Le calcul des premiers termes de la suite $(R_n)_{n\in\mathbb{N}^*}$ donne $R_1 = 1$, $R_2 = 1+1/R_1 = 2$, $R_3 = 1+1/R_2 = 3/2$, $R_4 = 1+1/R_4 = 5/3$. Sur le graphique, on a placé R_1 sur l'axe des abscisses pour déterminer son image R_2 par f en utilisant la courbe $\mathcal{C}_f$, puis une symétrie par rapport à la première bissectrice $y = x$ permet de ramener R_2 sur l'axe des abscisses. Et ainsi de suite pour obtenir les premiers termes de (R_n).

4.a) Pour tout $x \in \mathbb{R}_+^*$:
$$f \circ f(x) = f(f(x)) = f\left(1 + \frac{1}{x}\right) = 1 + \frac{1}{1+\frac{1}{x}} = \frac{2x+1}{x+1} = 2 - \frac{1}{x+1} = g(x).$$

La fonction $x \mapsto g(x) = 2 + 1/(x+1)$ est définie et dérivable sur $\mathbb{R}_+^*$, et :

$$\forall x \in \mathbb{R}_+^* \quad g'(x) = \frac{1}{(x+1)^2} > 0$$

donc g est strictement croissante sur $\mathbb{R}_+^*$. On a les limites $\lim_{x \to +\infty} g(x) = 2$ et $\lim_{x \to 0_+} g(x) = 1$.

4.b) Comme $\lim_{x \to +\infty} g(x) = 2$, la courbe représentative de la fonction g admet la droite d'équation $y = 2$ comme asymptote horizontale quand x tend vers $+\infty$. La représentation graphique de g est celle d'une partie de la courbe d'une fonction homographique que l'on dessine ici pour $x \geq -1$. L'asymptote horizontale est bien visible sur le graphique.

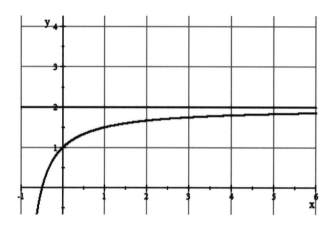

4.c) Si $n \geq 1$, $R_{n+2} = f(R_{n+1}) = f(f(R_n)) = g(R_n)$.

5.a) Raisonnons par récurrence sur n. Si $n = 1$, comme $\varphi = \frac{1+\sqrt{5}}{2} \simeq 1,618$, $a_1 = R_1 = 1$ et $b_1 = R_2 = 2$ on obtient bien $0 < a_1 < \varphi < b_1$. Les inégalités proposées sont donc vraies au rang $n = 1$. Si elles sont vraies au rang n, alors $0 < a_n < \varphi < b_n$ et il suffit d'appliquer la fonction croissante g aux membres de ces inégalités pour obtenir $g(0) = 1 < g(a_n) < g(\varphi) < g(b_n)$, donc $0 < a_{n+1} < \varphi < b_{n+1}$ puisque $g(\varphi) = f(f(\varphi)) = f(\varphi) = \varphi$, mais aussi $g(a_n) = g(R_{2n-1}) = R_{2n+1} = a_{n+1}$ et $g(b_n) = g(R_{2n}) = R_{2n+2} = b_{n+1}$ d'après la question précédente. Ces inégalités sont donc vraies au rang $n+1$.

5.b) On raisonne par récurrence sur n. Si $n = 1$, $a_1 = 1 < a_2 = 3/2$ et $b_1 = 2 > b_2 = 5/3$. Si, au rang n, on sait que $a_n < a_{n+1}$ et $b_n > b_{n+1}$, la croissance stricte de g donne $g(a_n) < g(a_{n+1})$ et $g(b_n) > g(b_{n+1})$, soit $a_{n+1} < a_{n+2}$ et $b_{n+1} > b_{n+2}$, ce qui prouve que ces inégalités sont encore vraies au rang suivant. En conclusion $a_n < a_{n+1}$ et $b_n > b_{n+1}$ pour tout $n \in \mathbb{N}^*$, et cela prouve la stricte croissance de $(a_n)_{n \in \mathbb{N}^*}$ et la stricte décroissance de $(b_n)_{n \in \mathbb{N}^*}$.

5.c) Pour tout $n \in \mathbb{N}^*$:
$$R_{n+1}R_n = \frac{F_{n+2}}{F_{n+1}} \times \frac{F_{n+1}}{F_n} = \frac{F_{n+2}}{F_n}$$
et :
$$R_{n+1}R_n = \frac{F_{n+2}}{F_n} = \frac{F_{n+1} + F_n}{F_n} = R_n + 1.$$
On peut voir que $1 \leq R_n$ quel que soit $n \in \mathbb{N}^*$ en envisageant deux cas suivant la parité de n. Si n est impair, alors $n = 2m - 1$ pour un certain entier $m \geq 1$, et $R_n = R_{2m-1} = a_m \geq a_1 = 1$ en utilisant la croissance de (a_n). Si n est pair, alors $n = 2m$ où $m \geq 1$, et $R_n = R_{2m} = b_m \geq \varphi = 1$ en utilisant les inégalités démontrées un peu plus haut. Finalement $1 \leq R_n$ et :
$$\forall n \in \mathbb{N}^* \quad R_{n+1}R_n = R_n + 1 \geq 2.$$

5.d) Au rang $n = 1$, on a $R_2 - R_1 = 2 - 1 = 1$ d'où :
$$|R_2 - R_1| \leq 1 = \frac{1}{2^{1-1}}$$
donc l'encadrement à démontrer est vrai. Supposons maintenant qu'à un certain rang $n \geq 1$:
$$|R_{n+1} - R_n| \leq \frac{1}{2^{n-1}}.$$
On a vu plus haut que $R_{n+1}R_n = R_n + 1$ de sorte que $R_{n+1} = 1 + \frac{1}{R_n}$ et :
$$|R_{n+2} - R_{n+1}| = \left|\left(1 + \frac{1}{R_{n+1}}\right) - \left(1 + \frac{1}{R_n}\right)\right| = \left|\frac{1}{R_{n+1}} - \frac{1}{R_n}\right| = \frac{|R_{n+1} - R_n|}{R_{n+1}R_n}.$$
L'hypothèse récurrente au rang n et l'inégalité $R_{n+1}R_n \geq 2$ donnent alors :
$$|R_{n+2} - R_{n+1}| = \frac{|R_{n+1} - R_n|}{R_{n+1}R_n} \leq \frac{1}{2^{n-1}} \times \frac{1}{2} = \frac{1}{2^n},$$
ce qui démontre la propriété au rang $n + 1$ et achève le raisonnement.

5.e) • On a prouvé que la suite (u_n) était croissante, que la suite (b_n) était décroissante, et que $a_n \leq b_n$ pour tout $n \in \mathbb{N}^*$. Pour prouver que ces deux suites sont adjacentes il ne reste plus qu'à vérifier que $\lim(b_n - a_n) = 0$. La question 5.d permet d'écrire :
$$0 \leq b_n - a_n = |R_{2n} - R_{2n-1}| \leq \frac{1}{2^{2n-1}}.$$
Comme $\lim(1/2^{2n-1}) = 0$, le théorème des gendarmes montre que la suite $(b_n - a_n)$ converge vers 0 et l'on peut conclure.

- Les suites (a_n) et (b_n) sont adjacentes, donc convergent vers la même limite l. En passant à la limite dans les inégalités $a_n < \varphi < b_n$ démontrées plus haut, on obtient $l \leq \varphi \leq l$ donc $l = \varphi$. Les deux sous-suites (R_{2n-1}) et (R_{2n}) de (R_n) convergent vers φ, donc (R_n) convergera vers φ.

Réponse 5.31 1) La suite $c = (c_n)$ définie par $c_0 = 1$ et $c_n = 0$ si $n \geq 1$, appartient bien à E_0 car on peut démontrer que $c_{n+3} = 3c_{n+2} - 2c_{n+1}$ pour tout entier naturel n, en raisonnant par récurrence sur n. Si $n = 0$ on a bien $c_3 = 3c_2 - 2c_1$ car cela s'écrit $0 = 3 \times 0 - 2 \times 0$. L'égalité est vraie au rang $n = 0$. Si on suppose qu'elle est satisfaite au rang n, on remarque que l'égalité $c_{n+4} = 3c_{n+3} - 2c_{n+2}$ est évidente puisque $c_{n+4} = c_{n+3} = c_{n+2} = 0$. La relation est donc encore vraie au rang $n + 1$, ce qui achève la preuve par récurrence.

2) On a :
$$v_2 = 3v_1 - 2v_0 \Leftrightarrow u_2 - \lambda c_2 = 3(u_1 - \lambda c_1) - 2(u_0 - \lambda c_0)$$
$$\Leftrightarrow u_2 = 3u_1 - 2(u_0 - \lambda)$$
$$\Leftrightarrow \lambda = \frac{1}{2}(u_2 - 3u_1 + 2u_0).$$

Pour cette valeur de λ on peut démontrer que les égalités (3) sont toutes vraies. En effet, si $n = 0$ on retrouve l'égalité $v_2 = 3v_1 - 2v_0$ obtenue ci-dessus. Puis si $n \geq 1$, on a $v_n = u_n - \lambda c_n = u_n$ puisque $c_n = 0$, et l'on sait que $u_{n+2} = 3u_{n+1} - 2u_n$ puisque $u \in E_0$, de sorte que l'on déduise que $v_{n+2} = 3v_{n+1} - 2v_n$, ce qui prouve ($\ddagger$).

3) • Le système :
$$\begin{cases} \alpha + \beta = v_0 \\ \alpha + 2\beta = v_1 \end{cases}$$
est de Cramer puisque son déterminant $D = 1 \times 2 - 1 \times 1 = 1$ n'est pas nul. Il possède donc une unique solution donnée par les formules de Cramer :

$$\alpha = \frac{1}{D}\begin{vmatrix} v_0 & 1 \\ v_1 & 2 \end{vmatrix} = 2v_0 - v_1 \quad \text{et} \quad \beta = \frac{1}{D}\begin{vmatrix} 1 & v_0 \\ 1 & v_1 \end{vmatrix} = v_1 - v_0.$$

• Montrons que $v_n = \alpha + \beta 2^n$ pour tout $n \in \mathbb{N}$, par récurrence sur n. La propriété est évidente si $n = 0$ ou 1, par construction, puisque $v_0 = \alpha + \beta$ et $v_1 = \alpha + 2\beta$ d'après notre choix de α et β. Si l'on suppose maintenant que $n \geq 2$ et que l'égalité $v_k = \alpha + \beta 2^k$ est satisfaite pour tout $k \in [\![0, n]\!]$, alors ($\ddagger$) entraîne :

$$v_{n+1} = 3v_n - 2v_{n-1} = 3(\alpha + \beta 2^n) - 2(\alpha + \beta 2^{n-1})$$
$$= \alpha + \beta(3 \times 2^n - 2^n) = \alpha + \beta 2^{n+1},$$

ce qui prouve l'égalité au rang $n+1$.

• Pour tout $n \in \mathbb{N}$ on peut écrire $u_n = v_n + \lambda c_n = \alpha + \beta 2^n + \lambda c_n$, ce qui prouve que $(u_n) = \alpha(1) + \beta(2^n) + \lambda(c_n)$. Ainsi (u_n) est bien une combinaison linéaire des suites (c_n), (2^n) et (1).

4) Toute suite (u_n) combinaison linéaire des suites (c_n), (2^n) et (1) s'écrit $(u_n) = \alpha(1) + \beta(2^n) + \lambda(c_n)$ pour des coefficients réels α, β et λ convenables. On peut alors vérifier que (u_n) satisfait (†). En effet, pour tout $n \in \mathbb{N}$:

$$\begin{aligned} 3u_{n+2} - 2u_{n+1} &= 3\left(\alpha + \beta 2^{n+2} + \lambda c_{n+2}\right) - 2\left(\alpha + \beta 2^{n+1} + \lambda c_{n+1}\right) \\ &= \alpha + \beta\left(3 \times 2^{n+2} - 2^{n+2}\right) + \lambda\left(3c_{n+2} - 2c_{n+1}\right) \\ &= \alpha + \beta 2^{n+3} + \lambda c_{n+3} = u_{n+3}. \end{aligned}$$

Cela montre que $(u_n) \in E_0$. Les questions 3 et 4 montrent que E_0 est égal à l'ensemble des combinaisons linéaires des suites (c_n), (2^n) et (1). On a raisonné par analyse-synthèse.

Réponse 5.32 1) Si la suite $(x_n)_{n \in \mathbb{N}^*}$ converge, notons l sa limite. Par application des théorèmes généraux sur les limites, on peut affirmer que la suite $(x_{n+1} - x_n)_{n \in \mathbb{N}^*}$ converge et $\lim(x_{n+1} - x_n) = \lim x_{n+1} - \lim x_n = l - l = 0$.

Remarques — Voilà bien une question étonnante dont la réponse est évidente en appliquant les résultats connus sur les limites. On peut aussi retourner à la définition d'une limite avec des ε et des N, choisir un $\varepsilon > 0$ quelconque, puis écrire :

$$|x_{n+1} - x_n| = |(x_{n+1} - l) + (l - x_n)| \leq |x_{n+1} - l| + |l - x_n|.$$

Comme $\lim x_n = l$, il existe $N > 0$ tel que :

$$n \geq N \;\Rightarrow\; |l - x_n| \leq \frac{\varepsilon}{2}$$

de sorte que :

$$n \geq N \;\Rightarrow\; |x_{n+1} - x_n| \leq |x_{n+1} - l| + |l - x_n| \leq \frac{\varepsilon}{2} + \frac{\varepsilon}{2} = \varepsilon.$$

On a montré l'assertion :

$$\forall \varepsilon > 0 \quad \exists N > 0 \quad n \geq N \;\Rightarrow\; |x_{n+1} - x_n| \leq \varepsilon,$$

ce qui démontre que $\lim(x_{n+1} - x_n) = 0$. Doit-on vraiment retourner au déluge pour répondre à cette question ? Peut-être pour assurer les points, mais d'un autre côté se contenter d'agiter les théorèmes généraux sur les limites permet de gagner quelques minutes pour avancer un peu plus dans le problème pendant les cinq heures que dure l'épreuve.

On fera donc comme on le désire, en notant que cette question est juste une mise en bouche pour poser le problème de la réciproque.

Par contre, ce qui est certain, c'est qu'il faut être capable de retourner à des explications précises mettant en jeu des epsilons pour démontrer proprement cette implication si un jury le demande à l'oral. Nous ne perdons ainsi jamais de temps quand nous explicitons des raisonnements.

2.a) La suite $(x_{n+1} - x_n)_{n \in \mathbb{N}^*}$ tend vers l. On sait alors que cette suite converge aussi au sens de Cesàro vers la même limite, ce qui permet d'affirmer que :
$$\lim \frac{1}{n} \sum_{k=1}^{n} (x_{k+1} - x_k) = l \quad \text{soit} \quad \lim \frac{x_{n+1} - x_1}{n} = l.$$

Comme x_1 est une constante, on a aussi :
$$\lim \frac{x_{n+1}}{n} = \lim \left(\frac{x_{n+1}}{n} - \frac{x_1}{n} \right) = l$$

puis :
$$\lim \frac{x_n}{n} = \lim \left(\frac{x_n}{n-1} \times \frac{n-1}{n} \right) = \lim \frac{x_n}{n-1} = l.$$

On vient de montrer que la suite $(x_n/n)_{n \in \mathbb{N}^*}$ converge vers l.

2.b) Si $\lim x_n = l$ et $l \neq 0$ on écrit :
$$x_n = n \times \frac{x_n}{n}$$

et l'on applique les théorèmes généraux sur les limites : comme n tend vers $+\infty$ et comme la suite $(x_n/n)_{n \in \mathbb{N}^*}$ converge vers l d'après la question précédente, on déduit que la suite (x_n) tend vers $+\infty$.

2.c) Si $l = 0$ alors la suite (x_n) n'est pas forcément convergente comme le montre le contre-exemple donné par la suite (a_n) définie par $a_n = \sum_{k=1}^{n} 1/k$ pour tout $n \in \mathbb{N}^*$. On sait que $\lim a_n = +\infty$ et pourtant :
$$\lim (a_{n+1} - a_n) = \lim \frac{1}{n+1} = 0.$$

Réponse 5.33 • Evidemment $c_n^2 + s_n^2 = \cos^2(n\pi\theta) + \sin^2(n\pi\theta) = 1$. On connaît aussi les formules de trigonométrie :
$$\begin{cases} \cos p + \cos q = 2 \cos \dfrac{p+q}{2} \cos \dfrac{p-q}{2} \\ \cos p - \cos q = -2 \sin \dfrac{p+q}{2} \sin \dfrac{p-q}{2} \end{cases}$$

de sorte que :

$$\begin{aligned}
c_{n+1} + c_{n-1} &= \cos(n+1)\pi\theta + \cos(n-1)\pi\theta \\
&= 2\cos\frac{(n+1)\pi\theta + (n-1)\pi\theta}{2}\cos\frac{(n+1)\pi\theta - (n-1)\pi\theta}{2} \\
&= 2\cos n\pi\theta \cos\pi\theta = 2c_n \cos\pi\theta
\end{aligned}$$

et :

$$\begin{aligned}
c_{n+1} - c_{n-1} &= \cos(n+1)\pi\theta - \cos(n-1)\pi\theta \\
&= -2\sin\frac{(n+1)\pi\theta + (n-1)\pi\theta}{2}\sin\frac{(n+1)\pi\theta - (n-1)\pi\theta}{2} \\
&= -2\sin n\pi\theta \sin\pi\theta = -2s_n \sin(\pi\theta).
\end{aligned}$$

- On doit montrer l'équivalence :

$$(c_n) \text{ converge} \iff \theta \in 2\mathbb{Z}.$$

Le sens ($\Leftarrow$) est évident car si $\theta = 2k$ avec $k \in \mathbb{Z}$, alors :

$$c_n = \cos(n\pi\theta) = \cos(2kn\pi) = 1$$

quel que soit n. Dans ce cas la suite (c_n) est constante car tous ses termes valent 1, et elle converge évidemment vers 1. Montrons maintenant la réciproque. Supposons que la suite (c_n) converge vers un réel l. En passant à la limite dans l'égalité $c_{n+1} + c_{n-1} = 2c_n \cos(\pi\theta)$ démontrée à la question précédente, on trouve $2l = 2l\cos(\pi\theta)$. De deux choses l'une :

- Ou bien $l \neq 0$, et l'on trouve $\cos(\pi\theta) = 1$, ce qui prouve l'existence de $k \in \mathbb{Z}$ tel que $\pi\theta = k2\pi$, et dans ce cas $\theta = 2k \in 2\mathbb{Z}$.

- Ou bien $l = 0$, et l'égalité $c_n^2 + s_n^2 = 1$, qui s'écrit $s_n^2 = 1 - c_n^2$, montre que $\lim s_n^2 = 1$. Comme $c_{n+1} - c_{n-1} = -2s_n \sin(\pi\theta)$ pour tout n, on déduit que $(c_{n+1} - c_{n-1})^2 = 4s_n^2 \sin^2(\pi\theta)$ puis que $0 = 4\sin^2(\pi\theta)$ en passant à la limite, d'où $\sin(\pi\theta) = 0$. Il existe donc $k \in \mathbb{Z}$ tel que $\pi\theta = k\pi$, soit $\theta = k$. Mais alors :

$$c_n = \cos(n\pi\theta) = \cos(kn\pi) = (-1)^{kn}.$$

Si k est impair, $c_n = (-1)^n$ pour tout n et la suite (c_n) ne converge pas, ce qui est contraire à nos hypothèses. Donc $\theta \in 2\mathbb{Z}$ encore une fois.

Réponse 5.34 On ne peut pas affirmer cela. La suite numérique (u_n) définie par $u_{2k} = k$ et $u_{2k+1} = 1$ pour tout $k \in \mathbb{N}$, n'est pas majorée car $\lim_{k\to+\infty} u_{2k} = +\infty$, mais ne tend pas vers $+\infty$ puisque quel que soit $n_0 \in \mathbb{N}$, il existe $n \geq n_0$ tel que $u_n = 1$, comme on le voit en prenant n impair et supérieur à n_0. On a montré l'affirmation :

$$\exists A = 1 \quad \forall n_0 \in \mathbb{N} \quad \exists n \in \mathbb{N} \quad n \geq n_0 \text{ et } u_n \leq A$$

qui est bien la négation de l'affirmation :
$$\forall A \in \mathbb{N} \quad \exists n_0 \in \mathbb{N} \quad n \geq n_0 \Rightarrow u_n > A$$
qui, elle, signifie que $\lim u_n = +\infty$.

Réponse 5.35 a) Ici $\theta = a/2^p$ donc $u_n = \cos(2^n \pi \theta) = \cos\left(2^{n-p} a \pi\right)$. Comme $2^{n-p}a$ est un nombre pair dès que $n > p$, pour tout entier $n > p$ on aura $u_n = \cos\left(2^{n-p} a \pi\right) = 1$. La suite (u_n) est donc stationnaire dès le rang 1, en ne prenant que la valeur 1. Elle converge vers 1.

b) Ici $\theta = \dfrac{a}{2^p} + \dfrac{1}{3}$, donc :
$$u_n = \cos(2^n \pi \theta) = \cos\left(2^n\left(\frac{a}{2^p} + \frac{1}{3}\right)\pi\right) = \cos\left(2^{n-p} a \pi + \frac{2^n \pi}{3}\right).$$

Si $n > p$, $2^{n-p} a \pi$ est un multiple de 2π et comme la fonction cosinus est de période 2π :
$$u_n = \cos\frac{2^n \pi}{3}.$$

Le calcul de quelques termes de la suite $(\cos(2^n \pi/3))_{n \in \mathbb{N}}$ nous fait conjecturer que :
$$(C) \quad \forall n > p \quad u_n = \cos\frac{2\pi}{3}.$$

Pour montrer (C), il suffit de démontrer :
$$(D) \quad \forall n \geq 1 \quad \cos\frac{2^n \pi}{3} = \cos\frac{2\pi}{3}.$$

Montrons l'assertion (D) par récurrence sur n. L'égalité est triviale si $n = 1$. Supposons qu'elle soit vraie jusqu'au rang n, et montrons qu'elle est encore vraie au rang $n+1$. On a :
$$\cos\frac{2^{n+1}\pi}{3} = \cos\left(2\frac{2^n \pi}{3}\right) = 2\cos^2\left(\frac{2^n \pi}{3}\right) - 1$$

don en appliquant l'hypothèse récurrente au rang n :
$$\cos\frac{2^{n+1}\pi}{3} = 2\cos^2\left(\frac{2\pi}{3}\right) - 1 = \cos\left(2\frac{2\pi}{3}\right) = \cos\frac{4\pi}{3} = \cos\frac{2\pi}{3},$$

ce qui achève la démonstration. En conclusion, la suite (u_n) est stationnaire à partir du rang $p+1$, ne prenant que la valeur $-1/2$, donc converge vers $\cos(2\pi/3) = -1/2$.

Commentaires — α) La réponse donnée, rédigée de façon courte, ne montre pas comment on a eu l'idée de la conjecture (C). C'est compréhensible puisque l'on doit proposer une réponse rédigée en temps limité, sans trop expliquer sa démarche d'investigation pour éviter de perdre un temps précieux. Au brouillon, on a commencé par simplifier l'écriture de u_n pour obtenir $u_n = \cos(2^n\pi/3)$, puis on s'est intéressé à la suite $(\cos(2^n\pi/3))_{n\in\mathbb{N}}$. En calculant les termes $2^n\pi/3$ pour n allant de 0 à 5, on s'est alors aperçu que, lorsque $n > 0$, on avait $2^n\pi/3 \equiv 2\pi/3$ si $n \equiv 1$ (2) et $2^n\pi/3 \equiv 4\pi/3$ si $n \equiv 0$ (2). On a enfin remarqué, en pensant au nombre complexe $j = e^{i2\pi/3}$, que $\cos(2\pi/3) = \cos(4\pi/3)$. La conjecture (C) s'en déduit. Cette recherche suggère de ne pas utiliser de récurrence pour démontrer (C) et de continuer avec des congruences comme dans le commentaire ci-dessous.

β) On peut éviter de montrer (D) par récurrence en envisageant deux cas suivant la classe de congruence de n modulo 2. Si $n \equiv 0$ (2), il existe un entier k tel que $n = 2k$, d'où :
$$\cos\frac{2^n\pi}{3} = \cos\left(2^{2k}\frac{2\pi}{3}\right).$$

Comme $2^{2k} = 4^k \equiv 1$ (3), il existe $t \in \mathbb{N}$ tel que $2^{2k} = 1 + 3t$, et :
$$\cos\frac{2^n\pi}{3} = \cos\left((1+3t)\frac{2\pi}{3}\right) = \cos\left(\frac{2\pi}{3} + t2\pi\right) = \cos\frac{2\pi}{3}.$$

On recommence quand $n \equiv 1$ (2). Il existe alors un entier naturel k tel que $n = 2k - 1$, d'où :
$$\cos\frac{2^n\pi}{3} = \cos\left(2^{2k-1}\frac{2\pi}{3}\right).$$

Comme $k \geq 1$, $2^{2k-1} = 2^{2(k-1)} \times 2 = 4^{(k-1)} \times 2 \equiv 2$ (3), il existe $t \in \mathbb{N}$ tel que $2^{2k-1} = 2 + 3t$, d'où :
$$\cos\frac{2^n\pi}{3} = \cos\left((2+3t)\frac{2\pi}{3}\right) = \cos\left(\frac{4\pi}{3} + t2\pi\right) = \cos\frac{4\pi}{3} = \cos\frac{2\pi}{3}.$$

c) On a $u_{n+1} = \cos(2^{n+1}\pi\theta) = \cos(2 \times (2^n\pi\theta)) = 2\cos^2(2^n\pi\theta) - 1$ pour tout entier naturel n, ce qui s'écrit $u_{n+1} = 2u_n^2 - 1$. Si $\lim u_n = l$ le passage à la limite dans les égalités $u_{n+1} = 2u_n^2 - 1$ donne $l = 2l^2 - 1$, et l sera une racine du trinôme du second degré $2l^2 - l - 1$. Le discriminant de ce trinôme est $\Delta = (-1)^2 - 4 \times 2 \times (-1) = 9$, donc l sera l'une des racines $(1 \pm 3)/4$. Ainsi $l = 1$ ou $-1/2$.

Réponse 5.36 a) La fonction f restreinte à $\mathbb{R}^*$ est le quotient des deux fonctions dérivables $u : x \mapsto e^x - 1$ et $v : x \mapsto x$. Donc f est dérivable sur $\mathbb{R}^*$.

D'autre part, la fonction f sera dérivable en 0 si et seulement si le quotient :

$$\Delta(x) = \frac{f(x) - f(0)}{x - 0} = \frac{f(x) - 1}{x}$$

tend vers une limite finie quand x tend vers 0. C'est le cas puisqu'au voisinage de 0,

$$\begin{aligned} f(x) = \frac{e^x - 1}{x} &= \frac{1}{x}\left(1 + x + \frac{x^2}{2} + \frac{x^3}{6} + o(x^3)\right) - \frac{1}{x} \\ &= 1 + \frac{x}{2} + \frac{x^2}{6} + o(x^2) \end{aligned}$$

donc :

$$\Delta(x) = \frac{1}{2} + \frac{x}{6} + o(x),$$

et $\lim_{x \to 0} \Delta(x) = 1/2$. La fonction f est ainsi dérivable en 0, de nombre dérivé $f'(0) = 1/2$ en ce point. Finalement f est dérivable sur tout $\mathbb{R}$. On a :

$$\forall x \in \mathbb{R}^* \quad f'(x) = \frac{u'(x) v(x) - u(x) v'(x)}{v(x)^2} = \frac{e^x x - (e^x - 1)}{x^2}$$

soit :

$$\forall x \in \mathbb{R}^* \quad f'(x) = \frac{g(x)}{x^2}$$

en posant $g(x) = (x - 1)e^x + 1$.

La fonction g est dérivable de dérivée $g'(x) = e^x + (x - 1)e^x = xe^x$. Ainsi g' est strictement négative si $x < 0$, et strictement positive si $x > 0$. On en déduit que la fonction g possède un minimum en 0. Ce minimum vaut $g(0) = 0$, donc $g(x) \geq g(0) = 0$ pour tout réel x. On a même $g(x) > 0$ si $x \in \mathbb{R}^*$. Cela montre que :

$$\forall x \in \mathbb{R}^* \quad f'(x) = \frac{g(x)}{x^2} > 0.$$

La fonction f est donc strictement croissante sur $]-\infty, 0]$ et sur $[0, +\infty[$. Comme elle est continue sur tout $\mathbb{R}$, on peut affirmer qu'elle sera strictement croissante sur tout $\mathbb{R}$. Le tableau de variations de f et sa courbe représentative s'en déduisent :

x	$-\infty$		0		$+\infty$
$f'(x)$		+	0	+	
$f(x)$	0_+	↗	1	↗	$+\infty$

5.3. RÉPONSES

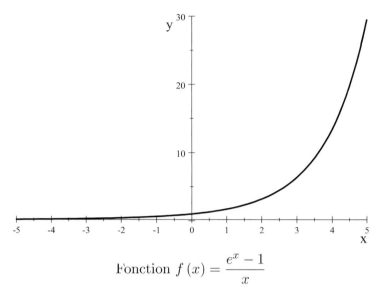

Fonction $f(x) = \dfrac{e^x - 1}{x}$

b) La courbe représentative de la fonction k se déduit de celle de f par translation de vecteur $-\vec{j}$ (où l'on note $(O, \vec{i}, \vec{j})$ le repère dans lequel on dessine ces courbes). Le tableau de variation de k est donc le même que celui de f. On remarque aussi que :

$$\begin{cases} \lim_{x \to -\infty} k(x) = \lim_{x \to -\infty}(f(x) - 1) = -1 \\ \lim_{x \to +\infty} k(x) = \lim_{x \to +\infty}(f(x) - 1) = +\infty \\ k(0) = f(0) - 1 = 0 \end{cases}$$

d'où le tableau :

x	$-\infty$		0		$+\infty$
$k'(x)$		+	0	+	
$k(x)$	-1_+	↗	0	↗	$+\infty$

On a $u_0 = 1$ et :

$$u_1 = k(u_0) = \frac{e^{u_0} - 1}{u_0} - 1 = e - 2 \simeq 0{,}718,$$

d'où $0 < u_1 < u_0$. On montre que la propriété $\mathcal{P}(n) : 0 < u_{n+1} < u_n$ est vraie quel que soit l'entier naturel n par récurrence sur n. On vient de voir que la propriété $\mathcal{P}(0)$ est vraie. Si $\mathcal{P}(n)$ est vraie, la croissance stricte de k sur $\mathbb{R}$ permet d'écrire :

$$0 < u_{n+1} < u_n \;\Rightarrow\; k(0) < k(u_{n+1}) < k(u_n)$$
$$\Rightarrow\; 0 < u_{n+2} < u_{n+1},$$

ce qui montre que la propriété $\mathcal{P}(n+1)$ est vraie. Ainsi la suite $(u_n)_{n\in\mathbb{N}}$ est strictement décroissante et minorée par 0. Elle converge donc nécessairement vers une limite L telle que $L \geq 0$.

c) • On a $0 < u_n < u_1 < 1$ pour tout $n \geq 2$. Il suffit de passer à la limite dans ces inégalités pour n tendant vers $+\infty$ pour obtenir $0 \leq L \leq u_1 < 1$, d'où $0 \leq L < 1$. En passant à la limite dans les égalités $u_{n+1} = k(u_n)$ vérifiées pour tout n, et en utilisant la continuité de la fonction k, on trouve que $L = k(L)$.

• Si $L \neq 0$, $L = k(L)$ s'écrit :

$$L = \frac{e^L - 1}{L} - 1$$

d'où $e^L = L^2 + L + 1$. Comme on a vu que $0 \leq L < 1$, on peut affirmer que :

$$(L = 0) \quad \text{ou} \quad \left(L \in \,]0,1[\text{ et } e^L = L^2 + L + 1\right). \quad (*)$$

d) La fonction $\omega(x) = e^x - x^2 - x - 1$ est indéfiniment dérivable, et :

$$\forall x \in \mathbb{R} \quad \begin{cases} \omega'(x) = e^x - 2x - 1 \\ \omega''(x) = e^x - 2. \end{cases}$$

La fonction ω'' s'annule en $x = \ln 2 \simeq 0,69$. Elle est strictement positive à droite de $\ln 2$, et strictement négative à gauche de $\ln 2$. Les variations de ω' sur $[0,1]$ s'en déduisent : ω' est strictement décroissante sur $[0, \ln 2]$, et strictement croissante sur $[\ln 2, 1]$. Le tableau de variations de ω' est donc :

x	0		$\ln 2$		1
$\omega''(x)$		$-$	0	$+$	
$\omega'(x)$	0	$\searrow$	$1 - 2\ln 2$	$\nearrow$	$e - 3 \simeq -0,3$

et l'on peut affirmer que $\omega'(x) < 0$ pour tout $x \in \,]0,1]$. La fonction ω est donc strictement décroissante sur $[0,1]$, ce qui entraîne :

$$\forall x \in \,]0,1] \quad \omega(x) < \omega(0) = 0.$$

A fortiori :
$$\forall x \in \,]0,1[\quad \omega(x) \neq 0.$$

Comme $(*)$ s'écrit :

$$(L = 0) \quad \text{ou} \quad (L \in \,]0,1[\text{ et } \omega(x) = 0),$$

5.3. RÉPONSES

on constate que la condition ($L \in {]}0,1{[}$ et $\omega(x) = 0$) ne pourra jamais être remplie, donc que $L = 0$. En conclusion, la suite $(u_n)_{n\in\mathbb{N}}$ tend vers 0 quand n tend vers $+\infty$.

Réponse 5.37 a) Le nombre $\alpha_k(x) = E(2^k x) - 2E(2^{k-1}x)$ est un entier pour tout indice k, et il faut montrer que $\alpha_k(x) \in \{0,1\}$ pour tout k. On a :

$$E(2^k x) \leq 2^k x < E(2^k x) + 1 \quad (\sharp)$$

mais aussi :

$$E(2^{k-1}x) \leq 2^{k-1}x < E(2^{k-1}x) + 1$$

d'où :

$$-2E(2^{k-1}x) - 2 < -2^k x \leq -2E(2^{k-1}x). \quad (\flat)$$

Il suffit d'additionner les encadrements $(\sharp)$ et $(\flat)$ membre à membre pour obtenir :

$$E(2^k x) - 2E(2^{k-1}x) - 2 < 0 < E(2^k x) - 2E(2^{k-1}x) + 1$$

ce qui s'écrit $-1 < \alpha_k(x) < 2$, ou encore $0 \leq \alpha_k(x) \leq 1$ puisque $\alpha_k(x) \in \mathbb{Z}$. Donc $\alpha_k(x) = 0$ ou 1. La suite $(\alpha_k(x))$ est bien dyadique.

b) On a $\lim(v_n(x) - u_n(x)) = \lim 2^{-n} = 0$. On a aussi :

$$u_{n+1}(x) - u_n(x) = \alpha_{n+1}(x) 2^{-n-1} \geq 0$$

pour tout n, donc la suite $(u_n(x))$ est croissante, et :

$$\begin{aligned}
v_{n+1}(x) - v_n(x) &= u_{n+1}(x) - u_n(x) + 2^{-n-1} - 2^{-n} \\
&= \alpha_{n+1}(x) 2^{-n-1} + 2^{-n-1} - 2^{-n} \\
&= 2^{-n-1}(\alpha_{n+1}(x) + 1 - 2) = 2^{-n-1}(\alpha_{n+1}(x) - 1) \leq 0
\end{aligned}$$

donc la suite $(v_n(x))$ est décroissante. Cela prouve que les suites $(u_n(x))$ et $(v_n(x))$ sont adjacentes. Les termes $u_n(x) = \sum_{k=1}^{n} \alpha_k(x) 2^{-k}$ sont positifs, et ce sont des nombres dyadiques puisque :

$$u_n(x) = \sum_{k=1}^{n} \frac{\alpha_k(x)}{2^k} = \frac{\sum_{k=1}^{n} \alpha_k(x).2^{n-k}}{2^n}$$

exprime $u_n(x)$ comme une fraction de numérateur entier et de dénominateur une puissance positive de 2. On peut aussi écrire :

$$v_n(x) = u_n(x) + 2^{-n} = \frac{1 + \sum_{k=1}^{n} \alpha_k(x).2^{n-k}}{2^n}$$

de sorte que $u_n(x) \in D_2$ et $v_n(x) \in D_2$. Enfin :

$$0 \leq u_n(x) \leq \sum_{k=1}^{n} \frac{1}{2^k} = 1 - \frac{1}{2^n} \leq 1$$

ce qui implique aussi :

$$0 \leq v_n(x) = u_n(x) + \frac{1}{2^n} \leq 1.$$

En conclusion tous les termes $u_n(x)$ et $v_n(x)$ appartiennent bien à $D_2 \cap [0,1]$.

c) On a :

$$u_n(x) = \sum_{k=1}^{n} \frac{\alpha_k(x)}{2^k} = \sum_{k=1}^{n} \frac{E(2^k x) - 2E(2^{k-1} x)}{2^k}$$

$$= \sum_{k=1}^{n} \left(\frac{E(2^k x)}{2^k} - \frac{E(2^{k-1} x)}{2^{k-1}} \right) = \frac{E(2^n x)}{2^n} - \frac{E(x)}{2^0} = \frac{E(2^n x)}{2^n}$$

puisque $E(x) = 0$. Donc $E(2^n x) = 2^n u_n(x)$. De $E(2^n x) \leq 2^n x < E(2^n x) + 1$ on tire :

$$\frac{E(2^n x)}{2^n} \leq x < \frac{E(2^n x)}{2^n} + \frac{1}{2^n}$$

soit :

$$u_n(x) \leq x < u_n(x) + \frac{1}{2^n} = v_n(x).$$

d) Les suites $(u_n(x))$ et $(v_n(x))$ sont adjacentes, donc convergent vers une même limite l. Il suffit maintenant de passer à la limite dans les inégalités $u_n(x) \leq x < v_n(x)$ pour obtenir $l \leq x \leq l$, c'est-à-dire $l = x$. On a donc $\lim u_n(x) = \lim v_n(x) = x$.

Réponse 5.38 1.a) On vérifie que $u_n > 0$ pour tout entier naturel n en raisonnant par récurrence sur n. On a bien $u_0 = 1 > 0$. Si l'on suppose que $u_n > 0$, on constate que $u_{n+1} = f(u_n) = 1 + 1/u_n$ est encore strictement positif comme la somme de deux nombres strictement positifs, ce qui achève la démonstration.

b) On a $u_0 = 1$ puis :

$$u_1 = 1 + \frac{1}{1} = 2; \quad u_2 = 1 + \frac{1}{2} = \frac{3}{2}; \quad u_3 = 1 + \frac{2}{3} = \frac{5}{3}$$

$$u_4 = 1 + \frac{3}{5} = \frac{8}{5}; \quad u_5 = 1 + \frac{5}{8} = \frac{13}{8}.$$

5.3. RÉPONSES

c) On raisonne par récurrence sur n. Evidemment, $u_0 = 1$ est un rationnel. Si, au rang n, on suppose que $u_n \in \mathbb{Q}$, alors, comme u_n est positif, il existe $(p,q) \in \mathbb{N} \times \mathbb{N}^*$ tels que $u_n = p/q$. Dans ce cas :
$$u_{n+1} = 1 + \frac{1}{u_n} = \frac{p+q}{q} \in \mathbb{Q}$$
et la propriété est encore vraie au rang $n+1$.

d)

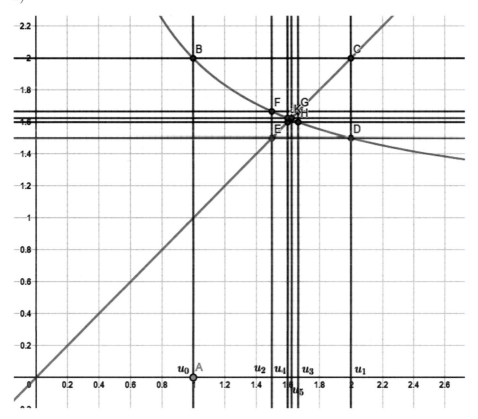

2.a) Si la suite (u_n) tend vers l, il suffit de passer à la limite dans les égalités $u_{n+1} = 1 + 1/u_n$ pour obtenir :
$$l = 1 + \frac{1}{l}$$
c'est-à-dire $l^2 - l - 1 = 0$, et l'on trouve $l = \frac{1 \pm \sqrt{5}}{2}$. Comme (u_n) est à termes positifs, $l \geq 0$, donc $l = \frac{1+\sqrt{5}}{2} = \varphi$ où φ désigne le nombre d'or.

b) L'application f est définie et dérivable sur $\mathbb{R}_+$, et pour tout $x \in \mathbb{R}_+$:
$$f'(x) = -\frac{1}{x^2} < 0.$$

Ainsi f est strictement décroissante sur $\mathbb{R}_+$. On peut montrer par récurrence sur n que pour tout $n \in \mathbb{N}$, $u_{2n} < u_{2(n+1)} \leq \varphi$ et $u_{2n+1} > u_{2(n+1)+1} \geq \varphi$, ce qui prouvera que la suite $(u_{2n})_{n\in\mathbb{N}}$ est strictement croissante majorée par φ et que la suite $(u_{2n+1})_{n\in\mathbb{N}}$ est strictement décroissante minorée par φ. Au rang $n=0$ on sait que $u_0 < u_2 \leq \varphi$ et $u_1 > u_3 \geq \varphi$, donc la propriété annoncée est vraie pour $n=0$. Ensuite si $u_{2n} < u_{2(n+1)} \leq \varphi$ et $u_{2n+1} > u_{2(n+1)+1} \geq \varphi$, il suffit d'appliquer la fonction strictement croissante f^2 aux membres de ces inégalités pour obtenir :

$$\begin{cases} f^2(u_{2n}) < f^2(u_{2(n+1)}) \leq f^2(\varphi) \\ f^2(u_{2n+1}) > f^2(u_{2(n+1)+1}) \geq f^2(\varphi) \end{cases}$$

soit $u_{2(n+1)} < u_{2(n+2)} \leq \varphi$ et $u_{2n+3} > u_{2n+5} \geq \varphi$, ce qui démontre la propriété au rang $n+1$ et achève la preuve.

c) La suite $(u_{2n})_{n\in\mathbb{N}}$ est strictement croissante et majorée par φ, donc converge vers une limite $L \leq \varphi$. La suite $(u_{2n+1})_{n\in\mathbb{N}}$ est strictement décroissante minorée par φ, donc converge vers une limite $L' \geq \varphi$. Pour tout n on aura donc :

$$u_{2n} < L \leq \varphi \leq L' < u_{2n+1}. \quad (*)$$

En fait les deux suites (u_{2n}) et (u_{2n+1}) sont adjacentes car on peut démontrer que $\lim |u_{2n+1} - u_{2n}| = 0$. En effet, pour tout $n \geq 1$:

$$u_2 = \frac{3}{2} \leq u_{2n} \leq \varphi \leq u_{2n+1} \leq u_3 = \frac{5}{3}$$

et le théorème des accroissements finis entraîne :

$$|u_{n+1} - u_n| = |f(u_n) - f(u_{n-1})| \leq \underset{x\in[u_2,u_3]}{\mathrm{Sup}} |f'(x)| \times |u_n - u_{n-1}|$$

et comme $\mathrm{Sup}_{x\in[u_2,u_3]} |f'(x)| = \mathrm{Sup}_{x\in[u_2,u_3]} (1/x^2) = 1/u_2^2 = 4/9$,

$$\forall n \in \mathbb{N}^* \quad |u_{n+1} - u_n| \leq \frac{4}{9} |u_n - u_{n-1}|.$$

Par suite :

$$|u_{n+1} - u_n| \leq \frac{4}{9}|u_n - u_{n-1}| \leq \left(\frac{4}{9}\right)^2 |u_{n-1} - u_{n-2}| \leq ... \leq \left(\frac{4}{9}\right)^{n-2} |u_3 - u_2|$$

soit :

$$|u_{n+1} - u_n| \leq \left(\frac{2}{9}\right)^{n-2} |u_3 - u_2|.$$

On a $\lim (4/9)^{n-2} = 0$ car $0 \leq 4/9 < 1$, et les inégalités précédentes assurent d'avoir $\lim |u_{n+1} - u_n| = 0$. Ainsi $\lim |u_{2n+1} - u_{2n}| = 0$ et, allié à $(*)$, cela

5.3. RÉPONSES

prouve que les suites (u_{2n}) et (u_{2n+1}) sont adjacentes. Elles convergent donc vers une même limite et $L = L'$. Les inégalités $(*)$ donnent alors $L = L' = \varphi$. Ainsi $\lim u_{2n} = \lim u_{2n+1} = \varphi$ donc (u_n) converge et $\lim u_n = \varphi$.

3.a) On raisonne par récurrence sur n. La propriété est vraie au rang $n = 0$ puisque $p_0 = q_0 = 1$, donc p_0 et q_0 sont des entiers naturels. Si au rang n les réels p_n et q_n sont des entiers naturels, alors $p_{n+1} = p_n + q_n$ et $q_{n+1} = p_n$ le seront aussi car la somme de deux entiers naturels est encore un entier naturel. La propriété est donc vraie au rang $n + 1$.

b) Posons $A_n = p_{n+1}q_n - p_n q_{n+1} = (p_n + q_n)q_n - p_n^2 = p_n q_n + q_n^2 - p_n^2$ et montrons par récurrence que $A_n = (-1)^n$ pour tout $n \in \mathbb{N}$. Si $n = 0$ alors $A_0 = p_0 q_0 + q_0^2 - p_0^2 = 1 = (-1)^0$ donc la propriété est vraie. Si l'on a $A_n = (-1)^n$ au rang n, alors :

$$A_{n+1} = p_{n+1}q_{n+1} + q_{n+1}^2 - p_{n+1}^2 = (p_n+q_n)p_n + p_n^2 - (p_n+q_n)^2$$
$$= -(p_n q_n + q_n^2 - p_n^2) = -A_n = -(-1)^n = (-1)^{n+1}$$

en appliquant la propriété de récurrence au rang n. L'assertion est donc encore vraie au rang $n + 1$, et l'on peut conclure.

c) Raisonnons par récurrence sur n. L'égalité au rang $n = 0$ est vraie car $u_0 = 1 = 1/1 = p_0/q_0$. Si au rang n on a $u_n = p_n/q_n$, alors :

$$u_{n+1} = 1 + \frac{1}{u_n} = 1 + \frac{q_n}{p_n} = \frac{p_n + q_n}{p_n} = \frac{p_{n+1}}{q_{n+1}}$$

et l'égalité souhaitée est démontrée au rang $n + 1$. On a donc $u_n = p_n/q_n$ pour tout $n \in \mathbb{N}$. La question b) montre qu'il existe des entiers $(-1)^n p_{n+1}$ et $(-1)^{n+1} q_{n+1}$ tels que $(-1)^n p_{n+1} \times q_n + (-1)^{n+1} q_{n+1} \times p_n = 1$, ce qui prouve que pgcd $(p_n, q_n) = 1$ d'après le théorème de Bezout. Ainsi p_n/q_n est la fraction irréductible égale à u_n.

d) La suite (p_n) est strictement croissante car $p_{n+1} - p_n = q_n > 0$ pour tout $n \in \mathbb{N}$. La suite $(q_n)_{n \in \mathbb{N}^*}$ est elle aussi strictement croissante puisque $q_{n+1} - q_n = p_n - p_{n-1} > 0$ quel que soit $n \in \mathbb{N}^*$.

e) On raisonne par récurrence sur $n \geq 2$. Si $n = 2$, on sait que $u_3 = 5/3$ donc $q_3 = 3$ et $q_3 > 2q_1$ puisque $q_1 = 1$. Si $q_{n+1} > 2q_{n-1}$ pour une certaine valeur de n supérieure à 2, alors $q_{n+2} = p_{n+1} = p_n + q_n = q_{n+1} + q_n > 2q_n$ car $p_n = q_{n+1} > q_n$, la suite $(q_n)_{n \in \mathbb{N}^*}$ étant strictement croissante d'après la question précédente. Cela achève le raisonnement par récurrence.

f) En 2.c) on a obtenu $u_{2n} < \varphi < u_{2n+1}$ pour tout $n \in \mathbb{N}$, donc :

$$\forall n \in \mathbb{N} \quad |u_n - \varphi| < |u_{n+1} - u_n|. \quad (\alpha)$$

Par ailleurs, en utilisant la question 3.b) et si $n \in \mathbb{N}^*$:

$$u_{n+1} - u_n = \frac{p_{n+1}}{q_{n+1}} - \frac{p_n}{q_n} = \frac{p_{n+1}q_n - p_n q_{n+1}}{q_n q_{n+1}} = \frac{(-1)^n}{q_n q_{n+1}}$$

donc :
$$|u_{n+1} - u_n| \leq \frac{1}{q_n q_{n+1}} \quad (\beta)$$

On peut démontrer que $q_n q_{n+1} \geq 2^n$ pour tout $n \geq 1$ en raisonnant par récurrence sur n. En effet, si $n = 1$, comme $q_1 = 1$ et $q_2 = 2$ d'après 1.b), $q_1 q_2 = 2 \geq 2^1$ donc l'inégalité est vérifiée. Si l'on suppose maintenant que $q_n q_{n+1} \geq 2^n$ avec un certain $n \geq 1$, en utilisant la question 3.e) on peut écrire $q_{n+1} q_{n+2} \geq q_{n+1} \times (2q_n) \geq 2 q_n q_{n+1} \geq 2 \times 2^n = 2^{n+1}$, ce qui démontre l'inégalité au rang $n+1$. En conclusion $q_n q_{n+1} \geq 2^n$ pour tout $n \geq 1$. Avec cette minoration de $q_n q_{n+1}$, l'inégalité (β) entraîne :

$$\forall n \in \mathbb{N}^* \quad |u_{n+1} - u_n| \leq \frac{1}{q_n q_{n+1}} \leq \frac{1}{2^n}. \quad (\gamma)$$

Les inégalités (α) et (γ) donnent alors :

$$\forall n \in \mathbb{N}^* \quad |u_n - \varphi| < |u_{n+1} - u_n| \leq \frac{1}{2^n}.$$

g) Si $\varepsilon > 0$ est donné, la question précédente montre que :

$$|u_{n+1} - u_n| \leq \frac{1}{2^n} \leq \varepsilon$$

dès que $2^n \geq 1/\varepsilon$, donc dès que $n \geq -(\ln \varepsilon)/(\ln 2)$. Si l'on choisit l'entier $n_0 = [-(\ln \varepsilon)/(\ln 2)] + 1$, on est donc certain que $u_{n_0} = p_{n_0}/q_{n_0}$ soit une valeur approchée de φ à ε près. On peut alors écrire l'algorithme et le programme suivants qui terminent par l'affichage de p/q qui n'est autre que u_{n_0} :

Algorithme :

Lire ε
$n_0 \leftarrow [-(\ln \varepsilon)/(\ln 2)] + 1$
$p \leftarrow 1 ; q \leftarrow 1 ; n \leftarrow 0$
Tant que $n < n_0$, faire :
    $n \leftarrow n + 1$
    $u \leftarrow p$
    $v \leftarrow q$
    $p \leftarrow u + v$
    $q \leftarrow u$
    Afficher p, q
    Fin de la boucle faire
Afficher p/q

Programme en Python :

```
# Calcul du nombre d'or à e près
from math import *
e=float(input('Entrer epsilon :'))
n0=floor(-log(e)/log(2))+1
p=1 ; q=1 ; n=0
while n<n0 :
    n=n+1 ; u=p ; v=q ; p=u+v ; q=u
    print (p,q)
print(p/q)
```

5.3. RÉPONSES

Voici une sortie de ce programme :

```
Entrer epsilon :0.001
2 1
3 2
5 3
8 5
13 8
21 13
34 21
55 34
89 55
144 89
1.6179775280898876
```

On déduit que $1,6179$ est une valeur approchée de φ à 10^{-3} près, ce qui correspond à la réalité puisqu'une calculatrice donne la valeur plus précise $\varphi = \frac{1+\sqrt{5}}{2} \simeq 1,61803399$.

Chapitre 6

Séries

6.1 Minimum vital

6.1.1 Quelques classiques

Question 6.1 *Convergence de $\sum_{k=1}^{n} 1/k^2$* (Ecrit CAPES 2012)
Pour tout $n \in \mathbb{N}^*$, on pose :
$$S_n = \sum_{k=1}^{n} \frac{1}{k^2}.$$

Montrer que la suite $(S_n)_{n \in \mathbb{N}^*}$ converge en utilisant des outils de terminale scientifique. On ne demande pas de calculer cette limite.

Question 6.2 *Nombres harmoniques* (Ecrit CAPES 2021)
Si $n \in \mathbb{N}^*$ on définit le n-ième nombre harmonique par :
$$H_n = \sum_{k=1}^{n} \frac{1}{k}.$$

1) Démontrer que pour tout entier naturel k supérieur ou égal à 2,
$$\int_k^{k+1} \frac{1}{x}\,dx < \frac{1}{k} < \int_{k-1}^{k} \frac{1}{x}\,dx.$$

2) En déduire que $\ln(n+1) \leq H_n \leq 1 + \ln n$ pour tout $n \in \mathbb{N}^*$.

3) A l'aide de la relation précédente, démontrer que la suite $(H_n)_{n \geq 1}$ diverge vers $+\infty$, puis que $H_n \sim \ln n$ en $+\infty$.

4) Montrer que les suites $(u_n)_{n \geq 1}$ et $(v_n)_{n \geq 1}$ définies par $u_n = H_n - \ln n$ et $v_n = H_n - \ln(n+1)$ sont adjacentes. En déduire qu'elles convergent vers une même limite positive que l'on notera γ.

5) Démontrer que pour tout entier n supérieur ou égal à 1,

$$0 \leq H_n - \ln n - \gamma \leq \ln\left(1 + \frac{1}{n}\right).$$

Ecrire en langage Python une fonction prenant comme argument un nombre réel ε strictement positif et renvoyant une valeur approchée de γ à ε près.

Question 6.3 Théorème des séries alternées
(Ecrit CAPESA 2015, utilisé à l'écrit du CAPES 2023)
Soit $(a_n)_{n \in \mathbb{N}}$ une suite de réels positifs, décroissante et convergeant vers 0. Pour tout $n \in \mathbb{N}$ on pose :
$$S_n = \sum_{k=0}^{n}(-1)^k a_k.$$

a) Montrer que les suites $(S_{2n})_{n \in \mathbb{N}}$ et $(S_{2n+1})_{n \in \mathbb{N}}$ sont adjacentes. Que peut-on en conclure pour la suite $(S_n)_{n \in \mathbb{N}}$?

b) On note $\ell = \lim_{n \to +\infty} S_n$. Prouver que $|S_n - \ell| \leq a_n$.

c) Si $n \in \mathbb{N}$, on pose $u_n = (-1)^n/n!$. Montrer que la série de terme général u_n est convergente. En utilisant l'inégalité de Taylor-Lagrange avec une fonction bien choisie, montrer que :
$$\forall n \in \mathbb{N} \quad \left|\sum_{k=0}^{n} u_k - \frac{1}{e}\right| \leq \frac{1}{(n+1)!}.$$

En déduire $\sum_{k=0}^{+\infty}(-1)^k/k!$.

Question 6.4 *(Ecrit CAPES 2023)*
Peut-on dire que la suite $(u_n)_{n \in \mathbb{N}}$ définie par :
$$u_n = 1 - \frac{1}{7} + \frac{1}{7^2} - \ldots + \frac{1}{(-7)^n}$$

converge vers un nombre réel strictement plus grand que 1 ?

Question 6.5 Développement de $1/(1-x)^m$
a) Vérifier que pour tout $x \in\ ]-1, 1[$ et tout $n \in \mathbb{N}^*$,
$$\frac{1}{1-x} = \sum_{k=0}^{n-1} x^k + \frac{x^n}{1-x}.$$

b) Soit p un entier naturel donné. Pour $n \geq p$, calculer la dérivée p-ième de la fonction :
$$f:\ ]-1,1[\ \to\ \mathbb{R}$$
$$x \mapsto \frac{x^n}{1-x}.$$

c) En déduire que :
$$\forall x \in\ ]-1,1[\quad \sum_{n=p}^{+\infty} \binom{n}{p} x^{n-p} = \frac{1}{(1-x)^{p+1}}.$$

6.1.2 Développements en série au CAPES

Question 6.6 *Expression de* $\ln 2$ (Ecrit CAPES 2018)
Soit f une fonction à valeurs réelles définie sur un intervalle ouvert I de $\mathbb{R}$ contenant 0. On dit que f est développable en série entière au voisinage de 0 s'il existe un nombre réel $R > 0$ et une suite $(a_n)_{n \in \mathbb{N}}$ de nombres réels tels que $]-R, R[\subset I$ et :

$$\forall x \in]-R, R[\quad f(x) = \sum_{n=0}^{+\infty} a_n x^n.$$

a) Montrer que la fonction $x \longmapsto \frac{1}{1+x}$ est développable en série entière au voisinage de 0. Préciser son développement et donner le rayon de convergence de cette série entière.

b) En énonçant avec soin le théorème utilisé, montrer que :

$$\forall x \in]-1, 1[\quad \ln(1+x) = \sum_{k=0}^{+\infty} (-1)^k \frac{x^{k+1}}{k+1}.$$

c) Si $x \in [0, 1]$ et $n \in \mathbb{N}$, on pose :

$$S_n(x) = \sum_{k=0}^{n} (-1)^k \frac{x^{k+1}}{k+1}.$$

Montrer que les suites $(S_{2n}(x))_{n \in \mathbb{N}}$ et $(S_{2n+1}(x))_{n \in \mathbb{N}}$ sont adjacentes. En déduire que $S_{2n+1}(x) \leq \ln(1+x) \leq S_{2n}(x)$ pour tout $(n, x) \in \mathbb{N} \times [0, 1[$.

d) En déduire que $S_{2n+1}(1) \leq \ln 2 \leq S_{2n}(1)$ quel que soit $n \in \mathbb{N}$.

e) Démontrer que $\ln 2 = \sum_{k=0}^{+\infty} \frac{(-1)^k}{k+1}$.

Question 6.7 *Développement du logarithme* (Ecrit CAPES 2019)
a) Montrer que pour tout nombre réel $x \neq -1$ et tout entier $n \geq 1$:

$$\frac{1}{1+x} = \sum_{k=0}^{n-1} (-1)^k x^k + \frac{(-1)^n x^n}{1+x}.$$

En déduire que pour tout réel $x > -1$ et tout entier $n \geq 1$:

$$\ln(1+x) = \sum_{k=0}^{n-1} (-1)^k \frac{x^{k+1}}{k+1} + \int_0^x \frac{(-1)^n t^n}{1+t} dt.$$

b) Si $x \geq 0$, montrer que $\left| \int_0^x \frac{(-1)^n t^n}{1+t} dt \right| \leq \frac{x^{n+1}}{n+1}$.

Si $-1 < x \leq 0$, montrer que $\left|\int_0^x \frac{(-1)^n t^n}{1+t} dt\right| \leq \frac{1}{1+x} \times \frac{|x|^{n+1}}{n+1}$.

c) Déduire que, si $-1 < x \leq 1$, la série de terme général $(-1)^n \frac{x^{n+1}}{n+1}$ est convergente et que sa somme vaut $\ln(1+x)$.

d) Montrer que la série de terme général $(-1)^n \frac{x^{n+1}}{n+1}$ diverge quand $|x| > 1$.

e) Utiliser une calculatrice pour déterminer une valeur de n pour laquelle $\sum_{k=0}^{n-1} (-1)^k \frac{x^{k+1}}{k+1}$ est une valeur approchée de $\ln(1+x)$ à 10^{-8} près lorsque x vaut $1/3$, puis $1/8$, et enfin 1.

6.2 Entraînement

Question 6.8 *Reste de la série harmonique alternée*
(Ecrit CAPES 2019)

a) Si $p \in \mathbb{N}^*$, on pose $R_p = \sum_{k=2p+1}^{+\infty} \frac{(-1)^{k+1}}{k}$. Montrer que :
$$R_p = \lim_{N \to +\infty} \sum_{k=p}^{N} \left(\frac{1}{2k+1} - \frac{1}{2k+2}\right) = \lim_{N \to +\infty} \sum_{k=p}^{N} \frac{1}{(2k+1)(2k+2)}.$$

b) Soit $N \in \mathbb{N}^*$. Montrer que si $0 < p \leq N$:
$$\sum_{k=p}^{N} \frac{1}{(2k+2)^2} \leq \sum_{k=p}^{N} \frac{1}{(2k+1)(2k+2)} \leq \sum_{k=p}^{N} \frac{1}{(2k+1)^2}$$
puis que, si $a \in \mathbb{R}_+^*$: $\int_p^{N+1} \frac{dx}{(2x+a)^2} \leq \sum_{k=p}^{N} \frac{1}{(2k+a)^2} \leq \int_{p-1}^{N} \frac{dx}{(2x+a)^2}$.

c) Montrer que R_p est équivalent à $1/4p$ au voisinage de $+\infty$. On pourra commencer par démontrer les encadrements :
$$\forall p \in \mathbb{N}^* \quad \frac{1}{4p+4} \leq R_p \leq \frac{1}{4p-2}.$$

Question 6.9 *Absolue convergence de $\sum_{n \in \mathbb{N}} n^p q^n$*
(Ecrit CAPESA 2013)
Soit q un réel tel que $|q| < 1$.

a) Soit $p \in \mathbb{N}$. En remarquant que $n^p |q|^n = n^p \sqrt{|q|}^n \times \sqrt{|q|}^n$, démontrer que $\sum_{n \in \mathbb{N}} n^p q^n$ est une série absolument convergente.

b) En utilisant l'égalité $\sum_{k=0}^{n} (k+1) q^{k+1} = \sum_{k=0}^{n} k q^{k+1} + \sum_{k=0}^{n} q^{k+1}$, démontrer que :
$$\sum_{n=0}^{+\infty} n q^n = \frac{q}{(1-q)^2}.$$

c) De même, en développant la somme $\sum_{k=0}^{n}(k+1)^2 q^{k+1}$, démontrer que :
$$\sum_{n=0}^{+\infty} n^2 q^n = \frac{q(q+1)}{(1-q)^3}.$$

Question 6.10 Problème de Bâle (Ecrit CAPES 2021)
Pour tout entier naturel n non nul, on pose $B_n = \sum_{k=1}^{n} 1/k^2$. Le problème de Bâle, résolu en 1741, par Léonhard Euler, consiste en la détermination de la limite de la suite $(B_n)_{n \geq 1}$.

1) Montrer que :
$$\forall k \in \mathbb{N}^* \setminus \{1\} \quad \frac{1}{k^2} \leq \frac{1}{k-1} - \frac{1}{k}.$$

En déduire que la suite $(B_n)_{n \geq 1}$ est convergente.

2) Pour tout $(n,t) \in \mathbb{N}^* \times [0, \pi]$ on pose $D_n(t) = 1 + 2 \sum_{k=1}^{n} \cos kt$.
   a) Montrer que $\sum_{k=-n}^{n} e^{ikt} = D_n(t)$ pour tout $(n, t) \in \mathbb{N}^* \times [0, \pi]$.
   b) Si $t \in]0, \pi]$, prouver que $D_n(t) = \dfrac{\sin\left(\frac{2n+1}{2}t\right)}{\sin(t/2)}$, puis calculer $D_n(0)$.

3) Soit f la fonction définie sur $[0, \pi/2]$ et à valeurs dans $\mathbb{R}$, telle que $f(t) = \frac{t}{\sin t}$ si $t > 0$, et $f(0) = 1$.
   a) Démontrer que f est continue sur $[0, \pi/2]$.
   b) Démontrer que f est dérivable en 0.
   c) Démontrer que f est de classe C^1 sur $[0, \pi/2]$.

4) a) A l'aide d'une double intégration par parties, démontrer que :
$$\forall k \in \mathbb{N}^* \quad \int_0^{\pi} \left(\frac{t^2}{2\pi} - t\right) \cos kt \, dt = \frac{1}{k^2}.$$
   b) En déduire que : $\forall n \in \mathbb{N}^* \quad B_n = \int_0^{\pi} \left(\frac{t^2}{2\pi} - t\right) \frac{D_n(t) - 1}{2} dt.$
   c) Déterminer la valeur de :
$$\int_0^{\pi} \left(t - \frac{t^2}{2\pi}\right) dt.$$
   d) En déduire que, pour tout entier naturel n non nul :
$$\frac{\pi^2}{6} - B_n = \frac{1}{2}\int_0^{\pi} \left(t - \frac{t^2}{2\pi}\right) D_n(t) \, dt.$$
   e) En déduire que, pour tout entier naturel n non nul :
$$\frac{\pi^2}{6} - B_n = \int_0^{\pi/2} \frac{t}{\sin t} \left(2 - \frac{2t}{\pi}\right) \sin((2n+1)t) \, dt.$$

5) Déterminer une fonction g de classe C^1 sur $[0, \pi/2]$ telle que :
$$\frac{\pi^2}{6} - B_n = \int_0^{\pi/2} g(t) \sin((2n+1)t)\, dt.$$

6) A l'aide d'une intégration par parties, démontrer que :
$$\lim_{n \to +\infty} \int_0^{\pi/2} g(t) \sin((2n+1)t)\, dt = 0.$$

En déduire la limite de la suite $(B_n)_{n \geq 1}$.

6.3 Réponses

Réponse 6.1 La suite $(S_n)_{n \in \mathbb{N}^*}$ est croissante car $S_{n+1} - S_n = \frac{1}{(n+1)^2} \geq 0$ pour tout $n \in \mathbb{N}^*$. Pour tout entier $k \geq 2$,
$$\frac{1}{k^2} \leq \frac{1}{k(k-1)} = \frac{1}{k-1} - \frac{1}{k}$$
donc pour tout entier $n \geq 2$:
$$\sum_{k=2}^n \frac{1}{k^2} \leq \sum_{k=2}^n \frac{1}{k(k-1)} = \sum_{k=2}^n \left(\frac{1}{k-1} - \frac{1}{k} \right) = 1 - \frac{1}{n}$$
d'où :
$$S_n - 1 \leq 1 - \frac{1}{n}.$$
Ainsi $S_n \leq 2 - 1/n \leq 2$. La suite $(S_n)_{n \in \mathbb{N}^*}$ est croissante majorée par 2, donc converge vers un réel l inférieur à 2. Comme $S_1 = 1$ et comme $(S_n)_{n \in \mathbb{N}^*}$ est croissante, on aura en fait $1 \leq l \leq 2$.

Réponse 6.2 1) Soit k un entier ≥ 2. La fonction $x \mapsto 1/x$ est définie et décroissante sur $\mathbb{R}_+^*$, donc $1/x \leq 1/k$ pour tout $x \in [k, k+1]$. En intégrant entre k et $k+1$, on obtient :
$$\int_k^{k+1} \frac{1}{x}\, dx \leq \int_k^{k+1} \frac{1}{k}\, dx = \frac{1}{k} \times ((k+1) - k) = \frac{1}{k}.$$
On a aussi $1/k \leq 1/x$ pour tout $x \in [k-1, k]$, d'où en intégrant :
$$\int_{k-1}^k \frac{1}{k}\, dx \leq \int_{k-1}^k \frac{1}{x}\, dx, \quad \text{puis } \frac{1}{k} \leq \int_{k-1}^k \frac{1}{x}\, dx.$$
En conclusion :
$$\forall k \geq 2 \quad \int_k^{k+1} \frac{1}{x}\, dx \leq \frac{1}{k} \leq \int_{k-1}^k \frac{1}{x}\, dx.$$

2) Si $n \geq 2$, en additionnant les inégalités $\frac{1}{k} \leq \int_{k-1}^{k} \frac{1}{x} dx$ pour k variant de 2 à n, on obtient :

$$\sum_{k=2}^{n} \frac{1}{k} \leq \int_{1}^{n} \frac{1}{x} dx \quad \text{d'où } H_n \leq 1 + \ln n.$$

On remarque que l'inégalité $H_n \leq 1 + \ln n$ est triviale si $n = 1$. Si maintenant $n \geq 1$, en additionnant les inégalités $\int_{k}^{k+1} \frac{1}{x} dx \leq \frac{1}{k}$ pour k variant de 1 à n :

$$\int_{1}^{n+1} \frac{1}{x} dx \leq \sum_{k=1}^{n} \frac{1}{k} \quad \text{soit } \ln(n+1) \leq H_n.$$

En conclusion : $\quad \forall n \in \mathbb{N}^* \quad \ln(n+1) \leq H_n \leq 1 + \ln n. \quad (*)$

3) On a $\ln(n+1) \leq H_n$ pour tout $n \in \mathbb{N}^*$, et comme $\lim(\ln(n+1)) = +\infty$, nécessairement $\lim H_n = +\infty$. La suite $(H_n)_{n \geq 1}$ diverge donc vers $+\infty$.

Les encadrements $(*)$ permettent d'écrire :

$$\forall n \in \mathbb{N}^* \setminus \{2\} \quad \frac{\ln(n+1)}{\ln n} \leq \frac{H_n}{\ln n} \leq \frac{1}{\ln n} + 1. \quad (**)$$

On a :

$$\frac{\ln(n+1)}{\ln n} = \frac{1}{\ln n}\left(\ln n + \ln\left(1 + \frac{1}{n}\right)\right) = 1 + \frac{1}{\ln n}\ln\left(1 + \frac{1}{n}\right).$$

De $\lim(1/\ln n) = 0$ et $\lim \ln(1 + 1/n) = 0$ on tire alors $\lim \frac{\ln(n+1)}{\ln n} = 1$. Comme $\lim\left(\frac{1}{\ln n} + 1\right) = 1$, les encadrements $(**)$ permettent d'appliquer le théorème des gendarmes et conclure que la suite $(H_n/\ln n)_{n \geq 2}$ tend vers 1, ce qui signifie que $H_n \sim \ln n$ en $+\infty$.

4) • Pour tout $n \in \mathbb{N}^*$:

$$u_{n+1} \leq u_n \Leftrightarrow H_{n+1} - \ln(n+1) \leq H_n - \ln n$$
$$\Leftrightarrow \frac{1}{n+1} \leq \ln \frac{n+1}{n} \Leftrightarrow \frac{x}{1+x} \leq \ln(1+x) \quad (\dagger)$$

en posant $x = 1/n$. La fonction φ définie par $\varphi(x) = \ln(1+x) - \frac{x}{1+x}$ est définie et dérivable sur $[0, +\infty[$, de dérivée donnée par $\varphi'(x) = \frac{1}{1+x} - \frac{1}{(1+x)^2} = \frac{x}{(x+1)^2}$. Ainsi $\varphi'(x) \geq 0$ pour tout $x \in \mathbb{R}_+$ et la fonction φ est croissante sur $\mathbb{R}_+$. Ainsi $\varphi(x) \geq \varphi(0) = 0$ pour tout $x \in \mathbb{R}_+$, et l'assertion $(\dagger)$ est toujours vraie. Par conséquent $u_{n+1} \leq u_n$ quel que soit $n \in \mathbb{N}^*$, et la suite $(u_n)_{n \geq 1}$ est décroissante.

- Pour tout $n \in \mathbb{N}^*$ on a encore :

$$v_n \leq v_{n+1} \Leftrightarrow H_n - \ln(n+1) \leq H_{n+1} - \ln(n+2)$$
$$\Leftrightarrow \ln\frac{n+2}{n+1} \leq \frac{1}{n+1} \Leftrightarrow \ln(1+x) \leq x \; (\ddagger)$$

en posant $x = 1/(n+1)$. La fonction ψ définie par $\psi(x) = x - \ln(1+x)$ est définie et dérivable sur $\mathbb{R}_+^*$, de dérivée $\psi'(x) = 1 - \frac{1}{1+x} = \frac{x}{1+x}$ positive lorsque $x \in \mathbb{R}_+$. On en déduit que l'application ψ est croissante sur cet intervalle, donc $\psi(x) \geq \psi(0) = 0$ pour tout $x \in \mathbb{R}_+$. L'assertion ($\ddagger$) est donc vraie et l'on peut affirmer que $v_n \leq v_{n+1}$ pour tout $n \geq 1$. La suite (v_n) est bien croissante.

- On a :

$$u_n - v_n = (H_n - \ln n) - (H_n - \ln(n+1)) = \ln\frac{n+1}{n} = \ln\left(1 + \frac{1}{n}\right)$$

et le théorème de composition des limites donne $\lim(u_n - v_n) = 0$.

- Ainsi (v_n) est croissante, (u_n) est décroissante et $\lim(u_n - v_n) = 0$, donc les suites (u_n) et (v_n) sont adjacentes et convergent vers une limite commune γ. Bien sûr $v_n \leq \gamma \leq u_n$ pour tout n, et *a fortiori* $v_1 = 1 - \ln 2 \leq \gamma$. Le nombre γ est donc strictement positif.

5) Pour tout $n \in \mathbb{N}^*$, l'encadrement $v_n \leq \gamma \leq u_n$ s'écrit :

$$H_n - \ln(n+1) \leq \gamma \leq H_n - \ln n.$$

De $\gamma \leq H_n - \ln n$ on déduit $0 \leq H_n - \ln n - \gamma$, et de $H_n - \ln(n+1) \leq \gamma$ on tire :

$$H_n - \ln n - \gamma \leq \ln(n+1) - \ln n = \ln\left(1 + \frac{1}{n}\right).$$

On a donc bien :

$$\forall n \in \mathbb{N}^* \quad 0 \leq H_n - \ln n - \gamma \leq \ln\left(1 + \frac{1}{n}\right).$$

Voici un programme Python permettant de calculer γ à ε près. On a importé la bibliothèque de mathématiques dès la première ligne par la commande « from math import * » ce qui permet d'utiliser la commande « log » sans plus d'indication dans cette version de Python :

```
# Calcul de la constante gamma
from math import *
epsilon=float(input('Entrer epsilon : '))
H=1 ;n=1
while log(1+1/n)>epsilon :
```

6.3. RÉPONSES

```
    n=n+1
    H=H+1/n
print(H-log(n))
```

Voici le retour de ce programme :
Entrer epsilon : 0.0000001
0.5772157148989514

Réponse 6.3 a) Pour tout $n \in \mathbb{N}$, on a :
$$\begin{cases} S_{2(n+1)} - S_{2n} = a_{2n+2} - a_{2n+1} \leq 0 \\ S_{2(n+1)+1} - S_{2n+1} = -a_{2n+3} + a_{2n+2} \geq 0 \end{cases}$$

puisque la suite $(a_n)_{n \in \mathbb{N}}$ est décroissante. Cela montre que la suite $(S_{2n})_{n \in \mathbb{N}}$ est décroissante tandis que la suite $(S_{2n+1})_{n \in \mathbb{N}}$ est croissante. Comme par ailleurs :
$$\lim_{n \to +\infty}(S_{2n+1} - S_{2n}) = \lim_{n \to +\infty}(-a_{2n+1}) = 0$$

on déduit que les suites $(S_{2n})_{n \in \mathbb{N}}$ et $(S_{2n+1})_{n \in \mathbb{N}}$ sont adjacentes. On sait d'après le cours que deux suites adjacentes convergent vers la même limite, donc il existe $\ell \in \mathbb{R}$ tel que $\lim_{n \to +\infty} S_{2n} = \lim_{n \to +\infty} S_{2n+1} = \ell$. Cela implique que $(S_n)_{n \in \mathbb{N}}$ converge vers ℓ, toujours en utilisant le cours (il suffit de retourner à la définition d'une limite pour le vérifier).

b) Comme $(S_{2n})_{n \in \mathbb{N}}$ décroît, comme $(S_{2n+1})_{n \in \mathbb{N}}$ croît, et comme ces suites ont la même limite ℓ, on a $\ell = \text{Inf}\, S_{2n} = \text{Sup}\, S_{2n+1}$ et :
$$\forall n \in \mathbb{N} \quad S_{2n+1} \leq \ell \leq S_{2n}.$$

Pour tout $n \in \mathbb{N}$, on a donc :
$$S_{2n+1} - S_{2n} \leq \ell - S_{2n} \leq 0 \quad \text{et} \quad 0 \leq \ell - S_{2n+1} \leq S_{2n} - S_{2n+1}$$

c'est-à-dire :
$$-a_{2n+1} \leq \ell - S_{2n} \leq 0 \quad \text{et} \quad 0 \leq \ell - S_{2n+1} \leq a_{2n+1}$$

ce qui entraîne :
$$|S_{2n} - \ell| \leq a_{2n+1} \leq a_{2n} \quad \text{et} \quad |S_{2n+1} - \ell| \leq a_{2n+1}.$$

Cela prouve que $|S_n - \ell| \leq a_n$ quel que soit $n \in \mathbb{N}$.

c) • On a $u_n = (-1)^n a_n$ avec $a_n = 1/n!$. La suite $(1/n!)_{n \in \mathbb{N}}$ est clairement à termes positifs, strictement décroissante, et converge vers 0. On peut donc appliquer la question a) et conclure que la suite $(S_n)_{n\in\mathbb{N}}$ est convergente, où $S_n = \sum_{k=0}^{n}(-1)^k/k!$, ce qui signifie que la série $\sum_{k=0}^{+\infty}(-1)^k/k!$ converge.

• La fonction f qui à x fait correspondre $f(x) = e^{-x}$ est définie et de classe C^∞ sur tout $\mathbb{R}$. L'inégalité de Taylor-Lagrange appliquée à f sur l'intervalle $[0,1]$ s'écrit :

$$\left| f(b) - \sum_{k=0}^{n} \frac{(b-a)^k}{k!} f^{(k)}(a) \right| \leq \frac{(b-a)^{n+1}}{(n+1)!} \underset{x\in[a,b]}{\text{Sup}} \left| f^{(n+1)}(x) \right|$$

soit, puisque $a = 0$, $b = 1$ et $f^{(k)}(x) = (-1)^k e^{-x}$:

$$\left| \frac{1}{e} - \sum_{k=0}^{n} \frac{(-1)^k}{k!} \right| \leq \frac{1}{(n+1)!} \underset{x\in[0,1]}{\text{Sup}} \left| (-1)^{n+1} e^{-x} \right|.$$

Comme $\text{Sup}_{x\in[0,1]} \left| (-1)^{n+1} e^{-x} \right| = \text{Sup}_{x\in[0,1]} e^{-x} = 1$, on obtient bien :

$$\left| \sum_{k=0}^{n} u_k - \frac{1}{e} \right| \leq \frac{1}{(n+1)!}.$$

• Comme $\lim_{n\to+\infty}(1/(n+1)!) = 0$, l'inégalité de la question précédente montre que :

$$\lim_{n\to+\infty} \left| \sum_{k=0}^{n} u_k - \frac{1}{e} \right| = 0$$

ce qui prouve que :

$$\lim_{n\to+\infty} \sum_{k=0}^{n} \frac{(-1)^k}{k!} = \frac{1}{e}.$$

$\boxed{\text{Réponse 6.4}}$ La série $\sum_{n\geq 0}(-1)^n/7^n$ est une série alternée puisque son terme général s'écrit $(-1)^n a_n$ avec $a_n = 1/7^n$, et que la suite $(a_n)_{n\in\mathbb{N}}$ ainsi définie est une suite de réels positifs, décroissante et tendant vers 0. Le théorème des séries alternées (Question 6.3) montre que cette série converge vers un réel l tel que :
$$\forall n \in \mathbb{N} \quad u_{2n+1} \leq l \leq u_{2n} \quad (*).$$
où $u_n = 1 - \frac{1}{7} + \frac{1}{7^2} - \ldots + \frac{1}{(-7)^n}$ désigne la somme partielle des n premiers termes de la série. En particulier :

$$l \leq u_2 = 1 - \frac{1}{7} + \frac{1}{7^2} \simeq 0,8775 < 1$$

donc l n'est pas strictement supérieur à 1, et l'assertion proposée est FAUSSE.

6.3. RÉPONSES

Commentaires — α) Dans l'énoncé du problème, on parle de « nombre l strictement plus grand que 1 », ce qui était mal venu dans une copie ou à l'oral du CAPES jusque dans les années 2010. Je me rappelle avoir participé à une réunion du jury du CAPES où un bon nombre de collègues, ainsi que le président du jury, considérait comme une faute si un candidat parlait d'un nombre plus grand qu'un autre à l'oral, au lieu de parler d'un nombre supérieur à un autre. Ces exigences sont-elles dépassées ?

β) Le théorème des séries alternées permet d'affirmer que les suites (u_{2n+1}) et (u_{2n}) sont adjacentes, ce qui est utilisé en $(*)$.

Réponse 6.5 a) Il suffit de diviser par $1-x$ les deux membres de l'identité remarquable $(1-x)\left(1+x+x^2+...+x^{n-1}\right) = 1-x^n$ pour obtenir :

$$\frac{1}{1-x} = \sum_{k=0}^{n-1} x^k + \frac{x^n}{1-x}.$$

b) La fonction $x \mapsto g(x) = (1-x)^{-1}$ est définie et de classe C^∞ sur $]-1,1[$. On a $g'(x) = (1-x)^{-2}$, $g''(x) = 2(1-x)^{-3}$, et il est facile de vérifier par récurrence sur k, que $g^{(k)}(x) = k!(1-x)^{-(k+1)}$. Puisque $f(x) = x^n g(x)$, la formule de Leibniz de dérivation d'un produit s'écrit :

$$\begin{aligned} f^{(p)}(x) &= \sum_{k=0}^{p} \binom{p}{k} (x^n)^{(p-k)} g^{(k)}(x) \\ &= \sum_{k=0}^{p} \binom{p}{k} n(n-1)...(n-p+k+1) x^{n-p+k} \times k!(1-x)^{-(k+1)} \\ &= \sum_{k=0}^{p} \frac{p!}{(p-k)!} n(n-1)...(n-p+k+1) \frac{x^{n-p+k}}{(1-x)^{k+1}}. \quad (1) \end{aligned}$$

c) En dérivant p fois les deux membres de l'égalité de la question a), on obtient :

$$p!(1-x)^{-(p+1)} = \sum_{k=p}^{n-1} k(k-1)...(k-p+1) x^{k-p} + f^{(p)}(x)$$

soit :

$$\frac{1}{(1-x)^{p+1}} = \sum_{k=p}^{n-1} \binom{k}{p} x^{k-p} + \frac{f^{(p)}(x)}{p!}. \quad (2)$$

Si l'on suppose $n > p$, chacun des termes de la somme finie (1) tend vers 0 quand n tend vers $+\infty$. En effet, $|x| < 1$ donc $\lim_{n \to +\infty} x^{n-p+k} = 0$, le coefficient $\frac{p!}{(p-k)!}n(n-1)\ldots(n-p+k+1)$ est un polynôme de degré $p-k$ en n, et l'on sait que si $Q(n)$ est un polynôme en n, et si $|x| < 1$, alors $\lim_{n\to+\infty} Q(n) x^n = 0$ (on vérifie par exemple que $\lim_{n\to+\infty} n^\alpha |x|^n = 0$ quel que soit $\alpha \in \mathbb{N}$ en étudiant la limite de $\ln(n^\alpha |x|^n)$). On déduit que :

$$\lim_{n\to+\infty} f^{(p)}(x) = 0,$$

et un passage à la limite dans (2) pour n tendant vers $+\infty$ montre la convergence de la série $\sum_{n=p}^{+\infty} \binom{n}{p} x^{n-p}$ vers $\frac{1}{(1-x)^{p+1}}$.

Réponse 6.6 a) Pour tout réel x et tout $n \in \mathbb{N}$:

$$1 - x^{n+1} = (1-x)(1 + x + x^2 + \ldots + x^n)$$

donc $1-(-x)^{n+1} = (1+x)(1-x+x^2-\ldots+(-1)^n x^n)$. Si $x \neq -1$, on obtient :

$$\begin{aligned}\frac{1}{1+x} &= 1 - x + x^2 - \ldots + (-1)^n x^n + \frac{(-x)^{n+1}}{1+x} \\ &= \sum_{k=0}^{n} (-1)^k x^k + \frac{(-x)^{n+1}}{1+x} \quad (\nabla)\end{aligned}$$

ce qui s'écrit aussi :

$$\sum_{k=0}^{n} (-1)^k x^k = \frac{1}{1+x} - \frac{(-x)^{n+1}}{1+x}.$$

Si $x \in \,]-1, 1[$, alors $\lim_{n\to+\infty}(-x)^{n+1} = 0$, donc la somme $\sum_{k=0}^{n} (-1)^k x^k$ converge et :

$$\sum_{k=0}^{+\infty} (-1)^k x^k = \lim_{n\to+\infty} \sum_{k=0}^{n} (-1)^k x^k = \frac{1}{1+x} - \lim_{n\to+\infty} \frac{(-x)^{n+1}}{1+x} = \frac{1}{1+x}.$$

On vient de montrer que :

$$\forall x \in \,]-1, 1[\quad \frac{1}{1+x} = \sum_{n=0}^{+\infty} (-1)^n x^n,$$

ce qui prouve que la fonction $x \mapsto \frac{1}{1+x}$ est développable en série entière au voisinage de 0. Le rayon de convergence de la série entière $\sum_{n=0}^{+\infty} (-1)^n x^n$ est égal à 1, comme on le voit en utilisant la formule de d'Alembert, ce rayon de convergence étant l'inverse de la limite :

6.3. RÉPONSES

$$\lim_{n \to +\infty} \frac{|(-1)^{n+1}|}{|(-1)^n|} = 1.$$

b) Proposons deux solutions, la première utilisant un théorème du cours, la seconde exploitant l'écriture (∇).

Première solution — Un théorème de cours permet d'intégrer une série entière en conservant le même rayon de convergence. Le voici :

Théorème — La fonction somme d'une série entière $\sum a_n x^n$ de la variable réelle est intégrable au sens de Riemann sur tout intervalle $[a, b]$ inclus dans son intervalle de convergence $]-R, R[$. Si l'on pose $f(x) = \sum_{n=0}^{+\infty} a_n x^n$ pour tout $x \in]-R, R[$, on a :

$$\int_a^b f(x)\, dx = \sum_{n=0}^{+\infty} a_n \int_a^b x^n dx.$$

Il suffit d'appliquer ce théorème au développement en série entière de la question précédente, valable sur $]-1, 1[$:

$$\frac{1}{1+t} = \sum_{n=0}^{+\infty} (-1)^n t^n$$

pour obtenir :

$$\int_0^x \frac{1}{1+t}\, dt = \sum_{n=0}^{+\infty} (-1)^n \int_0^x t^n\, dt$$

soit :

$$\ln(1+x) = \sum_{k=0}^{+\infty} (-1)^k \frac{x^{k+1}}{k+1}.$$

pour tout $x \in]-1, 1[$.

Seconde solution — D'après (∇), pour tout $n \in \mathbb{N}$ et $t \neq 1$:

$$\frac{1}{1+t} - \sum_{k=0}^{n} (-1)^k t^k + \frac{(-t)^{n+1}}{1+t}.$$

On a le droit d'intégrer ces fonctions continues entre 0 et x, en supposant $x > -1$. On obtient :

$$\ln(1+x) = \sum_{n=0}^{n} (-1)^k \frac{x^{k+1}}{k+1} + R_n(x) \quad (*)$$

en posant :

$$R_n(x) = \int_0^x \frac{(-t)^{n+1}}{1+t}\,dt.$$

De deux choses l'une :

- Si $x \in [0, 1[$,

$$|R_n(x)| \leq \int_0^x \frac{|t|^{n+1}}{1+t}\,dt \leq \int_0^x x^{n+1}\,dt = \frac{x^{n+2}}{n+2}$$

et comme $\lim_{n \to +\infty} x^{n+2} = 0$, on déduit que $\lim_{n \to +\infty} R_n(x) = 0$.

- Si $x \in\ ]-1, 0]$,

$$|R_n(x)| \leq |x| \sup_{t \in [x,0]} \left(\frac{|t|^{n+1}}{1+t}\right) \leq \frac{|x|^{n+2}}{1+x}$$

et encore une fois $\lim_{n \to +\infty} \frac{|x|^{n+2}}{1+x} = 0$ entraîne $\lim_{n \to +\infty} R_n(x) = 0$.
En conclusion, si $x \in\ ]-1, 1[$, on a toujours $\lim_{n \to +\infty} R_n(x) = 0$, et $(*)$ montre que la suite $\left(\sum_{k=0}^n (-1)^k t^k\right)_{n \in \mathbb{N}}$ converge et :

$$\ln(1+x) = \sum_{n=0}^{+\infty} (-1)^k \frac{x^{k+1}}{k+1}.$$

c) • Pour $x \in [0, 1]$ fixé, la suite $(S_{2n}(x))$ est décroissante car :

$$\begin{aligned}S_{2(n+1)}(x) - S_{2n}(x) &= (-1)^{2n+2} \frac{x^{2n+3}}{2n+3} + (-1)^{2n+1} \frac{x^{2n+2}}{2n+2} \\ &= \left(\frac{x}{2n+3} - \frac{1}{2n+2}\right) x^{2n+2} \leq 0\end{aligned}$$

puisque $\frac{x}{2n+3} \leq \frac{1}{2n+2}$. La suite $(S_{2n+1}(x))$ est croissante car :

$$\begin{aligned}S_{2n+3}(x) - S_{2n+1}(x) &= (-1)^{2n+3} \frac{x^{2n+4}}{2n+4} + (-1)^{2n+2} \frac{x^{2n+3}}{2n+3} \\ &= \left(\frac{1}{2n+3} - \frac{x}{2n+4}\right) x^{2n+3} \geq 0\end{aligned}$$

puisque $\frac{x}{2n+4} \leq \frac{1}{2n+3}$. Enfin :

$$S_{2n}(x) - S_{2n+1}(x) = -(-1)^{2n+1} \frac{x^{2n+2}}{2n+2} = \frac{x^{2n+2}}{2n+2}$$

et comme $x \in [0, 1]$:

$$\lim_{n\to+\infty}\left(S_{2n}\left(x\right)-S_{2n+1}\left(x\right)\right)=\lim_{n\to+\infty}\frac{x^{2n+2}}{2n+2}=0.$$

Les trois conditions sont réalisées pour pouvoir affirmer que les deux suites $(S_{2n}(x))$ et $(S_{2n+1}(x))$ sont adjacentes.

• Si $x\in\,]-1,1[$ la question b) donne $\lim_{n\to+\infty}S_n(x)=\ln(1+x)$. On aura donc aussi $\lim_{n\to+\infty}S_{2n}(x)=\ln(1+x)$ pour tout $x\in[0,1[$, et comme les suites $(S_{2n}(x))$ et $(S_{2n+1}(x))$ sont adjacentes, on a nécessairement :

$$\forall x\in[0,1[\quad S_{2n+1}(x)\leq\ln(1+x)\leq S_{2n}(x).$$

d) Les fonctions qui $x\in[0,1]$ associent $S_{2n+1}(x)$, $\ln(1+x)$ et $S_{2n}(x)$ sont continues sur $[0,1]$. Il suffit donc de passer à la limite dans l'encadrement de la question précédente pour obtenir $S_{2n+1}(1)\leq\ln 2\leq S_{2n}(1)$.

e) Les suites $(S_{2n}(1))$ et $(S_{2n+1}(1))$ sont adjacentes, donc convergent vers une même limite l qui vérifie :

$$\forall n\in\mathbb{N}\quad S_{2n+1}(1)\leq l\leq S_{2n}(1).$$

Pour tout n on a donc les encadrements :

$$\begin{cases}-S_{2n}(1)\leq-\ln 2\leq-S_{2n+1}(1)\\ S_{2n+1}(1)\leq l\leq S_{2n}(1)\end{cases}$$

qu'il suffit d'additionner membre à membre pour obtenir :

$$S_{2n+1}(1)-S_{2n}(1)\leq l-\ln 2\leq S_{2n}(1)-S_{2n+1}(1).$$

Comme $\lim_{n\to+\infty}(S_{2n}(1)-S_{2n+1}(1))=0$, il suffit de passer à la limite dans ces inégalités pour trouver $0\leq l-\ln 2\leq 0$, soit $l=\ln 2$. Ainsi :

$$\lim_{n\to+\infty}S_{2n}(1)=\lim_{n\to+\infty}S_{2n+1}(1)=l=\ln 2,$$

ce qui entraîne $\lim_{n\to+\infty}S_n(1)=\ln 2$, c'est-à-dire :

$$\sum_{k=0}^{+\infty}\frac{(-1)^k}{k+1}=\ln 2.$$

$\boxed{\text{Réponse 6.7}}$ a) La somme des n premiers termes de la suite géométrique $((-1)^k x^k)_k$ de premier terme 1 et de raison $-x$ (différente de 1) est :

$$\sum_{k=0}^{n-1}(-1)^k x^k=\frac{1-(-1)^n x^n}{1-(-x)}=\frac{1}{1+x}-\frac{(-1)^n x^n}{1+x}$$

donc $\dfrac{1}{1+x} = \sum_{k=0}^{n-1} (-1)^k x^k + \dfrac{(-1)^n x^n}{1+x}$.

Il suffit d'intégrer les deux membres de l'égalité fonctionnelle précédente pour obtenir :
$$\ln(1+x) = \sum_{k=0}^{n-1} (-1)^k \dfrac{x^{k+1}}{k+1} + \int_0^x \dfrac{(-1)^n t^n}{1+t} dt.$$

b) Si $x \geq 0$, alors $\left| \int_0^x \dfrac{(-1)^n t^n}{1+t} dt \right| \leq \int_0^x \dfrac{t^n}{1+t} dt \leq \int_0^x t^n\, dt = \dfrac{x^{n+1}}{n+1}$.

Si $-1 < x \leq 0$:
$$\left| \int_0^x \dfrac{(-1)^n t^n}{1+t} dt \right| \leq \int_x^0 \dfrac{|t|^n}{1+t} dt \leq \dfrac{1}{1+x} \int_x^0 |t|^n\, dt$$

puisque pour tout $t \in [x, 0]$, on a $\dfrac{1}{1+t} \leq \dfrac{1}{1+x}$. Par ailleurs :
$$\int_x^0 |t|^n\, dt = \int_x^0 (-1)^n t^n\, dt = (-1)^n \int_x^0 t^n\, dt$$
$$= (-1)^n \left[\dfrac{t^{n+1}}{n+1} \right]_x^0 = (-1)^n \dfrac{-x^{n+1}}{n+1} = \dfrac{|x|^{n+1}}{n+1}$$

donc :
$$\left| \int_0^x \dfrac{(-1)^n t^n}{1+t} dt \right| \leq \dfrac{1}{1+x} \times \dfrac{|x|^{n+1}}{n+1}.$$

c) Si $0 \leq x \leq 1$, $\lim_{n \to +\infty} x^{n+1} = 0$ donc $\lim_{n \to +\infty} \dfrac{x^{n+1}}{n+1} = 0$ et la majoration obtenue en b) montre que :
$$\lim_{n \to +\infty} \int_0^x \dfrac{(-1)^n t^n}{1+t} dt = 0. \quad (*)$$

Si $-1 < x \leq 0$, alors $\lim_{n \to +\infty} |x|^{n+1} = 0$ donc $\lim_{n \to +\infty} \left(\dfrac{1}{1+x} \times \dfrac{|x|^{n+1}}{n+1} \right) = 0$, et la majoration obtenue en b) donne encore $(*)$. La limite $(*)$ est donc assurée quel que soit $x \in\,]-1, 1]$, et comme la question a) montre que :
$$\sum_{k=0}^{n-1} (-1)^k \dfrac{x^{k+1}}{k+1} = \ln(1+x) - \int_0^x \dfrac{(-1)^n t^n}{1+t} dt,$$

on déduit que la série $\sum (-1)^n \dfrac{x^{n+1}}{n+1}$ converge et que :
$$\sum_{k=0}^{+\infty} (-1)^k \dfrac{x^{k+1}}{k+1} = \lim_{n \to +\infty} \sum_{k=0}^{n-1} (-1)^k \dfrac{x^{k+1}}{k+1} = \ln(1+x).$$

d) On raisonne par l'absurde. Si, pour x tel que $|x| > 1$, la série $\sum (-1)^n \frac{x^{n+1}}{n+1}$ convergeait, alors son terme général tendrait vers 0, et l'on aurait :

$$\lim_{n \to +\infty} \frac{|x|^{n+1}}{n+1} = 0, \quad \text{c'est-à-dire} \quad \lim_{n \to +\infty} \frac{|x|^n}{n} = 0,$$

ce qui est absurde. En effet si l'on pose $a = |x| > 1$ et $y_n = a^n/n$, alors :

$$\ln y_n = n \ln a - \ln n = n \left(\ln a - \frac{\ln n}{n} \right).$$

Comme $a > 1$ on tire $\ln a > 0$, et l'on sait que $\lim \frac{\ln n}{n} = 0$, donc :

$$\lim_{n \to +\infty} \ln y_n = +\infty.$$

En passant à l'exponentielle on trouve $\lim_{n \to +\infty} y_n = +\infty$. Finalement, on peut affirmer que la série $\sum (-1)^n \frac{x^{n+1}}{n+1}$ diverge.

e) Pour x fixé, les questions précédentes nous offrent une formule et une majoration de l'intégrale $E_n = \int_0^x \frac{(-1)^n t^n}{1+t} dt$ qui représente l'erreur faite en remplaçant $\ln(1+x)$ par la somme $S_n = \sum_{k=0}^{n-1} (-1)^k \frac{x^{k+1}}{k+1}$:

$$\ln(1+x) = S_n + E_n = \sum_{k=0}^{n-1} (-1)^k \frac{x^{k+1}}{k+1} + \int_0^x \frac{(-1)^n t^n}{1+t} dt.$$

Lorsque $x \geq 0$, la question b) donne :

$$\left| \int_0^x \frac{(-1)^n t^n}{1+t} dt \right| \leq \frac{x^{n+1}}{n+1}$$

de sorte que S_n représente une approximation de $\ln(1+x)$ à 10^{-8} dès que :

$$\frac{x^{n+1}}{n+1} \leq 10^{-8}, \text{ c'est-à-dire } \quad 10^8 \leq (n+1) \left(\frac{1}{x} \right)^{n+1}. \quad (C)$$

• Si $x = 1/3$, la condition (C) est vérifiée si $n = 100$ car une calculatrice donne $(100+1) \, 3^{100+1} \simeq 1{,}561\,593\,89 \times 10^{50} \geq 10^8$. Dans ce cas, avec une erreur inférieure à 10^{-8} :

$$\ln \left(1 + \frac{1}{3} \right) \simeq S_{100} \simeq \sum_{k=0}^{99} (-1)^k \frac{(1/3)^{k+1}}{k+1} \simeq 0.287\,682\,072.$$

- Si $x = 1/8$, la condition (C) est encore satisfaite lorsque $n = 100$ car $(100+1)\, 8^{100+1} \simeq 1{,}645\,925\,07 \times 10^{93} \geq 10^8$, et l'on trouve :

$$\ln\left(1 + \frac{1}{8}\right) \simeq S_{100} \simeq \sum_{k=0}^{99} (-1)^k \frac{(1/8)^{k+1}}{k+1} \simeq 0{,}117\,783\,036.$$

- Si $x = 1$, (C) devient $10^8 \leq (n+1)$, qui équivaut à $n \geq 10^8 - 1$. On obtient :

$$\ln(2) = \ln(1+1) \simeq S_{10^8-1} \simeq \sum_{k=0}^{10^8-2} (-1)^k \frac{1}{k+1}$$

mais le calcul de cette dernière somme demande trop d'itérations pour qu'on puisse l'obtenir facilement sur une machine. En fait l'énoncé demande uniquement de déterminer une valeur de n telle que la somme S_n approxime $\ln(2)$ à 10^{-8} près, et on répondra que l'on peut prendre $n = 10^8 - 1$.

Réponse 6.8 a) Si $p \in \mathbb{N}^*$ alors pour tout $N \in \mathbb{N}$ tel que $N \geq p$:

$$\sum_{k=2p+1}^{2N+2} \frac{(-1)^{k+1}}{k} = \left(\frac{1}{2p+1} - \frac{1}{2p+2}\right) + \ldots + \left(\frac{1}{2N+1} - \frac{1}{2N+2}\right)$$

$$= \sum_{k=p}^{N} \left(\frac{1}{2k+1} - \frac{1}{2k+2}\right).$$

Cela montre que la suite $\left(\sum_{k=p}^{N} \left(\frac{1}{2k+1} - \frac{1}{2k+2}\right)\right)_{N \geq p}$ converge et :

$$\lim_{N \to +\infty} \sum_{k=p}^{N} \left(\frac{1}{2k+1} - \frac{1}{2k+2}\right) = \lim_{N \to +\infty} \sum_{k=2p+1}^{2N+2} \frac{(-1)^{k+1}}{k}$$

$$= \sum_{k=2p+1}^{+\infty} \frac{(-1)^{k+1}}{k} = R_p.$$

Ainsi :

$$R_p = \lim_{N \to +\infty} \sum_{k=p}^{N} \left(\frac{1}{2k+1} - \frac{1}{2k+2}\right) = \lim_{N \to +\infty} \sum_{k=p}^{N} \frac{1}{(2k+1)(2k+2)}$$

ce qui s'écrit aussi :

$$R_p = \sum_{k=2p+1}^{+\infty} \frac{(-1)^{k+1}}{k} = \sum_{k=p}^{+\infty} \frac{1}{(2k+1)(2k+2)}.$$

6.3. RÉPONSES

b) La fonction $x \mapsto 1/x$ est décroissante sur $\mathbb{R}_+^*$, donc pour tout k compris entre p et N :
$$\frac{1}{(2k+2)^2} \leq \frac{1}{(2k+1)(2k+2)} \leq \frac{1}{(2k+1)^2}.$$

Il suffit de sommer membre à membre pour obtenir :
$$\sum_{k=p}^{N} \frac{1}{(2k+2)^2} \leq \sum_{k=p}^{N} \frac{1}{(2k+1)(2k+2)} \leq \sum_{k=p}^{N} \frac{1}{(2k+1)^2}. \quad (\dagger)$$

La décroissante de la fonction $x \mapsto 1/x$ sur $\mathbb{R}_+^*$ donne :
$$\int_p^{N+1} \frac{dx}{(2x+a)^2} = \sum_{k=p}^{N} \int_k^{k+1} \frac{dx}{(2x+a)^2} \leq \sum_{k=p}^{N} \int_k^{k+1} \frac{dx}{(2k+a)^2} = \sum_{k=p}^{N} \frac{1}{(2k+a)^2}$$

et :
$$\int_{p-1}^{N} \frac{dx}{(2x+a)^2} = \sum_{k=p}^{N} \int_{k-1}^{k} \frac{dx}{(2x+a)^2} \geq \sum_{k=p}^{N} \int_{k-1}^{k} \frac{dx}{(2k+a)^2} = \sum_{k=p}^{N} \frac{1}{(2k+a)^2}.$$

Cela démontre l'encadrement :
$$\int_p^{N+1} \frac{dx}{(2x+a)^2} \leq \sum_{k=p}^{N} \frac{1}{(2k+a)^2} \leq \int_{p-1}^{N} \frac{dx}{(2x+a)^2}. \quad (\ddagger)$$

c) En prenant successivement $a = 1$ puis $a = 2$ dans les inégalités $(\ddagger)$, on trouve :
$$\sum_{k=p}^{N} \frac{1}{(2k+1)^2} \leq \int_{p-1}^{N} \frac{dx}{(2x+1)^2} \quad \text{et} \quad \int_p^{N+1} \frac{dx}{(2x+2)^2} \leq \sum_{k=p}^{N} \frac{1}{(2k+2)^2}.$$

Ces inégalités et les encadrements $(\dagger)$ donnent :
$$\int_p^{N+1} \frac{dx}{(2x+2)^2} \leq \sum_{k=p}^{N} \frac{1}{(2k+1)(2k+2)} \leq \int_{p-1}^{N} \frac{dx}{(2x+1)^2}. \quad (\sharp)$$

Comme d'après a) :
$$R_p = \lim_{N \to +\infty} \sum_{k=p}^{N} \frac{1}{(2k+1)(2k+2)}$$

le passage à la limite dans l'encadrement ($\sharp$) donne :
$$\frac{1}{4}\int_p^{+\infty}\frac{dx}{(x+1)^2} \leq R_p \leq \int_{p-1}^{+\infty}\frac{dx}{(2x+1)^2}.$$
Comme :
$$\int_p^{+\infty}\frac{dx}{(x+1)^2} = \left[-\frac{1}{x+1}\right]_p^{+\infty} = \frac{1}{p+1}$$
et :
$$\int_{p-1}^{+\infty}\frac{dx}{(2x+1)^2} = \left[-\frac{1}{2}\cdot\frac{1}{2x+1}\right]_{p-1}^{+\infty} = \frac{1}{4(p-1)+2} = \frac{1}{4p-2}$$
on obtient bien, pour tout $p \in \mathbb{N}^*$:
$$\frac{1}{4p+4} \leq R_p \leq \frac{1}{4p-2}.$$
Ainsi :
$$\forall p \in \mathbb{N}^* \quad \frac{4p}{4p+4} \leq (4p)\,R_p \leq \frac{4p}{4p-2}$$
avec $\lim_{p\to+\infty}\frac{4p}{4p+4} = \lim_{p\to+\infty}\frac{4p}{4p-2} = 1$. Le théorème des gendarmes montre que la limite de la suite $((4p)\,R_p)_p$ existe et $\lim_{p\to+\infty}(4p)\,R_p = 1$, ce qui signifie que R_p est équivalent à $1/4p$.

$\boxed{\text{Réponse 6.9}}$ a) *Première solution* — On écrit $n^p\,|q|^n = n^p\sqrt{|q|^n} \times \sqrt{|q|^n}$ et l'on remarque que :
$$\lim_{n\to+\infty} n^p\sqrt{|q|^n} = 0.$$
En effet :
$$\ln\left(n^p\sqrt{|q|^n}\right) = n\left(p\frac{\ln n}{n} + \frac{\ln|q|}{2}\right).$$
Comme $\ln|q| < 0$ et $\lim_{n\to+\infty}(\ln n)/n = 0$, on a $\lim_{n\to+\infty}\ln(n^p\sqrt{|q|^n}) = -\infty$, donc par composition de limites :
$$n^p\sqrt{|q|^n} = \exp\left(\ln(n^p\sqrt{|q|^n})\right)$$
tendra vers 0. Il existe donc $N \in \mathbb{N}$ tel que :
$$n \geq N \;\Rightarrow\; n^p\sqrt{|q|^n} \leq 1 \;\Rightarrow\; n^p\,|q|^n = n^p\sqrt{|q|^n} \times \sqrt{|q|^n} \leq \sqrt{|q|^n}.$$
Comme $(\sqrt{|q|^n})$ est une suite géométrique de raison $\sqrt{|q|}$, on déduit :
$$\sum_{n=N}^M n^p\,|q|^n \leq \sum_{n=N}^M \sqrt{|q|^n} = \sqrt{|q|^N} \times \frac{1-|q|^{(M-N+1)/2}}{1-\sqrt{|q|}} \leq \frac{\sqrt{|q|^N}}{1-\sqrt{|q|}}.$$

La suite de terme général $\sum_{n=N}^{M} n^p |q|^n$ (indexée par M) est donc croissante majorée, donc converge quand M tend vers $+\infty$. Cela prouve que la série $\sum_{n\in\mathbb{N}} n^p |q|^n$ est convergente, et donc que la série $\sum_{n\in\mathbb{N}} n^p q^n$ est absolument convergente.

Seconde solution — La série $\sum n^p q^n$ est absolument convergente si et seulement si $\sum |n^p q^n|$ converge, ce qui sera assuré d'après le critère de d'Alembert si l'on montre que :
$$\lim_{n\to+\infty} \frac{u_{n+1}}{u_n} = l$$
où l est un réel strictement inférieur à 1, et où $u_n = |n^p q^n|$. Le quotient :
$$\frac{u_{n+1}}{u_n} = \frac{|(n+1)^p q^{n+1}|}{|n^p q^n|} = \left(1 + \frac{1}{n}\right)^p |q|$$
tend vers $|q|$ quand n tend vers $+\infty$, et tout va bien puisque $|q| < 1$.

b) On a :
$$\sum_{k=0}^{n} (k+1) q^{k+1} = \sum_{k=0}^{n} k q^{k+1} + \sum_{k=0}^{n} q^{k+1} = q \sum_{k=0}^{n} k q^k + \sum_{k=0}^{n} q^{k+1}$$
donc en posant $S_n = \sum_{k=0}^{n} k q^k$:
$$S_n + (n+1) q^{n+1} = q S_n + q \frac{1 - q^{n+1}}{1 - q}.$$
D'où l'expression : $S_n = q \dfrac{1 - q^{n+1}}{(1-q)^2} - \dfrac{(n+1) q^{n+1}}{1-q}.$

On a $\lim_{n\to+\infty} q^{n+1} = 0$ et $\lim_{n\to+\infty} (n+1) q^{n+1} = 0$ puisque $|q| < 1$, et l'on déduit :
$$\lim_{n\to+\infty} S_n = \lim_{n\to+\infty} \left[q \frac{1 - q^{n+1}}{(1-q)^2} - \frac{(n+1) q^{n+1}}{1-q} \right] = \frac{q}{(1-q)^2}.$$
Cela montre que la série $\sum n q^n$ converge (on savait déjà qu'elle était absolument convergente d'après la question a) et que .
$$\sum_{n=0}^{+\infty} n q^n = \frac{q}{(1-q)^2}.$$

Remarque — La question a) montre que la série $\sum n^p q^n$ converge, et donc que son terme général $n^p q^n$ tend vers 0 quand n tend vers $+\infty$, ce qui nous autorise à utiliser que $\lim_{n\to+\infty} (n+1) q^{n+1} = 0$. Dans la question suivante, on utilisera que $\lim_{n\to+\infty} (n+1)^2 q^{n+1} = 0$ pour la même raison.

c) Posons $S'_n = \sum_{k=0}^{n} k^2 q^k$. De :

$$\sum_{k=0}^{n} (k+1)^2 q^{k+1} = \sum_{k=0}^{n} k^2 q^{k+1} + \sum_{k=0}^{n} 2k q^{k+1} + \sum_{k=0}^{n} q^{k+1}$$

on tire :

$$S'_n + (n+1)^2 q^{n+1} = qS'_n + 2qS_n + q\frac{1-q^{n+1}}{1-q}$$

soit :

$$S'_n = \frac{2qS_n}{1-q} + q\frac{1-q^{n+1}}{(1-q)^2} - \frac{(n+1)^2 q^{n+1}}{1-q}.$$

Comme $|q| < 1$, $\lim_{n \to +\infty} q^{n+1} = 0 = \lim_{n \to +\infty} (n+1)^2 q^{n+1} = 0$, et comme S_n tend vers $q/(1-q)^2$ d'après la question précédente, on constate que le membre de droite de la dernière égalité écrite tend vers :

$$\frac{2q}{1-q} \times \frac{q}{(1-q)^2} + \frac{q}{(1-q)^2}$$

quand n tend vers $+\infty$. Autrement dit :

$$\lim_{n \to +\infty} S'_n = \frac{2q^2}{(1-q)^3} + \frac{q}{(1-q)^2} = \frac{q(q+1)}{(1-q)^3}.$$

Cela prouve que la série $\sum n^2 q^n$ converge, si on ne le savait pas déjà, et :

$$\sum_{n=0}^{+\infty} n^2 q^n = \frac{q(q+1)}{(1-q)^3}.$$

Réponse 6.10 1) Pour tout $k \geq 2$:

$$k - 1 \leq k \implies k(k-1) \leq k^2 \implies \frac{1}{k^2} \leq \frac{1}{k(k-1)} = \frac{1}{k-1} - \frac{1}{k}.$$

Pour tout $n \in \mathbb{N}^*$, les inégalités précédentes permettent d'écrire :

$$B_n = \sum_{k=1}^{n} \frac{1}{k^2} = 1 + \sum_{k=2}^{n} \frac{1}{k^2} \leq 1 + \sum_{k=2}^{n} \left(\frac{1}{k-1} - \frac{1}{k}\right).$$

Comme :

$$\sum_{k=2}^{n} \left(\frac{1}{k-1} - \frac{1}{k}\right) = \sum_{k=2}^{n} \frac{1}{k-1} - \sum_{k=2}^{n} \frac{1}{k} = \sum_{k'=1}^{n-1} \frac{1}{k'} - \sum_{k=2}^{n} \frac{1}{k}$$

$$= 1 + \sum_{k=2}^{n-1} \frac{1}{k} - \sum_{k=2}^{n-1} \frac{1}{k} - \frac{1}{n} = 1 - \frac{1}{n}$$

6.3. RÉPONSES

on obtient $B_n \leq 2 - \frac{1}{n} \leq 2$ pour tout $n \in \mathbb{N}^*$. La suite (B_n) est ainsi croissante (puisque $B_{n+1} = B_n + 1/(n+1)^2 \geq B_n$ pour tout $n \in \mathbb{N}^*$, le terme $1/(n+1)^2$ étant un carré, donc toujours positif) et majorée par 2, donc sera convergente d'après un théorème du cours.

2.a) On a :
$$\sum_{k=-n}^{n} e^{ikt} = 1 + 2\sum_{k=1}^{n} \frac{e^{ikt} + e^{-ikt}}{2} = 1 + 2\sum_{k=1}^{n} \cos kt = D_n(t).$$

2.b) Si $t \in \,]0, \pi]$, le nombre $\sum_{k=-n}^{n} e^{ikt}$ n'est autre que la somme des $2n+1$ premiers termes d'une progression géométrique de premier terme e^{-int} et de raison e^{it} différente de 1, donc :

$$D_n(t) = \sum_{k=-n}^{n} e^{ikt} = e^{-int} \frac{1 - (e^{it})^{2n+1}}{1 - e^{it}}$$

$$= e^{-int} \times \frac{e^{it\frac{2n+1}{2}}}{e^{it/2}} \times \frac{e^{-it\frac{2n+1}{2}} - e^{it\frac{2n+1}{2}}}{e^{-it/2} - e^{it/2}} = \frac{\sin\left(\frac{2n+1}{2}t\right)}{\sin(t/2)}.$$

On a $D_n(0) = 1 + 2\sum_{k=1}^{n} \cos 0 = 2n + 1$.

3.a) La fonction f est continue, dérivable et même de classe C^1 sur l'intervalle $]0, \pi/2]$ comme le quotient de deux fonctions de classe C^1 dont le dénominateur ne s'annule jamais sur $]0, \pi/2]$. Pour pouvoir affirmer que f est continue sur $[0, \pi/2]$, il reste seulement à démontrer que f est continue en 0, autrement dit que $\lim_{t \to 0_+} f(t) = f(0)$. Un résultat bien connu du cours donne $\lim_{t \to 0, t \neq 0} \frac{\sin t}{t} = 1$, donc $\lim_{t \to 0_+} f(t) = 1 = f(0)$.

3.b) On a déjà dit que f était dérivable sur $]0, \pi/2]$. Pour affirmer que f est dérivable sur tout $[0, \pi/2]$, il reste seulement à vérifier que f est dérivable à droite en 0, autrement dit que la limite :

$$\lim_{t \to 0_+} \frac{f(t) - f(0)}{t - 0}$$

existe. Pour tout $t \in \,]0, \pi/2]$:

$$\frac{f(t) - f(0)}{t - 0} = \frac{1}{t}\left(\frac{t}{\sin t} - 1\right).$$

Au voisinage de 0, on a $\sin t = t - \frac{t^3}{6} + o(t^3)$, donc :

$$\frac{t}{\sin t} = \frac{1}{1 - t^2/6 + o(t^2)} = 1 + \frac{t^2}{6} + \left(\frac{t^2}{6}\right)^2 + o(t^2) = 1 + \frac{t^2}{6} + o(t^2)$$

en utilisant la substitution $x = t^2/6$ dans le développement limité :
$$\frac{1}{1-x} = 1 + x + x^2 + o(x^2).$$

Par suite :
$$\frac{1}{t}\left(\frac{t}{\sin t} - 1\right) = \frac{1}{t} \times \left(\frac{t^2}{6} + o(t^2)\right) = \frac{t}{6} + o(t)$$

et $\lim_{t \to 0_+} \frac{f(t)-f(0)}{t-0} = \lim_{t \to 0_+} \frac{1}{t}\left(\frac{t}{\sin t} - 1\right) = 0.$

En conclusion la fonction f est bien dérivable en 0 et $f'(0) = 0$.

3.c) On a déjà prouvé que f était de classe C^1 sur $]0, \pi/2]$, et que f était dérivable en 0, de nombre dérivé $f'(0) = 0$ en ce point. Pour conclure que f est de classe C^1 sur $[0, \pi/2]$ il suffit de démontrer que $\lim_{t \to 0_+} f'(t) = f'(0)$. Pour tout $t \in]0, \pi/2]$,
$$f'(t) = \frac{\sin t - t \cos t}{\sin^2 t},$$
donc il s'agit de montrer que :
$$\lim_{t \to 0_+} \frac{\sin t - t \cos t}{\sin^2 t} = 0. \quad (*)$$

Au voisinage de 0 :
$$\sin t - t \cos t = t - \frac{t^3}{6} + o(t^3) - t\left(1 - \frac{t^2}{2} + o(t^2)\right)$$
$$= t - \frac{t^3}{6} + o(t^3) - t + \frac{t^3}{2} + o(t^3) = \frac{t^3}{3} + o(t^3)$$

donc $\sin t - t \cos t \sim t^3/3$. Comme $\sin^2 t \sim t^2$, on déduit que :
$$\frac{\sin t - t \cos t}{\sin^2 t} \sim \frac{t^3/3}{t^2} = \frac{t}{3}$$
ce qui entraîne bien $(*)$.

4.a) En intégrant deux fois par parties :
$$\int_0^\pi \left(\frac{t^2}{2\pi} - t\right) \cos kt \, dt = \left[\left(\frac{t^2}{2\pi} - t\right)\frac{\sin kt}{k}\right]_0^\pi - \int_0^\pi \left(\frac{t}{\pi} - 1\right)\frac{\sin kt}{k} \, dt$$
$$= \int_0^\pi \left(1 - \frac{t}{\pi}\right)\frac{\sin kt}{k} \, dt$$
$$= \left[\left(1 - \frac{t}{\pi}\right)\frac{-\cos kt}{k^2}\right]_0^\pi - \int_0^\pi \left(-\frac{1}{\pi}\right)\frac{-\cos kt}{k^2} \, dt$$
$$= \frac{1}{k^2} - \frac{1}{k^2\pi}\int_0^\pi \cos kt \, dt = \frac{1}{k^2} - \frac{1}{k^2\pi}\left[\frac{\sin kt}{k}\right]_0^\pi = \frac{1}{k^2}.$$

4.b) La question précédente nous permet d'écrire :

$$B_n = \sum_{k=1}^n \frac{1}{k^2} = \sum_{k=1}^n \int_0^\pi \left(\frac{t^2}{2\pi} - t\right) \cos kt\, dt = \int_0^\pi \left(\frac{t^2}{2\pi} - t\right) \sum_{k=1}^n \cos kt\, dt.$$

De $D_n(t) = 1 + 2\sum_{k=1}^n \cos kt$ on déduit $\sum_{k=1}^n \cos kt = \frac{D_n(t)-1}{2}$, puis :

$$B_n = \int_0^\pi \left(\frac{t^2}{2\pi} - t\right) \frac{D_n(t) - 1}{2}\, dt.$$

4.c) On a : $\int_0^\pi \left(t - \frac{t^2}{2\pi}\right) dt = \left[\frac{t^2}{2} - \frac{t^3}{6\pi}\right]_0^\pi = \frac{\pi^2}{2} - \frac{\pi^2}{6} = \frac{\pi^2}{3}.$

4.d) D'après 4.b :

$$B_n = \int_0^\pi \left(\frac{t^2}{2\pi} - t\right) \frac{D_n(t) - 1}{2}\, dt = \frac{1}{2}\int_0^\pi \left(\frac{t^2}{2\pi} - t\right) D_n(t)\, dt - \frac{1}{2}\int_0^\pi \left(\frac{t^2}{2\pi} - t\right) dt$$

soit, en tenant compte de 4.c :

$$\frac{1}{2}\int_0^\pi \left(t - \frac{t^2}{2\pi}\right) D_n(t)\, dt = \frac{1}{2}\int_0^\pi \left(t - \frac{t^2}{2\pi}\right) dt - B_n = \frac{\pi^2}{6} - B_n.$$

4.e) En utilisant 2.b, l'égalité précédente donne :

$$\frac{\pi^2}{6} - B_n = \frac{1}{2}\int_0^\pi \left(t - \frac{t^2}{2\pi}\right) \frac{\sin\left(\frac{2n+1}{2}t\right)}{\sin(t/2)}\, dt.$$

Avec le changement de variable $u = t/2$, on obtient :

$$\frac{\pi^2}{6} - B_n = \frac{1}{2}\int_0^{\pi/2} \left(2u - \frac{2u^2}{\pi}\right) \frac{\sin(2n+1)u}{\sin u}\, 2du$$

$$= \int_0^{\pi/2} \frac{t}{\sin t}\left(2 - \frac{2t}{\pi}\right) \sin((2n+1)t)\, dt.$$

5) La fonction f définie à la question 3 est de classe C^1 sur $[0, \pi/2]$, et l'on peut définir la fonction :

$$g : [0, \pi/2] \to \mathbb{R}$$
$$t \mapsto f(t)\left(2 - \frac{2t}{\pi}\right)$$

qui sera encore de classe C^1 sur $[0, \pi/2]$ comme produit de deux fonctions de classe C^1. La question 4.e montre alors que :

$$\frac{\pi^2}{6} - B_n = \int_0^{\pi/2} g(t) \sin((2n+1)t)\, dt.$$

6) Par intégration par parties :

$$\int_0^{\pi/2} g(t) \sin(2n+1)t\, dt = \left[g(t)\frac{-\cos(2n+1)t}{2n+1}\right]_0^{\pi/2} - \int_0^{\pi/2} g'(t) \frac{-\cos(2n+1)t}{2n+1} \sin dt$$

$$= \frac{1}{2n+1} \int_0^{\pi/2} g'(t) \cos(2n+1)t\, dt + \frac{g(0)}{2n+1}$$

puisque $\cos(2n+1)\pi/2 = 0$. Comme un cosinus est toujours compris entre -1 et 1, pour tout entier n :

$$\left|\int_0^{\pi/2} g'(t) \cos(2n+1)t\, dt\right| \leq C \quad \text{où l'on pose } C = \int_0^{\pi/2} |g'(t)|\, dt.$$

On en déduit que $\left|\int_0^{\pi/2} g(t) \sin(2n+1)t\, dt\right| \leq \dfrac{C + g(0)}{2n+1}.$

Comme $\lim_{n\to+\infty}(C + g(0))/(2n+1) = 0$, cette dernière inégalité entraîne :

$$\lim_{n\to+\infty} \int_0^{\pi/2} g(t) \sin((2n+1)t)\, dt = 0.$$

Ce qui précède permet d'écrire :

$$\lim_{n\to+\infty}\left(\frac{\pi^2}{6} - B_n\right) = \lim_{n\to+\infty} \int_0^{\pi/2} g(t) \sin((2n+1)t)\, dt = 0$$

donc la suite (B_n) est convergente et $\lim_{n\to+\infty} B_n = \pi^2/6$.

Chapitre 7

Equations différentielles

7.1 Minimum vital

7.1.1 Premier degré

Question 7.1 *Equation $y' = ay$ (Ecrit CAPES 2022 sujet 0)*
Soit $a \in \mathbb{R}$. Quelles sont les solutions de l'équation différentielle $y' = ay$? Proposez deux résolutions.

Question 7.2 *(Ecrit CAPLP 2011)* On considère l'équation différentielle suivante, où y est une fonction définie et dérivable sur $\mathbb{R}$:
$$y' - 2y - 1 = 0. \quad (E)$$
On note g une fonction positive définie et dérivable sur $\mathbb{R}$. Peut-on affirmer que, si g est solution de l'équation (E) sur $\mathbb{R}$, alors g est croissante sur $\mathbb{R}$? Justifiez votre réponse complètement.

Question 7.3 Déterminez toutes les fonctions dérivables de $\mathbb{R}$ dans $\mathbb{R}$ qui sont solutions de l'équation différentielle $y' + 5y + 8 = 0$.

Question 7.4 *(Ecrit CAPESA 2021)*
Soit l'équation différentielle d'inconnue y, fonction dérivable sur $[0, +\infty[$:
$$(E) \quad y' + 2xy = 2x.$$

1) Démontrer que l'équation différentielle (E) possède une unique solution constante sur $[0, +\infty[$.

2) Déterminer les fonctions dérivables sur $[0, +\infty[$ qui vérifient l'équation différentielle $y' + 2xy = 0$.

3) Déterminer la fonction Φ solution de l'équation différentielle (E) qui vérifie la condition initiale $\Phi(0) = 0$.

Question 7.5 *(Ecrit CAPLP 2019) Soit f une fonction paire, dérivable sur $\mathbb{R}$, et solution de l'équation différentielle $(E) : f'(x) + f(x) = e^x$.*

a) Sans résoudre (E), montrer que si une solution f existe, alors elle est indéfiniment dérivable sur $\mathbb{R}$, et que, pour tout $n \in \mathbb{N}$, sa dérivée n-ième $f^{(n)}$ est égale à f si n est pair, et f' si n est impair.

b) Montrer qu'il existe une fonction g définie et dérivable sur $\mathbb{R}$ telle que $f(x) = g(x)e^{-x}$. En déduire que $f(x) = \cosh x$ pour tout réel x.

7.1.2 Second degré linéaire

Question 7.6 *(Ecrit CAPES 2023) Peut-on affirmer que les solutions de l'équation différentielle $y'' - 3y' + 2y = 2$ sont les fonctions $x \mapsto k\exp(2x) + 1$ où k désigne un nombre réel quelconque ?*

Question 7.7 *Rappel de cours I*
Soient $a, b \in \mathbb{R}$. On considère l'équation différentielle :
$$(E) \quad y'' + ay' + by = 0.$$

On note $S_\mathbb{R}$ (resp. $S_\mathbb{C}$) l'ensemble des solutions réelles (resp. complexes) de (E), définies sur tout $\mathbb{R}$ (resp. $\mathbb{C}$). Montrer que $S_\mathbb{R}$ et $S_\mathbb{C}$ sont des espaces vectoriels sur $\mathbb{R}$ ou $\mathbb{C}$, suivant le cas.

Question 7.8 *Rappel de cours II (Ecrit CAPESA 2021)*
Soient a et b deux réels. Montrer que les solutions réelles de l'équation différentielle $y'' + ay' + by = 0$ coïncident avec les parties réelles des solutions complexes de cette équation.

Question 7.9 *Soient $a, b \in \mathbb{R}$. Montrer qu'une solution de l'équation différentielle $y'' + ay' + by = 0$, a priori seulement deux fois dérivable, sera en fait indéfiniment dérivable sur $\mathbb{R}$.*

Question 7.10 *Résolution de $y'' + ay' + by = 0$*
On désire résoudre une équation différentielle linéaire du second ordre :
$$(E): \quad y'' + ay' + by = 0$$

où a et b sont des nombres complexes. Une solution complexe de (E) est une fonction deux fois dérivable sur $\mathbb{R}$, à valeurs dans $\mathbb{C}$, qui vérifie (E).

a) Montrer qu'une fonction exponentielle $x \mapsto e^{\lambda x}$ est une solution de (E) si et seulement si λ est une solution de l'équation $\lambda^2 + a\lambda + b = 0$. Cette dernière équation est appelée équation caractéristique de (E). On notera α et β les racines complexes de cette équation caractéristique, et $\Delta = a^2 - 4b$ le *discriminant du trinôme* $\lambda^2 + a\lambda + b$.

b) En remplaçant a et b par leurs expressions en fonction de α et β, montrer que (E) *équivaut à* $(y' - \beta y)' = \alpha (y' - \beta y)$. *En déduire toutes les solutions complexes de* (E).

c) On suppose maintenant que a et b sont réels. Utilisez la méthode et les résultats de la question précédente pour déterminer toutes les solutions réelles de (E), *c'est-à-dire toutes les fonctions deux fois dérivables de* $\mathbb{R}$ *dans* $\mathbb{R}$ *qui vérifient* (E).

Question 7.11 *Résoudre l'équation différentielle* $y'' - 7y' + 10y = 0$.

Question 7.12 *Résoudre l'équation différentielle* $y'' - 16y' + 64y = 0$.

Question 7.13 *Résoudre l'équation différentielle* $y'' - 6y' + 13y = 0$.

Question 7.14 *Fil d'un pendule (Ecrit CAPESA 2019)*
En physique l'angle θ que fait le fil d'un pendule avec la verticale est une fonction du temps qui vérifie l'équation différentielle :
$$(E): \quad \theta'' + \omega_0^2 \theta = 0$$
où ω_0 est une constante réelle.

a) Montrer que les fonctions $t \mapsto A\cos(\omega_0 t) + B\sin(\omega_0 t)$, où $A, B \in \mathbb{R}$, sont solutions de (E).

b) Expliquer comment écrire l'expression $A\cos(\omega_0 t) + B\sin(\omega_0 t)$ sous la forme $K\sin(\omega_0 t + \phi)$ où K et ϕ sont des réels.

c) Si $\omega_0, K, \phi \in \mathbb{R}$, on note $\mathcal{C}_{\omega_0, \phi}$ la représentation graphique, dans un repère orthonormal, de la fonction définie sur $\mathbb{R}$ par $f(t) = K\sin(\omega_0 t + \phi)$. Expliquer comment se modifie la courbe $\mathcal{C}_{\omega_0, \phi}$ quand ω_0 et ϕ varient.

Question 7.15 *(Ecrit CAPLP 2017) Soient y et z deux fonctions continûment dérivables de $\mathbb{R}$ dans $\mathbb{R}$. On note y' et z' leurs fonctions dérivées. Si $y' = z$ et $z' = y$, et s'il existe $a \in \mathbb{R}$ tel que $y(a) = z(a)$, peut-on affirmer que $y = z$? Justifier.*

7.2 Entraînement

7.2.1 Premier degré

Question 7.16 *(Ecrit CAPESA 2021) Un parachutiste tombe à la vitesse de 55 m.s^{-1} au moment où son parachute s'ouvre. On fixe l'origine du temps à ce moment-là. Pour tout $t > 0$, on note $v(t)$ en m.s^{-1} la vitesse du parachutiste à l'instant t. On admet que la résistance de l'air est :*

$$R = \frac{Pv^2}{25}$$

où $P = mg$ est le poids du parachutiste avec son équipement (m est sa masse et $g = 9,81$ m.s^{-1}). On admet que v est solution sur $\mathbb{R}_+$ de l'équation différentielle :
$$\forall t \in \mathbb{R}_+ \quad v'(t) = g\left(1 - \frac{v(t)^2}{25}\right).$$

a) En admettant que le parachutiste décélère, justifier que $v(t) > 5$ pour tout $t \in \mathbb{R}_+$. On pose alors :
$$\forall t \in \mathbb{R}_+ \quad z(t) = \frac{1}{v(t) - 5}.$$

b) Démontrer que z est solution de l'équation différentielle :
$$\forall t \in \mathbb{R}_+ \quad z'(t) - \frac{2g}{5} z(t) - \frac{g}{25} = 0.$$

c) En déduire l'expression de $z(t)$ pour tout $t \geq 0$ et $\lim_{t \to +\infty} z(t)$. Quelle est la limite de $v(t)$ en $+\infty$? Commenter ce résultat.

Question 7.17 *(Ecrit CAPLP 2012)* On considère les deux équations différentielles suivantes :
$$(E_1) \quad : \quad xy' + (1-x)y = 1 \text{ définie sur } I_1 =]-\infty, 0[$$
$$(E_2) \quad : \quad xy' + (1-x)y = 1 \text{ définie sur } I_2 =]0, +\infty[.$$

a) Donner les solutions des équations homogènes associées à (E_1) et (E_2).
b) On considère la fonction φ définie sur I_1 par :
$$\varphi(x) = C(x)\frac{e^x}{x}$$
où C désigne une fonction de classe C^1 sur I_1. Déterminer la forme des fonctions C pour que φ soit une solution particulière de (E_1).

c) Déterminer toutes les solutions de (E_1). Donner ensuite, sans justification, la forme des solutions de l'équation (E_2).

Question 7.18 *(Ecrit CAPLPA 2014)* On s'intéresse aux fonctions solutions de l'équation différentielle :
$$(E) : \quad y' = ky\left(1 - \frac{y}{M}\right)$$

sur l'intervalle $[0, +\infty[$. Les constantes réelles k et M sont dans $\mathbb{R}_+^*$. Si P est une fonction strictement positives sur $[0, +\infty[$, on pose $Q = 1/P$.

a) Démontrer que P est une solution de l'équation (E) si et seulement si Q est une solution de l'équation différentielle :

7.2. ENTRAÎNEMENT

$$(E'): \quad y' = -ky + \frac{k}{M}.$$

b) Résoudre l'équation (E').

c) Justifier que toute solution de l'équation (E') correspondant à une valeur initiale $y(0) > 0$ est strictement positive sur $[0, +\infty[$.

d) En déduire les solutions de l'équation (E) sur l'intervalle $[0, +\infty[$ correspondant à une valeur initiale en 0 strictement positive.

Question 7.19 *(Ecrit CAPLPA 2017) Une fonction c, qui modélise la concentration d'antibiotique (en mg/l) dans le sang au bout de t heures, est solution sur l'intervalle $[0, +\infty[$ d'une équation différentielle du type $y' = -ky$ où $k > 0$. On suppose que $c(0) = 1,5$.*

a) Déterminer la solution de l'équation $y' = -ky$ vérifiant $y(0) = 1,5$.

b) A l'aide d'une calculatrice, déterminer une valeur de k arrondie à 10^{-4} près sachant qu'on dispose des valeurs expérimentales suivantes :

Temps t en heures	0	5	10	15	20	25	30
Concentration résiduelle c en mg/l	1,5	1,3	1,12	0,97	0,84	0,73	0,63

7.2.2 Second degré linéaire

Question 7.20 *(Ecrit CAPLP 2020)*
L'équation différentielle $y'' - 3y' + 2y = x^2 - 3x$ a-t-elle pour ensemble de solutions réelles $\{x \mapsto k_1 \exp x + k_2 \exp(2x) \,/\, (k_1, k_2) \in \mathbb{R}^2\}$?

Question 7.21 *(Ecrit CAPES 2014) Soient b un réel et f une fonction continue de $\mathbb{R}$ dans $\mathbb{R}$. On s'intéresse à l'équation différentielle sur $\mathbb{R}$:*

$$E: \ y''(t) + by(t) = f(t).$$

a) Déterminer l'ensemble $\mathrm{Sol}(EH)$ des solutions de l'équation homogène associée $EH : \ y''(t) + by(t) = 0$ suivant les valeurs de b.

b) Déterminer les valeurs de b pour lesquelles toutes les fonctions de l'ensemble $\mathrm{Sol}(EH)$ sont bornées.

c) Dans cette question on suppose que $b = 1$ et on définit la fonction g sur $\mathbb{R}$ par :

$$x \mapsto g(x) = \int_0^x f(t) \sin(x-t)\, dt.$$

Démontrer que g est une solution particulière de E et en déduire la solution générale de l'équation différentielle sur $\mathbb{R}$.

Question 7.22 *(Ecrit CAPESA 2021) Résoudre le problème de Cauchy :*
$$\begin{cases} y''(t) + 4y'(t) + 4y(t) = e^t \\ y(0) = 0 \\ y'(0) = 1. \end{cases}$$

Question 7.23 *Soit $\omega \in \mathbb{R}_+^*$. Résoudre l'équation différentielle $y'' = -\omega^2 y$.*

Question 7.24 Equations différentielles linéaires d'ordre 2
(Ecrit CAPESA 2021)
Soient $(a, b, c) \in \mathbb{C}^* \times \mathbb{C}^2$ et ψ une fonction définie et continue de $\mathbb{R}$ dans $\mathbb{C}$. On considère l'équation différentielle (E) d'inconnue y définie par :

$$(E): \forall t \in \mathbb{R} \quad ay''(t) + by'(t) + cy(t) = \psi(t)$$

et son équation différentielle homogène associée, notée :

$$(H): \forall t \in \mathbb{R} \quad ay''(t) + by'(t) + cy(t) = 0.$$

On note $S_\mathbb{C}(E)$ et $S_\mathbb{C}(H)$ les solutions de (E) et (H) définies sur $\mathbb{R}$ et à valeurs dans $\mathbb{C}$. Si $(a, b, c) \in \mathbb{R}^* \times \mathbb{R}^2$, on note $S_\mathbb{R}(E)$ et $S_\mathbb{R}(H)$ les fonctions de $\mathbb{R}$ dans $\mathbb{R}$ solutions de ces mêmes équations.

1) Montrer que l'ensemble $S_\mathbb{C}(H)$ est un $\mathbb{C}$-espace vectoriel.

2) Démontrer que pour tout $r \in \mathbb{C}$, la fonction $\phi_r : t \mapsto e^{rt}$ est solution de (H) si et seulement si r est solution de l'équation caractéristique (EC) associée à (H) définie par $ar^2 + br + c = 0$. Justifier que (EC) possède au moins une solution dans $\mathbb{C}$.

3) Cas particulier où a, b et c sont réels avec $a \neq 0$.

a) Expliquer dans quelle classe la démonstration de la résolution de l'équation (EC) pourrait être exposée. Quels prérequis doit-on traiter avec ces élèves pour aborder la résolution de (EC) ? Présenter cette résolution comme on le ferait devant une telle classe. Enoncer un approfondissement qu'on pourrait aborder.

b) Ecrire un programme en Python permettant de résoudre l'équation (EC) quand a, b et c sont réels et $a \neq 0$.

Pour les questions 4, 5 et 6 suivantes, on se place dans le cas général.

4) Soient $r_1 \in \mathbb{C}$ une racine de (EC) et z une fonction deux fois dérivable, de $\mathbb{R}$ dans $\mathbb{C}$. Soit $\Delta = b^2 - 4ac$ le discriminant de (EC).

a) En considérant la fonction $f : t \mapsto z(t) e^{r_1 t}$, montrer que f est solution de (H) si et seulement si z' est solution de l'équation différentielle :

$$(H_{r_1}): \forall t \in \mathbb{R} \quad az'(t) + (2ar_1 + b)y(t) = 0.$$

b) Si $\Delta \neq 0$, on note r_1 et r_2 les solutions de (EC). Si $(\alpha, \beta) \in \mathbb{C}^2$, on note $f_{\alpha,\beta}$ la fonction de $\mathbb{R}$ dans $\mathbb{C}$ qui à t associe $\alpha e^{r_1 t} + \beta e^{r_2 t}$. Soit $\mathcal{A}$ l'ensemble des fonctions $f_{\alpha,\beta}$ quand (α, β) décrit $\mathbb{C}^2$, i.e. $\mathcal{A} = \{f_{\alpha,\beta} \,/\, (\alpha,\beta) \in \mathbb{C}^2\}$. Soit $f \in S_\mathbb{C}(H)$ et $z : t \mapsto f(t) e^{-r_1 t}$. Justifier que z' est solution de (H_{r_1}) et en déduire que $f \in \mathcal{A}$. Montrer ensuite que $S_\mathbb{C}(H) = \mathcal{A}$.

c) Lorsque $\Delta = 0$, on note r_0 la racine double de l'équation (EC). A l'aide de l'équation (H_{r_1}), montrer l'équivalence :

$$f \in S_\mathbb{C}(H) \quad \Leftrightarrow \quad \exists (\alpha, \beta) \in \mathbb{C}^2 \ f(t) = (\alpha t + \beta) e^{r_0 t}.$$

5) En déduire une base de $S_\mathbb{C}(H)$ et sa dimension.

6) Soient $(t_0, y_0, y_1) \in \mathbb{R} \times \mathbb{C}^2$. Dans le cas où $\Delta \neq 0$, montrer qu'il existe une unique solution f de (H) vérifiant $f(t_0) = y_0$ et $f'(t_0) = y_1$.

7) Supposons $(a, b, c) \in \mathbb{R}^* \times \mathbb{R}^2$ tels que $\Delta < 0$. Montrer que (EC) possède deux solutions complexes distinctes et conjuguées. Soit $(r, w) \in \mathbb{R}^2$ tel que $r + iw$ et $r - iw$ soient les racines de (EC). Montrer l'équivalence :

$$f \in S_\mathbb{R}(H) \quad \Leftrightarrow \quad \exists (\gamma, \delta) \in \mathbb{R}^2 \ f(t) = (\gamma \cos wt + \delta \sin wt) e^{rt}.$$

8) On suppose qu'il existe $(\eta_1, \eta_2, \lambda) \in \mathbb{R}^3$ tel que, pour tout réel t, on ait $\psi(t) = \eta_1 \cos \lambda t + \eta_2 \sin \lambda t$. On suppose aussi que $a = b = c = 1$. Montrer qu'il existe $(\mu_1, \mu_2) \in \mathbb{R}^2$ tels que la fonction $f_p : t \mapsto \mu_1 \cos \lambda t + \mu_2 \sin \lambda t$ soit une solution particulière de (E). En déduire $S_\mathbb{R}(E)$.

Question 7.25 (Ecrit CAPESA 2021) Soient m, b et c des constantes réelles positives, avec $mc \neq 0$. On considère l'équation différentielle :

$$(E_b) : \quad \forall t \geq 0 \quad m y''(t) + b y'(t) + c y(t) = k \sin \lambda t.$$

a) On suppose que $b = 0$ et $\lambda = \sqrt{c/m}$. Déterminer $(A, B) \in \mathbb{R}^2$ tel que $y : t \mapsto t \left(A \cos \sqrt{\frac{c}{m}} t + B \sin \sqrt{\frac{c}{m}} t \right)$ soit une solution particulière de (E_0). En déduire l'allure de la courbe représentative de y et sa limite éventuelle en $+\infty$.

b) On suppose que $b \neq 0$ et $\lambda \neq \sqrt{c/m}$. Montrer qu'il existe une solution particulière y_p de l'équation (E_b) de la forme $y_p : t \mapsto A \cos \lambda t + B \sin \lambda t$. En déduire l'allure de $y_p(t)$ en $+\infty$.

Question 7.26 Mouvement d'un solide dans un fluide
(Ecrit CAPESA 2021)

On considère un corps assimilé à un point M de masse m non nulle, suspendu à un ressort et plongé dans un fluide visqueux. On repère la position de M sur un axe vertical, de repère $(O, \vec{j})$ orienté vers le bas. On suppose que le corps admet une position d'équilibre au repos à la hauteur y_0.

Quand le corps est en mouvement, on note $y(t)$ la hauteur des oscillations autour de ce point d'équilibre. On a $\overrightarrow{OM} = (y_0 + y(t))\vec{j}$ où y est une application de $\mathbb{R}_+$ dans $\mathbb{R}$ deux fois dérivable.

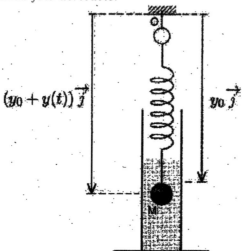

Trois forces agissent sur M : la force d'inertie proportionnelle à y'', de coefficient $m > 0$ (où m est la masse du système); la force de viscosité du fluide proportionnelle à y' de coefficient de $b \geq 0$, appelé coefficient de viscosité; et la force de rappel du ressort proportionnelle à y de coefficient $c > 0$, appelé coefficient de raideur.

Quand m et c sont fixés, on s'intéresse à l'influence de la viscosité sur le comportement du corps. On admet que y vérifie le problème de Cauchy :

$$(C) \quad \begin{cases} (H_b): \ \forall t \geq 0 \quad my''(t) + by'(t) + cy(t) = 0, \\ y(0) = 0 \\ y'(0) = 1. \end{cases}$$

1) Résoudre le problème de Cauchy (1) dans les cas suivants :
   a) Viscosité faible : $b \neq 0$ tel que $b^2 - 4mc < 0$;
   b) Viscosité forte : $b \neq 0$ tel que $b^2 - 4mc > 0$.

Dans chaque cas, donner l'allure de la courbe représentative de y et montrer que $\lim_{t \to +\infty} y(t) = 0$. Interpréter ce résultat dans le contexte de l'énoncé.

2) Dans le cas de la viscosité nulle ($b = 0$), on se propose de résoudre le problème de Cauchy (C) par deux méthodes différentes :

   a) Méthode 1 : résoudre (C) en utilisant le cours classique sur les équations différentielles linéaires d'ordre 2. Donner la limite de la solution en $+\infty$ et interpréter ce résultat.

   b) Méthode 2 : résolution à l'aide de matrices.

(i) Pour tout $t \in \mathbb{R}_+$, on pose $X(t) = \binom{y(t)}{y'(t)}$. Déterminer une matrice A de $\mathcal{M}_2(\mathbb{C})$ telle que : y solution de (H_0) $\Leftrightarrow$ $\forall t \geq 0 \;\; X'(t) = AX(t)$.

(ii) Montrer que les valeurs propres de A sont les racines (r_1, r_2) de l'équation caractéristique (EC) associée à (H_0).

(iii) Trouver $P \in \mathrm{GL}_2(\mathbb{C})$ et $D = \begin{pmatrix} r_1 & 0 \\ 0 & r_2 \end{pmatrix} \in \mathcal{M}_2(\mathbb{C})$ telles que $A = PDP^{-1}$.

(iv) Justifier que :
$$\forall t \geq 0 \;\; X(t) = P E_D(t) P^{-1} X(0) \;\; \text{où} \;\; E_D(t) = \begin{pmatrix} e^{r_1 t} & 0 \\ 0 & e^{r_2 t} \end{pmatrix}.$$
(v) En déduire $y(t)$.

3) On suppose que $b \neq 0$ et que $b^2 - 4mc = 0$. Déterminer l'unique solution y de (C). Soit $\varphi > 0$. Lorsque $m = 1$, déterminer une condition suffisante sur c pour que $|y(t)| \leq \varphi$ quel que soit $t \geq 0$.

7.2.3 Autres équations différentielles

Question 7.27 *(Ecrit CAPESA 2019)*
Si $\alpha \in \mathbb{R}$, on s'intéresse à l'équation différentielle de Bessel :
$$(B_\alpha): \quad x^2 y'' + x y' + \left(x^2 - \alpha^2\right) y = 0.$$
a) Montrer que la fonction $x \mapsto (\sin x)/\sqrt{x}$ est solution de $(B_{1/2})$ sur $\mathbb{R}_+^*$.
b) Déterminer, puis interpréter, les limites suivantes :
$$\lim_{x \to 0} \frac{\sin x}{\sqrt{x}} \quad \text{et} \quad \lim_{x \to +\infty} \frac{\sin x}{\sqrt{x}}.$$

Question 7.28 *(Ecrit CAPLP 2017)*
a) On considère l'équation différentielle (E) suivante où l'inconnue y est une fonction réelle de la variable réelle x définie et dérivable sur $]0; +\infty[$:
$$2xy' - y = x + \frac{3}{x}. \quad (E)$$
Déterminer l'ensemble des solutions dérivables sur $]0; +\infty[$ de l'équation homogène (E_H) : $2xy' - y = 0$. Montrer que la fonction g qui à x associe $g(x) = x - 1/x$ est solution de l'équation (E). En déduire l'ensemble des solutions définies et dérivables sur $]0; +\infty[$ de l'équation (E).

b) On considère l'équation différentielle (E_1) suivante, où l'inconnue Y est une fonction de la variable réelle x deux fois dérivable sur $]0; +\infty[$:
$$2xY'' - 3Y' + \frac{3}{x} Y = x + \frac{3}{x} \quad (E_1)$$
Montrer que Y est solution de (E_1) si et seulement si la fonction z définie sur $]0; +\infty[$ par :
$$z(x) = Y'(x) - \frac{1}{x} Y(x)$$
est solution de (E). En déduire l'ensemble des solutions de (E_1).

7.2.4 Nouvel écrit 2

La dernière réforme du CAPES date de la session 2022. Le sujet zéro de la 2e composition écrite comportait deux partie : la première sur la proportionnalité au cycle 4 et la seconde sur des suites et équations différentielles en terminale. Voici la seconde partie dans son intégralité :

Question 7.29 *(Ecrit CAPES 2022 sujet 0)*
Suites et équations différentielles
Progr. de spécialité de terminale de l'enseignement général [11]
  Primitives, équations différentielles (...)
 Contenus
  - *Équation différentielle $y' = f$. Notion de primitive d'une fonction continue sur un intervalle. Deux primitives d'une même fonction continue sur un intervalle diffèrent d'une constante.*
  - *Primitives des fonctions de référence : $x \mapsto x^n$ pour $n \in \mathbb{Z}$, $x \mapsto 1/\sqrt{x}$ exponentielle, sinus, cosinus.*
  - *Équation différentielle $y' = ay$, où a est un nombre réel ; allure des courbes. Équation différentielle $y' = ay + b$.*
 Capacités attendues
  - *Pour une équation différentielle $y' = ay + b$ ($a \neq 0$) : déterminer une solution particulière constante ; utiliser cette solution pour déterminer toutes les solutions.*
  - *Pour une équation différentielle $y' = ay + f$: à partir de la donnée d'une solution particulière, déterminer toutes les solutions.*
 Démonstration
  - *Résolution de l'équation différentielle $y' = ay$ où a est un nombre réel.*
 Exemple d'algorithme
  - *Résolution par la méthode d'Euler de $y' = f$, de $y' = ay + b$.*

Les compétences mathématiques au lycée
Ressources pour le lycée général et technologique. Les compétences mathématiques au lycée (MEN/DGESCO-IGEN, Eduscol, novembre 2013).
 Modéliser
Traduire en langage mathématique une situation réelle (à l'aide d'équations, de suites, de fonctions, de configurations géométriques, de graphes, de lois de probabilité, d'outils statistiques, etc.).
Utiliser, comprendre, élaborer une simulation numérique ou géométrique prenant appui sur la modélisation et utilisant un logiciel.
Valider ou invalider un modèle.

Énoncé de l'exercice 3

D'après le document ressource Suites, exponentielle, probabilités - Modéliser et représenter [4] (MENJ, Eduscol, novembre 2019). On administre un analgésique au moyen d'une perfusion à débit continu et on souhaite arrêter la perfusion lorsque la quantité de cet analgésique présente dans l'organisme du patient aura atteint le seuil de 15 µg.

Modélisation par une suite

On modélise la quantité d'analgésique, exprimée en µg, par la suite (u_n) de premier terme $u_0 = 0$ et telle que $u_{n+1} - u_n = 0,1\,(16 - u_n)$ pour tout entier naturel n, où n désigne le nombre de minutes écoulées depuis la mise en place de la perfusion.

1. Écrire un algorithme permettant de déterminer à la minute près l'instant auquel, d'après ce modèle, la perfusion devra être stoppée.

2. Étudier la nature de la suite (v_n) définie pour tout entier naturel n par $v_n = 16 - u_n$. En déduire une expression de u_n en fonction de n, puis étudier le comportement de cette suite à l'infini.

Modélisation par une fonction

On modélise l'évolution de la quantité d'analgésique en fonction du temps écoulé en minutes depuis le début de la perfusion, par une solution de l'équation différentielle (E) : $y' = 0,1\,(16 - y)$.

3. Résoudre l'équation différentielle (E).

4. La quantité initiale d'analgésique étant nulle, déterminer à la minute près l'instant auquel, d'après ce modèle, la perfusion devra être stoppée.

5. Déterminer le comportement à l'infini de la fonction solution de l'équation différentielle (E) vérifiant la condition initiale. Interpréter ce résultat dans le contexte de l'exercice.

Énoncé de l'exercice 4. Problème de Florimond de Beaune.

Trouver une courbe telle qu'en tout point la sous-tangente soit constante.

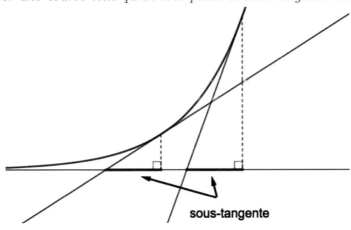

Questions au candidat

I. Rédaction d'une solution
Rédiger une solution de l'exercice 3 telle qu'elle pourrait être présentée à une classe de terminale dans le cadre de l'enseignement de spécialité mathématiques. On détaillera la réponse à chaque question en prenant soin de donner toutes les justifications nécessaires.

II. Apprentissage de la compétence Modéliser
1. A partir de l'observation de plusieurs malades de même morphologie, on a dressé le tableau suivant donnant la quantité d'analgésique en µg en fonction de la durée exprimée en minute.

durée	0	2	4	6	8	10	12	14	16	18	20
quantité	0	3	5,4	7,3	9,1	10,5	11,6	12,3	13,6	13,5	14

Au regard de ce tableau, comment pourrait-on modifier l'énoncé de l'exercice 3 afin qu'il fasse appel à la compétence Modéliser ? On pourra prendre appui sur l'utilisation d'un tableur.

2. Quelle différence existe-t-il entre la modélisation au moyen d'une suite et la modélisation à l'aide d'une fonction ? Comment désigne-t-on habituellement ces deux types de modélisation ?

III. Conception d'une séquence d'enseignement
Proposer le contenu de plusieurs séances portant sur les équations différentielles pour un groupe d'élèves suivant la spécialité mathématiques en classe de terminale. Cette présentation devra comprendre les éléments suivants :
1. Les objectifs et le contenu de ces séances ;
2. La rédaction précise et complète des définitions et propriétés qui figureront dans le cahier de cours des élèves ;
3. La résolution de l'équation différentielle $y' = ay$ où a est un nombre réel, mentionnée dans le programme ;
4. Différents types d'activités, avec un exemple d'exercice pour chacune d'elles ;
5. Des pistes d'utilisation d'outils numériques.

IV. Exercice à prise d'initiative
1. Résoudre l'exercice 4.
2. Proposer des éléments observables permettant d'apprécier la réussite d'un élève de terminale dans la résolution de cet exercice.
3. Le problème de Florimond de Beaune a été posé au XVIIe siècle. Ce siècle a été marqué par des progrès considérables en analyse. Citer des évolutions majeures qui ont été réalisées dans ce domaine durant cette période.

7.3 Réponses

Réponse 7.1 Les solutions de l'équation différentielle $(E) : y' = ay$ sont les fonctions de la forme $y = ke^{ax}$, où k est une constante. Voici deux preuves de cette affirmation :

Première preuve — Il est facile de vérifier que toute fonction de la forme $y = ke^{ax}$ est solution de (E), puisque si $y = ke^{ax}$, alors $y' = kae^{ax} = ay$. Réciproquement, si y est une solution quelconque de (E), la fonction $z = ye^{-ax}$ est dérivable sur $\mathbb{R}$ comme produit de deux fonctions dérivables, et :

$$z' = y'e^{-ax} - aye^{-ax} = 0,$$

donc z est une fonction constante sur son intervalle de définition, c'est-à-dire sur $\mathbb{R}$ tout entier. Il existe alors un réel k tel que :

$$\forall x \in \mathbb{R} \quad ye^{-ax} = k,$$

et l'on obtient $y = ke^{ax}$ comme on l'a annoncé.

Seconde preuve — On peut traiter l'équation $y' = ay$ comme n'importe quelle équation différentielle du premier ordre à variables séparables. En supposant que la fonction y ne s'annule jamais sur $\mathbb{R}$, on écrira donc, en intégrant :

$$y' = ay \Leftrightarrow \frac{y'}{y} = a \Leftrightarrow \ln|y| = ax + b \Leftrightarrow |y| = c\,e^{ax}$$

où b est une constante, et en posant $c = e^b$. Pour tout réel x on trouve donc $y(x) = \varepsilon(x)\,c\,e^{ax}$ où $\varepsilon(x) \in \{\pm 1\}$. Un argument de continuité utilisant le théorème des valeurs intermédiaires (s'il existe x_1 et x_2 tels que $\varepsilon(x_1) = -1$ et $\varepsilon(x_2) = 1$, alors $y(x_1) < 0$ et $y(x_2) > 0$ donc le théorème des valeurs intermédiaires montre l'existence de $x_3 \in\ ]x_1, x_2[$ tel que $y(x_3) = 0$, absurde) permet de conclure que ε est une fonction constante sur $\mathbb{R}$, et donc qu'il existe $k \in \mathbb{R}$ tel que $y = ke^{ax}$.

Pour être complet, il faudrait maintenant démontrer qu'une solution y non identiquement nulle (c'est-à-dire distincte de la fonction nulle qui ne présente pas d'intérêt) de (E) ne s'annule jamais. On raisonne par l'absurde en supposant qu'il existe $x_1 \in \mathbb{R}$ tel que $y(x_1) = 0$. On sait qu'il existe $x_2 \in \mathbb{R}$ tel que $y(x_2) \neq 0$. On peut supposer que $y(x_2) > 0$ quitte à troquer y pour $-y$. On peut supposer $x_1 < x_2$ quitte à recommencer de la même façon dans l'autre cas. Soit :

$$m = \text{Sup}\{x \in \mathbb{R}\,/\,y(x) = 0 \text{ et } x < x_2\}.$$

Comme la fonction y est continue, $y(m) = \lim_{x \to m^-} y(x) = 0$, et comme $y(x_2) > 0$, on obtient $m < x_2$. Par définition de m on a $y(x) \neq 0$ pour tout

$x \in \,]m, x_2]$. En recommençant le raisonnement fait plus haut pour trouver les solutions non nulles de (E), on obtient $y(x) = ke^{ax}$ pour tout $x \in \,]m, x_2]$, où k est une constante non nulle. Mais alors :

$$y(m) = \lim_{x \to m_+} y(x) = \lim_{x \to m_+} ke^{ax} = ke^{am}$$

ne peut pas s'annuler ! Il y a contradiction.

Remarques — α) Les équations différentielles ne font plus partie explicitement du programme de l'oral du CAPES puisque ne sont plus enseignées au lycée depuis quelques années, mais restent au programme du premier écrit du concours. De plus, savoir résoudre l'équation différentielle $y' = ay$ doit être à la portée d'un futur professeur de mathématiques !

β) Un jury d'oral pourrait demander si l'on a le droit de parler de la fonction y et écrire $y = ke^{ax}$. On répondra que l'on fait un abus classique consistant à écrire une image pour parler d'une application. En toute rigueur on devrait parler de la fonction $f : \mathbb{R} \to \mathbb{R}$ qui sera solution de (E) si et seulement si $f'(x) = af(x)$ pour tout $x \in \mathbb{R}$. Mais cet abus, bien pratique, permet d'avancer plus vite dans l'écriture de la démonstration. En mathématiques, tous les abus sont tolérés à partir du moment où l'on sait exactement ce que l'on fait. D'ailleurs cet abus est déjà présent quand on écrit $y' = ay$.

Réponse 7.2 Si g, positive, est solution de (E), alors $g'(x) = 2g(x) + 1$ pour tout $x \in \mathbb{R}$, donc $g'(x) \geq 0$ pour tout $x \in \mathbb{R}$. Cela prouve que g est croissante sur $\mathbb{R}$.

Extrait du rapport du jury — Certains candidats ont établi la solution générale de l'équation (E), à savoir $y = Ke^{2x} - 1/2$, avec K une constante réelle. La fonction g étant supposée positive sur $\mathbb{R}$, ils ont discuté de la valeur de K afin que g soit positive. Il est cependant clair que la fonction y n'est pas positive sur $\mathbb{R}$. Il suffisait d'exprimer g' en fonction de g et d'utiliser les propriétés de cette dernière afin de répondre correctement et de façon très rapide. Cette question a pénalisé les candidats qui recherchent des techniques mathématiques au détriment du raisonnement.

Réponse 7.3 La forme générale des solutions de l'équation homogène associée $y' + 5y = 0$ est $y = ke^{-5x}$, et il est facile de vérifier que la fonction constante $y = -8/5$ est une solution particulière de l'équation (E) : $y' + 5y + 8 = 0$. On peut donc affirmer que les solutions de (E) sont les fonctions de la forme $y = ke^{-5x} - 8/5$ (comme on le voit dans le cours, les solutions de l'équation différentielle linéaire avec second membre sont les sommes des

7.3. RÉPONSES

solutions générales de l'équation sans second membre et d'une solution particulière de l'équation avec second membre).

Réponse 7.4 1) Raisonnons par analyse-synthèse :

Analyse — Si φ est une fonction constante solution de (E) prenant toujours la valeur c pour tout $x \in \mathbb{R}_+$, alors $2xc = 2x$ pour tout $x \in \mathbb{R}_+$, donc $c = 1$ pour tout $x \in \mathbb{R}_+^*$. La seule fonction constante solution de (E) possible est donc l'application φ telle que $\varphi(x) = 1$ pour tout $x \in \mathbb{R}_+$.

Synthèse — On constate aisément que l'application φ telle que $\varphi(x) = 1$ pour tout $x \in \mathbb{R}_+$ vérifie l'équation différentielle (E).

2) On raisonne encore par analyse-synthèse :

Analyse — Si f est solution de $(H) : y' + 2xy = 0$, alors :

$$\frac{y'}{y} = -2x. \quad (\dagger)$$

En passant aux primitives, on obtient $\ln|y| = -x^2 + k$ d'où $|y| = e^k e^{-x^2}$. Par des arguments de continuité de y, on obtient alors l'existence d'une constante C strictement positive telle que $y = Ce^{-x^2}$.

Synthèse — Si $y = Ce^{-x^2}$, alors $y' = -2Cxe^{-x^2}$ et $y' + 2xy = 0$, donc toutes les fonctions $y = Ce^{-x^2}$ sont bien des solutions de (H) quel que soit le choix de la constante C.

Conclusion — Les solutions de (H) sont les fonctions de la forme $y = Ce^{-x^2}$ où C est une constante réelle.

Compléments — Les compléments suivants ne sont pas à rédiger sur la copie car on les sous-entend généralement quand il s'agit de résoudre des équations différentielles du premier ordre qui se ramènent au type $y'/y = g$ où g est une fonction donnée.

Que manque-t-il au raisonnement précédent ? Tout simplement que l'écriture $(\dagger)$ n'a pas de sens en un point x où y s'annule. Pour que la preuve précédente soit valide, il reste à démontrer que toute solution y non nulle de (H) ne s'annule pas sur $\mathbb{R}_+$. La fonction nulle, qui est trivialement solution de (H), ne posera pas de difficultés.

On cherche donc toutes les fonctions f non nulles, dérivables sur $\mathbb{R}_+$, et vérifiant $y' + 2xy = 0$. Comme f n'est pas nulle, il existe $x_0 \in \mathbb{R}_+$ tel que $f(x_0) \neq 0$. Supposons $x_0 > 0$ quitte à adapter le raisonnement qui suit.

Comme f est continue et $f(x_0) \neq 0$, il est facile de montrer que f ne s'annule pas sur un intervalle ouvert $I =]\alpha, \beta[\subset \mathbb{R}_+$ contenant x_0. On démontre alors que y ne s'annule jamais en raisonnant pas l'absurde. Si y s'annulait quelque

part, il existerait x_1 tel que $f(x_1) = 0$. Supposons que $x_1 \geq \beta$, le cas où $x_1 \leq \alpha$ se traitant de la même manière. Alors la partie $\{x \in [x_0, +\infty[\ / \ f(x) = 0\}$ n'est pas vide, car contient x_1, et le théorème de la borne supérieure dans $\mathbb{R}$ permet de poser :
$$x_2 = \mathrm{Inf}\,\{x \in [x_0, +\infty[\ / \ f(x) = 0\}.$$
La continuité de f donne $f(x_1) = \lim_{x \to x_{2+}} f(x) = \lim_{x \to x_{2+}} 0 = 0$. Le raisonnement mené plus haut et que l'on tente de faire fonctionner, peut être appliqué avec succès à f sur l'intervalle $[x_0, x_2[$ puisque f ne s'annule pas sur cet intervalle, et il existe donc une constante C telle que $f(x) = Ce^{-x^2}$ pour tout $x \in [x_0, x_2[$. Alors :
$$\lim_{x \to x_{2-}} f(x) = \lim_{x \to x_{2-}} Ce^{-x^2} = Ce^{-x_2^2} > 0 = \lim_{x \to x_{2+}} f(x)$$
implique $\lim_{x \to x_{2-}} f(x) \neq \lim_{x \to x_{2+}} f(x)$, ce qui contredit la continuité de f en x_2.

3) Une solution générale de (E) est une fonction ψ qui est somme d'une solution particulière de l'équation avec second membre (E) et d'une solution générale de l'équation homogène associée (H). Ici $\psi(x) = 1 + Ce^{-x^2}$. La condition initiale $\psi(0) = 0$ équivaut alors à $1 + C = 0$ soit $C = -1$, et l'on peut affirmer que l'unique solution Φ de (E) telle que $\Phi(0) = 0$ est donnée par $\Phi(x) = 1 - e^{-x^2}$.

$\boxed{\text{Réponse 7.5}}$ a) Soit $\mathcal{P}(n)$ la propriété « l'application f est n fois dérivable sur $\mathbb{R}$, et pour tout $k \in [\![1, n]\!]$, $f^{(k)} = f$ si n est pair, et $f^{(k)} = f'$ si n est impair ». Montrons que $\mathcal{P}(n)$ est vraie pour tout $n \in \mathbb{N}^*$ en raisonnant par récurrence.

• $\mathcal{P}(1)$ est vraie car f est dérivable et $f' = f'$.

• $\mathcal{P}(2)$ est vraie car avoir $f'(x) = e^x - f(x)$ pour tout réel x implique que f' est dérivable sur $\mathbb{R}$ comme somme de deux fonctions dérivables, et que $f^{(2)} = (e^x - f)' = e^x - f' = f$ en notant abusivement (mais de façon bien pratique) e^x la fonction exponentielle.

• Si pour un certain entier $n \geq 1$ la propriété $\mathcal{P}(n)$ est vraie, montrons que la propriété $\mathcal{P}(n+1)$ est encore vraie. Comme $\mathcal{P}(n)$ est vraie, on sait que f est n fois dérivable sur $\mathbb{R}$ et que $f^{(n)}$ est égal à f si n pair, et f' sinon. L'égalité :
$$f'(x) = e^x - f(x)$$
vraie pour tout réel x, allié au fait que e^x est indéfiniment dérivable sur $\mathbb{R}$, montre que f' est de classe C^n, donc que f est $n+1$ fois dérivable sur $\mathbb{R}$. De deux choses l'une :

- Si $n+1$ est pair, alors n est impair et $f^{(n)} = f'$ entraîne $f^{(n+1)} = f^{(2)} = f$ en appliquant la propriété $\mathcal{P}(2)$ au rang 2.
- Si $n+1$ est impair, alors n est pair et $f^{(n)} = f$ entraîne $f^{(n+1)} = f'$.

Cela démontre que $\mathcal{P}(n+1)$ est vraie, et permet de conclure.

Remarque — C'est en voulant démontrer $\mathcal{P}(n+1)$ à partir de $\mathcal{P}(n)$ que l'on s'aperçoit qu'il est indispensable de disposer auparavant de la propriété au rang 2 pour éviter une erreur de raisonnement.

b) Il suffit de poser $g(x) = f(x)e^x$ pour définir une fonction dérivable sur $\mathbb{R}$ comme produit de deux fonctions dérivables, et avoir l'égalité $f(x) = g(x)e^{-x}$ pour tout réel x. L'application f est solution de (E) si et seulement si :

$$(g(x)e^{-x})' + g(x)e^{-x} = e^x$$

pour tout réel x, ce qui s'écrit successivement :

$$g'(x)e^{-x} - g(x)e^{-x} + g(x)e^{-x} = e^x$$
$$g'(x)e^{-x} = e^x$$
$$g'(x) = e^{2x}.$$

Cela équivaut à dire l'existence d'une constante réelle c telle que :

$$\forall x \in \mathbb{R} \quad g(x) = \frac{e^{2x}}{2} + c$$

donc toutes les solutions f de (E) sont données par :

$$\forall x \in \mathbb{R} \quad f(x) = g(x)e^{-x} = \frac{e^x}{2} + ce^{-x}.$$

Mais ici on suppose que f est paire, donc que :

$$\forall x \in \mathbb{R} \quad \frac{e^{-x}}{2} + ce^x = \frac{e^x}{2} + ce^{-x}$$

d'où pour tout réel x :

$$\left(c - \frac{1}{2}\right)e^x = \left(c - \frac{1}{2}\right)e^{-x},$$

ce qui n'est possible que si $c = 1/2$. En conclusion, une seule fonction paire est solution de (E), c'est la fonction cosinus hyperbolique définie par :

$$\forall x \in \mathbb{R} \quad f(x) = \cosh(x) = \frac{e^x + e^{-x}}{2}.$$

Réponse 7.6 C'est faux car il existe des solutions de l'équation (E) : $y'' - 3y' + 2y = 2$ qui ne sont pas de la forme $x \mapsto ke^{2x} + 1$. Par exemple, la fonction f définie sur tout $\mathbb{R}$ en posant $f(x) = e^x + 1$ est une solution de (E) puisque :

$$\forall x \in \mathbb{R} \quad f''(x) - 3f'(x) + 2f(x) = e^x - 3e^x + 2(e^x + 1) = 2,$$

et pourtant il n'existe aucun réel k tel que :

$$\forall x \in \mathbb{R} \quad e^x + 1 = ke^{2x} + 1. \quad (*)$$

Dans le cas contraire, on aurait $e^x = ke^{2x}$ pour tout $x \in \mathbb{R}$, soit $e^{-x} = k$, et donc $k = e^{-0} = e^{-1}$, ce qui entraîne $0 = 1$ puisque la fonction exponentielle est une bijection de $\mathbb{R}$ sur $\mathbb{R}_+^*$. C'est absurde.

Commentaires — α) Dans la réponse ci-dessus, on est allé jusqu'à expliquer pourquoi une fonction $x \mapsto e^x + 1$ ne sera jamais de la forme $x \mapsto ke^{2x} + 1$. Ce travail incombe au candidat car à l'écrit, on ne sait pas exactement comment le correcteur réagira sur les copies qu'il doit noter.

A l'oral, on peut se contenter de s'arrêter à l'affirmation $(*)$, et ce sera au jury de décider ou non de poser la question fatidique de démontrer cette dernière affirmation. Il faudra de toute façon être prêt à le faire, d'où l'importance de ce commentaire qui nous fait mieux cerner la différence entre un oral (où le candidat peut facilement s'arrêter dans sa démonstration à un moment donné en sous-entendant que la suite est triviale, laissant le choix au jury de vérifier ce point ou laisser passer), et un écrit où personne ne sera présent pour expliquer au correcteur que l'on a écourté la preuve mais que l'on saurait la formuler entièrement si on le demandait.

A l'écrit, dans le doute, et si cela ne prend pas trop de temps qui serait utile ailleurs, on peut faire le choix d'expliciter le raisonnement jusqu'au bout pour être certain d'engranger tous les points. Mais sans excès, c'est-à-dire sans jamais hypothéquer la suite des événements, puisque :

L'objectif n°1 de l'écrit est de ne pas quitter la salle du concours sans avoir eu le temps de répondre à une question à laquelle on aurait pu répondre facilement.

β) Dans la rédaction proposée, les mots « Dans le cas contraire » annoncent un raisonnement par l'absurde. C'est un déclencheur, et le correcteur comprendra cette annonce, et sera heureux de voir qu'on obtient finalement une absurdité à la fin du paragraphe.

γ) Pour la préparation de l'écrit comme celle de l'oral, il faut savoir résoudre des équations différentielles linéaires d'ordre 2 avec ou sans second membre. La méthode générale, apprise en licence, consiste à chercher une solution générale de l'équation sans second membre $y'' - 3y' + 2y = 0$, appelée SGESSM, puis une solution particulière de l'équation avec second membre (E), appelée SPEASM, et de dire que les solutions générales de(E) sont les somme des SGESSM et de la SPEASM. On peut toujours s'amuser à écrire :

$$\text{SGEASM} = \text{SGESSM} + \text{SPEASM}$$

en ayant quelques spasmes.

Le cours de licence montre que pour rechercher la SGESSM $y'' - 3y' + 2y = 0$, il faut résoudre l'équation caractéristique $x^2 - 3x + 2 = 0$. Ici, on trouve deux solutions distinctes 1 et 2, et l'on peut affirmer que les SGESSM seront de la forme $x \mapsto \alpha e^x + \beta e^{2x}$ où $(\alpha, \beta) \in \mathbb{R}^2$. Une SPEASM est évidente : il suffit de tester (E) : $y'' - 3y' + 2y = 2$ avec une fonction constante. Si y est une constante, (E) devient $2y = 2$, d'où $y = 1$. Une SPEASM est donc $x \mapsto 1$. Finalement, les SGEASM, c'est-à-dire les solutions de (E), seront toutes les fonctions de la forme $x \mapsto \alpha e^x + \beta e^{2x} + 1$ où α et β décrivent $\mathbb{R}$. A ce stade, on comprend que l'affirmation proposée par l'énoncé est fausse puisque n'évoque que des fonctions de la forme $x \mapsto \beta e^{2x} + 1$.

Le fascicule *Que retenir sur les équations différentielles ?* [8] permet de faire le point sur la résolution des équations différentielles linéaires à coefficients constants comme on peut l'aborder au secondaire et en licence.

Réponse 7.7 L'ensemble $S_\mathbb{R}$ est formé de fonctions de $\mathbb{R}$ dans $\mathbb{R}$, tandis que $S_\mathbb{C}$ est formé de fonctions de $\mathbb{R}$ dans $\mathbb{C}$. Montrons seulement que $S_\mathbb{R}$ est un espace vectoriel, le cas de $S_\mathbb{C}$ se traitant de la même façon. L'ensemble $S_\mathbb{R}$ est une partie de l'espace vectoriel $\mathcal{F}(\mathbb{R}, \mathbb{R})$ des fonctions de $\mathbb{R}$ dans $\mathbb{R}$, donc tout revient à vérifier que $S_\mathbb{R}$ est un sous-espace vectoriel de $\mathcal{F}(\mathbb{R}, \mathbb{R})$. Tout d'abord $S_\mathbb{R}$ n'est pas vide puisque contient la fonction nulle. Ensuite, si y et z appartiennent à $S_\mathbb{R}$, et si $\lambda \in \mathbb{R}$, l'implication :

$$\left. \begin{array}{r} y'' + ay' + by = 0 \\ z'' + az' + bz = 0 \end{array} \right\} \Rightarrow (y + \lambda z)'' + a(y + \lambda z)' + b(y + \lambda z) = 0$$

montre que $y + \lambda z$ appartient encore à $S_\mathbb{R}(E)$. Cela permet de conclure.

Réponse 7.8 Si y est une solution réelle de l'équation différentielle :

$$(E): \quad y'' + ay' + by = 0,$$

alors y est la partie réelle d'elle-même, et peut aussi être considérée comme une solution complexe de l'équation. Toute solution réelle est donc la partie réelle d'une solution complexe. Réciproquement, si y est une solution complexe de (E), alors :

$$\operatorname{Re} y = \frac{y + \overline{y}}{2}$$

est une solution réelle de (E). C'est bien une solution de (E) puisqu'il s'agit d'une combinaison linéaire des solutions y et $\overline{y}$ de (E) et que l'on sait que l'ensemble des solutions de (E) est un espace vectoriel, et c'est bien une solution réelle puisque les valeurs qu'elle prend sont réelles. Ainsi toute partie réelle d'une solution complexe est une solution réelle.

Réponse 7.9 Si y est une solution de (E) : $y'' + ay' + by = 0$, c'est une fonction deux fois dérivable sur $\mathbb{R}$, mais comme $y'' = -ay' - by$, la dérivée seconde y'' sera aussi dérivable sur $\mathbb{R}$ comme combinaison linéaire de fonctions dérivables sur $\mathbb{R}$. On en déduit que y est trois fois dérivable sur $\mathbb{R}$, et que $y''' = -ay'' - by'$. On peut alors facilement montrer que y est indéfiniment dérivable sur $\mathbb{R}$ en raisonnant par récurrence.

Réponse 7.10 a) La fonction $e^{\lambda x}$ est solution de (E) si et seulement si :

$$\lambda^2 e^{\lambda x} + a\lambda e^{\lambda x} + b e^{\lambda x} = 0.$$

En simplifiant par $e^{\lambda x}$, qui ne s'annule jamais, on obtient la condition équivalente $\lambda^2 + a\lambda + b = 0$.

b) Comme $a = -(\alpha + \beta)$ et $b = \alpha\beta$,

$$\begin{aligned}(E) &\Leftrightarrow y'' - (\alpha+\beta)y' + \alpha\beta y = 0 \\ &\Leftrightarrow y'' - \beta y' = \alpha\left(y' - \beta y\right) \\ &\Leftrightarrow \left(y' - \beta y\right)' = \alpha\left(y' - \beta y\right) \\ &\Leftrightarrow \exists C \in \mathbb{C} \quad y' - \beta y = C e^{\alpha x}.\end{aligned}$$

On remarque que :

$$\begin{aligned}y' - \beta y = C e^{\alpha x} &\Leftrightarrow y' e^{-\beta x} - \beta y e^{-\beta x} = C e^{(\alpha-\beta)x} \\ &\Leftrightarrow (y e^{-\beta x})' = C e^{(\alpha-\beta)x}\end{aligned}$$

d'où la discussion :

- Si $\Delta \neq 0$, les racines α, β sont distinctes et y est solution de (E) si et seulement si :

$$y e^{-\beta x} = \frac{C}{\alpha - \beta} e^{(\alpha-\beta)x} + D$$

où $C, D \in \mathbb{C}$. Cela s'écrit encore $y = A e^{\alpha x} + B e^{\beta x}$ où A, B sont des constantes complexes.

7.3. RÉPONSES

- Si $\Delta = 0$, alors $\alpha = \beta$ et l'équation (E) équivaut à $ye^{-\beta x} = Cx + D$ où $D \in \mathbb{C}$, ou encore $y = (Ax + B)e^{\alpha x}$ avec $A, B \in \mathbb{C}$.

c) • Si a et b sont réels, on peut raisonner comme dans la question précédente lorsque $\Delta > 0$ ou $\Delta = 0$, en prenant seulement garde de ne faire intervenir que des coefficients C, D, A, B réels. On en conclut que :
- Si $\Delta > 0$, $y = Ae^{\alpha x} + Be^{\beta x}$ où $A, B \in \mathbb{R}$,
- Si $\Delta = 0$, $y = (Ax + B)e^{\alpha x}$ où $A, B \in \mathbb{R}$.

• Si $\Delta < 0$, la méthode donnée en b) ne fonctionne plus puisque l'équation caractéristique n'a plus de racines réelles. Mais on sait (et il est facile de démontrer) que les solutions réelles d'une équation différentielle linéaire de degré quelconque, à coefficients réels constants, s'obtiennent en prenant les parties réelles des solutions complexes (Question 7.8). En utilisant le résultat démontré en b), on s'aperçoit alors que toutes les solutions réelles de (E) seront de la forme :
$$y = \operatorname{Re}(Ae^{\alpha x} + Be^{\beta x})$$
où α, β sont les racines complexes (non réelles) de l'équation caractéristique, et où $A, B \in \mathbb{C}$. Posons $\alpha = u + iv$ et $\beta = u - iv$, avec $(u, v) \in \mathbb{R} \times \mathbb{R}^*$. Posons aussi $A = A_1 + iA_2$ et $B = B_1 + iB_2$. Alors :
$$\begin{aligned} y &= \operatorname{Re} e^{ux}(A(\cos vx + i\sin vx) + B(\cos vx - i\sin vx)) \\ &= e^{ux}(A_1 \cos vx - A_2 \sin vx + B_1 \cos vx + B_2 \sin vx) \\ &= e^{ux}(A' \cos vx + B' \sin vx) \end{aligned}$$
où $A' = A_1 + B_1$ et $B' = B_2 - A_2$. En fait A' et B' peuvent être des réels quelconques puisqu'il est toujours possible de résoudre un système de Cramer pour obtenir des réels A_1, A_2, B_1, B_2 tels que $A' = A_1 + B_1$ et $B' = B_2 - A_2$, ce qui permet d'utiliser les lignes écrites ci-dessus.

En conclusion, si $\Delta < 0$, et si l'on pose $\alpha = u + iv$ et $\beta = u - iv$ avec u et v réels, alors $y = e^{ux}(A\cos vx + B\sin vx)$ avec $A, B \in \mathbb{R}$ (attention : dans cette conclusion, on a repris les notations A et B mais il s'agit de constantes différentes de celles avec lesquelles on vient de travailler).

Remarque — Dans le dernier cas où $\Delta < 0$, les solutions obtenues peuvent aussi s'écrire sous la forme $y = Ke^{ux}\cos(vx + \varphi)$ où $K, \varphi \in \mathbb{R}$. Le réel K est lié à l'amplitude du phénomène, et φ désigne la *phase initiale* (quand $x = 0$). En effet, si l'on travaille avec une solution y non nulle, alors $A^2 + B^2 \neq 0$ et :
$$\begin{aligned} y &= e^{ux}(A\cos vx + B\sin vx) \\ &= e^{ux}\sqrt{A^2 + B^2}\left(\frac{A}{\sqrt{A^2 + B^2}}\cos vx + \frac{B}{\sqrt{A^2 + B^2}}\sin vx\right). \end{aligned}$$

On sait qu'il existe un réel φ tel que $\cos\varphi = \frac{A}{\sqrt{A^2+B^2}}$ et $\sin\varphi = -\frac{B}{\sqrt{A^2+B^2}}$, et l'on obtient :

$$\begin{aligned} y &= e^{ux}\sqrt{A^2+B^2}\left(\cos\varphi\cos vx - \sin\varphi\sin vx\right) \\ &= e^{ux}\sqrt{A^2+B^2}\cos(vx+\varphi) \end{aligned}$$

comme on le désirait.

Réponse 7.11 L'équation caractéristique est $x^2 - 7x + 10 = 0$. Elle admet deux racines réelles 2 et 5, donc les solutions complexes (resp. réelles) sont les fonctions $x \mapsto Ae^{2x} + Be^{5x}$ où A et B sont des constantes complexes (resp. réelles) (Questions 7.10 ou 7.24).

Réponse 7.12 L'équation caractéristique est $(x-8)^2 = 0$. Elle n'admet que 8 pour racine, donc les solutions sont de la forme $y = (Ax+B)e^{8x}$ avec A et B réels ou complexes suivant que l'on cherche des solutions réelles ou complexes (Questions 7.10 ou 7.24).

Réponse 7.13 L'équation caractéristique est $x^2 - 6x + 13 = 0$. Le discriminant du trinôme du premier membre est $\Delta = 36 - 52 = -16$, donc les solutions de l'équation caractéristique sont $3 \pm 2i$. Les solutions complexes de l'équation différentielle proposée seront alors de la forme $y = Ae^{(3+2i)x} + Be^{(3-2i)x}$ avec $A, B \in \mathbb{C}$, et les solutions réelles seront les parties réelles des solutions complexes, c'est-à-dire les fonctions de la forme $y = e^{3x}(A\cos 2x + B\sin 2x)$ avec $A, B \in \mathbb{R}$ (Questions 7.10 ou 7.24).

Réponse 7.14 a) La fonction :

$$\begin{array}{rcl} f : \mathbb{R} & \to & \mathbb{R} \\ t & \mapsto & A\cos(\omega_0 t) + B\sin(\omega_0 t) \end{array}$$

est définie et indéfiniment dérivable sur $\mathbb{R}$, et pour tout $t \in \mathbb{R}$:

$$f'(t) = -A\omega_0 \sin(\omega_0 t) + B\omega_0 \cos(\omega_0 t)$$
$$f''(t) = -A\omega_0^2 \cos(\omega_0 t) - B\omega_0^2 \sin(\omega_0 t).$$

On déduit que f est solution de (E) car, pour tout $t \in \mathbb{R}$:

$$\begin{aligned} f''(t) + \omega_0^2 f(t) &= -A\omega_0^2 \cos(\omega_0 t) - B\omega_0^2 \sin(\omega_0 t) + \omega_0^2 (A\cos(\omega_0 t) + B\sin(\omega_0 t)) \\ &= 0. \end{aligned}$$

b) On suppose que $(A, B) \neq (0, 0)$, de sorte qu'on puisse écrire :

$$f(t) = A\cos(\omega_0 t) + B\sin(\omega_0 t) = \sqrt{A^2+B^2}\left(A'\cos(\omega_0 t) + B'\sin(\omega_0 t)\right)$$

7.3. RÉPONSES

en posant :
$$A' = \frac{A}{\sqrt{A^2 + B^2}} \quad \text{et} \quad B' = \frac{B}{\sqrt{A^2 + B^2}}.$$

Comme $A'^2 + B'^2 = 1$, le point de coordonnées (A', B') appartient au cercle trigonométrique et il existe $\phi \in \mathbb{R}$ tel que $A' = \sin \phi$ et $B' = \cos \phi$. Alors :
$$\begin{aligned} f(t) &= \sqrt{A^2 + B^2} \left(\sin \phi \cos(\omega_0 t) + \sin(\omega_0 t) \cos \phi \right) \\ &= K \sin(\omega_0 t + \phi) \end{aligned}$$
en posant $K = \sqrt{A^2 + B^2}$.

c) Agir sur ω_0 revient à agir sur la pulsation du mouvement vibratoire. On sait que la courbe $\mathcal{C}_{\omega_0, \phi}$ est périodique de période $T = 2\pi/\omega_0$, donc ω_0 est inversement proportionnelle à T, et augmenter ω_0 revient à diminuer la période de la fonction. Dans ce cas, les points d'intersection de $\mathcal{C}_{\omega_0, \phi}$ et de l'axe des abscisses deviennent plus rapproché, indiquant un phénomène vibratoire qui s'accentue.

Le réel ϕ correspond à la phase à la date $t = 0$. Il détermine la position du point d'intersection de $\mathcal{C}_{\omega_0, \phi}$ et de l'axe des ordonnées, lié à l'ordonnée à l'origine $K \sin \phi$ de $\mathcal{C}_{\omega_0, \phi}$.

Réponse 7.15 C'est vrai. Voici deux façons de le vérifier :

Première méthode — Définissons la fonction $h = y - z$. Si le couple (y, z) est solution, alors $h' = -h$ donc $h = ke^{-x}$ où k est une constante réelle. La condition $h(a) = 0$ impose d'avoir $ke^{-a} = 0$, d'où $k = 0$ puisque e^{-a} n'est pas nul. Cela montre que $h = 0$, donc que $y = z$.

Seconde méthode — Si le couple (y, z) est solution, les fonctions y et z sont dérivables sur $\mathbb{R}$ et l'on a $y' = z$ et $z' = y$. Cela montre que y' et z' sont dérivables sur $\mathbb{R}$, et dans ce cas y et z seront deux fois dérivables sur $\mathbb{R}$. De $y' = z$ et $z' = y$ on déduit alors :
$$\begin{cases} y'' = z' = y \\ z'' = y' = z \end{cases}$$
et les fonctions y et z sont solutions de l'équation différentielle $f'' = f$. L'équation caractéristique de l'équation différentielle linéaire $y'' = y$ s'écrit $\lambda^2 = 1$, d'où $\lambda = \pm 1$. D'après le cours, cela signifie que la forme générale des solutions de l'équation $y'' = y$ est $y = \alpha e^x + \beta e^{-x}$ où $\alpha, \beta \in \mathbb{R}$. Comme z vérifie la même équation, il existera aussi $\gamma, \delta \in \mathbb{R}$ tels que $z = \gamma e^x + \delta e^{-x}$. Par hypothèse :
$$(C) \quad \begin{cases} y' = z \\ z' = y \\ y(a) = z(a) \end{cases}$$

et l'on obtient (en utilisant le fait que (e^x, e^{-x}) est un système libre de l'espace vectoriel des fonctions de $\mathbb{R}$ dans $\mathbb{R}$) :

$$(C) \Leftrightarrow \begin{cases} \alpha e^x - \beta e^{-x} = \gamma e^x + \delta e^{-x} \\ \gamma e^x - \delta e^{-x} = \alpha e^x + \beta e^{-x} \\ \alpha e^a + \beta e^{-a} = \gamma e^a + \delta e^{-a} \end{cases} \Leftrightarrow \begin{cases} \alpha = \gamma \\ \delta = -\beta \\ \beta e^{-a} = -\beta e^{-a} \end{cases} \Leftrightarrow \begin{cases} \alpha = \gamma \\ \delta = \beta = 0. \end{cases}$$

Par suite $y = \alpha e^x = z$ et la propriété annoncée est vraie.

$\boxed{\text{Réponse 7.16}}$ a) Si le parachutiste décélère strictement, sa vitesse $v(t)$ (qui reste toujours positive) décroît strictement, donc la fonction v' définie par :
$$\forall t \in \mathbb{R}_+ \quad v'(t) = g\left(1 - \frac{v(t)^2}{25}\right)$$
croît strictement, donc la dérivée seconde v'' de v, qui existe bien, doit être strictement positive sur $\mathbb{R}_+$. On déduit que pour tout $t \in \mathbb{R}_+$:

$$v''(t) = -\frac{g}{25} 2v(t) v'(t) = -\frac{2g}{25} v(t) \left(1 - \frac{v(t)^2}{25}\right) > 0.$$

Comme $v(t) > 0$ quel que soit $t \in \mathbb{R}_+$, on obtient :

$$\forall t \in \mathbb{R}_+ \quad 1 - \frac{v(t)^2}{25} < 0$$

c'est-à-dire $|v(t)| > 5$, et finalement $v(t) > 5$ pour tout $t \in \mathbb{R}_+$ puisque $v(t)$ est toujours positif.

b) De $z = \frac{1}{v-5}$ on tire $v = \frac{1}{z} + 5$ et $v' = -\frac{z'}{z^2}$ que l'on remplace dans l'équation :
$$v'(t) = g\left(1 - \frac{v(t)^2}{25}\right)$$
pour obtenir successivement :

$$-\frac{z'}{z^2} = g - \frac{g}{25}\left(\frac{1}{z} + 5\right)^2$$

$$-\frac{z'}{z^2} = g - \frac{g}{25}\left(\frac{1}{z^2} + 25 + \frac{10}{z}\right)$$

$$-z' = gz^2 - \frac{g}{25} - gz^2 - \frac{2g}{5}z$$

et l'on obtient l'équation différentielle :

$$(L): \ z' - \frac{2g}{5}z - \frac{g}{25} = 0.$$

c) Un fonction z constante égale à k pour tout t est solution de (L) si et seulement si $-\frac{2g}{5}k - \frac{g}{25} = 0$, d'où $k = -\frac{1}{10}$. Par conséquent :

$$z \text{ solution de } (L) \Leftrightarrow \begin{cases} z' - \frac{2g}{5}z - \frac{g}{25} = 0 \\ -\frac{2g}{5}k - \frac{g}{25} = 0 \end{cases} \Leftrightarrow (z' - k) - \frac{2g}{5}(z - k) = 0$$

Posons $y = z - k$. On doit résoudre l'équation :

$$(L_H) : y' - \frac{2g}{5}y = 0$$

qui s'écrit :

$$\frac{y'}{y} = \frac{2g}{5}$$

en supposant que la fonction y n'est pas nulle et en admettant alors qu'elle ne s'annule jamais sur $\mathbb{R}_+$, ce qui pourrait se démontrer en utilisant des arguments de continuité. En intégrant, on obtient :

$$\ln |y| = \frac{2g}{5}t + cte$$

où cte est une constante réelle. Par suite $|y| = e^{2gt/5} \times e^{cte}$ et en utilisant des arguments de continuité, on obtient l'existence d'un réel K tel que $y = Ke^{2gt/5}$. On vérifierait facilement que ces fonctions $y = Ke^{2gt/5}$ sont bien solutions de (L_H) quel que soit $K \in \mathbb{R}$. En conclusion, les solutions de (L) sont les fonctions z définies par :

$$z(t) = Ke^{\frac{2g}{5}t} - \frac{1}{10} \quad \text{où } K \in \mathbb{R}.$$

Comme $2g/5 > 0$, $\lim_{t \to +\infty} e^{\frac{2g}{5}t} = +\infty$ et $\lim_{t \to +\infty} z(t) = +\infty$. On déduit que :

$$\lim_{t \to +\infty} v(t) = \lim_{t \to +\infty} \left(\frac{1}{z(t)} + 5 \right) = 5.$$

Comme $\lim_{t \to +\infty} v(t) = 5$ on déduit que notre parachutiste dont la vitesse à la date 0 était de 55 m.s^{-1}, va voir sa vitesse diminuer pour se rapprocher petit à petit de 5 m s^{-1} sans jamais pouvoir passer en dessous de cette valeur. Si le parachute a été ouvert suffisamment tôt, notre parachutiste devrait rencontrer le sol à une vitesse légèrement supérieure à 5 m.s^{-1}.

Réponse 7.17 a) Les équations (E_1) et (E_2) admettent l'équation homogène $xy' + (1-x)y = 0$. Cette équation différentielle est à variables séparables. On peut l'écrire :

$$\frac{y'}{y} = \frac{x-1}{x} \quad (*)$$

sur l'un ou l'autre des intervalles I_1 ou I_2 où x ne s'annule jamais. Dans cette écriture, on suppose implicitement que y ne s'annule jamais ([1]). Il s'agit d'une hypothèse de travail que l'on peut vérifier en utilisant la continuité de y, et en supposant bien sûr que y n'est pas la fonction nulle qui est bien solution de nos équations différentielles, mais qui nous intéresse peu. Sous cette condition, on intègre les deux membres de $(*)$ pour obtenir :

$$\ln|y| = \int \frac{x-1}{x} + C = x - \ln|x| + C$$

où C est une constante. Soit :

$$|y| = e^{x-\ln|x|+C} = e^x \times \frac{1}{|x|} \times e^C$$

$$y = \varepsilon(x) \times k\frac{e^x}{x} \quad (\natural)$$

où ε est une fonction à valeurs dans $\{-1, 1\}$, et $k \in \mathbb{R}$. Pour des raisons de continuité, $\varepsilon(x)$ conservera la même valeur sur tout I_1 ou I_2 ([2]). En changeant éventuellement de constante k, on trouve finalement :

$$y = k\frac{e^x}{x} \quad (\flat)$$

où $k \in \mathbb{R}$. Réciproquement, on vérifie facilement que les fonctions y définies par $(\flat)$ sur les intervalles I_1 ou I_2 sont bien des solutions de (E_1) et (E_2). $(\flat)$ nous donne bien la forme générale des solutions des équations différentielles sans second membre.

Remarque — Je pense qu'il est raisonnable d'admettre les affirmations ([1]) et ([2]), surtout s'il nous reste beaucoup de questions à traiter dans une longue épreuve de concours. Je pense aussi qu'il faut signaler clairement ces difficultés dans sa copie, quitte à les admettre. Passer sous silence que y ne s'annule pas alors que l'on divise les deux membres d'une équation par cette fonction serait un tantinet téméraire !
Grâce à Dieu, nous avons ici le temps de nous poser toutes ces questions puisque nous sommes en phase d'entraînement. Profitons de bien comprendre ce qui se passe : cela nous sera profitable pour mieux accepter notre propre solution (!) et nous permettra de justifier cette méthode devant un jury d'oral qui le demanderait. Qui sait... Dans ce qui suit, travaillons avec (E_2) pour fixer les idées.

[1] Une solution y non nulle de (E_2) ne s'annule en aucun point de l'intervalle $I_2 =]0, +\infty[$. En effet, si y est une solution de (E_2) différente de la fonction

nulle, il existe $x_1 \in I_2$ tel que $y(x_1) \neq 0$. Pour fixer les idées, supposons $y(x_1) > 0$. On montre alors que y ne s'annule nulle part en raisonnant par l'absurde. Si y s'annulait en un point $x_0 \in I_2$, supposons par exemple $x_0 < x_1$. Posons :
$$a = \text{Sup}\{x \in I_2 \, / \, y(x) = 0 \text{ et } x < x_1\}.$$

Comme y est continue, $y(a) = \lim_{x \to a_-} y(x) = 0$ et $y(x) \neq 0$ pour tout $x \in \,]a, x_1]$. Il suffit de recommencer le raisonnement fait plus haut pour voir que y est nécessairement donnée par l'expression (♭) quand $x \in \,]a, x_1]$. Mais alors :
$$y(a) = \lim_{x \to a_+} y(x) = \lim_{x \to a_+} k\frac{e^x}{x} = k\frac{e^a}{a}$$

ne peut pas s'annuler ! Il y a contradiction.

(^{2}) Dans l'expression (♮), la fonction $x \mapsto \varepsilon(x)$ doit être constante, et donc égale à -1 ou 1 une fois pour toute. En effet, si l'on suppose par l'absurde qu'il existe x_0 et x_1 dans I_2 tels que $\varepsilon(x_0) = -1$ et $\varepsilon(x_1) = 1$, alors $y(x) = \varepsilon(x) \times k\frac{e^x}{x}$ étant supposée continue, il existerait a entre x_0 et x_1 tel que $y(a) = 0$ d'après le théorème des valeurs intermédiaires. C'est absurde car $y(x)$ ne s'annule jamais (sauf si $k = 0$, mais dans ce cas la valeur de $\varepsilon(x)$ n'importe plus).

b) L'application φ est dérivable et :
$$\forall x \in I_1 \quad \varphi'(x) = C'(x)\frac{e^x}{x} + C(x)\frac{xe^x - e^x}{x^2}$$

donc :

φ solution de $(E_1) \Leftrightarrow x\varphi'(x) + (1-x)\varphi(x) = 1$
$$\Leftrightarrow C'(x)e^x + C(x)\frac{(x-1)e^x}{x} + (1-x)C(x)\frac{e^x}{x} = 1$$
$$\Leftrightarrow C'(x) = e^{-x}$$
$$\Leftrightarrow C(x) = -e^{-x} + k' \text{ avec } k' \in \mathbb{R}.$$

Ainsi φ est solution de (E_1) si, et seulement si, il existe un réel k' tel que :
$$\forall x \in I_1 \quad \varphi(x) = (-e^{-x} + k')\frac{e^x}{x} = \frac{k'e^x - 1}{x}.$$

c) On sait que les solutions générales de (E_1) sont les sommes des solutions générales de l'équation homogène associée (ces solutions ont été obtenues à la première question) et d'une solution particulière de (E_1), comme :
$$x \mapsto -\frac{1}{x}$$

obtenue pour $k' = 0$. Les solutions de (E_1) sont donc de la forme :
$$y : x \mapsto k\frac{e^x}{x} - \frac{1}{x} = \frac{ke^x - 1}{x}$$
où $k \in \mathbb{R}$. En travaillant de même sur I_2, on constate que les solutions de (E_2) sont de la forme :
$$y : x \mapsto \frac{ke^x - 1}{x}$$

Réponse 7.18 a) Comme $Q' = -P'/P^2$ on a $P' = -Q'P^2 = -Q'/Q^2$, donc :
$$P' = kP\left(1 - \frac{P}{M}\right) \Leftrightarrow -\frac{Q'}{Q^2} = \frac{k}{Q}\left(1 - \frac{1}{MQ}\right)$$
$$\Leftrightarrow Q' = -kQ\left(1 - \frac{1}{MQ}\right)$$
$$\Leftrightarrow Q' = -kQ + \frac{k}{M}.$$

Cela montre que P est une solution de (E) si et seulement si Q est solution de (E').

b) On sait que la solution générale de l'équation différentielle sans second membre $y' = -ky$ est $y = ce^{-kt}$ où c est une constante réelle. Une fonction constante $t \mapsto d$ sera solution de (E') si et seulement si :
$$0 = -kd + \frac{k}{M}$$
c'est-à-dire $d = 1/M$. On peut donc affirmer que les solutions de (E') sont toutes les fonctions définies sur de $\mathbb{R}$ et de la forme :
$$Q : t \mapsto ce^{-kt} + \frac{1}{M}$$

c) Une solution Q de (E') est donnée par la question précédente, et l'on impose ici la condition :
$$Q(0) = c + \frac{1}{M} > 0$$
qui équivaut à $c > \frac{-1}{M}$. Dans ce cas, pour tout $t \in \mathbb{R}_+$,
$$Q(t) = ce^{-kt} + \frac{1}{M} > \frac{-e^{-kt}}{M} + \frac{1}{M} = \frac{1 - e^{-kt}}{M} \geq 0$$
puisque par hypothèse $M > 0$ et puisque $e^{-kt} \leq e^{-k \times 0} = 1$ quel que soit $t \in \mathbb{R}_+$, la fonction $t \mapsto e^{-kt}$ étant décroissante sur $[0, +\infty[$ puisque $k > 0$. On a bien montré que $Q(t) > 0$ quel que soit $t \in [0, +\infty[$.

d) Notons que l'on ne recherche que les solutions P de (E) telles que P soit strictement positives sur $[0,+\infty[$, ce qui permet d'utiliser la fonction $Q = 1/P$ dans ce qui suit.

La fonction P est solution de (E) sur $[0,+\infty[$ avec $P(0) > 0$ si et seulement si $P = 1/Q$ où Q est solution de (E') sur $[0,+\infty[$ avec $Q(0) > 0$, et d'après les questions b) et c), cela revient à dire que :

$$\exists c \in \mathbb{R} \quad c > \frac{-1}{M} \quad \forall t \in [0,+\infty[\quad P(t) = \frac{M}{Mce^{-kt}+1}.$$

Réponse 7.19 a) Les solutions f de l'équation différentielle $y' = -ky$ sont de la forme $f(x) = \alpha e^{-kx}$ où $\alpha \in \mathbb{R}$. Ici $f(0) = \alpha = 1,5$, donc $f(x) = 1,5\, e^{-kx}$.

b) De $c(t) = 1,5\, e^{-kt}$ on tire $\ln c(t) = \ln 1,5 - kt$, donc :

$$\forall t \in \mathbb{R}_+ \quad k = \frac{\ln 1,5 - z(t)}{t} = \frac{\ln 1,5 - \ln c(t)}{t}.$$

Le tableau fournit par l'énoncé donne alors, pour $t = 30$ par exemple :
$$k = \frac{\ln 1,5 - \ln 0,63}{30} \simeq 0,02891668 \simeq 0,0289.$$

Remarque — Il s'agit d'une valeur approximative que l'on retrouvera à peu près quelle que soit la colonne du tableau utilisée. Cette valeur ne peut être qu'approximative puisque issue de mesures faites pendant une expérimentation. Par exemple, en utilisant la troisième colonne du tableau, on obtient $k = \frac{\ln 1.5 - \ln 1.12}{10} \simeq 0,02921364 \simeq 0,0292$, qui est voisin de $0,0289$.

Réponse 7.20 Si $y = k_1 e^x + k_2 e^{2x}$, $y' = k_1 e^x + 2k_2 e^{2x}$ et $y'' = k_1 e^x + 4k_2 e^{2x}$ donc $y'' - 3y' + 2y = k_1 e^x + 4k_2 e^{2x} - 3\left(k_1 e^x + 2k_2 e^{2x}\right) + 2\left(k_1 e^x + k_2 e^{2x}\right) = 0$ et l'on n'a pas $y'' - 3y' + 2y = x^2 - 3x$ pour tout $x \in \mathbb{R}$. L'assertion proposée est donc fausse.

Commentaires — L'équation caractéristique de l'équation différentielle sans second membre $(E_0) : y'' - 3y' + 2y = 0$ est $X^2 - 3X + 2 = 0$, donc admet les deux racines réelles 1 et 2. Le cours nous permet alors d'affirmer que la solution générale de l'équation (E_0) est $y = k_1 e^x + k_2 e^{2x}$ où $(k_1, k_2) \in \mathbb{R}^2$.

On obtient la solution générale de l'équation $(E) : y'' - 3y' + 2y = x^2 - 3x$ avec second membre en additionnant la solution générale de (E_0) et une solution particulière de (E). Comme le second membre de (E) est un polynôme, on peut essayer de chercher une solution particulière sous une forme polynomiale. Par exemple si l'on essaie avec la fonction $y = ax^2 + bx + c$, un calcul donne $y'' - 3y' + 2y = 2ax^2 + (2b - 6a)x + 2a - 3b + 2c$ de sorte que y soit solution de (E) si et seulement si :

$$\begin{cases} 2a = 1 \\ 2b - 6a = -3 \\ 2a - 3b + 2c = 0 \end{cases} \quad \text{c'est-à-dire } (a, b, c) = \left(\frac{1}{2}, 0, -\frac{1}{2}\right).$$

La fonction $y = \frac{1}{2}x^2 - \frac{1}{2}$ est donc solution particulière de (E) et les solutions générales de (E) seront de la forme $y = k_1 e^x + k_2 e^{2x} + \frac{1}{2}x^2 - \frac{1}{2}$ où $(k_1, k_2) \in \mathbb{R}^2$.

Réponse 7.21 a) L'équation caractéristique de EH est $r^2 + b = 0$. On envisage donc trois cas :

Premier cas — Si $b < 0$, alors $r^2 = -b$ équivaut à $r = \pm\sqrt{-b}$ et l'on sait d'après le cours que les solutions de EH sont de la forme :

$$t \mapsto y(t) = Ae^{\sqrt{-b}t} + Be^{-\sqrt{-b}t}$$

où $(A, B) \in \mathbb{R}^2$. Cela peut se vérifier en montrant que les fonctions $t \mapsto e^{\sqrt{-b}t}$ et $t \mapsto e^{-\sqrt{-b}t}$ sont solutions de EH, qu'elles sont indépendantes, et en rappelant que l'espace vectoriel $\mathrm{Sol}(EH)$ des solutions de EH est de dimension 2 d'après le cours.

Deuxième cas — Si $b = 0$, l'équation EH s'écrit $y''(t) = 0$, d'où $y'(t) = A$ en intégrant, puis $y(t) = At + B$, où A et B sont des constantes réelles. Ici $\mathrm{Sol}(EH)$ est formé de toutes les applications affines $t \mapsto y(t) = At + B$ de $\mathbb{R}$ dans $\mathbb{R}$.

Troisième cas — Si $b > 0$, l'équation caractéristique s'écrit $r^2 = -b$ avec $-b < 0$, donc possède deux racines complexes $r = \pm i\sqrt{b}$. On sait que les solutions réelles de EH sont alors de la forme :

$$t \mapsto y(t) = A\cos(\sqrt{b}t) + B\sin(\sqrt{b}t)$$

où $(A, B) \in \mathbb{R}^2$. On peut d'ailleurs le vérifier en montrant par le calcul que les fonctions $t \mapsto \cos(\sqrt{b}t)$ et $t \mapsto \sin(\sqrt{b}t)$ sont deux solutions linéairement indépendantes de EH, et qu'elles forment donc une base de l'espace vectoriel $\mathrm{Sol}(EH)$ qui est de dimension 2 d'après le cours.

b) Si $b < 0$ et $A \neq 0$, la fonction $Ae^{\sqrt{-b}t} + Be^{-\sqrt{-b}t}$ tend vers $+\infty$ ou $-\infty$ suivant le signe de A, donc n'est pas bornée. Si $A \neq 0$, la fonction affine $At + B$ tend encore vers $+\infty$ ou $-\infty$ suivant le signe de A. Le seul cas où toutes les solutions de $\mathrm{Sol}(EH)$ sont bornées est donc le troisième cas, lorsque $b > 0$. A ce moment et si $(A, B) \in \mathbb{R}^2$, on a :

$$\left| A\cos(\sqrt{b}t) + B\sin(\sqrt{b}t) \right| \leq |A| + |B|$$

quel que soit $t \in \mathbb{R}$.

c) On a :
$$g(x) = \int_0^x f(t)\sin(x-t)\,dt$$
$$= \int_0^x f(t)(\sin x \cos t - \sin t \cos x)\,dt$$
$$= \sin x\, c(x) - \cos x\, s(x)$$

en posant :
$$c(x) = \int_0^x f(t)\cos t\,dt \quad \text{et} \quad s(x) = \int_0^x f(t)\sin t\,dt$$

Les fonctions $t \mapsto f(t)\cos t$ et $t \mapsto f(t)\sin t$ sont continues sur $\mathbb{R}$, donc les fonctions c et s sont définies et dérivables sur $\mathbb{R}$, de fonctions dérivées respectives $c'(x) = f(x)\cos x$ et $s'(x) = f(x)\sin x$. Les théorèmes généraux sur la dérivabilité montrent que l'application g est dérivable, de fonction dérivée g' définie par :

$$g'(x) = \cos x\, c(x) + \sin x\, f(x)\cos x + \sin x\, s(x) - \cos x\, f(x)\sin x$$
$$= \cos x\, c(x) + \sin x\, s(x).$$

Cette expression de $g'(x)$ montre que g' est dérivable sur $\mathbb{R}$, de dérivée donnée par :

$$g''(x) = -\sin x\, c(x) + \cos x\, f(x)\cos x + \cos x\, s(x) + \sin x\, f(x)\sin x$$
$$= -\sin x\, c(x) + \cos x\, s(x) + f(x).$$

Ainsi, pour tout réel x : $g''(x) + g(x) = f(x)$, l'application g est une solution particulière de l'équation différentielle E : $y''(t) + y(t) = f(t)$ sur $\mathbb{R}$. En conclusion, une fonction y sera solution générale de l'équation différentielle E si et seulement si elle s'écrit sous la forme :

$$t \mapsto y(t) = A\cos t + B\sin t + \int_0^x f(t)\sin(x-t)\,dt \quad \text{où } (A,B) \in \mathbb{R}^2.$$

Réponse 7.22 L'équation différentielle (E) : $y''(t) + 4y'(t) + 4y(t) = e^t$ est linéaire du second ordre à coefficients constants et à second membre. On sait, d'après le cours, que la solution générale de (E) est la somme de la solution générale de l'équation homogène associée (H) : $y''(t) + 4y'(t) + 4y(t) = 0$ et d'une solution particulière de (E).

L'équation caractéristique de (H) est $\lambda^2 + 4\lambda + 4 = 0$, qui s'écrit $(\lambda + 2)^2 = 0$ et possède donc -2 comme racine double. La solution générale de (H) est alors de la forme $y = (at + b)e^{-2t}$.

Comme 1 n'est pas racine du polynôme caractéristique, on peut chercher une solution particulière de (E) sous la forme $y = \alpha e^t$ où α est une constante à déterminer. En remplaçant $y = \alpha e^t$ dans (E) on obtient $\alpha e^t + 4\alpha e^t + 4\alpha e^t = e^t$ d'où $\alpha = 1/9$.

En conclusion, les solutions de (E) sont de la forme $y = (at + b)\, e^{-2t} + 1/9 e^t$ où a et b sont des réels. La solution du problème de Cauchy formé par (E) et les conditions initiales $y(0) = 0$ et $y'(0) = 1$ est donnée en résolvant le système :
$$\begin{cases} y(0) = b + 1/9 = 0 \\ y'(0) = (a - 2b) + 1/9 = 1 \end{cases}$$
puisque $y'(t) = (-2at + a - 2b)\, e^{-2t} + 1/9 e^t$. On obtient alors $b = -1/9$ et $a = 1 - 1/9 - 2/9 = 2/3$. La solution de ce problème de Cauchy est donc :
$$y = \left(\frac{2}{3}t - \frac{1}{9}\right) e^{-2t} + \frac{1}{9} e^t.$$

$\boxed{\text{Réponse 7.23}}$ *Première réponse (résultat général du cours)* — Le cours nous donne la forme générale des solutions d'une équation différentielle linéaire d'ordre n (Questions 7.10 ou 7.24). On applique ce résultat à l'équation :
$$(E): \ y'' + \omega^2 y = 0.$$
L'équation caractéristique associée à (E) est $\lambda^2 + \omega^2 = 0$, et admet deux solutions distinctes $\pm i\omega$, donc y est de la forme :
$$y = A e^{i\omega x} + B e^{-i\omega x}$$
où $A, B \in \mathbb{C}$. Les solutions complexes sont obtenues avec A et B complexes. Les solutions réelles sont les parties réelles des solutions complexes, si bien que si $\omega = u + iv$, alors :
$$y = e^{iu}(A \cos vx + B \sin vx)$$
avec $A, B \in \mathbb{R}$ cette fois-ci. On peut aussi écrire ces solutions sous la forme $y = K e^{ux} \cos(vx + \varphi)$ où $K, \varphi \in \mathbb{R}$ (ces deux écritures des solutions réelles de (E) sont expliquées dans la réponse à la Question 7.10).

Seconde réponse (preuve complète suivant un procédé judicieux) — Dans les années 2005, l'équation différentielle (E) : $y'' + \omega^2 y = 0$ était traitée en terminale scientifique et constituait une équation de référence. Une résolution directe était proposée qui évitait le recours à des résultats généraux. Voici comment l'on procédait :

a) On remarque que les fonctions $\cos \omega x$ et $\sin \omega x$ sont des solutions particulières de l'équation (E), et par linéarité, que toutes les fonctions de la forme $A \cos \omega x + B \sin \omega x$ sont encore des solutions de (E).

b) Réciproquement, on montre que toute solution y de (E) est de la forme $A\cos\omega x + B\sin\omega x$. Pour cela on démontre d'abord que, si $S_\mathbb{R}$ désigne l'ensemble des solutions réelles de (E), alors :

$$\left.\begin{array}{r} y \in S_\mathbb{R} \\ y(0) = y'(0) = 0 \end{array}\right\} \Rightarrow y = 0. \quad (*)$$

En effet, dès que $y \in S_\mathbb{R}$, la fonction $y'^2 + \omega^2 y^2$ est constante puisque :

$$\left(y'^2 + \omega^2 y^2\right)' = 2y'\left(y'' + \omega^2 y\right) = 0,$$

et l'hypothèse $y(0) = y'(0) = 0$ permet d'affirmer que la fonction $y'^2 + \omega^2 y^2$ est identiquement nulle. d'où $y = 0$.

Cela étant, si $y \in S_\mathbb{R}$, la fonction :

$$z = y - \left(y(0)\cos\omega x + \frac{y'(0)}{\omega}\sin\omega x\right)$$

appartient à $S_\mathbb{R}$ et vérifie $z(0) = z'(0) = 0$. L'implication $(*)$ donne alors $z = 0$, d'où :

$$y = y(0)\cos\omega x + \frac{y'(0)}{\omega}\sin\omega x.$$

Remarque — Le résultat démontré au début du b) montre que l'application linéaire :

$$\begin{array}{rccc} f: & S_\mathbb{R} & \to & \mathbb{R}^2 \\ & y & \mapsto & (y(0), y'(0)) \end{array}$$

est injective, ce qui impose à l'espace vectoriel $S_\mathbb{R}$ d'être de dimension inférieure ou égale à 2. Comme le couple de fonctions $(\cos\omega x, \sin\omega x)$ forme un système libre de $S_\mathbb{R}$, on peut affirmer que $\dim S_\mathbb{R} = 2$ et que $(\cos\omega x, \sin\omega x)$ est une base de cet espace.

Réponse 7.24 1) L'ensemble $S_\mathbb{C}(H)$ est un sous-espace vectoriel du $\mathbb{C}$-espace vectoriel $\mathcal{F}(\mathbb{R}, \mathbb{C})$ des fonctions de $\mathbb{R}$ dans $\mathbb{C}$ car $S_\mathbb{C}(H)$ n'est pas vide, puisque la fonction nulle est solution de (H), et car pour tout $\lambda \in \mathbb{C}$ et toutes fonctions f et g solutions de (H), la fonction $\lambda f + g$ est encore une solution de (H), comme on le vérifie en écrivant :

$$\forall t \in \mathbb{R} \quad \begin{cases} af''(t) + bf'(t) + cf(t) = 0 \\ ag''(t) + bg'(t) + cg(t) = 0 \end{cases}$$

puis en multipliant par λ et additionnant membre à membre pour obtenir :

$$\forall t \in \mathbb{R} \quad a(\lambda f + g)''(t) + b(\lambda f + g)'(t) + c(\lambda f + g)(t) = 0.$$

2) La fonction ϕ_r est solution de (H) si. et seulement si :
$$\forall t \in \mathbb{R} \quad a\phi_r''(t) + b\phi_r'(t) + c\phi_r(t) = 0,$$
ce qui s'écrit $ar^2 e^{rt} + br e^{rt} + c e^{rt} = 0$ pour tout t, ou encore, en divisant par e^{rt} qui ne s'annule jamais : $ar^2 + br + c = 0$. En conclusion ϕ_r est solution de (H) si et seulement si r est solution de (EC). Le corps $\mathbb{C}$ est algébriquement clos, donc toute équation polynomiale de degré ≥ 1 dans $\mathbb{C}$ possède au moins une solution dans $\mathbb{C}$, et ce sera en particulier le cas de l'équation (EC).

3.a) • On peut exposer la résolution de l'équation (EC) en classe de première générale si l'on s'intéresse seulement aux solutions réelles. Mais on peut aussi se placer dans le programme de mathématiques expertes de terminale générale pour résoudre cette équation dans $\mathbb{C}$. C'est ce que nous ferons.

• Prérequis nécessaires : calcul algébrique dans $\mathbb{R}$ et $\mathbb{C}$, résolution dans $\mathbb{C}$ de l'équation $z^2 = a$ où a est un réel donné, décomposition canonique d'un polynôme du second degré.

• Pour résoudre l'équation du second degré $(E_2) : az^2 + bz + c = 0$ dans $\mathbb{C}$, où $(a,b,c) \in \mathbb{R}^* \times \mathbb{R}^2$, on imagine le début d'une identité remarquable :

$$\begin{aligned} az^2 + bz + c &= a\left(z^2 + \frac{b}{a}z + \frac{c}{a}\right) = a\left[\left(z + \frac{b}{2a}\right)^2 + \frac{c}{a} - \frac{b^2}{4a^2}\right] \\ &= a\left[\left(z + \frac{b}{2a}\right)^2 - \frac{b^2 - 4ac}{4a^2}\right] \end{aligned}$$

puis on constate que résoudre (E_2) revient à résoudre :

$$(E_2') : \quad \left(z + \frac{b}{2a}\right)^2 = \frac{b^2 - 4ac}{4a^2} = \frac{\Delta}{4a^2}$$

en posant $\Delta = b^2 - 4c$. On est ramené à la résolution d'une équation en z du type $z^2 = a$, où a est un nombre réel donné. On envisage trois cas :

- Si $\Delta > 0$, alors Δ possède une racine carrée $\sqrt{\Delta}$ strictement positive. Dans ce cas (E_2') admet deux solutions réelles car :

$$(E_2') \Leftrightarrow \left(z + \frac{b}{2a}\right)^2 = \left(\frac{\sqrt{\Delta}}{2a}\right)^2$$

$$\Leftrightarrow \left(z + \frac{b}{2a} - \frac{\sqrt{\Delta}}{2a}\right)\left(z + \frac{b}{2a} + \frac{\sqrt{\Delta}}{2a}\right) = 0 \Leftrightarrow z = \frac{-b \pm \sqrt{\Delta}}{2a}$$

- Si $\Delta = 0$, (E_2') s'écrit $z = -b/2a$ et (E_2') et admet une seule solution réelle.

7.3. RÉPONSES

- Si $\Delta < 0$, l'équation (E'_2) n'a pas de solution réelle car le carré d'un nombre réel ne peut être que positif. Cependant le nombre complexe $\delta = i\sqrt{|\Delta|}/2a$ vérifie $\delta^2 = \Delta/4a^2$, ce qui permet de vérifier que (E'_2) possède deux solutions complexes (non réelles) conjuguées :

$$(E'_2) \Leftrightarrow \left(z + \frac{b}{2a}\right)^2 = \delta^2 \Leftrightarrow \left(z + \frac{b}{2a} - \frac{i\sqrt{|\Delta|}}{2a}\right)\left(z + \frac{b}{2a} + \frac{i\sqrt{|\Delta|}}{2a}\right) = 0$$

$$\Leftrightarrow z = \frac{-b \pm i\sqrt{|\Delta|}}{2a}$$

• En classe de terminale experte, le programme en annexe indique que l'on peut prolonger cette étude en étudiant la résolution dans $\mathbb{C}$ des équations du second degré à coefficients complexes.

3.b) Voici un programme Python :

```
# Résolution de az^2+bz+c=0 où a,b,c réels et a non nul
from math import *
a,b,c=float(input('Entrer a : ')),float(input('Entrer b : ')),
float(input('Entrer c : '))
delta=b**2-4*a*c
if delta > 0 :
    z1=(-b+sqrt(delta))/2/a
    z2=(-b+sqrt(delta))/2/a
    print(z1,z2)
elif delta == 0 :
    print(-b/2/a)
else :
    z1=complex(-b/2/a,(sqrt(abs(delta)))/(2*a))
    z2=complex(-b/2/a,-(sqrt(abs(delta)))/(2*a))
    print(z1,z2)
```

Voici la sortie obtenue avec $a = b = c = 1$:
(-0.5+0.8660254037844386j) (-0.5-0.8660254037844386j)

4.a) Pour tout $t \in \mathbb{R}$, $f(t) = z(t)e^{r_1 t}$ donc :

$$\begin{cases} f'(t) = (z'(t) + r_1 z(t))e^{r_1 t} \\ f''(t) = (z''(t) + 2r_1 z'(t) + r_1^2 z(t))e^{r_1 t}. \end{cases}$$

Ainsi f est solution de (H) si et seulement si :

$$a\left[(z''(t) + 2r_1 z'(t) + r_1^2 z(t))e^{r_1 t}\right] + b\left[(z'(t) + r_1 z(t))e^{r_1 t}\right] + cz(t)e^{r_1 t} = 0$$

soit $az''(t) + (2ar_1 + b)z'(t) + (ar_1^2 + br_1 + c)z(t) = 0$ ou encore :

$$az''(t) + (2ar_1 + b)z'(t) = 0$$

puisque $ar_1^2 + br_1 + c = 0$. Ainsi $f(t) = z(t)e^{r_1 t}$ est solution de (H) si et seulement si z' est solution de :

$$(H_{r_1}): \forall t \in \mathbb{R} \quad ay'(t) + (2ar_1 + b)y(t) = 0.$$

4.b) • Si $f \in S_{\mathbb{C}}(H)$, et si $z(t) = f(t)e^{-r_1 t}$, alors $f(t) = z(t)e^{r_1 t}$ est solution de (H), et la question précédente montre que z' est solution de :

$$(H_{r_1}): \forall t \in \mathbb{R} \quad ay'(t) + (2ar_1 + b)y(t) = 0.$$

Pour résoudre (H_{r_1}), on l'écrit :

$$\frac{y'}{y} = -2r_1 - \frac{b}{a} = r_2 - r_1.$$

puisque la somme $r_1 + r_2$ des racines de (EC) vaut $-b/a$. En intégrant on obtient $\ln|y| = (r_2 - r_1)t + cte$ puis $|y| = e^{cte}e^{(r_2-r_1)t}$. Par un argument de continuité, on obtient $z' = y = Ke^{(r_2-r_1)t}$ où $K \in \mathbb{C}$, puis en intégrant encore :

$$z = \frac{K}{r_2 - r_1}e^{(r_2-r_1)t} + K'$$

où $K' \in \mathbb{C}$. Ainsi :

$$f(t) = z(t)e^{r_1 t} = \frac{K}{r_2 - r_1}e^{r_2 t} + K'e^{r_1 t}$$

et il existe $(\alpha, \beta) \in \mathbb{C}^2$ tels que $f(t) = \alpha e^{r_1 t} + \beta e^{r_2 t}$. Cela prouve que $f \in \mathcal{A}$. En conclusion $S_{\mathbb{C}}(H) \subset \mathcal{A}$.

• On vient de prouver que $S_{\mathbb{C}}(H) \subset \mathcal{A}$. Pour conclure à $S_{\mathbb{C}}(H) = \mathcal{A}$, il reste à prouver que $\mathcal{A} \subset S_{\mathbb{C}}(H)$, autrement dit que, pour tout $(\alpha, \beta) \in \mathbb{C}^2$, on a $f_{\alpha,\beta} \in S_{\mathbb{C}}(H)$.

Pour le voir, on rappelle que r_1 et r_2 sont solutions de (EC), donc que les fonctions $e^{r_1 t}$ et $e^{r_2 t}$ appartiennent à $S_{\mathbb{C}}(H)$ d'après la question 2. Comme $S_{\mathbb{C}}(H)$ est un espace vectoriel sur $\mathbb{C}$ d'après A.1, on déduit que $f_{\alpha,\beta}(t) = \alpha e^{r_1 t} + \beta e^{r_2 t}$ appartient à $S_{\mathbb{C}}(H)$, ce qui achève la preuve.

4.c) Ici $\Delta = 0$ et r_0 est racine double de (EC). Si $f \in S_{\mathbb{C}}(H)$, et si $z(t) = f(t)e^{-r_0 t}$, alors $f(t) = z(t)e^{r_0 t}$ est solution de (H), et 4.a montre que z' est solution de :

$$(H_{r_0}): \forall t \in \mathbb{R} \quad ay'(t) + (2ar_0 + b)y(t) = 0.$$

7.3. RÉPONSES

Mais l'unique solution de (EC) est $r_0 = -b/2a$, donc z' est solution de l'équation $y'(t) = 0$, c'est-à-dire $z''(t) = 0$. En intégrant, on obtient $z'(t) = \alpha$, puis $z(t) = \alpha t + \beta$ où $(\alpha, \beta) \in \mathbb{C}^2$. Par conséquent $f(t) = (\alpha t + \beta) e^{r_0 t}$ et f est de la forme voulue.

Réciproquement, s'il existe des complexes α, β tels que $f(t) = (\alpha t + \beta) e^{r_0 t}$, il suffit de rappeler que $S_{\mathbb{C}}(H)$ est un espace vectoriel, et vérifier que les fonctions $te^{r_0 t}$ et $e^{r_0 t}$ sont solutions de (H), pour conclure à $f \in S_{\mathbb{C}}(H)$. La fonction $e^{r_0 t}$ vérifie l'équation (H) d'après A.2 car r_0 est solution de (EC). Pour voir que $g(t) = te^{r_0 t} \in S_{\mathbb{C}}(H)$, on calcule $g'(t) = (r_0 t + 1) e^{r_0 t}$ puis $g''(t) = (r_0^2 t + 2r_0) e^{r_0 t}$ et l'on écrit :

$$\begin{aligned} ag''(t) + bg'(t) + cg(t) &= \left[a(r_0^2 t + 2r_0) + b(r_0 t + 1) + ct \right] e^{r_0 t} \\ &= \left[(ar_0^2 + br_0 + c)t + 2ar_0 + b \right] e^{r_0 t} = 0 \end{aligned}$$

puisque $ar_0^2 + br_0 + c = 2ar_0 + b = 0$.

En conclusion, on a bien démontré l'équivalence :

$$f \in S_{\mathbb{C}}(H) \Leftrightarrow \exists (\alpha, \beta) \in \mathbb{C}^2 \ f(t) = (\alpha t + \beta) e^{r_0 t}.$$

5) La question 4 montre que $(e^{r_1 t}, e^{r_2 t})$ est une famille génératrice de $S_{\mathbb{C}}(H)$ lorsque $\Delta \neq 0$, et que $(e^{r_0 t}, te^{r_0 t})$ en est une lorsque $\Delta = 0$. En fait, il est facile de vérifier que ces familles sont toujours libres dans l'espace vectoriel $\mathcal{F}(\mathbb{R}, \mathbb{C})$ des fonctions de $\mathbb{R}$ dans $\mathbb{C}$ (voir lemme ci-dessous), donc ces familles sont des bases de $S_{\mathbb{C}}(H)$ dans chacun des cas, et $S_{\mathbb{C}}(H)$ est un espace vectoriel de dimension 2 sur $\mathbb{C}$.

Lemme — Les familles $\mathcal{F}_1 = \{e^{r_1 t}, e^{r_2 t}\}$ et $\mathcal{F}_2 = \{e^{r_0 t}, te^{r_0 t}\}$ sont libres dans $\mathcal{F}(\mathbb{R}, \mathbb{C})$.

Preuve du lemme — Si $\alpha e^{r_1 t} + \beta e^{r_2 t} = 0$ quel que soit $t \in \mathbb{R}$, il suffit de faire $t = 0$ puis $t = 1$ pour obtenir le système :

$$\begin{cases} \alpha + \beta = 0 \\ \alpha e^{r_1} + \beta e^{r_2} = 0. \end{cases}$$

Le déterminant de ce système, égal à $e^{r_2} - e^{r_1}$, n'est pas nul car $r_2 \neq r_1$, donc c'est un système homogène de Cramer dont l'unique solution est $(\alpha, \beta) = (0, 0)$. Cela prouve que $\mathcal{F}_1$ est libre. Pour $\mathcal{F}_2$, on suppose que $\alpha e^{r_0 t} + \beta te^{r_0 t} = 0$, ce qui entraîne $\alpha + \beta t = 0$ pour tout réel t. Le polynôme $\alpha + \beta X$ de degré 1 de $\mathbb{C}[X]$ admet donc une infinité de solutions (tous les réels t), et ce sera forcément le polynôme nul. Ainsi $(\alpha, \beta) = (0, 0)$ et $\mathcal{F}_2$ est libre. ∎

6) D'après 4.b) les solutions de (H) sont de la forme $f(t) = \alpha e^{r_1 t} + \beta e^{r_2 t}$ où $(\alpha, \beta) \in \mathbb{C}^2$. On aura $f(t_0) = y_0$ et $f'(t_0) = y_1$ si et seulement si :

$$\begin{cases} \alpha e^{r_1 t_0} + \beta e^{r_2 t_0} = y_0 \\ \alpha r_1 e^{r_1 t_0} + \beta r_2 e^{r_2 t_0} = y_1. \end{cases}$$

Le déterminant de ce système linéaire est $(r_2 - r_1)e^{(r_1+r_2)t_0}$. Il n'est pas nul car $r_2 \neq r_1$, donc ce système est de Cramer et admet une unique solution (α, β).

7) • L'équation (EC) est une équation du second degré à coefficients réels. Puisque $\Delta < 0$, cette équation ne possède pas de racine réelle, mais possède néanmoins 2 racines complexes (non réelles) puisque $\mathbb{C}$ est un corps algébriquement clos (ou simplement parce qu'on a résolu cette équation du second degré dans $\mathbb{C}$ comme dans le cours). Ces racines sont conjuguées, comme on peut le vérifier en donnant la forme explicite bien connue, ou en écrivant que, si z est l'une des racines, il suffit de passer au conjugué dans l'égalité $az^2 + bz + c = 0$ pour obtenir $a\overline{z}^2 + b\overline{z} + c = 0$, ce qui prouve que $\overline{z}$ est l'autre racine de (EC).

• Comme $\Delta < 0$, on peut appliquer la question 4.b :

$$f \in S_\mathbb{C}(H) \quad \Leftrightarrow \quad \exists (\alpha, \beta) \in \mathbb{C}^2 \ f(t) = \alpha e^{r_1 t} + \beta e^{r_2 t}.$$

On sait que les solutions réelles de l'équation différentielle $ay'' + by' + cy = 0$ coïncident avec les parties réelles des solutions complexes de cette équation (Question 7.8), donc les solutions réelles de l'équation différentielle (H) seront de la forme $f(t) = \mathrm{Re}\left(\alpha e^{r_1 t} + \beta e^{r_2 t}\right)$. Si $\alpha = u + iv$ et $\beta = p + iq$ sont les formes algébriques de α et β, on obtient :

$$\begin{aligned} f(t) &= \mathrm{Re}((u+iv)e^{(r+iw)t} + (p+iq)e^{(r-iw)t}) \\ &= \mathrm{Re}\left((u+iv)e^{iwt} + (p+iq)e^{-iwt}\right)e^{rt} \\ &= [u\cos wt - v\sin wt + p\cos(-wt) - q\sin(-wt)]e^{rt} \\ &= [(u+p)\cos wt + (q-v)\sin wt]e^{rt}. \end{aligned}$$

Comme $u+p$ et $q-v$ décrivent $\mathbb{R}$ lorsque α et β décrivent $\mathbb{C}$, on peut conclure que les solutions réelles de (EC) sont de la forme $f(t) = (\gamma \cos wt + \delta \sin wt)e^{rt}$ où $(\gamma, \delta) \in \mathbb{C}^2$. Autrement dit :

$$f \in S_\mathbb{R}(H) \quad \Leftrightarrow \quad \exists (\gamma, \delta) \in \mathbb{R}^2 \ f(t) = (\gamma \cos wt + \delta \sin wt)e^{rt}.$$

8) • Il s'agit de trouver les solutions réelles de l'équation :

$$(E) : \forall t \in \mathbb{R} \quad y''(t) + y'(t) + y(t) = \psi(t)$$

où $\psi(t) = \eta_1 \cos \lambda t + \eta_2 \sin \lambda t$. La fonction $f_p(t) = \mu_1 \cos \lambda t + \mu_2 \sin \lambda t$ est solution particulière de (E) si et seulement si :

$$\begin{aligned} \left(-\lambda^2 \mu_1 \cos \lambda t - \lambda^2 \mu_2 \sin \lambda t\right) + \left(-\lambda \mu_1 \sin \lambda t + \lambda \mu_2 \cos \lambda t\right) \\ + \left(\mu_1 \cos \lambda t + \mu_2 \sin \lambda t\right) = \psi(t) \end{aligned}$$

ce qui s'écrit $\left(-\lambda^2\mu_1 + \lambda\mu_2 + \mu_1\right)\cos\lambda t + \left(-\lambda^2\mu_2 - \lambda\mu_1 + \mu_2\right)\sin\lambda t = \psi(t)$.
Cette dernière affirmation sera vraie si l'on choisit $(\mu_1, \mu_2) \in \mathbb{R}^2$ tel que :

$$\begin{cases} -\lambda^2\mu_1 + \lambda\mu_2 + \mu_1 = \eta_1 \\ -\lambda^2\mu_2 - \lambda\mu_1 + \mu_2 = \eta_2 \end{cases} \text{c.à.d. } (W) \begin{cases} (1-\lambda^2)\mu_1 + \lambda\mu_2 = \eta_1 \\ -\lambda\mu_1 + (1-\lambda^2)\mu_2 = \eta_2. \end{cases}$$

Le déterminant du système linéaire (W) est $D = (1-\lambda^2)^2 + \lambda^2 = \lambda^4 - \lambda^2 + 1$. L'équation bicarrée $\lambda^4 - \lambda^2 + 1 = 0$ n'admet pas de solutions réelles car son discriminant, égal à -3, est strictement négatif. Donc $D \neq 0$ et le système (W) est de Cramer. Il ne possède qu'une seule solution donnée par :

$$\mu_1 = \frac{1}{D}\begin{vmatrix} \eta_1 & \lambda \\ \eta_2 & 1-\lambda^2 \end{vmatrix} = \frac{(1-\lambda^2)\eta_1 - \lambda\eta_2}{\lambda^4 - \lambda^2 + 1},$$

$$\mu_2 = \frac{1}{D}\begin{vmatrix} 1-\lambda^2 & \eta_1 \\ -\lambda & \eta_2 \end{vmatrix} = \frac{\lambda\eta_1 + (1-\lambda^2)\eta_2}{\lambda^4 - \lambda^2 + 1}.$$

- Les fonctions réelles solutions de (E) sont les sommes des solutions générales de l'équation homogène (H) et de la solution particulière f_p de (E) obtenue dans la question précédente. Ici l'équation (EC) est $x^2 + x + 1 = 0$, de discriminant $\Delta < 0$, et admet les racines conjuguées :

$$j = -\frac{1}{2} + i\frac{\sqrt{3}}{2} \quad \text{et} \quad j^2 = -\frac{1}{2} - i\frac{\sqrt{3}}{2}.$$

D'après B.9 les fonctions de $S_{\mathbb{R}}(H)$ s'écrivent $f(t) = (\gamma\cos wt + \delta\sin wt)e^{rt}$ où $(\gamma, \delta) \in \mathbb{R}^2$, $r = -1/2$ et $w = \sqrt{3}/2$. En conclusion, les solutions réelles de (E) sont de la forme :

$$h(t) = \left(\gamma\cos\frac{\sqrt{3}}{2}t + \delta\sin\frac{\sqrt{3}}{2}t\right)e^{-t/2} + \mu_1\cos\lambda t + \mu_2\sin\lambda t$$

où (γ, δ) décrit $\mathbb{R}^2$ et où μ_1 et μ_2 sont donnés plus haut.

$\boxed{\textbf{Réponse 7.25}}$ a) • Posons $\lambda = \sqrt{c/m}$ et cherchons une solution h de (E_0) de la forme $h(t) = t(A\cos\lambda t + B\sin\lambda t)$. Posons $f(t) = At\cos\lambda t$ et $g(t) = Bt\sin\lambda t$. On obtient alors :
$f(t) = At\cos\lambda t$
$f'(t) = A\cos\lambda t - A\lambda t\sin\lambda t$
$f''(t) = -2A\lambda\sin\lambda t - A\lambda^2 t\cos\lambda t$, d'où :

$$\begin{aligned} mf''(t) + cf(t) &= -2Am\lambda\sin\lambda t - Am\lambda^2 t\cos\lambda t + cAt\cos\lambda t \\ &= -2Am\lambda\sin\lambda t \end{aligned}$$

puisque $m\lambda^2 = c$. On recommence avec g :
$g(t) = Bt\sin\lambda t$
$g'(t) = B\sin\lambda t + B\lambda t\cos\lambda t$
$g''(t) = 2B\lambda\cos\lambda t - B\lambda^2 t\sin\lambda t$, d'où encore, puisque $m\lambda^2 = c$:

$$\begin{aligned} mg''(t) + c\,g(t) &= 2Bm\lambda\cos\lambda t - Bm\lambda^2 t\sin\lambda t + cBt\sin\lambda t \\ &= 2Bm\lambda\cos\lambda t. \end{aligned}$$

Finalement $mh''(t) + ch(t) = -2Am\lambda\sin\lambda t + 2Bm\lambda\cos\lambda t$ et la fonction h vérifiera $mh''(t) + ch(t) = k\sin\lambda t$ pour tout $t \geq 0$ dès que $-2Am\lambda = k$ et $B = 0$, soit :

$$(A, B) = \left(\frac{-k}{2m\lambda}, 0\right) = \left(\frac{-k}{2\sqrt{mc}}, 0\right).$$

La fonction :
$$h(t) = \frac{-kt}{2\sqrt{mc}}\cos\left(\sqrt{\frac{c}{m}}t\right)$$

est donc une solution particulière de (E_0).

• La fonction h est le produit d'une fonction sinusoïdale par t. Elle ne possédera donc pas de limite quand t tend vers $+\infty$, et oscillera avec une amplitude de plus en plus grande au fur et à mesure que t croît. L'allure de la courbe de h est donnée ci-dessous (on a tracé la courbe de la fonction $t\cos t$ obtenue lorsque $k = 2$ et $c = m = 1$).

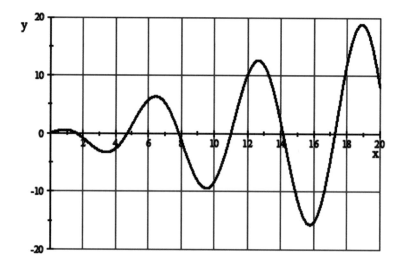

b) • Dans cette question $b \neq 0$ et $\lambda \neq \sqrt{c/m}$.
Si $y_p(t) = A\cos\lambda t + B\sin\lambda t$, alors :

7.3. RÉPONSES

$y'_p(t) = -A\lambda \sin \lambda t + B\lambda \cos \lambda t$
$y''_p(t) = -A\lambda^2 \cos \lambda t - B\lambda^2 \sin \lambda t$, donc :

$$my''_p(t) + by'_p(t) + c\,y_p(t) = \left(-mA\lambda^2 + bB\lambda + cA\right) \cos \lambda t \\ + \left(-mB\lambda^2 - bA\lambda + cB\right) \sin \lambda t.$$

On aura donc $my''_p(t) + c\,y_p(t) = k \sin \lambda t$ dès que A et B vérifient :

$$(S) \begin{cases} (c - m\lambda^2)A + b\lambda B = 0 \\ -b\lambda A + (c - m\lambda^2)B = k. \end{cases}$$

Le déterminant de ce système linéaire est $D = (c - m\lambda^2)^2 + b^2\lambda^2$. Ainsi D est la somme de deux carrés, donc de deux nombres positifs, et le premier carré $(c - m\lambda^2)^2$ n'est pas nul puisque $c \neq m\lambda^2$. Cela montre que $D > 0$, donc D ne s'annule jamais et le système (S) est de Cramer, donc possède une unique solution donnée par les formules de Cramer :

$$A = \frac{1}{D} \begin{vmatrix} 0 & b\lambda \\ k & c - m\lambda^2 \end{vmatrix} = \frac{-b\lambda k}{D} \text{ et } B = \frac{1}{D} \begin{vmatrix} c - m\lambda^2 & 0 \\ -b\lambda & k \end{vmatrix} = \frac{kc - mk\lambda^2}{D}.$$

• La fonction $y_p : t \mapsto A \cos \lambda t + B \sin \lambda t$ est une sinusoïde, donc ne tend vers aucune limite quand t tend vers $+\infty$. Si l'on pose $N = \sqrt{A^2 + B^2}$, on peut toujours écrire :

$$y_p(t) = N \left(\frac{A}{N} \cos \lambda t + \frac{B}{N} \sin \lambda t \right).$$

Comme $|A/N| \leq 1$ et $|B/N| \leq 1$, il existera un réel φ tel que $\cos \varphi = A/N$ et $\sin \varphi = B/N$. Alors $y_p(t) = N (\cos \varphi \cos \lambda t + \sin \varphi \sin \lambda t) = N \cos (\lambda t - \varphi)$. La fonction y_p est donc une fonction sinusoïdale d'amplitude $N = \sqrt{A^2 + B^2}$, de pulsation λ et de phase à l'origine $-\varphi$. C'est une fonction périodique dont l'allure de la représentation graphique est donnée ci-dessous :

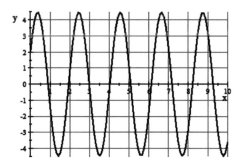

Réponse 7.26 1.a) Si $b \neq 0$ et $\Delta = b^2 - 4mc < 0$, l'équation caractéristique de (H_b), qui s'écrit $mr^2 + br + c = 0$, est de discriminant Δ strictement négatif, donc admet deux racines complexes conjuguées :

$$z_1 = \frac{-b + i\sqrt{|\Delta|}}{2m} \quad \text{et} \quad z_2 = \frac{-b - i\sqrt{|\Delta|}}{2m}.$$

Dans ce cas on sait, d'après le cours, que si l'on pose $r = \operatorname{Re} z_1 = -b/2m$ et $w = \operatorname{Im} z_1 = \sqrt{|\Delta|}/2m$, les solutions réelles de (H_b) sont les fonctions de la forme $f(t) = (\gamma \cos wt + \delta \sin wt) e^{rt}$ où $(\gamma, \delta) \in \mathbb{R}^2$. Ici, on obtient donc la forme suivante :

$$f(t) = \left(\gamma \cos\left(\frac{\sqrt{|\Delta|}}{2m}t\right) + \delta \sin\left(\frac{\sqrt{|\Delta|}}{2m}t\right)\right) e^{-bt/2m}.$$

Les conditions initiales donnent $f(0) = \gamma = 0$ et $f'(0) = 1$. Ainsi :

$$f(t) = \delta \sin\left(\frac{\sqrt{|\Delta|}}{2m}t\right) e^{-bt/2m}$$

et $f'(t) = \delta \dfrac{\sqrt{|\Delta|}}{2m} \cos\left(\dfrac{\sqrt{|\Delta|}}{2m}t\right) e^{-bt/2m} + \delta \sin\left(\dfrac{\sqrt{|\Delta|}}{2m}t\right) \times \dfrac{-b}{2m} e^{-bt/2m}$ vaut 1 si et seulement si :

$$\delta \frac{\sqrt{|\Delta|}}{2m} = 1, \quad \text{c'est-à-dire } \delta = \frac{2m}{\sqrt{|\Delta|}}.$$

La solution du problème de Cauchy (C) est donc :

$$f(t) = \frac{2m}{\sqrt{4mc - b^2}} \sin\left(\frac{\sqrt{4mc - b^2}}{2m}t\right) e^{-bt/2m}.$$

La fonction f est le produit d'une fonction sinusoïdale par l'exponentielle $e^{-bt/2m}$ qui tend vers 0 quand t tend vers $+\infty$ puisque $-b/2m < 0$. La courbe représentative de f est donc celle d'une fonction sinusoïdale amortie dont le graphique se situe entre les courbes des deux fonctions $t \mapsto (2m/\sqrt{|\Delta|})e^{-bt/2m}$ et $t \mapsto -(2m/\sqrt{|\Delta|})e^{-bt/2m}$ qui tendent vers 0, de sorte que $\lim_{t \mapsto +\infty} f(t) = 0$. On peut aussi obtenir cette limite en remarquant que f est le produit d'une fonction bornée par une fonction qui tend vers 0, donc tend elle-même vers 0.

Dans le cas d'une viscosité faible, le système met du temps à retourner à l'équilibre en effectuant un certain nombre d'oscillations. On est en présence d'un mouvement oscillatoire amorti.

7.3. RÉPONSES

On a dessiné l'allure de la courbe représentative de f dans le cas particulier où $m = b = c = 1$, lorsque f est donnée par :
$$f(t) = \frac{2\sqrt{3}}{3} \sin\left(\frac{\sqrt{3}}{2}t\right) e^{-t/2}.$$

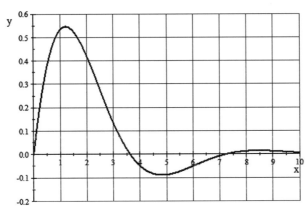

Allure de f (question 1.a)

1.b) Si $b \neq 0$ et $\Delta = b^2 - 4mc > 0$, l'équation caractéristique de (H_b), qui s'écrit $mr^2 + br + c = 0$, est de discriminant Δ strictement positif, donc admet deux racines réelles distinctes :
$$r_1 = \frac{-b + \sqrt{\Delta}}{2m} \quad \text{et} \quad r_2 = \frac{-b - \sqrt{\Delta}}{2m}.$$

On sait, d'après le cours, que les fonctions à valeurs complexes de (H_b) s'écrivent $f(t) = \alpha e^{r_1 t} + \beta e^{r_2 t}$ avec $(\alpha, \beta) \in \mathbb{C}^2$. On sait aussi que les fonctions réelles solutions de (H_b) coïncident avec les parties réelles des solutions complexes. Ces solutions réelles s'écrivent donc sous la forme $f(t) = \alpha e^{r_1 t} + \beta e^{r_2 t}$ avec $(\alpha, \beta) \in \mathbb{R}^2$. Comme $\Delta = b^2 - 4mc < b^2$, on a $\sqrt{\Delta} < b$ d'où $-b + \sqrt{\Delta} < 0$ et les deux racines r_1 et r_2 seront strictement négatives (on arrive à la même conclusion en notant que $r_1 r_2 = c/m > 0$ et $r_1 + r_2 = -b/m < 0$). On déduit que $\lim_{t \mapsto +\infty} f(t) = 0$. Les conditions initiales s'écrivent :
$$\begin{cases} f(0) = \alpha + \beta = 0 \\ f'(0) = \alpha r_1 + \beta r_2 = 1. \end{cases}$$

Le déterminant de ce système est $D = r_2 - r_1 \neq 0$, c'est donc un système de Cramer dont l'unique solution est :

$$\alpha = \frac{1}{r_2 - r_1} \begin{vmatrix} 0 & 1 \\ 1 & r_2 \end{vmatrix} = \frac{1}{r_1 - r_2} \quad \text{et} \quad \beta = \frac{1}{r_2 - r_1} \begin{vmatrix} 1 & 0 \\ r_1 & 1 \end{vmatrix} = \frac{1}{r_2 - r_1}.$$

L'unique solution du problème de Cauchy (C) est donc donnée par :
$$f(t) = \frac{e^{r_1 t} - e^{r_2 t}}{r_1 - r_2} = \frac{m}{\sqrt{\Delta}} \left(e^{\frac{-b+\sqrt{b^2-4mc}}{2m}t} - e^{\frac{-b-\sqrt{b^2-4mc}}{2m}t} \right).$$

Pour simplifier, notons $f(t) = C\left(e^{r_1 t} - e^{r_2 t}\right)$. Alors $f'(t) = C\left(r_1 e^{r_1 t} - r_2 e^{r_2 t}\right)$ et comme $C = m/\sqrt{\Delta}$ est strictement positif :

$$f'(t) \geq 0 \Leftrightarrow r_1 e^{r_1 t} \geq r_2 e^{r_2 t} \Leftrightarrow e^{(r_1 - r_2)t} \geq \frac{r_2}{r_1}$$

$$\Leftrightarrow t \geq \frac{1}{r_1 - r_2} \ln \frac{r_2}{r_1}$$

$$\Leftrightarrow t \geq t_0 = \frac{m}{\sqrt{\Delta}} \ln \left(\frac{b+\sqrt{\Delta}}{b-\sqrt{\Delta}} \right) \geq 0.$$

La fonction dérivée f' s'annule donc au point $t_0 \geq 0$ en changeant de signe, et reste strictement positive sur $[0, t_0[$, et strictement négative sur $[t_0, +\infty[$. Le tableau de variation de f est donc :

x	0		t_0		$+\infty$
$f'(x)$		+	0	−	
$f(x)$	0	↗	$f(t_0)$	↘	0_+

La fonction f est strictement croissante sur $[0, t_0[$ et strictement décroissante sur $[t_0, +\infty[$. La figure suivante donne l'allure de la courbe représentative de f, la courbe réellement dessinée étant celle de :

$$f(t) = \frac{1}{\sqrt{5}} \left(e^{\frac{-3+\sqrt{5}}{2}t} - e^{\frac{-3-\sqrt{5}}{2}t} \right)$$

obtenue pour $b = 3$ et $m = c = 1$.

L'interprétation est évidente : lorsque le système évolue dans un liquide dont la viscosité est forte, après un seul allongement du ressort, le système retourne directement à sa position d'équilibre sans aucune oscillation.

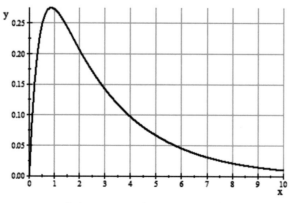

Allure de f (question 1.b)

7.3. RÉPONSES

2.a) L'équation (H_0) s'écrit $my''(t)+cy(t)=0$, donc son équation caractéristique (EC) est $mz^2+c=0$. Le discriminant de cette équation est $\Delta = -4mc$. Ainsi $\Delta < 0$ et les racines de (EC) sont les imaginaires purs $z_1 = i\sqrt{c/m}$ et $z_2 = -i\sqrt{c/m}$. Le cours montre alors que si l'on pose $r = \operatorname{Re} z_1 = 0$ et $w = \operatorname{Im} z_1 = \sqrt{c/m}$, les fonctions réelles solutions de (H_0) sont de la forme :

$$f(t) = (\gamma \cos wt + \delta \sin wt)\, e^{rt} = \gamma \cos\sqrt{\frac{c}{m}}t + \delta \sin\sqrt{\frac{c}{m}}t$$

où $(\gamma, \delta) \in \mathbb{R}^2$. On doit avoir $f(0) = \gamma = 0$, d'où $f(t) = \delta \sin\sqrt{c/m}\,t$. Ainsi $f'(t) = \delta\sqrt{c/m}\cos\sqrt{c/m}\,t$ et la condition $f'(0) = 1$ s'écrit $\delta\sqrt{c/m} = 1$, soit $\delta = \sqrt{m/c}$. La solution du problème de Cauchy (C) est donc :

$$f(t) = \sqrt{\frac{m}{c}}\sin\left(\sqrt{\frac{c}{m}}t\right).$$

C'est une fonction sinusoïdale de pulsation $\sqrt{c/m}$ et d'amplitude $\sqrt{m/c}$ qui n'admet pas de limite quand t tend vers $+\infty$. Le mouvement de M est oscillatoire non amorti : il continue avec la même amplitude sans jamais s'arrêter. Cela s'explique par la viscosité b du milieu qui est nulle. Tout se passe comme si l'expérience avait lieu dans le vide absolu, sans aucune force de frottement qui pourrait freiner les forces en présence, à savoir la force d'inertie et la force de rappel du ressort.

2.b.(i) La fonction y est solution de (H_0) si et seulement si $my''(t)+cy(t)=0$, ce qui équivaut à :

$$X'(t) = \begin{pmatrix} y'(t) \\ y''(t) \end{pmatrix} = \begin{pmatrix} 0 & 1 \\ -c/m & 0 \end{pmatrix}\begin{pmatrix} y(t) \\ y'(t) \end{pmatrix} \quad \text{donc } A = \begin{pmatrix} 0 & 1 \\ -c/m & 0 \end{pmatrix}.$$

2.b.(ii) Les valeurs propres de A sont les racines du polynôme caractéristique $\chi_A(X) = X^2 - \operatorname{tr} A.X + \det A = X^2 + c/m$. Ce sont donc bien les racines de (r_1, r_2) de l'équation caractéristique $(EC) : mX^2 + c = 0$ associée à (H_0).

2.b.(iii) On obtient $r_1 = i\sqrt{c/m}$ et $r_2 = -i\sqrt{c/m}$. Notons E_1 et E_2 les sous-espaces propres de A associés aux valeurs propres r_1 et r_2. On a :

$$\vec{u}\begin{pmatrix} x \\ y \end{pmatrix} \in E_1 \Leftrightarrow \begin{pmatrix} -r_1 & 1 \\ -c/m & -r_1 \end{pmatrix}\begin{pmatrix} x \\ y \end{pmatrix} = \begin{pmatrix} 0 \\ 0 \end{pmatrix}$$

$$\Leftrightarrow \begin{cases} -i\sqrt{c/m}\,x + y = 0 \\ -c/m\,x - i\sqrt{c/m}\,y = 0 \end{cases} \Leftrightarrow -i\sqrt{c/m}\,x + y = 0$$

donc E_1 est la droite vectorielle d'équation $-i\sqrt{c/m}\,x + y = 0$, dont un vecteur directeur est $\vec{I} = {}^t(1, i\sqrt{c/m})$. De même :

$$\vec{u}\begin{pmatrix} x \\ y \end{pmatrix} \in E_2 \Leftrightarrow \begin{pmatrix} -r_2 & 1 \\ -c/m & -r_2 \end{pmatrix}\begin{pmatrix} x \\ y \end{pmatrix} = \begin{pmatrix} 0 \\ 0 \end{pmatrix}$$

$$\Leftrightarrow \begin{cases} i\sqrt{c/m}\,x + y = 0 \\ -c/m\,x + i\sqrt{c/m}\,y = 0 \end{cases} \Leftrightarrow i\sqrt{c/m}\,x + y = 0$$

et E_2 est la droite vectorielle dirigée par le vecteur $\vec{J} = {}^t(1, -i\sqrt{c/m})$. La matrice de passage P de la base canonique de $\mathbb{C}^2$ vers la base $(\vec{I}, \vec{J})$ formée de vecteurs propres de A est :

$$P = \begin{pmatrix} 1 & 1 \\ i\sqrt{c/m} & -i\sqrt{c/m} \end{pmatrix}.$$

En utilisant la formule de changement de base d'une matrice d'un endomorphisme de $\mathbb{C}^2$, on obtient :

$$P^{-1}AP = \begin{pmatrix} r_1 & 0 \\ 0 & r_2 \end{pmatrix} = D \quad \text{d'où } A = PDP^{-1}.$$

2.b.(iv) D'après le cours de 3e année de licence ([8], Chap. 2), les solutions de l'équation différentielle $X'(t) = AX(t)$ dans $\mathbb{C}^2$ sont les fonctions de $\mathbb{R}$ dans $\mathbb{C}^2$ définies par $X(t) = e^{At}X(0)$ où e^{At} représente une exponentielle de matrice. Ici, on va plutôt écrire $X'(t) = AX(t) = PDP^{-1}X(t)$, ce qui s'écrit encore :

$$P^{-1}X'(t) = D(P^{-1}X(t)),$$

ou plus simplement $(P^{-1}X)' = D(P^{-1}X)$, puis appliquer le résultat de cours rappelé juste avant pour obtenir :

$$P^{-1}X(t) = e^{Dt}(P^{-1}X)(0),$$

soit $P^{-1}X(t) = e^{Dt}P^{-1}X(0)$ pour tout t. Comme D est diagonale :

$$e^{Dt} = \begin{pmatrix} e^{r_1 t} & 0 \\ 0 & e^{r_2 t} \end{pmatrix} = E_D(t)$$

donc les solutions de l'équation $X'(t) = AX(t)$ sont les fonctions $X(t)$ telles que $P^{-1}X(t) = E_D(t)P^{-1}X(0)$, et l'on obtient bien :

$$\forall t \geq 0 \quad X(t) = PE_D(t)P^{-1}X(0). \quad (*)$$

2.b.(v) On a $\det P = -i\sqrt{\frac{c}{m}}$ donc :

7.3. RÉPONSES

$$P^{-1} = \begin{pmatrix} 1 & 1 \\ i\sqrt{\frac{c}{m}} & -i\sqrt{\frac{c}{m}} \end{pmatrix}^{-1} = \frac{1}{\det P} \begin{pmatrix} -i\sqrt{\frac{c}{m}} & -1 \\ -i\sqrt{\frac{c}{m}} & 1 \end{pmatrix} = \frac{1}{2} \begin{pmatrix} 1 & -i\sqrt{\frac{m}{c}} \\ 1 & i\sqrt{\frac{m}{c}} \end{pmatrix},$$

$$\begin{aligned} PE_D(t)P^{-1} &= \frac{1}{2} \begin{pmatrix} 1 & 1 \\ i\sqrt{\frac{c}{m}} & -i\sqrt{\frac{c}{m}} \end{pmatrix} \begin{pmatrix} e^{r_1 t} & 0 \\ 0 & e^{r_2 t} \end{pmatrix} \begin{pmatrix} 1 & -i\sqrt{\frac{m}{c}} \\ 1 & i\sqrt{\frac{m}{c}} \end{pmatrix} \\ &= \frac{1}{2} \begin{pmatrix} e^{r_1 t} + e^{r_2 t} & \left(e^{r_2 t} - e^{r_1 t}\right) i\sqrt{\frac{m}{c}} \\ \left(e^{r_1 t} - e^{r_2 t}\right) i\sqrt{\frac{c}{m}} & e^{r_1 t} + e^{r_2 t} \end{pmatrix}. \end{aligned}$$

En remplaçant dans $(*)$:

$$\begin{pmatrix} y(t) \\ y'(t) \end{pmatrix} = PE_D(t)P^{-1} \begin{pmatrix} 0 \\ 1 \end{pmatrix} = \frac{1}{2} \begin{pmatrix} \left(e^{r_2 t} - e^{r_1 t}\right) i\sqrt{\frac{m}{c}} \\ e^{r_1 t} + e^{r_2 t} \end{pmatrix}.$$

On déduit que la solution du problème de Cauchy est :

$$y(t) = \frac{\left(e^{r_2 t} - e^{r_1 t}\right) i}{2} \sqrt{\frac{m}{c}}.$$

Comme $r_1 = i\sqrt{c/m}$ et $r_2 = -i\sqrt{c/m}$, on cela s'écrit :

$$y(t) = \frac{e^{i\sqrt{c/m}t} - e^{-i\sqrt{c/m}t}}{2i} \sqrt{\frac{m}{c}} = \operatorname{Im}(e^{i\sqrt{c/m}t})\sqrt{\frac{m}{c}} = \sqrt{\frac{m}{c}} \sin\left(\sqrt{\frac{c}{m}}t\right)$$

et l'on retrouve la solution obtenue en 2.a.

3) • Si $b^2 - 4mc = 0$, l'équation caractéristique $mr^2 + br + c = 0$ admet l'unique racine $r = -b/2m$ et le cours montre que les solutions réelles de (H_b) s'écrivent :

$$y(t) = (\alpha + \beta t) e^{-bt/2m}.$$

La condition initiale $y(0) = 0$ impose d'avoir $\alpha = 0$, et en dérivant $y(t) = \beta t e^{-bt/2m}$ on trouve :

$$y'(t) = \left(\beta - \frac{b\beta t}{2m}\right) e^{-bt/2m}.$$

La condition $y'(0) = 1$ s'écrit alors $y'(0) = \beta = 1$. L'unique solution du problème de Cauchy (C) est donnée par $y(t) = te^{-bt/2m}$.

• Si l'on pose $k = b/2$, la solution $y(t) = te^{-bt/2}$ obtenue pour $m = 1$ est égale à la fonction $f : \mathbb{R}_+ \to \mathbb{R}; t \mapsto te^{-kt}$. Cette fonction est dérivable et sa dérivée en t, donnée par $f'(t) = e^{-kt} + t(-k)e^{-kt} = (1 - kt)e^{-kt}$, s'annule en changeant de signe pour $t = 1/k$. Elle est strictement positive sur

$[0, 1/k[$ et strictement négative sur $]1/k, +\infty[$ donc f est strictement croissante sur $[0, 1/k[$ et strictement décroissante sur $]1/k, +\infty[$. On a $f(0) = 0$ et $\lim_{t \to +\infty} f(t) = 0_+$. Le tableau de variation de f est donc :

x	0		$1/k$		$+\infty$
$f'(x)$		$+$	0	$-$	
$f(x)$	0	↗	$1/ke$	↘	0_+

Ce tableau montre que :
$$\forall t \geq 0 \quad |y(t)| \leq \frac{1}{k} = \frac{2}{b}$$
où $b \neq 0$ par hypothèse. On aura donc $|y(t)| \leq \varphi$ pour tout $t \in \mathbb{R}_+$ dès que :
$$\frac{2}{b} \leq \varphi. \quad (U)$$
Comme $b^2 - 4mc = 0$: $(U) \Leftrightarrow b^2 \geq \frac{4}{\varphi^2} \Leftrightarrow 4mc \geq \frac{4}{\varphi^2} \Leftrightarrow c \geq \frac{1}{m\varphi^2}$.
Il suffit donc d'avoir $c \geq 1/m\varphi^2$ pour que $|y(t)| \leq \varphi$ quel que soit $t \in \mathbb{R}_+$.

Réponse 7.27 a) Notons g l'application de $\mathbb{R}_+^*$ dans $\mathbb{R}$ qui à x fait correspondre $\frac{\sin x}{\sqrt{x}}$. Cette application est de classe C^∞ sur $\mathbb{R}_+^*$, et :
$$g'(x) = \frac{1}{x}\left(\cos x \times \sqrt{x} - \sin x \times \frac{1}{2\sqrt{x}}\right) = x^{-1/2}\cos x - \frac{x^{-3/2}}{2}\sin x$$
puis :
$$g''(x) = -\frac{1}{2}x^{-3/2}\cos x - x^{-1/2}\sin x - \left(\frac{-3x^{-5/2}}{4}\sin x + \frac{x^{-3/2}}{2}\cos x\right)$$
$$= -x^{-3/2}\cos x - x^{-1/2}\sin x + \frac{3x^{-5/2}}{4}\sin x.$$

Posons $\xi = x^2 g''(x) + x g'(x) + \left(x^2 - \frac{1}{4}\right)g(x)$. Comme :
$$x^2 g''(x) = -x^{1/2}\cos x - x^{3/2}\sin x + \frac{3x^{-1/2}}{4}\sin x$$
$$xg'(x) = x^{1/2}\cos x - \frac{x^{-1/2}}{2}\sin x$$
$$\left(x^2 - \frac{1}{4}\right)g(x) = \left(x^2 - \frac{1}{4}\right)\frac{\sin x}{\sqrt{x}} = x^{3/2}\sin x - \frac{1}{4}x^{-1/2}\sin x$$
on obtient $\xi = \left(\frac{3}{4} - \frac{1}{2} - \frac{1}{4}\right)x^{-1/2}\sin x = 0$, donc g est solution de $(B_{1/2})$.

b) Pour tout $x \in \mathbb{R}_+^*$:

$$g(x) = \frac{\sin x}{\sqrt{x}} = \sqrt{x} \times \frac{\sin x}{x}.$$

Comme $\lim_{x \to 0} \sqrt{x} = 0$ et $\lim_{x \to 0} \frac{\sin x}{x} = 1$, on déduit que $\lim_{x \to 0} g(x) = 0$. Cela montre que la fonction g est prolongeable par continuité en 0. D'autre part, la fonction sinus étant bornée sur $\mathbb{R}$, comme $\lim_{x \to +\infty} 1/\sqrt{x} = 0$, on déduit que $\lim_{x \to +\infty} g(x) = 0$. Cela montre que la fonction g admet l'axe des abscisses comme asymptote horizontale pour x tendant vers $+\infty$.

Réponse 7.28 a) • Supposons que y ne s'annule jamais sur $\mathbb{R}_+^*$. Si y est une solution dérivable sur $]0; +\infty[$ de l'équation sans second membre :

$$2xy' - y = 0 \quad (E_H)$$

alors :

$$\frac{y'}{y} = \frac{1}{2x}$$

donc en intégrant les deux membres :

$$\ln|y| = \frac{1}{2} \ln x + c$$

où c est une constante. Par suite $|y| = e^{\frac{1}{2} \ln x} \times e^c$ et il existe $K > 0$ tel que $|y| = K\sqrt{x}$. Cela impose d'avoir $y = \varepsilon(x) K\sqrt{x}$ où $\varepsilon(x)$ vaut $+1$ ou -1.
En fait, $\varepsilon(x)$ sera identiquement égal à 1 ou à -1 pour tout $x \in \mathbb{R}$, sinon il existerait x_1 et x_2 dans $\mathbb{R}_+^*$ tels que $y(x_1) = K\sqrt{x_1}$ et $y(x_2) = -K\sqrt{x_2}$, et le théorème des valeurs intermédiaires montrerait l'existence de x_3 situé entre x_1 et x_2 tel que $y(x_3) = 0$, ce qui est contraire à notre hypothèse. On peut donc affirmer que si y est une solution de (E_H) (qui ne s'annule jamais), alors il existe une constante $C \in \mathbb{R}^*$ telle que :

$$\forall x \in \mathbb{R}_+^* \quad y = C\sqrt{x}. \quad (*)$$

Réciproquement, si $y = C\sqrt{x}$ alors :

$$2xy' - y = 2xC \frac{1}{2\sqrt{x}} - C\sqrt{x} = 0$$

et y est bien solution de (E_H). Toutes les solutions de (E_H) sont ainsi données par $(*)$, où l'on permet à C d'être nul pour retrouver la solution triviale identiquement nulle sur $\mathbb{R}_+^*$.

Remarques — La solution que l'on vient de rédiger suffit amplement pour répondre pendant l'épreuve, mais il n'est pas interdit de se poser des questions supplémentaires dans le cadre de la préparation de l'écrit. Le raisonnement donné plus haut convient si l'on suppose que y est une solution dérivable sur $]0;+\infty[$ qui ne s'annule jamais sur $\mathbb{R}_+^*$. Que se passe-t-il si y s'annule en au moins un réel ?

Il va sans dire qu'on recherche les solutions y non identiquement nulles de (E_H), ce qui signifie qu'il existe au moins un réel x_0 tel que $y(x_0) \neq 0$. Comme y est continue sur $\mathbb{R}_+^*$, il existera un intervalle ouvert I contenant x_0 tel que $y(x) \neq 0$ pour tout $x \in I$. Si l'on suppose que y s'annule en x_1, avec par exemple $x_1 < x_0$ pour fixer les idées, on peut définir :

$$m = \mathrm{Sup}\left\{x \in \mathbb{R}_+^* \;/\; x < x_0 \text{ et } y(x) = 0\right\}.$$

Ce nombre m existe d'après le théorème de la borne supérieures dans $\mathbb{R}$, puisque la partie $E = \left\{x \in \mathbb{R}_+^* \;/\; x < x_0 \text{ et } y(x) = 0\right\}$ n'est pas vide et majorée par x_0. Par définition d'une borne supérieure, il existe une suite $(s_n)_{n \in \mathbb{N}}$ de E telle que $\lim s_n = m$. Comme y est une application continue, cela entraîne $\lim y(s_n) = y(m)$, d'où $y(m) = 0$ puisque $y(s_n) = 0$ quel que soit n. Ainsi $m = \mathrm{Max}\, E$.

Par définition de m, on a $y(x) \neq 0$ pour tout $x \in]m, x_0]$. En raisonnant de la même façon que ce que l'on a fait plus haut quand on supposait que y ne s'annulait jamais sur $\mathbb{R}_+^*$, mais en remplaçant $\mathbb{R}_+^*$ par l'intervalle $]m, x_0[$, on obtient que $y(x) = C\sqrt{x}$ pour tout $x \in]m, x_0[$, où C est une constante non nulle. C'est absurde, car alors $\lim_{x \to m} y(x) = C\sqrt{m} \neq 0$ alors que la continuité de y impose d'avoir $\lim_{x \to m} y(x) = y(m) = 0$.

Nous venons de montrer que l'on peut supposer que y ne s'annule jamais sur $\mathbb{R}_+^*$ sans nuire à la généralité de notre réponse.

- Si $y(x) = g(x) = x - 1/x$, alors :

$$2xy' - y = 2x\left(1 + \frac{1}{x^2}\right) - \left(x - \frac{1}{x}\right) = x + \frac{3}{x}$$

donc g est une solution particulière de (E).

- On sait d'après le cours que les solutions générales de l'équation (E) avec second membre sont les sommes des solutions générales de l'équation (E_H) sans second membre et d'une solution particulière g de (E). Les solutions de l'équation (E) seront donc de la forme $y = g(x) + C\sqrt{x}$ où $C \in \mathbb{R}$.

b) • Lorsque Y est une fonction définie et deux fois dérivable sur $]0;+\infty[$, on pose :

$$z = Y' - \frac{Y}{x}$$

définissant ainsi une fonction dérivable z sur $]0;+\infty[$. On remarque que :

7.3. RÉPONSES

$$z' = Y'' + \frac{Y}{x^2} - \frac{Y'}{x}$$

de sorte que :

$$\begin{aligned}
z \text{ solution de } (E) &\Leftrightarrow 2xz' - z = x + \frac{3}{x} \\
&\Leftrightarrow 2x\left(Y'' + \frac{Y}{x^2} - \frac{Y'}{x}\right) - \left(Y' - \frac{Y}{x}\right) = x + \frac{3}{x} \\
&\Leftrightarrow 2xY'' - 3Y' + \frac{3}{x}Y = x + \frac{3}{x} \\
&\Leftrightarrow Y \text{ solution de } (E_1).
\end{aligned}$$

• Ce qui précède montre que Y est solution de (E_1) si, et seulement si, il existe une constante réelle C telle que :

$$Y' - \frac{Y}{x} = g(x) + C\sqrt{x}$$

c'est-à-dire :

$$Y' - \frac{Y}{x} = x - \frac{1}{x} + C\sqrt{x}. \quad (E_2)$$

Pour résoudre l'équation différentielle (E_2), on commence par résoudre l'équation sans second membre :

$$Y' - \frac{Y}{x} = 0 \quad (E_3)$$

ce qui se fait en écrivant :

$$Y' - \frac{Y}{x} = 0 \Leftrightarrow \frac{Y'}{Y} = \frac{1}{x} \Leftrightarrow \ln|Y| = \ln x + k \Leftrightarrow |Y| = e^k x$$

et en obtenant l'équivalence suivante pour des raisons de continuité de Y (voir les remarques à la fin de la question a) :

$$Y' - \frac{Y}{x} = 0 \Leftrightarrow \exists K \in \mathbb{R} \quad Y = Kx.$$

On cherche ensuite une solution particulière de (E_2) en utilisant la méthode de variation de la constante, c'est-à-dire en supposant que la constante K est une fonction $K(x)$ de x, et en cherchant une solution particulière de la forme $Y = K(x)x$. Une telle fonction $Y = K(x)x$ est solution de (E_2) si et seulement si :

$$K'(x)x + K(x) - K(x) = x - \frac{1}{x} + C\sqrt{x}$$

soit :

$$K'(x) = 1 - \frac{1}{x^2} + \frac{C}{\sqrt{x}}$$

et l'on obtient :
$$K(x) = x + \frac{1}{x} + 2C\sqrt{x} + D$$
où $D \in \mathbb{R}$. Si l'on prend $D = 0$, on obtient la solution particulière suivante de l'équation (E_2) :
$$f(x) = K(x)x = \left(x + \frac{1}{x} + 2C\sqrt{x}\right)x = x^2 + 1 + 2Cx\sqrt{x}.$$

Les solutions de (E_2) seront donc de la forme $Y = Kx + x^2 + 1 + 2Cx\sqrt{x}$ où K et C sont des constantes réelles.

Réponse 7.29 I.1. De $u_{n+1} - u_n = 0,1(16 - u_n)$ on tire $u_{n+1} = 0,9u_n + 1,6$ pour tout $n \in \mathbb{N}$, avec la condition initiale $u_0 = 0$. Le programme suivant, écrit en Python, retourne la plus petite valeur de n telle que $u_n \geq 15$. L'algorithme demandé s'en déduit :

```
from math import *
u=0 ; n=0
while u<15 :
    n=n+1
    u=0.9*u+1.6
print(n)
```

L'exécution du programme affiche 27. Cela signifie que le seuil de 15 μg d'analgésique sera dépassé au bout de 27 min.

I.2. On a $u_n = 16 - v_n$, donc en remplaçant dans $u_{n+1} - u_n = 0,1(16 - u_n)$, on obtient $-v_{n+1} + v_n = 0,1v_n$, soit $v_{n+1} = 0,9v_n$ pour tout entier naturel n. La suite $(v_n)_{n \in \mathbb{N}}$ est donc une suite géométrique de premier terme $v_0 = 16$ et de raison $0,9$. Par suite :
$$\forall n \in \mathbb{N} \quad v_n = 0,9^{n-1}v_0 = 0,9^{n-1} \times 16$$
et $u_n = 16 - v_n = 16 - 0,9^{n-1} \times 16$ pour tout n. Comme $0 \leq 0,9 < 1$, $\lim(0,9^{n-1}) = 0$ et on obtient $\lim u_n = 16$. La quantité d'analgésique présente dans un organisme approchera de 16 μg si la perfusion s'éternise.

Remarque — On peut demander à ses élèves de retrouver le résultat de la première question. Un calcul en machine montre effectivement que la concentration dépasse les 15 μg au bout de 27 min :
$$u_{26} = 16 - (0.9)^{27} \times 16 \simeq 14,966\,226\,9$$
$$u_{27} = 16 - (0.9)^{28} \times 16 \simeq 15,069\,604\,2.$$

I.3. L'équation (E) s'écrit $y' = -0,1y + 1,6$. On voit qu'une fonction constante $f : x \mapsto c$ est solution de (E) si et seulement si $0 = -0,1c + 1,6$,

7.3. RÉPONSES

c'est-à-dire $c = 16$. Si y est solution de (E), il suffit de soustraire membre à membre les égalités :

$$\begin{cases} y' = -0,1y + 1,6 \\ f' = -0,1f + 1,6 \end{cases}$$

pour obtenir $(y - f)' = -0,1(y - f)$, et $y - f$ sera solution de l'équation différentielle homogène $z' = -0,1z$. D'après le cours, on aura $z(t) = ke^{-0,1t}$, donc $y(t) - f(t) = ke^{-0,1t}$, et y est de la forme :

$$y(t) = ke^{-0,1t} + 16 \quad (*)$$

où k est une constante réelle. Réciproquement, on vérifie directement que les fonctions y définies par $(*)$ sont bien solutions de (E). En effet, si y est définie par $(*)$, alors $y'(t) = -0,1.ke^{-0,1t}$ et :

$$-0,1y + 1,6 = -0,1\left(ke^{-0,1t} + 16\right) + 1,6 = -0,1.ke^{-0,1t} = y'(t).$$

I.4. On a $y(t) = ke^{-0,1t} + 16$ avec la condition $y(0) = 0$, donc $k + 16 = 0$ et $k = -16$. Par suite $y(t) = -16e^{-0,1t} + 16$. La perfusion doit être stoppée dès que $y(t) \geq 15$. Comme :

$$\begin{aligned} y(t) \geq 15 &\Leftrightarrow -16e^{-0,1t} + 16 \geq 15 \\ &\Leftrightarrow 16e^{-0,1t} \leq 1 \Leftrightarrow e^{-0,1t} \leq 1/16 \\ &\Leftrightarrow -0,1t \leq -\ln 16 \Leftrightarrow t \geq 10\ln 16 \end{aligned}$$

comme $10\ln 16 \simeq 27,73$, et comme on doit estimer le temps nécessaire à la minute près, on peut conclure que l'on aura $y(t) \geq 15$ dès que $t \geq 28$.

Remarque — La valeur obtenue à la question VI était $t = 27$, mais cela ne doit pas trop choquer car nous avons utilisé une autre modélisation du phénomène, et qu'il faut se rappeler qu'une modélisation est censée rendre compte d'un phénomène avec une certaine marge d'erreur.

I.5. La fonction y est définie par $y(t) = -16e^{-0,1t} + 16$ sur $\mathbb{R}$. Par composition des limites, $\lim e^{-0,1t} = 0$. Les théorèmes généraux sur les limites montrent alors que $\lim y(t) = 16$, ce qui signifie que la quantité d'analgésique s'approche de 16 μg quand la perfusion persiste.

II.1. Dans une toute première question, on peut demander d'utiliser le tableau contenant les données acquises par l'expérimentation sur des malades pour construire un graphique représentant la durée n en abscisses et la quantité d'analgésique $q(n)$ en ordonnée. On pourra utiliser un tableur. La lecture de ce graphique permet de conjecturer que la concentration d'analgésique tend vers une certaine limite quand la durée de traitement s'allonge.

On peut ensuite faire appel à la compétence Modéliser en demandant d'utiliser un tableur pour construire un tableau à quatre lignes :

Ligne 1 : durée n de traitement en minutes.
Ligne 2 : valeur de $q(n)$ (quantité d'analgésique en μg à la date n).
Ligne 3 : valeur de $16 - q(n)$.
Ligne 4 : valeur de $q(n+1) - q(n)$

Dans ce tableau on demandera de faire varier n de 0 à 20 en l'incrémentant chaque fois de 1, ce qui nécessite, lorsque n est impair, de calculer $q(n)$ par interpolation linéaire. Par exemple $q(1) = \frac{q(0)+q(2)}{2} = \frac{3}{2} = 1,5$, et ainsi de suite.

On pourra enfin demander de représenter graphiquement le nuage de points donné par les lignes 3 (en abscisse) et 4 (en ordonnée), pour interpréter le résultat (ces points devraient être à peu près alignés) et déduire une relation entre $q(n+1) - q(n)$ et $16 - q(n)$. Ces grandeurs devraient être proportionnelles et on devrait obtenir un coefficient de proportionnalité voisin de $0,1$, ce qui nous mène à la relation $u_{n+1} - u_n = 0,1\,(16 - u_n)$ et permet de passer à la suite du problème.

Compléments — α) Modéliser un phénomène permet de prévoir. Ici, les élèves comprendront vite que l'on désir élaborer un système permettant de connaître la concentration d'analgésique à une date donnée, à partir de données expérimentales, sans avoir à relever de nouvelles mesures.

β) Le lecteur qui prépare le CAPES pourra s'entraîner avec le tableur autorisé à l'oral du concours pour afficher ces suites de nombres et le graphique représentant le nuage de points donnés par les lignes 3 et 4. On observe bien un alignement, et le calcul des rapports L4/L3 en ligne 5 montre qu'il est raisonnable de choisir $0,1$ comme coefficient de proportionnalité.

γ) On lira avec profit le document d'accompagnement du programme de première [4] qui a servi de référence à cet exercice sur la concentration en produit analgésique.

II.2. La modélisation à l'aide d'une suite permet de rendre compte d'un phénomène discret pour relier des données obtenues sur des nombres en quantité finie. La modélisation par une fonction est plus adaptée quand on veut comprendre un phénomène continu. On parle de modélisation discrète et de modélisation continue.

Le passage d'un modèle discret à un modèle continu se fait en utilisant du calcul différentiel, et donc des dérivées de fonctions et des équations différentielles plus ou moins ardues. On notera que les données relevées au cours d'une expérimentation sont toujours en quantité finie, et que le passage d'une modé-

7.3. RÉPONSES

lisation discrète à une modélisation continue est un passage obligé pour mieux cerner un phénomène continu.

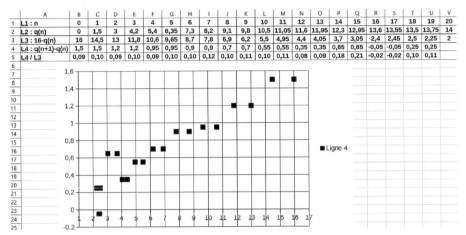

Type de travail sur tableur évoqué dans ces questions

III. Prérequis : fonctions de $\mathbb{R}$ dans $\mathbb{R}$, dérivation, fonctions usuelles (fonctions puissances, inverse, racine carrée, exponentielle, logarithme népérien).

Séance 1.

Objectif. Découverte de la notion d'équations différentielles.

Activité 1. Activité d'introduction : mouvement oscillatoire d'une masse m accrochée au bout d'un ressort de raideur k. Utilisation de la relation fondamentale de la dynamique $\vec{F} = m\vec{\gamma}$ pour obtenir une équation vérifiée par la fonction $t \mapsto y(t)$ donnant la position $y(t)$ de la masse à la date t sur un axe vertical, sachant que la réaction d'un ressort est proportionnelle à son étirement tout en le contredisant. On obtient la relation suivante, vraie pour tout réel positif t :
$$my''(t) = -ky(t).$$

On complète cette activité avec des exercices (donnés sur une photocopie ou pris dans le manuel de la classe), par exemple :

• Montrer que la fonction y définie par $y(x) = \sin x \cos x$ est solution de l'équation différentielle $y'' = -4y$.

• Dériver la fonction $y(x) = e^{-10x}$, et déduire une équation différentielle dont y est solution. (...)

Activité 2. Equation différentielle $y' = f$ où f est donnée.
On dit alors que y est une primitive de f sur l'intervalle que l'on considère.
On propose des exercices du type suivant :

• Vérifier que y est une primitive de f sur $\mathbb{R}$ lorsque $y(x) = \frac{1}{3}x^6 + \frac{7}{4}x^4 - x$ et $f(x) = 2x^5 + 7x^3 - 1$.

- Donner des primitives des fonctions sin et cos sur l'intervalle $\mathbb{R}$.

Trace écrite.

Définition 1. Une équation différentielle est une égalité où intervient une fonction y et ses dérivées successives y', y'', ... avec éventuellement d'autres fonctions.

Exemple. $(E) : y'' = -4y$ est une équation différentielle.

Définition 2. Une solution d'une équation différentielle (E) sur un intervalle I de $\mathbb{R}$ est une fonction y définie sur I à valeurs dans $\mathbb{R}$, suffisamment dérivable sur I, qui vérifie l'égalité (E). Résoudre (E), c'est trouver toutes les fonctions solutions de (E).

Exemple. La fonction $y : x \mapsto \sin x \cos x$ est solution de $y'' = -4y$.

Séance 2.

Objectif. Découverte de la notion de primitives.

Activité 1. La séance 1 a déjà préparé le terrain. On peut demander de construire un tableau de dérivation des fonctions usuelles déjà connues pour en déduire un tableau de primitives.

Activité 2. Exercices du type :
- Soit $f(x) = x^5 + \ln x$. Chercher une primitive de f qui s'annule en $x = 5$.
- Montrer que $x \mapsto x \ln x - x$ est une primitive de $\ln$ sur $\mathbb{R}_+^*$.
- Trouver une primitive de $x \mapsto \frac{4x^3+10x}{(x^4+5x^2+1)^{10}}$ sur $\mathbb{R}$.

Trace écrite.

Définition 1. Soit f une fonction définie sur un intervalle I de $\mathbb{R}$, à valeurs réelles. Une primitive de f sur I est une fonction F de I dans $\mathbb{R}$ telle que $F'(x) = f(x)$ pour tout $x \in I$.

Théorème 1. Toute fonction continue sur I admet des primitives sur I.

Théorème 2. Si F et G sont des primitives de f sur I, alors il existe une constante réelle k telle que $G(x) = F(x) + k$ quel que soit $x \in I$.

Théorème 3. Si f admet une primitive F sur un intervalle I, alors toutes les primitives de f sur I sont de la forme $G = F + k$ où k est une constante réelle.

Séance 3.

Objectif. Equations différentielles $y' = ay + f$.

Activité 1. Rappeler la définition de la fonction exp et ses propriétés. Quelle équation différentielle vérifie la fonction $f_a : x \mapsto e^{ax}$? Utiliser Geogebra pour représenter f_a pour diverses valeurs de a, puis retrouver ces résultats en étudiant ces fonctions.

7.3. RÉPONSES

Activité 2. Vérifier que la fonction $x \mapsto y(x) = ke^{ax}$ est solution de $(H) : y' = ay$. Réciproquement, si y est solution de (H), dériver la fonction $x \mapsto y(x) e^{-ax}$. En déduire une expression de y. Conclure.

Solution de l'Activité 2 — On a $y'(x) = kae^{ax} = ay(x)$, donc $x \mapsto y(x)$ est bien solution de (H). Réciproquement, si y vérifie $y' = ay$, et si f est définie par $f(x) = y(x) e^{-ax}$, alors f est dérivable sur $\mathbb{R}$ comme produit de fonctions dérivables, et :

$$f'(x) = y'(x) e^{-ax} + y(x)(-ae^{-ax}) = ay(x) e^{-ax} - ay(x) e^{-ax} = 0$$

pour tout réel x. On en déduit que f est une fonction constante k, et donc que $f(x) = y(x) e^{-ax} = k$ pour tout x. Ainsi $y(x) = ke^{ax}$. On peut maintenant affirmer que les solutions de (H) sont les fonctions de la forme $x \mapsto y(x) = ke^{ax}$ où $k \in \mathbb{R}$.

Trace écrite.

Théorème 1. Soit $a \subset \mathbb{R}$. Les solutions de $(H) : y' = ay$ sont les fonctions y définies sur $\mathbb{R}$ par $y(x) = ke^{ax}$ où k désigne une constante réelle quelconque.

Théorème 2. Si f et g sont solutions de (H) sur $\mathbb{R}$, et $k \in \mathbb{R}$, alors $f + kg$ est encore une solution de (H).

Théorème 3. Soit f une fonction de $\mathbb{R}$ dans $\mathbb{R}$, et $a \in \mathbb{R}$. Si φ est une solution de $(E) : y' = ay + f$, alors les solutions de (E) sont les fonctions de la forme $x \mapsto \varphi(x) + ke^{ax}$ où $k \in \mathbb{R}$.

NB. La preuve du Théorème 1 a été donnée dans l'Activité 2. Les preuves des autres théorèmes sont faciles et on les proposera dans sa classe.

Activité 3. Déterminer une fonction constante c solution de l'équation $(W) : y' = 5y + 7$. En déduire toutes les solutions de (W) (on pourra utiliser le Théorème 3). Soit f la solution de (W) telle que $f(1) = 5$. Calculer $\lim_{x \to +\infty} f(x)$. TICE : écrire un programme en Python pour obtenir le plus petit entier naturel n tel que $f(x) \leq 0,01$. Retrouver ce résultat par en résolvant une inéquation.

Séance 4

Objectif. Réinvestir ses connaissances et modéliser des phénomènes physiques, biologiques ou autres.

Activité 1. Proposer l'Exercice 3 de ce problème.

Activité 2. Proposer une autre activité prise sur le manuel (datation au radiocarbone, évolution d'une population microbienne, temps de refroidissement d'un liquide...) en lien avec l'équation $y' = ay + f$. Intégrer des activités TICE sur tableur ou en programmation Python, liées aux limites à l'infini des fonctions obtenues.

Séance 5

Objectif. Approximer une solution d'équation diff. grâce aux TICE.

Activité. Le but est de tracer une approximation de la courbe représentative d'une équation différentielle du type $y' = f$ en utilisant la méthode d'Euler. On donnera suffisamment d'instructions pour atteindre cet objectif. On utilisera ensuite un tableur ou un grapheur pour obtenir des valeurs approximatives de la fonction ou tracer une représentation graphique approchée.

Compléments stratégiques — α) Ce type de question est trop chronophage pour être traité raisonnablement en temps limité, mais on se rassurera en se disant que ce genre de question peut être sauté sans inconvénient et sans conséquences sur les résultats de l'admissibilité. Y consacrer trop de temps serait une erreur stratégique pouvant compromettre sa réussite sauf s'il répond *a minima*, ce qui n'a pas été le cas de la réponse proposée précédemment.

Un candidat à un concours doit toujours donner la priorité aux questions dont il connaît les réponses et où il est capable de rédiger une réponse convenable en un temps raisonnable, sans jamais hypothéquer la recherche et la rédaction des autres questions de la composition sur laquelle il travaille.

β) Cette question est une question d'appel visant à orienter la préparation de l'écrit 2 en incitant les futurs candidats à lire les documents EDUSCOL et préparer des séances d'enseignement sur les divers thèmes du secondaire. Heureusement, ce type de travail sera aussi bénéfique pour la préparation de l'oral 1 qui s'appuie sur les enseignements du secondaire et sera réalisé pendant les deux années de préparation au master d'enseignement.

Rappels stratégiques sur la méthode d'Euler

Soient I un intervalle de $\mathbb{R}$, x_0 un point de I, et g une application de I dans $\mathbb{R}$. Soit $y_0 \in \mathbb{R}$. La méthode d'Euler permet de construire une approximation d'une application f de I dans $\mathbb{R}$, dérivable sur I, telle que :
$$\forall x \in I \quad f'(x) = g(x),$$
et vérifiant la condition initiale $f(x_0) = y_0$, si une telle application existe.

La méthode est constructive puisque l'on construit effectivement une fonction qui approche une primitive de f, et cette approche sera d'autant plus fine que l'on utilise un pas de subdivision petit.

On fera cependant attention : cette méthode ne prouve pas l'existence d'une primitive de f sur I mais fournit seulement l'allure approchée de la courbe représentative d'une primitive de f, si elle existe.

Principe de la méthode — Rapportons le plan à un repère $\mathcal{R} = (O, Ox, Oy)$, supposons par exemple que I soit l'intervalle fermé $[a,b]$, et admettons l'existence d'une primitive f de g telle que $f(x_0) = y_0$. Appelons C_f la courbe

7.3. RÉPONSES

représentative de f dans le repère $\mathcal{R}$. Partant du point $M_0 = (x_0, y_0)$ qui appartient à C_f, on approxime C_f par la tangente T_0 à C_f issue de M_0 dont on connaît une équation :

$$y = g(x_0)(x - x_0) + y_0.$$

Choisissons un réel strictement positif h, et considérons la suite finie croissante x_0, $x_1 = x_0 + h$, $x_2 = x_0 + 2h$, ..., $x_m = x_0 + mh$, où m est le plus grand entier naturel tel que $x_0 + mh \leq b$.

On décide d'approximer C_f par la tangente T_0 sur l'intervalle $[x_0, x_1]$, et de poser $f(x_1) = g(x_0)h + y_0$. Mais il ne s'agit pas de la véritable valeur de f en x_1, seulement d'une approximation, aussi est-il judicieux de noter $\widetilde{f}$ la fonction affine par morceaux que l'on est en train de construire et qui approxime la fonction f. On écrira donc $y_1 = \widetilde{f}(x_1) = g(x_0)h + y_0$.

On continue ainsi : sur $[x_1, x_2]$, on approxime C_f par la tangente T_1 à C_f issue de $M_1(x_1, y_1)$ en faisant comme si le point M_1 était effectivement sur la courbe représentative C_f (ce qui est faux : nous n'avons qu'un point M_1 proche de cette courbe, mais que pourrait-on faire d'autre ?). Cette tangente devrait être d'équation (approximative) :

$$y = g(x_1)(x_2 - x_1) + y_1.$$

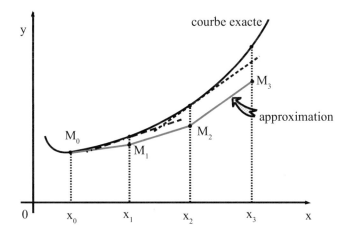

On pose donc $y_2 = \widetilde{f}(x_2) = g(x_1)h + y_1$, et ainsi de suite. On obtient m points $M_k(x_k, y_k)$ situés près de la courbe C_f et dont les coordonnées vérifient la relation de récurrence :

$$y_k = g(x_{k-1})h + y_{k-1}. \quad (*)$$

La succession des segments $[M_0M_1]$, $[M_1M_2]$, ..., $[M_{m-1}M_m]$ constitue une représentation approchée de f, celle de l'application affine par morceaux $\widetilde{f}$.

On constate que cette approximation est d'autant plus précise que le pas h de la subdivision est petit.

Utilisation au lycée — La relation $(*)$ se prête bien à une mise en oeuvre sur tableur ou grapheur. On peut par exemple utiliser un tableur pour construire un tableau à 5 lignes donnant des valeurs approchées d'une primitive f de la fonction $g(x) = 1/x$ sur $[1, 5]$ vérifiant $f(1) = 0$, en utilisant successivement des pas h égaux à 1, $1/2$, $1/4$ puis $1/8$. On peut ensuite comparer les résultats obtenus pour $f(5)$ avec la solution exacte $\ln 5$.

Au lycée, la fonction exponentielle est souvent introduite comme l'unique solution de l'équation différentielle $y' = y$ vérifiant la condition initiale $y(0) = 1$, et l'on admet alors l'existence d'une telle fonction, cette existence n'étant pas facile à prouver car nécessitant des calculs techniques sur des suites adjacentes. La méthode d'Euler peut alors être utilisée pour avoir une idée de la courbe représentative de la fonction exponentielle.

IV.1. Cherchons une courbe solution qui soit la représentation $\mathcal{C}_f$ d'une fonction définie sur $\mathbb{R}$ à valeurs réelles, dérivable sur tout $\mathbb{R}$. Dans ce cas, la tangente T_{x_0} au point M_0 de $\mathcal{C}_f$ de coordonnées $(x_0, f(x_0))$ admet l'équation cartésienne $y = f'(x_0)(x - x_0) + f(x_0)$, donc coupe l'axe des abscisses en M_1 d'abscisse x_1 telle que :

$$f'(x_0)(x_1 - x_0) + f(x_0) = 0, \quad \text{soit } x_1 = x_0 - \frac{f(x_0)}{f'(x_0)}.$$

On suppose ici que $f'(x_0) \neq 0$ pour que l'axe des abscisses et la tangente T_{x_0} soient bien sécants en un point, sinon la définition d'une sous-tangente n'aurait pas de sens.

Notons H_0 le projeté orthogonal de M_0 sur l'axe des abscisses. Supposons f strictement croissante sur $\mathbb{R}$ pour avoir $f'(x_0) > 0$ pour tout x_0, et f strictement positive pour avoir $f(x_0) > 0$ de partout. Dans ce cas $x_0 > x_1$ et la sous-tangente à $\mathcal{C}_f$ en x_0 est :

$$M_1 H_0 = x_0 - x_1 = \frac{f(x_0)}{f'(x_0)}.$$

Cette sous-tangente sera constante quand x_0 décrit $\mathbb{R}$ si, et seulement si, il existe $k \in \mathbb{R}_+^*$ tel que :

$$\exists k \in \mathbb{R} \quad \forall x_0 \in \mathbb{R} \quad \frac{f(x_0)}{f'(x_0)} = k, \quad \text{c'est-à-dire } f'(x_0) = \frac{1}{k} f(x_0).$$

Ainsi f sera solution de l'équation différentielle $y' = ay$, où $a = 1/k \in \mathbb{R}_+^*$, et l'on aura $f(x) = ce^{ax}$ pour tout $x \in \mathbb{R}$, avec $c > 0$ pour assurer la stricte croissance de f qui faisait partie de nos hypothèses. La réciproque est triviale.

7.3. RÉPONSES

Conclusion : toutes les courbes représentatives des fonctions $x \mapsto ce^{ax}$, où $(a,c) \in (\mathbb{R}_+^*)^2$, sont solutions du problème de Florimond.

IV.2. Eléments observables en travaux dirigés :

• Prise d'initiative pour traduire les hypothèses faites sur f, noter les points et les abscisses importantes, comprendre l'énoncé et en particulier comprendre la définition de sous-tangente (à la fois un segment et une longueur).

• Capacité à écrire une équation de la tangente à $\mathcal{C}_f$ en M_0.

• Capacité d'obtenir une expression de la sous-tangente $M_1 H_0$ en fonction de x_0. A ce niveau, et pendant la recherche au brouillon, il est important d'avoir les coudées franches et de ne pas se bloquer quand on est amené à diviser par un nombre (ici $f'(x_0)$, puis k). Il est par contre intéressant de voir si, après coup, l'élève se pose la question de savoir s'il a vraiment le droit de diviser par ces nombres.

• L'élève comprendra-t-il que la relation $f'(x_0) = \frac{1}{k} f(x_0)$ correspond à l'équation $y' = ay$ étudiée en cours ? Arrivera-t-il à utiliser ses connaissances à ce sujet ? On observera s'il surmonte ces difficultés.

• Quand tous ces obstacles seront surmontés, on pourra demander une rédaction complète pour travailler sur la qualité du texte soumis. Les écueils classiques seront à surveiller : conditions suffisantes seules ou conditions nécessaires et suffisantes, rédige-t-on en raisonnant par analyse-synthèse ou préfère-t-on parachuter un exemple de solution et vérifier qu'elle est correcte (ce que demande seulement l'énoncé), etc.

IV.3. Le XVIIe siècle est celui d'Isaac NEWTON qui, avec LEIBNIZ, furent les pionniers du calcul infinitésimal : la voie vers la dérivation des fonctions était ouverte.

Le logarithme décimal avait déjà été inventé par Jean NEPER au XVIe siècle pour construire des tables de logarithmes et permettre des calculs auparavant impossibles. Au début du XVIIe siècle, des travaux autour de l'aire sous la courbe d'une hyperbole permettent de dégager la définition du logarithme népérien, appelée ainsi en l'honneur de NEPER. Il faut attendre la fin du XVIIe siècle pour découvrir la fonction exponentielle en étudiant des phénomènes de croissance. Le problème de Florimond de Beaune est d'ailleurs l'un de ceux qui ont mené à l'étude de l'équation différentielle $y' = ay$ et à la découverte de ces fonctions.

Le XVIIe siècle a été particulièrement fécond en mathématiques dans toute l'Europe.

Chapitre 8

Compléments sur les fonctions

8.1 Minimum vital

8.1.1 Questions courtes

Question 8.1 (Ecrit CAPLP 2015) *Soient f et g deux fonctions réelles dérivables sur $\mathbb{R}$ telles que $f(x) \leq g(x)$ pour tout $x \in \mathbb{R}$ et $f(0) = g(0)$. Peut affirmer que $f'(0) \leq g'(0)$?*

Question 8.2 (Ecrit CAPLP 2015) *Soient f et g deux fonctions réelles dérivables sur $\mathbb{R}$ telles que $f(x) \leq g(x)$ pour tout $x \in \mathbb{R}$ et $f(0) = g(0)$. Peut-on affirmer que $f'(x) \leq g'(x)$ pour tout $x \in \mathbb{R}$?*

Question 8.3 (Ecrit CAPLP 2015) *Soient f et g deux fonctions réelles dérivables sur tout l'ensemble $\mathbb{R}$, qui vérifient $f'(x) \leq g'(x)$ pour tout $x \in \mathbb{R}_+$ et $f(0) = g(0)$. Dans ce cas, peut-on affirmer que $f(x) \leq g(x)$ pour tout $x \in \mathbb{R}_+$?*

Question 8.4 (Ecrit CAPES 2014)
Soient α et β deux réels tels que $\alpha < \beta$, et f une fonction convexe de $\mathbb{R}$ dans $\mathbb{R}$, deux fois dérivable sur $[\alpha, \beta]$, non identiquement nulle sur $[\alpha, \beta]$ et telle que $f(\alpha) = f(\beta) = 0$. Démontrer que nécessairement $f < 0$ sur $]\alpha, \beta[$.

Question 8.5 (Ecrit CAPLP 2014) *Peut-on affirmer que pour tout réel b l'équation $e^x - (2x + b) = 0$ possède une et une seule solution dans $\mathbb{R}$?*

Question 8.6 (Ecrit CAPLP 2018)
Démontrer que l'équation $(E) : 2x^3 + 3x^2 - 2x - 2 = 0$ admet une solution unique dans l'intervalle $[-2, -1]$.

Question 8.7 (Ecrit CAPLP 2020) *Soit la fonction f définie sur $\mathbb{R}\setminus\{-1,1\}$ par $f(x) = \frac{x^3+2x^2}{x^2-1}$. La courbe représentative de la fonction f admet-elle une asymptote oblique en $-\infty$ et $+\infty$?*

Question 8.8 *Soit $f : \mathbb{R} \to \mathbb{R}$ une fonction telle que :*
$$\forall (x,y) \in \mathbb{R}^2 \qquad |f(x) - f(y)| \leq (x-y)^2.$$

a) Montrer que f est une fonction continue.
b) Cette fonction est-elle dérivable ?
c) Peut-on déterminer cette fonction ?

8.1.2 Extraits de concours

Question 8.9 ***Réciproque de la cosécante*** (Ecrit CAPESA 2019)
La cosécante d'un réel x est, lorsqu'il existe, le réel :
$$\operatorname{cosec} x = \frac{1}{\sin x}.$$

a) Citer une condition suffisante pour qu'une fonction définie sur un intervalle I admette une fonction réciproque. Cette condition est-elle nécessaire ? Sinon donner un contre-exemple. Donner deux fonctions réciproques l'une de l'autre vues au lycée, en précisant les ensembles de départ et d'arrivée.

b) Montrer que l'on peut définir une fonction réciproque de la fonction cosec sur un intervalle J que l'on précisera et à valeurs dans $]0,\pi/2]$. On note g cette fonction.

c) Comment obtenir la représentation graphique de g à partir de celle de la fonction cosec dans un repère orthonormal du plan ?

d) Si $y \in J$ simplifier $\sin(g(y))$. Trouver une expression de $g(y)$ utilisant la fonction $\arcsin$. Donner le domaine de dérivabilité de g et calculer g'.

Question 8.10 ***Demi-vie d'un antibiotique*** (Ecrit CAPLPA 2017)
La concentration d'un antibiotique dans le sang est donnée par la fonction c qui à $t \in \mathbb{R}_+$ fait correspondre $c(t) = 1,5e^{-0,029t}$. On rappelle que la demi-vie d'un antibiotique est le temps au bout duquel la moitié de sa quantité initiale a disparu.

a) Proposer deux méthodes pour déterminer la demi-vie de l'antibiotique. En choisir une pour donner cette demi-vie en heures et minutes, arrondi à la minute la plus proche.

b) La notice indique que la demi-vie de l'antibiotique est de 24 heures et que la concentration moyenne d'antibiotique dans le sang pendant ces 24 heures doit être d'au moins 1 mg/l pour que son pouvoir bactéricide soit assuré. Le pouvoir bactéricide de l'antibiotique est-il bien assuré ?

Question 8.11 *(Ecrit CAPESA 2015) Pour tout entier naturel $n \geq 1$, on considère la fonction f_n définie sur $\mathbb{R}$ par :*

$$f_n(x) = \frac{x^n(1-x)^n}{n!}.$$

a) *Démontrer que :* $\forall x \in \mathbb{R} \quad f_n(x) = \frac{(-1)^n}{n!} \sum_{k=n}^{2n} \binom{n}{k-n}(-1)^k x^k.$

b) *Justifier que f_n est indéfiniment dérivable sur $\mathbb{R}$, puis montrer que :*

$$\forall x \in \,]0,1[\quad 0 < f_n(x) < \frac{1}{n!}.$$

c) *Soit p un entier naturel. On note $f_n^{(p)}$ la dérivée p-ième de f_n. Démontrer que pour $0 \leq p \leq n-1$, $f_n^{(p)}(0) = 0$. Déterminer $f_n^{(p)}(0)$ pour $p \geq 2n+1$. Justifier que pour $n \leq p \leq 2n$, $f_n^{(p)}(0)$ est un entier relatif.*

d) *Après avoir vérifié que, pour tout réel x, $f_n(x) = f_n(1-x)$, démontrer que pour tout entier naturel p, $f_n^{(p)}(1)$ est un entier relatif.*

8.1.3 Point fixe

Question 8.12 *Théorème du point fixe*
Montrer qu'une application contractante f d'un espace métrique complet non vide (E,d) dans lui-même possède un unique point fixe. Si une suite $(x_n)_{n\in\mathbb{N}}$ est construite par récurrence en choisissant n'importe quel premier terme x_0 dans E, puis en posant $x_{n+1} = f(x_n)$ pour tout n, montrer que cette suite converge vers l'unique point fixe de f.

Question 8.13 *Soit f une application d'un intervalle fermé borné $I = [a,b]$ de $\mathbb{R}$ dans lui-même, dérivable sur I, telle qu'il existe $k \in \,]0,1[$ pour lequel $|f'(x)| \leq k$ quel que soit x appartenant à I. Montrer que :*
  (1) *L'application f admet un unique point fixe dans I.*
  (2) *Pour tout $x_0 \in I$, la suite (x_n) de premier terme x_0 et définie par récurrence en posant $x_{n+1} = f(x_n)$ quel que soit $n \in \mathbb{N}$, converge vers le point fixe de f.*

Question 8.14 *(Ecrit CAPES 2014) Soient a et b deux nombres réels tels que $a < b$, et f une fonction à valeurs réelles définie sur l'intervalle $I = [a,b]$.*
  a) *La continuité de f est-elle une condition nécessaire à l'existence d'un point fixe de f ?*
  b) *La continuité de f est-elle une condition suffisante à l'existence d'un point fixe de f ?*

Question 8.15 *(Ecrit CAPES 2014) Soit f la fonction définie sur $\mathbb{R}$ par $f(x) = e^{-x}$. Démontrer que f admet un unique point fixe sur l'intervalle $I = [0,1]$. On pourra étudier la fonction g définie sur $\mathbb{R}$ par $g(x) = f(x) - x$.*

Question 8.16 *(Ecrit CAPES 2014) Soient a et b deux réels tels que $a < b$ et f une fonction définie et continue sur l'intervalle $I = [a,b]$, telle que $f([a,b]) = [a,b]$.*

a) Démontrer que f possède un point fixe sur $[a,b]$.

b) Dans cette question, on suppose de plus que f est strictement décroissante sur $[a,b]$. Cette hypothèse supplémentaire est-elle suffisante pour assurer l'unicité du point fixe ?

c) Dans cette question, on suppose maintenant que f est strictement croissante sur $[a,b]$. Cette hypothèse supplémentaire est-elle suffisante pour assurer l'unicité du point fixe ?

8.2 Entraînement

8.2.1 Divers

Question 8.17 *(Ecrit CAPLPA 2014) Peut-on écrire :*
$$\lim_{x \to 0} \left(\frac{\sin x}{x}\right)^{1/x^2} = 1 \ ?$$

Question 8.18 *(Ecrit CAPLP 2018) Soit u la fonction sinusoïdale qui au réel t fait correspondre $u(t) = \sqrt{3}\sin(100\pi t + \pi/3)$.*

a) Calculer la période de u.

b) Résoudre l'équation $\sin(100\pi t + \pi/3) = 1/2$ sur l'intervalle $[0\,;0,02]$.

Question 8.19 *Fonctions n fois dérivables sans être de classe C^n*
Pour tout $n \in \mathbb{N}^*$, on pose :

$$f_n(x) = \begin{cases} x^{2n}\sin(1/x) & \text{si } x \neq 0 \\ 0 & \text{sinon} \end{cases} \qquad g_n(x) = \begin{cases} x^{2n}\cos(1/x) & \text{si } x \neq 0 \\ 0 & \text{sinon.} \end{cases}$$

Démontrer que les fonctions f_n et g_n sont n fois dérivables sur $\mathbb{R}$ sans être de classe C^n.

Question 8.20 *Caractérisation fonctionnelle des exponentielles*
On considère une application $f : \mathbb{R} \to \mathbb{R}$ non identiquement nulle, continue en un point x_0 de $\mathbb{R}$, et vérifiant la condition :
$$\forall x, y \in \mathbb{R} \quad f(x+y) = f(x)f(y). \quad (\dagger)$$

a) Montrer que f est positive sur tout $\mathbb{R}$.
b) Montrer que f ne s'annule jamais sur $\mathbb{R}$ et que $f(0) = 1$.
c) Montrer que f est continue sur $\mathbb{R}$.
d) En utilisant l'intégrale $\int_1^2 f(x+y)\,dy$, montrer que f est dérivable sur $\mathbb{R}$.
e) En déduire que f est une exponentielle de base a pour un certain $a \in \mathbb{R}_+^*$.
f) Conclure en énonçant une caractérisation des fonctions exponentielles.

Question 8.21 *Extremum par balayage* (Ecrit CAPLP 2020)
On désire déterminer par balayage un encadrement du minimum de la fonction f définie sur $[-2, 1]$ par $f(x) = -x^3 + x - 1$. On choisit un pas $h \in \mathbb{R}_+^*$. On part de la borne gauche -2 de l'intervalle, puis on compare $f(-2)$ à $f(-2+h)$ et on conserve la plus petite de ces valeurs. On compare cette valeur à $f(-2+2h)$, et on conserve à chaque fois la plus petite valeur calculée, etc.

a) Ecrire un algorithme en pseudo-code correspondant à cette méthode.
b) On propose le programme Python ci-dessous. La fonction informatique minimum utilise les variables informatiques a, b, pas, k, mini et c. Expliquer le rôle de chacune d'elles dans l'exécution du programme.

```
def f(x):
    return -x**3+x-1

def minimum(f,a,b,pas):
    k=0
    mini=f(a)
    c=a
    while a+k*pas<=b:
        if f(a+k*pas)<mini:
            c=a+k*pas
            mini=f(c)
        k=k+1
    return c,mini
```

Exécution du programme

In [2]: minimum(f,-2,1,0.0001)
Out[2]: (-0.5773999999999999, -1.384900175176)

Le programme permet de penser que le minimum de f est voisin de $-1,38$.

c) Recopier et expliquer chacune des lignes de la boucle « while » utilisée par la fonction informatique minimum.
d) Justifier que la boucle du programme précédent est finie.
e) Voici l'affichage obtenu lors d'une exécution du programme :
   In [2] : minimum(f,-2,1,0.0001)
   Out[2] : (-0.5773999999999999, -1.384900175176)
Quelle est la valeur du pas h choisi dans la mise en œuvre de ce programme ? A

quoi correspond le nombre affiché : -0.5773999999999999 *?*

f) On a utilisé la fonction mathématique f et la fonction informatique minimum. Quelle différence existe-t-il entre fonction informatique et une fonction mathématique d'une variable réelle ?

g) En évitant toute méthode graphique ou utilisant la dérivée d'une fonction, proposer une autre méthode pour approcher le minimum de f sur $[-2, 1]$.

Question 8.22 **Elimination de bactéries** *(Ecrit CAPLPA 2017)*
Après une injection d'antibiotique, le pourcentage de bactéries par rapport au moment de l'injection est modélisé par la fonction f définie sur $\mathbb{R}_+$ *par* $f(x) = (240x + 100)e^{-1,5x}$ *où x représente le temps en jours écoulé depuis l'injection. On considère que les bactéries sont éliminées si leur quantité est inférieure à* $0,01\%$ *de la quantité initiale.*

a) Déterminer la limite de la fonction f en $+\infty$. *Etudier les variations de f et construire son tableau de variations.*

b) Justifier que sur $\mathbb{R}_+$, *la fonction f prend deux fois la valeur* 100, *mais une seule fois la valeur* $0,01$.

c) En utilisant la calculatrice, déterminer le temps, en jours, heures et minutes, au bout duquel les bactéries sont totalement éliminées.

8.2.2 Fonctions convexes

Le second problème de la première composition du CAPES 2022 était dédié à l'étude des fonctions convexes. On le retrouve entièrement dans ce livre. Le problème débutait par une question de base, très généraliste, pour vérifier que le candidat connaît certaines définitions et sait utiliser les quantificateurs : il s'agit de la Question 1.1 p. 9. Puis venait la série de questions suivantes :

Question 8.23 **Fonctions convexes** *(Ecrit CAPES 2022)*
Soient I et J des intervalles de $\mathbb{R}$, *non vides et non réduits à un point. Soit f une application de* $\mathbb{R}$ *dans I. On dit que f est convexe sur I si :*

$$\forall (x,y) \in I^2 \quad \forall \lambda \in [0,1] \quad f(\lambda x + (1-\lambda)y) \leq \lambda f(x) + (1-\lambda)f(y). \quad (*)$$

On dit que f est concave sur I si $-f$ *est convexe sur I.*

1. Ecrire une inégalité caractérisant une fonction concave sur I.

2. Soit $(x,y) \in I^2$ *tel que* $x < y$. *Démontrer que* $z \in [x,y]$ *si, et seulement si, il existe* $\lambda \in [0,1]$ *tel que* $z = \lambda x + (1-\lambda)y$. *Sans démonstration, illustrer l'inégalité de convexité* $(*)$ *par une figure.*

3. a. Soient f et g des fonctions convexes sur I. Démontrer que $f + g$ *est convexe sur I.*

8.2. ENTRAÎNEMENT

b. Soient f une fonction convexe sur I à valeurs dans J et g une fonction convexe et croissante sur J. Démontrer que $g \circ f$ est convexe sur I.

c. Sans démonstration, énoncer une propriété du même type qui permettrait de conclure que $g \circ f$ est concave.

4. En utilisant la définition de la convexité donnée ci-dessus :

a. Démontrer que la fonction valeur absolue est convexe sur $\mathbb{R}$

b. Démontrer que la fonction $f : x \mapsto x^2$ est convexe sur $\mathbb{R}$.

Question 8.24 Concavité du logarithme *(Ecrit CAPES 2022)*
On veut démontrer que la fonction $\ln$ est concave sur $\mathbb{R}_+^*$ en utilisant uniquement la première définition d'une fonction convexe, donc sans dériver $\ln$. Soit $(x, y) \in (\mathbb{R}_+^*)^2$ tel que $x < y$. Soit g la fonction de $[0, 1]$ dans $\mathbb{R}$ définie par :

$$\forall t \in [0, 1] \quad g(t) = \ln(tx + (1-t)y) - t\ln x - (1-t)\ln y.$$

a) Etudier la monotonie de la fonction g' dérivée de g, sur $[0, 1]$.

b) Démontrer que :
$$\frac{1}{y} \leq \frac{\ln x - \ln y}{x - y} \leq \frac{1}{x}.$$

c) En déduire le signe de $g'(0)$ et de $g'(1)$.

d) Déduire que g' s'annule une unique fois sur $[0, 1]$.

e) Déterminer le signe de g sur $[0, 1]$ et conclure.

Question 8.25 Généralisation de l'inégalité de convexité
(Ecrit CAPES 2022)
Soit $f : I \to \mathbb{R}$ une fonction convexe définie sur un intervalle I de $\mathbb{R}$ non vide et non réduit à un singleton. Montrer que pour tous $n \in \mathbb{N}^*$, $(x_1, x_2, ..., x_n) \in I^n$ et $(\lambda_1, \lambda_2, ..., \lambda_n) \in (\mathbb{R}_+)^n$ tels que $\sum_{k=1}^n \lambda_k = 1$ on a $\sum_{k=1}^n \lambda_k x_k \in I$ et :

$$f\left(\sum_{k=1}^n \lambda_k x_k\right) \leq \sum_{k=1}^n \lambda_k f(x_k).$$

Question 8.26 Deux inégalités *(Ecrit CAPES 2022)*

a) A l'aide de la concavité de $\ln$, démontrer que :

$$\forall x \in (a, b, c) \in (\mathbb{R}_+^*)^3 \quad \sqrt[3]{abc} \leq \frac{a+b+c}{3}.$$

b) Montrer que $\ln \circ \ln$ est concave sur $]1, +\infty[$. En déduire que :

$$\forall (x, y) \in (]1, +\infty[)^2 \quad \ln\left(\frac{x+y}{2}\right) \geq \sqrt{\ln x \ln y}.$$

Question 8.27 Inégalités des trois pentes (Ecrit CAPES 2022)
Soit f une fonction, à valeurs dans $\mathbb{R}$, définie sur I. Pour tout $a \in I$, on considère la fonction :
$$\Delta_a : \begin{array}{rcl} I \setminus \{a\} & \to & \mathbb{R} \\ t & \mapsto & \dfrac{f(t) - f(a)}{t - a} \end{array}$$

1.a. Ici f est convexe sur I. Soient $a \in I$ et $(t, u) \in (I \setminus \{a\})^2$ tel que $t < u$.

    i. On suppose que $t < u < a$. On sait qu'il existe $\lambda \in \,]0, 1[$ tel que $u = \lambda t + (1 - \lambda)a$ (Question 8.23 item 2). On demande alors de démontrer que $f(u) - f(a) \leq \lambda(f(t) - f(a))$, puis que $\Delta_a(t) \leq \Delta_a(u)$.

    ii. On admet que cette dernière inégalité reste vraie pour $a < t < u$ et pour $t < a < u$. Que peut-on en déduire pour Δ_a ?

  b. On suppose cette fois-ci que, pour tout $a \in I$, Δ_a est croissante sur $I \setminus \{a\}$. Soient $(x, y) \in I^2$ tel que $x < y$ et $\lambda \in [0, 1[$.

    i. Démontrer que $\Delta_x(\lambda x + (1 - \lambda)y) \leq \Delta_x(y)$.

    ii. En déduire que f est convexe sur I.

  c. Donner une CNS sur Δ_a pour que f soit convexe sur I.

2. Soit $f : I \to \mathbb{R}$ une fonction convexe sur I. Soit $(a, b, c) \in I^3$ tel que $a < b < c$. En utilisant la question 1, démontrer l'inégalité des trois pentes :
$$\frac{f(b) - f(a)}{b - a} \leq \frac{f(c) - f(a)}{c - a} \leq \frac{f(c) - f(b)}{c - b}.$$

Illustrer cette inégalité par une figure.

3. **Théorème de la limite monotone.**
Soit φ une fonction croissante sur l'intervalle $]a, b[$ avec $(a, b) \in \mathbb{R}^2$ et $a < b$. Démontrer que si φ est majorée alors elle admet une limite finie à gauche en b, égale à la borne supérieure de l'ensemble $\{\varphi(x) \,/\, x \in \,]a, b[\}$. Sans démonstration, que peut-on dire si φ est minorée ?

4. **Convexité & continuité.**
Soit $f : I \to \mathbb{R}$ une fonction convexe sur I. Soit $(a, b, c) \in I^3$ tel que $a < b < c$. En appliquant le théorème de la limite monotone à Δ_b, démontrer que f est dérivable à gauche et à droite en b et que :
$$\frac{f(b) - f(a)}{b - a} \leq f'_g(b) \leq f'_d(b) \leq \frac{f(c) - f(b)}{c - b}.$$

Montrer que f est continue en b.

5. Donner un exemple de fonction convexe et non continue sur un intervalle.

6. **Convexité & dérivabilité.**
Dans toute la suite du problème, on considère une fonction f dérivable sur I.

Dans cette question, on suppose f convexe sur I.

a. Montrer que pour tout $(a,b) \in I^2$ tel que $a < b$, on a :

$$f'(a) \leq \frac{f(b) - f(a)}{b-a} \leq f'(b),$$

et en déduire que f' est croissante sur I.

b. Justifier que le graphe de f est toujours au-dessus de ses tangentes.

7. Dans cette question, on suppose f' croissante sur I. Soit $(x,y) \in I^2$ tel que $x < y$. On considère la fonction ϕ définie sur $[0,1]$ par :

$$\forall t \in [0,1] \quad \phi(t) = tf(x) + (1-t)f(y) - f(tx + (1-t)y).$$

a. Démontrer que ϕ est dérivable sur I et déterminer sa dérivée ϕ'.

b. En utilisant le théorème des accroissements finis pour f entre x et y, démontrer qu'il existe $\gamma \in [0,1]$ tel que pour tout $t \in [0,1]$,

$$\phi'(t) = (x-y)\left(f'(\gamma x + (1-\gamma)y) - f'(tx + (1-t)y)\right)$$

c. En déduire les variations de ϕ.

d. En déduire que la fonction f est convexe sur I.

8. Démontrer qu'une fonction f deux fois dérivable sur I est convexe sur I si et seulement si f'' est positive sur I.

Question 8.28 **Inégalité de Hölder** *(Ecrit CAPES 2022)*

1. Soit $f : \mathbb{R}_+^* \to \mathbb{R}$ une application concave. On définit la fonction :

$$\psi : \begin{array}{ccc} (\mathbb{R}_+^*)^2 & \to & \mathbb{R} \\ (x,y) & \mapsto & yf\left(\frac{x}{y}\right). \end{array}$$

a. Démontrer que pour tout $(x_1, x_2, y_1, y_2) \in (\mathbb{R}_+^*)^4$, on a :

$$\psi(x_1, y_1) + \psi(x_2, y_2) \leq \psi(x_1 + x_2, y_1 + y_2).$$

b. En déduire que pour tous $n \in \mathbb{N}^*$ et $(x_1, ..., x_n, y_1, ..., y_n) \in (\mathbb{R}_+^*)^{2n}$:

$$\sum_{k=1}^n \psi(x_k, y_k) \leq \psi\left(\sum_{k=1}^n x_k, \sum_{k=1}^n y_k\right). \quad (**)$$

2. Soient $p, q \in]1, +\infty[$ tels que $\frac{1}{p} + \frac{1}{q} = 1$. Dans cette question, $f : t \mapsto t^{1/p}$.

a. Démontrer que f est concave sur $\mathbb{R}_+^*$.

b. Soient $n \in \mathbb{N}^*$ et $(a_1, ..., a_n, b_1, ..., b_n) \in (\mathbb{R}_+^*)^{2n}$. En utilisant $(**)$, démontrer l'inégalité de Hölder :

$$\sum_{k=1}^n a_k b_k \leq \left(\sum_{k=1}^n a_k^p\right)^{1/p} \left(\sum_{k=1}^n b_k^q\right)^{1/q}.$$

8.3 Réponses

Réponse 8.1 VRAI. Les hypothèses permettent d'écrire :

$$\forall x \in \mathbb{R}_+^* \quad \frac{f(x) - f(0)}{x - 0} \leq \frac{g(x) - g(0)}{x - 0}$$

et il suffit de passer à la limite dans ces inégalités lorsque x tend vers 0 par valeurs positives en restant différent de 0, pour obtenir :

$$\lim_{x \to 0_+} \frac{f(x) - f(0)}{x - 0} \leq \lim_{x \to 0_+} \frac{g(x) - g(0)}{x - 0}$$

c'est-à-dire $f'(0) \leq g'(0)$.

Remarque — Un graphique permet de prendre conscience de ce résultat. Sur le dessin ci-dessous, la courbe représentative de g étant au-dessus de celle de f, les tangentes sont forcément dessinées comme indiqué, et les pentes $f'(0)$ et $g'(0)$ de ces tangentes vérifient bien $f'(0) \leq g'(0)$.

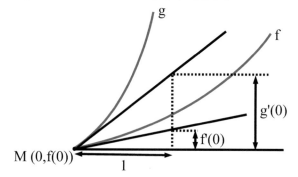

Réponse 8.2 FAUX. Le dessin ci-dessous montre que la courbe représentative de g peut être au-dessus de celle de f sans que toutes les pentes des tangentes aux points d'abscisses x soient dans le même ordre.

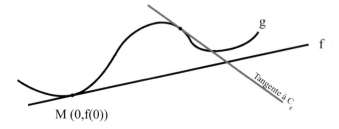

On peut se contenter de cette explication. On peut aussi proposer le contre-exemple formé par les fonctions définies sur $\mathbb{R}$ en posant $f(x) = 0$ et $g(x) = x^2$.

Dans ce cas pour tout $x \in \mathbb{R}$ on a bien $f(x) \leq g(x)$ et $f(0) = g(0) = 0$, mais sans avoir $f'(x) \leq g'(x)$ lorsque x est strictement négatif.

Réponse 8.3 VRAI. La fonction $h = g - f$ est dérivable sur tout $\mathbb{R}$. Par hypothèse elle vérifie $h(0) = g(0) - f(0) = 0$, et :

$$\forall x \in \mathbb{R}_+^* \quad h'(x) = g'(x) - f'(x) \geq 0.$$

D'après le théorème de Rolle, pour tout $x \in \mathbb{R}_+^*$ il existe $c \in \,]0, x[$ tel que :

$$\frac{h(x) - h(0)}{x - 0} = h'(c) \geq 0$$

ce qui s'écrit $h(x) \geq 0$. Cela montre que $h(x) \geq 0$, donc que $f(x) \leq g(x)$ quel que soit $x \in \mathbb{R}_+$.

Réponse 8.4 Par définition, le graphe d'une fonction convexe f se trouve toujours sous n'importe quelle corde de ce graphe. Cela traduit l'assertion :

$$\forall u, v \in [\alpha, \beta] \quad \forall t \in [0, 1] \quad f(tu + (1-t)v) \leq tf(u) + (1-t)f(v)$$

qui définit une fonction convexe sur $[\alpha, \beta]$. Ici on a donc :

$$\forall t \in [0, 1] \quad f(t\alpha + (1-t)\beta) \leq tf(\alpha) + (1-t)f(\beta)$$

soit :

$$\forall t \in [0, 1] \quad f(t\alpha + (1-t)\beta) \leq 0$$

et $t\alpha + (1-t)\beta$ décrit le segment $[\alpha, \beta]$ quand t parcourt $[0, 1]$. Cela prouve que $f(x) \leq 0$ quel que soit $x \in [\alpha, \beta]$.

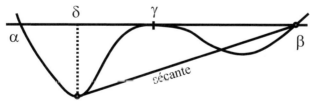

Point $(\gamma, 0)$ au-dessus de la sécante

Pour montrer que $f < 0$ sur $]\alpha, \beta[$, nous allons raisonner par l'absurde en supposant qu'il existe $\gamma \in \,]\alpha, \beta[$ tel que $f(\gamma) = 0$. Comme f n'est pas identiquement nulle sur $[\alpha, \beta]$, il existe $\delta \in \,]\alpha, \beta[\setminus \{\gamma\}$ tel que $f(\delta) < 0$. On peut supposer que $\delta \in \,]\alpha, \gamma[$, le cas où $\delta \in \,]\gamma, \beta[$ se traitant de la même manière. La figure montre alors que le point $(\gamma, 0)$ de la courbe représentative de f

se trouve au-dessus de la corde d'extrémités $(\delta, f(\delta))$ et $(\beta, 0)$ placées sur la courbe, ce qui est impossible.

Réponse 8.5 On ne peut pas affirmer une chose pareille. La fonction :

$$f : \begin{array}{rcl} \mathbb{R} & \to & \mathbb{R} \\ x & \mapsto & e^x - (2x + b) \end{array}$$

est définie et dérivable sur $\mathbb{R}$, et la dérivée de f en x est $f'(x) = e^x - 2$. Ainsi $f'(x)$ s'annule si et seulement si $e^x = 2$, autrement dit quand $x = \ln 2$. On obtient le tableau de variations suivant :

x	$-\infty$		$\ln 2$		$+\infty$
$f'(x)$		$-$	0	$+$	
$f(x)$	$+\infty$	$\searrow$	α	$\nearrow$	$+\infty$

où $\alpha = f(\ln 2) = 2 - 2\ln 2 - b$. Comme :

$$\alpha > 0 \Leftrightarrow b < 2 - 2\ln 2,$$

il suffit de choisir b strictement inférieur à $2 - 2\ln 2$ pour que le tableau de variations montre que f ne s'annule jamais sur $\mathbb{R}$. Dans ce cas, l'équation $e^x - (2x + b) = 0$ n'admet aucune solution dans $\mathbb{R}$.

De façon plus graphique, on peut demander à une machine de faire dessiner la courbe représentative de f quand par exemple $b = -20$ et constater que cette courbe ne coupe pas l'axe des abscisses. Une telle façon de procéder constitue une « preuve graphique » qui ne possède pas la même valeur de vérité que l'étude que nous venons de faire (voir remarque).

Remarque — Un dessin sur écran, aussi précis qu'il puisse être et quelle que soit la qualité d'affichage dont on dispose, ne concerne que l'impression d'un nombre fini de points situés sur la courbe, donc ne peut en aucun cas remplacer la courbe elle-même qui, elle, est constituée d'un nombre infini de points !

D'autres raisons font qu'une représentation graphique obtenue sur machine ne peut jamais constituer une preuve solide. En voici deux :

- Les variations de la courbe telle qu'on les voit sur le graphique ne laissent pas deviner ce que fera la fonction aux voisinages de $\pm\infty$.

- Dessiner un point, une droite ou une courbe revient à faire appel à un modèle qui ne correspond pas à la réalité de la courbe qui, elle, possède une épaisseur nulle. En toute rigueur, il est impossible de tracer une courbe sur un écran ou sur un morceau de papier puisqu'on est alors nécessairement amené à dessiner des traits qui ont une épaisseur pour être visibles. Une représentation graphique d'une courbe sert à avoir une idée de la courbe, donc sert à émettre des conjectures qu'il faudra ensuite démontrer ou infirmer.

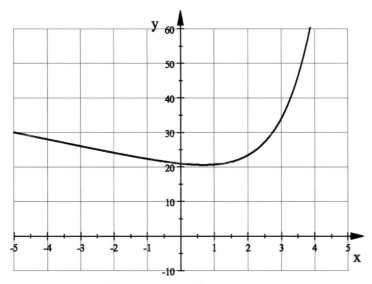

Fonction $y = e^x - 2x - 20$

Réponse 8.6 La fonction de $\mathbb{R}$ dans $\mathbb{R}$ qui au nombre réel x fait correspondre $f(x) = 2x^3 + 3x^2 - 2x - 2 = 0$ est définie et dérivable sur $\mathbb{R}$, et :

$$\forall x \in \mathbb{R} \quad f'(x) = 6x^2 + 6x - 2 = 2\left(3x^2 + 3x - 1\right).$$

Le discriminant du trinôme $3x^2 + 3x - 1$ est $\Delta = 3^2 - 4 \times 3\,(-1) = 21$, donc les racines de f' sont :

$$x_1 = \frac{-3 - \sqrt{21}}{6} \simeq -1,26 \quad \text{et} \quad x_2 = \frac{-3 + \sqrt{21}}{6} \simeq 0,26.$$

On en déduit que f' est négative entre ces racines, et positive à l'extérieur. Ainsi f est strictement croissante sur $]-\infty, x_1]$, strictement décroissante sur $[x_1, x_2]$ puis strictement croissante sur $[x_2, +\infty[$. Par conséquent f sera strictement croissante sur $[-2, x_1]$ et strictement décroissante sur $[x_1, -1]$. Comme $f(-2) = -2 < 0$ et $f(-1) = 1 > 0$, on peut affirmer que f admet un unique zéro sur $[-2, -1]$. L'assertion proposée est donc vraie.

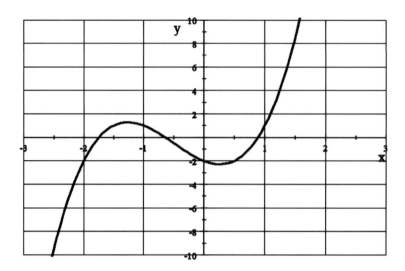

Réponse 8.7 Posons $y = f(x) = \frac{x^3+2x^2}{x^2-1}$. La fonction f est définie sur $\mathbb{R}\setminus\{\pm 1\}$. Comme :
$$\lim_{x\to\pm\infty} \frac{y}{x} = \lim_{x\to+\infty} \frac{x^2+2x}{x^2-1} = 1$$
on peut affirmer que la courbe représentative C de f admet pour direction parabolique la droite $y = x$ lorsque x tend vers $\pm\infty$. Ensuite :
$$\lim_{x\to\pm\infty}(y-x) = \lim_{x\to\pm\infty}\left(\frac{x^3+2x^2}{x^2-1} - x\right) = \lim_{x\to\pm\infty}\frac{2x^2+x}{x^2-1} = 2$$
donc C admet la droite d'équation $y = x+2$ pour asymptote oblique en $\pm\infty$.

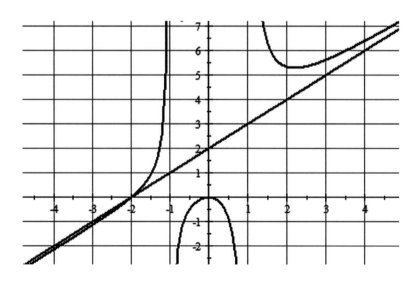

8.3. RÉPONSES

Remarque — La courbe C est au-dessus de l'asymptote pour x voisin de $+\infty$, mais sous l'asymptote quand x tend vers $-\infty$, comme on le voit sur la figure et comme on peut le démontrer en étudiant le signe de $f(x) - (x+2)$.

Rappels de cours — Comment recherche-t-on des asymptotes obliques d'une courbe représentative d'une fonction f de $\mathbb{R}$ dans $\mathbb{R}$? Si la courbe représentative C d'une fonction $y = f(x)$ possède une branche infinie, par exemple en $+\infty$, la recherche d'une asymptote oblique se fait en calculant la limite de y/x quand x tend vers $+\infty$. Plusieurs cas sont à envisager :

✓ Si cette limite est $\pm\infty$, on peut affirmer que C ne possède pas d'asymptote quand x tend vers $+\infty$, mais admet une branche parabolique de direction asymptotique l'axe des y.

✓ Si cette limite est 0, on dit que C admet une branche parabolique de direction asymptotique l'axe des x.

✓ Si cette limite est $a \in \mathbb{R}\setminus\{0\}$, on étudie la limite $\lim_{x\to+\infty}(y - ax)$.

- Si cette dernière limite est $\pm\infty$, on dit que C admet une branche parabolique de direction asymptotique la droite d'équation $y = ax$.

- Si cette limite est $b \in \mathbb{R}$, la courbe C admet la droite d'équation $y = ax+b$ pour asymptote quand x tend vers $+\infty$.

Si la droite d'équation $y = ax + b$ est asymptote à la courbe pour x tendant vers $+\infty$, il est alors de positionner celle-ci par rapport à l'asymptote en étudiant le signe de $f(x) - (ax+b)$ au voisinage de $+\infty$.

Réponse 8.8 a) La fonction f est continue sur $\mathbb{R}$, si, et seulement si, pour tout $x_0 \in \mathbb{R}$, on a $\lim_{x\to x_0} f(x) = f(x_0)$ ou d'une manière équivalente :

$$\lim_{x\to x_0}(f(x) - f(x_0)) = 0.$$

Soit $x_0 \in \mathbb{R}$. Par hypothèse, on a $|f(x) - f(x_0)| \leq (x - x_0)^2$ pour tout $x \in \mathbb{R}$. Comme $\lim_{x\to x_0}(x-x_0)^2 = 0$, il vient $\lim_{x\to x_0}|f(x) - f(x_0)| = 0$. D'où la continuité de f en x_0. Comme x_0 est quelconque, f est continue sur $\mathbb{R}$.

b) Soit $x_0 \in \mathbb{R}$. De l'hypothèse, on déduit que :

$$\forall x \neq x_0, \quad 0 \leq \left|\frac{f(x) - f(x_0)}{x - x_0}\right| \leq |x - x_0|.$$

L'inégalité précédente entraîne :

$$\lim_{x\to x_0}\left|\frac{f(x) - f(x_0)}{x - x_0}\right| = 0.$$

Ainsi, f est dérivable en x_0 et de dérivée $f'(x_0) = 0$.

c) Comme $f'(x_0) = 0$ pour tout $x_0 \in \mathbb{R}$, f est une fonction constante, par la caractérisation des fonctions constantes sur un intervalle.

Réponse 8.9 a) • Soit I un intervalle. Une fonction $f : I \to \mathbb{R}$ admet une fonction réciproque $g : f(I) \to I$ si elle est strictement monotone sur I. Cette dernière condition est suffisante, mais n'est pas nécessaire comme le montre le contre-exemple formé par la fonction g définie sur $I = [0, 2]$ par :

$$g(x) = \begin{cases} x & \text{si } x \in [0, 1] \\ -x + 4 & \text{si } x \in]1, 2]. \end{cases}$$

Dans ce cas g n'est pas monotone sur $[0, 2]$ mais possède une fonction réciproque définie sur $g(I) = [0, 1] \cup [2, 3[$.

• La fonction logarithme népérien $\ln : \mathbb{R}_+^* \to \mathbb{R}$ admet pour fonction réciproque la fonction exponentielle $\exp : \mathbb{R} \to \mathbb{R}_+^*$.

b) La fonction $\text{cosec} : x \mapsto \frac{1}{\sin x}$ est bien définie sur l'intervalle $]0, \pi/2]$ car le sinus ne s'annule pas sur cet intervalle. Cette fonction cosec est dérivable sur $]0, \pi/2]$, et pour tout $x \in]0, \pi/2]$: :

$$\text{cosec}'(x) = \left(\frac{1}{\sin x}\right)' = -\frac{\cos x}{\sin^2 x}.$$

Ainsi $\text{cosec}'(x) < 0$ pour tout $x \in]0, \pi/2]$, et la fonction cosec décroît strictement sur cet intervalle. De plus :

$$\lim_{x \to 0_+} \text{cosec}(x) = \lim_{x \to 0_+} \frac{1}{\sin x} = +\infty \quad \text{et} \quad \text{cosec}\left(\frac{\pi}{2}\right) = 1,$$

donc $\text{cosec}(]0, \pi/2]) = [1, +\infty[$. Cela montre que $\text{cosec} :]0, \pi/2] \to [1, +\infty[$ admet une fonction réciproque $g : [1, +\infty[\to]0, \pi/2]$. Ainsi $J = [1, +\infty[$.

c) On sait, d'après le cours, que la représentation graphique de g est l'image de la représentation graphique de la fonction $\text{cosec} :]0, \pi/2] \to [1, +\infty[$ par la symétrie orthogonale par rapport à la première bissectrice d'équation $y = x$.

d) Par définition de g, on a $\text{cosec}(g(y)) = y$ pour tout $y \in [1, +\infty[$, et :

$$\text{cosec}(g(y)) = y \Rightarrow \frac{1}{\sin(g(y))} = y \Rightarrow \sin(g(y)) = \frac{1}{y}. \quad (*)$$

Si $y \in [1, +\infty[$ alors $1/y \in]0, 1]$ et l'égalité $(*)$ permet d'écrire :

$$g(y) = \arcsin\left(\frac{1}{y}\right)$$

en utilisant la fonction arcsin réciproque de sin : $[-\pi/2, \pi/2] \to [-1, 1]$, ce qui est licite car $g(y) \in]0, \pi/2[$. La fonction arcsin : $[-1, 1] \to [-\pi/2, \pi/2]$ est continue sur son intervalle de départ $[-1, 1]$, mais dérivable seulement sur $]-1, 1[$ et :
$$\forall x \in]-1, 1[\quad \arcsin'(x) = \frac{1}{\sqrt{1-x^2}}.$$

On a vu que :
$$\forall y \in [1, +\infty[\quad g(y) = \arcsin\left(\frac{1}{y}\right)$$

et on sait que l'application $y \mapsto 1/y$ est définie et dérivable sur $[1, +\infty[$. Comme $y \mapsto 1/y$ transforme 1 en 1, le théorème de dérivation de fonctions composées montre que g sera dérivable sur $]1, +\infty[$, et que pour tout $y \in]1, +\infty[$:

$$g'(y) = \arcsin'\left(\frac{1}{y}\right) \times \frac{-1}{y^2} = \frac{1}{\sqrt{1-\left(\frac{1}{y}\right)^2}} \times \frac{-1}{y^2} = \frac{-1}{y\sqrt{y^2-1}}.$$

Remarque — Une seconde réponse à cette question est possible en utilisant le théorème de dérivation des fonctions réciproques. En effet, g est la fonction réciproque de la fonction :

$$\begin{aligned} \operatorname{cosec} : \quad]0, \pi/2] &\to [1, +\infty[\\ x &\mapsto 1/\sin x \end{aligned}$$

qui est dérivable sur $]0, \pi/2]$, et l'on sait que :
$$\forall x \in]0, \pi/2] \quad \operatorname{cosec}'(x) = \frac{-\cos x}{\sin^2 x}.$$

Comme :
$$\operatorname{cosec}'(x) = 0 \Leftrightarrow \cos x = 0 \Leftrightarrow x = \frac{\pi}{2},$$

le théorème de dérivation des fonctions réciproques montre que g est dérivable en tout point $y = \operatorname{cosec}(x)$ tel que $\operatorname{cosec}'(x) \neq 0$, c'est-à-dire sur tout l'intervalle $]1, +\infty[$, et que pour tout $y \in]1, +\infty[$:

$$g'(y) = \frac{1}{\operatorname{cosec}'(g(y))} = \frac{1}{-\cos(g(y))} \times \sin^2(g(y)) = \frac{-1}{\cos\left(\arcsin\left(\frac{1}{y}\right)\right)} \times \frac{1}{y^2}.$$

Si $z = \arcsin(1/y)$ alors $\sin z = 1/y$. De $\cos^2 z + \sin^2 z = 1$ on tire :
$$\cos z = \sqrt{1 - \sin^2 z} = \sqrt{1 - \left(\frac{1}{y}\right)^2}$$

car ici $\cos z \geq 0$. On retrouve finalement que, pour tout $y \in \,]1,+\infty[\,$:

$$g'(y) = \frac{-1}{\sqrt{1 - \left(\dfrac{1}{y}\right)^2}} \times \frac{1}{y^2} = \frac{-1}{y\sqrt{y^2 - 1}}.$$

Réponse 8.10 a) On peut résoudre l'inéquation $c(t) \leq \frac{c(0)}{2}$. On a :

$$c(t) \leq \frac{c(0)}{2} \quad \Leftrightarrow \quad 1,5 e^{-0,029t} \leq \frac{1,5}{2} \quad \Leftrightarrow \quad e^{-0,029t} \leq \frac{1}{2}$$
$$\Leftrightarrow \quad -0,029t \leq -\ln 2 \quad \Leftrightarrow \quad t \geq \frac{\ln 2}{0,029}.$$

Comme $\frac{\ln 2}{0.029} \simeq 23,9016$, la demi-vie est de $23,9016$ heures. En multipliant $0,9016$ par 60 on obtient le nombre de minutes en sus des 23 h. On trouve $0,9016 \times 60 = 54,096$, ce qui correspond à 54 minutes en laissant tomber les secondes. La demi-vie est donc de 23 h 54 min.

On peut aussi penser à une résolution graphique : on trace la courbe à l'écran à l'aide d'un grapheur, puis la droite horizontale d'équation $y = c(0)/2$, et l'on s'intéresse aux abscisses des points d'intersection de cette droite avec la courbe pour ne retenir que l'abscisse la plus petite.

b) Le pouvoir bactéricide est bien assuré car la moyenne m de la fonction c sur 24 heures est supérieure à 1, comme le montre le calcul :

$$m = \frac{1}{24} \int_0^{24} c(x)\, dx = \frac{1}{24} \int_0^{24} 1,5 e^{-0,029t}\, dx$$
$$= \frac{1,5}{24} \left[\frac{e^{-0,029t}}{-0,029}\right]_0^{24} = \frac{1,5}{24} \times \frac{1 - e^{-0,029 \times 24}}{0,029} \simeq 1,08.$$

Réponse 8.11 a) En développant $(1-x)^n$ grâce à la formule du binôme de Newton, on trouve :

$$f_n(x) = \frac{x^n(1-x)^n}{n!} = \frac{x^n}{n!} \sum_{k=0}^{n} \binom{n}{k}(-1)^k x^k = \frac{(-1)^n}{n!} \sum_{k=0}^{n} \binom{n}{k}(-1)^{n+k} x^{n+k}.$$

Avec le changement d'indice $n + k = k'$, on obtient bien :

$$f_n(x) = \frac{(-1)^n}{n!} \sum_{k'=n}^{2n} \binom{n}{k'-n}(-1)^{k'} x^{k'}.$$

b) La fonction f_n est polynomiale, donc de classe C^∞ sur tout $\mathbb{R}$. La fonction polynomiale du second degré $x \mapsto x(1-x) = -x^2 + x$ est représentée par une

8.3. RÉPONSES

parabole qui tourne sa concavité vers les y négatifs, qui passe par les points de coordonnées $(0,0)$ et $(1,0)$, et dont le sommet se trouve à l'abscisse vérifiant l'équation $-2x + 1 = 0$, donc en $x = 1/2$. Les variations de cette fonction montrent donc que :

$$\forall x \in \mathbb{R} \quad x(1-x) \leq \frac{1}{2}(1 - \frac{1}{2}) = \frac{1}{4}.$$

Ces variations montrent aussi que si $x \in \,]0,1[$, alors $x(1-x)$ reste strictement positif. On déduit que :

$$\forall x \in \,]0,1[\quad 0 < f_n(x) = \frac{x^n(1-x)^n}{n!} \leq \frac{1}{4^n} \times \frac{1}{n!} \leq \frac{1}{n!}.$$

c) • Si $k \in \mathbb{N}$, notons g_k l'application de $\mathbb{R}$ dans $\mathbb{R}$ qui à x associe x^k. La question B.1 donne :

$$f_n = \frac{(-1)^n}{n!} \sum_{k=n}^{2n} \binom{n}{k-n} (-1)^k g_k$$

donc en dérivant p fois :

$$f_n^{(p)} = \frac{(-1)^n}{n!} \sum_{k=n}^{2n} \binom{n}{k-n} (-1)^k g_k^{(p)} \quad (\dagger)$$

où $g_k^{(p)}(x) = k(k-1)...(k-p+1)x^{k-p}$. Si $0 \leq p \leq n-1$, pour tout $k \in [\![n, 2n]\!]$ on a $k-p \geq 1$ donc $g_k^{(p)}(0) = 0$. L'expression $(\dagger)$ montre alors que $f_n^{(p)}(0) = 0$.

• La fonction polynomiale f_n est de degré $2n$, donne sa dérivée p-ième sera la fonction nulle dès que $p \geq 2n+1$. Par conséquent $f_n^{(p)}(0) = 0$ pour tout $p \geq 2n+1$.

• Comme $g_k^{(p)}(x) = k(k-1)...(k-p+1)x^{k-p} = \dfrac{k!}{(k-p)!} x^{k-p}$, on obtient :

$$g_k^{(p)}(0) = \begin{cases} 0 & \text{si } k < p \\ p! & \text{si } k = p \\ 0 & \text{si } k > p \end{cases}$$

et d'après $(\dagger)$:

$$\begin{aligned} f_n^{(p)}(0) &= \frac{(-1)^n}{n!} \sum_{k=n}^{2n} \binom{n}{k-n} (-1)^k g_k^{(p)}(0) \\ &= \frac{(-1)^n}{n!} \binom{n}{p-n} (-1)^p g_p^{(p)}(0) \\ &= \frac{(-1)^{n+p}}{n!} \binom{n}{p-n} p! \end{aligned}$$

Mais alors :
$$f_n^{(p)}(0) = (-1)^{n+p}\binom{n}{p-n} \times \frac{p!}{n!} = (-1)^{n+p}\binom{n}{p-n}\binom{p}{n}(p-n)!$$
est un entier relatif comme le produit de 4 entiers relatifs.

d) Pour tout réel x,
$$f_n(1-x) = \frac{(1-x)^n(1-(1-x))^n}{n!} = \frac{x^n(1-x)^n}{n!} = f_n(x).$$
En dérivant p fois les membres de l'égalité $f_n(1-x) = f_n(x)$, on trouve :
$$\forall x \in \mathbb{R} \quad (-1)^p f_n^{(p)}(1-x) = f_n^{(p)}(x)$$
et si $x = 0$, on obtient $f_n^{(p)}(1) = (-1)^p f_n^{(p)}(0)$. Comme $f_n^{(p)}(0) \in \mathbb{Z}$, on déduit que $f_n^{(p)}(1) \in \mathbb{Z}$.

Réponse 8.12 Soit $f : (E, d) \to (E, d)$ une application contractante, c'est-à-dire une application lipschitzienne de constante $k < 1$. Par définition, il existe une constante $k \in [0, 1[$ telle que :
$$\forall x, y \in E \quad d(f(x), f(y)) \leq k \times d(x, y).$$

Existence — Soit $(x_n)_{n \in \mathbb{N}}$ une suite de premier terme quelconque dans E, définie par récurrence en posant $x_{n+1} = f(x_n)$ pour tout n. Alors :
$$d(x_{n+1}, x_n) = d(f(x_n), f(x_{n-1})) \leq k d(x_n, x_{n-1}) \leq ... \leq k^n d(x_1, x_0)$$
pour tout $n \geq 1$ (les points de suspension remplacent une récurrence triviale), de sorte que pour des entiers naturels p et q tels que $p > q$,
$$d(x_p, x_q) \leq \sum_{i=q}^{p-1} d(x_{i+1}, x_i) \leq \left(\sum_{i=q}^{p-1} k^i\right) d(x_1, x_0).$$
Comme $\displaystyle\sum_{i=q}^{p-1} k^i = k^q \frac{1-k^{p-q}}{1-k} \leq \frac{k^q}{1-k}$ on obtient $d(x_p, x_q) \leq k^q \dfrac{d(x_1, x_0)}{1-k}$. $(*)$

Comme $0 \leq k < 1$, on a $\lim k^q = 0$ et l'inégalité précédente montre que $d(x_p, x_q) \leq \varepsilon$ dès que q est supérieur à un certain entier (qui dépend de ε), ceci quel que soit $\varepsilon > 0$. Cela prouve que la suite $(x_n)_{n \in \mathbb{N}}$ est une suite de Cauchy dans E. Comme E est un espace métrique complet, cette suite convergera vers une limite l qui appartient à E. Il suffit de passer à la limite pour n tendant vers $+\infty$ dans les équations $x_{n+1} = f(x_n)$ pour obtenir $l = f(l)$ (puisque f est lipschitzienne, donc continue).

8.3. RÉPONSES

Unicité — Si a et b sont deux points fixes distincts de f, alors :
$$d(a,b) = d(f(a), f(b)) \leq k \times d(a,b)$$
entraîne $1 \leq k$, ce qui est contraire à nos hypothèses. Donc f n'admet qu'un seul point fixe.

Remarque — Il est intéressant de remarquer qu'en passant à la limite dans l'inégalité $(*)$ quand p tendant vers $+\infty$, pour q fixé, on obtient :
$$\forall q \in \mathbb{N} \quad d(l, x_q) \leq k^q \frac{d(x_1, x_0)}{1-k}$$
puisque l'application $y \mapsto d(y, x_q)$ est continue. Cela nous offre une majoration bien pratique de l'erreur que l'on fait en assimilant l à x_q. Cette majoration permet d'écrire un critère d'arrêt très simple dans un programme qui calcule les termes successifs de la suite $(x_n)_{n \in \mathbb{N}}$, demandant à celui-ci de s'achever dès que le niveau de précision désiré est atteint.

Réponse 8.13 (1) L'application f est supposée dérivable $[a,b]$. Elle sera donc *a fortiori* continue sur cet intervalle. Comme $f(I) = I$, on a $f(a) - a \geq 0$ et $f(b) - b \leq 0$, et le théorème des valeurs intermédiaires appliqué à la fonction $f - Id$ montre qu'il existe $l \in [a,b]$ tel que $f(l) - l = 0$. Si f admettait deux points fixes distincts l et l', le théorème des accroissements finis entraînerait $|l - l'| = |f(l) - f(l')| \leq k |l - l'|$, d'où $1 \leq k$, ce qui est absurde.

(2) D'après le théorème des accroissements finis :
$$|x_{n+1} - l| = |f(x_n) - f(l)| = |x_{n+1} - l| \leq k |x_n - l|.$$
On en déduit que $|x_n - l| \leq k^n |x_0 - l|$ par récurrence sur n. Par hypothèse $0 < k < 1$, donc k^n tend vers 0 quand n tend vers $+\infty$, et cela implique que $\lim_{n \to +\infty} |x_n - l| = 0$, autrement dit que $\lim_{n \to +\infty} x_n = l$.

Réponse 8.14 a) Non, car f peut très bien admettre un point fixe sur I sans être continue sur cet intervalle. Ainsi la fonction caractéristique $\chi_\mathbb{Q}$, définie sur $[0,2]$ par $\chi_\mathbb{Q}(x) = 1$ si $x \in \mathbb{Q}$ et $\chi_\mathbb{Q}(x) = 0$ sinon, admet 1 comme point fixe mais n'est continue en aucun point de l'intervalle $[0,2]$. L'implication :
$$f \text{ admet un point fixe} \Rightarrow f \text{ continue}$$
est donc fausse.

b) Non, car l'implication :
$$f \text{ continue} \Rightarrow f \text{ admet un point fixe}$$
est fausse. Pour construire un contre-exemple, il suffit de tracer une représentation graphique de f qui ne coupe pas la droite d'équation $y = x$, sans lever le

stylo de la feuille pour obtenir une fonction continue. Par exemple la fonction affine définie sur $\mathbb{R}$ par $f(x) = x + 5$ n'admet pas de point fixe sur $\mathbb{R}$ car l'on ne peut jamais avoir l'égalité $x + 5 = x$, donc n'admet pas de point fixe sur n'importe quel intervalle de $\mathbb{R}$.

Commentaires — Ces deux premières questions indiquent que l'on considère comme très important qu'un futur professeur de mathématiques sache distinguer entre une condition nécessaire et une condition suffisante. On dit qu'une propriété A est une condition nécessaire pour avoir une propriété B lorsque B entraîne A, autrement dit lorsque pour avoir B, il est nécessaire d'avoir A. En d'autres termes encore, si l'on n'a pas A, l'on n'a pas B, ce qui s'écrit :
$$\neg A \Rightarrow \neg B$$
et représente la contraposée de l'implication $B \Rightarrow A$, ces deux implications ayant même valeur de vérité.

Il est beaucoup plus facile de comprendre ce que représente une condition suffisante : on dit qu'une propriété A est une condition suffisante pour avoir une propriété B si A implique B, autrement dit s'il suffit d'avoir A pour avoir B. Cela correspond donc à l'implication $A \Rightarrow B$.

Réponse 8.15 La fonction $g : \mathbb{R} \to \mathbb{R} \,;\, x \mapsto e^{-x} - x$ est définie et dérivable sur $\mathbb{R}$, et pour tout $x \in \mathbb{R}$:
$$g'(x) = -e^{-x} - 1 = -(e^{-x} + 1) < 0$$
puisque e^{-x} reste positif quel que soit x. On en déduit que g est une fonction continue strictement décroissante de $\mathbb{R}$ dans $\mathbb{R}$. Comme $g(0) = 1$ et :
$$g(1) = \frac{1}{e} - 1 = \frac{1-e}{e} < 0,$$
on a $g(1) \leq 0 \leq g(0) = 1$ et le théorème des valeurs intermédiaires montre l'existence d'au moins un réel $x_0 \in [0, 1]$ tel que $g(x_0) = 0$. Ce réel est en fait unique car g est strictement décroissante sur $\mathbb{R}$. En effet, si l'on avait $g(x_0) = g(x_1) = 0$ avec par exemple $x_0 < x_1$, on aurait $g(x_0) > g(x_1)$ donc $0 > 0$, ce qui est absurde. En conclusion g admet un seul zéro sur l'intervalle $[0, 1]$. Comme :
$$f(x) = x \Leftrightarrow g(x) = 0$$
cela entraîne que f admet x_0 comme unique point fixe sur $[0, 1]$.

Réponse 8.16 a) Par hypothèse $f(a)$ et $f(b)$ appartiennent à $[a, b]$, donc :
$$f(a) - a \geq 0 \quad \text{et} \quad f(b) - b \leq 0.$$

8.3. RÉPONSES

Si l'on pose $g(x) = f(x) - x$, on a donc $g(b) \leq 0 \leq g(a)$, et comme g est une fonction continue de $[a, b]$ dans $\mathbb{R}$, on peut appliquer le théorème des valeurs intermédiaires et affirmer l'existence de $c \in [a, b]$ tel que $g(c) = 0$. Ainsi $f(c) = c$, et c est un point fixe de f sur $[a, b]$.

b) Si f est strictement décroissante sur $[a, b]$, la fonction $g = f - Id$ définie dans la question précédente est strictement décroissante sur $[a, b]$ comme somme de deux fonctions strictement décroissantes sur $[a, b]$. Cela assure l'unicité du réel c de $[a, b]$ qui vérifie $g(c) = 0$ puisque, si l'on suppose par l'absurde qu'il existe c et c' tels que $c < c'$ et $g(c) = g(c') = 0$, alors la stricte décroissance de g donne $g(c) > g(c')$, soit $0 > 0$ ce qui est absurde. Pour conclure à l'unicité du point fixe de f, il suffit de rappeler que c est un point fixe de f si et seulement si c'est un zéro de g, ce qui transcrit seulement l'équivalence évidente :
$$f(x) = x \Leftrightarrow g(x) = 0.$$

c) La stricte croissance de f ne suffit pas pour assurer l'unicité du point fixe, comme on le voit quand f est la fonction identique qui à x fait correspondre x. Ici $f(x) = x$ pour tout $x \in [a, b]$, donc tous les points de $[a, b]$ sont fixes pour f qui est pourtant strictement croissante.

Réponse 8.17 C'est faux car nous avons une forme indéterminée 1^∞. Écrivons des développements limités au voisinage de 0_+. On obtient :
$$f(x) = \left(\frac{\sin x}{x}\right)^{1/x^2} = \exp\left(\frac{1}{x^2} \ln\left(\frac{\sin x}{x}\right)\right)$$

et :
$$\frac{\sin x}{x} = \frac{1}{x}\left(x - \frac{x^3}{6} + o(x^3)\right) = 1 - \frac{x^2}{6} + o(x^2).$$

Comme $\ln(1+h) = h - \frac{h^2}{2} + o(h^2)$ au voisinage de 0,
$$\begin{aligned}
\ln\left(\frac{\sin x}{x}\right) &= \ln\left(1 - \frac{x^2}{6} + o(x^2)\right) \\
&= -\frac{x^2}{6} - \frac{1}{2}\left(-\frac{x^2}{6}\right)^2 + o(x^2) \\
&= -\frac{x^2}{6} + o(x^2).
\end{aligned}$$

Comme $e^x = 1 + x + \frac{x^2}{2} + o(x^2)$, on obtient :
$$f(x) = \exp\left(-\frac{1}{6} + o(1)\right) = e^{-1/6} \times e^{o(1)}.$$

Bien sûr $\lim_{x\to 0_+} e^{o(1)} = e^0 = 1$, donc $\lim_{x\to 0_+} f(x) = e^{-1/6}$ et l'on trouve :

$$\lim_{x\to 0_+} \left(\frac{\sin x}{x}\right)^{\frac{1}{x^2}} = e^{-1/6} \neq 1.$$

C'est bien pour cette raison que la forme 1^∞ est dite « indéterminée » : on n'arrive pas à conclure immédiatement au sujet des limites et l'on est obligé de recourir à des développements limités.

Réponse 8.18 a) La fonction $u(t) = \sqrt{3}\sin(100\pi t + \pi/3)$ a pour période :

$$T = \frac{2\pi}{100\pi} = 0,02$$

donc il est normal de résoudre cette équation sur l'intervalle $[0\,;\,0,02]$.

b) L'équation $\sin(100\pi t + \pi/3) = 1/2$ équivaut à :

$$\sin\left(100\pi t + \frac{\pi}{3}\right) = \sin\frac{\pi}{6}$$

soit à l'existence de $k \in \mathbb{Z}$ tel que :

$$\begin{cases} 100\pi t + \dfrac{\pi}{3} = \dfrac{\pi}{6} + k2\pi \\ \text{ou} \\ 100\pi t + \frac{\pi}{3} = \pi - \dfrac{\pi}{6} + k2\pi. \end{cases}$$

On trouve donc :

$$\begin{cases} t = \dfrac{1}{100}\left(-\dfrac{1}{6} + 2k\right) \quad (1) \\ \text{ou} \\ t = \dfrac{1}{100}\left(\dfrac{1}{2} + 2k\right). \quad (2) \end{cases}$$

Pour (1) on doit avoir :

$$0 \leq \frac{1}{100}\left(-\frac{1}{6} + 2k\right) \leq 0,02$$

c'est-à-dire $1/3 \leq k \leq 13 = 12$, ce qui donne $k = 1$, et :

$$t = \frac{1}{100}\left(-\frac{1}{6} + 2\right) = \frac{11}{600} \simeq 0,018.$$

Pour (2) on doit avoir :

$$0 \leq \frac{1}{100}\left(\frac{1}{2} + 2k\right) \leq 0,02$$

soit $-1/4 \leq k \leq 3/4$. On ne peut retenir que $k = 0$, et dans ce cas :
$$t = \frac{1}{200} = 0,005.$$
En conclusion l'équation $\sin(100\pi t + \pi/3) = 1/2$ admet deux solutions sur l'intervalle $[0\,;0,02]$, qui sont $0,005$ et $0,018$ (la seconde étant une valeur approchée).

Réponse 8.19 Montrons la propriété suivante par récurrence sur n :

$H(n)$: f_n et g_n sont n fois dérivables sur $\mathbb{R}$, les fonctions $f_n^{(n)}$ et $g_n^{(n)}$ ne sont pas continues en 0, et pour tout $k \in \{1,...,n\}$ on a $f_n^{(k)}(0) = g_n^{(k)}(0) = 0$ et les fonctions $f_n^{(k)}$ et $g_n^{(k)}$ sont bornées au voisinage de 0.

L'assertion $H(1)$ est vraie comme on l'a vu à la Question 3.29. Si la propriété est vraie au rang $n-1$, montrons-la au rang n. Pour tout $x \in \mathbb{R}^*$,

$$\begin{aligned} f_n'(x) &= 2nx^{2n-1}\sin\frac{1}{x} - x^{2(n-1)}\cos\frac{1}{x} \\ &= 2nxf_{n-1}(x) - g_{n-1}(x) \end{aligned}$$

et cette dernière égalité étant triviale si $x = 0$, on obtient :

$$\forall x \in \mathbb{R} \quad f_n'(x) = 2nxf_{n-1}(x) - g_{n-1}(x). \quad (1)$$

D'après l'hypothèse récurrente f_{n-1} et g_{n-1} sont $n-1$ fois dérivables sur $\mathbb{R}$, donc (1) montre que f_n est n fois dérivables sur $\mathbb{R}$, et aussi que pour tout $k \in \{1,...,n-1\}$:

$$f_n^{(k+1)}(x) = 2nxf_{n-1}^{(k)}(x) + 2nkf_{n-1}^{(k-1)}(x) - g_{n-1}^{(k)}(x).$$

En particulier $f_n^{(k)}(0) = 0$ pour tout $k \in \{1,...,n\}$, et :

$$f_n^{(n)}(x) = 2nxf_{n-1}^{(n-1)}(x) + 2n(n-1)f_{n-1}^{(n-2)}(x) - g_{n-1}^{(n-1)}(x), \quad (2)$$

donc $f_n^{(n)}$ est bornée au voisinage de 0. On montrerait de la même façon que g_n est n fois dérivables sur $\mathbb{R}$, que $g_n^{(k)}(0) = 0$ pour tout $k \in \{1,...,n\}$, et que $g_n^{(n)}$ est bornée au voisinage de 0.

Il ne reste plus qu'à démontrer que $f_n^{(n)}$ et $g_n^{(n)}$ ne sont pas continues en 0. On raisonne par l'absurde. Si $f_n^{(n)}$ était continue en 0, l'égalité (2) permettrait d'écrire :

$$\lim_{x \to 0} g_{n-1}^{(n-1)}(x) = \lim_{x \to 0}\left(2nxf_{n-1}^{(n-1)}(x) + 2n(n-1)f_{n-1}^{(n-2)}(x) - f_n^{(n)}(x)\right) = 0$$

puisque :

(a) $\lim_{x\to 0} f_n^{(n)}(x)$ serait égal à $f_n^{(n)}(0)$, c'est-à-dire à 0 ;

(b) $\lim_{x\to 0}(2nx f_{n-1}^{(n-1)}(x)) = 0$ comme le produit d'une fonction bornée par une fonction qui tend vers 0 ;

(c) $\lim_{x\to 0}(2n(n-1)f_{n-1}^{(n-2)}(x)) = 2n(n-1)f_{n-1}^{(n-2)}(0) = 0$ d'après la continuité de $f_{n-1}^{(n-2)}$.

C'est absurde car $g_{n-1}^{(n-1)}$ n'est pas continue en 0 d'après l'hypothèse de récurrence !

$\boxed{\text{Réponse 8.20}}$ a) Si f vérifie la condition (†), alors pour tout $x \in \mathbb{R}$:

$$f(x) = f\left(\frac{x}{2} + \frac{x}{2}\right) = f\left(\frac{x}{2}\right)^2 \geq 0.$$

b) S'il existe un réel c tel que $f(c) = 0$, alors :

$$f(x) = f(x - c + c) = f(x - c)f(c) = 0$$

pour tout $x \in \mathbb{R}$ et f est identiquement nulle. Comme on a supposé que f n'était pas identiquement nulle, on déduit que $f(x) > 0$ pour tout $x \in \mathbb{R}$. L'égalité $f(0) = f(0)^2$ entraîne alors $f(0) = 1$.

c) La continuité de f au seul point x_0 entraîne la continuité de f sur $\mathbb{R}$. En effet, si x_1 est un réel quelconque différent de x_0, la quantité :

$$\begin{aligned}|f(x_1 + h) - f(x_1)| &= |f((x_0 + h) + (x_1 - x_0)) - f(x_0 + (x_1 - x_0))| \\ &= |f(x_0 + h)f(x_1 - x_0) - f(x_0)f(x_1 - x_0)| \\ &= |f(x_1 - x_0)| \times |f((x_0 + h)) - f(x_0)|\end{aligned}$$

sera inférieure à un nombre ε strictement positif donné à l'avance dès que :

$$|f((x_0 + h)) - f(x_0)| \leq \frac{\varepsilon}{|f(x_1 - x_0)|},$$

et cette dernière inégalité sera assurée dès que $|h| \leq \eta$ pour un réel strictement positif η convenable, l'existence de η traduisant la continuité de f en x_0. Finalement :

$$\forall \varepsilon > 0 \quad \exists \eta > 0 \quad |h| \leq \eta \Rightarrow |f(x_1 + h) - f(x_1)| \leq \varepsilon$$

et cela prouve la continuité de f en x_1. Comme x_1 représente n'importe quel nombre réel, on a démontré que f était continue sur tout $\mathbb{R}$.

8.3. RÉPONSES

d) L'application f est continue sur $\mathbb{R}$, donc intégrable sur tout intervalle fermé borné, et l'on peut écrire :

$$\int_1^2 f(x+y)\,dy = f(x) \int_1^2 f(y)\,dy$$

soit :

$$\int_{x+1}^{x+2} f(u)\,du = cf(x)$$

après avoir fait le changement de variables $u = x+y$ dans la première intégrale pour x fixé, et en posant $c = \int_1^2 f(y)\,dy$. On remarque que $c > 0$ puisque f est continue à valeurs strictement positives, ce qui permet d'écrire :

$$\forall x \in \mathbb{R} \quad f(x) = \frac{1}{c}\int_{x+1}^{x+2} f(u)\,du.$$

Cette expression de f comme l'intégrale d'une fonction continue sur un intervalle dont les bornes sont des fonctions dérivables de x montre que f est dérivable sur $\mathbb{R}$.

e) En dérivant les deux membres de l'équation fonctionnelle (†) par rapport à y, on trouve :

$$f'(x+y) = f(x) f'(y).$$

Pour $y = 0$, on obtient $f'(x) = f'(0) f(x)$, et l'on est ramené à résoudre une équation différentielle du type $y' = ay$. On sait que f est solution de cette équation différentielle si, et seulement si, il existe une constante réelle k telle que $f(x) = k e^{f'(0)x}$ pour tout réel x. En remplaçant x par 0 dans cette écriture, on obtient $f(0) = k$, d'où $k = f(0) = 1$. Finalement si l'on pose $a = e^{f'(0)}$, on constate que $f(x) = a^x$ pour tout réel x, et f est bien une fonction exponentielle de base a.

f) On peut énoncer la CNS suivante :

Théorème — Une application $f : \mathbb{R} \to \mathbb{R}$ est continue en un point de $\mathbb{R}$ et vérifie la condition :

$$\forall x, y \in \mathbb{R} \quad f(x+y) = f(x) f(y)$$

si et seulement si c'est l'application nulle ou une exponentielle de base a (avec $a > 0$).

La condition est suffisante d'après les propriétés connues des fonctions $x \mapsto a^x$, et les questions précédentes montrent qu'elle est nécessaire.

Réponse 8.21 a) Voici un algorithme en pseudo-code pour un pas de $0,01$:

$a \leftarrow -2$; $b \leftarrow 1$; $pas \leftarrow 0,01$; $k \leftarrow 0$;
$mini \leftarrow f(a)$; $c \leftarrow a$
Tant que $a + k.pas \leq b$, faire :
  Si $f(a + k.pas) < mini$, alors $c \leftarrow a + k.pas$; $mini \leftarrow f(c)$
  $k \leftarrow k + 1$
  Fin Faire
Afficher c et $mini$

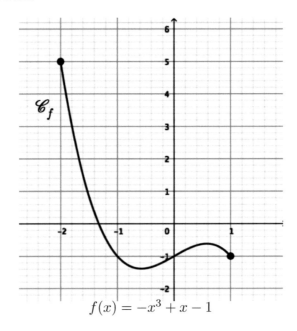

$f(x) = -x^3 + x - 1$

b) Les variables a et b contiennent les bornes de l'intervalle $[-2, 1]$. La variable pas correspond au pas noté h dans le rappel de la méthode, tandis que la variable k est l'entier qui sera incrémenté de 1 en 1 dans la boucle pour comparer les valeurs de $f(a+k.pas)$. La variable $mini$ retient la valeur la plus petite prise par $f(a+k.pas)$ à un moment donné de l'exécution du programme. La variable c retient la valeur d'un réel x tel que $f(x)$ soit égal au minimum cherché.

c) • L'instruction `while a+k*pas<=b` indique le début de la boucle itérative qui devra s'arrêter dès que l'on n'aura plus $a+k.pas \leq b$. Elle indique le critère de sortie de boucle.

• Les lignes :
```
if f(a+k*pas)<mini
   c=a+k*pas
```

8.3. RÉPONSES

```
   mini=f(c)
```
correspondent à une instruction conditionnelle. C'est une instruction logique qui signifie que si $f(a+k.pas) < mini$, alors il faut placer la valeur $a+k.pas$ dans la mémoire c, puis placer la valeur $f(c)$ dans la mémoire $mini$.

• La dernière instruction `k=k+1` sert à incrémenter la mémoire k de 1 pour passer à l'étape suivante dans la boucle.

d) La boucle utilisée ne possède qu'un nombre fini de pas car en incrémentant la variable k d'une unité à chaque tour, on est certain d'arriver à un moment où $a+k.pas > b$, et donc de sortir de la boucle. On le vérifie en raisonnant par l'absurde : si ce n'était pas le cas, on aurait $a+k.pas \leq b$ pour tout entier naturel k, et il suffirait de passer à la limite des deux côtés de cette inégalité pour obtenir $\lim_{k \to +\infty}(a+k.pas) \leq b$, soit $+\infty \leq b$, ce qui est absurde.

e) On a choisi $k = 0,0001$. Le nombre -0.5773999999999999 correspond au nombre réel c tel que $m = f(c) = -1.384900175176$ soit le minimum cherché.

f) La fonction mathématique f est une véritable fonction définie sur un intervalle, qui à tout réel de cet intervalle fait correspondre un nombre réel. La fonction informatique minimum associe un nombre $mini$ à partir de la donnée de la fonction f et des variables a, b et pas. C'est donc une fonction qui à f, a, b et pas fait correspondre le nombre $mini$. On peut la nommer F et écrire $F(f,a,b,pas) = mini$. Ce n'est pas une fonction de $\mathbb{R}$ dans $\mathbb{R}$.

g) On peut proposer un programme Python consistant à choisir des nombres e au hasard dans l'intervalle $[-2,1]$, puis calculer $f(e)$, puis ne retenir $f(e)$ que s'il est strictement plus petit que le nombre calculé au pas précédent. La commande `random.random()` de Python permet d'afficher un nombre réel au hasard dans l'intervalle $[0,1[$. On passe de l'intervalle $[0,1[$ à l'intervalle $[-2,1[$ en utilisant une fonction affine afin de pouvoir afficher un nombre au hasard dans $[-2,1[$. La méthode est basée sur des choix aléatoires de nombres dans $[-2,1[$. Voici le type de programme que l'on peut écrire :

```
# Minimum de f(x)=-x**3+x-1 entre -2 et 1
from math import *
import random
n=int(input('Entrer n : ')) # n est le nombre d'essais
m=-1
k=1
while k<=n :
  r=random.random() # r contient un réel au hasard dans [0,1[
  e=3*r-2 # réel dans [-2,1[
  if -e**3+e-1<m :
```

```
    m=-e**3+e-1
  print (m)
  k=k+1
print (e)
```

L'exécution de ce programme avec $n = 10000$ donne les deux dernières lignes :
```
-1.384900171280938
-1.2027870894012558
```
Ces valeurs sont proches du minimum $-\frac{2\sqrt{3}}{9} - 1 \simeq -1,38490018$ et du nombre $\frac{2\sqrt{3}}{3} \simeq 1,15470054$ où ce minimum est atteint.

Réponse 8.22 a) On a $\lim_{n \to +\infty} f(x) = \lim_{n \to +\infty} (240x+100)e^{-1,5x} = 0$. La fonction f est définie et dérivable sur $\mathbb{R}$ en entier, et sa dérivée prend la valeur $f'(x) = 240e^{-1,5x} - (240x+100) \times 1,5e^{-1,5x} = (90-360x)e^{-1,5x}$ au point x. On a :
$$f'(x) = 0 \Leftrightarrow x = \frac{90}{360} = \frac{1}{4},$$
donc f' s'annule en $x = 1/4$, et reste strictement positive sur $]-\infty, 1/4[$ et strictement négative sur $]1/4, +\infty[$. Le tableau de variations de f est donc le suivant en se restreignant à $\mathbb{R}_+$:

x	0		1/4		$+\infty$
$f'(x)$		+	0	−	
$f(x)$	100	↗	M	↘	0_+

où :
$$M = f\left(\frac{1}{4}\right) = \left(240 \times \frac{1}{4} + 100\right) e^{-1,5/4} = 160e^{-1,5/4} \simeq 109,966$$

b) • Les variations de la fonction continue f montrent bien que l'équation $f(x) = 100$ admet deux solutions : la solution évidente 0 et une solution qui appartient à l'intervalle $]M, +\infty[$. En effet, comme f tend vers 0 quand x tend vers $+\infty$, il existe $x_0 \in]M, +\infty[$ tel que $f(x_0) = 50$, et comme $100 \in [50, M]$, le théorème des valeurs intermédiaires appliqué à la fonction continue f montre l'existence de $x_1 \in [50, M]$ tel que $f(x_1) = 100$. L'unicité de x_1 est assurée par la stricte décroissance de f sur $]M, +\infty[$.

• Comme $0,01 \notin [100, M]$, aucun x de l'intervalle $[0, 1/4]$ n'est solution de l'équation $f(x) = 0,01$, et le tableau de variations de f montre que cette équation admet une unique solution dans $]M, +\infty[$.

c) Les bactéries sont considérées comme éliminées lorsque $f(x) \leq 0,01$. Les variations de f montrent que les bactéries seront éliminées dès la date x (en jours) où x est solution de l'équation $f(x) = 0,01$, qui s'écrit :

$$g(x) = 0 \quad (E)$$

où $g(x) = (240x+100)e^{-1,5x} - 0,01$. Comme g est strictement décroissante sur $]M, +\infty[$ comme la fonction f, on peut obtenir une valeur approchée de x par balayage à l'aide d'une machine. Un calcul donne $g(8) = 2,41130895 \times 10^{-3}$, et on peut par exemple incrémenter $x = 8$ de $0,001$ à chaque fois et s'arrêter dès qu'on obtient un entier k tel que $g(8 + k0,001) < 0$.

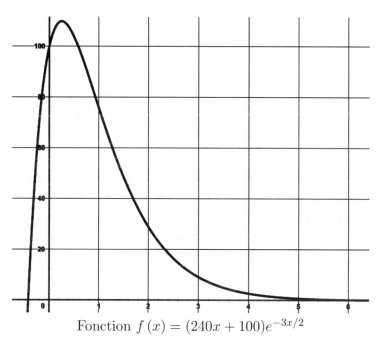

Fonction $f(x) = (240x + 100)e^{-3x/2}$

Voici un algorithme pour mécaniser la recherche :

$x \leftarrow 8$
Tant que $g(x) > 0$ faire :
$x \leftarrow x + 0,001$
Afficher x

Voilà sa traduction en langage Python :

```
# caplpa2017
from math import*
x=8
    while ((240*x+100)*exp(-1.5*x)-0.01>0) :
    x=x+0.001
print(x-0.001,x)
```

Le programme affiche un intervalle de la forme $[x - 0.001, x]$ contenant la valeur approchée cherchée. Voici l'écran de sortie :

```
>>> (executing file "caplpa2017.py")
8.155999999999914   8.156999999999913
```

On peut donc prendre la valeur approchée $x \simeq 8,156$, correspondant à 8 jours et $0,156 \times 24 = 3,744$ heures. Comme les $0,744$ heures restantes représentent $0,744 \times 60 = 44,64$ minutes, arrondies à 45 minutes, on peut dire que les bactéries seront éliminées en 8 jours, 3 heures et 45 minutes.

$\boxed{\text{Réponse 8.23}}$ 1. On remplace f par $-f$ dans l'inégalité de convexité. On constate alors que f est concave si et seulement si :
$$\forall (x,y) \in I^2 \quad \forall \lambda \in [0,1] \quad \lambda f(x) + (1-\lambda)f(y) \leq f(\lambda x + (1-\lambda)y).$$

2. • On a :
$$z \in [x,y] \Leftrightarrow x \leq z \leq y \overset{*}{\Leftrightarrow} x - y \leq z - y \leq 0 \Leftrightarrow 0 \leq \frac{z-y}{x-y} \leq 1,$$

la dernière équivalence se démontrant en multipliant ou divisant les trois membres de ces inégalités par $x - y$ strictement négatif. On déduit que :
$$z \in [x,y] \Leftrightarrow \exists \lambda \in [0,1] \ \frac{z-y}{x-y} = \lambda \Leftrightarrow \exists \lambda \in [0,1] \ z = \lambda x + (1-\lambda)y.$$

Commentaires — α) L'équivalence démontrée signifie que le segment $[x,y]$ est l'ensemble des barycentres de x et y affectés de coefficients positifs, ce qui constitue une définition possible d'un segment dans le cadre plus général d'un espace affine si l'on se rappelle des chapitres de géométrie de licence.

β) La rédaction proposée tire le lecteur par la main à chaque étape jusqu'au résultat escompté. Ce n'est pas de cette façon qu'on recherche réellement une solution, et il est normal de ne pas avoir l'idée d'écrire l'équivalence $*$. En fait, l'attitude normale (et efficace en concours) est de partir de l'arrivée pour écrire :
$$z = \lambda x + (1-\lambda)y \Leftrightarrow z - y = \lambda(x-y) \Leftrightarrow \lambda = \frac{z-y}{x-y}.$$

On constate alors que l'unique réel λ qui vérifie $z = \lambda x + (1-\lambda)y$ s'exprime en fonction de x, y et z, et l'on découvre les rôles importants joués par $z - y$ et $x - y$. Il ne reste plus qu'à achever le raisonnement. Voici une autre façon de rédiger plus proche de la façon dont on a trouvé une réponse au problème. On écrit :
$$\exists \lambda \in [0,1] \ z = \lambda x + (1-\lambda)y \Leftrightarrow \exists \lambda \in [0,1] \ \lambda = \frac{z-y}{x-y} \Leftrightarrow 0 \leq \frac{z-y}{x-y} \leq 1$$
$$\Leftrightarrow x \leq z \leq y \Leftrightarrow z \in [x,y]$$

en allant à reculons, c'est-à-dire en partant de la conclusion (en intelligence artificielle, on parle de *chaînage arrière*).

8.3. RÉPONSES

Pédagogiquement, il est toujours préférable de rédiger une démonstration sans utiliser de « sauts paranormaux » qui laisserait croire à l'élève que les mathématiques tiennent de la prestidigitation. Ou bien il faut montrer comment on recherche une réponse, puis comment on peut la rédiger de plusieurs façons différentes, certaines rédactions permettant de comprendre comment on a trouvé la réponse, d'autres pas. Pour plus de renseignements sur le chaînage arrière appliqué aux mathématiques, on peut lire le chapitre 2 de la thèse de André Antibi [1].

• Une fonction $f : I \to \mathbb{R}$ est convexe sur I, c'est-à-dire vérifie l'inégalité de convexité $(*)$, si et seulement si sa courbe est toujours située sous ses cordes. Cela signifie que, si M_a et M_b sont deux points quelconques de la courbe représentative de f, alors la courbe de f est sous le segment $[M_a M_b]$, comme sur la figure.

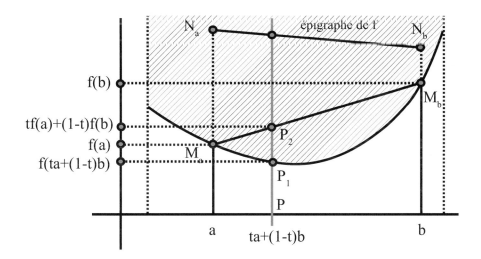

Commentaires — α) Le dessin ci-dessus est élaboré et l'on se contentera d'un dessin plus sobre sur sa copie pour ne pas perdre trop de temps à l'exécuter.

β) Démontrons cette caractérisation d'une fonction convexe par le placement de la courbe au-dessous de toutes ses cordes. Le point $P(ta + (1-t)b, 0)$ est un barycentre des points $A(a, 0)$ et $B(b, 0)$ qui décrit le segment $[AB]$ quand t décrit le segment $[0, 1]$.

Au-dessus de P se trouvent le point $P_1(ta+(1-t)b, f(ta+(1-t)b))$ sur la courbe représentative de f, puis $P_2(ta+(1-t)b, tf(a)+(1-t)f(b))$ dont les coordonnées sont les barycentres des coordonnées des points M_a et M_b affectés des coefficients t et $1-t$. Ainsi P_2 est le barycentre de $M_a(t)$ et $M_b(1-t)$, et l'on sait que P_2 décrit le segment $[M_aM_b]$ quand t parcourt $[0, 1]$. L'inégalité $(*)$ signifie donc que la courbe de f située entre les points M_a et M_b est au-dessous du segment $[M_aM_b]$.

γ) La zone hachurée s'appelle l'épigraphe de f, et l'on peut montrer que $f : I \to \mathbb{R}$ est convexe sur I si, et seulement si, son épigraphe est une partie convexe du plan

δ) L'ensemble des points situés sous la courbe représentative de f est appelé hypographe de f. On peut montrer que f est concave si, et seulement si, son hypographe est convexe.

3.a. Comme f et g sont convexes sur I, pour tous $(x, y) \in I^2$ et $\lambda \in [0, 1]$:

$$\begin{cases} f(\lambda x + (1 - \lambda)y) \leq \lambda f(x) + (1 - \lambda)f(y) \\ g(\lambda x + (1 - \lambda)y) \leq \lambda g(x) + (1 - \lambda)g(y) \end{cases}$$

et il suffit d'additionner ces inégalités membre à membre pour obtenir :

$$(f + g)(\lambda x + (1 - \lambda)y) \leq \lambda(f + g)(x) + (1 - \lambda)(f + g)(y)$$

et conclure à la convexité de $f + g$.

3.b. Comme f est convexe sur I, pour tous $(x, y) \in I^2$ et $\lambda \in [0, 1]$:

$$f(\lambda x + (1 - \lambda)y) \leq \lambda f(x) + (1 - \lambda)f(y).$$

Comme g est croissante sur J, on déduit :

$$g(f(\lambda x + (1 - \lambda)y)) \leq g(\lambda f(x) + (1 - \lambda)f(y))$$

et la convexité de g sur J donne :

$$g(\lambda f(x) + (1 - \lambda)f(y)) \leq \lambda g(f(x)) + (1 - \lambda)g(f(y)).$$

Les deux inégalités précédentes donnent, par transitivité et compte tenu de la définition de $g \circ f$:

$$(g \circ f)(\lambda x + (1 - \lambda)y) \leq \lambda(g \circ f)(f(x)) + (1 - \lambda)(g \circ f)(f(y)).$$

Cette dernière inégalité étant assurée quels que soient $(x, y) \in I^2$ et $\lambda \in [0, 1]$, on peut affirmer que $g \circ f$ est convexe sur I.

3.c. On peut énoncer : « si f est une fonction concave de I dans J, et si g est une fonction concave et <u>croissante</u> sur J, alors $g \circ f$ est concave sur I ».

4.a. Pour tous $(x, y) \in \mathbb{R}^2$ et $\lambda \in [0, 1]$, l'inégalité triangulaire donne :

$$|\lambda x + (1 - \lambda)y| \leq \lambda|x| + (1 - \lambda)|y|$$

puisque λ et $1-\lambda$ sont tous les deux positifs, donc la fonction valeur absolue est convexe sur $\mathbb{R}$

4.b. Montrer que $f : x \mapsto x^2$ est convexe sur $\mathbb{R}$ revient à prouver que pour tous $(x,y) \in \mathbb{R}^2$ et $\lambda \in [0,1]$:
$$(\lambda x + (1-\lambda)y)^2 \leq \lambda x^2 + (1-\lambda)y^2. \quad (P)$$
On a :
$$\begin{aligned}(P) &\Leftrightarrow \lambda^2 x^2 + (1-\lambda)^2 y^2 + 2\lambda(1-\lambda)xy \leq \lambda x^2 + (1-\lambda)y^2 \\ &\Leftrightarrow 0 \leq \left(\lambda - \lambda^2\right)x^2 + \left[(1-\lambda) - (1-\lambda)^2\right]y^2 - 2\lambda(1-\lambda)xy \\ &\Leftrightarrow 0 \leq \lambda(1-\lambda)x^2 + \lambda(1-\lambda)y^2 - 2\lambda(1-\lambda)xy \quad (P_1)\end{aligned}$$

Si $\lambda = 0$ ou 1, l'assertion (P_1) est triviale, donc (P) est vraie. Si $\lambda \in\,]0,1[$, il suffit de diviser les deux membres de l'inégalité (P_1) par $\lambda(1-\lambda)$ qui est strictement positif pour obtenir :
$$(P) \Leftrightarrow 0 \leq x^2 + y^2 - 2xy \Leftrightarrow 0 \leq (x-y)^2$$
et obtenir une inégalité qui reste toujours vraie quel que soit $(x,y) \in \mathbb{R}^2$. On peut donc conclure.

$\boxed{\text{Réponse 8.24}}$ a) La fonction g est bien définie sur $[0,1]$ car tous les barycentres de la forme $tx + (1-t)y$, avec $t \in [0,1]$, sont situés entre x et y, donc appartiennent à $\mathbb{R}_+^*$. L'expression $\ln(tx + (1-t)y)$ est donc bien définie. Cela étant, la fonction g est dérivable sur $[0,1]$ d'après les théorèmes généraux de dérivation, et pour tout $t \in [0,1]$:
$$g'(t) = \frac{1}{tx+(1-t)y} \times (x-y) - \ln x + \ln y = \frac{x-y}{tx+(1-t)y} + \ln y - \ln x.$$
La fonction g' est encore dérivable sur $[0,1]$, et pour tout $t \in [0,1]$:
$$g''(t) = \frac{-(x-y)(x-y)}{(tx+(1-t)y)^2} = \frac{-(x-y)^2}{(tx+(1-t)y)^2} < 0$$
puisque des carrés non nuls sont toujours strictement positifs. On en déduit que g' est strictement décroissante sur $[0,1]$.

b) Comme $[x,y] \subset \mathbb{R}_+^*$, la fonction $\ln$ est continue sur $[x,y]$ et dérivable sur $]x,y[$, de dérivée $x \mapsto 1/x$ sur cet intervalle. On peut appliquer le théorème de Rolle : il existe $c \in\,]x,y[$ tel que :
$$\frac{\ln x - \ln y}{x-y} = (\ln)'(c) = \frac{1}{c}. \quad (\natural)$$

De $0 < x < c < y$ on tire $1/y < 1/c < 1/x$, et compte tenu de (♮) :
$$\frac{1}{y} < \frac{\ln x - \ln y}{x - y} < \frac{1}{x}.$$

c) On a :
$$g'(0) = \frac{x-y}{y} + \ln y - \ln x = (x-y)\left(\frac{1}{y} - \frac{\ln x - \ln y}{x-y}\right).$$

Ici $x - y < 0$ et $\frac{1}{y} - \frac{\ln x - \ln y}{x-y} < 0$ d'après la question précédente, donc $g'(0) > 0$ puisque le produit de deux réels strictement négatifs est strictement positif. On recommence avec :
$$g'(1) = \frac{x-y}{x} + \ln y - \ln x = (x-y)\left(\frac{1}{x} - \frac{\ln x - \ln y}{x-y}\right)$$
où cette fois-ci $\frac{1}{x} - \frac{\ln x - \ln y}{x-y} > 0$, pour obtenir $g'(1) < 0$.

d) La fonction g' est continue et strictement décroissante sur $[0,1]$, donc le théorème des valeurs intermédiaires montre l'existence d'un unique réel t_0 de l'intervalle $]0,1[$ tel que $g'(t_0) = 0$.

e) On remarque que $g(0) = g(1) = 0$, et les questions précédentes permettent de construire le tableau de variations de g :

t	0		t_0		1
$g'(t)$		+	0	−	
$g(t)$	0	↗	$g(t_0)$	↘	0

Ce tableau montre que $g(t) \geq 0$ pour tout $t \in [0,1]$. Ainsi, pour tout $t \in [0,1]$:
$$g(t) = \ln(tx + (1-t)y) - t\ln x - (1-t)\ln y \geq 0$$
c'est-à-dire $\ln(tx + (1-t)y) \geq t\ln x + (1-t)\ln y$. Cette inégalité, vraie pour tout $t \in [0,1]$ et tout $(x,y) \in (\mathbb{R}_+^*)^2$ vérifiant $x < y$, montre que la fonction $\ln$ est concave sur $\mathbb{R}_+^*$.

Réponse 8.25 Raisonnons par récurrence sur n.

• La propriété est vraie si $n = 1$. Si $n = 2$ et si $x, y \in I$, pour tout réel $\lambda \in [0,1]$, le réel $\lambda x + (1-\lambda)y$ appartient à l'intervalle fermé d'extrémités x et y (d'après la définition barycentrique d'un intervalle vue en licence, ou d'après la Question 8.23 item 2) donc dans I, et l'inégalité $f(\lambda x + (1-\lambda)y) \leq \lambda f(x) + (1-\lambda)f(y)$ est acquise d'après la définition même d'une fonction convexe. La propriété est donc vraie au rang 1.

8.3. RÉPONSES

- Si l'on suppose maintenant que la propriété est satisfaite jusqu'au rang $n \geq 2$ inclus, montrons-la au rang $n+1$. Donnons-nous $(x_1, x_2, ..., x_{n+1}) \in I^{n+1}$ et $(\lambda_1, \lambda_2, ..., \lambda_{n+1}) \in (\mathbb{R}_+)^{n+1}$ tels que $\sum_{k=1}^{n+1} \lambda_k = 1$.
Posons $s_n = \lambda_1 + ... + \lambda_n = 1 - \lambda_{n+1}$. Comme :

$$\sum_{k=1}^{n+1} \lambda_k x_k = (1 - \lambda_{n+1}) \sum_{k=1}^{n} \frac{\lambda_k}{s_n} x_k + \lambda_{n+1} x_{n+1}$$

le point $\sum_{k=1}^{n+1} \lambda_k x_k$ appartient à l'intervalle d'extrémités $\sum_{k=1}^{n} \frac{\lambda_k}{s_n} x_k$ et x_{n+1} puisque $\lambda_{n+1} \in [0, 1]$, comme barycentre à coefficients positifs de $\sum_{k=1}^{n} \frac{\lambda_k}{s_n} x_k$ et x_{n+1} (cf. cours ou Question 8.23 item 2). Comme $\sum_{k=1}^{n} \frac{\lambda_k}{s_n} x_k \in I$ d'après la propriété récurrente au rang n (on a bien $\sum_{k=1}^{n} \frac{\lambda_k}{s_n} = 1$ pour pouvoir l'appliquer), on déduit que $\sum_{k=1}^{n+1} \lambda_k x_k$ appartient $a\ fortiori$ à l'intervalle I.
Comme f est convexe :

$$\begin{aligned} f\left(\sum_{k=1}^{n+1} \lambda_k x_k\right) &= f\left((1 - \lambda_{n+1}) \sum_{k=1}^{n} \frac{\lambda_k}{s_n} x_k + \lambda_{n+1} x_{n+1}\right) \\ &\leq (1 - \lambda_{n+1}) f\left(\sum_{k=1}^{n} \frac{\lambda_k}{s_n} x_k\right) + \lambda_{n+1} f(x_{n+1}) \quad (\sharp) \end{aligned}$$

et l'hypothèse récurrente au rang n, qu'on a le droit d'appliquer puisque $\sum_{k=1}^{n} \lambda_k/s_n = 1$ et $\sum_{k=1}^{n} (\lambda_k/s_n) x_k \in I$ d'après l'hypothèse récurrente au rang n, donne :

$$f\left(\sum_{k=1}^{n} \frac{\lambda_k}{s_n} x_k\right) \leq \sum_{k=1}^{n} \frac{\lambda_k}{s_n} f(x_k). \quad (\flat)$$

Les inégalités ($\sharp$) et ($\flat$) entraînent :

$$f\left(\sum_{k=1}^{n+1} \lambda_k x_k\right) \leq (1 - \lambda_{n+1}) \sum_{k=1}^{n} \frac{\lambda_k}{s_n} f(x_k) + \lambda_{n+1} f(x_{n+1}) = \sum_{k=1}^{n+1} \lambda_k f(x_k),$$

ce qui démontre l'inégalité au rang $n + 1$, et achève le raisonnement.

Réponse 8.26 a) L'inégalité de convexité généralisée appliquée à la fonction concave $\ln$ donne, pour tout $(a, b, c) \in (\mathbb{R}_+^*)^3$:

$$\ln\left(\frac{a+b+c}{3}\right) \geq \frac{1}{3} \ln a + \frac{1}{3} \ln b + \frac{1}{3} \ln c = \frac{1}{3} \ln abc.$$

Il suffit de prendre l'exponentielle des deux membres pour obtenir la relation demandée :

$$\frac{a+b+c}{3} \geq e^{\frac{1}{3}\ln(abc)} = (e^{\ln(abc)})^{1/3} = \sqrt[3]{abc}$$

b) La fonction $f = \ln \circ \ln$ est concave sur $]1, +\infty[$ car dérivable sur cet intervalle et de dérivée seconde négative. En effet :

$$\forall x \in]1, +\infty[\quad f'(x) = \frac{1}{x \ln x} \quad \text{et} \quad f''(x) = -\frac{1}{x^2 \ln x} - \frac{1}{x^2 \ln^2 x} < 0.$$

Si $(x, y) \in (]1, +\infty[)^2$ on aura alors :

$$\ln\left(\ln\left(\frac{x+y}{2}\right)\right) \geq \frac{1}{2}\ln(\ln(x)) + \frac{1}{2}\ln(\ln(y)) = \frac{1}{2}\ln(\ln x \ln y).$$

En prenant l'exponentielle des deux membres, on obtient bien :

$$\ln\left(\frac{x+y}{2}\right) \geq e^{\frac{1}{2}\ln(\ln x \ln y)} \quad \text{soit} \quad \ln\left(\frac{x+y}{2}\right) \geq \sqrt{\ln x \ln y}.$$

Commentaire — Dans la composition du CAPES d'où est tirée cette question, la preuve de la concavité de la fonction $\ln \circ \ln$ devait être déduite de la concavité de $\ln$ (Question 8.24) et du résultat suivant lequel la composée d'une fonction concave et d'une fonction concave croissante est encore une fonction concave sur l'intervalle *ad hoc* (Question 8.23 item 3.c).

$\boxed{\text{Réponse 8.27}}$ 1.a.i. On a $f(u) = f(\lambda t + (1-\lambda)a) \leq \lambda f(t) + (1-\lambda) f(a)$ puisque f est convexe sur I, soit $f(u) - f(a) \leq \lambda (f(t) - f(a))$. De l'égalité $u = \lambda t + (1-\lambda)a$ on tire $\lambda = \frac{u-a}{t-a}$ qu'il suffit de remplacer dans l'inégalité précédente pour obtenir :

$$\frac{f(t) - f(a)}{t - a} \leq \frac{f(u) - f(a)}{u - a} \quad \text{c'est-à-dire} \quad \Delta_a(t) \leq \Delta_a(u).$$

1.a.ii. On déduit que $\Delta_a(t) \leq \Delta_a(u)$ pour tout $(t, u) \in (I \setminus \{a\})^2$ tel que $t < u$. Cela signifie que la fonction Δ_a est croissante sur $I \setminus \{a\}$.

1.b.i. Par hypothèse $(x, y) \in I^2$, $x < y$ et $\lambda \in [0, 1[$, donc $\lambda x + (1-\lambda)y$ appartient au segment $]x, y]$, et $\lambda x + (1-\lambda)y \leq y$. La croissance de Δ_x montre alors que $\Delta_x(\lambda x + (1-\lambda)y) \leq \Delta_x(y)$.

1.b.ii. L'inégalité $\Delta_x(\lambda x + (1-\lambda)y) \leq \Delta_x(y)$ s'écrit successivement :

$$\frac{f(\lambda x + (1-\lambda)y) - f(x)}{\lambda x + (1-\lambda)y - x} \leq \frac{f(y) - f(x)}{y - x}$$

$$\frac{f(\lambda x + (1-\lambda)y) - f(x)}{(1-\lambda)(y - x)} \leq \frac{f(y) - f(x)}{y - x}.$$

Comme $(1-\lambda)(y-x) > 0$, on peut multiplier les deux membres de cette inégalité par $(1-\lambda)(y-x)$ pour obtenir :
$$f(\lambda x + (1-\lambda)y) - f(x) \leq (1-\lambda)(f(y) - f(x))$$
de sorte que $f(\lambda x + (1-\lambda)y) \leq \lambda f(x) + (1-\lambda)f(y)$ pour tout $\lambda \in [0,1[$. Cette dernière inégalité étant triviale si $\lambda = 1$, on obtient :
$$\forall (x,y) \in I^2 \quad \forall \lambda \in [0,1] \quad f(\lambda x + (1-\lambda)y) \leq \lambda f(x) + (1-\lambda)f(y),$$
ce qui démontre que f est convexe sur I.

1.c. Les questions 11.a et 11.b montrent que $f : I \to \mathbb{R}$ est convexe sur I si et seulement si, pour tout $a \in I$, la fonction Δ_a est croissante sur $I \setminus \{a\}$.

2. • La fonction f est convexe sur I, et $(a,b,c) \in I^3$ avec $a < b < c$. La question précédente montre que les fonctions Δ_a et Δ_c sont croissantes respectivement sur $I \setminus \{a\}$ et $I \setminus \{c\}$. Ainsi :
$$b < c \Rightarrow \Delta_a(b) \leq \Delta_a(c) \Rightarrow \frac{f(b) - f(a)}{b-a} \leq \frac{f(c) - f(a)}{c-a}$$
et :
$$a < b \Rightarrow \Delta_c(a) \leq \Delta_c(b) \Rightarrow \frac{f(a) - f(c)}{a-c} \leq \frac{f(b) - f(c)}{b-c}$$
$$\Rightarrow \frac{f(c) - f(a)}{c-a} \leq \frac{f(c) - f(b)}{c-b}.$$

On obtient bien l'inégalité des trois pentes :
$$\frac{f(b) - f(a)}{b-a} \leq \frac{f(c) - f(a)}{c-a} \leq \frac{f(c) - f(b)}{c-b}.$$

• Sur la figure, on a représenté le graphe d'une fonction convexe et trois points M_a, M_b et M_c sur ce graphe, d'abscisses a, b, c avec $a < b < c$. On vient de démontrer que, si f est convexe sur I, alors :
$$\text{pente de } (M_a M_b) \leq \text{pente de } (M_a M_c) \leq \text{pente de } (M_b M_c),$$
ce que l'on constate visuellement sur le dessin.

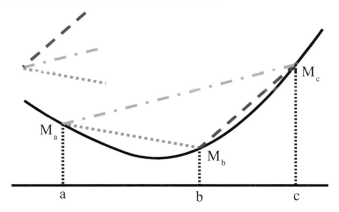

3. • Si φ est majorée, la partie $E = \{\varphi(x) \,/\, x \in \,]a,b[\}$ est une partie majorée non vide de $\mathbb{R}$, donc admet une borne supérieure dans $\mathbb{R}$ d'après le théorème de la borne supérieure. Posons $m = \mathrm{Sup}\, E$. Par définition d'une borne supérieure, si $\varepsilon \in \mathbb{R}_+^*$ il existe $x \in \,]a,b[$ tel que $m - \varepsilon < \varphi(x) \leq m$, et la croissance de φ montre que $x < t < b$ entraîne $m - \varepsilon < \varphi(x) \leq \varphi(t) \leq m$. Donc :

$$\forall \varepsilon > 0 \quad \exists x \in \,]a,b[\quad x < t < b \;\Rightarrow\; |\varphi(t) - m| < \varepsilon$$

et cela prouve que φ admet une limite à gauche en b, et $\lim_{x \to b_-} \varphi(x) = m$.

• Si φ est minorée, on montrerait de même que φ admet une limite à droite en a et $\lim_{x \to a_+} \varphi(x) = \mathrm{Inf}\{\varphi(x) \,/\, x \in \,]a,b[\}$.

4. • Comme f est convexe sur I, la question 11 montre que la fonction Δ_b est croissante sur $I \setminus \{b\}$. La partie $\{\Delta_b(t) \,/\, t \in \,]a,b[\}$ est donc majorée par $\Delta_b(c)$, et admet une limite à gauche en b égale à $A = \mathrm{Sup}\,\{\Delta_b(t) \,/\, t \in \,]a,b[\}$ d'après le théorème de la limite monotone. Ainsi :

$$\lim_{t \to b_-} \frac{f(t) - f(b)}{t - b} = A = \mathrm{Sup}\,\{\Delta_b(t) \,/\, t \in \,]a,b[\}$$

donc f est dérivable à gauche b et $f'_g(b) = A$. De même $\{\Delta_b(t) \,/\, t \in \,]b,c[\}$ est minorée par $\Delta_b(a)$, donc admet une limite à droite en b qui sera égale à $B = \mathrm{Inf}\,\{\Delta_b(t) \,/\, t \in \,]b,c[\}$ et :

$$\lim_{t \to b_+} \frac{f(t) - f(b)}{t - b} = B = \mathrm{Inf}\,\{\Delta_b(t) \,/\, t \in \,]b,c[\}.$$

Ainsi f est dérivable à droite en b et $f'_d(b) = B$.

• Comme Δ_b est croissante sur $I \setminus \{b\}$ et $a < b < c$:

$$\forall t \in \,]a,b[\quad \Delta_b(a) \leq \Delta_b(t) \leq \mathrm{Sup}\,\{\Delta_b(t) \,/\, t \in \,]a,b[\} = f'_g(b)$$

et :

$$\forall t \in \,]b,c[\quad f'_d(b) = \mathrm{Inf}\,\{\Delta_b(t) \,/\, t \in \,]b,c[\} \leq \Delta_b(t) \leq \Delta_b(c)$$

donc :

$$\Delta_b(a) = \frac{f(b) - f(a)}{b - a} \leq f'_g(b) \quad \text{et} \quad f'_d(b) \leq \Delta_b(c) = \frac{f(c) - f(b)}{c - b}.$$

Pour conclure, il ne reste plus qu'à prouver que $f'_g(b) \leq f'_d(b)$. Comme Δ_b est croissante :

$$\forall t \in \,]a,b[\quad \forall u \in \,]b,c[\quad \Delta_b(t) \leq \Delta_b(u)$$

donc :

$$\forall t \in \,]a,b[\quad \Delta_b(t) \leq \inf_{u \in \,]b,c[} \Delta_b(u) = f'_d(b).$$

8.3. RÉPONSES

Cela montre que $f'_d(b)$ est un majorant de $\{\Delta_b(t)\,/\,t \in\,]a,b[\}$, et donc, par définition d'une borne supérieure, que $f'_g(b) = \mathrm{Sup}\,\{\Delta_b(t)\,/\,t \in\,]a,b[\} \leq f'_d(b)$. En conclusion :
$$\frac{f(b)-f(a)}{b-a} \leq f'_g(b) \leq f'_d(b) \leq \frac{f(c)-f(b)}{c-b}.$$

- On a :
$$\lim_{t\to b_-}\frac{f(t)-f(b)}{t-b} = f'_g(b)$$
donc il existe une fonction $\varepsilon:\,]a,b[\,\to\mathbb{R}$ telle que $\lim_{t\to b_-}\varepsilon(t)=0$ et :
$$\forall t\in\,]a,b[\quad \frac{f(t)-f(b)}{t-b} = f'_g(b) + \varepsilon(t).$$

Ainsi :
$$\forall t\in\,]a,b[\quad f(t)-f(b) = f'_g(b)(t-b) + \varepsilon(t)(t-b)$$
et $\lim_{t\to b_-}(f(t)-f(b))=0$, autrement dit $\lim_{t\to b_-} f(t) = f(b)$. On recommence pour la limite à droite. De :
$$\lim_{t\to b_+}\frac{f(t)-f(b)}{t-b} = f'_d(b)$$
on tire l'existence d'une fonction $\zeta:\,]b,c[\,\to\mathbb{R}$ telle que $\lim_{t\to b_+}\zeta(t)=0$ et :
$$\forall t\in\,]b,c[\quad \frac{f(t)-f(b)}{t-b} = f'_d(b) + \zeta(t)$$
d'où :
$$\forall t\in\,]b,c[\quad f(t)-f(b) = f'_d(b)(t-b) + \zeta(t)(t-b)$$
et cela montre que $\lim_{t\to b_+} f(t) = f(b)$. La fonction f admet ainsi une limite à droite et une limite à gauche en b, et ces limites sont égales à $f(b)$, donc $\lim_{t\to b} f(t) = f(b)$ et que f soit continue en b.

5. La fonction $f:[a,b]\to\mathbb{R}$ valant 0 sur $]a,b[$, et 5 en a et b, est convexe sur $[a,b]$ d'après la propriété des cordes.

Commentaire — La question 4 montre seulement qu'une fonction convexe $f:I\to\mathbb{R}$ est dérivable à droite et à gauche, et continue, en tout point situé à l'intérieur du segment I. Dans cette question, nous avons en effet raisonné avec b qui était intérieur à I, puisque $a<b<c$ avec $(a,b,c)\in I^3$. Le contre-exemple que l'on a donné montre que la continuité d'une fonction convexe sur I n'est pas obligée en une borne de I.

6.a. Comme f est convexe sur I, et $(a,b)\in I^2$, la question 1.a montre que Δ_a est croissante sur $I\setminus\{a\}$, et que Δ_b est croissante sur $I\setminus\{b\}$. Ainsi :
$$\forall t\in\,]a,b[\quad \Delta_b(a) \leq \Delta_b(t).$$

soit :
$$\forall t \in \,]a,b[\quad \frac{f(a)-f(b)}{a-b} \leq \frac{f(t)-f(b)}{t-b}.$$

En passant à la limite dans ces inégalités lorsque t tend vers b par valeurs négatives, on obtient :
$$\frac{f(b)-f(a)}{b-a} \leq f'(b) = \lim_{t \to b_-} \frac{f(t)-f(b)}{t-b}.$$

De même, pour tout $t \in \,]a,b[$ on a $\Delta_a(t) \leq \Delta_a(b)$, soit :
$$\forall t \in \,]a,b[\quad \frac{f(t)-f(a)}{t-a} \leq \frac{f(b)-f(a)}{b-a}.$$

En passant à la limite dans ces inégalités quand t tend vers a par valeurs positives, on obtient :
$$f'(a) = \lim_{t \to a_+} \frac{f(t)-f(a)}{t-a} \leq \frac{f(b)-f(a)}{b-a}.$$

En conclusion, pour tout $(a,b) \in I^2$ tel que $a < b$:
$$f'(a) \leq \frac{f(b)-f(a)}{b-a} \leq f'(b). \quad (I)$$

En particulier $a < b$ entraîne $f'(a) \leq f'(b)$ quels que soient $a,b \in I$, donc f' est croissante sur I.

6.b. Soit $a \in I$. Notons $M_a(a, f(a))$ le point d'abscisse a situé sur la courbe $\mathcal{C}$ représentative de f. La tangente T à la courbe $\mathcal{C}$ issue de M_a est d'équation $y = f'(a)(x-a) + f(a)$. Si $t \in I$, Notons N_t et M_t les points d'abscisse t situés respectivement sur T et $\mathcal{C}$, comme sur la figure. On a $N_t(t, f'(a)(t-a) + f(a))$ et $M_t(t, f(t))$, de sorte que N_t sera toujours situé sous M_t si et seulement si, pour tout $t \in I$:
$$f'(a)(t-a) + f(a) \leq f(t)$$

c'est-à-dire : $\quad \forall t \in I \setminus \{a\} \quad f'(a)(t-a) \leq f(t) - f(a) \quad (\Delta)$

8.3. RÉPONSES

De deux choses l'une :

- Si $t < a$:
$$(\Delta) \Leftrightarrow f'(a) \geq \frac{f(t) - f(a)}{t - a}$$

et cette dernière inégalité est vraie d'après les inégalités (I).

- Si $t > a$:
$$(\Delta) \Leftrightarrow f'(a) \leq \frac{f(t) - f(a)}{t - a}$$

ce qui est encore vrai d'après (I).

En conclusion la courbe représentative d'une fonction convexe dérivable est au-dessus de toutes ses tangentes.

7.a. L'application ϕ est dérivable sur $[0,1]$ comme la différence de deux applications dérivables : la partie $t \mapsto tf(x) + (1-t)f(y)$ qui est polynomiale, donc dérivable, et la partie $t \mapsto f(tx + (1-t)y)$ dérivable comme composée de deux fonctions dérivables. Pour tout $t \in [0,1]$:

$$\phi'(t) = f(x) - f(y) - f'(tx + (1-t)y)(x-y) \quad (\partial)$$

7.b. La fonction f est continue sur $[x,y]$ et dérivable sur $]x,y[$, donc on peut appliquer le théorème des accroissements finis : il existe $c \in]x,y[$ tel que $f(x) - f(y) = f'(c)(x - y)$. Comme $c \in]x,y[$, il existe $\gamma \in [0,1]$ tel que c soit le barycentre de x et y affectés des coefficients γ et $(1-\gamma)$ donc $c = \gamma x + (1-\gamma)y$ (on peut aussi utiliser la Question 8.23 item 2). En remplaçant dans (∂) on obtient bien, pour tout $t \in [0,1]$:

$$\begin{aligned}\phi'(t) &= f'(c)(x-y) - f'(tx + (1-t)y)(x-y) \\ &= (x-y)\left(f'(\gamma x + (1-\gamma)y) - f'(tx + (1-t)y)\right)\end{aligned}$$

7.c. Posons $A(t) = f'(\gamma x + (1-\gamma)y) - f'(tx + (1-t)y)$ pour pouvoir écrire $\phi'(t) = (x-y)A(t)$. Etudions le signe de ϕ'. Comme f' est croissante sur I :

$$\gamma x + (1-\gamma)y \leq tx + (1-t)y \Rightarrow A(t) \leq 0$$

mais :

$$\gamma x + (1-\gamma)y \leq tx + (1-t)y \Leftrightarrow \gamma(x-y) \leq t(x-y) \Leftrightarrow t \leq \gamma$$

puisque $x - y < 0$, donc :

$$t \leq \gamma \Rightarrow A(t) \leq 0 \Rightarrow \phi'(t) = (x-y)A(t) \geq 0.$$

On montrerait de même que $t \geq \gamma$ entraîne $\phi'(t) \leq 0$. Par conséquent la fonction ϕ est croissante sur $[0,\gamma]$ et décroissante sur $[\gamma,1]$.

7.d. Comme $\phi(0) = \phi(1) = 0$, et comme d'après la question précédente ϕ croît sur $[0, \gamma]$ et décroît sur $[\gamma, 1]$, on déduit que $\phi(t)$ reste positif quel que soit $t \in [0, 1]$. Ainsi, pour tout $(x, y) \in I^2$ tel que $x < y$:

$$\forall t \in [0, 1] \quad \phi(t) = tf(x) + (1-t)f(y) - f(tx + (1-t)y) \geq 0$$

c'est-à-dire :

$$\forall t \in [0, 1] \quad f(tx + (1-t)y) \leq tf(x) + (1-t)f(y),$$

ce qui prouve que f est convexe sur I.

8. Supposons f deux fois dérivable sur I. Les questions 6 et 7 montrent que f est convexe sur I si et seulement si f' est croissante, ce qui revient à dire que f'' est positive sur I.

Réponse 8.28 1.a. Pour tout $(x_1, x_2, y_1, y_2) \in (\mathbb{R}_+^*)^4$:

$$\psi(x_1, y_1) + \psi(x_2, y_2) = y_1 f\left(\frac{x_1}{y_1}\right) + y_2 f\left(\frac{x_2}{y_2}\right)$$
$$= (y_1 + y_2) \left[\frac{y_1}{y_1 + y_2} f\left(\frac{x_1}{y_1}\right) + \frac{y_2}{y_1 + y_2} f\left(\frac{x_2}{y_2}\right)\right]$$

où les réels $\frac{y_1}{y_1 + y_2}$ et $\frac{y_2}{y_1 + y_2}$ sont positifs et de somme 1. Comme f est concave sur $\mathbb{R}_+^*$, on déduit :

$$\psi(x_1, y_1) + \psi(x_2, y_2) \leq (y_1 + y_2) f\left(\frac{y_1}{y_1 + y_2}\frac{x_1}{y_1} + \frac{y_2}{y_1 + y_2}\frac{x_2}{y_2}\right)$$
$$\leq (y_1 + y_2) f\left(\frac{x_1 + x_2}{y_1 + y_2}\right) = \psi(x_1 + x_2, y_1 + y_2)$$

d'où l'inégalité demandée.

1.b. On raisonne par récurrence sur n pour $n \in \mathbb{N}^*$. L'inégalité $(**)$ est évidente si $n = 1$, et on vient de la démontrer dans la question précédente si $n = 2$. Supposons maintenant que l'assertion soit vraie jusqu'au rang n (avec $n \geq 3$), et montrons-la au rang $n+1$. Si $(x_1, ..., x_{n+1}, y_1, ..., y_{n+1}) \in (\mathbb{R}_+^*)^{2n+2}$, l'hypothèse récurrente au rang n et la propriété au rang 2 permettent d'écrire :

$$\sum_{k=1}^{n+1} \psi(x_k, y_k) = \sum_{k=1}^{n} \psi(x_k, y_k) + \psi(x_{n+1}, y_{n+1})$$
$$\leq \psi\left(\sum_{k=1}^{n} x_k, \sum_{k=1}^{n} y_k\right) + \psi(x_{n+1}, y_{n+1}) \leq \psi\left(\sum_{k=1}^{n+1} x_k, \sum_{k=1}^{n+1} y_k\right)$$

ce qui démontre la propriété au rang $n+1$.

8.3. RÉPONSES

2.a. La fonction $f : t \mapsto t^{1/p}$ est définie et deux fois dérivable sur $\mathbb{R}_+^*$, et pour tout $t \in \mathbb{R}_+^*$:

$$f'(t) = \frac{1}{p} t^{(1/p)-1} \quad \text{et} \quad f''(t) = \frac{1}{p}\left(\frac{1}{p} - 1\right) t^{(1/p)-2}.$$

Comme $p > 1$, on aura $1/p > 0$ et $(1/p) - 1 < 0$ donc $f''(t) < 0$ quel que soit $t \in \mathbb{R}_+^*$. La dérivée seconde de f est donc négative sur $\mathbb{R}_+^*$, donc f est concave sur cet intervalle.

2.b. Définissons la fonction ψ sur $(\mathbb{R}_+^*)^2$ comme précédemment, mais avec cette fonction concave particulière $f : t \mapsto t^{1/p}$. Alors :

$$\forall (x,y) \in (\mathbb{R}_+^*)^2 \quad \psi(x,y) = y f\left(\frac{x}{y}\right) = y \left(\frac{x}{y}\right)^{1/p} = x^{1/p} y^{1-1/p} = x^{1/p} y^{1/q}.$$

Pour tout $(x_1, ..., x_n, y_1, ..., y_n) \in (\mathbb{R}_+^*)^{2n}$ l'inégalité $(**)$ s'écrit alors :

$$\sum_{k=1}^n x_k^{1/p} y_k^{1/q} \leq \left(\sum_{k=1}^n x_k\right)^{1/p} \left(\sum_{k=1}^n y_k\right)^{1/q}.$$

Pour tout $(a_1, ..., a_n, b_1, ..., b_n) \in (\mathbb{R}_+^*)^{2n}$, on peut poser $x_k = a_k^p$ et $y_k = b_k^q$ pour tout $k \in [\![1,n]\!]$, puis appliquer l'inégalité précédente pour obtenir l'inégalité de Hölder :

$$\sum_{k=1}^n a_k b_k < \left(\sum_{k=1}^n a_k^p\right)^{1/p} \left(\sum_{k=1}^n b_k^q\right)^{1/q}.$$

Chapitre 9

Compléments sur les suites

9.1 Minimum vital

9.1.1 Approximations de e

Les questions suivantes permettent d'approximer le nombre e suivant diverses méthodes, et l'une des questions permet de conclure à l'irrationalité de e, un irrationnalité régulièrement demandée au CAPES.

Question 9.1 *Montrer que* $\lim\limits_{n\to+\infty}\left(1+\dfrac{1}{n}\right)^n = e$.

Question 9.2 *(Ecrit agrég. int. 2015) On considère un entier naturel n strictement positif. Montrer que pour tout $x \in [0,n]$:*
$$\left(1-\dfrac{x}{n}\right)^n \leq e^{-x} \quad et \quad \lim_{n\to+\infty}\left(1-\dfrac{x}{n}\right)^n = e^{-x}.$$

Question 9.3 *Utiliser la formule de Taylor avec reste intégral pour montrer que la série $\sum_{n=0}^{+\infty} x^n/n!$ converge vers e^x quel que soit le nombre réel x. Démontrer que cette convergence est uniforme sur tout intervalle borné de $\mathbb{R}$.*

Question 9.4 *On considère la suite (u_n) de terme général :*
$$u_n = 1 + 1 + \dfrac{1}{2!} + \dfrac{1}{3!} + ... + \dfrac{1}{n!}.$$

a) En appliquant le théorème des accroissements finis à la fonction :
$$f(x) = e^{-x}\left(1 + x + \dfrac{x^2}{2!} + ... + \dfrac{x^n}{n!}\right),$$
montrer que $\lim_{n\to+\infty} u_n = e$. En déduire que $\lim_{n\to+\infty} v_n = e$ où par définition $v_n = u_n + \dfrac{1}{n.n!}$.

341

b) Montrer que $u_n < e < v_n$ pour tout entier n. En déduire que le nombre e est irrationnel.

Question 9.5 *(Ecrit CAPES 2018) Pour tout $n \in \mathbb{N}^*$ on pose :*
$$a_n = \sum_{p=0}^{n} \frac{1}{p!} \quad et \quad b_n = a_n + \frac{1}{n \times n!}.$$
a) Montrer que les suites $(a_n)_{n \in \mathbb{N}^*}$ et $(b_n)_{n \in \mathbb{N}^*}$ sont adjacentes.
b) Montrer que :
$$\forall n \in \mathbb{N}^* \quad e - a_n = \frac{1}{n!} \int_0^1 (1-t)^n e^t \, dt.$$
c) En déduire que :
$$\forall n \in \mathbb{N}^* \quad 0 < e - a_n < \frac{1}{n \times n!}$$
et trouver la limite de la suite $(a_n)_{n \in \mathbb{N}^*}$ (Ind. : on pourra étudier les variations de la fonction $t \mapsto (1-t)e^t$). Chercher une valeur de n telle que a_n soit une valeur approchée de e à 10^{-5} près.

Question 9.6 *(Ecrit CAPESA 2013)*
a) Montrer que $e^x \geq 1 + x$ pour tout nombre réel x. En déduire que :
$$\forall n \in \mathbb{N}^* \quad \left(1 + \frac{1}{n}\right)^n \leq e.$$
b) Montrer que $e^x \leq \frac{1}{1-x}$ pour tout $x \in \,]-\infty, 1[$.
En déduire que $e \leq (1 + \frac{1}{n})^{n+1}$ quel que soit $n \in \mathbb{N}^*$.
c) Montrer que :
$$\lim_{n \to +\infty} \left[\left(1 + \frac{1}{n}\right)^{n+1} - \left(1 + \frac{1}{n}\right)^n\right] = 0.$$
En déduire que $\lim_{n \to +\infty} \left(1 + \frac{1}{n}\right)^n = e$.

9.1.2 Suites classiques

Question 9.7 *a) Discuter la convergence de la suite $(a^n)_{n \in \mathbb{N}}$ suivant les valeurs prises par le nombre réel a.*
b) Si a est un nombre complexe de module 1 et différent de 1, montrer que la suite $(a^n)_{n \in \mathbb{N}}$ diverge.
c) Soit $a \in \mathbb{C}$. Trouver une condition nécessaire et suffisante portant sur a pour que la suite $(a^n)_{n \in \mathbb{N}}$ soit convergente.

Question 9.8 *Etudier la convergence des suites $(e^{in\theta})_{n \in \mathbb{N}}$ lorsque $\theta \in \mathbb{R}$.*

Question 9.9 *Etudier la convergence des suites $(\cos n\theta)_{n \in \mathbb{N}}$ lorsque $\theta \in \mathbb{R}$. Que dire des suites $(\sin n\theta)_{n \in \mathbb{N}}$?*

9.2 Entraînement

9.2.1 Extraits de concours

Question 9.10 *(Ecrit CAPLPA 2014)*
Pour tout entier naturel supérieur à 3 a-t-on $n^3 \geq 3^n$?

Question 9.11 *Soit a un nombre réel strictement positif. Montrer de deux façons différentes que $\lim_{n \to +\infty}(a^n/n!) = 0$.*

Question 9.12 *(Ecrit CAPLP 2012)*
Une suite numérique $(u_n)_{n \in \mathbb{N}}$ qui vérifie la propriété $(\mathcal{P})$ ci-dessous est-elle nécessairement croissante ?
$$(\mathcal{P}): \quad \forall n \in \mathbb{N} \quad u_n \neq 0 \quad et \quad \frac{u_{n+1}}{u_n} \geq 1.$$

Question 9.13 *(Ecrit CAPLP 2012)*
Si une suite numérique $(u_n)_{n \in \mathbb{N}}$ est telle qu'il existe un nombre réel $k \in]0,1[$ et un nombre réel α tels que pour tout entier naturel n, $|u_{n+1} - \alpha| \leq k|u_n - \alpha|$ alors la suite $(u_n)_{n \in \mathbb{N}}$ converge vers α. Vrai ou faux ? Justifier.

Question 9.14 *(Ecrit CAPES 2012)*
Pour tout entier naturel n non nul on pose $a_n = \dfrac{\sqrt{n}}{4^n}\binom{2n}{n}$.

a) On admet que $n! \sim \left(\dfrac{n}{e}\right)^n \sqrt{2\pi n}$ au voisinage de $+\infty$ (formule de Stirling). Montrer que la suite $(a_n)_{n \in \mathbb{N}^*}$ converge vers $1/\sqrt{\pi}$.

b) Montrer que, pour tout $n \in \mathbb{N}^*$:
$$\frac{a_{n+1}}{a_n} - 1 = \frac{\left(\sqrt{n+1} - \sqrt{n}\right)^2}{2\sqrt{n}\sqrt{n+1}}.$$

En déduire que la suite $(a_n)_{n \geq 1}$ est croissante et que $a_n \leq 1/\sqrt{\pi}$ pour tout entier $n \geq 1$.

c) Montrer que :
$$\forall n \in \mathbb{N}^* \quad \left(\sqrt{n+1} - \sqrt{n}\right)^2 \leq \frac{1}{4\sqrt{n}\sqrt{n+1}}.$$

puis que :
$$\forall n \in \mathbb{N}^* \quad 0 \leq a_{n+1} - a_n \leq \frac{1}{8n(n+1)\sqrt{\pi}}.$$

En déduire que pour tout entier $k \geq 1$ et tout entier $p \geq k$:
$$0 \leq a_p - a_k \leq \frac{1}{8k\sqrt{\pi}},$$

puis que pour tout entier k non nul : $0 \leq \dfrac{1}{\sqrt{\pi}} - a_k \leq \dfrac{1}{8k\sqrt{\pi}}.$

Question 9.15 *Vitesse de convergence* (Ecrit CAPESA 2013)

a) Soit $(u_n)_{n\in\mathbb{N}}$ une suite réelle qui converge vers l, telle que :
$$\lim_{n\to+\infty} \frac{|u_{n+1} - l|}{|u_n - l|} = k.$$

Montrer que k appartient à l'intervalle $[0, 1]$. La convergence de $(u_n)_{n\in\mathbb{N}}$ est dite lente si $k = 1$, de type géométrique si $0 < k < 1$, et rapide si $k = 0$.

b) On admet que la suite $(c_n)_{n\in\mathbb{N}^*}$ de terme général :
$$c_n = \left(1 + \frac{1}{n}\right)^n$$

converge vers e. Etudier sa vitesse de convergence.

Question 9.16 (Ecrit CAPES 2015) Soit α un nombre réel non congru à 0 modulo π. Montrer que la suite $(v_n)_{n\in\mathbb{N}^*}$ définie par :
$$v_n = \frac{1}{n} \sum_{k=1}^{n} \sin k\alpha$$

est convergente et déterminer sa limite.

Question 9.17 *Recherche d'un équivalent* (Ecrit CAPES 2016)

a) Dans cette question, on fixe un entier naturel non nul n. On définit $y_0 = 48$, et pour tout $k \in [\![0, n-1]\!]$ on pose $y_{k+1} = ay_k + b$ où :
$$a = 1 - \frac{0,12}{n} \quad et \quad b = \frac{2,64}{n}.$$

Déterminer le réel l tel que $l = al + b$. En considérant la suite $(y_k - l)_{k\in[\![0,n-1]\!]}$, exprimer le terme y_n en fonction de n.

b) Calculer $y = \lim_{n\to+\infty} y_n$.

c) Déterminer un équivalent de $|y - y_n|$ lorsque n tend vers $+\infty$.

9.2.2 Rocambolesque

Question 9.18 (Ecrit CAPES 2015)
On considère la suite $(x_n)_{n\in\mathbb{N}^*}$ de premier terme $x_1 = 1$ telle que :
$$\forall n \in \mathbb{N}^* \quad x_{n+1} = \frac{x_n(1 + x_n)}{1 + 2x_n}.$$

a) Montrer que $0 < x_n < 1$ pour tout $n \geq 2$.

b) Montrer que la suite $(x_n)_{n\in\mathbb{N}^*}$ est décroissante.

c) La suite $(x_n)_{n\in\mathbb{N}^*}$ est-elle convergente ? Si oui, déterminer sa limite.

d) Pour tout $n \in \mathbb{N}^*$ on pose :

$$u_n = \frac{1}{x_{n+1}} - \frac{1}{x_n} \quad \text{et} \quad v_n = \frac{1}{n}\sum_{k=1}^{n} u_k.$$

Montrer que $(u_n)_{n\in\mathbb{N}^*}$ converge vers 1. En utilisant le résultat principal sur la convergence au sens de Cesàro (Question 5.10). Exprimer v_n en fonction de x_{n+1} et x_1. En déduire un équivalent de x_n au voisinage de $+\infty$.

Question 9.19 (Ecrit CAPESA 2015) On note $\binom{n}{k}$ le coefficient binomial k parmi n, et l'on pose :
$$A_n = \left\{\binom{n}{k} \, / \, 0 \leq k \leq n\right\}.$$

a) Montrer que pour $k \in [\![0, n[\![$:
$$\binom{n}{k+1} - \binom{n}{k} = \frac{n!}{(k+1)!(n-k)!}(n-2k-1).$$

b) Après avoir expliqué pourquoi A_n admet un plus grand élément, noté M_n, déduire que celui-ci est atteint lorsque k est égal à la partie entière de $n/2$.

c) Justifier l'inégalité $2^n \leq (n+1)M_n$. En déduire la limite de M_n quand n tend vers $+\infty$.

Question 9.20 *Suite instable*.
Pour tout $n \in \mathbb{N}$, on pose :
$$I_n = \int_0^1 \frac{t^n}{5-t}\,dt.$$

a) Montrer que $\lim I_n = 0$.
b) Trouver une relation de récurrence entre I_n et I_{n-1}.
c) Ecrire un algorithme qui calcule I_n pour n variant de 0 à 30, puis faire tourner cet algorithme en utilisant un langage de programmation de son choix. Que remarque-t-on ? Comment expliquer ce phénomène ?

Question 9.21 Pour tout $n \in \mathbb{N}$, on pose :
$$I_n = \int_1^e x^2 (\ln x)^n \, dx.$$

a) Montrer que la suite (I_n) est convergente.
b) Trouver une relation de récurrence entre I_n et I_{n-1}.
c) Ecrire un algorithme qui calcule I_n pour n variant de 0 à 30. Ecrire un programme qui calcule ces valeurs. Qu'observe-t-on ? Comment l'expliquer ?

9.3 Réponses

Réponse 9.1 Posons $u_n = \left(1 + \frac{1}{n}\right)^n$, et notons que $\ln u_n = n \ln\left(1 + \frac{1}{n}\right)$. La dérivabilité de la fonction logarithme népérien en 1 permet d'écrire :

$$\lim_{x \to 0} \frac{\ln(1+x) - \ln 1}{x} = 1$$

d'où $\lim_{n \to +\infty} n \ln(1 + 1/n) = 1$ par composition de limites. Toujours par composition de limites, et en écrivant $u_n = e^{\ln u_n}$, on obtient $\lim_{n \to +\infty} u_n = e$.

Réponse 9.2 • Par hypothèse $x \in [0, n]$. Si $x = n$, l'inégalité :

$$\left(1 - \frac{x}{n}\right)^n \leq e^{-x} \quad (*)$$

est triviale car s'écrit $0 \leq e^{-x}$ et car on sait qu'une exponentielle est toujours positive. Supposons maintenant que $x \in [0, n[$. Sous cette hypothèse :

$$\left(1 - \frac{x}{n}\right)^n \leq e^{-x} \Leftrightarrow n \ln\left(1 - \frac{x}{n}\right) \leq -x \Leftrightarrow h(x) \geq 0$$

où h désigne l'application :

$$h : \begin{array}{ccc} [0, n[& \to & \mathbb{R} \\ x & \mapsto & -x - n\ln(1 - x/n). \end{array}$$

Etudions donc les variations de h. La fonction h est définie et dérivable sur $[0, n[$, de dérivée en x :

$$h'(x) = -1 - n\frac{1}{1 - \frac{x}{n}} \times \left(-\frac{1}{n}\right) = -1 + \frac{1}{1 - \frac{x}{n}} = \frac{x}{n - x}$$

strictement positive quel que soit $x \in [0, n[$.

x	0		n
$h'(x)$		+	$\|\|$
$h(x)$	0	↗	$+\infty \|\|$

La fonction h est donc croissante sur $[0, n[$, et l'on aura bien :

$$\forall x \in [0, n[\quad h(0) = 0 \leq h(x).$$

En conclusion :

$$\forall x \in [0, n] \quad \left(1 - \frac{x}{n}\right)^n \leq e^{-x}.$$

9.3. RÉPONSES

• On connaît les développements limités suivant au voisinage de 0, le second se déduisant du premier par intégration :

$$\frac{1}{1+x} = 1 - x + x^2 - \ldots + (-1)^k x^k + o(x^k)$$

$$\ln(1+x) = x - \frac{x^2}{2} + \frac{x^3}{3} - \ldots + (-1)^k \frac{x^{k+1}}{k+1} + o(x^{k+1}).$$

Si $x \in [0, n]$ est fixé, on en déduit que pour n voisin de $+\infty$:

$$\ln\left(1 - \frac{x}{n}\right)^n = n \ln\left(1 - \frac{x}{n}\right) = n\left(-\frac{x}{n} - \frac{1}{2}\left(\frac{x}{n}\right)^2 + o\left(\left(\frac{x}{n}\right)^2\right)\right)$$

$$= -x - \frac{x^2}{2n} + o\left(\frac{1}{n}\right)$$

donc :
$$\lim_{n \to +\infty} \left(n \ln\left(1 - \frac{x}{n}\right)\right) = -x.$$

Comme l'application $x \mapsto e^x$ est continue sur $\mathbb{R}$, on obtient :

$$\lim_{n \to +\infty} \left(1 - \frac{x}{n}\right)^n = \lim_{n \to +\infty} e^{n \ln(1-x/n)} = e^{-x}$$

par composition de limites.

Réponse 9.3 Rappelons la formule de Taylor avec reste intégral, encore appelée formule de Taylor-Laplace :

Théorème — (**Formule de Taylor avec reste intégral**)
Si $f : [a, x] \to \mathbb{R}$ est une application de classe C^{n+1} sur $[a, x]$ (où $a < x$), alors :

$$f(x) = f(a) + f'(a)(x-a) + \ldots + \frac{f^{(n)}(a)}{n!}(x-a)^n + \int_a^x \frac{(x-t)^n}{n!} f^{(n+1)}(t)\, dt$$

et la formule reste vraie si f est définie sur $[x, a]$ lorsque $x < a$.

Avec la fonction e^x, on obtient pour tout $n \in \mathbb{N}$:

$$e^x = \sum_{k=0}^n \frac{x^k}{k!} + \int_0^x \frac{(x-t)^n}{n!} e^t\, dt$$

soit :
$$e^x = \sum_{k=0}^n \frac{x^k}{k!} + R_n(x) \quad \text{où } R_n(x) = \int_0^x \frac{(x-t)^n}{n!} e^t\, dt.$$

On a :
$$|R_n(x)| \le |x| \frac{|x|^n}{n!} \text{Sup}(1, e^x).$$

Comme $\lim_{n \to +\infty} |x|^n / n! = 0$, on déduit que $\lim_{n \to +\infty} R_n(x) = 0$ et donc que la série $\sum_{k=0}^{n} x^k / k!$ converge vers e^x quel que soit le réel x fixé à l'avance. Cette convergence est uniforme sur tout intervalle borné I de $\mathbb{R}$ puisque, si M désigne un réel positif tel que tous les $x \in I$ vérifient $|x| \le M$, alors :

$$\forall x \in I \quad |R_n(x)| \le \frac{M^{n+1}}{n!} \text{Sup}(1, e^M)$$

et le membre de droite tend vers 0 indépendamment de x.

$\boxed{\textbf{Réponse 9.4}}$ a) La fonction $x \mapsto f(x) = e^{-x}\left(1 + x + \frac{x^2}{2!} + ... + \frac{x^n}{n!}\right)$ est définie et dérivable sur $\mathbb{R}$ et pour tout $x \in \mathbb{R}$:

$$f'(x) = -e^{-x}\frac{x^n}{n!}.$$

Fixons $x > 0$. Le théorème des accroissements finis permet d'écrire :

$$|f(x) - f(0)| \le \underset{t \in [0,x]}{\text{Sup}} |f'(t)| \, |x - 0| \le \frac{x^n}{n!} x$$

soit :

$$|f(x) - 1| \le \frac{x^{n+1}}{n!}.$$

En faisant $x = 1$ dans cette inégalité, on obtient $\left|e^{-1} u_n - 1\right| \le 1/n!$ d'où :

$$0 \le |u_n - e| \le \frac{e}{n!}.$$

Le théorème des gendarmes donne alors $\lim_{n \to +\infty} u_n = e$, et l'on déduit aussi que $\lim_{n \to +\infty} v_n = e$.

b) La suite (u_n) croît strictement tandis que (v_n) décroît strictement. En effet :

$$v_{n+1} - v_n = \frac{1}{(n+1)!} + \frac{1}{(n+1)(n+1)!} - \frac{1}{n.n!} = \frac{-1}{n(n+1)(n+1)!} < 0.$$

Par suite $u_n < e < v_n$ pour tout $n \in \mathbb{N}^*$. On note au passage que ces deux suites sont adjacentes. Si e était rationnel, il s'écrirait $e = p/q$ où p et q sont des entiers naturels non nuls, et l'on aurait :

$$u_q < \frac{p}{q} < u_q + \frac{1}{q.q!}$$

d'où $u_q < p.q! < u_q + 1$, ce qui est absurde car un nombre entier ne peut pas être compris entre deux nombres entiers consécutifs.

Réponse 9.5 a) La suite (a_n) est strictement croissante puisque :
$$\forall n \in \mathbb{N} \quad a_{n+1} - a_n = \frac{1}{(p+1)!} > 0.$$

La suite (b_n) est strictement décroissante car pour tout $n \in \mathbb{N}^*$,

$$\begin{aligned} b_{n+1} - b_n &= \frac{1}{(n+1)!} + \frac{1}{(n+1).(n+1)!} - \frac{1}{n.n!} \\ &= \left(\frac{1}{n+1} + \frac{1}{(n+1)^2} - \frac{1}{n}\right)\frac{1}{n!} = \frac{-1}{n(n+1)^2} \times \frac{1}{n!} < 0. \end{aligned}$$

Comme $\lim(b_n - a_n) = \lim \frac{1}{n \times n!} = 0$, on peut affirmer que les suites (a_n) et (b_n) sont adjacentes.

b) Montrons que l'égalité :
$$e - a_n = \frac{1}{n!}\int_0^1 (1-t)^n e^t\, dt \quad (\dagger)$$

est vraie pour tout entier $n \geq 1$ en raisonnant par récurrence sur n. Si $n = 1$, alors $e - a_1 = e - 2$ et :
$$\int_0^1 (1-t)e^t\, dt = \int_0^1 e^t\, dt - \int_0^1 te^t\, dt = e - 1 - \int_0^1 te^t\, dt. \quad (*)$$

Une intégration par parties, licite puisque les fonctions $t \mapsto 1 - t$ et $t \mapsto e^t$ sont de classe C^1 sur $\mathbb{R}$, donc *a fortiori* sur $[0,1]$, donne :
$$\int_0^1 te^t\, dt = \left[te^t\right]_0^1 - \int_0^1 e^t\, dt = e - (e - 1) = 1.$$

En remplaçant dans $(*)$ on trouve bien :
$$\int_0^1 (1-t)e^t\, dt = e - 2 = e - a_1.$$

L'égalité est donc assurée si $n = 1$. Supposons que l'égalité $(\dagger)$ soit vraie au rang $n \geq 1$ et démontrons-la au rang $n+1$. On a :
$$e - a_{n+1} = e - a_n - \frac{1}{(n+1)!} = \frac{1}{n!}\int_0^1 (1-t)^n e^t\, dt - \frac{1}{(n+1)!}$$

en appliquant la propriété de récurrence au rang n, et l'on pourra conclure si l'on montre que :
$$\frac{1}{n!}\int_0^1 (1-t)^n e^t\, dt - \frac{1}{(n+1)!} = \frac{1}{(n+1)!}\int_0^1 (1-t)^{n+1} e^t\, dt$$

autrement dit que : $(n+1)\int_0^1 (1-t)^n e^t\, dt - 1 = \int_0^1 (1-t)^{n+1} e^t\, dt.$ (‡)

Une intégration par parties donne :

$$\int_0^1 (1-t)^{n+1} e^t\, dt = \left[(1-t)^{n+1} e^t\right]_0^1 - \int_0^1 -(n+1)(1-t)^n e^t\, dt$$
$$= -1 + (n+1)\int_0^1 (1-t)^n e^t\, dt$$

ce qui prouve (‡) et achève la démonstration.

c) La fonction $t \mapsto (1-t)^n e^t$ est continue et positive sur $[0,1]$, sans y être identiquement nulle, donc :

$$0 < \frac{1}{n!}\int_0^1 (1-t)^n e^t\, dt = e - a_n.$$

La fonction $\varphi : t \mapsto (1-t)e^t$ est définie et dérivable sur $[0,1]$, et si $t \in [0,1]$:

$$\varphi'(t) = -e^t + (1-t)e^t = -te^t.$$

Comme $\varphi'(t) \leq 0$ pour tout $t \in [0,1]$, φ est décroissante sur $[0,1]$ et :

$$\forall t \in [0,1]\quad \varphi(t) \leq \varphi(0) = 1.$$

Par suite :

$$e - a_n = \frac{1}{n!}\int_0^1 (1-t)^n e^t\, dt \leq \frac{1}{n!}\int_0^1 (1-t)^{n-1}\, dt$$

avec :

$$\int_0^1 (1-t)^{n-1}\, dt = \left[\frac{-(1-t)^n}{n}\right]_0^1 = \frac{1}{n}$$

donc :

$$e - a_n \leq \frac{1}{n \times n!}.$$

En conclusion :

$$0 < e - a_n < \frac{1}{n \times n!}.$$

Comme $\lim \frac{1}{n \times n!} = 0$, le théorème des gendarmes montre que la suite $(e - a_n)$ converge et que $\lim (e - a_n) = 0$. Il en sera donc de même de la suite (a_n), et l'on aura $\lim a_n = e$. Une calculatrice donne :

$$\frac{1}{7 \times 7!} \simeq 2{,}8 \times 10^{-5} \text{ puis } \frac{1}{8 \times 8!} \simeq 3{,}1 \times 10^{-6} \leq 10^{-5}$$

et la question précédente montre que $0 < e - a_8 < 10^{-5}$. Donc :

$$a_8 = \sum_{p=0}^{8} \frac{1}{p!} \simeq 2{,}71827877$$

est une valeur approchée de e à 10^{-5} près.

Remarque — Par définition, on appelle valeur approchée de e à 10^{-5} près <u>tout</u> réel x tel que $|x - e| \leq 10^{-5}$. Ici, le nombre $2{,}71827877$ donné par une calculatrice avec 9 chiffres significatifs peut donc être appelé valeur approchée de e à 10^{-5} près. On fera attention, car si l'on a bien :

$$2{,}71827877 < e < 2{,}71827877 + 10^{-5}$$

cela entraîne seulement $2{,}71827 \leq e < 2{,}71829$, ce qui ne permet pas d'obtenir les valeurs approchées par défaut et par excès de e à 10^{-5} près. Pour les avoir, il faut aller plus loin, et par exemple calculer $a_9 \simeq 2{,}71828153$, ainsi que $\frac{1}{9 \times 9!} = 3{,}06192436 \times 10^{-7} \leq 10^{-6}$, pour pouvoir écrire :

$$2{,}71828153 < e < 2{,}71828153 + 10^{-6}$$

qui entraîne $2{,}71828 \leq e < 2{,}71828253$, puis $2{,}71828 \leq e < 2{,}71829$. Ce dernier encadrement permet maintenant d'affirmer que $2{,}71828$ est <u>la</u> valeur approchée par défaut de e à 10^{-5} près. Cette valeur n'est pas demandée par l'énoncé.

Réponse 9.6 a) • La fonction φ de $\mathbb{R}$ dans $\mathbb{R}$ qui à tout x réel associe $\varphi(x) = e^x - 1 - x$ est définie et dérivable sur $\mathbb{R}$, de dérivée la fonction φ' telle que $\varphi'(x) = e^x - 1$. On a $\varphi'(0) = 0$, et l'on constate que $\varphi'(x) \geq 0$ pour tout réel x positif, et $\varphi'(x) \leq 0$ pour tout réel x négatif. La fonction φ admet donc un minimum absolu en $x = 0$, donc $\varphi(x) \geq \varphi(0) = 0$ pour tout x, autrement dit :
$$\forall x \in \mathbb{R} \quad e^x \geq 1 + x.$$

• Si $n \in \mathbb{N}^*$, l'inégalité démontrée dans la question précédente, appliquée avec $x = 1/n$, donne :

$$1 + \frac{1}{n} \leq e^{1/n} \quad \text{d'où} \quad \left(1 + \frac{1}{n}\right)^n \leq e$$

en élevant les deux membres à la puissance n.

b) • *Première méthode* — Appliquons le résultat de la question a) avec $-x$ à la place de x lorsque $x \in \,]-\infty, 1[$. On obtient $e^{-x} \geq 1 - x$, et comme $1 - x > 0$, on trouve :
$$e^x \leq \frac{1}{1-x}$$

en divisant les deux membres de l'inégalité par $e^{-x}(1-x)$ qui est positif.

Seconde méthode — Pour tout $x \in]-\infty, 1[$:
$$e^x \leq \frac{1}{1-x} \quad \Leftrightarrow \quad e^x(1-x) - 1 \leq 0$$

Donc il s'agit de démontrer que :
$$\forall x \in]-\infty, 1[\quad \psi(x) \leq 0$$

où $\psi(x) = e^x(1-x) - 1$. La fonction ψ de $\mathbb{R}$ dans $\mathbb{R}$ qui à x associe $\psi(x)$ est définie et dérivable sur tout $\mathbb{R}$, de nombre dérivé en x : $\psi'(x) = -xe^x$. La fonction dérivée ψ' s'annule en 0, et l'on a le tableau de variations :

x	$-\infty$		0		$+\infty$
$\psi'(x)$	$+\infty$	$+$	0	$-$	$-\infty$
$\psi(x)$	-1	↗	0	↘	$-\infty$

La figure proposée plus loin donne l'allure de la courbe représentative de ψ. On peut donc affirmer que $\psi(x) \leq \psi(0) = 0$ pour tout $x \in]-\infty, 1[$, et conclure.

- Pour tout $n \in \mathbb{N}^*$ on doit montrer que :
$$e \leq \left(1 + \frac{1}{n}\right)^{n+1} \quad ; \quad \text{c'est-à-dire} \quad e^{\frac{1}{n+1}} \leq 1 + \frac{1}{n}. \quad (*)$$

L'inégalité montrée dans la question précédente appliquée avec $x = 1/(n+1)$, un nombre qui est bien strictement inférieur à 1 quand $n \in \mathbb{N}^*$, donne :
$$e^{\frac{1}{n+1}} \leq \frac{1}{1 - \frac{1}{n+1}} = 1 + \frac{1}{n}$$

ce qui prouve $(*)$.

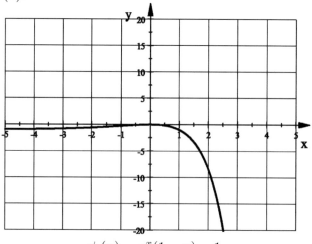

$$\psi(x) = e^x(1-x) - 1$$

9.3. RÉPONSES

c) • Il s'agit de montrer que $\lim_{n\to+\infty} \xi_n = 0$ où :

$$\xi_n = \left(1+\frac{1}{n}\right)^{n+1} - \left(1+\frac{1}{n}\right)^n = \frac{1}{n}\left(1+\frac{1}{n}\right)^n.$$

D'après a), $0 \leq \xi_n \leq \frac{e}{n}$ et $\lim_{n\to+\infty}(e/n) = 0$. Il suffit d'appliquer le théorème des gendarmes pour obtenir $\lim_{n\to+\infty} \xi_n = 0$.

Remarque — Si l'on ne dispose pas de la majoration obtenue en a), on aurait procédé autrement. Que faire à l'oral si un examinateur nous demande de montrer que $\lim_{n\to+\infty} \zeta_n = 0$, où $\zeta_n = \frac{1}{n}\left(1+\frac{1}{n}\right)^n$? Le plus simple et d'étudier la suite de terme général $\ln \zeta_n$. On a :

$$\ln \zeta_n = \ln \frac{1}{n} + \frac{\ln\left(1+\frac{1}{n}\right)}{\frac{1}{n}}.$$

De $\lim_{h\to 0} \frac{\ln(1+h)}{h} = 1$ et $\lim_{n\to+\infty}(\ln \frac{1}{n}) = -\infty$ on tire $\lim_{n\to+\infty} \ln \zeta_n = -\infty$, puis en appliquant la fonction exponentielle (dont on connaît les limites) et les théorèmes généraux sur les limites :

$$\lim_{n\to+\infty} \zeta_n = \lim_{n\to+\infty} e^{\ln \zeta_n} = \lim_{x\to-\infty} e^x = 0_+.$$

Cette solution est juste, mais n'est pas appropriée dans ce problème parce qu'on dispose de l'inégalité a), et parce que la même méthode permet de démontrer directement que :

$$\lim_{n\to+\infty} \left(1+\frac{1}{n}\right)^n = e$$

sans avoir à utiliser les questions a) et b).

• On a :

$$\left(1+\frac{1}{n}\right)^n \leq e \leq \left(1+\frac{1}{n}\right)^{n+1}$$

donc :

$$0 \leq e - \left(1+\frac{1}{n}\right)^n \leq \left(1+\frac{1}{n}\right)^{n+1} - \left(1+\frac{1}{n}\right)^n.$$

Comme $\lim_{n\to+\infty}[(1+\frac{1}{n})^{n+1} - (1+\frac{1}{n})^n] = 0$, le théorème des gendarmes donne :

$$\lim_{n\to+\infty}\left(e - \left(1+\frac{1}{n}\right)^n\right) = 0 \quad \text{soit} \quad \lim_{n\to+\infty}\left(1+\frac{1}{n}\right)^n = e.$$

Réponse 9.7 a) On envisage tous les cas possibles :

- Si $a > 1$ on écrit $a = 1 + b$ avec $b > 0$, de sorte que :
$$a^n = (1+b)^n = 1 + nb + \binom{n}{2}b^2 + \ldots + b^n \geq 1 + nb.$$

Comme $\lim_{n \to +\infty}(1 + nb) = +\infty$, on déduit que $\lim_{n \to +\infty} a^n = +\infty$.

- Si $a = 1$, alors $a^n = 1$ pour tout n, donc la suite $(a^n)_{n \in \mathbb{N}}$ est stationnaire.

- Si $|a| < 1$, alors $\lim a^n = 0$. C'est trivial si $a = 0$. Si $a \neq 0$, on se ramène au premier cas en posant $b = 1/|a|$. Comme $b > 1$ on obtient $\lim_{n \to +\infty} b^n = +\infty$, d'où :
$$\lim_{n \to +\infty} |a|^n = \lim_{n \to +\infty} \frac{1}{b^n} = 0$$

en appliquant les théorèmes généraux sur les limites. On conclut en rappelant que $\lim_{n \to +\infty} |a|^n = 0$ équivaut à $\lim_{n \to +\infty} a^n = 0$.

- Si $a = -1$, la suite $(a^n)_{n \in \mathbb{N}}$ diverge puisqu'elle prend successivement les valeurs $+1$ et -1.

- Si $a < -1$, la suite $(a^n)_{n \in \mathbb{N}}$ diverge. Pour le voir, on raisonne par l'absurde : si $(a^n)_{n \in \mathbb{N}}$ avait une limite réelle, la suite $(|a|^n)_{n \in \mathbb{N}}$ en aurait une aussi, ce qui est absurde puisque $\lim_{n \to +\infty} |a|^n = +\infty$ d'après le premier point !

Remarques — α) D'autres démonstrations existent. Ainsi $\ln a^n = n \ln a$ permet d'affirmer que $\ln a^n$ tend vers $+\infty$ si $a > 1$, et par composition de limites, que $a^n = e^{n \ln a}$ tend vers $+\infty$. De même si $|a| < 1$ la convergence de $\ln |a|^n = n \ln |a|$ vers $-\infty$ entraîne celle de $|a|^n$ vers 0.

β) Quand $0 < a < 1$, on peut utiliser la décroissance de la suite $(a^n)_{n \in \mathbb{N}}$ pour étudier sa limite. En effet, $(a^n)_{n \in \mathbb{N}}$ est une suite réelle décroissante minorée par 0, donc converge vers un réel l qui vérifie $l = al$ (passer à la limite dans $a^{n+1} = aa^n$). D'où $l = 0$.

γ) Si $a < -1$, alors $(a^{2k})_{k \in \mathbb{N}}$ tend vers $+\infty$ et $(a^{2k+1})_{k \in \mathbb{N}}$ tend vers $-\infty$. En effet, si l'on pose $a = -b$ avec $b > 1$, on obtient :
$$\begin{cases} \lim_{k \to +\infty} a^{2k} = \lim_{k \to +\infty} b^{2k} = +\infty \\ \lim_{k \to +\infty} a^{2k+1} = -\lim_{k \to +\infty} b^{2k+1} = -\infty \end{cases}$$

en appliquant le premier point. La suite $(a^n)_{k \in \mathbb{N}}$ admet donc deux valeurs d'adhérence $\pm \infty$ sur la droite réelle achevée $\overline{\mathbb{R}}$.

b) *Première solution* — On raisonne par l'absurde. Si la suite $(a^n)_{n \in \mathbb{N}}$ tendait vers l, la suite des modules $(|a|^n)_{n \in \mathbb{N}}$ tendrait vers $|l|$. Mais $|a|^n = 1$ pour

9.3. RÉPONSES

tout n, donc $|l| = 1$. En passant à la limite dans l'égalité $a^{n+1} = a^n \times a$, on obtiendrait $l = la$, d'où $a = 1$ puisque $l \neq 0$. C'est absurde.

Deuxième solution — Si a est de module 1 et différent de 1, il existe un réel t non congru à 0 modulo 2π, tel que $a = e^{it}$. Raisonnons par l'absurde. Si la suite $(e^{int})_{n \in \mathbb{N}}$ convergeait dans $\mathbb{C}$, elle serait de Cauchy donc pour tout $\varepsilon > 0$ il existerait $N \in \mathbb{N}$ tel que $p > q > N$ entraîne $\left|e^{ipt} - e^{iqt}\right| < \varepsilon$. Comme :

$$\left|e^{ipt} - e^{iqt}\right| = \left|e^{i(p-q)t} - 1\right| = \left|e^{i\frac{p-q}{2}t} - e^{-i\frac{p-q}{2}t}\right| = 2\left|\sin\frac{(p-q)t}{2}\right|,$$

il suffit de prendre $p = q + 2$ pour obtenir :

$$\forall \varepsilon > 0 \quad \exists N \in \mathbb{N} \quad q > N \Rightarrow |\sin t| < \varepsilon,$$

ce qui signifie que $|\sin t| < \varepsilon$ pour tout ε, autrement dit que $\sin t = 0$. Cela entraîne $a = \pm 1$, et comme par hypothèse $a \neq 1$, on obtient $a = -1$. Mais la suite $((-1)^n)_{n \in \mathbb{N}}$ est divergente, absurde.

c) On envisage tous les cas :

- Si $|a| > 1$, la question a) montre que la suite $(|a|^n)_{n \in \mathbb{N}}$ diverge. Donc $(a^n)_{n \in \mathbb{N}}$ diverge aussi (si l'on avait $\lim_{n \to +\infty} a^n = l$ pour un certain $l \in \mathbb{C}$, on aurait $\lim_{n \to +\infty} |a|^n = |l|$, ce qui est absurde puisque $|a| > 1$).

- Si $|a| < 1$, le a) montre que $\lim_{n \to +\infty} |a|^n = 0$, donc $\lim_{n \to +\infty} a^n = 0$. Dans ce cas la suite $(a^n)_{n \in \mathbb{N}}$ converge.

- Si $|a| = 1$, le b) montre que $(a^n)_{n \in \mathbb{N}}$ converge si et seulement si $a = 1$.

En conclusion la suite $(a^n)_{n \in \mathbb{N}}$ converge si et seulement si $|a| < 1$ ou $a = 1$.

Réponse 9.8 Si la suite $(e^{in\theta})_{n \in \mathbb{N}}$ tend vers une limite finie l, il suffit de passer à la limite dans l'égalité $e^{i(n+1)\theta} = e^{i\theta} e^{in\theta}$ pour obtenir $l = e^{i\theta} l$, d'où $e^{i\theta} = 1$ (l ne peut pas être nul car si $(e^{in\theta})_{n \in \mathbb{N}}$ tend vers l, alors $|e^{in\theta}| = 1$ tend vers $|l|$, donc $|l| = 1$), et cela prouve que $\theta = 0 \ (2\pi)$.

Réciproquement, si $\theta = 0 \ (2\pi)$, alors la suite $(e^{in\theta})_{n \in \mathbb{N}}$ est stationnaire car tous ses termes valent 1, donc converge. En conclusion, la suite $(e^{in\theta})_{n \in \mathbb{N}}$ converge dans $\mathbb{C}$ si et seulement si $\theta = 0 \ (2\pi)$.

Remarque — On a déjà donné cette réponse au b) de la Question 9.7 dans le contexte différent de trois questions enchaînées.

Réponse 9.9 • Si la suite $(\cos n\theta)_{n \in \mathbb{N}}$ tend vers une limite finie l, il suffit de passer à la limite dans les égalités $\sin^2 n\theta = 1 - \cos^2 n\theta$ pour obtenir :

$$\lim_{n \to +\infty} \sin^2 n\theta = 1 - l^2.$$

De $-1 \leq \cos n\theta \leq 1$ on tire $-1 \leq l \leq 1$ par passage à la limite, donc $1 - l^2$ est positif, et $\lim_{n \to +\infty} \sin n\theta = \sqrt{1 - l^2}$.

Les suites $(\cos n\theta)_{n \in \mathbb{N}}$ et $(\sin n\theta)_{n \in \mathbb{N}}$ sont donc convergentes, et il en sera de même de la suite $(e^{in\theta})_{n \in \mathbb{N}}$ puisque $e^{in\theta} = \cos n\theta + i \sin n\theta$. Mais on sait que la suite $(e^{in\theta})_{n \in \mathbb{N}}$ converge dans $\mathbb{C}$ si et seulement si $\theta \equiv 0 \ (2\pi)$ (Question 9.8). On peut donc affirmer que :

$$\lim_{n \to +\infty} \cos n\theta \text{ existe} \quad \Rightarrow \quad \theta \equiv 0 \ (2\pi).$$

Si $\theta \equiv 0 \ (2\pi)$, $\cos n\theta = 1$ quel que soit n, et la suite $(\cos n\theta)_{n \in \mathbb{N}}$ est stationnaire et converge vers 1. En conclusion la suite $(\cos n\theta)_{n \in \mathbb{N}}$ est convergente si et seulement si $\theta \equiv 0 \ (2\pi)$.

• Ce qui a été fait avec les suites $(\cos n\theta)_{n \in \mathbb{N}}$ peut être recommencé avec les suites $(\sin n\theta)_{n \in \mathbb{N}}$. On peut donc affirmer que $(\sin n\theta)_{n \in \mathbb{N}}$ converge si et seulement si $\theta \equiv 0 \ (2\pi)$.

Autre solution — Etudions la suite $(\sin n\theta)_{n \in \mathbb{N}}$ en utilisant le cercle trigonométrique. Tout d'abord il est clair que la suite $(\sin n\theta)_{n \in \mathbb{N}}$ converge si $\theta \equiv 0 \ (2\pi)$, et diverge si $\theta \equiv \pi \ (2\pi)$. On peut donc travailler sous l'hypothèse où $\theta \in]-\pi, 0[\, \cup \,]0, \pi[$ et montrer que, dans ce cas, la suite $(\sin n\theta)_{n \in \mathbb{N}}$ ne converge pas. Raisonnons par l'absurde en supposant que $\lim_{n \to +\infty} \sin n\theta = l$. Envisageons trois cas :

Premier cas – Si $l = 0$, alors $\lim_{n \to +\infty} \sin n\theta = 0$. De deux choses l'une :

- Si $0 < \theta < \pi$, on va fixer un réel α tel que $0 < \alpha < \pi/2$ et montrer l'existence d'une infinité d'entier n_k tels que :

$$\alpha + k2\pi \leq n_k \theta \leq \alpha + k2\pi + (\pi - 2\alpha).$$

Cela nous donnera une sous-suite $(\sin n_k \theta)_{k \in \mathbb{N}}$ telle que $\sin \alpha \leq \sin n_k \theta$ pour tout k (voir figure), de sorte que cette sous-suite ne puisse pas converger vers 0, ce qui est absurde. En fait l'existence d'un entier n_k tel que :

$$\frac{\alpha + k2\pi}{\theta} \leq n_k \leq \frac{\alpha + k2\pi}{\theta} + \frac{\pi - 2\alpha}{\theta}$$

est évidente si l'on choisit α pour que l'amplitude $\dfrac{\pi - 2\alpha}{\theta}$ de l'encadrement soit supérieure ou égale à 1. Comme :

$$\frac{\pi - 2\alpha}{\theta} \geq 1 \quad \Leftrightarrow \quad 0 < \alpha \leq \frac{\pi - \theta}{2},$$

un tel choix de α est possible.

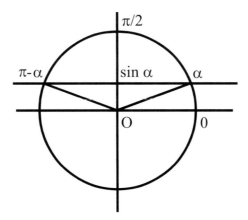

- Si $-\pi < \theta < 0$, on a $\sin n\theta = -\sin(n(-\theta))$ et le cas précédent montre que la suite $(\sin(n(-\theta))_n$ ne tend pas vers 0. On en déduit que la suite $(\sin n\theta)_n$ ne tend pas vers 0 non plus.

Deuxième cas – Si $l > 0$, on construit une sous-suite $(\sin n_k \theta)_k$ telle que $\sin n_k \theta \leq 0$ pour tout k, ce qui contredira l'hypothèse $\lim_{n \to +\infty} \sin n\theta = l$. On a (en supposant par exemple $\theta > 0$, le traitement étant identique lorsque $\theta < 0$) :

$$\sin n_k \theta \leq 0 \iff \pi + k2\pi \leq n_k \theta \leq \pi + k2\pi + \pi$$
$$\iff \frac{\pi + k2\pi}{\theta} \leq n_k \leq \frac{\pi + k2\pi}{\theta} + \frac{\pi}{\theta}$$

avec $0 < \theta < \pi$, donc avec $\pi/\theta > 1$. L'amplitude de l'encadrement de n_k étant supérieure ou égale à 1, il sera possible de trouver au moins un entier naturel n_k entre ces bornes. On peut même obtenir ainsi une suite croissante $(n_k)_k$ de ces entiers pour des valeurs croissantes de k, avec $\lim_{k \to +\infty} n_k = +\infty$, ce qui permet de conclure.

Troisième cas – Si $l < 0$, on construit une sous-suite $(\sin n_k \theta)_k$ telle que $\sin n_k \theta \geq 0$ pour tout k, ce qui permet encore d'aboutir à une absurdité. En supposant toujours que $\theta > 0$ (le cas où $\theta < 0$ se traitant de façon similaire), on peut écrire :

$$\sin n_k \theta \geq 0 \iff k2\pi \leq n_k \theta \leq k2\pi + \pi \iff \frac{k2\pi}{\theta} \leq n_k \leq \frac{k2\pi}{\theta} + \frac{\pi}{\theta}$$

avec $0 < \theta < \pi$, donc avec $\pi/\theta > 1$. L'amplitude de l'encadrement de n_k étant supérieure ou égale à 1, l'existence de la suite croissante $(n_k)_k$ est assurée comme en b).

Conclusion : on a obtenu une absurdité dans chacun des trois cas envisagés. On peut donc affirmer que la suite $(\sin n\theta)_n$ diverge.

Réponse 9.10 C'est faux car on sait que :
$$\lim \frac{n^3}{3^n} = 0$$
donc il existe $n_0 \in \mathbb{N}$ tel que $n \geq n_0$ entraîne $n^3/3^n < 1$, c'est-à-dire $n^3 < 3^n$. Comment prouver que $\lim \left(n^3/3^n\right) = 0$? Si l'on pose $u_n = n^3/3^n$ pour tout n, alors :
$$\ln u_n = 3\ln n - n\ln 3 = n\left(3\frac{\ln n}{n} - \ln 3\right).$$
De $\lim \frac{\ln n}{n} = 0$ on déduit que $\lim (\ln u_n) = -\infty$, et le théorème de composition des limites appliqué à $u_n = e^{\ln u_n}$ donne $\lim u_n = 0$.

Réponse 9.11 Posons $u_n = a^n/n!$.

Première méthode — Si $[a]$ désigne la partie entière de a, et si n est un entier supérieur ou égal à $[a]+1$,
$$\begin{aligned} u_n &= \frac{a}{n} \times \left(\frac{a}{n-1} \times \ldots \times \frac{a}{[a]+1}\right) \times \left(\frac{a}{[a]} \times \ldots \times \frac{a}{1}\right) \\ &= \frac{a}{n} \times A \times B \end{aligned}$$
où :
$$A = \frac{a}{n-1} \times \ldots \times \frac{a}{[a]+1} \leq 1 \quad \text{et} \quad B = \frac{a}{[a]} \times \ldots \times \frac{a}{1}.$$
B est une constante indépendante de n, et l'on a :
$$0 \leq u_n \leq \frac{aB}{n}.$$
Comme $\lim_{n \to +\infty} (aB/n) = 0$ on déduit que $\lim_{n \to +\infty} u_n = 0$ par application du théorème des gendarmes.

Deuxième méthode — D'après le critère de d'Alembert, une série $\sum u_n$ à terme strictement positifs converge dès que $\lim_{n \to +\infty}(u_{n+1}/u_n) = l$ avec $l < 1$. Ici :
$$\lim_{n \to +\infty} \frac{u_{n+1}}{u_n} = \lim_{n \to +\infty} \left(\frac{a^{n+1}}{(n+1)!} \times \frac{n!}{a^n}\right) = \lim_{n \to +\infty} \frac{a}{n+1} = 0 < 1$$
donc $\sum u_n$ converge, et comme le terme général d'une série convergente tend vers 0, on peut conclure à $\lim_{n \to +\infty} u_n = 0$.

9.3. RÉPONSES

Troisième méthode — On peut utiliser le critère de d'Alembert pour les suites qui énonce que toute suite (u_n) à termes strictement positifs telle que $\lim_{n \to +\infty}(u_{n+1}/u_n) = l < 1$, tend vers 0. Ici $u_n = a^n/n!$, de sorte que $\lim_{n \to +\infty}(u_{n+1}/u_n) = 0$ et que (u_n) tende bien vers 0.

Profitons de l'instant pour redémontrer le critère de d'Alembert pour les suites. Si (u_n) est une suite de $\mathbb{R}_+$ telle que $\lim_{n \to +\infty}(u_{n+1}/u_n) = l < 1$, et si k est un réel tel que $l < k < 1$, il existe un entier naturel N tel que :

$$n \geq N \ \Rightarrow \ \frac{u_{n+1}}{u_n} \leq k \ \Rightarrow \ u_{n+1} \leq k u_n$$

de sorte que :

$$n \geq N \ \Rightarrow \ u_n \leq k^{n-N} u_N.$$

Comme $\lim_{n \to +\infty} k^{n-N} = 0$, on en déduit que $\lim_{n \to +\infty} u_n = 0$.

Réponse 9.12 C'est faux. Si $u_n < 0$ pour un certain indice n, l'hypothèse :

$$\frac{u_{n+1}}{u_n} \geq 1 \quad (*)$$

équivaut à $u_{n+1} \leq u_n$, ce qui ne correspond pas à ce qu'on attend d'une suite croissante (sauf si $u_{n+1} = u_n$). Un contre-exemple est facile à donner : il suffit de prendre $u_n = -n$ pour tout n pour obtenir une suite strictement décroissante qui vérifie la condition $(*)$.

Réponse 9.13 C'est vrai. L'hypothèse sur (u_n) permet de montrer par récurrence que :

$$\forall n \in \mathbb{N} \quad |u_n - \alpha| \leq k^n |u_0 - \alpha|. \quad (*)$$

Comme $k \in]0,1[$, $\lim k^n = 0$ et les inégalités $(*)$ donnent $\lim |u_n - \alpha| = 0$, ce qui signifie que (u_n) converge vers α.

Réponse 9.14 a) En utilisant la formule de Stirling, on obtient pour tout $n \geq 1$:

$$a_n = \frac{\sqrt{n}}{4^n} \binom{2n}{n} = \frac{\sqrt{n}}{4^n} \frac{(2n)!}{(n!)^2} \underset{+\infty}{\sim} \frac{\sqrt{n}}{2^{2n}} \frac{\sqrt{4\pi n}\,(2n)^{2n} e^{-2n}}{2\pi n \cdot n^{2n} e^{-2n}} = \frac{1}{\sqrt{\pi}}$$

b) Pour $n \geq 1$, on a :

$$\frac{a_{n+1}}{a_n} = \frac{\frac{\sqrt{n+1}}{4^{n+1}} \frac{(2n+2)!}{((n+1)!)^2}}{\frac{\sqrt{n}}{4^n} \frac{(2n)!}{(n!)^2}}$$

$$= \frac{1}{4} \frac{\sqrt{n+1}}{\sqrt{n}} \frac{(2n+2)(2n+1)}{(n+1)^2} = \frac{1}{2\sqrt{n}} \frac{(2n+1)}{\sqrt{n+1}}$$

et :
$$\frac{a_{n+1}}{a_n} - 1 = \frac{(2n+1) - 2\sqrt{n}\sqrt{n+1}}{2\sqrt{n}\sqrt{n+1}} = \frac{\left(\sqrt{n+1} - \sqrt{n}\right)^2}{2\sqrt{n}\sqrt{n+1}}.$$

Cela montre que $\frac{a_{n+1}}{a_n} - 1 \geq 0$, et donc que $a_n \leq a_{n+1}$, pour tout $n \geq 1$. La suite $(a_n)_{n \geq 1}$ est donc croissante. Comme elle converge vers $1/\sqrt{\pi}$, on déduit que $a_n \leq 1/\sqrt{\pi}$ pour tout $n \in \mathbb{N}^*$.

c) Pour tout $n \geq 1$,
$$\left(\sqrt{n+1} - \sqrt{n}\right)^2 = \frac{1}{\left(\sqrt{n+1} + \sqrt{n}\right)^2} \leq \frac{1}{4\sqrt{n}\sqrt{n+1}},$$

la seconde inégalité provenant du fait que $(a+b)^2 \geq 4ab$ quels que soient les réels a et b, puisque $(a+b)^2 \geq 4ab$ équivaut à $a^2 + b^2 - 2ab \geq 0$, c'est-à-dire à $(a-b)^2 \geq 0$, inégalité qui est toujours vraie. Pour $n \geq 1$ on déduit que :

$$\frac{a_{n+1} - a_n}{a_n} = \frac{\left(\sqrt{n+1} - \sqrt{n}\right)^2}{2\sqrt{n}\sqrt{n+1}} \leq \frac{1}{8n(n+1)}$$

et :
$$0 \leq a_{n+1} - a_n \leq \frac{1}{8n(n+1)} a_n \leq \frac{1}{8n(n+1)\sqrt{\pi}}.$$

Pour $p > k \geq 1$,
$$0 \leq a_p - a_k = \sum_{n=k}^{p-1} (a_{n+1} - a_n) \leq \frac{1}{8\sqrt{\pi}} \sum_{n=k}^{p-1} \frac{1}{n(n+1)}.$$

Comme :
$$\sum_{n=k}^{p-1} \frac{1}{n(n+1)} = \sum_{n=k}^{p-1} \left(\frac{1}{n} - \frac{1}{n+1}\right) = \frac{1}{k} - \frac{1}{p} < \frac{1}{k}$$

on obtient bien :
$$0 \leq a_p - a_k \leq \frac{1}{8k\sqrt{\pi}}. \quad (*)$$

Cette formule est encore vraie lorsque $p = k$. Il suffit de faire tendre p vers $+\infty$ dans les inégalités $(*)$ pour obtenir :
$$0 \leq \frac{1}{\sqrt{\pi}} - a_k \leq \frac{1}{8k\sqrt{\pi}}.$$

Réponse 9.15 a) Par hypothèse, k est la limite d'une suite à termes positifs, donc $k \geq 0$. Supposons par l'absurde que $k > 1$, et fixons un réel λ dans $]1, k[$. Comme :
$$\lim_{n \to +\infty} \frac{|u_{n+1} - l|}{|u_n - l|} = k$$

9.3. RÉPONSES

il existe $N \in \mathbb{N}$ tel que :

$$n \geq N \Rightarrow \frac{|u_{n+1} - l|}{|u_n - l|} \geq \lambda \Rightarrow |u_{n+1} - l| \geq \lambda |u_n - l|.$$

Si $n \geq N$, on obtient :

$$|u_n - l| \geq \lambda |u_{n-1} - l| \geq \lambda^2 |u_{n-2} - l| \geq ... \geq \lambda^{n-N} |u_N - l|$$

soit :

$$n \geq N \Rightarrow |u_n - l| \geq \lambda^{n-N} |u_N - l|.$$

C'est absurde car $\lim_{n \to +\infty} |u_n - l| = 0$ et $\lim_{n \to +\infty} (\lambda^{n-N} |u_N - l|) = +\infty$. Donc $k \leq 1$, et comme k est positif, k appartiendra à l'intervalle $[0, 1]$.

b) Cherchons un développement limité de $c_n - e$ quand n tend vers $+\infty$. Posons $h = 1/n$. On a :

$$c_n = \left(1 + \frac{1}{n}\right)^n = \exp\left(n \ln\left(1 + \frac{1}{n}\right)\right) = \exp\left(\frac{1}{h} \ln(1 + h)\right)$$

où :

$$\frac{1}{h} \ln(1 + h) = \frac{1}{h}\left(h - \frac{h^2}{2} + o(h^2)\right) = 1 - \frac{h}{2} + o(h)$$

donc :

$$c_n = \exp\left(1 - \frac{h}{2} + o(h)\right) = e \times \exp\left(-\frac{h}{2} + o(h)\right) = e \times \left(1 - \frac{h}{2} + o(h)\right)$$

et :

$$c_n - e = -\frac{eh}{2} + o(h) = -\frac{e}{2n} + o\left(\frac{1}{n}\right).$$

Par conséquent :

$$\frac{|c_{n+1} - e|}{|c_n - e|} = \frac{-\dfrac{e}{2(n+1)} + o\left(\dfrac{1}{n}\right)}{-\dfrac{e}{2n} + o\left(\dfrac{1}{n}\right)} = \frac{-\dfrac{ne}{2(n+1)} + o(1)}{-\dfrac{e}{2} + o(1)}.$$

Comme $\lim_{n \to +\infty} \left(-\dfrac{e}{2} + o(1)\right) = -\dfrac{e}{2}$ et $\lim_{n \to +\infty} \left(-\dfrac{ne}{2(n+1)} + o(1)\right) = -\dfrac{e}{2}$, on obtient :

$$\lim_{n \to +\infty} \frac{|c_{n+1} - e|}{|c_n - e|} = 1,$$

ce qui montre que la convergence de la suite (c_n) vers e est lente.

Réponse 9.16 On a $\sum_{k=1}^{n} \sin k\alpha = \sum_{k=1}^{n} \operatorname{Im}(e^{ik\alpha}) = \operatorname{Im}(S)$ où :

$$S = \sum_{k=1}^{n} e^{ik\alpha} = e^{i\alpha} \frac{1 - e^{in\alpha}}{1 - e^{i\alpha}}$$

puisqu'on reconnaît la somme des n premiers termes d'une suite géométrique de premier terme $e^{i\alpha}$ et de raison $e^{i\alpha}$. On a :

$$\begin{aligned} S &= e^{i\alpha} \frac{1 - e^{in\alpha}}{1 - e^{i\alpha}} = e^{i\alpha} \frac{e^{in\alpha/2}(e^{-in\alpha/2} - e^{in\alpha/2})}{e^{i\alpha/2}(e^{-i\alpha/2} - e^{i\alpha/2})} \\ &= e^{i(n+1)\alpha/2} \frac{2i \sin(n\alpha/2)}{2i \sin(\alpha/2)} = \frac{\sin(n\alpha/2)}{\sin(\alpha/2)} e^{i(n+1)\alpha/2} \end{aligned}$$

donc :

$$\sum_{k=1}^{n} \sin k\alpha = \operatorname{Im}(S) = \frac{\sin(n\alpha/2)}{\sin(\alpha/2)} \sin \frac{(n+1)\alpha}{2}.$$

Mais alors :

$$|v_n| = \left| \frac{1}{n} \sum_{k=1}^{n} u_k \right| \leq \frac{1}{n} \left| \frac{\sin(n\alpha/2)}{\sin(\alpha/2)} \sin \frac{(n+1)\alpha}{2} \right|$$

et comme un sinus est toujours compris entre -1 et 1 :

$$\forall n \in \mathbb{N}^* \quad |v_n| \leq \frac{1}{n \sin(\alpha/2)}.$$

Comme $\lim(1/n \sin(\alpha/2)) = 0$, on déduit que $\lim v_n = 0$. La suite (v_n) converge donc vers 0.

Réponse 9.17 a) On a $l = al + b$ si et seulement si :

$$l = \frac{b}{1-a} = \frac{2,64}{n} \times \frac{n}{0,12} = \frac{264}{12} = 22.$$

En soustrayant les égalités $y_{k+1} = ay_k + b$ et $l = al + b$ membre à membre, on obtient :

$$y_{k+1} - l = a(y_k - l)$$

de sorte que la suite $(y_k - l)_{k \in [\![0,n-1]\!]}$ soit une partie d'une suite géométrique de raison a et de premier terme $y_0 - l = 48 - 22 = 26$. On déduit que :

$$y_n - l = 26 a^n = 26\left(1 - \frac{0,12}{n}\right)^n$$

soit :

$$y_n = 26\left(1 - \frac{0,12}{n}\right)^n + 22.$$

b) On sait que, de façon générale, si $x \in \mathbb{R}$,

$$\lim_{n \to +\infty} \left(1 + \frac{x}{n}\right)^n = e^x. \quad (\dagger)$$

En effet :

$$\ln\left(1 + \frac{x}{n}\right)^n = n \ln\left(1 + \frac{x}{n}\right) = x \times \frac{\ln(1 + x/n)}{x/n}$$

et $\lim_{n \to +\infty} \frac{\ln(1+x/n)}{x/n} = 1$ (penser à la dérivée de ln au point 1). Par suite :

$$\lim_{n \to +\infty} \ln\left(1 + \frac{x}{n}\right)^n = x$$

et cela entraîne $(\dagger)$ par composition de limites et compte tenu de la continuité de la fonction exponentielle sur $\mathbb{R}$. On aura donc :

$$y = \lim_{n \to +\infty} y_n = \lim_{n \to +\infty} \left(26\left(1 - \frac{0,12}{n}\right)^n + 22\right) = 26 e^{-0,12} + 22.$$

c) On a :

$$\begin{aligned} y - y_n &= (26 e^{-0,12} + 22) - \left(26\left(1 - \frac{0,12}{n}\right)^n + 22\right) \\ &= 26\left(e^{-0,12} - \left(1 - \frac{0,12}{n}\right)^n\right). \end{aligned}$$

Pour un réel x fixé, posons $g(x) = \left(1 + \frac{x}{n}\right)^n$.
Au voisinage de $+\infty$:

$$\begin{aligned} \ln g(x) &= n \ln\left(1 + \frac{x}{n}\right) \\ &= n\left(\frac{x}{n} - \frac{1}{2}\left(\frac{x}{n}\right)^2 + o\left(\frac{1}{n^2}\right)\right) \\ &= x - \frac{x^2}{2n} + o\left(\frac{1}{n}\right) \end{aligned}$$

donc :
$$g(x) = \exp\left(x - \frac{x^2}{2n} + o\left(\frac{1}{n}\right)\right)$$
$$= e^x \times \exp\left(-\frac{x^2}{2n} + o\left(\frac{1}{n}\right)\right)$$
$$= e^x \times \left(1 - \frac{x^2}{2n} + o\left(\frac{1}{n}\right)\right)$$
$$= e^x - \frac{x^2 e^x}{2n} + o\left(\frac{1}{n}\right).$$

On obtient alors :
$$e^x - g(x) = \frac{x^2 e^x}{2n} + o\left(\frac{1}{n}\right)$$

ce qui entraîne :
$$\lim_{n \to +\infty} \left(\frac{e^x - \left(1 + \frac{x}{n}\right)^n}{\frac{x^2 e^x}{2n}} \right) = 1$$

et montre que pour tout $x \in \mathbb{R}$ et au voisinage de $+\infty$:
$$e^x - \left(1 + \frac{x}{n}\right)^n \sim \frac{x^2 e^x}{2n}.$$

En prenant $x = -0,12$, on obtient :
$$y - y_n = 26\left(e^{-0,12} - \left(1 - \frac{0,12}{n}\right)^n\right) \sim \frac{13 \times (0,12)^2 e^{-0,12}}{n}$$

soit $y - y_n \sim \dfrac{0,1872 \times e^{-0,12}}{n}$.

Réponse 9.18 a) Montrons que l'encadrement $0 < x_n < 1$ est vrai quel que soit $n \geq 2$ en raisonnant par récurrence sur n. On a déjà :
$$x_2 = \frac{x_1(1 + x_1)}{1 + 2x_1} = \frac{2}{3}$$

donc $0 < x_2 < 1$ et l'encadrement est vrai si $n = 2$. S'il est vrai au rang n, alors :
$$x_{n+1} = \frac{x_n(1 + x_n)}{1 + 2x_n}$$

est strictement positif comme quotient de deux nombres strictement positifs. On vérifie aussi que $x_{n+1} < 1$ puisque :

9.3. RÉPONSES

$$x_{n+1} < 1 \Leftrightarrow \frac{x_n(1+x_n)}{1+2x_n} < 1 \Leftrightarrow x_n^2 - x_n - 1 < 0$$

et puisque cette dernière inégalité est vrai car x_n se trouve strictement entre les racines x' et x'' du trinôme $x^2 - x - 1$. En effet le discriminant de ce trinôme est $\Delta = (-1)^2 - 4 \times (-1) = 5$, et :

$$x' = \frac{1-\sqrt{5}}{2} < 0 < x_n < 1 < x'' = \frac{1+\sqrt{5}}{2}.$$

On aura donc bien $0 < x_{n+1} < 1$ au rang $n+1$.

b) Pour tout $n \in \mathbb{N}^*$:

$$x_n - x_{n+1} = x_n - \frac{x_n(1+x_n)}{1+2x_n} = \frac{x_n^2}{1+2x_n} > 0$$

puisque $x_n > 0$ et *a fortiori* $1 + 2x_n > 0$. La suite (x_n) est donc strictement décroissante.

c) On vient de montrer que la suite (x_n) est décroissante minorée par 0. Elle converge donc vers une limite $l \geq 0$. En passant à la limite dans l'égalité qui définit (x_n) par récurrence, on obtient :

$$l = \frac{l(1+l)}{1+2l}$$

ce qui s'écrit $l + 2l^2 = l + l^2$, et donne $l = 0$. Ainsi $\lim x_n = 0$.

d) Pour tout $n \in \mathbb{N}^*$:

$$u_n = \frac{1}{x_{n+1}} - \frac{1}{x_n} = \frac{1+2x_n}{x_n(1+x_n)} - \frac{1}{x_n} = \frac{1+2x_n - (1+x_n)}{x_n(1+x_n)} = \frac{1}{1+x_n}.$$

Comme (x_n) tend vers 0, on a $\lim(1/(1+x_n)) = 1$ d'après les théorèmes généraux sur les limites, donc :

$$\lim u_n = \lim \left(\frac{1}{x_{n+1}} - \frac{1}{x_n}\right) = \lim \frac{1}{1+x_n} = 1.$$

On a :

$$v_n = \frac{1}{n}\sum_{k=1}^{n} u_k = \frac{1}{n}\sum_{k=1}^{n}\left(\frac{1}{x_{k+1}} - \frac{1}{x_k}\right) = \frac{1}{n}\left(\frac{1}{x_{n+1}} - \frac{1}{x_1}\right) = \frac{1}{n}\left(\frac{1}{x_{n+1}} - 1\right).$$

Comme (u_n) tend vers 1, un théorème de cours montre que (u_n) converge au sens de Cesàro vers la même limite, autrement dit la suite des moyennes (v_n) converge vers 1. Ainsi $\lim v_{n-1} = 1$, ce qui s'écrit :

$$\lim \frac{1-x_n}{(n-1)x_n} = 1.$$

Au voisinage de $+\infty$ on obtient donc $x_n \sim \dfrac{1-x_n}{n-1} \sim \dfrac{1-x_n}{n}$. $\quad(*)$

Comme :
$$\lim\left[\left(\dfrac{1-x_n}{n}\right)\left(\dfrac{1}{n}\right)^{-1}\right] = \lim(1-x_n) = 1$$
on déduit que $\dfrac{1-x_n}{n} \sim \dfrac{1}{n}$, et en utilisant $(*)$, on obtient $x_n \sim \dfrac{1}{n}$.

$\boxed{\text{Réponse 9.19}}$ a) Si $0 \leq k < n$,

$$\begin{aligned}
\binom{n}{k+1} - \binom{n}{k} &= \dfrac{n!}{(k+1)!(n-k-1)!} - \dfrac{n!}{k!(n-k)!} \\
&= \dfrac{n!}{(k+1)!(n-k)!}\left((n-k)-(k+1)\right) \\
&= \dfrac{n!}{(k+1)!(n-k)!}(n-2k-1).
\end{aligned}$$

b) L'ensemble A_n est un fini puisque ses éléments sont indexés par k qui prend toutes les valeurs entières entre 0 et n. On sait qu'un ensemble fini possède un plus grand élément, on peut donc poser $M_n = \operatorname{Max} A_n$. En utilisant la question précédente, si $0 \leq k < n$, on obtient :

$$\binom{n}{k+1} - \binom{n}{k} \geq 0 \Leftrightarrow \dfrac{n!}{(k+1)!(n-k)!}(n-2k-1) \geq 0$$
$$\Leftrightarrow 2k \leq n-1 \Leftrightarrow k \leq \dfrac{n-1}{2}.$$

Cela montre que la suite $\binom{n}{0}, \binom{n}{1}, \binom{n}{2}, ..., \binom{n}{n}$ est croissante jusqu'à l'entier $\binom{n}{m}$ où $m = \left[\dfrac{n-1}{2}\right]+1$, où l'on note $\left[\dfrac{n-1}{2}\right]$ la partie entière de $\dfrac{n-1}{2}$, puis décroissant après. Par conséquent :
$$M_n = \binom{n}{m}.$$

Envisageons deux cas suivant la parité de n :

- Si n est pair, écrivons-le $n = 2n'$. On obtient :
$$m = \left[\dfrac{n-1}{2}\right]+1 = \left[n'-\dfrac{1}{2}\right]+1 = n' = \left[\dfrac{n}{2}\right] \quad \text{donc} \quad M_n = \binom{n}{[n/2]}.$$

- Si n est impair, il s'écrit $n = 2n'+1$ et :
$$m = \left[\dfrac{n-1}{2}\right]+1 = n'+1 = \left[\dfrac{n}{2}\right]+1.$$

Mais compte tenu de la symétrie du coefficient binomial :

$$M_n = \binom{n}{m} = \binom{n}{n'+1} = \binom{n}{n-(n'+1)} = \binom{n}{n'} = \binom{n}{[n/2]}.$$

En conclusion, dans tous les cas on obtient :
$$M_n = \text{Max}\left\{\binom{n}{k} \,/\, k \in [\![0,n]\!]\right\} = \binom{n}{[n/2]}.$$

c) D'après la formule du binôme de Newton et la définition de M_n :
$$2^n = (1+1)^n \leq \sum_{k=0}^{n} \binom{n}{k} \leq (n+1) M_n.$$

On déduit que :
$$\forall n \in \mathbb{N}^* \quad \frac{2^n}{n+1} \leq M_n.$$

Comme $\lim(2^n/(n+1)) = +\infty$, on déduit que $\lim M_n = +\infty$.

Remarque — On vérifie facilement que $\lim(2^n/(n+1)) = +\infty$ en passant au logarithme népérien. Si $u_n = 2^n/(n+1)$, on obtient :
$$\ln u_n = n \ln 2 - \ln(n+1) = (n+1)\left(\frac{n}{n+1}\ln 2 - \frac{\ln(n+1)}{n+1}\right).$$

De $\lim\left(\frac{\ln(n+1)}{n+1}\right) = 0$ et $\lim\left(\frac{n}{n+1}\ln 2\right) = \ln 2$ on tire $\lim(\ln u_n) = +\infty$ par application des théorèmes généraux sur les limites. Par composition de limites, cela entraîne $\lim u_n = \lim e^{\ln u_n} = +\infty$. Il faut savoir donner une telle explication à l'oral du concours. Pour l'écrit, on peut s'en passer.

Réponse 9.20 a) La fonction $t \mapsto t^n/(5-t)$ est définie, continue et positive sur $[0,1]$. Pour tout $t \in [0,1]$ on remarque que $t^n/(5-t) \leq t^n/4$ donc :
$$0 \leq I_n \leq \int_0^1 \frac{t^n}{4}\,dt = \left[\frac{t^{n+1}}{4(n+1)}\right]_0^1 = \frac{1}{4(n+1)}.$$

Comme $\lim(1/4(n+1)) = 0$, le théorème des gendarmes montre que la limite de la suite (I_n) existe et vaut 0.

b) Pour tout $n \in \mathbb{N}^*$:
$$\begin{aligned}
I_n &= \int_0^1 \frac{t^n}{5-t}\,dt = \int_0^1 \frac{(t-5)t^{n-1}+5t^{n-1}}{5-t}\,dt \\
&= 5\int_0^1 \frac{t^{n-1}}{5-t}\,dt - \int_0^1 t^{n-1}\,dt = 5I_{n-1} - \frac{1}{n}.
\end{aligned}$$

c) On note que $I_0 = \int_0^1 \frac{1}{5-t}\,dt = [-\ln|5-t|]_0^1 = \ln 5 - \ln 4 = \ln\frac{5}{4}.$

L'algorithme calcule I_0, I_1, ..., I_{30} en utilisant la relation de récurrence du b) :

Algorithme	**Programme en Python**
$u \leftarrow \ln(5/4)$	`u=log(5/4)`
$n \leftarrow 0$	`n=0`
Afficher u	`print(n,u)`
Tant que $n < 30$ faire :	`while n<30 :`
$\quad n \leftarrow n+1$	`    n=n+1`
$\quad u \leftarrow 5u - 1/n$	`    u=5*u-1/n`
$\quad$ Afficher u	`    print(n,u)`

Voici un extrait de la feuille des résultats :

```
 0 0.22314355131420976     23 -0.011927458213169997
 1 0.11571775657104877     24 -0.10130395773251666
 2 0.07858878285524384     25 -0.5465197886625833
 3 0.059610580942885905    26 -2.771060481774455
 4 0.04805290471442952     27 -13.892339445909311
 ...........................28 -69.49741151526085
21 0.0103529411971649      29 -347.52154033492496
22 0.00631016053127904     30 -1737.6410350079582
```

Les calculs effectués ne semblent pas correspondre à une suite qui tend vers zéro. Jusqu'au rang $n = 22$ on s'approche effectivement de zéro, mais la suite continue de décroître, et le terme I_{30} est inférieur à -1737. Ces calculs, et d'autres calculs similaires pour des valeurs plus élevées de n, suggèrent que la suite (I_n) tend vers $-\infty$. C'est problématique car on a démontré que $\lim I_n = 0$ à la question a).

On remarque aussi que les valeurs approchées des intégrales I_n affichées par l'ordinateur sont négatives pour tout n compris entre 23 et 30, alors que l'intégrale entre 0 et 1 d'une fonction positive est positive. Les valeurs approchées des intégrales I_n sont donc fausses. Que s'est-il passé ?

La réponse n'est pas à chercher dans la formule récurrente $I_n = 5I_{n-1} - 1/n$ mais dans l'initialisation de la suite (I_n). En effet, nous avons rentré la valeur $I_0 = \ln(5/4)$ mais un ordinateur n'a accès qu'à une valeur approchée de ce logarithme, et le simple fait de changer légèrement la valeur de départ I_0 de la suite (I_n) peut nous donner une suite divergente.

Pour le vérifier, considérons une suite (u_n) de premier terme u_0 et vérifiant la même relation de récurrence $u_n = 5u_{n-1} - 1/n$. En soustrayant membre à membre les égalités :

$$\begin{cases} I_n = 5I_{n-1} - 1/n \\ u_n = 5u_{n-1} - 1/n \end{cases}$$

on obtient $u_n - I_n = 5(u_{n-1} - I_{n-1})$. Comme cette égalité est vraie quel que soit $n \in \mathbb{N}$, on aura $u_n - I_n = 5^n(u_0 - I_0)$ pour tout n, puis :

$$\forall n \in \mathbb{N} \quad u_n = I_n + 5^n(u_0 - I_0).$$

Si $u_0 - I_0 \neq 0$, on constate qu'alors $\lim 5^n(u_0 - I_0)$ vaut $+\infty$ ou $-\infty$ suivant le signe de $u_0 - I_0$, et comme $\lim I_n = 0$, on déduit que $\lim u_n = \pm\infty$. Voilà pourquoi une perturbation infime du premier terme u_0 change la nature de la suite (u_n). L'utilisation obligée d'une valeur approchée de I_0 pour faire tourner le programme ne permet donc pas d'obtenir des valeurs approchées réalistes des termes I_n lorsque n croît, et cela va jusqu'à afficher une suite qui tend vers $+\infty$ ou $-\infty$ au lieu de tendre vers 0. Cet exemple surprenant montre bien les limites du calcul sur ordinateur.

Remarque — Si n est un entier naturel donné, le calcul d'une valeur approchée de I_n devra se faire en utilisant un programme de calcul approché d'une intégrale d'une fonction continue.

$\boxed{\text{Réponse 9.21}}$ a) Les fonctions $x \mapsto x^2(\ln x)^n$ sont définies, continues et positives sur $[1,e]$, donc $I_n \geq 0$ pour tout n. Pour tout $x \in {]}1,e]$ on sait que $0 < \ln x \leq \ln e = 1$ donc si $n \in \mathbb{N}$:

$$x^2(\ln x)^{n+1} \leq x^2(\ln x)^n \iff \ln x \leq 1.$$

Comme l'inégalité $\ln x \leq 1$ est vraie, on déduit que $x^2(\ln x)^{n+1} \leq x^2(\ln x)^n$ pour tout $x \in [1,e]$. En intégrant les deux membres de cette égalité on obtient $I_{n+1} \leq I_n$ pour tout $n \in \mathbb{N}$. Cela montre que la suite (I_n) est décroissante et minorée par 0, donc converge vers un réel $l \geq 0$.

b) Si $n \in \mathbb{N}^*$, une intégration par parties (licite car les fonctions $x^3/3$ et $(\ln x)^n$ sont de classe C^1, et même C^∞, sur $[1,e]$) donne :

$$\begin{aligned} I_n &= \int_1^e x^2 (\ln x)^n \, dx = \left[\frac{x^3}{3}(\ln x)^n\right]_1^e - \int_1^e \frac{x^3}{3} \times n(\ln x)^{n-1}\frac{1}{x} \, dx \\ &= \frac{e^3}{3} - \frac{n}{3}\int_1^e x^2(\ln x)^{n-1} \, dx = \frac{e^3}{3} - \frac{n}{3}I_{n-1}. \end{aligned}$$

On obtient donc :

$$\forall n \in \mathbb{N}^* \quad I_n = \frac{e^3}{3} - \frac{n}{3}I_{n-1}. \quad (*)$$

c) On calcule $I_0 = \int_1^e x^2 \, dx = \left[\frac{x^3}{3}\right]_1^e = \frac{e^3}{3} - \frac{1}{3}$.

L'algorithme suivant calcule I_0, ..., I_{30} en utilisant la relation $(*)$:

Algorithme	Programme en Python
	`from math import*`
$u \leftarrow \exp(3)/3 - 1/3$	`u=exp(3)/3-1/3`
$n \leftarrow 0$	`n=0`
Afficher u	`print(n,u)`
Tant que $n < 30$ faire :	`while n<30 :`
$\quad n \leftarrow n+1$	`    n=n+1`
$\quad u \leftarrow \exp(3)/3 - (n/3)u$	`    u=exp(3)/3-(n/3)*u`
$\quad$ Afficher u	`    print(n,u)`

Voici les valeurs de I_n obtenues pour n variant de 15 à 30 :

15 1.0656711666553038   23 0.7456692932005549
16 1.0115994189009365   24 0.7298246287914507
17 0.9627822672905824   25 0.6133070678004664
18 0.9184853706523954   26 1.3798510534585144
19 0.8781049602640518   27 -5.72348050673074
20 0.8411459059688768   28 60.11433037054947
21 0.8071576326137517   29 -574.4100146075823
22 0.7760230018950436   30 5750.79532505022

La suite est décroissante jusqu'au rang $n = 25$ mais oscille ensuite entre une valeur positive qui croît et une valeur négative qui décroît, ce qui ne correspond pas à une suite décroissante. De plus certaines valeurs approximatives de I_n affichées par l'ordinateur sont négatives, alors qu'on sait que toutes les intégrales I_n sont positives. Il faut se rendre à l'évidence : l'ordinateur calcule des valeurs fausses de ces intégrales.

Il est difficile d'expliquer un tel résultat. Commençons pas rappeler que la suite (I_n) converge vers un réel positif l, et que l'on dispose de la relation de récurrence :
$$\forall n \in \mathbb{N}^* \quad I_n = \frac{e^3}{3} - \frac{n}{3}I_{n-1}. \quad (*)$$

Si l'on avait $l > 0$, alors le membre de gauche de $(*)$ tendrait vers l tandis que le membre de droite tendrait vers $-\infty$, ce qui est absurde. On peut donc affirmer que $l = 0$ et $\lim I_n = 0$.

Les résultats fantasques donnés par le programme sont en fait dus à l'erreur d'approximation que fait l'ordinateur pour rentrer le tout premier terme I_0 de la suite (I_n). Celui-ci est obligé d'utiliser une approximation de $I_0 = (e^3-1)/3$, mais on peut vérifier que toute valeur de I_0 différente de $(e^3 - 1)/3$, même proche de I_0, conduit à une suite divergente. En effet, si (u_n) vérifie la même relation de récurrence :

9.3. RÉPONSES

$$u_n = \frac{e^3}{3} - \frac{n}{3}u_{n-1}$$

alors par soustraction :

$$\forall n \in \mathbb{N}^* \quad (u_n - I_n) = -\frac{n}{3}(u_{n-1} - I_{n-1}).$$

Si l'on pose $v_n = u_n - I_n$ pour tout n, on obtient :

$$\begin{aligned} v_n &= -\frac{n}{3}v_{n-1} = \left(-\frac{n}{3}\right)\left(-\frac{n-1}{3}\right)v_{n-2} \\ &= \ldots = \left(-\frac{n}{3}\right)\left(-\frac{n-1}{3}\right)\ldots\left(-\frac{1}{3}\right)v_0 = (-1)^n \frac{n!}{3^n}v_0. \end{aligned}$$

On comprend alors que la suite (v_n) diverge si $v_0 \neq 0$ (en possédant deux valeurs d'adhérences $+\infty$ et $-\infty$), et donc que la suite (u_n) diverge si $u_0 \neq I_0$, et converge vers 0 si $u_0 = I_0$. Notre programme sur ordinateur doit utiliser une approximation u_0 de I_0 pour débuter les calculs, donc l'erreur est imparable ! L'observation des premiers termes de la suite (I_n) calculés sur un ordinateur ne donne ainsi aucune indication sur le comportement réel de celle-ci, puisque les calculs sont vite biaisés.

Remarque — Le calcul de I_{25} et I_{26} par un logiciel de calcul formel qui utilise une méthode de calcul approché d'une intégrale d'une fonction continue donne :

$$\begin{aligned} I_{25} &= \int_1^e x^2 (\ln x)^{25}\, dx = 0,695\,017\,039 \\ I_{26} &= \int_1^e x^2 (\ln x)^{26}\, dx = 0,671\,697\,966 \end{aligned}$$

et ces valeurs n'ont rien à voir avec les valeurs $I_{25} \simeq 0,6133070678004664$ et $I_{26} \simeq 1,3798510534585144$ obtenues plus haut en utilisant l'ordinateur et la relation de récurrence $(*)$.

Chapitre 10

Problèmes de révision

10.1 Fonction, suite et tableur

Problème 1 *Ce problème est construit autour de la fonction f à variable réelle définie par :*

$$f(0) = 0 \quad et \quad f(x) = \frac{x}{\ln x} \quad si \quad x \in I \setminus \{0\},$$

où I est un sous-ensemble de $\mathbb{R}$.

PARTIE A - Etude d'une fonction

1. Déterminer le plus grand sous-ensemble I de $\mathbb{R}$ sur lequel f est définie.
2. Montrer que f est continue en 0, dérivable en 0 et déterminer $f'(0)$.
3. Justifier que f est une fonction à dérivée continue sur $[0, 1[$.
4. Dresser le tableau de variation de f après avoir déterminé les limites aux bornes de son ensemble de définition.
5. Montrer que pour tout réel $x \geq e$ on a $0 \leq f'(x) \leq \dfrac{1}{4}$.
6. En déduire que pour tout réel $x \geq e$:

$$0 \leq f(x) - e \leq \frac{1}{4}(x - e).$$

PARTIE B - Etude d'une suite

On considère la suite (v_n) définie par $v_0 = 3$ et $v_{n+1} = \dfrac{v_n}{\ln v_n}$ pour tout $n \in \mathbb{N}$.

1. Montrer que la suite (v_n) est bien définie et que $v_n \geq e$ pour tout $n \in \mathbb{N}$.
2. Justifier que la suite (v_n) est une suite convergente.
3. La copie d'écran d'un tableur reproduite ci-dessous donne les valeurs approchées des premiers termes de la suite (v_n). Quelle formule a-t-on saisie en cellule B3 avant recopie vers le bas pour afficher ces valeurs ?

	A	B
1	n	vn
2	0	3
3	1	2,73072
4	2	2,71831
5	3	2,71828
6	4	2,71828
7	5	2,71828
8	6	2,71828
9	7	2,71828
10	8	2,71828
11		

4. Montrer que, pour tout entier naturel n :
$$|v_n - e| \leq \frac{1}{4^n} \times |3 - e| \leq \frac{1}{4^n}.$$

5. Déterminer la limite de la suite (v_n).

6. Résoudre l'inéquation $\frac{1}{4^n} \leq 10^{-12}$ d'inconnue n suivante, où $n \in \mathbb{N}$.

7. En utilisant l'étude faite dans la partie B, écrire un algorithme en langage naturel qui permet de déterminer une valeur approchée de e à 10^{-12} près.

Solution — A.1. Le logarithme népérien de x est défini pour tout x appartenant à $\mathbb{R}_+^*$, mais il apparaît au dénominateur, donc ne doit pas être nul. Comme $\ln x = 0$ si et seulement si $x = 1$, *a priori* f sera définie sur $\mathbb{R}_+^* \setminus \{1\}$. Mais on a posé $f(0) = 0$, donc f est définie sur $\mathbb{R}_+ \setminus \{1\}$. Le plus grand sous-ensemble I de $\mathbb{R}$ sur lequel f est définie est donc $I = \mathbb{R}_+ \setminus \{1\}$.

A.2. On sait que $\lim_{x \to 0_+} x = 0_+$ et $\lim_{x \to 0_+} \ln x = -\infty$. Les théorèmes généraux sur les limites montrent alors que :
$$\lim_{x \to 0_+} \frac{x}{\ln x} = 0_- = f(0)$$

donc f est continue en 0. Comme :
$$\lim_{x \to 0_+} \frac{f(x) - f(0)}{x - 0} = \lim_{x \to 0_+} \frac{1}{\ln x} = 0_-$$

on déduit que f est dérivable en 0 et que $f'(0) = 0$. La courbe représentative $\mathcal{C}_f$ de f possède donc une demi-tangente horizontale en 0.

Remarque — Il s'agit bien entendu de continuité et de dérivabilité à droite au point 0.

10.1. FONCTION, SUITE ET TABLEUR

A.3. La fonction f est dérivable sur $]0,1[$ d'après les théorèmes généraux sur les fonctions dérivables, comme le quotient de deux fonctions dérivables sur cet intervalle telles que la fonction au dénominateur ne s'annule jamais. Pour tout $x \in]0,1[$:
$$f'(x) = \frac{\ln x - x \times (1/x)}{(\ln x)^2} = \frac{\ln x - 1}{\ln^2 x} = \frac{1}{\ln x} - \frac{1}{\ln^2 x}$$
et comme $\lim_{x\to 0_+} \ln x = -\infty$, on obtient $\lim_{x\to 0_+} f'(x) = 0 = f'(0)$ puisque, d'après la question précédente, f est dérivable en 0 et $f'(0) = 0$. Cela montre que f est une fonction à dérivée continue sur $[0,1[$.

A.4. On a :
$$\lim_{x\to 1_-} f(x) = \lim_{x\to 1_-} \frac{x}{\ln x} = -\infty \quad \text{et} \quad \lim_{x\to 1_+} f(x) = \lim_{x\to 1_+} \frac{x}{\ln x} = +\infty.$$
Si $x > 1$, alors :
$$f'(x) = 0 \iff \ln x = 1 \iff x = e$$
et aussi :
$$f'(x) \leq 0 \iff \ln x \leq 1 \iff x \leq e$$
donc le signe de $f'(x)$ est négatif si $x \leq e$, positif sinon. Enfin $f(e) = e$. On déduit le tableau de variations suivant :

x	0		1		e		$+\infty$
$f'(x)$	0	$-$	$\|\|$	$-$	0	$+$	
$f(x)$	0	$\searrow$	$-\infty\|\|+\infty$	$\searrow$	e	$\nearrow$	$+\infty$

Le courbe représentative $\mathcal{C}_f$ de f est jointe à cette solution.

A.5. Etudions les variations de la fonction f' sur $[e,+\infty[$. Cette fonction est dérivable et pour tout $x \in [e,+\infty[$:
$$f''(x) = \left(\frac{\ln x - 1}{\ln^2 x}\right)' = \frac{\frac{1}{x}\ln^2 x - (\ln x - 1) 2 \times \ln x \times \frac{1}{x}}{\ln^4 x} = \frac{2 - \ln x}{x \ln^3 x}.$$
On a :
$$f''(x) = 0 \iff \ln x = 2 \iff x = e^2$$
mais aussi :
$$f''(x) \leq 0 \iff \ln x \geq 2 \iff x \geq e^2$$
de sorte que f' soit croissante sur $[e, e^2]$ et décroissante sur $[e^2, +\infty[$. Cela prouve que la fonction f' admet un maximum quand x varie dans l'intervalle $[e, +\infty[$, et que ce maximum vaut :
$$f'(e^2) = \frac{\ln(e^2) - 1}{\ln^2(e^2)} = \frac{2-1}{2^2} = \frac{1}{4}.$$

On a donc bien :
$$\forall x \in [e, +\infty[\quad f'(x) \leq \frac{1}{4}.$$

Comme par ailleurs $\ln x - 1$ et $\ln^2 x$ restent positifs quand $x \in [e, +\infty[$ (en effet $\ln^2 x \geq 0$ car un carré est toujours positif, et $x \geq e$ entraîne $\ln x \geq \ln e$, c'est-à-dire $\ln x \geq 1$ en utilisant la croissance de la fonction logarithme sur $\mathbb{R}_+^*$), on peut conclure à :
$$\forall x \in [e, +\infty[\quad 0 \leq f'(x) \leq \frac{1}{4}.$$

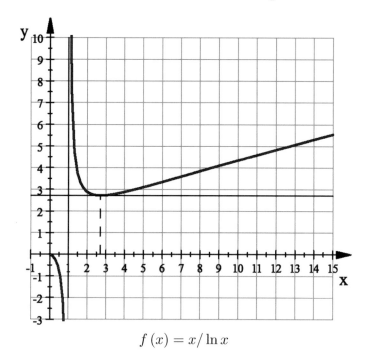

$f(x) = x/\ln x$

A.6. Si $x > e$, le théorème des accroissements finis appliqué à f sur l'intervalle $[e, x]$ donne :
$$|f(x) - f(e)| \leq \text{Sup}_{e < t < x} |f'(t)| \times (x - e) \leq \frac{1}{4}(x - e)$$

en utilisant la majoration obtenue dans la question précédente, d'où :
$$f(x) - e \leq \frac{1}{4}(x - e).$$

Cette inégalité reste vraie si $x = e$. Comme f est croissante sur $[e, +\infty[$ d'après la question A.4, on a $f(x) \geq f(e)$, soit $f(x) - e \geq 0$. En conclusion :
$$\forall x \in [e, +\infty[\quad 0 \leq f(x) - e \leq \frac{1}{4}(x - e).$$

10.1. FONCTION, SUITE ET TABLEUR

B.1. Comme la fonction f est croissante sur $[e, +\infty[$, on a :
$$x \geq e \;\Rightarrow\; f(x) \geq f(e) \;\Rightarrow\; f(x) \geq e$$
autrement dit $f([e, +\infty[) \subset [e, +\infty[$. Cela permet de montrer que la suite (v_n) est bien définie et que $v_n \geq e$ pour tout $n \in \mathbb{N}$, en raisonnant par récurrence sur n. La propriété $\mathcal{P}(n)$ indexée par n, à démontrer, est la suivante :

$\mathcal{P}(n)$: « Pour tout $k \in [\![0, n]\!]$, il existe une et une seule suite finie $(v_0, ..., v_n)$ telle que $v_0 = 3$, $v_k \geq e$ pour tout $k \in [\![0, n]\!]$, et $v_{k+1} = f(v_k)$ pour tout $k \in [\![0, n-1]\!]$. »

La propriété $\mathcal{P}(0)$ est vraie car $v_0 = 3 \geq e$. Si $\mathcal{P}(n)$ est vraie, la seule suite finie $(v_0, ..., v_{n+1})$ à $n+2$ termes qui peut convenir est celle où $v_{n+1} = f(v_n)$. On peut effectivement définir v_{n+1} de cette façon car $f(v_n)$ a un sens puisque v_n appartient à $[e, +\infty[$ et f est définie sur tout cet intervalle. Enfin, l'implication :
$$v_n \geq e \;\Rightarrow\; f(v_n) \geq e \;\Rightarrow\; v_{n+1} \geq e$$
montre que la propriété $\mathcal{P}(n+1)$ est vraie, ce qui achève le raisonnement par récurrence.

Remarque — On dit que la suite (v_n) est définie par récurrence.

B.2. On a :
$$v_1 = f(v_0) = \frac{3}{\ln 3} \simeq 2{,}730\,718 \leq 3$$
donc $v_1 \leq v_0$. Comme f est croissante de $[e, +\infty[$ dans $[e, +\infty[$, un raisonnement par récurrence évident montre que :
$$\forall n \in \mathbb{N} \quad v_{n+1} \leq v_n.$$
En effet, au rang 0 on a bien $v_1 \leq v_0$. Si l'on a $v_{n+1} \leq v_n$ au rang n, il suffit d'appliquer la fonction croissante f aux deux membres de cette inégalité pour obtenir $f(v_{n+1}) \leq f(v_n)$, c'est-à-dire $v_{n+2} \leq v_{n+1}$, et cela montre la propriété au rang $n+1$.

On vient de montrer que la suite (v_n) est décroissante. Comme elle est minorée par e, elle sera convergente.

B.3. On a écrit `=B2/LN(B2)` dans la cellule `B3`.

B.4. On vérifie que :
$$\forall n \in \mathbb{N} \quad |v_n - e| \leq \frac{1}{4^n} \times |3 - e|$$
par récurrence sur n. L'inégalité proposée est triviale si $n = 0$ puisque s'écrit $|v_0 - e| \leq |3 - e|$ avec $v_0 = 3$. Si la majoration est vraie au rang n, alors d'après A.6 :

soit :
$$0 \leq f(v_n) - e \leq \frac{1}{4}(v_n - e)$$
$$0 \leq v_{n+1} - e \leq \frac{1}{4}(v_n - e)$$

ce qui entraîne :
$$|v_{n+1} - e| \leq \frac{1}{4} \times |v_n - e| \leq \frac{1}{4} \times \frac{1}{4^n} \times |3 - e|$$

en utilisant l'hypothèse récurrente. Ainsi :
$$|v_{n+1} - e| \leq \frac{1}{4^{n+1}} \times |3 - e|$$

et la majoration est vraie au rang $n+1$. Cela termine notre raisonnement par récurrence. Comme $|3 - e| \leq 1$, on a bien montré que :
$$\forall n \in \mathbb{N} \quad |v_n - e| \leq \frac{1}{4^n} \times |3 - e| \leq \frac{1}{4^n}. \quad (*)$$

B.5. On obtient $\lim_{n \to +\infty} |v_n - e| = 0$ en faisant tendre n vers $+\infty$ dans $(*)$ et en utilisant le théorème des gendarmes. Cela prouve que $\lim_{n \to +\infty} v_n = 0$.

B.6. On a :
$$\frac{1}{4^n} \leq 10^{-12} \Leftrightarrow 4^n \geq 10^{12}$$
$$\Leftrightarrow n \ln 4 \geq 12 \ln 10$$
$$\Leftrightarrow n \geq 12 \frac{\ln 10}{\ln 4}.$$

Comme $12\frac{\ln 10}{\ln 4} \simeq 19,93$ on aura $1/4^n \leq 10^{-12}$ si et seulement si $n \geq 20$.

B.7. Pour $n = 20$ la majoration $(*)$ s'écrit :
$$|v_{20} - e| \leq \frac{1}{4^{20}} \leq 10^{-12}$$

de sorte que v_{20} soit une valeur approchée de e à 10^{-12} près. L'algorithme suivant, qui permet le calcul de v_{20}, permet donc d'obtenir une valeur approchée de e à 10^{-12} près :

```
Algorithme (calcul de v_20)
n← 0
v← 3
  Tant que n<20 faire
  n← n + 1
  v← v/ln(v)
  Fin faire
Afficher v
```

Remarque — La traduction de cet algorithme et les résultats obtenus avec le logiciel Algobox sont donnés ci-dessous. L'affichage d'Algobox ne s'est fait qu'à 10^{-7} près.

```
        Code de l'algorithme
1    VARIABLES
2       n EST_DU_TYPE NOMBRE
3       v EST_DU_TYPE NOMBRE
4    DEBUT_ALGORITHME
5       n PREND_LA_VALEUR 0
6       v PREND_LA_VALEUR 3
7       TANT_QUE (n<20) FAIRE
8          DEBUT_TANT_QUE
9             n PREND_LA_VALEUR n+1
10            v PREND_LA_VALEUR v/log(v)
11         FIN_TANT_QUE
12      AFFICHER v
13   FIN_ALGORITHME
```

```
        Résultats
***Algorithme lancé***
2.7182818
***Algorithme terminé***
```

Un autre langage de programmation permettant d'augmenter la précision des calculs approchés donnerait $e \simeq 2,718\,281\,828\,459$.

10.2 Equation différentielle $x^2y' + xy = 1$

Problème 2 *1. On considère l'équation différentielle $(E1)$ d'inconnue y :*

$$(E1): \quad x^2 y' + xy = 1.$$

(a) Résoudre sur $]0, +\infty[$ l'équation sans second membre associée à $(E1)$.

(b) Chercher une solution particulière y_0 de $(E1)$ sur $]0, +\infty[$ sous la forme $y_0(x) = g(x)/x$ où g est une fonction dérivable sur $]0, +\infty[$.

(c) Résoudre $(E1)$ sur $]0, +\infty[$.

(d) Montrer que les solutions de $(E1)$ sur $]0, +\infty[$ s'écrivent sous la forme $x \mapsto \ln(ax)/x$ où a est un réel strictement positif.

(e) Montrer que les solutions de $(E1)$ définies sur l'intervalle $J =]1, +\infty[$ qui ne s'annulent pas sur J sont de la forme $x \mapsto \ln(ax)/x$ avec $a \geq 1$.

2. Soit $(E2)$ l'équation différentielle d'inconnue z :

$$(E2): \quad -x^2 z' + xz = z^2 \quad x \in J.$$

(a) Montrer que « z est une solution de $(E2)$ qui ne s'annule pas sur J » est équivalent à « $y = 1/z$ est une solution de $(E1)$ qui ne s'annule pas sur J ».

(b) En déduire les solutions de $(E2)$ définies sur J qui ne s'annulent pas sur cet intervalle.

Solution — 1.a. L'équation sans second membre :
$$(E1_{ssm}): \quad x^2 y' + xy = 0$$
se résout en séparant les variables. En supposant que y ne s'annule jamais, et en restant dans l'intervalle $]0, +\infty[$:

$$(E1_{ssm}) \Leftrightarrow \frac{y'}{y} = -\frac{1}{x} \Leftrightarrow \ln|y| = -\ln x + c$$
$$\Leftrightarrow |y| = e^{-\ln x + c} \Leftrightarrow |y| = \frac{e^c}{x} \Leftrightarrow y = \varepsilon(x)\frac{e^c}{x}$$

où c est une constante réelle, et ε une fonction de $]0, +\infty[$ dans $\mathbb{R}$ qui prend ses valeurs dans $\{\pm 1\}$. Posons $C = e^c > 0$. On peut affirmer que y est solution de $(E1_{ssm})$ si, et seulement si, il existe $C \in \mathbb{R}_+^*$ telle que :

$$y = \varepsilon(x)\frac{C}{x}. \quad (*)$$

Mais la fonction y est dérivable par hypothèse, donc continue, et $(*)$ montre que y ne s'annule jamais sur $]0, +\infty[$.

Si l'on suppose par l'absurde que ε n'est pas une fonction constante, il existe x_0 et x_1 dans $\mathbb{R}_+^*$ tels que $y(x_0)$ et $y(x_1)$ soient de signes contraires. C'est impossible car le théorème des valeurs intermédiaires appliqué à y sur l'intervalle d'extrémités x_0 et x_1 montrerait alors l'existence de α situé entre x_0 et x_1 tel que $y(\alpha) = 0$, ce qui est absurde.

La fonction ε prend donc uniquement la valeur 1 sur $\mathbb{R}_+^*$, ou bien la valeur -1 sur $\mathbb{R}_+^*$. C'est une fonction constante. On peut donc dire que y est solution de $(E1_{ssm})$ si, et seulement si, il existe $c \in \mathbb{R}^*$ tel que :

$$y = \frac{c}{x}.$$

Comme la fonction identiquement nulle sur $\mathbb{R}_+^*$ est une solution triviale de $(E1_{ssm})$, on conclura en disant que y est solution de $(E1_{ssm})$ si, et seulement si, il existe $c \in \mathbb{R}$ tel que :

$$y = \frac{c}{x}. \quad (\dagger)$$

Complément & approfondissement — Au concours, le raisonnement ci-dessus suffit même s'il est attaquable. En effet, une zone d'ombre subsiste : le raisonnement ne peut être développé que si l'on suppose dès le départ que y ne s'annule jamais. En effet, si une solution y s'annulait en un certain point x_0 de $]0, +\infty[$, on ne pourrait pas écrire :

$$\frac{y'}{y} = -\frac{1}{x}$$

à cause de la division par zéro, et tout s'effondre. Pour compléter le raisonnement, il faut que nous répondions à la question :

10.2. EQUATION DIFFÉRENTIELLE $X^2Y' + XY = 1$

Que se passe-t-il si y s'annule en au moins un point ?

Considérons à nouveau une solution y de $(E1_{ssm})$. Remarquons bien que la fonction nulle est une solution triviale de $(E1_{ssm})$, et mettons-la de côté. Cette solution a d'ailleurs été oubliée dans la conclusion (†), ce qui n'est pas surprenant puisqu'on a supposé sans le dire que y ne s'annulait jamais.

Nous allons raisonner par l'absurde pour prouver qu'une solution y non identiquement nulle de $(E1_{ssm})$ ne s'annule jamais. Supposons donc par l'absurde que y soit une solution non identiquement nulle de $(E1_{ssm})$ telle qu'il existe $z \in \mathbb{R}_+^*$ avec $y(z) = 0$. L'ensemble :

$$Z = \{x \in \mathbb{R}_+^* \,/\, y(x) = 0\}$$

est un fermé de $\mathbb{R}_+^*$ comme l'image réciproque du fermé $\{0\}$ par l'application continue y. Donc :

$$\Omega = \{x \in \mathbb{R}_+^* \,/\, y(x) \neq 0\}$$

est un ouvert de $\mathbb{R}_+^*$. Par hypothèse, ni Z, ni Ω, n'est vide. Soit $x_0 \in \Omega$. Il existe $x_1 \in Z$, et l'on peut avoir $x_0 < x_1$ ou $x_1 < x_0$. Supposons que $x_0 < x_1$, l'autre cas se traitant de la même façon. Soit I le plus grand intervalle ouvert contenant x_0 et contenu dans Ω (au sens de l'inclusion). Cet intervalle existe puisque c'est la réunion de tous les intervalles ouverts de $\mathbb{R}_+^*$ contenant x_0 et inclus dans Ω :

$$I = \bigcup_{\substack{J \text{ intervalle ouvert} \\ x_0 \in J \subset \Omega}} J.$$

Posons $I =]a,b[$. Nécessairement $b \leq x_1$. Si $y(b) \neq 0$, la continuité de y en b montre l'existence d'un $\varepsilon > 0$ tel que $]b-\varepsilon, b+\varepsilon[\subset \Omega$, mais alors :

$$I =]a,b[\subsetneq]a, b+\varepsilon[\subset \Omega$$

ce qui contredit la définition de I. Donc $y(b) = 0$. On peut raisonner sur I comme on l'a fait dans la réponse à la question du concours, et obtenir de la même façon que y est donnée sur I par $y = c/x$ où $c \in \mathbb{R}^*$. La continuité de y donne alors :

$$\lim_{x \to b} y(x) = y(b) = \frac{c}{b},$$

ce qui prouve que $y(b) \neq 0$, absurde.

On vient de montrer qu'une solution y de $(E1_{ssm})$ est soit identiquement nulle, soit ne s'annule en aucun point de $\mathbb{R}_+^*$. On peut reprendre la démonstration proposée pour le concours, sans changement.

1.b. Une fonction de la forme $y_0(x) = g(x)/x$ est solution de l'équation différentielle $(E1) : x^2 y' + xy = 1$ sur $\mathbb{R}_+^*$ si et seulement si pour tout $x \in \mathbb{R}_+^*$:

$$x^2 \times \frac{g'(x)x - g(x)}{x^2} + x \times \frac{g(x)}{x} = 1$$

c'est-à-dire $g'(x) - 1/x$. Les fonctions g solutions sont donc celles de la forme $g(x) = \ln x + c$ où c est une constante réelle. La fonction y_0 de $\mathbb{R}_+^*$ dans $\mathbb{R}$ qui à x associe $y_0(x) = \ln x/x$ est donc une solution particulière de $(E1)$.

1.c. On sait que les solutions générales de l'équation différentielle $(E1)$ sont les sommes d'une solution particulière de $(E1)$ et des solutions générales de l'équation sans second membre $(E1_{ssm})$. Les solutions de $(E1)$ sont donc les fonctions de la forme :

$$y(x) = \frac{c}{x} + \frac{\ln x}{x} \quad \text{où } c \in \mathbb{R}.$$

1.d. La fonction logarithme népérien est une bijection strictement croissante de $\mathbb{R}_+^*$ sur $\mathbb{R}$, donc si c est un nombre réel donné, il existe un unique $a \in \mathbb{R}_+^*$ tel que $c = \ln a$. Les solutions de $(E1)$ obtenues dans la question précédente s'écriront alors sous la forme :

$$y(x) = \frac{c}{x} + \frac{\ln x}{x} = \frac{\ln a + \ln x}{x} = \frac{\ln(ax)}{x} \quad \text{où } a \in \mathbb{R}_+^*.$$

1.e. Considérons une solution $y(x) = \dfrac{\ln(ax)}{x}$ de $(E1)$. On a :

$$y(x) = 0 \Leftrightarrow \ln(ax) = 0 \Leftrightarrow ax = 1 \Leftrightarrow x = \frac{1}{a}$$

donc y ne s'annulera pas sur $J =]1, +\infty[$ si et seulement si $1/a \leq 1$, i.e. $a \geq 1$.

2.a. Commençons par remarquer que si y ne s'annule pas sur J, alors $z = 1/y$ non plus, et que réciproquement, si z ne s'annule pas sur J, alors $y = 1/z$ non plus. Cela étant :

$$y = \frac{1}{z} \text{ solution de } (E1) \Leftrightarrow x^2 \left(\frac{1}{z}\right)' + \frac{x}{z} = 1 \Leftrightarrow x^2 \left(-\frac{z'}{z^2}\right) + \frac{x}{z} = 1$$
$$\Leftrightarrow -x^2 z' + xz = z^2 \Leftrightarrow z \text{ est solution de } (E2).$$

2.b. Les solutions z de $(E2)$ définies sur J et qui ne s'annulent pas sur cet intervalle s'écrivent $z = 1/y$ où les fonctions y sont données par la question C.1.e, c'est-à-dire s'écrivent :

$$y(x) = \frac{\ln(ax)}{x}$$

où $a \in \mathbb{R}_+^*$. Les solutions z de $(E2)$ définies sur J et qui ne s'annulent pas sur J sont donc de la forme :

$$z = \frac{x}{\ln(ax)} \quad \text{où } a \in \mathbb{R}_+^*.$$

10.3 Etude de fonction et calcul intégral

Problème 3

A. Soit f la fonction numérique de la variable réelle x définie par :
$$f(x) = \frac{(\ln x)^3}{3}.$$

1. Étudier la fonction f.
2. Soit $\mathcal{C}_f$ la courbe représentative de f dans un plan $\mathcal{P}$ muni d'un repère orthonormal $(O, \vec{i}, \vec{j})$.

   a. Déterminer l'équation des tangentes à la courbe $\mathcal{C}_f$ aux points d'abscisses $x = 1$, $x = e$ et $x = e^2$.

   b. Montrer que la courbe $\mathcal{C}_f$ admet deux points d'inflexion dont on précisera les coordonnées. Étudier la convexité de $\mathcal{C}_f$.

   c. Tracer la courbe $\mathcal{C}_f$. La courbe $\mathcal{C}_f$ admet-elle une asymptote quand x tend vers $+\infty$? Que peut-on dire de son comportement à cet endroit ?

3. a. Montrer que la fonction f admet une fonction réciproque f^{-1} et exprimer $f^{-1}(x)$ en fonction de x.

   b. Représenter la fonction f^{-1} dans le plan $\mathcal{P}$ muni du repère $(O, \vec{i}, \vec{j})$.

B. Pour $n \in \mathbb{N}$, on considère l'intégrale :
$$I_n = \int_1^e \frac{(\ln x)^n}{3} \, dx.$$

1. Montrer que la suite de terme général I_n est convergente.
2. a. Montrer que $I_{n+1} = \frac{e}{3} - (n+1) I_n$ pour tout $n \in \mathbb{N}$.
   b. Calculer I_0, I_1, I_2 et I_3.
   c. Déterminer la valeur de l'intégrale $J = \int_0^{\frac{1}{3}} e^{\sqrt[3]{3x}} \, dx$.

Solution — A.1. La fonction f est définie et de classe C^∞ sur $\mathbb{R}_+^*$. Le nombre dérivé de f au point $x \in \mathbb{R}_+^*$ est donné par la formule de dérivation d'une fonction composée :
$$f'(x) = \frac{(\ln x)^2}{x}.$$

La fonction dérivée f' reste positive sur $\mathbb{R}_+^*$, et s'annule uniquement en $x = 1$, donc f est strictement croissante sur $\mathbb{R}_+^*$. L'étude des limites de f ne pose pas de problème et permet de dresser le tableau de variations suivant :

x	0		1		$+\infty$
$f'(x)$	||	+	0	+	
$f(x)$	$-\infty$	↗	0	↗	$+\infty$

A.2.a. On a $f'(1) = 0$, $f'(e) = 1/e$ et $f'(e^2) = \dfrac{(2)^2}{e^2} = \dfrac{4}{e^2}$.

La tangente à $\mathcal{C}_f$ en x_0 a pour équation $y = f'(x_0)(x - x_0) + f(x_0)$. On applique cette formule trois fois pour trouver les équations de la tangente :

- en $x = 1$: $y = 0$;
- en $x = e$: $y = \frac{1}{e}(x - e) + \frac{1}{3}$;
- en $x = e^2$: $y = \frac{4}{e^2}(x - e^2) + \frac{8}{3}$;

A.2.b. Comme f est trois fois dérivable, $\mathcal{C}_f$ admet un point d'inflexion en x_0 si et seulement si la dérivée seconde f'' s'annule en changeant de signe. On a :

$$\forall x \in \mathbb{R}_+^* \quad f''(x) = \dfrac{2\ln x - \ln^2 x}{x^2} = \dfrac{\ln x \times (2 - \ln x)}{x^2}$$

donc :

$$f''(x) = 0 \Leftrightarrow \ln x \times (2 - \ln x) = 0 \Leftrightarrow \begin{cases} x = 1 \\ \text{ou} \\ x = e^2. \end{cases}$$

Clairement $f''(x)$ change de signe en 1 et en e^2 (comme on le vérifie sur un tableau de signes), donc f admet des points d'inflexion en ces endroits. La courbe tourne donc sa concavité vers les y positifs quand $1 < x < e^2$, et vers les y négatifs dans les autres cas.

		1		e^2	
$\ln x$	$-$	0	$+$		$+$
$2 - \ln x$	$+$		$+$	0	$-$
Produit	$-$	0	$+$	0	$-$

A.2.c. L'allure de la courbe est donnée sur la figure jointe. Le second point d'inflexion est en $e^2 \simeq 7,39$. Il est invisible sur la figure car la courbe ressemble vraiment à une droite au voisinage de ce point.

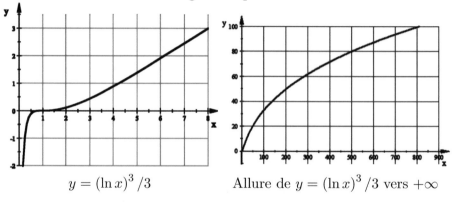

$y = (\ln x)^3 / 3$ Allure de $y = (\ln x)^3 / 3$ vers $+\infty$

La figure semble montrer que $\mathcal{C}_f$ ressemble de plus en plus à une droite au voisinage de $+\infty$, donc possède une asymptote dans cette direction, ce que le calcul invalide. En effet,
$$\lim_{x \to +\infty} \frac{f(x)}{x} = \lim_{x \to +\infty} \frac{(\ln x)^3}{3x} = 0,$$
donc $\mathcal{C}_f$ admet une branche parabolique de direction asymptotique l'axe Ox quand x tend vers $+\infty$. $\mathcal{C}_f$ ressemblera donc plutôt à une parabole couchée sur la droite du dessin, ce que montre bien une seconde représentation de f donnée sur des intervalles différents sur la figure ci-dessous. Pour apprécier les variations de f sur un dessin, on remarquera que deux figures différentes construites à des échelles différentes sont nécessaires.

A.3.a. L'application $f : \mathbb{R}_+^* \to \mathbb{R}$ est continue strictement croissante et telle que $\lim_{x \to \pm\infty} f(x) = \pm\infty$, donc f est bijective de fonction réciproque f^{-1} continue strictement croissante (et même de classe C^∞ en tout point $y = f(x)$ tel que $f'(x) \neq 0$, donc en tout point autre que $0 = f(1)$, mais on n'aura pas besoin de cette information par la suite). On retrouve ce résultat en écrivant les équivalences suivantes (où l'on sous-entend que $x \in \mathbb{R}_+^*$ et $y \in \mathbb{R}$) :
$$y = \frac{(\ln x)^3}{3} \Leftrightarrow \sqrt[3]{3y} = \ln x \Leftrightarrow x = \exp(\sqrt[3]{3y}).$$
Ainsi $f^{-1}(y) = \exp(\sqrt[3]{3y})$ quel que soit $y \in \mathbb{R}_+^*$.

A.3.b. La courbe représentative de f^{-1} est obtenue à partir de $\mathcal{C}_f$ par symétrie par rapport à la première bissectrice.

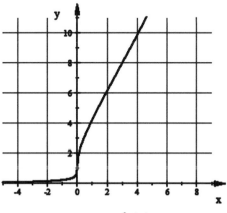

$$y = f^{-1}(x)$$

B.1. La fonction $\frac{(\ln x)^n}{3}$ est définie et continue sur $[1, e]$, donc intégrable sur cet intervalle. Pour tout $x \in [1, e]$, $0 \leq \ln x \leq 1$ donc :
$$\forall x \in [1, e] \quad \forall n \in \mathbb{N} \quad (\ln x)^{n+1} \leq (\ln x)^n$$

et en intégrant les deux membres :
$$\forall n \in \mathbb{N} \quad I_{n+1} \leq I_n.$$

On constate aussi que $I_n \geq 0$ pour tout n. La suite (I_n) est donc décroissante minorée par 0, donc convergera dans $\mathbb{R}$ d'après le Théorème de la limite monotone.

B.2.a. Si $n \geq 1$, une intégration par parties donne :
$$\begin{aligned} I_{n+1} &= \int_1^e \frac{(\ln x)^{n+1}}{3} dx = \int_1^e \frac{(\ln x)^n}{3} \ln x \, dx \\ &= \left[\frac{(\ln x)^n}{3}(x \ln x - x)\right]_1^e - \int_1^e \frac{n(\ln x)^{n-1}}{3x}(x \ln x - x) \, dx \\ &= -n \int_1^e \frac{(\ln x)^n}{3} dx + n \int_1^e \frac{(\ln x)^{n-1}}{3} dx = -nI_n + nI_{n-1}. \end{aligned}$$

On a donc la relation récurrente :
$$\forall n \geq 1 \quad I_{n+1} = -nI_n + nI_{n-1}. \quad (*)$$

Montrons que $I_{n+1} = \frac{e}{3} - (n+1)I_n$ par récurrence sur n. La propriété est vraie si $n = 0$ car :
$$I_0 = \int_1^e \frac{1}{3} dx = \frac{e-1}{3} \quad \text{et} \quad I_1 = \int_1^e \frac{\ln x}{3} dx = \frac{1}{3}[x \ln x - x]_1^e = \frac{1}{3}$$

donc $I_1 = \frac{e}{3} - 2I_0$. Si la formule est vraie jusqu'au rang $n-1$, $(*)$ donne :
$$I_{n+1} = \frac{e}{3} - (n+1)I_n \Leftrightarrow -nI_n + nI_{n-1} = \frac{e}{3} - (n+1)I_n$$
$$\Leftrightarrow nI_{n-1} = \frac{e}{3} - I_n \Leftrightarrow I_n = \frac{e}{3} - nI_{n-1}$$

ce qui démontre la formule au rang n.

B.2.b. On a déjà calculé I_0 et I_1. La relation démontrée dans la question précédente permet de calculer les termes I_n de proche en proche. Ainsi :
$$I_2 = \frac{e}{3} - 2I_1 = \frac{e}{3} - \frac{2}{3},$$
$$I_3 = \frac{e}{3} - 3I_2 = \frac{e}{3} - 3\left(\frac{e}{3} - \frac{2}{3}\right) = 2 - \frac{2e}{3}.$$

B.2.c. En faisant le changement de variables $\ln u = \sqrt[3]{3x}$, ce qui s'écrit encore $x = \frac{1}{3}(\ln u)^3$, on obtient $dx = (\ln u)^2 \frac{du}{u}$ d'où :
$$J = \int_0^{\frac{1}{3}} e^{\sqrt[3]{3x}} dx = \int_1^e e^{\ln u}(\ln u)^2 \frac{1}{u} du = \int_1^e \ln^2 u \, du = 3I_2 = e - 2.$$

10.4 Valeurs approchées de $\sqrt[3]{2}$

Problème 4 *Ce problème a pour objet l'étude de deux suites permettant d'obtenir une valeur approchée de $\sqrt[3]{2}$. On note $\mathbb{R}$ l'ensemble des nombres réels.*

Partie I. Etude d'une fonction

On considère la fonction f définie sur $\mathbb{R}$ par $f(x) = x^3 - 2$. On appelle $\mathcal{C}$ la courbe représentative de la fonction f dans le plan muni d'un repère orthogonal.

1. a. Etudier les variations de la fonction f. On précisera en particulier la fonction dérivée, son signe et les limites aux bornes de l'ensemble de définition. Les résultats seront consignés dans un tableau de variations.

b. En déduire que l'équation $f(x) = 0$ possède une solution et une seule dans $\mathbb{R}$. Cette solution sera notée ρ dans toute la suite de l'exercice.

c. Avec la fonction TABLE d'une calculatrice, on a obtenu les écrans suivants :

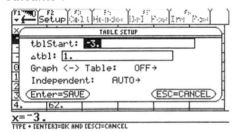 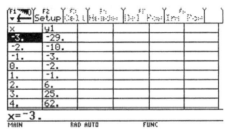

En déduire un encadrement d'amplitude 1, entre deux nombres entiers, de ρ. Justifier la réponse. Obtenir à l'aide d'une calculatrice un encadrement d'amplitude 0,1 de ρ.

2. Soit a un nombre réel.

a. Donner l'équation de la tangente à la courbe $\mathcal{C}$ au point d'abscisse a.

b. En déduire que pour tout nombre réel non nul a, cette tangente coupe l'axe des abscisses en un point dont l'abscisse est :

$$b = \frac{1}{3}\left(2a + \frac{2}{a^2}\right).$$

3. On considère la fonction g définie sur l'intervalle $[\sqrt[3]{2}, +\infty[$ par :

$$g(x) = \frac{1}{3}\left(2x + \frac{2}{x^2}\right).$$

a. Montrer que $g(\sqrt[3]{2}) = \sqrt[3]{2}$.
b. Montrer que g est strictement croissante sur l'intervalle $[\sqrt[3]{2}, +\infty[$.
c. Montrer l'implication : $(a > \sqrt[3]{2} \Rightarrow b > \sqrt[3]{2}$.

Partie II. Etude de deux suites

On considère la suite (u_n) définie par son premier terme $u_0 = 2$ et par la relation :
$$u_{n+1} = g(u_n) = \frac{1}{3}\left(2u_n + \frac{2}{u_n^2}\right)$$
valable pour tout nombre entier naturel n. La suite (v_n) est définie par :
$$v_n = \frac{2}{u_n^2},$$
valable pour tout nombre entier naturel n.

1. Donner sous forme de fraction irréductible les nombres réels v_0, u_1, v_1.

2. A l'aide de la calculatrice, tracer sur la copie la représentation graphique de la fonction f sur l'intervalle $[-0,4\,;2,2]$ (on pourra choisir un repère orthogonal plutôt qu'un repère orthonormal) puis tracer avec soin la tangente à cette courbe aux points d'abscisse u_0 et u_1.

3. Le tableau ci-dessous a été obtenu à l'aide d'un tableur. Il comporte une valeur approchée des dix premiers termes de chacune des deux suites (u_n) et (v_n).

   a. On dispose d'un tableur dans lequel les cellules de la colonne A ainsi que la cellule B2 sont déjà remplies, comme celles du tableau ci-dessous, les autres cellules étant vides.

Indiquer une formule qui, après avoir été saisie dans la cellule B3, permette, en glissant la poignée de recopie jusqu'à la cellule B11, d'obtenir les nombres figurant dans les cellules B3 à B11 du tableau ci-dessous.

	A	B	C
1	Valeurs de n	u_n	v_n
2	0	2,000000000000000	0,500000000000000
3	1	1,500000000000000	0,888888888888889
4	2	1,296296296296300	1,19020481632650
5	3	1,260932224741750	1,257901132214280
6	4	1,259921860565930	1,259919428554330
7	5	1,259921049895390	1,259921049893830
8	6	1,259921049894870	1,259921049894870
9	7	1,259921049894870	1,259921049894870
10	8	1,259921049894870	1,259921049894870
11	9	1,259921049894870	1,259921049894870

   b. Indiquer trois conjectures concernant les suites (u_n) et (v_n) que l'on peut raisonnablement émettre à la lecture du tableau ci-dessus.

10.4. VALEURS APPROCHÉES DE $\sqrt[3]{2}$

4. a. Montrer que, pour tout nombre entier naturel n, on a $u_n > \sqrt[3]{2}$.

b. En déduire que, pour tout nombre entier naturel n, on a $v_n < \sqrt[3]{2}$.

c. Montrer que la suite (u_n) est décroissante. En déduire que la suite (v_n) est croissante.

d. En déduire que les suites (u_n) et (v_n) sont toutes les deux convergentes, la première vers un nombre réel que l'on notera l, la seconde vers un réel que l'on notera l'.

e. Prouver que $l = l' = \sqrt[3]{2}$. Les suites (u_n) et (v_n) sont-elles adjacentes ?

Partie III. Etude de la vitesse de convergence des deux suites
On se propose d'expliquer pourquoi, quand on examine les valeurs approchées obtenues avec un tableur, la convergence de u_n et de v_n vers $\sqrt[3]{2}$ semble si rapide.

1. Montrer que, pour tout nombre entier naturel n,
$$u_{n+1} - v_{n+1} = \frac{(2u_n + v_n)^3 - 27u_n^2 v_n}{27 u_{n+1}^2}.$$

2. A l'aide d'un logiciel de calcul formel, on obtient le renseignement suivant : $\text{factor}((2x+y)^3 - 27x^2 y) \hookrightarrow (x-y)^2(8x+y)$. Préciser l'égalité qui semble découler de ce renseignement puis vérifier cette égalité.

3. En déduire une factorisation de $u_{n+1} - v_{n+1}$.

4. Montrer que pour tout nombre entier naturel n, $8u_n + v_n \leq 9u_0$ et $u_n^2 > 1$.

5. En déduire que pour tout nombre entier naturel n,
$$u_{n+1} - v_{n+1} \leq \frac{2}{3}(u_n - v_n)^2.$$

6. On suppose que $0 \leq u_n - v_n \leq 10^{-p}$ pour un certain $n \in \mathbb{N}$, où p est un nombre entier naturel fixé. Quel encadrement de $u_{n+1} - v_{n+1}$ peut-on alors en déduire ? En déduire une explication de la rapidité de convergence des deux suites (u_n) et (v_n) vers leur limite commune.

7. Montrer par récurrence que, pour tout nombre entier naturel non nul n, on a :
$$0 < u_n - v_n \leq \left(\frac{2}{3}\right)^{2^n - 1}.$$

8. A partir de quelle valeur de l'entier naturel n les nombres u_n et v_n forment-ils un encadrement du nombre $\sqrt[3]{2}$ d'amplitude inférieure à 10^{-100} ?

Solution — I.1.a. La fonction $x \mapsto f(x) = x^3 - 2$ est définie et dérivable sur $\mathbb{R}$, de fonction dérivée $x \mapsto f'(x) = 3x^2$ strictement positive sur $\mathbb{R}^*$, et s'annulant en 0. La fonction f est donc strictement croissante sur $\mathbb{R}$. De plus $\lim_{x \to +\infty} f(x) = +\infty$ et $\lim_{x \to -\infty} f(x) = -\infty$. On obtient donc le tableau de variations suivant :

x	$-\infty$		0		$+\infty$
$f'(x)$		$+$	0	$+$	
$f(x)$	$-\infty$	↗	-2	↗	$+\infty$

La courbe admet une tangente horizontale et un point d'inflexion en $x = 0$.

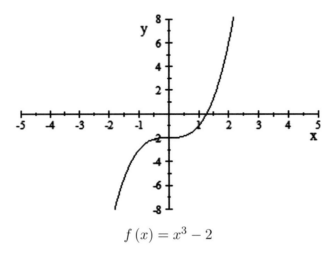

$$f(x) = x^3 - 2$$

I.1.b. La fonction f est continue, strictement croissante sur $\mathbb{R}$, tend vers $-\infty$ quand x tend vers $-\infty$, et tend vers $+\infty$ quand x tend vers $+\infty$. On en déduit que f est une bijection de $\mathbb{R}$ sur $\mathbb{R}$, et donc qu'il existe un et un seul antécédent de 0 par f, que l'on note ρ.

Remarque — Jusqu'où faut-il détailler ? En toute rigueur, il faudrait justifier que f est surjective en prenant un réel y quelconque, et en disant que comme $\lim_{x \to +\infty} f(x) = +\infty$ et $\lim_{x \to -\infty} f(x) = -\infty$, il existe des réels a et b tels que $f(a) \leq y \leq f(b)$, et que l'image d'un intervalle par une fonction continue étant un intervalle (théorème des valeurs intermédiaires), cela implique que $y \in [f(a), f(b)] \subset f(\mathbb{R})$.

Il faudrait aussi rappeler que l'injectivité de f est évidente puisque si $x \neq x'$, par exemple si $x < x'$, la stricte croissance de f donne $f(x) < f(x')$, soit $f(x) \neq f(x')$.

I.1.c. Sur les écrans donnés par l'énoncé, on lit $f(1) = -1$ et $f(2) = 6$ (ce que l'on peut aussi bien calculer). Comme $-1 < 0 < 6$, on en déduit que $1 < \rho < 2$. On peut utiliser une calculatrice pour faire afficher la table des $f(1 + k/10)$ pour k variant de 0 à 10, et en déduire un encadrement de 0 par ces valeurs. On peut aussi avoir une idée de ρ en regardant le graphique, puis calculer $f(1,2) = -0,272$ et $f(1,3) = 0,197$, pour en déduire que $1,2 < \rho < 1,3$.

I.2.a. La tangente T à la courbe $\mathcal{C}$ au point d'abscisse a admet l'équation $y = f'(a)(x-a) + f(a)$ qui s'écrit $y = 3a^2(x-a) + a^3 - 2$, ou encore sous la forme $y = 3a^2 x - 2a^3 - 2$.

I.2.b. Si $a \neq 0$, T coupe l'axe des abscisses en un point d'abscisse b tel que $0 = 3a^2 b - 2a^3 - 2$, de sorte que :
$$b = \frac{2a^3 + 2}{3a^2} = \frac{1}{3}\left(2a + \frac{2}{a^2}\right).$$

I.3.a. On a :
$$g(\sqrt[3]{2}) = \frac{1}{3}\left(2\sqrt[3]{2} + \frac{2}{(\sqrt[3]{2})^2}\right) = \frac{2}{3}\left(\frac{(\sqrt[3]{2})^3 + 1}{(\sqrt[3]{2})^2}\right)$$
$$= \frac{2 \times 3}{3(\sqrt[3]{2})^2} = \frac{2}{(\sqrt[3]{2})^2} = \frac{2 \times \sqrt[3]{2}}{(\sqrt[3]{2})^2 \times \sqrt[3]{2}} = \sqrt[3]{2}.$$

I.3.b. La fonction g est dérivable sur $\mathbb{R}^*$, de dérivée :
$$g'(x) = \frac{1}{3}\left(2 - \frac{4}{x^3}\right) = \frac{2}{3} \times \frac{x^3 - 2}{x^3}.$$

Si $x > \sqrt[3]{2}$, alors $x^3 > 2$ donc $x^3 - 2 > 0$, et comme $x^3 > 0$ on constate que $g'(x) > 0$. La fonction dérivée g' reste strictement positive sur $[\sqrt[3]{2}, +\infty[$, donc g sera strictement croissante sur cet intervalle.

I.3.c. Si $a > \sqrt[3]{2}$, la stricte croissance de g donne $g(a) > g(\sqrt[3]{2})$, soit $b > \sqrt[3]{2}$. Cela montre l'inclusion $g\left([\sqrt[3]{2}, +\infty[\right) \subset [\sqrt[3]{2}, +\infty[$.

II.1. On obtient :
$$u_1 = g(2) = \frac{1}{3}\left(4 + \frac{2}{4}\right) = \frac{3}{2}$$
$$v_0 = \frac{2}{2^2} = \frac{1}{2} \quad \text{et} \quad v_1 = \frac{2}{u_1^2} = \frac{2 \times 2^2}{3^2} = \frac{8}{9}.$$

II.2. Voici la figure :

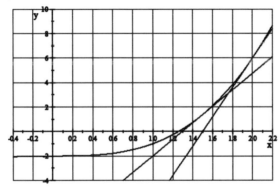

II.3.a. On écrira =(2*B2+2/(B2*B2))/3 dans la cellule B3.

II.3.b. Il est raisonnable de conjecturer que $(u_n)_{n\in\mathbb{N}}$ est une suite décroissante, que $(v_n)_{n\in\mathbb{N}}$ est une suite croissante, et que ces deux suites convergent vers la même limite.

II.4.a. On raisonne par récurrence sur n. Si $n = 0$, on a bien $u_0 = 2 > \sqrt[3]{2}$ car $2^3 > 2$. Si l'on a $u_n > \sqrt[3]{2}$ au rang n, alors $u_{n+1} = g(u_n) > \sqrt[3]{2}$ d'après la question I.3.c, ce qui montre l'inégalité au rang $n+1$.

II.4.b. On a :
$$u_n > \sqrt[3]{2} \ \Rightarrow \ \frac{2}{(\sqrt[3]{2})^2} > \frac{2}{u_n^2} \ \Rightarrow \ \sqrt[3]{2} > v_n.$$

II.4.c. On montre que la suite $(u_n)_{n\in\mathbb{N}}$ est strictement décroissante en prouvant que $u_{n+1} < u_n$ pour tout $n \in \mathbb{N}$ en raisonnant par récurrence. On a bien $u_1 = 1,5 < u_0 = 2$. Si l'on a $u_{n+1} < u_n$, on sait que $\sqrt[3]{2} < u_{n+1} < u_n$ donc on peut utiliser la stricte croissance de g démontrée en I.3.b pour obtenir $g(u_{n+1}) < g(u_n)$, c'est-à-dire $u_{n+2} < u_{n+1}$, et achever le raisonnement. Cela étant, pour tout $n \in \mathbb{N}$,
$$u_{n+1} < u_n \ \Rightarrow \ \frac{2}{u_n^2} < \frac{2}{u_{n+1}^2} \ \Rightarrow \ v_n < v_{n+1}$$
donc la suite $(v_n)_{n\in\mathbb{N}}$ est strictement croissante.

II.4.d. Toute suite réelle décroissante minorée converge. La suite $(u_n)_{n\in\mathbb{N}}$ est décroissante, minorée par $\sqrt[3]{2}$, donc converge vers une limite l telle que $l \geq \sqrt[3]{2}$. On sait aussi que toute suite réelle croissante majorée converge. La suite $(v_n)_{n\in\mathbb{N}}$ est croissante, majorée par $\sqrt[3]{2}$, donc converge vers une limite l' telle que $l' \leq \sqrt[3]{2}$.

II.4.e. En passant à la limite dans :
$$u_{n+1} = g(u_n) \quad \text{et} \quad v_n = \frac{2}{u_n^2}$$
quand n tend vers $+\infty$, on obtient, en utilisant la continuité de g :
$$l = g(l) \quad \text{et} \quad l' = \frac{2}{l^2}.$$

On a :
$$l = g(l) \ \Leftrightarrow \ l = \frac{1}{3}\left(2l + \frac{2}{l^2}\right) \ \Leftrightarrow \ l^3 = 2 \ \Leftrightarrow \ l = \sqrt[3]{2}$$
et :
$$l' = \frac{2}{l^2} = \frac{2}{(\sqrt[3]{2})^2} = \sqrt[3]{2}$$
de sorte que $l' = l = \sqrt[3]{2}$. Les suites $(u_n)_{n\in\mathbb{N}}$ et $(v_n)_{n\in\mathbb{N}}$ sont adjacentes car la première décroît, la seconde croît, et $\lim(u_n - v_n) = l - l' = 0$.

10.4. VALEURS APPROCHÉES DE $\sqrt[3]{2}$

III.1. On a $u_{n+1} - v_{n+1} = u_{n+1} - \dfrac{2}{u_{n+1}^2} = \dfrac{u_{n+1}^3 - 2}{u_{n+1}^2}$ où :

$$u_{n+1}^3 - 2 = \frac{1}{27}\left(2u_n + \frac{2}{u_n^2}\right)^3 - 2 = \frac{1}{27}(2u_n + v_n)^3 - 2$$

donc :

$$u_{n+1} - v_{n+1} = \frac{(2u_n + v_n)^3 - 54}{27 u_{n+1}^2} = \frac{(2u_n + v_n)^3 - 27 u_n^2 v_n}{27 u_{n+1}^2}$$

puisque $u_n^2 v_n = 2$.

III.2. Le logiciel nous indique que $(2x+y)^3 - 27x^2 y = (x-y)^2(8x+y)$, ce qui est vrai puisque :

$$\begin{aligned}(x-y)^2(8x+y) &= (x^2 + y^2 - 2xy)(8x+y)\\ &= 8x^3 - 15x^2 y + 6xy^2 + y^3\end{aligned}$$

et :

$$\begin{aligned}(2x+y)^3 - 27x^2 y &= (2x)^3 + 3(2x)^2 y + 3(2x)y^2 + y^3 - 27x^2 y\\ &= 8x^3 - 15x^2 y + 6xy^2 + y^3,\end{aligned}$$

où l'on reconnaît la même expression.

III.3. D'après ce qui précède : $u_{n+1} - v_{n+1} = \dfrac{(u_n - v_n)^2 (8u_n + v_n)}{27 u_{n+1}^2}$.

III.4. D'après la question II.4.a, on a $u_n \geq \sqrt[3]{2}$, donc $u_n^2 \geq \sqrt[3]{4} \simeq 1,59 > 1$ pour tout $n \in \mathbb{N}$. Par ailleurs la suite $(u_n)_{n \in \mathbb{N}}$ est décroissante, donc $u_n \leq u_0$ pour tout n. Comme on vient de voir que $u_n^2 > 1$, on a aussi $v_n = \dfrac{2}{u_n^2} < 2$, donc $8u_n + v_n \leq 8u_0 + 2 = 9u_0$.

III.5. Ce qui précède permet d'écrire :

$$u_{n+1} - v_{n+1} = \frac{(u_n - v_n)^2 (8u_n + v_n)}{27 u_{n+1}^2} \leq \frac{(u_n - v_n)^2 \times 9 u_0}{27 u_{n+1}^2}$$

soit :

$$u_{n+1} - v_{n+1} \leq \frac{2}{3} \frac{(u_n - v_n)^2}{u_{n+1}^2} \leq \frac{2}{3}(u_n - v_n)^2.$$

III.6. Si $0 \leq u_n - v_n \leq 10^{-p}$, alors :

$$u_{n+1} - v_{n+1} \leq \frac{2}{3}(u_n - v_n)^2 = \frac{2}{3} 10^{-2p} \leq 10^{-2p}.$$

L'amplitude des intervalles $[v_n, u_n]$ diminuent donc très vite quand n croît. Les encadrements de $\sqrt[3]{2}$ que l'on en déduit sont donc à chaque pas extrêmement plus précis. Par exemple, si $[v_n, u_n]$ est un encadrement de $\sqrt[3]{2}$ à 10^{-p} près, l'encadrement suivant $[v_{n+1}, u_{n+1}]$ est obtenu à 10^{-2p} près, ce qui double d'un seul coup le nombre de décimales exactes connues de $\sqrt[3]{2}$.

Remarque — Comme le dit Robert Rolland dans la revue LMEC 1 [13], le point important quand on utilise une relation récursive $x = g(x)$ qui possède un point fixe x_0, est de se débrouiller pour avoir $g'(x_0) = 0$. Dans ce problème, le succès inattendu (une convergence quadratique) de la méthode de Newton quand on veut résoudre $f(x) = 0$ provient du fait qu'on introduit une fonction $g(x)$ telle que la solution x_0 de $f(x) = 0$ soit le point fixe de $x = g(x)$ avec $g'(x_0) = 0$.

III.7. On sait déjà d'après II.4 que $v_n < \sqrt[3]{2} < u_n$ pour tout n, et donc que $0 < u_n - v_n$. Montrons que :
$$u_n - v_n \leq \left(\frac{2}{3}\right)^{2^n - 1}$$

par récurrence pour n appartenant à $\mathbb{N}^*$. C'est vrai si $n = 1$ car :
$$u_1 - v_1 = \frac{3}{2} - \frac{8}{9} = \frac{11}{18} \simeq 0,61 \leq \left(\frac{2}{3}\right)^{2^1 - 1} = \frac{2}{3} \simeq 0,66.$$

Si $u_n - v_n \leq \left(\frac{2}{3}\right)^{2^n - 1}$ au rang n, on obtient :
$$u_{n+1} - v_{n+1} \leq \frac{2}{3}(u_n - v_n)^2 \leq \frac{2}{3} \times \left(\frac{2}{3}\right)^{2(2^n - 1)}$$

soit :
$$u_{n+1} - v_{n+1} \leq \left(\frac{2}{3}\right)^{2^{n+1} - 1},$$

ce qui montre l'inégalité au rang $n + 1$.

III.8. A partir du moment où $\left(\frac{2}{3}\right)^{2^n - 1} \leq 10^{-100}$ $(*)$. On a :
$$(*) \Leftrightarrow (2^n - 1) \ln\left(\frac{2}{3}\right) \leq -100 \ln 10 \Leftrightarrow 2^n \geq \frac{-100 \ln 10}{\ln 2 - \ln 3} + 1$$
$$\Leftrightarrow n \geq \frac{1}{\ln 2} \times \ln\left(\frac{-100 \ln 10}{\ln 2 - \ln 3} + 1\right) = \xi.$$

Une machine donne $\xi \simeq 9,151\,999\,212\,967\,98$, donc $[v_n, u_n]$ sera d'amplitude inférieure à 10^{-100} dès que $n \geq 10$. La convergence des suites $(u_n)_{n \in \mathbb{N}}$ et $(v_n)_{n \in \mathbb{N}}$ vers $\sqrt[3]{2}$ est vraiment très rapide !

10.5 Méthode de Newton

Problème 5 *On note f la fonction qui à tout nombre réel x positif ou nul associe le nombre réel $f(x) = x^2 - 2$. On note (C) la courbe représentative de la fonction f dans un repère orthonormal du plan, B le point d'intersection de la courbe (C) avec l'axe des abscisses et A le point de la courbe (C) d'abscisse 1.*

Partie I. Utilisation de la méthode de la corde

La méthode de la corde consiste à construire de proche en proche une suite $(M_n)_{n \in \mathbb{N}}$ de points de la courbe (C) de la manière suivante :
- *M_0 est un point quelconque de la courbe (C) distinct des points A et B ;*
- *pour tout nombre entier naturel n, M_{n+1} est le point de la courbe (C) de même abscisse que le point d'intersection de la droite (AM_n) avec l'axe des abscisses.*

Pour tout nombre entier naturel n, on note u_n l'abscisse du point M_n. On admet ici que cette méthode permet bien de construire une suite $(M_n)_{n \in \mathbb{N}}$ de points de la courbe (C) qui sont tous distincts et dont les abscisses vérifient pour tout nombre entier naturel n, la relation :
$$u_{n+1} = \frac{2 + u_n}{1 + u_n}.$$

On suppose de plus que $u_0 = 2$. Afin d'étudier la convergence de la suite $(u_n)_{n \in \mathbb{N}}$, on considère la suite $(v_n)_{n \in \mathbb{N}}$ définie pour tout entier naturel n par la relation :
$$v_n = \frac{u_n - \sqrt{2}}{u_n + \sqrt{2}}.$$

1) Déterminer les nombres u_1 et u_2.

2) Vérifier que le nombre v_1/v_0 est un nombre réel négatif qui peut se mettre sous la forme $a\sqrt{2} - b$ avec a et b nombres entiers naturels non nuls.

3) Montrer que la suite $(v_n)_{n \in \mathbb{N}}$ est une suite géométrique ; en préciser la raison q.

4) Préciser l'expression de v_n en fonction du nombre entier naturel n.

5) Préciser, en la justifiant, la limite de la suite $(v_n)_{n \in \mathbb{N}}$ lorsque n tend vers l'infini.

6) Justifier que la suite $(u_n)_{n \in \mathbb{N}}$ converge et préciser sa limite.

Partie II. Utilisation de la méthode de Newton

On se fixe un réel a_0 strictement positif. La méthode de Newton consiste à construire de proche en proche une suite $(P_n)_{n \in \mathbb{N}}$ de points de la courbe (C) de la manière suivante :

- P_0 est le point de la courbe (C) d'abscisse a_0 ;
- pour tout nombre entier naturel n, P_{n+1} est le point de la courbe (C) de même abscisse que le point d'intersection de l'axe des abscisses avec la tangente à la courbe (C) au point P_n.

Pour tout nombre entier naturel n, on note a_n l'abscisse du point P_n. On admet ici que cette méthode permet bien de construire une suite $(P_n)_{n \in \mathbb{N}}$ de points de la courbe (C) dont les abscisses sont strictement positives.

1) a) Déterminer une équation de la tangente à la courbe (C) en un point P_n.

b) Justifier alors que, pour tout nombre entier naturel n, on a :
$$a_{n+1} = \frac{1}{2}\left(a_n + \frac{2}{a_n}\right).$$

Ainsi, la suite $(a_n)_{n \in \mathbb{N}}$ est définie par son premier terme a_0 et par la relation précisée ci-dessus et qui est valable pour tout entier naturel n.

2) On considère la fonction g définie, pour tout nombre réel strictement positif, par :
$$g(x) = \frac{1}{2}\left(x + \frac{2}{x}\right).$$

a) Etudier les variations de la fonction g sur l'intervalle $]0, +\infty[$. Dresser le tableau de variations de la fonction g sur cet intervalle.

b) Montrer que, pour tout nombre entier naturel n non nul, $a_n \geq \sqrt{2}$.

c) Montrer que la suite $(a_n)_{n \in \mathbb{N}}$ est décroissante à partir du rang 1, et en déduire qu'elle admet une limite réelle.

d) Déterminer la limite de la suite $(a_n)_{n \in \mathbb{N}}$ lorsque n tend vers l'infini.

3) Cette question a pour but de préciser la rapidité de la convergence de la suite $(a_n)_{n \in \mathbb{N}}$. Pour cela, on considère la suite $(b_n)_{n \in \mathbb{N}}$ définie par :
$$b_n = \frac{a_n - \sqrt{2}}{a_n + \sqrt{2}}$$

pour tout nombre entier naturel n.

a) Vérifier que $b_{n+1} = (b_n)^2$ pour tout nombre entier naturel n.

b) En déduire une expression du nombre b_n en fonction du nombre entier n et de b_0.

c) On suppose dans cette question que $a_0 = 3/2$ et on admet qu'alors $0 < b_0 \leq 0,04$. Montrer que $0 \leq a_n - \sqrt{2} \leq 3(0,04)^{2^n}$ pour tout nombre entier naturel n. En déduire un rang n_0 à partir duquel le nombre a_n est une valeur approchée du nombre réel $\sqrt{2}$ à 10^{-10} près. Donner cette valeur approchée.

10.5. MÉTHODE DE NEWTON

Solution — I.1. Comme $u_0 = 2$,
$$u_1 = \frac{2+2}{1+2} = \frac{4}{3} \simeq 1,333 \quad \text{et} \quad u_2 = \frac{2+4/3}{1+4/3} = \frac{10}{7} \simeq 1,429.$$

I.2.
$$v_0 = \frac{u_0 - \sqrt{2}}{u_0 + \sqrt{2}} = \frac{2-\sqrt{2}}{2+\sqrt{2}} \quad \text{et} \quad v_1 = \frac{u_1 - \sqrt{2}}{u_1 + \sqrt{2}} = \frac{4 - 3\sqrt{2}}{4 + 3\sqrt{2}}$$

donc :
$$\begin{aligned} \frac{v_1}{v_0} &= \frac{4 - 3\sqrt{2}}{4 + 3\sqrt{2}} \times \frac{2 + \sqrt{2}}{2 - \sqrt{2}} \\ &= \frac{2 - 2\sqrt{2}}{2 + 2\sqrt{2}} = \frac{(2 - 2\sqrt{2})^2}{4 - 8} = 2\sqrt{2} - 3. \end{aligned}$$

I.3. On a (la remarque plus bas prouve que les quotients dont on parle ont un sens) :

$$\begin{aligned} \frac{v_{n+1}}{v_n} &= \frac{u_{n+1} - \sqrt{2}}{u_{n+1} + \sqrt{2}} \times \frac{u_n + \sqrt{2}}{u_n - \sqrt{2}} = \frac{(2 + u_n) - (1 + u_n)\sqrt{2}}{(2 + u_n) + (1 + u_n)\sqrt{2}} \times \frac{u_n + \sqrt{2}}{u_n - \sqrt{2}} \\ &= \frac{(u_n(2 + u_n) - 2(1 + u_n)) + ((2 + u_n) - u_n(1 + u_n))\sqrt{2}}{(u_n(2 + u_n) - 2(1 + u_n)) + (-(2 + u_n) + u_n(1 + u_n))\sqrt{2}} \end{aligned}$$

d'où :
$$\frac{v_{n+1}}{v_n} = \frac{(u_n^2 - 2)(1 - \sqrt{2})}{(u_n^2 - 2)(1 + \sqrt{2})} = \frac{1 - \sqrt{2}}{1 + \sqrt{2}} = 2\sqrt{2} - 3.$$

On vient de prouver que $v_{n+1} = qv_n$ quel que soit l'entier naturel n, donc $(v_n)_{n \in \mathbb{N}}$ est une suite géométrique de raison $q = 2\sqrt{2} - 3$.

Remarque — Vérifions que v_n ne s'annule jamais, autrement dit que l'on n'a jamais $u_n^2 = 2$, ou ce qui revient au même $u_n = \sqrt{2}$ ($u_n^2 = 2$ équivaut ici à $u_n = \sqrt{2}$ car une récurrence facile montre que tous les u_n sont strictement positifs). Pour cela supposons par l'absurde que $u_n = \sqrt{2}$. Alors $n > 0$ car $u_0 = 2 \neq \sqrt{2}$, et il existe $m \in \mathbb{N}$ tel que $n = m + 1$. Mais alors :
$$\sqrt{2} = \frac{2 + u_m}{1 + u_m} \Rightarrow u_m(\sqrt{2} - 1) = 2 - \sqrt{2} \Rightarrow u_m = \frac{2 - \sqrt{2}}{\sqrt{2} - 1} = \sqrt{2}.$$

De proche en proche (ou si l'on préfère par récurrence descendante), on aboutit à $u_0 = \sqrt{2}$, ce qui est absurde.

I.4. On a $v_n = q^n v_0$ pour tout $n \in \mathbb{N}$.

I.5. $q = 2\sqrt{2} - 3 \simeq -0.17$ appartient à l'intervalle $]-1, 1[$, donc $\lim q^n = 0$, et $\lim v_n = 0$.

I.6.
$$v_n = \frac{u_n - \sqrt{2}}{u_n + \sqrt{2}} \Leftrightarrow (1-v_n)u_n = (1+v_n)\sqrt{2} \Leftrightarrow u_n = \frac{1+v_n}{1-v_n}\sqrt{2}$$

puisque $v_n \neq 1$ (supposer $v_n = 1$ entraîne $u_n - \sqrt{2} = u_n + \sqrt{2}$, soit $2\sqrt{2} = 0$, ce qui est absurde). En faisant tendre n vers $+\infty$ compte tenu de $\lim v_n = 0$, on obtient $\lim u_n = \sqrt{2}$.

II.1.a. La tangente (T_n) à la courbe (C) de la fonction f issue de P_n admet l'équation $y = f'(a_n)(x - a_n) + f(a_n)$, soit $y = 2a_n(x - a_n) + a_n^2 - 2$ puisque $f(x) = x^2 - 2$.

II.1.b. Par définition $0 = 2a_n(a_{n+1} - a_n) + a_n^2 - 2$, ce qui donne :
$$a_{n+1} = \frac{1}{2}\left(a_n + \frac{2}{a_n}\right).$$

II.2.a. La fonction g est définie et dérivable sur $\mathbb{R}_+^*$, de dérivée en x :
$$g'(x) = \frac{1}{2}\left(1 - \frac{2}{x^2}\right) = \frac{x^2 - 2}{2x^2} = \frac{(x-\sqrt{2})(x+\sqrt{2})}{2x^2}.$$

La fonction dérivée g' s'annule en $\sqrt{2}$, est négative entre 0 et $\sqrt{2}$, positive sur $[\sqrt{2}, +\infty[$. On a $g(\sqrt{2}) = \sqrt{2}$, et les limites en 0_+ et $+\infty$ sont faciles à obtenir. On obtient le tableau de variations :

x	0		$\sqrt{2}$		$+\infty$
$g'(x)$		$-$	0	$+$	
$g(x)$	$+\infty$	$\searrow$	$\sqrt{2}$	$\nearrow$	$+\infty$

II.2.b. Si $n \in \mathbb{N}^*$ on peut écrire $n = m+1$ avec $m \in \mathbb{N}$, et l'on a $a_n = g(a_m)$. Le tableau de variations de g montre que $g(x)$ est toujours $\geq \sqrt{2}$ quel que soit $x \in \mathbb{R}_+^*$. Comme $a_m \in \mathbb{R}_+^*$, on aura donc $a_n = g(a_m) \geq \sqrt{2}$.

II.2.c. Pour tout $n \in \mathbb{N}^*$, comme $a_n > 0$, on a les équivalences :
$$a_{n+1} \leq a_n \Leftrightarrow \frac{1}{2}\left(a_n + \frac{2}{a_n}\right) \leq a_n \Leftrightarrow \frac{2}{a_n} \leq a_n \Leftrightarrow \sqrt{2} \leq a_n.$$

On vient de démontrer que l'affirmation $\sqrt{2} \leq a_n$ était vraie pour tout $n \in \mathbb{N}^*$. On en déduit donc que $a_{n+1} \leq a_n$ pour tout $n \in \mathbb{N}^*$.
La suite $(a_n)_{n \in \mathbb{N}^*}$ est décroissante, minorée par $\sqrt{2}$, donc converge vers un réel l tel que $\sqrt{2} \leq l$.

II.2.d. Comme $\lim a_n = l$, il suffit de passer à la limite dans les deux membres de l'égalité $a_{n+1} = g(a_n)$ pour obtenir :

$$l = \frac{1}{2}\left(l + \frac{2}{l}\right). \quad (E)$$

L'équation (E) s'écrit $l = 2/l$, ou encore $l = \sqrt{2}$. La suite $(a_n)_{n\in\mathbb{N}}$ converge donc vers $\sqrt{2}$ quand n tend vers $+\infty$.

III.2.a. On a :

$$b_{n+1} = \frac{a_{n+1} - \sqrt{2}}{a_{n+1} + \sqrt{2}}$$

$$= \frac{\frac{1}{2}\left(a_n + \frac{2}{a_n}\right) - \sqrt{2}}{\frac{1}{2}\left(a_n + \frac{2}{a_n}\right) + \sqrt{2}} = \frac{a_n^2 + 2 - 2a_n\sqrt{2}}{a_n^2 + 2 + 2a_n\sqrt{2}} = \left(\frac{a_n - \sqrt{2}}{a_n + \sqrt{2}}\right)^2 = (b_n)^2.$$

III.2.b. On vérifie par récurrence que $b_n = b_0^{2^n}$ pour tout $n \in \mathbb{N}$. La formule est vraie si $n = 0$, et si elle est vraie au rang n, $b_{n+1} = (b_n)^2 = (b_0^{2^n})^2 = b_0^{2^{n+1}}$ donc elle est encore vraie au rang $n+1$.

III.2.c. On a $0 < a_n - \sqrt{2} = b_n(a_n + \sqrt{2}) = b_0^{2^n}(a_n + \sqrt{2}) \leq 3(0,04)^{2^n}$ puisque $b_0^{2^n} \leq (0,04)^{2^n}$ et $a_n + \sqrt{2} = 1.5 + \sqrt{2} \simeq 2,91 \leq 3$. Par suite a_n sera une valeur approchée de $\sqrt{2}$ à 10^{-10} près dès que n vérifie $3(0,04)^{2^n} \leq 10^{-10}$. On a :

$$3(0,04)^{2^n} \leq 10^{-10} \Leftrightarrow \ln 3 + 2^n \ln(0,04) \leq -10\ln 10$$

$$\Leftrightarrow 2^n \geq \frac{-10\ln 10 - \ln 3}{\ln(0,04)} \Leftrightarrow n \geq \frac{1}{\ln 2}\ln\left(\frac{-10\ln 10 - \ln 3}{\ln(0,04)}\right).$$

Une calculatrice donne $2,905\,868\,014$ pour valeur approchée du membre de droite de la dernière inéquation écrite, donc $3(0,04)^{2^n} \leq 10^{-10}$ équivaut à $n \geq 3$. La convergence est très rapide ! Calculons a_3 en nous aidant d'un logiciel de calcul formel :

$$a_1 = \frac{1}{2}\left(a_0 + \frac{2}{a_0}\right) = \frac{1}{2}\left(\frac{3}{2} + \frac{4}{3}\right) = \frac{17}{12}$$

$$a_2 = \frac{1}{2}\left(\frac{17}{12} + \frac{2 \times 12}{17}\right) = \frac{577}{408}$$

$$a_3 = \frac{1}{2}\left(\frac{577}{408} + \frac{2 \times 408}{577}\right) = \frac{665\,857}{470\,832} \simeq 1,414\,213\,562\,374\,69,$$

ce qui semble tout à fait correct !

10.6 Etude de suites récurrentes

Problème 6 *(Ecrit CAPES int. 2005)*
On considère la fonction numérique f de variable réelle qui à x fait correspondre $f(x) = -x^2 + 2x + 1$, et la suite $(u_n)_{n \in \mathbb{N}}$ définie par son premier terme u_0 (un réel fixé) et la relation de récurrence $u_{n+1} = f(u_n)$ vraie pour tout entier naturel n.

I. Etude de la fonction f

1. Etudier le sens de variation de la fonction f.

2. Déterminer les 2 racines de l'équation $f(x) - x = 0$. Ces racines sont réelles et de signe contraire. Soient l_1 la racine négative et l_2 la racine positive.

3. Montrer que pour tout réel x, si $x < l_1$ alors $f(x) < l_1$; et si $1 < x < 2$ alors $1 < f(x) < 2$.

4. Dresser le tableau de variation de f en faisant figurer les valeurs de x égales à l_1, l_2, 1 et 2 ainsi que les valeurs correspondantes de $f(x)$.

5. Tracer la courbe représentative de la fonction f, notée C_f, dans un repère orthonormal du plan d'unité graphique 2 cm. Préciser les coordonnées des points d'intersection de la courbe C_f avec l'axe des abscisses.

6. Sur le même graphique, tracer la droite D d'équation $y = x$. Déterminer les coordonnées des points d'intersection de la courbe C_f et de la droite D ainsi que la position de C_f par rapport à D.

II Etude de la suite $(u_n)_{n \in \mathbb{N}}$

1. Sur le graphique précédent représenter à l'aide de la courbe C_f et de la droite D les quatre premiers termes de la suite $(u_n)_{n \in \mathbb{N}}$.
   a) lorsque $u_0 = -0,7$;
   b) lorsque $u_0 = 1,25$.

2. Montrer que si la suite $(u_n)_{n \in \mathbb{N}}$ a une limite finie λ, alors λ ne peut prendre que l'une des deux valeurs l_1 ou l_2.

3. Dans cette question, on suppose $u_0 < l_1$.
   3.1. Démontrer que, pour tout entier naturel n, $u_n < l_1$.
   3.2. Démontrer que la suite $(u_n)_{n \in \mathbb{N}}$ est décroissante.
   3.3. La suite $(u_n)_{n \in \mathbb{N}}$ est-elle convergente ? Justifier la réponse.

4. Dans cette question, on suppose $u_0 \in]1, l_2[$.
   4.1. Démontrer que $l_2 < u_1 < 2$. Dans la suite, on note $(v_n)_{n \in \mathbb{N}}$ et $(w_n)_{n \in \mathbb{N}}$ les suites définies par $v_n = u_{2n}$ et $w_n = u_{2n+1}$ pour tout $n \in \mathbb{N}$.
   4.2. Prouver que $v_{n+1} = f \circ f(v_n)$ et $w_{n+1} = f \circ f(w_n)$ pour tout $n \in \mathbb{N}$.
   4.3. Démontrer que $1 < v_n < l_2$ et $l_2 < w_n < 2$ pour tout $n \in \mathbb{N}$.
   4.4. Pour tout réel x, calculer $f \circ f(x)$.
   4.5. Déterminer a et b réels tels que, pour tout réel x,
   $$f \circ f(x) - x = (-x^2 + x + 1)(x^2 + ax + b).$$

4.6. Déterminer les valeurs du réel x telles que $f \circ f(x) - x = 0$. En déduire le signe de $f \circ f(x) - x = 0$ pour x appartenant à l'intervalle $]1,2[$.

4.7. En étudiant le signe de $v_{n+1} - v_n$, démontrer que la suite (v_n) est décroissante. Montrer par la même méthode que la suite (w_n) est croissante.

4.8. Prouver que les suites (v_n) et (w_n) sont convergentes et préciser la limite de chacune d'entre elles.

4.9. La suite (u_n) est-elle convergente ? Justifier la réponse.

Solution — I.1. La fonction trinôme du second degré $f(x) = -x^2 + 2x + 1$ est dérivable sur $\mathbb{R}$, et la fonction dérivée $f'(x) = -2x + 2$ s'annule en $x = 1$, est strictement positive si $x < 1$, et strictement négative si $x > 1$. La fonction f est donc strictement croissante sur $]-\infty, 1]$ et strictement décroissante sur $[1, +\infty[$.

I.2. On a $f(x) = x$ si et seulement si $x^2 - x - 1 = 0$. Le discriminant de l'équation $x^2 - x - 1 = 0$ est $\Delta = 5$, donc cette équation admet deux solutions réelles :
$$l_1 = \frac{1-\sqrt{5}}{2} \simeq -0,61803 \quad \text{et} \quad l_2 = \frac{1+\sqrt{5}}{2} \simeq 1,618.$$
On reconnaît le nombre d'or l_2.

I.3. Puisque f est strictement croissante sur $]-\infty, 1]$ et strictement décroissante sur $[1, +\infty[$, on a :
$$\begin{cases} x < l_1 \Rightarrow f(x) < f(l_1) \Leftrightarrow f(x) < l_1 \\ 1 < x < 2 \Rightarrow f(1) = 2 > f(x) > f(2) = 1 \Leftrightarrow 1 < f(x) < 2. \end{cases}$$

I.4. On obtient le tableau de variation suivant :

x	$-\infty$		l_1		1		l_2		2		$+\infty$
$f'(x)$		$+$		$+$		$-$		$-$	0	$-$	
$f(x)$	$-\infty$	↗	l_1	↗	2	↘	l_2	↘	1	↘	$-\infty$

I.5. La courbe C_f est dessinée plus loin. Les abscisses des points d'intersection de C_f et de l'axe Ox sont solutions de $f(x) = -x^2 + 2x + 1 = 0$. On trouve $x = 1 \pm \sqrt{2}$.

I.6. Le graphe de f et la première bissectrice D ont été dessinés avec MuPad, en utilisant la commande :

plotfunc2d(GridLines = Automatic, Ticks =[Steps=1,Steps=1],
Scaling=Constrained, -x^2+2*x+1,x,x=-4..4, y=-4..4)

La courbe C_f coupe D en deux points de coordonnées (l_1, l_1) et (l_2, l_2). La courbe C_f est au-dessus de D si et seulement si $f(x) \geq x$, ce qui équivaut à $x^2 - x - 1 \leq 0$ et donc à $l_1 \leq x \leq l_2$. Cela se vérifie sur le graphique :

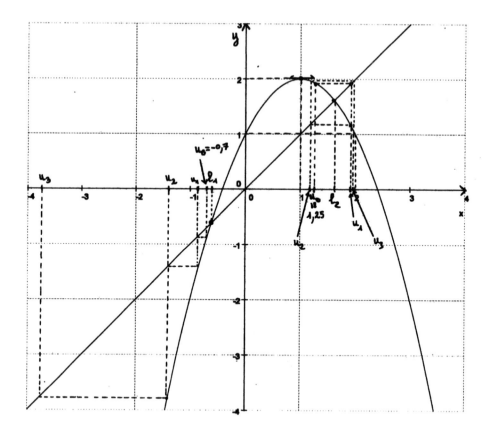

II.1. La suite (u_n) semble tendre vers $-\infty$ lorsque $u_0 = -0,7$, et adopte un comportement bizarre lorsque $u_0 = 1,25$. Attention : sur le graphique, on a utilisé la même notation (u_n) pour les deux suites, puisqu'aucune confusion n'est possible.

II.2. Si (u_n) tend vers une limite finie λ, il suffit de passer à la limite dans les égalités $f(u_n) = u_{n+1}$ (vérifiées pour tout entier n) pour obtenir $f(\lambda) = \lambda$ (on utilise ici la continuité de f). Ainsi $\lambda = l_1$ ou l_2.

II.3.1. On raisonne par récurrence sur n. La propriété est vraie si $n = 0$ puisque $u_0 < l_1$. Si elle est vraie au rang n, alors $u_n < l_1$, et la croissance de f sur $]-\infty, 1]$ entraîne $f(u_n) = u_{n+1} < f(l_1) = l_1$, autrement dit $u_{n+1} < l_1$. La propriété est encore vraie au rang $n+1$.

II.3.2. Montrons les inégalités $u_{n+1} \leq u_n$ par récurrence sur n. Le trinôme $f(x) - x = -x^2 + x + 1$, qui admet deux racines l_1 et l_2, est strictement négatif lorsque $x < l_1$. L'inégalité $u_0 < l_1$ entraîne donc $f(u_0) - u_0 < 0$, d'où $u_1 \leq u_0$. La propriété annoncée est donc vraie si $n = 0$. Si l'on suppose ensuite que $u_{n+1} \leq u_n$, on obtient $u_{n+1} \leq u_n < l_1 \leq 1$ d'après II.3.1, de sorte que u_{n+1}

10.6. ETUDE DE SUITES RÉCURRENTES

et u_n appartiennent tous les deux à l'intervalle $]-\infty, 1]$. La croissance de f sur $]-\infty, 1]$ permet alors d'écrire :

$$u_{n+1} \leq u_n \Rightarrow f(u_{n+1}) \leq f(u_n) \Leftrightarrow u_{n+2} \leq u_{n+1},$$

et l'inégalité est démontrée au rang $n+1$.

II.3.3. Supposons que (u_n) converge vers une limite finie λ. Puisque (u_n) est décroissante,
$$\forall n \in \mathbb{N} \quad u_n \leq u_0 < l_1 < l_2,$$
et il suffit de passer à la limite dans ces inégalités pour obtenir $\lambda \leq u_0 < l_1 < l_2$. C'est absurde, puisque λ doit être égal à l_1 ou l_2 d'après II.2. En conclusion, la suite (u_n) n'est pas convergente.

Remarque — La suite (u_n) est décroissante et ne converge pas dans $\mathbb{R}$, donc tend vers $-\infty$, ce que laissait prévoir le dessin.

II.4.1. On a $1 < u_0 < l_2$ et f est strictement décroissante sur $]1, l_2[$, donc $f(1) > f(u_0) > f(l_2)$, ou encore $l_2 < u_1 < 2$.

II.4.2. On a $v_{n+1} = u_{2n+2} = f(u_{2n+1}) = f \circ f(u_{2n}) = f \circ f(v_n)$ et de la même manière $w_{n+1} = u_{2n+3} = f(u_{2n+2}) = f \circ f(u_{2n+1}) = f \circ f(w_n)$.

II.4.3. Montrons que :
$$\forall n \in \mathbb{N} \quad 1 < v_n < l_2$$

par récurrence sur n. La propriété est triviale au rang 0 car $v_0 = u_0 \in]1, l_2[$. Supposons maintenant que $1 < v_n < l_2$ pour un certain entier naturel n. D'après I.3, la fonction f vérifie $f(]1, 2[) \subset]1, 2[$, et d'après I.1, f est décroissante sur $]1, 2[$. On peut donc écrire :

$$\begin{aligned}
1 < v_n < l_2 < 2 &\Rightarrow f(1) > f(v_n) > f(l_2) > f(2) \\
&\Rightarrow 2 > f(v_n) > l_2 > 1 \\
&\Rightarrow f(2) < f \circ f(v_n) < f(l_2) < f(1) \\
&\Rightarrow 1 < v_{n+1} < l_2 < 2,
\end{aligned}$$

et les inégalités $1 < v_{n+1} < l_2$ sont démontrées au rang $n+1$. La preuve des inégalités $l_2 < w_n < 2$ est similaire.

II.4.4. On calcule :
$$\begin{aligned}
f \circ f(x) &= f(-x^2 + 2x + 1) \\
&= -(-x^2 + 2x + 1)^2 + 2(-x^2 + 2x + 1) + 1 \\
&= -x^4 + 4x^3 - 4x^2 + 2.
\end{aligned}$$

II.4.5. On a :
$$\begin{cases} f\circ f(x) - x = -x^4 + 4x^3 - 4x^2 - x + 2 \\ (-x^2+x+1)(x^2+ax+b) = -x^4 + (1-a)x^3 + (a-b+1)x^2 + (a+b)x + b. \end{cases}$$
L'identité annoncée sera vraie si et seulement si :
$$\begin{cases} 1 - a = 4 \\ a - b + 1 = -4 \\ a + b = -1 \\ b = 2. \end{cases}$$
Ce système est compatible, et admet l'unique solution $(a,b) = (-3, 2)$. On peut donc conclure à $f \circ f(x) - x = (-x^2 + x + 1)(x^2 - 3x + 2)$.

II.4.6. En factorisant les deux trinômes du second degré intervenant dans la factorisation précédente, on obtient :
$$f \circ f(x) - x = -(x - l_1)(x - l_2)(x - 1)(x - 2).$$
Les racines de $f \circ f(x) - x$ sont donc l_1, 1, l_2 et 2. Lorsque $x \in]1, 2[$, $x - l_1$ est positif, $x - 1$ est positif et $x - 2$ est négatif. Le signe de $f \circ f(x) - x$ est alors celui de $x - l_2$, autrement dit :
- Si $x \in]1, l_2[$, alors $f \circ f(x) - x < 0$,
- Si $x \in]l_2, 2[$, alors $f \circ f(x) - x > 0$,

et bien entendu $f \circ f(l_2) - l_2 = 0$.

II.4.7. La question II.4.3 donne $1 < v_n < l_2$ et $l_2 < w_n < 2$. L'étude du signe de $f \circ f(x) - x$ faite en II.4.6 permet alors d'écrire :
$$\begin{cases} v_{n+1} - v_n = f \circ f(v_n) - v_n < 0 \\ w_{n+1} - w_n = f \circ f(w_n) - w_n > 0, \end{cases}$$
ceci quel que soit l'entier n. On a prouvé que (v_n) est décroissante tandis que (w_n) est croissante.

II.4.8. La suite (v_n) est décroissante minorée par 1, donc converge dans $\mathbb{R}$. Si $\mu = \lim v_n$, il suffit de passer à la limite dans les égalités $v_{n+1} = f \circ f(v_n)$ pour obtenir $\mu = f \circ f(\mu)$ (f étant continue), donc $\mu \in \{l_1, 1, l_2, 2\}$. Comme $1 < v_n \leq v_0 < l_2$ entraîne aussi $1 \leq \mu \leq v_0$ par passage à la limite, la seule possibilité restante pour μ est $\mu = 1$. En conclusion $\lim v_n = 1$.
On montrerait de la même façon que $\lim v_n = 2$.

II.4.9. La suite (u_n) n'est certainement pas convergente. On peut seulement affirmer qu'elle possède deux valeurs d'adhérences distinctes : 1 et 2. Pour montrer rigoureusement que (u_n) ne converge pas, on peut raisonner par l'absurde et supposer - un court instant - qu'il existe un réel l tel que $\lim u_n = l$. Dans ce cas, toute sous-suite de (u_n) converge nécessairement vers la même limite l, et en particulier $\lim u_{2n} = 1 = l$ et $\lim u_{2n+1} = 2 = l$, ce qui est impossible !

10.7 Equations différentielles, fonctions et suites

Problème 7 *On considère les deux équations différentielles suivantes, notées (E_1) et (E_2) :*

$$(E_1) \ : \ xy' + (1-x)y = 1 \ \text{définie sur } I_1 = \,]-\infty, 0[$$
$$(E_2) \ : \ xy' + (1-x)y = 1 \ \text{définie sur } I_2 = \,]0, +\infty[.$$

A. Résolution

1. Pour chaque équation différentielle proposée, donner les solutions de l'équation homogène associée.

2. On considère la fonction φ définie sur I_1 par $\varphi(x) = C(x)\dfrac{e^x}{x}$ où C désigne une fonction de classe C^1 sur l'intervalle $I_1 = \,]-\infty, 0[$.

  a. Déterminer la forme des fonctions C pour que la fonction φ soit une solution particulière de (E_1) sur l'intervalle $I_1 = \,]-\infty, 0[$.

  b. Montrer que les solutions de (E_1) sont de la forme :

$$y: \ x \mapsto y(x) = \frac{K_1 e^x - 1}{x} \qquad \text{où } K_1 \in \mathbb{R}.$$

3. Donner sans justification la forme des solutions de l'équation (E_2).

4. Soit $K \in \mathbb{R}$. Montrer que la fonction Φ définie sur $\mathbb{R}^*$ par :

$$\Phi: \ x \mapsto \frac{Ke^x - 1}{x}$$

admet une limite finie en 0 si et seulement si $K = 1$.

B. Etude d'une fonction

On considère la fonction f définie sur $\mathbb{R}$ par :

$$\begin{cases} f(x) = \dfrac{e^x - 1}{x} & \text{si } x \neq 0 \\ f(0) = 1. \end{cases}$$

La courbe représentative de la fonction f est donnée ci-dessous. Afin d'étudier le comportement de la fonction f, on utilise un tableur et on obtient les *résultats dans le tableau (T).*

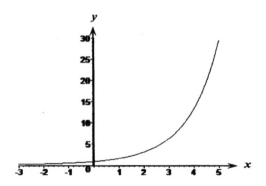

1. **Etude locale de la fonction** f

    a. *Quelle conjecture sur la fonction f les informations contenues dans les colonnes B et C du tableau permettent-elles de faire ? Cette conjecture est notée C_1.*

    b. *Ecrire les formules des cellules E2 et F2 ainsi que E3 et F3.*

    c. *Que représentent les nombres qui apparaissent respectivement dans les colonnes E et F ?*

    d. *Quelle conjecture concernant la fonction f les informations contenues dans la colonne F permettent-elles de faire ? Cette conjecture est notée C_2.*

2. **Démonstration des conjectures C_1 et C_2**

    a. *Montrer que le développement limité de la fonction f en 0 à l'ordre 2 est donné par :*
    $$f(x) = 1 + \frac{1}{2}x + \frac{1}{6}x^2 + o(x^2).$$

    b. *Démontrer les conjectures C_1 et C_2.*

3. **Conjectures établies à partir de la courbe représentative de la fonction** f

    a. *A l'aide de la courbe représentative fournie dans cet énoncé, que peut-on conjecturer sur la branche infinie de la représentation graphique de la fonction f en $-\infty$?*

    b. *De même, que peut-on conjecturer sur la branche infinie de la représentation graphique de la fonction f en $+\infty$?*

    c. *Démontrer ces deux conjectures.*

4. **Etude des variations de la fonction** f

    a. *Montrer que la fonction f est dérivable en tout point de $\mathbb{R}$.*

    b. *Montrer que :*
    $$\forall x \in \mathbb{R}^* \quad f'(x) = \frac{g(x)}{x^2},$$

10.7. EQUATIONS DIFFÉRENTIELLES, FONCTIONS ET SUITES

où g est une fonction définie sur $\mathbb{R}$ que l'on déterminera.

c. En déduire les variations de f et donner son tableau de variation.

		x	$f(x)$			
1						
2	1	1	1,71828183		0,71828183	0,71828183
3	2	0,1	1,05170918		0,05170918	0,51709181
4	3	0,01	1,00501671		0,00501671	0,50167084
5	4	0,001	1,00050017		0,00050017	0,50016671
6	5	0,0001	1,00005		5,0002E-05	0,50001667
7	6	0,00001	1,000005		5E-06	0,5000007
8	7	0,000001	1,0000005		4,9996E-07	0,49996218
9	8					
10	9	-1	0,63212056		−0,36787944	0,36787944
11	10	-0,1	0,95162582		−0,04837418	0,4837418
12	11	-0,01	0,99501663		−0,00498337	0,49833749
13	12	-0,001	0,99950017		−0,00049983	0,49983338
14	13	-0,0001	0,99995		−4,9998E−05	0,49998333
15	14	-0,00001	0,999995		−5E−06	0,49999828
16	15	-0,000001	0,9999995		−5,0002E−07	0,50001569
17						

Tableau (T) : résultats concernant f

C. Etude d'une suite numérique

On considère la fonction k définie sur $\mathbb{R}$ par :

$$\begin{cases} k(x) = \dfrac{e^x - 1}{x} - 1 & \text{si } x \neq 0 \\ k(0) = 0. \end{cases}$$

On considère également la suite $(u_n)_{n \in \mathbb{N}}$ définie par $u_0 = 1$ et $u_{n+1} = k(u_n)$ pour tout $n \in \mathbb{N}$.

1. Donner le tableau de variation de la fonction k.
2. Montrer que $0 < u_1 < u_0$.
3. En déduire que : $\forall n \in \mathbb{N}, \quad 0 < u_{n+1} < u_n$.
4. Montrer que la suite $(u_n)_{n \in \mathbb{N}}$ est convergente.
5. On note L la limite de la suite $(u_n)_{n \in \mathbb{N}}$.
   a. Montrer que $0 \leq L < 1$ et $L = k(L)$.
   b. Montrer que $(L = 0)$ ou $\left(L \in \,]0,1[\text{ et } e^L = L^2 + L + 1\right)$. En étudiant les variations de la fonction ω définie sur $[0,1]$ par $\omega(x) = e^x - (x^2 + x + 1)$, montrer que :
   $$\forall x \in \,]0,1[\quad \omega(x) \neq 0.$$

En déduire la valeur de L.

Solution — **A.1.** Les équations (E_1) et (E_2) admettent l'équation homogène $xy' + (1-x)y = 0$. Cette équation différentielle est à variables séparables. On peut l'écrire :
$$\frac{y'}{y} = \frac{x-1}{x} \quad (*)$$
sur l'un ou l'autre des intervalles I_1 ou I_2 où x ne s'annule jamais. Dans cette écriture, on suppose implicitement que y ne s'annule jamais ([1]). Il s'agit d'une hypothèse de travail que l'on peut vérifier en utilisant la continuité de y, et en supposant bien sûr que y n'est pas la fonction nulle qui est bien solution de nos équations différentielles, mais qui nous intéresse peu. Sous cette condition, on intègre les deux membres de $(*)$ pour obtenir :
$$\ln|y| = \int \frac{x-1}{x} + C = x - \ln|x| + C$$
où C est une constante. Soit :
$$|y| = e^{x-\ln|x|+C} = e^x \times \frac{1}{|x|} \times e^C$$
$$y = \varepsilon(x) \times k\frac{e^x}{x} \quad (\natural)$$
où ε est une fonction à valeurs dans $\{-1, 1\}$, et $k \in \mathbb{R}$. Pour des raisons de continuité, $\varepsilon(x)$ conservera la même valeur sur tout I_1 ou I_2 ([2]). En changeant éventuellement de constante k, on trouve finalement :
$$y = k\frac{e^x}{x} \quad (\flat)$$
où $k \in \mathbb{R}$. Réciproquement, on vérifie facilement que les fonctions y définies par $(\flat)$ sur les intervalles I_1 ou I_2 sont bien des solutions de (E_1) et (E_2). $(\flat)$ nous donne bien la forme générale des solutions des équations différentielles sans second membre.

Remarque — Il est raisonnable d'admettre les affirmations ([1]) et ([2]), surtout s'il reste d'autres questions à traiter dans cette composition. En temps limité, on signalera ces difficultés sur sa copie sans s'y attarder. Passer sous silence que y ne s'annule pas alors que l'on divise les deux membres d'une équation par cette fonction serait par contre excessif. Revenons sur ces affirmations dans le cas de l'équation (E_2).

([1]) Une solution y non nulle de (E_2) ne s'annule en aucun point de l'intervalle $I_2 =]0, +\infty[$. En effet, si y est une solution de (E_2) différente de la fonction nulle, il existe $x_1 \in I_2$ tel que $y(x_1) \neq 0$. Pour fixer les idées, supposons $y(x_1) > 0$. On montre alors que y ne s'annule nulle part en raisonnant par l'absurde. Si y s'annulait en un point $x_0 \in I_2$, supposons par exemple $x_0 < x_1$. Posons :

10.7. EQUATIONS DIFFÉRENTIELLES, FONCTIONS ET SUITES

$$a = \operatorname{Sup}\{x \in I_2 \,/\, y(x) = 0 \text{ et } x < x_1\}.$$

Comme y est continue, $y(a) = \lim_{x \to a^-} y(x) = 0$ et $y(x) \neq 0$ pour tout $x \in \,]a, x_1]$. Il suffit de recommencer le raisonnement fait plus haut pour voir que y est nécessairement donnée par l'expression (♭) quand $x \in \,]a, x_1]$. Mais alors :

$$y(a) = \lim_{x \to a_+} y(x) = \lim_{x \to a_+} k \frac{e^x}{x} = k \frac{e^a}{a}$$

ne peut pas s'annuler ! Il y a contradiction.

(^{2}) Dans l'expression (♮), la fonction $x \mapsto \varepsilon(x)$ doit être constante, et donc égale à -1 ou 1 une fois pour toute. En effet, si l'on suppose par l'absurde qu'il existe x_0 et x_1 dans I_2 tels que $\varepsilon(x_0) = -1$ et $\varepsilon(x_1) = 1$, alors $y(x) = \varepsilon(x) \times k\frac{e^x}{x}$ étant supposée continue, il existerait a entre x_0 et x_1 tel que $y(a) = 0$ (d'après le théorème des valeurs intermédiaires). C'est absurde car $y(x)$ ne s'annule jamais (sauf si $k = 0$, mais dans ce cas la valeur de $\varepsilon(x)$ n'importe plus).

A.2.a. L'application φ est dérivable et pour tout $x \in I_1$:

$$\varphi'(x) = C'(x)\frac{e^x}{x} + C(x)\frac{xe^x - e^x}{x^2}$$

donc :

$$\varphi \text{ solution de } (E_1) \Leftrightarrow x\varphi'(x) + (1-x)\varphi(x) - 1$$
$$\Leftrightarrow C'(x)e^x + C(x)\frac{(x-1)e^x}{x} + (1-x)C(x)\frac{e^x}{x} = 1$$
$$\Leftrightarrow C'(x) = e^{-x}$$
$$\Leftrightarrow C(x) = -e^{-x} + k' \quad \text{avec } k' \in \mathbb{R}.$$

Ainsi φ est solution de (E_1) si, et seulement si, il existe un réel k' tel que :

$$\forall x \in I_1 \quad \varphi(x) = \left(-e^{-x} + k'\right)\frac{e^x}{x} = \frac{k'e^x - 1}{x}.$$

A.2.b. On sait que les solutions générales de (E_1) sont les sommes des solutions générales de l'équation homogène associée (ces solutions ont été obtenues à la première question) et d'une solution particulière de (E_1), comme $x \mapsto -1/x$ obtenue pour $k' = 0$. Les solutions de (E_1) sont donc de la forme :

$$y : x \mapsto k\frac{e^x}{x} - \frac{1}{x} = \frac{ke^x - 1}{x} \quad \text{où } k \in \mathbb{R}.$$

A.3. En travaillant de même sur I_2, on constate que les solutions de (E_2) sont de la forme :

$$y : x \mapsto \frac{ke^x - 1}{x}$$

A.4. On peut écrire :
$$\Phi(x) = \frac{Ke^x - 1}{x} = \frac{K - 1 + K(e^x - 1)}{x} = \frac{K-1}{x} + K\frac{e^x - 1}{x}. \quad (*)$$

On sait que $\lim_{x \to 0} \frac{e^x - 1}{x} = 1$ (penser à la dérivée de e^x en 0). Par conséquent :

α) Si $K = 1$, $\lim_{x \to 0} \Phi(x) = \lim_{x \to 0} \frac{e^x - 1}{x} = 1$.

β) Si $K \neq 1$, $\frac{K-1}{x}$ tend vers $\pm\infty$ quand x tend vers 0, et $(*)$ montre que $\Phi(x)$ tendra aussi vers $\pm\infty$ quand x tend vers 0.

En conclusion, Φ admet une limite finie en 0 si et seulement si $K = 1$.

B.1.a. Les colonnes B et C du tableau semblent indiquer que $f(x)$ tend vers 1 quand x tend vers 0.

B.1.b.

Cellule :	E2	F2	E3	F3
Contenu :	=C2-1	=(C2-1)/B2	=C3-1	=(C3-1)/B3

B.1.c. Dans la colonne E se trouvent les valeurs de $f(x) - 1$ pour certaines valeurs de x marquées dans la colonne B. Dans la colonne F se trouvent les valeurs de $(f(x) - 1)/x$.

B.1.d. En regardant la colonne F, on peut conjecturer que :
$$\lim_{x \to 0} \frac{f(x) - 1}{x} = \frac{1}{2}.$$

B.2.a. Au voisinage de 0, on a :
$$f(x) = \frac{e^x - 1}{x} = \frac{1}{x}\left(1 + x + \frac{x^2}{2} + \frac{x^3}{6} + o(x^3)\right) - \frac{1}{x} = 1 + \frac{x}{2} + \frac{x^2}{6} + o(x^2).$$

B.2.b. Le développement limité de f en 0 montre que $\lim_{x \to 0} f(x) = 1$. Il donne aussi :
$$\frac{f(x) - 1}{x} = \frac{1}{2} + \frac{x}{6} + o(x) \quad \text{d'où} \quad \lim_{x \to 0} \frac{f(x) - 1}{x} = \frac{1}{2}.$$

On vient de démontrer les conjectures C_1 et C_2.

B.3.a. La courbe semble admette l'axe des x comme asymptote horizontale.

B.3.b. On imagine bien que la courbe admet soit une asymptote verticale quand x tend vers $+\infty$, soit une branche parabolique de direction asymptotique l'axe des y. La représentation graphique ne permet pas de choisir entre ces deux possibilités.

10.7. EQUATIONS DIFFÉRENTIELLES, FONCTIONS ET SUITES

B.3.c. Comme $\lim_{x\to-\infty} e^x = 0$, on aura $\lim_{x\to-\infty}(e^x - 1) = -1$, et les théorèmes généraux sur les limites donnent :

$$\lim_{x\to-\infty} f(x) = \lim_{x\to-\infty} \frac{e^x - 1}{x} = 0_+.$$

Si x tend vers $+\infty$, $\lim_{x\to+\infty} \frac{e^x}{x^2} = +\infty$ et $\lim_{x\to+\infty} \frac{-1}{x^2} = 0$ donc $\lim_{x\to+\infty} \frac{f(x)}{x} = \lim_{x\to+\infty} \frac{e^x - 1}{x^2} = \lim_{x\to+\infty} \left(\frac{e^x}{x^2} - \frac{1}{x^2}\right) = +\infty$

toujours d'après les théorèmes généraux sur les limites. Cela démontre que la courbe représentative de f admet une branche parabolique de direction asymptotique l'axe des y.

B.4.a. La fonction f restreinte à $\mathbb{R}^*$ est le quotient des deux fonctions dérivables $u : x \mapsto e^x - 1$ et $v : x \mapsto x$. Donc f est dérivable sur $\mathbb{R}^*$. D'autre part, la fonction f sera dérivable en 0 si et seulement si le quotient :

$$\Delta(x) = \frac{f(x) - f(0)}{x - 0} = \frac{f(x) - 1}{x}$$

tend vers une limite finie quand x tend vers 0. C'est le cas puisqu'en utilisant le développement limité de la question B.2.a :

$$\Delta(x) - \frac{1}{2} + \frac{x}{6} + o(x),$$

donc $\lim_{x\to 0} \Delta(x) = 1/2$. La fonction f est ainsi dérivable en 0, de nombre dérivé $f'(0) = 1/2$ en ce point. Finalement f est dérivable sur tout $\mathbb{R}$.

B.4.b. Avec les notations de la question précédente :

$$\forall x \in \mathbb{R}^* \quad f'(x) = \frac{u'(x) v(x) - u(x) v'(x)}{v(x)^2} = \frac{e^x x - (e^x - 1)}{x^2}.$$

En posant $g(x) = (x - 1) e^x + 1$, on obtient :

$$\forall x \in \mathbb{R}^* \quad f'(x) = \frac{g(x)}{x^2}.$$

B.4.c. La fonction g est dérivable de dérivée $g'(x) = e^x + (x - 1) e^x = x e^x$. Ainsi g' est strictement négative si $x < 0$, et strictement positive si $x > 0$. On en déduit que la fonction g possède un minimum en 0. Ce minimum vaut $g(0) = 0$, donc $g(x) \geq g(0) = 0$ pour tout réel x. On a même $g(x) > 0$ si $x \in \mathbb{R}^*$. Cela montre que :

$$\forall x \in \mathbb{R}^* \quad f'(x) = \frac{g(x)}{x^2} > 0.$$

La fonction f est donc strictement croissante sur $]-\infty, 0]$ et sur $[0, +\infty[$. Comme elle est continue sur tout $\mathbb{R}$, on peut affirmer qu'elle sera strictement croissante sur tout $\mathbb{R}$. Le tableau de variations de f s'en déduit (et conforte l'allure de la courbe donnée par l'énoncé) :

x	$-\infty$		0		$+\infty$
$f'(x)$		$+$	0	$+$	
$f(x)$	0_+	↗	1	↗	$+\infty$

C.1. La courbe représentative de la fonction k se déduit de celle de f par translation de vecteur $-\vec{j}$ (où l'on note $(O, \vec{i}, \vec{j})$ le repère dans lequel on dessine ces courbes). Le tableau de variation de k est donc le même que celui de f. On remarque aussi que :

$$\begin{cases} \lim_{x \to -\infty} k(x) = \lim_{x \to -\infty}(f(x) - 1) = -1 \\ \lim_{x \to +\infty} k(x) = \lim_{x \to -\infty}(f(x) - 1) = +\infty \\ k(0) = f(0) - 1 = 0 \end{cases}$$

d'où le tableau :

x	$-\infty$		0		$+\infty$
$k'(x)$		$+$	0	$+$	
$k(x)$	-1_+	↗	0	↗	$+\infty$

C.2. On a $u_0 = 1$ et :

$$u_1 = k(u_0) = \frac{e^{u_0} - 1}{u_0} - 1 = e - 2 \simeq 0{,}718,$$

d'où $0 < u_1 < u_0$.

C.3. On montre que la propriété $\mathcal{P}(n) : 0 < u_{n+1} < u_n$ est vraie quel que soit l'entier naturel n par récurrence sur n. La propriété $\mathcal{P}(0)$ est vraie puisqu'elle a été démontrée dans la question précédente. Si $\mathcal{P}(n)$ est vraie, la croissance stricte de k sur $\mathbb{R}$ permet d'écrire :

$$\begin{aligned} 0 < u_{n+1} < u_n &\Rightarrow k(0) < k(u_{n+1}) < k(u_n) \\ &\Rightarrow 0 < u_{n+2} < u_{n+1}, \end{aligned}$$

ce qui montre que la propriété $\mathcal{P}(n+1)$ est vraie.

C.4. La question précédente montre que la suite $(u_n)_{n \in \mathbb{N}}$ est strictement décroissante et minorée par 0. Elle converge donc nécessairement vers une limite L telle que $L \geq 0$.

10.7. EQUATIONS DIFFÉRENTIELLES, FONCTIONS ET SUITES

C.5.a. On a $0 < u_n < u_1 < 1$ pour tout $n \geq 2$. Il suffit de passer à la limite dans ces inégalités pour n tendant vers $+\infty$ pour obtenir $0 \leq L \leq u_1 < 1$, d'où $0 \leq L < 1$. En passant à la limite dans les égalités $u_{n+1} = k(u_n)$ vérifiées pour tout n, et en utilisant la continuité de la fonction k, on trouve que $L = k(L)$.

C.5.b. Si $L \neq 0$, $L = k(L)$ s'écrit $L = \frac{e^L - 1}{L} - 1$ d'où $e^L = L^2 + L + 1$. Comme $0 \leq L < 1$, on peut affirmer que :

$$(L = 0) \quad \text{ou} \quad \left(L \in \,]0,1[\text{ et } e^L = L^2 + L + 1\right). \quad (*)$$

La fonction $\omega(x) = e^x - x^2 - x - 1$ est indéfiniment dérivable, et :

$$\forall x \in \mathbb{R} \quad \begin{cases} \omega'(x) = e^x - 2x - 1 \\ \omega''(x) = e^x - 2. \end{cases}$$

La fonction ω'' s'annule en $x = \ln 2 \simeq 0,69$. Elle est strictement positive à droite de $\ln 2$, et strictement négative à gauche de $\ln 2$. Les variations de ω' sur $[0,1]$ s'en déduisent : ω' est strictement décroissante sur $[0, \ln 2]$, et strictement croissante sur $[\ln 2, 1]$. Le tableau de variations de ω' est donc :

x	0		$\ln 2$		1
$\omega''(x)$		$-$	0	$+$	
$\omega'(x)$	0	$\searrow$	$1 - 2\ln 2$	$\nearrow$	$e - 3 \simeq -0,3$

et l'on peut affirmer que $\omega'(x) < 0$ pour tout $x \in \,]0,1]$. La fonction ω est donc strictement décroissante sur $[0,1]$. Pour tout $x \in \,]0,1]$ on aura donc $\omega(x) < \omega(0) = 0$, et *a fortiori* $\omega(x) \neq 0$. Comme $(*)$ s'écrit :

$$(L = 0) \quad \text{ou} \quad (L \in \,]0,1[\text{ et } \omega(x) = 0),$$

on constate que la condition $(L \in \,]0,1[\text{ et } \omega(x) = 0)$ ne pourra jamais être remplie, donc que $L = 0$. En conclusion, la suite $(u_n)_{n \in \mathbb{N}}$ tend vers 0 quand n tend vers $+\infty$.

CONSEILS DE PRÉPARATION AU CAPES

Par quoi commencer et comment s'entraîner ?

Quels livres utiliser pour concentrer ses efforts ?

Où consulter des comptes rendus d'oraux ?

Il faudra bien sûr investir du temps et consentir quelques sacrifices pour approfondir le plus possible de thèmes du programme et se forger des connaissances solides à l'épreuve du stress, mais comment optimiser son travail ?

On trouvera des conseils de préparation sur la page :

<u>megamaths.fr/capes.html</u>

de MégaMaths Classic. Il est conseillé de lire tout ce qu'elle contient et cliquer sur tous les liens qu'elle propose !

Bonne préparation, et que la Force soit avec vous !

Bibliographie

[1] A. Antibi, Thèse de doctorat d'état en sciences, mention didactique des mathématiques, présentée à l'université Paul Sabatier de Toulouse le 27 juin 1988, Etude sur l'enseignement de méthodes de démonstration - Enseignement de la notion de limite : réflexions, propositions, IREM de Toulouse, 1988. archive.org/details/d880627

[2] Blog de MégaMaths, Une mine d'informations sur les questions et les réactions du jury à l'oral du CAPES 2018, 2018.
https://megamathsblog.blogspot.com/2018/07/une-mine-dinformations-sur-les.html

[3] Blog de MégaMaths, Voici comment j'ai préparé le troisième concours du CAPES Maths. megamathsblog.blogspot.com/2021/07/voici-comment-jai-prepare-le-troisieme.html

[4] EDUSCOL, Suites, exponentielles, probabilités - Modéliser et représenter, Voie générale en mathématiques 1re, Ministère de l'éducation nationale, novembre 2019. https://archive.org/details/d210606

[5] F. Herbaut, D.-J. Mercier, Vision de l'oral du CAPES maths de 2006 à 2008, CSIPP, 2018.

[6] D.-J. Mercier, Dossiers mathématiques n°6, Les grands théorèmes de l'analyse, CSIPP, 2013.

[7] D.-J. Mercier, Dossiers mathématiques n°13, Formules de Taylor et développements limités, CSIPP, 2016.

[8] D.-J. Mercier, Dossiers mathématiques n°29, Que retenir sur les équations différentielles ?, IP, 2021.

[9] D.-J. Mercier, ORAL CAPES MATHS n°3, Limites d'une fonction réelle d'une variable réelle, CSIPP, 2017.

[10] D.-J. Mercier, Collection PREPA CAPES MATHS en quatre volumes : Géométrie, Algèbre & Arithmétique, Analyse, Probabilités & statistiques (mis à jour chaque année depuis 2016, dernière édition : 2022), IP.

[11] Programme de terminale, Maths spécialité, BO spécial n° 8 du 25 juillet 2019, A partir de septembre 2020.
https://archive.org/details/programme-terminale-2020-21-specialite

[12] E. Ramis, C. Deschamps, J. Odoux, Cours de Mathématiques Spéciales, Volume **3**, Topologie et Eléments d'Analyse, Masson, 1989.

[13] R. Rolland, Outils élémentaires de l'analyse, Lectures sur les Mathématiques, l'Enseignement et les Concours, vol. I, pp. 163-224, CSIPP, 2018.

Printed in France by Amazon
Brétigny-sur-Orge, FR